HUGO VON HOFMANNSTHAL SÄMTLICHE WERKE

HUGO VON HOFMANNSTHAL
SÄMTLICHE WERKE
KRITISCHE AUSGABE

VERANSTALTET VOM
FREIEN DEUTSCHEN HOCHSTIFT
HERAUSGEGEBEN VON
HEINZ OTTO BURGER, RUDOLF HIRSCH
DETLEV LÜDERS, HEINZ RÖLLEKE
ERNST ZINN

S. FISCHER VERLAG

HUGO VON HOFMANNSTHAL
SÄMTLICHE WERKE
XIV

DRAMEN 12

HERAUSGEGEBEN VON
JÜRGEN FACKERT

S. FISCHER VERLAG

Freies Deutsches Hochstift – Frankfurter Goethe-Museum
Frankfurt am Main, Großer Hirschgraben

Redaktion:
Ernst Dietrich Eckhardt
Ingeborg Beyer-Ahlert
Hans Grüters
Martin Stern war bis 1974 Herausgeber,
an seine Stelle trat Heinz Rölleke.

Die Ausgabe wird von der
Deutschen Forschungsgemeinschaft gefördert.
Die Erben Hugo von Hofmannsthals,
die Houghton Library der Harvard University, Cambridge, USA
und die Stiftung Volkswagenwerk
stellten Handschriften zur Verfügung.

Der ›Schweizerische Nationalfonds
zur Förderung der wissenschaftlichen Forschung‹
finanzierte von 1971–1974 die unter der Leitung
von Martin Stern stehende Baseler Arbeitsstelle
der Kritischen Hofmannsthal-Ausgabe.
Hier wurde der vorliegende Band vorbereitet.

© S. Fischer Verlag GmbH, Frankfurt am Main 1975
Gesamtherstellung: Cicero Presse, Hamburg 20
Einrichtung für den Druck: Horst Ellerhusen
Printed in Germany 1975
ISBN 3 10 731514 1

TIMON DER REDNER

TIMONS AUSZUG
Zwei Scenen aus einem unveröffentlichten Lustspiel

Die Komödie »Timon der Redner« ist eine politische Komödie. Timon ist der radikale Kleinbürger. Die Gegenfigur, die Wortführerin für die aristokratische Partei, ist die Hetäre Bacchis. Timon führt ein Doppelleben. In einem Stadtbezirk ist er ein bescheidener Kleinbürger, verheiratet, Vater von fünf Kindern. In einem andern Bezirk heißt er Malchus, ist der Teilhaber an einem öffentlichen Haus und der Beschützer von dessen Vorsteherin, Leäna. – Von den übrigen Figuren ist Chelidas der seinem Vater sehr unähnliche älteste Sohn Timons; dessen Begleiter Lykon ist ein Tagedieb und Schmarotzer; Tryphon ist ein Agent und politischer Vermittler; Theron ein halbverrückter Politikaster; Ephraem ist Diener in Leänas Haus und Myrtion eine der jungen Personen, die dieses Haus bewohnen.

I.

Ein kleiner Platz; auf diesen mündend ein enges Gässchen darin ein Barbierladen. Ein anderes Gässchen links abgehend unter einen Schwibbogen, ein anderes rechts, hinten Timons Haus.

Tryphon, von rechts rückwärts herein, mit einem jungen Burschen. Der Barbier steht in seiner Ladentür.

TRYPHON
Ob das des Timons Haus? Dich frage ich zu dem Barbier ja! wen denn sonst! Ich meine den politischen Timon, nicht den Timon, der die Matrosenschänke unten am alten Hafen hatte, noch den bucklichen Timon, der auf Pfänder leiht! Ich meine den berühmten Timon, der im grossen

Rat für die ganze hintere obere Region des elften Viertels das Wort führt und den Regen und das schöne Wetter macht.

Barbier gibt keine Antwort

Tryphon mustert die Häuser

Oder doch dieses? Aber man hat mir gesagt: immer findest Du eine Ansammlung von Leuten davor, Bittsteller, Anhänger und solche. Und wenn Du ihm jemand zuführen willst so musst Du früh aufstehen, sonst kommst Du gar nicht zur Audienz.

DER BARBIER gelb vor Zorn, kommt heran
Ich muss mir doch das Affengesicht anschauen, das hier vor meinem Laden das Wort »berühmter Mann« herauslässt.

TRYPHON weicht aus
Es scheint dort drüben zu sein.

DER BARBIER
Ein Dreckkerl, ein Hetzer und Wühler! tritt ihm in den Weg Ich werde Dir ein Wort sagen, also bleibe stehen, du Gestell, verwanztes. – Hast du schon einmal im Leben das Recept zu einem unfehlbaren Haarfärbemittel ausgedacht? – Und dieses Haarfärbemittel ist da, da drinnen steht es, es existiert seit dreizehn Jahren! Und sie kennen es alle! Aber sie haben sich ihr Wort gegeben die ganze Stadt hat sich ihr Wort gegeben, es totzuschweigen! Und da soll ich ruhig bleiben, und anhören wie ein Strolch, dessen Gesicht man nie gesehen hat, sich hier breit macht und dieses wühlende Schwein da, diesen Timon, der mit dem Rüssel das Oberste der Stadt zu unterst kehren will, einen berühmten Mann nennt!

TRYPHON
Dieser Barbier hat eine widerwärtige Redeweise. Gehen wir dort hinüber. verschwinden beide rechts

Der Barbier geht in seinen Laden

Chelidas und Lykon vorne rechts seitwärts aus Timons Haus herausschleichend.

CHELIDAS
Wie hat sie es gesagt?

LYKON
Hab ich es Dir nicht Wort für Wort vorgesprochen? Bist du verblödet?

CHELIDAS
Du triffst meine Schwäche. Ich zittere wenn von ihr die Rede ist und fasse es nicht auf.

LYKON
Du musst sie grob anpacken. Da ist ein Soldat, der kommt wegen der Rothaarigen. Die andern dort im Haus nimmt er nur so nebenbei. Wie ein Habicht mit einem kleinen Huhn geht er um mit ihnen. Was schneidest du für Gesichter?

CHELIDAS
Teils über das, was du sagst, teils weil ich glaube eine gewisse Stimme zu hören.

LYKON
Welche Stimme?

TIMONS Stimme im Haus
Sogleich, mein Schatz.

CHELIDAS
Diese da. Die Stimme meines Vaters. Sie schlägt sich mir auf die Herzgrube.

TIMONS Stimme im Haus
Jaa! was denn noch!

LYKON *bewundernd*
Diese Stimme hat das Ohr des Volkes.

CHELIDAS
Fort mit uns. *will Lykon fortziehen*

TIMON *tritt aus dem Haus, spricht nach hinten*
Was will die Mutter, was?

LYKON *zu Chelidas*
Halt. Wenn er heraustritt, mache mich mit ihm bekannt. Das kann mir nützen.

TIMON *sieht den Sohn*
He! Dir habe ich etwas zu sagen! Was stehst du da wie ein Storch, dem der Frosch aus dem Maul gesprungen ist?

Chelidas *will flüchten*

LYKON *hält ihn, verneigt sich zugleich*
Wir warten willig auf Ihre Musse und Bequemlichkeit.

Timon wieder ins Haus

CHELIDAS *will weg*
Bedenke was für mich auf dem Spiel steht!

LYKON *ringt mit ihm*
Du kommst zurecht!

CHELIDAS
Es ist das erste Mal! *will weg*

LYKON
Das Mädchen wartet auf dich, sage ich Dir! *hält ihn fest*

TIMON *in der Haustür, einen Korb in der Hand, nach hinten sprechend*
Ja, alles wird besorgt, wie du es wünschest.

DIE FRAU *tritt heraus*
Und lass dir nicht halbfaule Fische aufschwätzen von diesem Lumpen, deinem Parteigenossen.

TIMON
Gewiss nicht, Schatz.

DIE FRAU
Merke dir: das ist ein nichtsnutziger alter Schreier genau wie du selber.

LYKON *stösst Chelidas*
Jetzt ist der Augenblick.

CHELIDAS
Noch nicht. O Myrtion!

DIE FRAU
Halt noch! wirst du mir stehen! *zieht Timon ins Haus* Nicht diese grünen, mit schleimigen Schuppen. Die sind giftig!

Tryphon kommt wieder mit dem jungen Menschen, geführt von einem Buben

DER BUB *deutet*
Der ists! *auf den halbsichtbaren Timon*

TRYPHON *zu dem jungen Menschen*
Still! Nicht ihn ungerufen angehen! Das haben solche Hauptkerle nicht gern. Wart bis er uns bemerkt.

TIMON *allein aus dem Haus, will die zwei Stufen hinunter zu Chelidas*
Du begleitest mich.

DIE DREI KINDER *aus dem Haus, fassen Timon von hinten*
Vater, die Mutter ruft!

DIE FRAU *mit einem Netz*
Da für die Fische. Das Gemüse dort in' Korb. Und was sagst du zum Klempner? –

TIMON
Freilich – freilich. Dem sag ich meine Meinung.

DIE FRAU
Im Bett hab ich ihms eingedrillt, was er ihm sagen soll und er hats wieder vergessen. Spatzenhirn!

TRYPHON
Verflucht! da sind schon andere aufgestellt.

DER ALTE EPHRAEM *kommt eilig und ausser Atem, schiebt sich von hinten zu Timon*
He! Malchus! Herr!

TIMON *ohne sich umzukehren*
Kusch mir mit Malchus hier! Hier bin ich Timon.

LYKON *nähert sich dienstwillig*
Vielleicht dass ich den Korb tragen darf?

TIMON
Ich danke, junger Mann. *Giebt ihm den Korb*

EPHRAEM *von hinten halblaut*
Malchus, du musst nachhaus. Die Frau kann sich nicht helfen.

DIE FRAU *fährt hin*
Den Korb trägst Du! *Reisst Lykon den Korb weg, gibt ihn Timon* Und Du auf Chelidas ins Haus, Kopfrechnen mit dem Kleinen anstatt Maulaffen da!

TIMON
Der Bursch begleitet mich, denk ich, und sieht was ich in der Stadt gelte. Das bildet seinen Verstand aus.

EPHRAEM *von hinten flüsternd*
Wenn sich die Frau nicht helfen kann! Ein Soldat ist im Haus und schlägt alles kurz und klein!

TIMON
Nun, Chelidas! Was hört man so? Aufruhr in Pontos? Der König verjagt? Drei-Männer an der Spitze?

LYKON *springt vor*
Man raunt so Ähnliches!

EPHRAEM *von hinten*
Die Mädchen sind alle ausser Rand und Band. Hol mir den Malchus, schreit die Frau, sonst weiss ich nicht was wird!

TRYPHON *tritt auf Timon zu, den jungen Menschen an der Hand führend*
Der hier möchte gerne durch Dich Hafenkapitän werden, Timon. Wir wissen, Du vermagst alles in der Stadt.

DIE FRAU
Wer sind denn die? die ihm noch das dunstige Gehirn ganz vernebeln!

TIMON *halblaut über die Schulter zu Ephraem*
Kein Wort! schweig hier.

EPHRAEM
Du musst nachhaus!

LYKON
O Frau, wir wissen wohl, vor wem wir stehen!

Alle murmeln bewundernd

TIMON *über die Schulter*
Verzieh dich! Sag ich laufe heim, sobald ich hier wegkann.

Ephraem läuft weg

DIE FRAU *zu Timon*
Du gehst ins Haus.

TIMON
Ich will doch auf den Markt.

DIE FRAU
Ich hab mirs anders überlegt. Du bringst mir wieder Übelriechendes daher. Ich gehe selber. Platz da! der Vater soll ins Haus!

DER KLEINE
Äh! die Mutter reisst mich.

TIMON
Rauhe Hand ist wacker. Geh hin und küss die Hand, mein Sohn. Sie
⁵ hat Deine Wiege geschaukelt.

LYKON
Hut ab vor Timon, der den grossen Volksentscheid erzwungen hat!

DER BARBIER vor seiner Schwelle
Gesindelentscheid! Lumpenentscheid! Halsabschneiderentscheid!

¹⁰ TIMON in der Tür
Drin, der Agathokles. Er schreit! Er braucht eine warme Windel!

DIE FRAU
Nichts da! Ich sehe, dass Du wieder Reden halten willst!

TRYPHON drängt sich heran
¹⁵ Bescheidener Mann, willst Du es leugnen, dass diese Hand es war!
fasst Timons Hand

LYKON
Die den Aristokraten die Schiffe aus dem Leib gerissen hat!

TRYPHON drängt ihn weg, schiebt den jungen Menschen vor
²⁰ Wir sind glücklich, dass Du uns Dein Ohr leihst! Diesen nimm unter
Deinen Schutz! Ein werktätiger junger Mensch! Zuletzt er klatscht
mächtig, der junge Mensch auch Das war er! im Theater! beim Rennen!
Gestern während Deiner Rede! Hast Du seinen Zuruf nicht gehört?

DER JUNGE MENSCH brüllt
²⁵ Heil Timon! Heil und Sieg für Timon! für Timon!

TRYPHON
Du kennst ihn jetzt.

LYKON drängt ihn weg
Wir alle kennen Dich! wir sind die Deinen!

³⁰ TRYPHON
Geh ab, du Schöps! – zu Timon Deinen Schutz über ihn! Lass ihn Zoll-
aufseher werden! oder eine Gesandtschaft anführen!

DER JUNGE MENSCH hängt sich an Timon
Ich räume auf die Seite, wen Du mir bezeichnest!

CHELIDAS *bei Seite*
Dass ich den Mut hätte mich zu verziehen! Myrtion!

LYKON
Heil! Timon! Heil! Der Schützer der Niedrigen!

Gaffer sammeln sich allmählich ein ziemlicher Haufen. Darunter Söldner von
den Galeeren.

TIMON
He! Chelidas! Dein Vater wird gefeiert, wie Du bemerkst. Man sieht
in ihm den Anwalt der Unterdrückten. Mische Dich unter die Bürger,
die Wünsche an mich haben. Ein bisschen Haltung! Einen Funken
Weltläufigkeit!

Chelidas sieht sich erschrocken um

Die Frau wieder neben Timon

TIMON
Welche Gebärde gehört eigentlich zu diesem Waschlappen, ausser
dieser: vor den Hintern gestossen zu werden? Und das ist der Sohn,
den Du mir geboren hast.

DIE FRAU
Ich Dir? Du hast ihn mir gemacht, Du Nichtsnutz!

Theron stürzt durch den Schwibbogen herbei, den Haufen teilend. Er hat strähniges
Haar und ein abgezehrtes Gesicht. Sein Durchdrängen macht Unruhe. Unwillige
Rufe

DIE FRAU *packt Timon*
Ins Haus! und ganz allein! Dass Du mir noch in Raufereien kommst!

THERON *in atemloser Erregung; er ist ein Halbverrückter*
Noch nicht! Vielmehr erst dann, wenn er mich angehört haben wird!
drängt sich zu Timon Du hast die Stadt in der Hand!

STIMMEN
Timon! für Timon!

TIMON
Wieso?

THERON
Die Aristokraten? *lacht gellend auf* Das ist der Strick um ihren Nacken.
er zieht ein Stückchen Schnur, eine Schlinge aus der Tasche Du ziehst ihn zu.

TIMON
Ich zieh ihn zu!

STIMMEN
Heil Timon! Vorwärts Timon!

THERON in grösster Aufregung
Die Aristokraten? lacht gellend auf Was sind sie noch? Die Leibgarde einer Hure! – Bacchis! Das ist ihr letztes Losungswort!

TIMON
Bacchis! Wer ist denn die wieder?

THERON
Was? Blumenmädchen! Dann Mimin! er hält sich die Nase zu Vor einem Jahr in der Gosse. Jetzt reich wie Krösus! – Sie wollen sie zur Oberpriesterin der Diana machen? Weisst Du, was das bedeutet?

TIMON
Nein, aber wir werden das verhindern.

THERON umschlingt ihn
Der Tempelschatz! Alles Gold der Erde! Gewölbe so – er stampft auf voll Gold! Sie spielen Katz und Maus mit Euch! Sie werben Söldner, zehntausende!

TIMON
Hört ihrs?

THERON
Aber, Du hast die Zunge, die gewaltige! In Gold sollte man sie fassen!

DIE FRAU
Was fährst Du ihm mit den Pfoten ins Maul, wie ein Rosstäuscher!

THERON
Du setztest ihnen noch heute den Fuss auf den Nacken!

TIMON
So ist es. neigt sich zu ihm, leise Wie denn?

THERON reckt die fünf Finger einer Hand aus
Mit fünf! Hier stehen fünf, ich, der, der, der und du. Du hast uns wie Deine Hand.

TIMON
Aha.

THERON
Die ganze Stadt durchsetze ich mit solchen fünf. Du hast heute Nacht
fünf mal fünfhundert Hände.

TIMON
Ich – muss – sofort! will fort

DIE FRAU
Hinein!

THERON will ihm in den Mund greifen
Da ist die Keule, mit der wir sie niederschlagen!

LYKON drängt ihn weg
Was Keule? Hebebaum! ein Krahn!

Timon hält sich den Mund zu

THERON
Ein Widder! Ein Enterbock!

TIMON
Du sollst mein Herold sein!

DER JUNGE MENSCH
Für Timon!

DIE FRAU
Heil! da hinein! *drängt Timon gegen die Tür*

LYKON zu Chelidas
Jetzt kommts! Den Führer frei!

VIELE
Den Führer frei! Gebt uns den Führer!

DIE FRAU
Herein! Melaina! her, den Riegel vor, die Kette!

LYKON
Jetzt mach dich frei, du Herkules! mit einem Ruck!

DER JUNGE MENSCH
Huss! huss! Jetzt gilts!

TIMON
Zu mir, mein Sohn zu mir!

EINIGE fassen die Frau
Den Führer frei!

DIE FRAU schlägt unter sie
Ihr Lumpe! Tagediebe! Lausekerle!

CHELIDAS dicht bei Timon
Hier, Vater!

TIMON
Ich habe ein todeswichtiges Geschäft in der Stadt.

DIE FRAU
Ins Loch! da! Lügenmaul!

TIMON Chelidas ins Ohr
Schlüpf hinten hin und mach mir die Tür vom Ziegenstall – –

CHELIDAS
Vom Ziegenstall!

TIMON
Auf mach! Ich klettere übern Abtritt dann hinaus – –

CHELIDAS
Ja! ja! ich laufe!

Die Frau zieht Timon wieder ins Haus

DER BARBIER aus seiner Tür
Recht so! Hinein mit dem Stänkerer!

TIMON zur Frau
Ich komme ja – Ihr Freunde lasst. Geht hin, sagts den Aristokraten: auf solchen friedlichen kleinen Häusern ruht der ganze grosse Staat. Das sind die Waben, in denen sich der Honig anhäuft. zurückgerissen Daran sollen sie nicht rühren!

DIE FRAU mit der Magd ihn hineinzerrend
Das sagst Du drinnen auf und treibst dazu den Teig ab! drängt ihn hinein

DER BARBIER kommt näher
In Käfich mit dem Volksverhetzer! und das ihm durch das Gitter in die Fresse! wirft

DIE FRAU *fasst plötzlich den Barbier ins Auge*
Was? der Krätzsalbenhändler rührt sich? Der Trabant von rotzigen Lakaien meldet sich?

DER BARBIER *wirft*
Kohlstrünke! alte Knochen! Fetzen Unrat! ihm ins aufrührerische Maul! *bückt sich* Senkgrube da – wo ehrlicher Leute Kundschaft wirft sich den Hals brechen kann! *wirft* Es sind noch Knüppel über Euch! Man zeigt euch noch den Herrn!

DIE FRAU
Den Herren zeigen? uns! will er – der Salbenkerl?

VIELE
Was, reisst den Kerl in Fetzen!

DER BARBIER
Zu Hilfe! Obrigkeit!

STIMMEN
Packt ihn am Bein! Zerschmeisst ihm seine Tiegel!

DIE FRAU *reisst Timon aus dem Hausflur hervor*
Du zeigst ihm jetzt den Herrn! Vorwärts! Aristokraten! was? Klopfhengste parfümierte! Sie uns den Herren? Wir riechen ihnen wohl nicht gut?

Einige heben Timon auf die Schulter.

VIELE STIMMEN
Timon! Timon!

DIE FRAU
Das prügelt ihnen ein: Hier wohnt die Reinlichkeit! und auch die Rechtlichkeit, und Häuslichkeit und Redlichkeit und Wahrheit wohnt hier! – das! ihnen prügelt ein! Und Dächer ihnen übern Kopf – damit es hell wird – angesteckt. Die Seidenbrunzer die! an ihren Balg! Wie? wo der Vater ist! den sie dort tragen! Schrei! dort! Papa! Papa!

Timon wird auf den Schultern seiner Anhänger weggetragen, die Kinder winken ihm jubelnd.

II.

Im »Haus der Leäna«. Innerer Hof. Rechts Ausgang auf die Gasse. Überm Ausgang ein Schild hängend, darauf eine hereindeutende Hand und die Aufschrift: Leänas Haus, von Amoretten umgeben.

Timon und Leäna, Arm in Arm.

TIMON
Wie, mit seinen Fäusten Dich bedroht? Wo ist der Kerl?

LEÄNA
Er ist ja nicht mehr da, schrei doch nicht!

TIMON
Gerüstet? was? er schlägt Dich wegen eines Affen! der Hund! das Schlachtvieh, das abgelumpte! Ah! ah! drückt sie an sich Was für ein Affe überhaupt! Wo kommt der Affe her?

LEÄNA
Sie wollte ihn nicht abliefern, das Mädchen, den Affen. Sie hat ihn von auswärts, sagt sie. Dass sie überhaupt auswärts mit Männern schläft, ist senkrecht gegen den Vertrag, sag ich –

TIMON küsst sie
Nett kommt das aus dem süssen Schnabel da!

LEÄNA
Das Wort war noch nicht aus meinem Mund, packt mich der Kerl –

TIMON
Packt wo?

LEÄNA
Und bohrt mir –

TIMON
Bohrt? was? und wo?

LEÄNA
Ich weiss nicht wo!

TIMON
Bewaffnet? der Bastard! der Hund! wie oder nicht?

LEÄNA
In Lederzeug und Eisen!

TIMON
Totprügeln den Halunken! nur castrieren!

LEÄNA
Beisst ihn die Nykto nicht von hinten in den Ohrlappen, war ich dahin.

TIMON *umfasst sie*
Mein Schatz, mein Seidenschatz!

LEÄNA
Du bist nie da! *entzieht sich ihm*

TIMON
Was? jeden Nachmittag!

LEÄNA
Schutzlos ist man! Preisgegeben und ausgeliefert!

TIMON
Den Morgen muss ich drüben sein, das weisst du!

LEÄNA
Wird das verfluchte Doppelspiel nicht bald ein Ende haben? *sie stampft auf*

TIMON
Das Notgedrungene, Du Engel! politische Notwendigkeit! Du weisst es.

LEÄNA
Bin ich so dumm? Ich verstehe Männersachen recht gut. Männer müssen Schwindeleien machen. Was man mir erklärt, das habe ich inne. Dass Du in Wahrheit Malchus heisst – aber drüben hast Du dich müssen Timon nennen – und hast in das Haus ziehen müssen im oberen Seilerviertel – zu Deines verstorbenen Schwagers Schwester, weil die Rechte intabuliert sind auf dem Haus, und so musstest Du sie zum Schein heiraten, die alte Vettel –

TIMON
Du weisst! Die Götter wissens auch! Sonst niemand! Jetzt lass! Rufts da nicht Timon?

LEÄNA
Hier wird Malchus gerufen! Dem kratz ich die Augen aus, der Dich hier Timon ruft. – Und sie ist alt und hässlich, ist sie das?

TIMON
Beim wahrhaftigen Himmel.

LEÄNA
Und Du hast gewiss kein Kind mit ihr?

TIMON
Wo werd ich!

LEÄNA *lehnt den Kopf an seine Schulter*
Und den Du mir machst, wird dein einziger Sohn?

TIMON
Das schwöre ich bei den Göttern! – jetzt aber beiseite das Gerede. Denn es kann sein, dass sie mich abholen!

LEÄNA
Die Polizei?

TIMON
Narr, kleiner! Soll ich Dir was anvertrauen?

LEÄNA
Sag mirs!

TIMON
Mit dem ganzen Gesicht horcht sie! sogar mit der kleinen Schnauze, der netten aufgeworfenen! *küsst sie*

LEÄNA
So sags doch schon!

TIMON
Sie wollten mich geradewegs auf den grossen Markt schleppen. Mitten auf den Platz hin!

LEÄNA
Was waren denn das für welche? Ist denn gar keine Ordnung mehr? Keine Gewalt über dem Pack?

TIMON
Meine Anhänger waren das. Reden sollte ich! Marschieren wollten sie gegen die Aristokraten mit mir an der Spitze!

LEÄNA
Und Du bist ihnen ausgewischt?

TIMON
An der Strassenecke – – zu Dir.

LEÄNA
Ich verstecke Dich. Die sollen schauen, wie sie Dich finden.

TIMON
Darüber lass ich jetzt ein Orakel entscheiden.

LEÄNA
Wie denn?

TIMON
Es sind zwei Naturen in mir. – Was war das? wer schreit da?

LEÄNA
Der Citronenverkäufer – der Bucklige draussen auf der Strasse.

TIMON
Gut. Wenn es sein soll, dann solls sein. Dann will ich auf den Markt und reden. Unterm Reden kommts über mich. Wie einem Hahn wird mir dann, den ein anderer überkrähen will! Beiläufig, hast du von der Bacchis gehört?

LEÄNA
Die einmal Blumenmädchen war?

TIMON
Diese.

LEÄNA
Solls über die hergehen?

TIMON
Man wird diese Sultanin zu Falle bringen.

LEÄNA
Du nicht! Du nicht! Das verbiet ich Dir!

TIMON
Du musst nicht alles wörtlich nehmen. Es geht auf die ganze Rasse: die Vornehmen!

LEÄNA
Geht es denen an den Balg?

TIMON
Das muss alles herunter vom hohen Ross!

LEÄNA
Die Eleganten alle? Gut, gut! sollen sie hin werden! Wenn nur das Häuschen da dabei gut fährt.

TIMON
Ich will unser kleines Schiffchen schon steuern. Zubauen werden wir. Ein Männerbad kommt dazu. Zwei drei Negerinnen stellst Du an.

LEÄNA
Wenn alles drunter und drüber geht?

TIMON
Lass nur. Häuser werden billig werden, wie Fische im Hochsommer. Was war das? das war Timon! das! das!

LEÄNA
Der Wasserträger mit der hohen Stimme.

TIMON
Gut, was ich sagen wollte. Nie hier ein revolutionäres Wort! Hier müssen sie sich geborgen fühlen. Lass solche Reden fallen wie: Hier ist Alt-Ephesus! gottlob! Lass fallen: das Haus hat mehrere Ausgänge. Wen hier die demokratischen Banditen suchen, den finden sie nur wenn du willst.

LEÄNA
Mir läuft die Ganshaut. Ist es recht wenn ich sage: Gehängt sollen die Gleichmacher werden! den Hals abschneiden soll man den Halsabschneidern! ist das recht?

TIMON
Erweitern will ich! solch einen Saal dazu! Gross werden! Negerinnen, indische Schönheiten will ich hier arbeiten sehen!

LEÄNA
Ja macht denn die Politik solch einen Hauptkerl aus Dir?

TIMON
Wie einen Stier macht sie mich!

LEÄNA
Ah! du musst früh und spät Politik machen, das seh ich ein!

TIMON
Immer das verfluchte Gerufe!

LEÄNA
Komm hinein. Dann hörst Dus nicht. Du bist ja so gut wie nüchtern, armer Kerl.

TIMON
Mit Dir hinein? Du vergisst meinen Vorsatz! Was hast Du drin?

LEÄNA
Eine Schüssel frische Krabben.

TIMON
Du vergisst das Orakel.

LEÄNA
Schafsnieren mit Knoblauch.

TIMON
Mit Knoblauch! – Das Orakel wird mich auch drinnen finden.

LYKON der sich in der Tür versteckt hatte, springt jetzt hervor
Myrtion! pst! Myrtion!

Myrtions Gesicht erscheint an einem Fenster bei halbgehobenem Vorhang

LYKON
Ich bringe ihn.

Chelidas in der Eingangstür, zaudernd, zum Weglaufen bereit

MYRTION am Fenster
Wen? ah! der Junge! Ich komme. verschwindet

CHELIDAS
Ich verschwinde, ich war gar nicht da!

LYKON hält ihn
Sie hat Dich doch erwartet!

MYRTION kommt aus dem Haus zu ihnen, leise
Der alte Kerl ist im Haus. Ihr Bräutigam, der Malchus.

CHELIDAS
Du siehst! will fort

MYRTION
Er hat uns solche Liebschaften verboten. zu Lykon Sag ihm, er solle später wiederkommen.

LYKON
Das bringt ihn um – Ihr habt ein Gärtchen dort hinten.

CHELIDAS
Rede ihr nicht zu. Lass sie! Du siehst doch.

LYKON
Sie denkt doch nur nach, wo ihr zusammen sein könntet.

Chelidas schlägt den Arm vor sein Gesicht

MYRTION
Warum ist er so? ärgert ihn etwas? Hat er kein Geld? Sag ihm, das macht nichts.

LYKON
Zu hässlich findet er sich! nicht Manns genug. Was weiss ich.

MYRTION
Hat er ein geheimes Übel?

LYKON
Ein Bursch wie aus frischem Flusswasser geboren. Ich seh ihn täglich im Bad.

CHELIDAS vor sich
Es kräuselt sich!

LYKON
Was kräuselt sich?

CHELIDAS
Mein Hirn! Die schwere drängende Zerrüttung!

MYRTION
Warum wackelt er so mit dem Kinn?

LYKON
Frag nichts! nimm ihn bei der Hand.

MYRTION
Ist er behext?

LYKON
Von Dir!

Myrtion sieht ihn an

Chelidas schämt sich

MYRTION
Hat er immer eine so schwere Zunge?

LYKON
Sonst, wenn er von dir redet, ein Mundwerk wie ein Wasserfall. Er ist
so fürchterlich verliebt in Dich!

Chelidas wagt es kaum die Augen zu heben

Myrtion tut als wollte sie fort

CHELIDAS
Halt sie! Lass sie nicht fort!

LYKON ist weggetreten
So fasse sie doch an!

Timons Lachen aus dem Haus

Lykon stutzt, blickt durch einen Riss im Vorhang

MYRTION
Wollt Ihr mich beide zum Narren halten? Ihr Verfluchten!

CHELIDAS stutzt zugleich mit Lykon
Das Hirn macht Seifenblasen. Irgend etwas ist da – was nicht da ist.
Ich höre: eine Stimme. Ich sehe: eine Gestalt. Grässlich. Das drängt
sich zwischen uns. Angesichts des rettenden Ufers leidet mein Glück
Schiffbruch. – Leb wohl! Die Götter seien gut zu Dir, Du Gute!

Timons Lachen abermals

LYKON packt Chelidas, drängt ihn hinaus
Hinaus mit Dir – er ist es wirklich!

Myrtion ratlos

CHELIDAS
Verschlinge mich die Hölle!

MYRTION
Jetzt schäme ich mich! was sieht er denn Hässliches an mir?

STIMME draussen
Timon!

THERON in der Tür
Wer sagt mir, wo Timon ist! Wo ist der Führer?

LYKON *reisst links den Vorhang weg*
Heil Timon! heil!

Leäna springt von Timons Schoss

THERON *brüllt*
Timon ist hier!

TIMON
Bereit! *wischt sich mit dem Handrücken den fetten Mund ab* Bereit bis auf die Knochen! *mehrere herein, darunter Tryphon und der Claqueur.*

STIMMEN
Timon!

LEÄNA
Sind das Deine Kerle?

TIMON
Vertrauensmänner. Jeder steht für ihrer tausend.

THERON *zu Timon*
Durch Herolde die Versammlungen abgesagt. Die Söldner in den Kasernen bereit zum Ausfall. In der Stadt zum Schein alles ruhig. Sie stellen sich todt.

LYKON
Es geht ums Ganze!

THERON
Ums Ganze! ja! wir sind an dem.

TIMON
So schnell. Sie stellen sich doch todt?

THERON
Wir wecken sie! wir haben sie!

TIMON
Sicher? trotz denen in den Kasernen?

THERON
Sie sind ein Haufen ohne Kopf. Wir haben den Polemarchen. Heil dem Feldherrn!

TIMON
Den habt ihr? So! Den haben wir, mein' ich?

THERON
Hier steht er doch!

LYKON
Ruft: Heil dem Polemarchen Timon!

THERON auf Timons Kopf klopfend
Hier sind Phalangen! Hier in Deinem Hirn. Speerstarrende Rechtecke! Streitwagen! Elephanten! – Schafft mir ein Pferd, damit ich mit seinen Befehlen in alle Stadtviertel galoppiere!

LEÄNA
Wie so ein kleiner Topf ins Sieden kommt!

Gedränge

TIMON zu Leäna
Jetzt ist es an dem. Begreifst du? Ich muss, das siehst Du.

RUFE
Timon!

LEÄNA
Nein! nein! ich lass ihn nicht!

LYKON
Jetzt reiss Dich los von Deinem Weib und führe, grosser Hektor!

LEÄNA
Ich lass ihn nicht wegschleppen! Tryphaina! Ampelis! Nykto! wo stecken die Enten? Laidion! Philinna! Wo seid Ihr denn? helft mir ihn halten!

Die Mädchen aus allen Türen

THERON
Ihr Männer, man bedroht den Führer in seiner Freiheit!

LYKON
Gebt uns den Führer frei, Ihr schönen Weiber!

LEÄNA
Wenn sie mir ihn verprügeln! ihm Seewasser oder noch was Ärgeres einschütten!

DIE MÄDCHEN
Schafft Waffen her! Bringt was Ihr findet.

TIMON
Nein, keine Waffen! es ist ausgerufen worden, wer eine Waffe trägt, der ist ein offener Aufrührer!

Die Mädchen bringen Stuhlbeine, bleierne Kämme, einen Bratspiess

LEÄNA
Nicht solche Waffen, nur die mit denen man sich schützt, wo etwas offen steht.

THERON ergreift ein Stuhlbein
Es ist an dem!

LYKON fasst einen Bratspiess
Und vorwärts jetzt!

Mädchen bringen Kissen, Topfdeckel, Decken, Riemen, fangen an Timon zu wappnen.

LEÄNA schnallt ihm einen Deckel vorne an
Einen Hummer mach ich aus ihm!

EIN MÄDCHEN
Tiefer hinunter!

EIN ZWEITES
Schütz ihm doch die Weichen!

LEÄNA
Und wenn sie von oben schmeissen, wer steht mir für sein Leben ein?

VIELE
Wir alle!

LEÄNA
Ist da kein tüchtiger Kerl! Du da! her mit Dir! Und der mit dem Eckzahn! vorwärts! Der eine links von ihm, der andere rechts! und wacht mir über jedem Härchen auf seinem Kopf!

DIE ZWEI KERLE
Ja ja! schon gut!

TIMON
Wir werden schon – er befühlt ihrer beider Arme die Kraft der Argumente finden. Die schöpfen wir aus unserer Lauterkeit.

DIE MÄDCHEN
Ein Feldzeichen! Nehmt doch die Standarte! Sie heben das Schild mit der weisenden Hand und der Inschrift »Leänas Haus« an einer Stange befestigt

Theron galoppierend, ordnet den Vortrab

LEÄNA
Bringt mir ihn heil zurück!

TIMON *nochmals herantretend zu Leäna*
Für Dich geschiehts! fürs Häuschen! und – er zieht sie an sich für den der
kommen soll. Er wird der Bürger einer schönern Welt.

Der Zug ab. Die Mädchen winken. Einige weinen.

LEÄNA
Heult nicht. Streckt Eure Hände zu den Göttern. Ich kann nicht beten
wenn ich nichts Männliches in der Nähe habe. winkt Lykon, der als Letzter,
nach den Frauen schielend, zurückgeblieben. Komm Du daher, Du Windhund! Steh! sie lehnt sich an ihn und betet, die Mädchen dicht um sie Ihr droben,
schützt mir meinen Timon!

DIE MIMIN UND DER DICHTER
(Aus einem Dialog)

In einer griechisch-kleinasiatischen Stadt der Spätzeit.
Die sich Unterhaltenden sind: Bacchis, eine Mimin; Agathon, ein
Dichter; Kratinos, ein Philosoph, und drei Adelige: Palamedes, Periander und Demetrius, sowie Phanias, ein verarmter großer Herr.
Man steht vor einer politischen Umwälzung, und Timon, von dem
sie reden, ist der radicale Führer der Kleinbürger.

PHANIAS
Ihr werdet einiges erleben. Der Timon wird euch das Oberste zu unterst
kehren. Er ist das was kommt, und mir soll es ein Vergnügen sein.

DEMETRIUS
Du hältst ihn für einen großen Mann?

PHANIAS
Für einen frechen Bastardköter halte ich ihn. Aber er hat ein Mundwerk, daß sich um ihn das ganze werktätige arbeitsscheue Gesindel
sammelt – und damit habt ihr den an der Stirn gepanzerten Elefanten,
der dieses alte wurmstichige Gebäude von Staat umstoßen wird.

AGATHON
Die Macht des Demos ist ein Geheimnis.

BACCHIS lächelnd
Und wie denkst du über die Macht des Demos, mein Lehrer?

KRATINOS
Mein Denken ist langsam. Wie das Meer reinigt es erst jedes Ding von
seinen Selbstverwesungen. Ich glaube: die Macht des Demos ist ein

Schein. Sie ist eine von den Verkleidungen des Nichts; wie die Zukunft, der Fortschritt, und das Ich.

AGATHON
Der Demos trägt den Tyrannen in sich; man muß ihm nur Zeit lassen, ihn zu gebären.

PALAMEDES
Bei der Operation können wir uns verbluten: das Messer geht leicht daneben.

AGATHON
Spiele lieber, Bacchis. Man muß spielen, wenn die Welt so dumm und häßlich ist. Ich werde dir eine Rolle machen.

BACCHIS
Er nennt das »machen« – aber sein ganzes Machen besteht darin, daß er nichts zu »machen« imstande ist als Worte. Das Machen gehört in eine andere Welt.

AGATHON
Du meinst das Handeln. Aber wir Dichter zeigen ja gerade in unseren Tragödien das Handeln in seiner Reinheit.

BACCHIS
Da zeigt ihr das, was es nicht gibt. Es wird immer sehr unrein gehandelt, Agathon.

AGATHON
Ich meine das Handeln in seiner Wahrheit, in seiner Idee.

BACCHIS
Das Handeln und die Liebe entziehen sich der Idee. – Habe ich recht, Kratinos?

AGATHON
Denk an die Figuren des Euripides.

BACCHIS
Ich will aber nicht an Euripides und an das Advokatengeschwätz seiner Figuren denken! Wen überzeugt dieses Advokatengeschwätz? Nur Euch selber! Euch Wortmacher.

AGATHON
Du leugnest einen zweihundertjährigen Ruhm!

BACCHIS
Ich hasse eure Anmaßung.

AGATHON
Aber du würdest unsere Erfindungen nicht gerne entbehren.

BACCHIS
Eure Erfindungen!

AGATHON
Ja! die Gelegenheit, die wir dir bieten, auf der Bühne da zu sein.

BACCHIS
Diese Gelegenheiten bietet der Mythos. Was ihr dazu tut sind Worte.

AGATHON
Aber ohne unsere Worte wird ja alles, was je in der Welt getan wurde, vergeblich, wie ins Wasser geschrieben!

BACCHIS
Eure Worte sind ein schlaffes, weites Gewand, in das jeder hinein kann. Es kommt nur darauf an, welcher Leib es trägt, und wie er es trägt. Eure Worte sind hurenhaft, sie sagen alles und nichts. Man kann sie heute zu dem brauchen und morgen zu jenem. Das Leben aber, von dem ihr schwatzt, ohne es zu kennen, ist in Wahrheit ein Mimus. Meine Gebärde: das bin ich – in einen Moment zusammengepreßt, spricht sie mich aus – und stürzt dann dahin ins Nichts – wie mein Ich selber, unwiederholbar. Aber ihr habt eine Gaunersprache, eine schwindelhafte Übereinkunft – die nennt ihr den Ruhm, das Gedächtnis der Welt! Schwätzer verleihen Schwätzern Ruhm – aus Worten, für Worte, das ist alles! Oh, ihr Wortkünstler! – Ich weiß einen großen Wortkünstler in dieser Stadt: Timon. Denn aus seinen Worten wird etwas! – Wahrhaftig! ich will ihn sehen! Ich will ihn hier zu Tisch haben. Ich gehe ihn einladen. Ihr sollt mit ihm bei mir essen.

PHANIAS
Sie will einmal einen Mann sehen. Das ist kein Wunder. Sie sieht immer nur euch.

PERIANDER
Aber daß er vorher ein ausgiebiges Bad nimmt!

AGATHON
Du lebst vom Schein, Bacchis!

BACCHIS
Und du, eitler Mensch? Du verschmachtest vor Begierde nach dem Schein.

AGATHON
Du willst aus dem Leben ein Theater machen, Mimin.

BACCHIS
Und du möchtest aus den Worten ins Leben hinüber, Dichter! – Aber dabei spielst du unter den Lebenden genau die Rolle wie der Eunuch im Harem. Denn es gibt nur einen Weg, wie das Wort ins Leben herüberkann.

AGATHON
Und der wäre?

BACCHIS
Wenn es der Schatten ist, den die Tat vorauswirft.

HANDSCHRIFT Ia/6H¹

I^ter Aufzug a.
Text.

Ein Gässchen. Rechts Timons Haus. In der Mitte unter einem Torbogen ein
Barbierladen.

Tryphon mit einem jungen Burschen. Der Barbier steht in der Ladenthür.

TRYPHON
Ob das des Timon Haus? ob Timon hier wohnt? – oder in dem? Dich frage
ich! ja! wen denn sonst? warum zeigst du denn mit dem schiefen Maul statt
mit dem ausgestreckten Finger? Ich meine den politischen Timon, nicht den
Timon, der früher eine Schänke unten am alten Hafen hatte – – noch den, der
verwachsen ist und auf Pfänder leiht. Ich meine den berühmten Timon der
für das ganze hintere obere Gebiet des elften Viertels im großen Rat das
Wort führt, u. den Regen u. das schöne Wetter macht.

BARBIER für sich
Wetter macht! Ein Schwein und Lump macht Wetter! Dann ist es auch ein
Schweinswetter.

TRYPHON
Oder doch dieses? Aber man hat mir gesagt: immer findest du eine Ansammlung von Leuten davor. Lauter Bittsteller, Anhänger und solche. Und wenn
du ihm jemand zuführen willst so musst du früh aufstehen – sonst kommst
du gar nicht zur Audienz.

BARBIER kommt heran gelb vor Zorn
Ich muss mir doch das Hurengesicht anschauen, das hier vor meinem Geschäft das Wort »berühmter Mann« herauslässt! –

---

¹ *Bei den Texten von S. 35 bis S. 93 handelt es sich um die vom Herausgeber abgehobenen Endphasen der Niederschriften.*

TRYPHON
Es scheint dort drüben zu sein.

BARBIER tritt ihm in den Weg
Es scheint dort drüben zu sein. Ein confiscierter Kerl. Ein Hetzer und Wühler. – Ich werde dir ein Wort sagen, also bleibe stehen, du Gestell! du schiefes, saloppes, unrasiertes, ungewaschenes, verwanztes! – Hast du einmal im Leben das Recept zu einem Haarfärbemittel ausgedacht! Kannst du ermessen, oder ahnen, oder aussinnen, was dazu gehört. Und wenn das Haarfärbemittel da ist, und glänzt in der Flasche wie das Aufgelöste von Perlmutter in der Sonne, und riecht delicater wie das zarteste parfumierte Veilchen – und hat einen inneren Gehalt, dass der ausgedörrteste, verwesteste Haarboden unter ihm wieder jung wird, und atzt die Haarwurzeln wie ein Pelikan seine Jungen, und lässt durch die Haarwurzeln in das Geblüt eine Wärme einfließen, dass ein 60er die Füße wirft wie ein Schulbub – und du hast einen Gedanken: dieses Haarfärbemittel berühmt werden zu sehen – u dieses Haarfärbemittel ist da! es existiert seit dreizehn Jahren! Und es ist nicht ein Kunde der es nicht kennt – sie kennen es alle – aber sie haben sich ihr Wort gegeben es totzuschweigen! ja wovon sprecht ihr denn wenn ihr unter euch seid – frage ich sie seit 13 Jahren! Und nun ist der Stallmeister eines großen Herren darauf gekommen und sagt mir Sokrates sagt er: dein Mittel muss berühmt werden – und bringt einen Flacon nach dem andern in Umlauf u bei was für Herren – und da fängt dieses Schwein dort mit seinem Rüssel an die Erde aufzuwühlen und das Unterste zu oberst zu bringen – und da soll ich ruhig dastehen und anhören wie ein solcher Strolch dessen Gesicht man in dieser Gasse nie vorher gesehen hat, sich hier breit macht und mir diesen Schädling in mein Gesicht hinein einen berühmten Mann nennt!

Der Sohn mit Lykon, von hinten aus Timons Haus herausschleichend, querüber.

DER SOHN
Wie hat sie es gesagt?

LYKON
Habe ich dir nicht drinnen im Haus alles Wort für Wort wiederholt. Bist du verblödet?

SOHN
Du triffst meine Schwäche. Ich fasse es nicht auf wenn von ihr die Rede ist. Wenn sie auf mich zukommt, zittere ich und sehe einen roten zitternden Schein vor mir und nicht sie.

LYKON
Du musst sie grob anpacken. Da ist ein Soldat. Der kommt wegen der rothaarigen. Die anderen nimmt er nur so nebenbei. Wie ein Habicht mit einem kleinen Huhn geht er um mit ihr.

AKT I SZENE a

SOHN
So nebenbei. Wie ein Habicht mit einəm Hühnchen. Wie du das sagst.

LYKON
Ich werde es mit der Nikto genau so tun. Und mit einer jeden. Seit er es mir
vorgemacht hat, spüre ich, dass es in mir liegt. Was schneidest du für ein
Gesicht?

SOHN
Teils über das was du sagst, teils weil ich glaube eine Stimme zu hören. Wie
mir dann wird, ist unbeschreiblich.

TIMONS Stimme im Haus
Sogleich, mein Schatz.

LYKON
Welche Stimme?

SOHN
Diese da! Sie schlägt sich mir auf die Herzgrube.

LYKON
Die Stimme d. Vaters hat das Ohr des Volkes. Ich wollte ich hätte sie hier im
Schlund sitzen.

TIMON im Haus
Jaaa! Was denn?

SOHN
Er ist es. Fort mit uns.

TIMON an der Tür, spricht nach hinten
Was will die Mutter? was?

LYKON
Halt. Gieb mir den Arm. Wenn er heraustritt mache mich mit ihm bekannt.
Es wird meinen Credit steigern. Auch vor mir selbst.

TIMON in der Tür, sieht den Sohn
He! dir habe ich etwas zu sagen. Was stehst du so da wie ein Storch, dem der
Frosch aus dem Schnabel gesprungen ist?

Sohn will flüchten

LYKON hält ihn, verneigt sich zugleich
Wir warten willig auf Ihre Muße u. Bequemlichkeit!

SOHN
Mir wird schwarz vor den Augen. Zugleich vor Furcht u. aus dem Gefühl
m. Nichtigkeit, dass er mir solche Furcht einflösst. will weg

Timon wird unsichtbar, ins Haus.

LYKON ringt mit ihm
Du kommst zurecht.

SOHN verzweifelt
Bedenke was für mich auf dem Spiel steht! Es ist das erste mal! Hat sie dich
wirklich geschickt?

LYKON
Das Mädchen wartet auf dich sage ich dir.

TIMON in der Hausthür, einen Korb in der Hand nach hinten sprechend
Ja! alles wird besorgt – wie du es wünschest.

DIE FRAU dazu
Und lass dir nicht halbfaule Fische aufschwätzen die sind giftig von diesem
Lumpen deinem Parteigenossen. Das ist ein Schreier wie Du und seine Ware
so wenig wert wie er.

TIMON
Gewiss nicht, Schatz.

LYKON stößt Chelidas
Jetzt ist der Augenblick!

CHELIDAS
Noch nicht. Myrtion.

DIE FRAU
Halt noch! wirst du mir stehn! *zieht ihn ins Haus* Nicht diese grünen die sind
giftig. Und lass dir nicht einreden, dass das Stück dicht hinterm Kopf – auch
wenn du nichts riechst!

Tryphon mit dem jungen Menschen, geführt von einem Buben. Der Bub deutet:
der ists! auf den halbsichtbaren Timon

TRYPHON zu dem jungen Menschen
Still, nicht ihn ungerufen angehen. Das haben solche Hauptkerle nicht gern.
Wart bis er uns bemerkt.

TIMON allein hervortretend, zu Chelidas
Du begleitest mich. *will herunter*

DIE DREI KINDER fassen Timon an
Die Mutter ruft dich.

FRAU mit einem Einkaufsnetz
Da, für die Fische. Das Gemüse dort hinein. Dann laufst du noch zum Klempner – wegen des Warmwassertopfes – was für eine Lumperei wirst du ihm
auf den Kopf zusagen? was? heut im Bett hab ich dir's eingedrillt?

AKT I SZENE a

TIMON
Gewiss. Gewiss. Dem sag ich deine Meinung.

TRYPHON leise
Da sind schon andere aufgestellt. So gehts mir. Verflucht wer ein Pechvogel
ist!

DER ALTE EPHRAEM ungeschickt halblaut
He Malchus! dringend! he Malchus! Herr! – Herr Timon will ich sagen!

TIMON zu Ephraem, winkt ihm ab
Kusch doch mit Malchus da!

LYKON
Vielleicht dass ich den Korb tragen darf?

TIMON
Ich danke junger Mensch. gibt ihm den Korb

EPHRAEM halblaut
Malchus – du musst nachhaus. Ich soll dich holen. Die Frau schickt um dich.
Sie weiß sich gar nicht mehr zu helfen.

DIE FRAU Timon am Arm haltend
Was will der mit den Hänge-augen. Den Korb trägst du. nimmt Lykon den
Korb ab, gibt ihn Timon. Und du ins Haus, Kopfrechnen mit dem Kleinen,
anstatt da Maulaffen feil zu halten.

TIMON
Der Bursch begleitet mich – dächte ich, und sieht was ich gelte.

DIE FRAU
Da sieht er was!

TIMON
Das bildet seinen Verstand aus. Heut wird ein großer Tag! Ich wittre Schlachtenluft. – Nun Chelidas was hört man so. Aufruhr in Pontos? Der König verjagt? Drei-männer an der Spitze?

LYKON schnell
Man redet so etwas! Du bist von allem unterrichtet – ich sehe.

TRYPHON tritt vor
Der hier auf den jungen Mann weisend möchte gerne durch dich Hafencapitän
werden, Timon. Er war früher Teppichhändler. Auch mit Früchten hat er
hausiert. Nimm ihn unter deine Fittiche, Timon! Du vermagst alles in der
Stadt.

DIE FRAU
Wer bist du, Galgenstrick? Ihm noch das dunstige Gehirn ganz verdrehen!

EPHRAEM sucht hinter Timon zu kommen
Wenn sich die Frau nicht zu helfen weiß. Ein Soldat ist im Haus alles wegen
eines Affen. Die Mädchen sind außer Rand u Band. Hol mir den Malchus
schreit die Frau. Kommt jetzt – kommt!

TIMON halblaut
Deut nicht. Schweig jetzt. Bestie!

EPHRAEM
Wenn sich die Frau nicht helfen kann. Du musst nachhaus.

LYKON
O Frau, wir wissen sehr wohl vor wem wir stehen.

FRAU
Was?

LYKON
Vor der Aristokratengeißel! vor dem Abrüster der Galeeren. Vor dem ephesischen Herkules! dem Führer der Stadt!

TIMON über die Schulter
Verzieh dich. Sag ich komme hin. so schnell ich hier wegkann.

FRAU
Fort da ihr Tagediebe. Und du fort auf den Markt. – Nein. Ich hab mirs anders überlegt. Du bist mir zu leichtfertig. Du bringst mir wieder stinkendes
daher. Hinein. Ich geh selber. Platz da – der Vater soll ins Haus.

TIMON
Höchst wackeres Weib! Ephesierin vom alten Schlag.

FRAU
Das ist keine Ehr mehr, seit Kerle wie du mitreden! Da – die Sandale los –
das ist Parteigenossenarbeit! Liederlich Gesindel – reisst dem Kind die Sandale
ab Schreier u Schwindler alle – Keinen sieht man ehrlich arbeiten! bist du ein
Schneider – ein Färber ein Schneider ein Schuster – lauter verwaschene unge-
waschene Gesichter!

BARBIER
Ein Rachen wie ein Drachenloch: aber die Wahrheit kommt heraus!

DER KLEINE
Die Mutter reißt mich!

TIMON
Rauhe Hand ist wacker. Hut ab vor dieser Frau. Geh hin u. küss die Hand
mein Sohn. Solang es solche Frauen gibt, geht diese Stadt nicht unter.

AKT I SZENE a   41

LYKON
Hut ab vor Timon! der den großen Volksentscheid erzwungen hat!

BARBIER
Gesindel-entscheid! Lumpen-entscheid – Halsabschneider-entscheid

TRYPHON
Dem Freund der Niedrigen!

EPHRAEM
Wenn du nicht eilst, so weiß ich nicht was wird.

TIMON *immer vor der Tür*
Drin der Agathokles! du hörst er braucht warme Umschläge. Willst du nicht hinein.

DIE FRAU
Ich sehe dass Du wieder Reden halten willst!

TIMON
Nachhaus! und sag ich renne wie ich kann! ich komm schon so bald ich mich frei mache!

TRYPHON *nähert sich Timon*
Bescheidner Mann willst du leugnen dass du es bist – dass diese Hand es war
er küsst ihm die Hand

LYKON
die den Aristokraten ihre Schiffe aus dem Leib gerissen hat!

TRYPHON *hält ihm den Mund zu*
Gestatte dass ich dir diesen vorstelle – obwohl ich selbst dir unbekannt bin.

LYKON
Du aber uns nicht! Wir bewundern dich. Wir sind die deinen!

TRYPHON
Das sind die Lasten der Größe. – Ich bin glücklich dass Du mir dein Ohr leihst. Dies ist ein Händler mit Reis – und Teppichen. Ein werktätiger junger Mensch. Zuletzt war er er klatscht, der junge Mensch auch gewaltig Das war er: beim Theater! im Circus! beim Rennen! und bei dir! Gestern – während deiner Rede – – Hast du seinen Zuruf nicht gehört: mit seinem Schreien bringt er ein Gespann halblahme Gäule als erste durch das Ziel.

DER JUNGE MENSCH
Siege! Timon! siege!

TRYPHON
Du kennst ihn jetzt. Sein Onkel ist reich u. hat Weingärten. Er fürchtet den

Neffen u. hält Hunde. Dieser hat einen Plan. – Durch dich werden die Galeeren abgerüstet. Da wird viel Kupfer frei.

LYKON
Berge von Kupfer.

TR.
Du bist das Oberhaupt des Ausschusses, der alles überwacht.

LYKON
Das ist er heil!

TRYPHON *von seinem Clienten gedrängt, fasst Timon am Gewand kläglich*
Lass ihn Hafencapitän werden! oder eine Gesandtschaft anführen!

DER JUNGE MENSCH *nahe b. Timon*
Ich räume auf die Seite, wen du mir bezeichnest. – Ich bin ein armer junger Hund der leben will!

CHELIDAS *vor sich*
Ich verinne. An den Rändern löse ich mich auf. Ich solle zu den Soldaten? Es ist als ob er das gesagt hätte. Jetzt oder vor langer Zeit? Myrtion! Myrtion! *leise* Jetzt fort! man braucht uns nicht!

LYKON *hält ihn bei der Hand*
Im Gegenteil. Jetzt dräng ich mich in sein Vertrauen!

TIMON
Ein wenig Ruhe da! Dein Vater wird um polit. Rat gebeten. Man sieht in mir den Anwalt der Unterdrückten. Ein bischen Gewandtheit. Mische dich unter die Leute, die Wünsche an mich haben. Welche Gebärde gehört eigentlich erb u eigenthümlich zu diesem Waschlappen – außer dieser: vor den Hintern gestoßen zu werden. Und das muss mein Sohn sein!

DIE FRAU *wieder aus dem Haus, sieht die Soldaten, die ihrem Haus gegenüber aufgepflanzt sind. Alle andern stehen stumm herum.*
Was ist denn das?

TIMON
Das sind wackere Seesoldaten. Abgerüstete sind das von den Galeeren. Sie sind jetzt aus dem Joch u betrachten sich die Stadt.

DIE FRAU
Ah das sind die Folgen. von dem was Du ins Werk gesetzt hast? Solches Gesindel streunt jetzt in der Stadt herum u. macht bei hellichtem Tage die Gasse unsicher! Da ist es an dem, dass man sein Haus verschließt *sie schlägt krachend die Hausthür zu*

DER ERSTE SÖLDNER
Was rülpst das alte Weib?

AKT I SZENE a

DER ZWEITE SÖLDNER flucht auf punisch.
Ich geh ihr an den Balg!

Viele dazwischen

Timon abwinkend

FRAU
Ins Haus! u. ganz allein! Dass du mir noch in Raufereien kommst! fasst ihn

THERON stürzt durch den Schwibbogen herbei auf Timon zu; er hat strähniges herabhängendes Haar u. ein abgezehrtes Gesicht
Noch nicht! Vielmehr erst dann wenn du mich angehört haben wirst! Ich ein gottesfürchtiger und gerechter Mann, war arm u. lebte kümmerlich. Reich sah ich Tempelräuber, Sykophanten Lakaien Schurken. dicht bei ihm Du hast die Stadt in der Hand!

T.
Wieso?

TH.
Durch die Fisch- und Getreidepreise. Das ist der Strick, den du zuziehst. Er zieht ein Stückchen Schnur, eine Schlinge, aus der Tasche und demonstriert das Zuziehen Die Aristokraten? was sind sie noch? lacht gellend Die Leibgarde einer Hure! Bacchis, das ist ihr letztes Losungswort.

TIMON
Bacchis? ist das so eine? und so mächtig?

THERON
Blumenmädchen! dann Mimin! Tanzen auf dem Theater! er tanzt Sie wollen sie zur Oberpriesterin der Diana machen! Weißt du was das bedeutet?

TIMON
Priesterin? das Weibsbild!

THERON
Den Tempelschatz! Alles Gold der Erde! Gewölbe, so, er stampft auf voll Gold! Sie spielen Katz u. Maus mit euch. Sie werben Söldner – zehntausende.

TIMON
Hört ihr's!

THERON umschlingt ihn fester
Aber – er hebt Timons Fuß hier ist der Schlüssel zur Lage. Hier! – Du hast die Zunge, die gewaltige! Die Feuerzunge! in Gold sollte man sie fassen!

DIE FRAU
Was fahrst du ihm mit deinen Pfoten ins Maul, wie ein Rosstäuscher!

THERON
Du setzest ihnen noch heute den Fuß auf den Nacken.

TIMON
So ist es. – Wie denn?

THERON
Du ziehst die Schlinge zu. Mit fünf.

TIMON
Mit meinen fünf?

THERON
Hier stehen fünf. Ich der der der und der – Du hast uns, wie deine Hand. Die ganze Stadt durchsetze ich mit solchen fünf. Du hast heut Nacht fünf mal fünfhundert Hände!

CHELIDAS vor sich
Es ist mir fraglich, ob ich vorhanden bin.

LYKON
Du bist vorhanden!

CHELIDAS
Es ist ein Schein.

LYKON
Es ist kein Schein!

TIMON
Ich muss – sofort –

DIE FRAU
Was musst du, als da hineingehen u. den Teig abtreiben?

TIMON
Denen die das Wort führen, muss ich alles stecken!

LYKON
Wem willst du was stecken? Du bist selber der Führer!

DER JUNGE MENSCH
Timon! Timon!

THERON
Du hast will ihm wieder in den Mund fahren die Keule, sie niederzuschlagen!

LYKON *nähert sich ihm*
Was Keule! Hebebaum! ein Krahn!

Timon hält sich den Mund zu

AKT I SZENE a 45

THERON
Ein Widder! ein Enterbock, das Schiff des Staats damit zu rammen! –

TIMON
Du sollst m Herold sein!

5 THERON
Zähne gefletscht u. ihnen an die Kehle!

DIE FRAU
Husch! da hinein!

LYKON zu Chelidas
10 Jetzt kommts! den Führer lass uns!

DIE FRAU
Heraus, Melaina! und wenn ich ihn drin hab – legt den Riegel vor!

LYKON
Jetzt mach dich frei, du Herkules! Huss! huss!

15 TIMON
Lasst nur!

DIE FRAU
Ins Loch, du Lügenmaul! Die Kette zu! den Riegel vor!

TIMON
20 Zu mir mein Sohn! zu mir!

CHELIDAS zu ihm
hier Vater!

TIMON
Ich habe ein lebenswichtiges Geschäft in der Stadt zu besorgen. – Hinein ins
25 Haus! und mach mir hinten vorm Ziegenstall das Türchen auf ins Gässchen.

CHELIDAS im Haus
Ja! ja! Ich laufe.

Barbier aus seiner Tür

TIMON zurückgerissen
30 Lass nur. Ich komme ja. Ihr Freunde! auf solchen kleinen Häusern ruht der
ganze große Staat. Das sind die Waben, in denen sich der Honig aufhäuft.
Geht hin! sagts den Aristokraten: daran sollen sie nicht rühren!

DIE FRAU
Das sagst du drinnen auf, und treibst dazu den Teig ab. sie drängt ihn hinein

35 DER BARBIER näher kommend, das seifige Messer in der Hand
Recht so! hinein mit dir! du Stänkerer! hinter kreuzweise Eisengitter! so
einem müsste die Obrigkeit den Herrn zeigen, eh's zu spät ist!

DIE FRAU *wendet sich*
Wie was? was hör ich da? der alte räudige Myron bellt uns was? der Pferdsharndestillator?

DER BARBIER *hebt was vom Boden auf*
Und das ihm wenn er hinterm Gitter hockt in sein Gefries! *wirft* Kohlstrünke! alte Knochen! Fischgräten! Fetzen Unrath! *wirft*

EINER
Du untersteh dich!

DER BARBIER
Ihm ins aufrührerische Gefries den Unrath!

DIE FRAU *zu Timon*
halt du stehst still! *springt die Stufen herunter u geht den Barbier an* Was? der Krätzsalbenhändler! der Trabant von rotzigen Lakaien, der! Den Herrn zeigen! uns! Vorwärts. Aristokraten? was? Klopfhengste parfumierte!

Timon. *auf die Schulter genommen.*

DIE FRAU
uns an die Kandare nehmen? Sie uns! Die sich ihre Betten von Boxern und Reitknechten warm halten lassen! sie uns Vorschriften machen? Die Strassen reinigen – wenn sie vorübergehen – dass ihnen Staub nicht in die Nasen steigt! nur Veilchenduft! die Seidenbrunzer die! – Ja! nehmt ihn in die Mitte! – Wir riechen ihnen wohl nicht gut? Rein riecht nur unser Haus – das prügelt ihnen ein: hier wohnt die Reinlichkeit! und auch die Rechtlichkeit wohnt hier! – Winkt Eurem Vater! Es geht über die lumpigen Aristokraten her! Wie – wo der Vater ist? der den sie tragen! Wink ihm! schrei! dort! Papa! Papa!

HANDSCHRIFT Ib/11H

I b. Text.

Timon u Leäna, eingehängt.

TIMON
Wie? dir gedroht? mit s. Fäusten dir gedroht?

LEÄNA
Gedroht? Ja! mich bedroht! das war aber schon etwas mehr als gedroht! das muss ich sagen!

AKT I   SZENE b   47

TIMON
Ja wie der Kerl das wagt? Wo ist der Kerl? Du weißt nicht wo er ist?

LEÄNA
Er ist ja nicht mehr da. schrei doch nicht so!

TIMON
Gerüstet was? Oh dass ich ihn hier hätte! Wie heißt er? in welche Kaserne gehört er? Ich geh ihn suchen – Ich finde ihn! Hat er gemeint dass da mein kleiner Schatz ganz ohne Männchen ist! Der Hund, Schlachtvieh! Ah! ah! drückt sie an sich Dich wegen eines Affen – ja wie war denn das? Was für ein Affe überhaupt? Wie kommt der Affe her?

LEÄNA
Sie wollte ihn nicht abliefern, das Mädchen den Affen. – Von auswärts sagt sie. Das kecke Ding! Dass du auswärts schläfst ist vor allem gegen den Vertrag, wenn er es erfährt, m Malchus sag ich kriegst du eins übers Ohr und eine Woche Abzug. Hab ich nicht recht! wenn das unser Herr erfährt! – Mein Bräutigam der Malchus – Ah der, und lacht so keck – und überhaupt sag ich: ich weiß nicht wie du mir vorkommst.

TIMON
Wie nett alles dir aus dem netten Schnabel herauskommt! küsst sie

LEÄNA
Wie denn, sagt sie – nun wie denn halt? der Fetzen! Sags da vor m. Freund! Manierlos bist du und frech: und unverschämte Launen hast du! sag ich Sagt sie: das geht auf den hässlichen alten Kerl, den Praxias. Auf den spuck ich. Er hat die Krätze u. ist geizig. Was sag ich? Ein Rheder? Ein Mann der Zinnbergwerke da drüben auf der Insel besitzt – der an der Rückfracht allein reich wird u. wenn er seine Schiffe leer gehen lässt – Bei dem geht alles leer, sagt sie, – mir graust. – – darauf hau ich ihr eine hinein.

T.
Mit der kleinen weichen festen Patsche!

LEÄNA
Das Wort ist noch nicht aus m. Mund geht der Kerl mit einem Satz auf mich los – packt mich

TIMON
Wo?

LEÄNA
Bohrt mir –

T.
Was? was?

LEÄNA
Ich weiß nicht wo! Seine Klauen waren wie Eisen!

TIMON
War er bewaffnet? Ah! dich find ich aus!

LEÄNA
Lederzeug u Eisen –

TIMON
In Lederzeug? Der Barbar! der Hund!

LEÄNA
Mit einem Waschbecken haben ihm die Mädel ins Gesicht gehauen und die
Nykto ihn von hinten in den Ohrlappen gebissen – sonst war ich dahin!
Weinkrampf!

TIMON
Dahin mein Schatz, mein Kätzchen – meine süße Puppe! Und ich muss nicht
zuhause sein! – Aushungern! die Zähne ausbrechen! castrieren!

LEÄNA
Oh lass mich nur! dir ist es ja nicht recht wenn ich einmal dich von dort
drüben holen lasse. Gar nicht einmal recht ist dirs. Ganz mit einem finstern
Gesicht bist du auf mich zugekommen. Ich bin eben eine alleinstehende kleine
Frau – ich hab eben zu weiche Hände – für das Pack das infame – Das hat man
mir nicht an der Wiege gesungen – dass ich nur solche Fetzen zusammenhalten muss – u. allein

TIMON *will sie ihr küssen*
Wie Flaum von einem drei Tag alten Gänschen!

LEÄNA *entzieht sie ihm*
Es ist ebenso gut wie wenn ich keinen Bräutigam hätte. Denn wenn es drauf
u. dran geht, da hab ich ihn eben nicht. Ich lass dich nicht mehr zu mir holen –
o ich werde mir zu helfen wissen da ist der Capitän – gib mir den Schlüssel
hat er gesagt –

TIMON
Zu jeder Stunde! um Mitternacht! im Morgengrauen! Lass mich holen! lass
mich zu dir befehlen! lass mich citieren! lass mich rufen! Aber Timon lass
mich rufen! *küsst sie Timon!* – Kein Laut von Malchus drüben im Seilerviertel – sonst ist alles hin!

LEÄNA
Wird das Doppelspiel drüben u herüben nicht bald ein Ende haben? *stampft auf*

AKT I SZENE b   49

TI.
Das notgedrungene, mein Engel! politische Notwendigkeit – Du weißt es!
Wen habe ich denn unter meiner Decke Wo hab ich denn eine Mitwisserin
als da unter diesem carierten Kleidchen?

LEÄNA
Ich verstehe Männersachen recht gut. Männer müssen Schwindeleien machen
– doppelt wenn es gegen die Behörden geht! Sieht man mich vielleicht drüben wo du mit der alten Hexe unter einem Dach wohnst, herumziehen: und
nach Malchus rufen!

TIMON
Das sagt ja niemand!

LEÄNA
Ich verstehe was man zwischen den Zeilen sagt. Aber wahr ist es nicht. Wahr
ist es nicht! Klein machen willst du mich jetzt! Dumm soll ich dastehn! –
Hab ich den Timon suchen lassen. Was geht mich der Timon an – der drüben
im oberen Seilerviertel haust? – Den Malchus hab ich holen lassen, den meinigen! ganz heimlich! und so hab ich ihm aufgetragen.

TIMON
Er kam dort hin: wo ich der Timon bin! Er schrie: He Malchus! Herr! ihr
müsst nachhaus! die Frau – ein Affe ein Soldat! he Malchus! Es ist so herausgekommen.

LEÄNA
jetzt auf der Stelle soll er her. Wen hab ich dich suchen heißen?

EPHRAEM
Ihn doch.

LEÄNA
Wen?

EPHRAEM
Da den Alten halt – den Bräutigam.

LEÄNA
Und wie hieß ich dich ihn suchen?

EPHRAEM
Wie denn? mit Rufen halt und schauen wie man sucht –

LEÄNA
Doch wie? wie solltest du –

EPHR.
Eilig sehr eilig! u. überall im elften Viertel!

LEÄNA
In welcher Weise?

EPHRAEM
Jetzt fragt sie noch einmal

LEÄNA
Hieß ich dich Timon oder Malchus rufen?

EPHRAEM
Den Malchus freilich ja. Wen sonst?

LEÄNA
Doch wie? Hab ich gesagt: Schrei Malchus? oder wie hab ich es gesagt!

EPHRAEM
Der Malchus heißt dort Timon, hast du gesagt. Es kennt ihn jeder Mensch hast du gesagt. Was unsern Malchus – Den kennt dort drüben jeder Mensch? Curios. sag ich? Ja, sagst du noch lauf! es gibt ein Trinkgeld!

LEÄNA
Sonst nichts?

EPHRAEM
wegen der Nachbarn soll ich doch kein Wort von Timon wissen, hast du mir eingebläut!

LEÄNA
Wo das? du Schlapper Schwanz!

EPHRAEM
Na hier herum – was halt die Nachbarn sind

LEÄNA
Doch dort! Kein Wort von Malchus!

EPHRAEM
Nein nein! dort dort wissen sie von Malchus und von Timon

LEÄNA
Dort wissen sie von Malchus u. von Timon! Von Malchus hab ich gesagt?

E.
Du hasts gesagt.

L.
Ich? Du sagst ja?

EPHRAEM
Freilich ja.

AKT I SZENE b   51

LEÄNA
Ei freilich nein! ei freilich nein! Du Nichtsnutz! Die wissen von Timon! hab
ich gesagt! fahr ab in die Hundehütte! du alter Suppenmatz, den man umsonst fütterst. Fahr ab. Weiß ich denn nicht wie Du das eingefädelt hast?
5 weil du doch ein Zugewanderter bist – und wolltest doch das Wahlrecht
haben und das Recht dort zu handeln

TIMON
Ja. ja! lass jetzt. ich muss Dir jetzt was sagen

LEÄNA
10 O was man mir erklärt, das weiß ich. Dass du dazu hast in das Haus ziehen
müssen vor 3 Jahren –

TIMON
So vier, fünf Jahre sinds –

LEÄNA
15 zu deines verstorbenen Schwagers Schwester, weil die Rechte intabuliert
sind auf dem Haus – und das war nur so möglich dass Du sie zum Schein heirathetest – so alt sie war.

TIMON
Du weißt's! die Götter wissens auch! sonst niemand! Finger auf den Mund
20 Jetzt lass! ruft's da nicht Timon?

LEÄNA
Wer soll den rufen? Hier wird Malchus gerufen! – O ich weiß viel mehr als
du weißt, dass ich weiß. Ach sie verzieht ihr Gesicht sie sagen sogar – diese
Lügenmäuler – und wer weiß ob das nicht die Wahrheit ist: du wärest mit
25 ihr seit zwanzig Jahren u. sie wäre deine rechtmäßige Frau – und du hättest
Kinder mit ihr, drei oder viere! – Kein Wort glaube ich davon! aber dir glaub
ich auch nichts!

TIMON
Du weißt doch: das spreng ich alles selber aus –

30 LEÄNA
Aber ich rede mit niemand darüber. Nur eines das sage ich dir: ist sie alt u
hässlich? ist sie das?

T.
Wie die Nacht. Wie eine ausgedorrte Citrone:

35 L.
Und doch bist du unterm Pantoffel sagen alle.

T.
Ein neuer Beweis! Wenn sie m rechtmäßiges Weib wäre – was hätte ich für

eine Ursache mich zu ducken. So aber mit dem Geheimnis hat sie mich in der
Hand. An dem Kinn packt sie mich da.

LEÄNA
Ja, ja! Und du hast gewiss kein Kind mit ihr?

T.
Wo werd ich!

LEÄNA *lehnt den Kopf an s. Schulter*
Und den du mir machst, das wird dein einziger Sohn?

T.
Das schwöre ich.

LEÄNA
Du Gerissener du! wer ist dir über!

T.
Jetzt ganz beiseite den Tratsch. Denn es kann sein dass sie mich abholen.

L.
Die Polizei? Sind die dir doch auf der Ferse?

TIMON
Narr kleiner! Soll ich dir etwas sagen? etwas anvertrauen?

L.
Sag mirs. Ist es etwas Politisches? Ich weiß ja das Zeug hat dich in den Klauen!
Oder ist es eine Weibergeschichte. Sag mirs!

TIMON
Du hast einen gescheidten Kopf. Du denkst so wie alle denken! Kerzengrad
wie die Strasse mitten auf den Markt

L.
Ja das möchte ich sehen, ob eine sich was anderes denkt! Ich denke mir so
viel als eine. Aber reden muss man mich lassen – sonst kann ich mir nichts
denken –

T.
Ja mit dir kann man sich über alles berathen. Mit dem ganzen Gesicht horchst
du? sogar mit der kleinen Schnauze der netten, aufgeworfenen? *Küsst sie*

L.
So brings doch schon an den Tag!

T.
Ich habe mich ohne viel Reden von ihnen los gemacht. Sie wollten mich geradewegs auf den großen Markt schleppen! mitten auf den riesigen Platz hin.

AKT I SZENE b 53

L.
Was waren denn das für welche? Todschläger Halsabschneider? haben sie dich vergewaltigen wollen? Ist denn gar keine Ordnung mehr! keine Gewalt über d. Pack?

T.
Meine Anhänger waren das. Es geht schwindelnd auf mit mir. Meine Popularität ist reissend angewachsen!

L.
Solche verzweifelte Kerle sind das? ja was sind sie denn vor dir?

T.
Reden sollte ich. Marschieren wollten sie mit mir an der Spitze. Wie eine Phalanx und ich der vorderste!

L.
Die Hundsknaben! Und du bist ihnen ausgewischt?

T.
An einer Ecke wo ein rechtes Gedräng war, – abgebogen – und zu Dir!

L.
Die sollen schauen ob sie dich finden! Ich versteck dich! Du kannst von mir was anziehen. Wollen sie mir dich bemachen?

T.
Weibchen! – Es sind mehrere Naturen in uns! Das ist es. Wild u. ängstlich / dumm u schlau / es ist alles verfitzt, sie wollen eine die andre niederhalten Fürcht ich mich – oder nicht. Ich kann so wild sein. Unterm Reden kommts mir! Wie einem Hahn wird mir – den ein andrer überkrähen will! Der Augenblick dictiert mirs. Da kommt das Ganze über mich.

L.
Nein so grimmig schaust du aus! Und in alles willst du dich dreinmischen? – Ich habe Furcht vor Unruhen. Redest du denn auch zum Frieden?

T.
Ich rede wies uns Vorteil bringt. Bleib, du Gute, in diesem friedlichen Häuschen. Ich will dich schützen. Ich will dir dein Gärtchen rein halten. Die Welt ist hässlich u. verderbt. Hast du von der Bacchis gehört! die einmal Blumenmädchen war?

LEÄNA
Ah die war einmal ein Weib! Jetzt gibts die gar nicht mehr! Alles ist falsch an der alles künstlich! Das ist eine Verderbnis! Das kannst du dir nicht ausdenken. Nicht eine hier die nicht besser von Leib u munterer v. Geist wäre!

T.
Das sagt man mir. So lauten m. Berichte

LEÄNA
Solls über die hergehen?

T.
So unter andern ja! Man wird allen solchen Volksschweissverprasserinnen ins Weiße der Augen schauen!

LEÄNA
Du sollst ihr nicht von ganz nahe ins Weiße der Augen schauen –

T.
Nein ich meine Man wird diese babylonische Sultanin zu Falle bringen

L.
Du nicht! du nicht! das verbiet ich dir!

T.
Du musst nicht alles wörtlich nehmen. Es geht auf die ganze Rasse. Die Vornehmen

L.
Soll es denen an den Balg gehen? – Ja alle bessern Leute – denen zeigst du's. Das soll mir einer sagen, was das ist das Bessere. Vielleicht weil sie so künstlich reden, dass mans nicht versteht! Wo haben sie denn das sitzen das Bessere? In Dreck mit ihnen u ihren hochgetragenen Nasen. – Aber was so elegante junge Herren sind – es geht doch nichts über solche, wenn sie das Geld so hochmüthig aus der Tasche ziehen und es hinwerfen – ohne auch nur einen Blick

T.
Das muss alles herunter vom hohen Ross!

L.
Die eleganten auch? alle! Gut! gut! sollen sie hin werden! vorbei! wenn nur das unsere dabei gut fährt!

TIMON
Gut fährt? Das soll es! Ich will unser kleines Schiffchen schon steuern! – Was war das! Wer schreit da?

LEÄNA
Der Citronen ausruft – Der Bucklige draußen auf der Gasse –

TIMON
Und das? das war nicht Timon? jetzt? Das! das!

AKT I SZENE b   55

LEÄNA
Der Wasserträger! mit der hohen Stimme.

TIMON
Gut. – Was ich sagen wollte – – Wir wollen hier erweitern.

LEÄNA
Wenns drunter u. drüber geht?

T.
Lass nur! Häuser werden billig wie schlechte Fische. Wir nehmen ein Männerbad dazu! wir brechen die Mauer durch. Das oben vermieth ich Betteln
sollen sie hier herein zu dürfen!

L.
Die Eleganten auch? Das sollen sie! die hübschen Kerle!

T.
Hier müssen sie sich geborgen fühlen. Nie hier ein revolutionäres Wort. Vor
Piraten Banditen Demokraten fürchtest du dich wie vor der Pest –

L.
Hab ich so Furcht.

T.
Nein du stellst dich so! Lass solche Reden fallen, wie: Hier ist Alt-Ephesus!
Berath sie in allem. Auch wohnen können sie hier. Deut an: Du wüsstest wo
man etwas verstecken kann: Preziosen, Documente

LEÄNA
Mir läuft die Ganshaut. Ist es recht, wenn ich sage: Gehängt sollen die Gleich-
macher werden! Erwürgen sollte man die Halsabschneider! Ich wenn ich
Rattengift – ich streut es ihnen – den Angebern – Ist das so recht?

TIMON küsst sie
Erweitern! so ein Saal. zieht den Grundriss mit der Ferse Begreifst du! groß
werden! Stell Negerinnen ein!

LEÄNA
Ja macht denn die Politik so einen Hauptkerl aus dir?

TIM.
Wie einen Stier in der Arena

LEÄNA springt vor Freude
Ah! du musst früh u spät Politik machen! das seh ich ein! Und jetzt! was ist?

TIMON
Sie rufen deutlich.

LEÄNA

Hinein mit dir. Du bist so gut wie nüchtern. Das macht dich schreckhaft. –
Ich hör nichts.

TIMON

Mit dir hinein? Du vergisst den Vorsatz Was hast du allenfalls . .

LEÄNA

Eine Schüssel frischer Krabben, und vorher ein Fenchel in Öl – drinnen
komm!

TIMON

Du vergisst das Orakel – und nichts Warmes?

LEÄNA

Schafsnieren mit Knoblauch!

TIMON

mit Knoblauch! – Das Orakel wird mich drinnen finden. Was ist das für ein
Gesicht? Tuch übers Gesicht

LEÄNA

Das wäre sauber! wenn die Götter wollen auch im Bett. das soll aber kein
Omen sein!

L y k o n herein.

TIMON

Nicht viel Geschwätz, von Göttern jetzt! hinein!

LYKON *sieht dem abgehenden Timon misstrauisch nach; dann*
Myrtion! pst! Myrtion!

Das Gesicht Myrtions an einem Fenster, zwischen Fensterrahmen u. Vorhang.

LYKON

Ich bringe ihn!

Chelidas an der Eingangstür, zaudernd; wegzulaufen bereit

MYRTION *das halbe Gesicht*
der Junge? Gleich! ich komme!

CHELIDAS

Ich gehe lieber. Ich verschwinde. Ich war gar nicht da.

LYKON

Sie ist doch willig. Sie hat schon auf dich gewartet.

CHELIDAS

Unmöglich.

AKT I   SZENE b   57

MYRTION
Wo ist er denn? –

LYKON
He! komm!

5 MYRTION
Der Alte ist im Haus, ihr Bräutigam – der Malchus sieht sich um

LYKON
Und? Chelidas!

MYRTION
10 Ich trau mich nicht. Er hat uns Liebschaften verboten. Sag ihm er soll später wieder kommen!

LYKON
Das bringt ihn um! Schaff Rat! – Ihr habt ein Gärtchen! dort hinten.

MYRTION
15 Geht nicht. Ich trau mich nicht. Wo ist er denn?

Lykon zieht Chelidas bei der Hand herein.

Myrtion schüttelt den Kopf

CHEL.
Rede ihr nicht zu! Lass sie! Du siehst doch!

20 LYKON
Sie denkt doch nur nach wo ihr zusammen sein könntet.

CHEL.
Dies Haus war – lieblich ist kein Wort – es war so anders weil du da wohnst – es zu betreten – Wahnsinn! den Arm vor dem Gesicht.

25 MÄDCHEN
Warum ist er denn so? ärgert ihn etwas?

CHELIDAS vor sich
Die fleischgewordene Unmöglichkeit! dass ein s o l c h e r w i e d i e s e r da sich
a n n ä h e r n dürfte

30 MÄDCHEN
Hat er kein Geld? sag ihm das macht doch nichts! Das ist jetzt m freie Zeit.

Chelidas Arm über Gesicht

LYKON
Zu hässlich findet er sich. Was weiß ich! nicht Manns genug!

MÄDCHEN
Hat er was geheimes Übles?

LYKON
Ein Kerl wie aus frischem Flusswasser geboren! Ich seh ihn täglich im Bad!

CHELIDAS
Es kräuselt sich –

LYKON
Was kräuselt sich?

CHELIDAS
Mein Hirn – zu enge u. zu weit: die schwere drängende Zerrüttung will entspringen. Lykon stellt den Fuß vor

MÄDCHEN
Mir haben schon weit hässlichere gefallen! Er hat hübsche Wangen u einen freundl. Mund.

LYKON
Hörst du.

CHELIDAS *lehnt den Kopf an die Wand*
Leiblich vor ihr! Und geistig so weit – irgendwo bei Nimrod u Sesostris. Nicht zu ihr mich schwingen können die vor mir steht!

M.
Warum wackelt er so mit dem Kinn. Will er denn weinen.

LYKON
Frag nichts! Nimm ihn nur bei der Hand.

MÄDCHEN
Ist er behext?

LYKON
Ach wo! Von dir!

MÄDCHEN
Man kann das auch curieren! ich weiß die Alte die kanns!

Chelidas sieht sie an

LYKON
Nimm bei der Hand. Sonst brauchts keine Cur.

Mädchen scheut sich

CHELIDAS
Weit schlimmer – unmöglich! wie in einem Mausloch alles so enge – dann

AKT I   SZENE b

so weit – Es ist alles zu weit alles zu eng ich kann nicht zu dir – es ballt sich ringt nach Worten

MÄDCHEN
Hat er immer eine so schwere Zunge?

5 LYKON
Sonst wenn er von dir redet geht sein Mundwerk wie ein Wasserfall. Wie Honig fließts ihm von den Lippen. Du jagst ihm solche Furcht ein: er ist so fürchterlich verliebt in dich!

MÄDCHEN
10 Alle beide wollt ihr mich zum Narren haben! Da sucht euch eine Andere! Aber von dir hätt ich mirs nicht erwartet!

CHELIDAS
Halt sie! Lass sie nicht fort! ich erschaffe mich an ihr! wenn sie nur da bleibt!

LYKON
15 So fasse sie doch an!

Chelidas tuts: sie sehen einander an

MÄDCHEN
Wie hübsch er wird wenn er nicht mehr so vor sich hinstiert.

CHELIDAS
20 Du Unbegreifliche! lehnt den Kopf an ihre Schulter

Lykon promeniert – discret.

MÄDCHEN
Willst du in's Gärtchen? dort? Ein so ein netter sanfter Kerl bist du? ich mach Musik für dich – ich möchte sehen Ich kann ein bisschen singen.

25 Man hört Timons Lachen. Lykon stutzt Das Lachen abermals.

CHELIDAS entgeistert
Vor dir steht Mädchen – eine Negation. Ein Todter wäre ein Spass dagegen.

MÄDCHEN
Nein –

30 CHELIDAS
Was ist ein Mann? Ein Mann ist Möglichkeit von Taten. oder er ist nichts. Seine Taten gehören ihm: sonst nichts. Zu mir gehört nichts. Wenn man sich an dir vergreift – bin ich waffenlos – denn mein Arm gehört nicht zu mir: mein Hirn gebietet ihm nicht. Es schweift umher. – O Lykon! mach dass sie's
35 versteht – aber wenn ich fort bin.

Lykon schaut durch den Spalt

DAS MÄDCHEN

Was hast du denn schon wieder Lass den weg! Red nur mit mir, von dir werde ich alles capieren.

CHELIDAS

Das Hirn macht Seifenblasen. Irgend etwas ist da – was nicht da ist. Ich höre: dann sehe ich. Wahr ist nichts davon. Ich höre eine Stimme. Ich sehe: Säbelbeine – – eine Warze. Du stehst vor mir u das drängt sich dazwischen! Angesichts des rettenden Ufers erleidet mein Leben Schiffbruch. Leb wohl: die Götter seien gut zu dir, du Gute!

LYKON

Ja ja er muss jetzt fort!

MÄDCHEN

Warum denn fort. Ich will ihn bei mir haben. Und er will auch!

CHELIDAS

Nein. nein. Ich muss abtreten von der Bühne. Das Schauspiel war zu erbärmlich

MÄDCHEN

Jetzt schäm ich mich! Er meint was Hässliches!

CHELIDAS

O Götter! Sie schämt sich! *kniet, gibt den Kopf in ihre Knie*

LYKON

Hinaus mit dir! – Eh es zu spät ist! – Er ist es wirklich.

CHEL. *ab*

Verschlinge mich die Hölle!

Mädchen stampft auf

LYKON

Du verstehst das nicht! Dich pack ich anders an! du Fratz

MÄDCHEN

Du untersteh dich! *ihn hol her.* Dich will ich nicht!

STIMME

Timon!

LYKON *horcht auf*

Man hat auch keine Zeit für dich, du Ente!

THERON *in der Thür*

Ist hier nicht Timon? wer sagt mir wo Timon ist! wo ist der Führer?

AKT I SZENE b

STIMME
Timon!

LYKON reisst den Vorhang weg
Hier und windet sich wie Hektor los o königlicher Gemahl – ich muss lassen!
5 Die Stadt braucht m Arm!

Leäna springt von Timon's Schoß

THERON
Timon ist hier!

TIMON
10 Bereit! bereit! bereit bis auf die Knochen! wischt sich mit dem Handrücken den fetten Mund ab

Mehrere herein, darunter Tryphon und der junge Mensch.

Leäna jagt Myrtion ins Haus

LEÄNA
15 Sind das die Deinigen?

TIMON
Vertrauensmänner! Lauter? Jeder steht für ihrer tausend.

THERON
Durch Herolde die Versammlungen abgesagt. Die Söldner in den Kasernen
20 consigniert. Sie stellen sich todt.

TIMON
Ja, da muss ich auch hin u. es ihnen zeigen.

THERON
Und eben darum kommts zum Treffen – zur Entscheidung!

25 TIMON
Aber doch nur so – so mit Rede gegen Rede –

THERON
Nein, heute gehts ums blutige Ganze.

TIMON
30 Ums blutige Ganze!

THERON
Ja wir sind an dem! zeigt 5 Finger

T.
So weit? so schnell? Sie stellen sich ja todt

35 THERON
Wir werden sie wecken. Wir sind jetzt die Herren. Wir haben sie!

TIMON
Sicher – trotz denen in der Kaserne?

THERON
Sie sind ein Haufen ohne Kopf. Wir haben den Polemarchen. Heil! dem
Feldherrn!

TIMON
Den habt ihr? so den haben wir, mein ich.

THERON
hier steht er doch! hier steht er doch! Du bists Ruft heil dem Polemarchen
Timon!

LEÄNA
Wie stark so ein kleiner Topf ins Sieden kommt!

THERON galoppiert die Front ab kommt wieder zurück
Gewalt gegen Gewalt gebiert den Überwältiger! Hier sind Phalangen hier!
in deinem Hirn! speerstarrende Rechtecke! Kataphrakten! Streitwagen! Elephanten! heraus mit ihnen! – Er an unsre Spitze! und schafft ein Pferd –
damit ich mit seinen Befehlen in die Stadtviertel galoppieren kann!

Gedränge:

TIMON
Jetzt ist es da! Wie sie mich nur erwischt haben! Da schau! da werden ihrer
immer mehr. Begreifst du? Ich muss:

LEÄNA
Nein nein ich lass ihn nicht!

LYKON
Jetzt reiss dich los und führe! großer Hektor!

LEÄNA
Tryphaina! Ampelis! Nykto! wo seid ihr denn? Laidion! Philinna! helft mir
ihn halten! hier aus m Haus bringt ihr ihn nicht heraus! – Die Tür schließ
Ephraem! hinaus mit allen Fremden! Ich will doch sehen!

Die Mädchen aus allen Türen.

THERON
Ihr Männer man bedroht den Führer an seiner Freiheit!

LYKON
Gebt uns unsern Führer frei!

LEÄNA
Du Hund! auf Lykon Lasst ihr ihn mir nicht? Gebt mir doch einen Rat!

AKT I SZENE b   63

wie schütz ich ihn! Wenn sie ihn mir verprügeln! wenn sie ihm Seewasser
oder ranziges Öl oder noch was ärgeres einschütten?

EIN MÄDCHEN
Schaff Waffen her für ihn!

5 LEÄNA
Ja Waffen! Waffen! Messer oder Knüppel! bringt was ihr findet!

Mädchen bringen: ein Stuhlbein, einen spitzen beinernen Kamm, einen Bratspieß

TIMON
Nein keine Waffen – es ist ausgerufen worden wer eine Waffe trägt – das ist
10 offener Aufruhr!

LEÄNA
Nein nicht solche – andere: allenfalls solche mit denen man sich schützt wo
etwas offen steht

Mädchen bringen Kissen, Deckel Tücher – fangen an

15 M.
Ein Feldzeichen muss er haben!

THERON ergreift das Stuhlbein
Es ist an dem! es ist an dem!

LYKON ergreift den Bratspieß.
20 Und vorwärts jetzt! Die Miethen Steuerpetitionen – Moratorium für alle
Schulden

MÄDCHEN
Wir gehen alle mit!

TIMON
25 Die Miethen was

LEÄNA
Denk an die Häuser da! –

TIMON
Nichts mit Gewalt. Wo Timon führt herrsch Recht u. Überlegung. Wir
30 wollen fest bei den Gesetzen stehen!

LYKON
Volksgerichte ob die Gesetze eingehalten werden! Legale Formen! das ists!

LEÄNA
Noch eine Gnadenfrist!

35 MÄDCHEN
Das da – das ist von dem Soldaten der oben schläft das Rückenstück vom
Harnisch

LEÄNA
wie macht man denn das an?

EINER
Tiefer herunter!

MÄDCHEN
Ja die Weich! schützt ihm die Weich doch nur!

LEÄNA waffnet ihn
Einen Hummer mach ich aus ihm – keine Fuge darf offen stehen – Und wenn
sie von oben Steine schmeißen wer steht mir für sein Leben ein

STIMMEN
Wir alle! alle!

LYKON
Wir! decken ihn m. unsrem Leib – Mit dem eignen Blut!

LEÄNA
Was denn? 2–3 solche schwächlichen Kerle sollen deine Leibgarde sein! Das
wär mir was! sie mustert die Kerle Ist da kein tüchtiger Kerl! zieht einen
hervor

Zwei Kerle hervor, nicht sehr willig.

LEÄNA
Was du zierst dich? Vorwärts – und achtet mir auf diesen! der eine links der
andere rechts: dass ihm kein Härchen gekrümmt wird!

TIMON
sollen wir uns nicht versammeln dürfen? wollen sie uns wackere Bürger
mundtot machen?

1ter KERL
Ja ja schon gut.

einer einen Todschläger der andere ein langes Messer

TIMON
Wir werden schon er befühlt seine beiden Leibwächter die Kraft der Argumente finden – die schöpfen wir aus unserer Lauterkeit!

LEÄNA
Bringt ihn mir heil zurück! und es gibt ein gratis Fest in diesem Haus von
dem noch unsre Enkel reden sollen!

LYKON
Sitzt in diesen rundlichen Formen in diesen kleinen Polstern da so viel Großmut?

TIMON
Für dich geschiehts! für's Häuschen – und er zieht sie nahe an sich für den der kommen soll. Er wird der Bürger einer schöneren Welt!

LEÄNA
Wenn ihm was widerfährt. Ich überleb es nicht!

Lykon bleibt zurück. Die Mädchen heulen.

LEÄNA
Ich kann nicht beten wenn ich nicht was Männliches in der Nähe hab! Komm du daher! daher! du Windhund! Steh er; stütze mich! sie lehnt sich an ihn und betet weinend Ihr droben! Beschützt mir meinen Timon!

die Mädchen dicht um sie

HANDSCHRIFT VILLA/6H

In der Villa.
Text.

Ein Zimmer.

Palamedes mit Briefen.

BACCHIS kommt herein
Nachrichten aus Sardes? Nicht gut?

PALAMEDES
Da. Von meiner Frau. Man treibt anscheinend auch dort sehr bedrohlichen Zuständen zu.

BACCHIS
Deine Frau. Ich danke. Wenn ich anfangen wollte zu glauben was sie sagt oder schreibt –

PALAMEDES
Mein Bruder schreibt dasselbe, – dieser Brief da sagt das gleiche.

BACCHIS
Und deine Regierung?

PALAMEDES
Das ist das mehr als Sonderbare. Es ist den vierzehnten Tag der Courier ausständig. Der Landweg scheint nicht mehr offen

BACCHIS
Aber diese privaten Briefe?

PALAMEDES
Auf dem Seeweg. Durch irgendein Handelsschiff

BACCHIS
Das den Piraten ausnahmsweise nicht in die Hände gefallen ist

PALAMEDES
Es scheint so. – Aber ich weiß auch nicht wie hier die Dinge werden sollen –

B.
Hier, was soll sich hier ereignen. Das Volk schreit u. lebt weiter.

PALAMEDES
Meine Confidenten sehen in Bezug auf hier sehr schwarz.

B.
Arme Teufel, die aufbauschen, um zu leben.

P.
Mein Gefühl gibt ihnen recht.

B.
Man wird von hier fortmüssen?

P.
Ich werde fortmüssen.

B.
Ich komme dir nach.

P.
Das ist unmöglich.

B.
Du lässt mich holen.

P.
Das wird von den Umständen abhängen. – Man ist hier wie dort nicht mehr Herr der Lage.

B.
Herr! ihr seid keine Herren mehr; das ist was die Lage herrenlos macht – aber nicht seit heute.

P.
Ich habe Ursache anzunehmen, dass der Souverän den ich vertrete, praktisch eben so wenig existiert – als die Souveränität des hochgebietenden Herrn bei dem ich hier beglaubigt bin.

AKT I SZENE IN DER VILLA 67

B.
Du meinst dass Euer König nicht mehr lebt

P.
Das will ich nicht sagen. Aber man kann leben u. an der Ausübung seiner
Souveranität behindert sein.

B.
Gefangen?

P.
Behindert. Eine solche Souveranität zu vertreten, ist auf die Dauer kein haltbarer Zustand.

B.
Wir werden getrennt sein? zwei Monate? Länger?

P.
Doch wirst du deine Briefe einem Menschen anvertrauen –

B.
Hephästion. Wirklich, du traust ihm so unbedingt?

P.
Keinem andern. Das versprichst du mir. Er wird den Weg finden, sie in
m Hände kommen zu lassen. *er geht umher*

B.
Du kennst ihn seit 5 Wochen.

P.
Man kennt oder man kennt nicht. Man traut oder man traut nicht Es gibt
Menschen:

B.
Sonderbar über einen gekauften Diener. Woran denkst du? wie siehst du
alles an?

P.
Alles. Ich sehe diese Dinge von denen ich mich trennen muss u. die zu dir
gehören u. mit dir bleiben werden an, weil ich dich nicht ansehen will.

B.
Palamedes! *geht zu ihm, sieht ihn an*

P.
Du hast Thränen in den Augen. – Das habe ich nie gesehen!

B.
Es war nie ein solcher Anlass.

P.
Deine Thränen entzücken mich über alle Maßen – ich habe Deine Augen nie mit diesem Ausdruck gesehen – aber er macht mich nicht irre. Ich meine, er verführt mich nicht – das Gefühl das dich in diesem Augenblick

B.
Auch meine Hände

P.
dieses Gefühl in dem Sinn zu deuten – als ob daraus für dich in Bezug auf mich eben das Andere zu folgern wäre – dessen Nicht-vorhandensein zu erkennen – zu wissen zu ertragen mir in Frage zu stellen – ich mir

B.
Was für Worte – !

PALAMEDES
Ich mir zur Richtschnur gemacht habe. – Ich habe eine Frau deren bloßer Verkehr – deren bloße Begegnung hingereicht hätte, m Leben auszufüllen – ich habe diese Frau vier Jahre lang zur Freundin gehabt.

B.
Du sprichst als wenn alles vorbei wäre.

P.
Du warst da immer wenn ich wollte – Dein Haus war mein Haus

B.
Dein Haus war mein Haus! *sie küsst seine Hand*

P.
Wenn die andern fortgehen mussten – habe ich bleiben dürfen

B. *die Augen geschlossen*
Du sagst es!

P.
Ich habe dich nie gehabt! Ich war die nie dein Geliebter – auch in d Armen nicht!

B.
Du hast mich früh u. spät gehabt – bis an m Grenzen.

P.
Aber über allen Grenzen fängt das an –

B.
Nicht das jetzt. Wir stehen vor einer Trennung. Liegt denn in einem Charakter wie dem meinigen – nicht einige Gewähr? Wenn ich schweige – ist das nicht ein bischen mehr als wenn andere schwören –

AKT I SZENE IN DER VILLA   69

P.
Unsäglich!

HEPHÄSTION eintretend, zu B.
Eine Frau die bestellt wurde. Eine Wahrsagerin.

5 PALAMEDES
Was ist? Was ist?

HEPHÄSTION
Sie lässt sich melden. Es wurde ihr diese Stunde gegeben.

B.
10 In einer Minute. – Ist noch jemand da?

H.
Ich werde nachsehen u melden.

B.
Wer immer: Man soll warten. Ich bin im Bad.

15 Hephästion ab.

P.
Eine Wahrsagerin?

B.
Es ist Agathon der mir von ihr vorgeredet hat. Es ist der Moment dafür.
20 Sie kommt im rechten Augenblick.

P.
Ich verzichte.

Wahrsagerin herein

B.
25 Lass mich. Ich werde sie prüfen, ob sie eine gemeine Person ist oder etwas höheres –

W.
Es ist die Dame, die mich bestellt hat?

B.
30 Was ist das? –

W.
Eine Hand die alles ausdrückt.

B.
Vorwärts Hab ich eine geizige Hand oder eine freigebige? – Darauf zu ant-
35 worten ist misslich – denn es könnte sein dass die Antwort in den nächsten fünf Minuten Lügen gestraft wird.

w.
Ich kann nur nach der Wahrheit antworten. – nimmt die Hand m. einem Tuch
Die Dame liebt das Geld aber lacht fast mehr in der Art wie Männer es lieben –
aber von einem gewissen Augenblick an, wird der Dame das Geld nicht
mehr bedeuten als Kieselsteine. Glücklich wer dann der Dame in die Nähe
kommt.

B.
Und unter denen wirst du sein? hm?

w.
Keinesfalls. Das wird an einem andern Ort sein

B.
Geschickt. Und was wird eine solche Veränderung herbeiführen?

w.
Sie wird ein Teil der großen Veränderung sein.

B.
Was für einer großen?

w.
Die Dame wird eine andere werden. von der Fußspitze bis zum Scheitel – –
Darf ich frei sprechen?

B.
Dazu holt man Dich

w.
Die Dame hat Freunde gehabt – aber nie – Ich weiß nicht ob es dem hohen
Herrn genehm ist dass ich alles sage Nie war das Herz der Dame ergriffen.

P.
Vorwärts! Lass doch! da sie die Wahrheit redet

w. leiser, geheimer
Der große Eros ist dir nicht fremd: du hast ihn im Anschauen deines Selbst.
Vollkommen sind die Wimpern – klein ist die Pupille darin liegt die Herrlichkeit – die Dichter wissen nichts wenn sie von großen Pupillen reden –
wunderbar die Iris – sie dunkelt im höchsten Augenblick wie bei einer Zürnenden: auserwählt der Mann der sie dunkeln gesehen hat – er wird nie bei
einer andern mehr glücklich sein. Aber Dein Blick ist nie Offenbarung
nur Sieg

B.
Wahrsagen nicht kuppeln!

w.
Dein Mund ist lose und deine Zunge scharf: wie bei einem jungen Mädchen.

AKT I SZENE IN DER VILLA

aber auch das wird einmal anders: du stehst schüchtern – du schweigst –
leichter kommt dir das Weinen als ein Wort

B.
Genug. Genug Unsinn. Dieser Herr wird wahrscheinlich in den nächsten
Tagen eine Reise antreten.

W.
Die Reise wird angetreten. weit schneller als der Herr denkt.

B.
Aber ich werde den Herrn bald u gesund wiedersehen?

W.
Der hohe Herr wird die Dame wiedersehen. Er betritt ein schönes Zelt in
welchem die Dame ihn erwartet. Aber es ist nicht um seiner selbst willen
dass er gekommen ist. Er betritt das Zelt nur – um jemanden einzuführen u.
dieser Andere ist es den die Dame eigentlich erwartet: dieser ist ihr Geliebter.

P.
Wie ist das? Ich führe der Dame einen Liebhaber zu? eine reizende Prophezeiung!

B.
Palamedes! Geschichten!

W.
Ich weiß nicht wie ich mich ausdrücken soll. Wenn ich Zorn errege – gelt
es nicht. Die Dame erwartet sehnlich – mit Zittern – sie zittert vor Verlangen –
von Sinnen vor Ungeduld vor Erwartung

P.
Und wer ist der Herr? Ich wünsche dass Du mir eben diesen Herrn nennst –

W.
Das kann ich nicht. Ich kenne ihn nicht. Ich habe ihn nie gesehen. Er ist ein
Fremder. Ein sehr großer Herr. Er befiehlt über alle. Auch über Dich!

P.
Ah! ist es vielleicht die Person an die ich jetzt denke! Die Person von der
dieser Ring herrührt. legt den Ring an ihre Stirn

W.
Nein. Diese Person lebt gar nicht mehr.

P.
Wie denn? sie lebt!

w. hält die Hand vor die Augen
Nein. Aber der von dem wir sprechen Ich sehe ihn u. sehe ihn nicht Ich kann es nicht sagen. Er ist ein Feldherr – er kommt von weit her er ist hier in der Nähe –

P.
Du sollst es sagen!

B. zieht ihn
Du siehst doch ganz vage Dinge – die einander widersprechen

w.
Er ist nahe, ganz nahe – Ich kann mich irren. Ich habe ihn vor kurzem – Es ist etwas im Spiel: ein Wille

B.
Wahrscheinlich. Und in allem Lass sie uns fortschicken. Sie lässt Leute sterben, die am Leben sind.

P.
Nein Wenn dieses eintritt – dann hat die Dame aufgehört,

w.
Die Dame liebt u schätzt den Herrn dann genau so wie jetzt. Sie ist sehr glücklich ihn wieder zu sehen. Aber sie wird dann verliebt sein: das ist sie jetzt nicht: zitternd erfüllt mit Liebe –

P.
Und diese Begegnung erfolgt bald?

W. bittet um die Hand. P. winkt: sie soll sie ihr nicht entziehen W. nickt

B.
Was nickst du?

w.
Beide Hände sagen das Gleiche. Der Herr sollte nicht wünschen dass diese Begegnung bald erfolge!

P.
Warum?

w.
Weil sich dann – es tut mir leid es zu sagen – die Dame scheint dem Herrn sehr anhänglich zu sein

P.
Vorwärts –

w.
die beiden Lebenswege für immer trennen.

AKT I   SZENE IN DER VILLA

Stille

w.
Die Dame – der Herr haben noch eine Frage? Ich ziehe mich zurück? ab

B. wirft sich ihm an die Brust
Nimm mich mit. Verkleidet!

P.
Sonderbare hässliche Prophezeiungen!

B.
Als Reitbursch – wie damals. Damit wird alles was sie redet unmöglich.

P.
Wohin denkst du – Du hast nie so zu mir gesprochen – soll der letzte Augenblick alles Bezaubernde – – Du bietest das an. – Meine Frau –

B.
Es ist mir gleich – Ich will nicht dass Du darunter leidest.

P.
Unsäglich: Sag es noch einmal! Du die so wenig sagt?

Knabe tritt ein

B.
Was? Was denn? Lasst m doch!

KNABE
Dieser dicke alte Herr ist irgendwo hereingekommen. Er tritt ein ohne zu fragen

Phanias tritt ein.

KNABE
Da ist er schon! Mein Herr gehen sie hinaus!

PHANIAS
Bitte Palamedes erkläre mich der Dienerschaft. Erkläre dieser kleinen Kröte dass ich zum Haus gehöre

P.
Es ist gut. Dieser Herr tritt zu mir ein ohne gemeldet zu werden. Es ist seine Gewohnheit.

PHANIAS
Erkläre ihm dass ich Dein Hausbettler bin u. gewisse Privilegien habe. Ich gehöre zu dir. Ich gehöre zum Haus. Ich kann nicht in e Haus mit ihren Verehrern, diesen widerlichen Schwachköpfen u. Nichtstuern, im Vorzimmer sitzen und warten.

P.
Du kannst gehen.

K. ab

PH.
Halt. Erkläre ihm dass dieses Haus mein Haus ist. – Verstehst du kleines
Ungeziefer – bevor dein Vater – war ich hier. war ich hier der, dessen Pferd
den Mist fallen ließ – was dein Vater aufkehrte Hast du je den Namen Phanias gehört – Phanias ist der unsichtbare Besitzer, der Flucher er beutelt
dich –

B.
Willst du ein Bad, Phanias – oder ein Frühstück.

PH.
Später. Jetzt will ich mich ärgern – Du baust. Es wird kleinlich werden. über
die Begriffe armselig wird das aussehen. Ich wollte den ganzen Hügel abtragen. Man baute Tag u. Nacht mit Flöten und Fackeln – Da war ich schon
nicht mehr ich. Mein Stallmeister bezahlte m. Haushalt.

B.
Wer sagt es dir?

PH.
Was meine Schönheit?

B.
Dass wir bauen wollten.

PH. setzt sich
Es sitzt draußen Agrippa ein sehr dummer Kerl –

B.
Eintreten lassen!

PH.
Demetrius – ein sehr eitler Kerl – sein Freund Periander ein sehr aufgeblasener roher und gewöhnlicher Kerl – dann noch ein alter vor Dünkel zerplatzender Kerl dessen Name ich mir nicht merken will ein Philosoph oder so
etwas

B.
Es ist Kratinos, Phanias – m alter Freund Kratinos, ein Weiser.

PH.
Richtig u noch so etwas ähnliches – ein ganz unbeschreiblich scheußlicher
Kerl – ein Kerl den ich noch nie gesehen habe, eine neue Erwerbung für
Deine Menagerie, ein Weib in Mannskleidern, er kommt von deinem Hof –

wahrscheinlich haben sie ihn weggejagt, weil sie in ihren letzten Lebenstagen eine ähnliche Mischung von gackerndem Huhn, eitlem Affen und boshaftem Skorpion nicht aushalten können –

P.
Ein Herr von m Hof?

PH.
Herr! ein Weib sag ich dir! ein Sänger!

P.
Das kann niemand sein als Ptolemäos Arion der Liebling des Königs – der durch sein Singen ihm die Schwermut vertreibt – Wie käme der her? Der König lässt ihn nie von sich.

PH.
Wie er herkommt. geflüchtet. als ein Wrack wie überall. wie alles. In Sardes erschlagen sie die Reichen – sie flüchten zu Fuß – in Kabira – auf den Inseln –

P.
Wir müssen ihn augenblicklich empfangen: er ist der erste Mann am Hof

P. läutet

B.
Eintreten lassen!

PH.
Wenn er singt, es muss unmittelbar auf die Eingeweide wirken – Ich kann eine einzelne Katze nicht ertragen ohne dass mir übel wird – in ihm ist die Quintessenz aller Katzen von Lydien, Mysien u Pisidien.

Es treten ein: Demetrius u. Agrippa. Periander lässt dem Kratinos den Vortritt. Dann Arion mit s. Begleiter. Phanias zieht sich unter Zeichen des Widerwillens auf die Seite zurück, setzt sich.

B.
Guten Morgen Demetrius! Wie gehts dir Kratinos? m Freund. Guten Morgen, ihr Beide.

PAL. auf Arion zu
Arion! welche Auszeichnung für unsere niedere Hütte! Hier ist Bacchis meine Freundin – die glühend Deine Kunst bewundert –

ARION fast ohne zu grüßen
Ich bin verwirrt, ich sage es laut. Ich bin verwirrt. Diese Herren haben den Vortritt vor mir genommen. Man begrüßt sie vor mir. – Ich muss denken sie wissen nicht wer ich bin. Schrecklich!

PAL.

Man wird es sogleich wissen. Arion der größte Sänger unsrer Zeit – der vertraute Freund meines Königlichen Herren –

Arion winkt ab

PAL.

Das ist Demetrius der Nauarch. Agrippa der Vogt über die Landschaft.

ARION begrüßt kaum; wirft einen bösen Blick auf den sitzenden Phanias; dann sich fassend
Aber dies Du Palast unserer Gesandtschaft – Endlich umgibt mich eine lyd. Gesandtschaft! Ich bin im Haus meines an die Sterne erhöhten Königs! Ich betrete lydischen Boden! *er weint, wirft dem Boden eine Kusshand zu; bietet Palamedes eine Umarmung. Sieht B. an* Sie hat mich gehört?

B.

In Kabira. Es war eine Stunde, die ich nie vergessen werde. Ich hatte die Menschenstimme gekannt, die Stimme der Flöte u die Kehle der Nachtigall: Ich wusste nicht dass sie sich vereinen können –

ARION bietet ihr die Accolade an – wirft dann einen beunruhigten Blick auf Phanias
Gut, gut, mein Kind. Eine Nachtigall die einen Löwen in sich trägt!

Drei Sessel für Arion Pal. Bacchis. Die andern Herren links. Begleiter stehend. Phanias rechts.

PAL.

Und man fragt sich welche Botschaft der außerordentlichsten Art bringst du uns, Arion? Welche Mission war feierlich genug welches zu erreichende Ziel hoch genug damit mein König den Mann übers Meer aussenden musste von dem er sich so wenig zu trennen pflegt als von seinem Selbst

ARION verstört

Den geschliffenen Saphir! Das Augenglas! Trennen! trennt sich der Freund von seinem Busenfreund? trennt sich die Erde von ihrem Mond, dem Trost ihrer Nächte! Mithridates sollte sich trennen von Arion! Ich weiß nicht was Du da sagst Palamedes. Ich habe geglaubt dass man die Gesandten nach ihrer Gewandtheit auswählt

PAL.

Er kann nicht ohne dich sein. – und dennoch bist du hier! Das war was ich ausdrücken wollte.

ARION

Vier Arien waren es wenn er sie an einem Tag nicht gehört hatte – verfiel er vor Nacht in schwarze Raserei. Vier Arien aus dieser Kehle: die Klage der Ariadne, die Verzweiflung der Sappho – die girrende Entzückung der

AKT I SZENE IN DER VILLA   77

Io – der letzte Seufzer der versteinernden Niobe. – sieht um sich, besonders
auf Phanias, der murmelt: Katze! Verflucht ich kann keine Katze sehen! Ich
kann nicht, mir wird übel! gibt die Hand vors Gesicht Sich trennen von s.
Arion! Mein seit neun Tagen zu den Sternen erhöhter Bruder u. König!

5 PAL. steht auf
Auf diese Art muss ich erfahren dass mein König todt ist? – Todt?

B. steht auf

PAL.
Seit gerade neun Tagen! Bacchis! Das ist sonderbar. Das wusste hier nie-
10 mand.

ARION
Auf diese Art? Wie du dich unglücklich ausdrückst. Du erfährst es durch
sein anderes Selbst. Alles was von ihm noch auf Erden weilt steht vor dir u.
kündet Dir den Tod seiner anderen Hälfte. Und das ist dir noch nicht genug!
15 Du umschlingst nicht weinend meine Füße! er schreit melodisch Ah! er springt
auf Wo denn bin ich! Wer umgibt mich? was ist das für ein Haus? Wer denn
sind diese Menschen? Sie haben den Vortritt vor mir genommen! blickt
wütend im Kreise Sitzen! Agathon tritt ein Es kommen immer neue herein!
sie starren mich alle an! Missachten mich! er weint

20 B. aufstehend
Dies ist der Dichter Agathon. Er bewundert dich maßlos

ARION wie oben
Mein König, komm mir zu hilfe, von oben! Schütze deinen Arion! Zeichen:
er wolle abgehen. Falscher Abgang. er wirft sich auf ein Lager

25 BEGLEITER
Es ist alles gut. Er wird sich sogleich erholen. Man darf nicht vom Feuer
nicht ins Wasser. Seine Stimme war in Gefahr.

Palamedes zu ihm

BACCHIS zu Demetrius
30 Palamedes will verreisen. Sein Posten ist nicht mehr hier sondern anderswo –
wenn wir die Lage recht verstehen

AGRIPPA
Immer im rechten Augenblick verlassen die Ratten das Schiff: u. immer mit
einer schwerwiegenden Begründung.

35 DEMETRIUS
Ich hätte alle Ursache zu verreisen. Es wäre der Augenblick sich um seine
lydischen Güter zu bekümmern. Meine Ackerknechte u Hüter machen
sich daran die Herden aufzuteilen u. die Meierhöfe anzuzünden. Aber es

scheint mein Herr Vetter kann keine Truppen entbehren. Der Rat hat keine tausend Söldner an der Hand.

PERIANDER
Ich bleibe trotz dieser ungenehmen Umstände vorläufig noch in der Stadt. Es fängt an unterhaltend zu werden. Die Frauen haben auf einmal andere Gesichter.

B.
Eure Ehefrauen! Das wäre zu wünschen. Vielleicht würde denen ein Monat unter Timon sehr gut tun.

PHANIAS dazutretend
Verrecken werdet ihr alle – hier oder anderswo. Der Timon wird euch das Oberste zu unterst kehren. Er ist das was kommt, u. mir soll es ein Vergnügen sein.

D.
Du hältst ihn für einen großen Mann

PH.
Für einen Ochsenfrosch halte ich ihn, für einen Bastardköter den man auf Katzen loslassen sollte – aber er hat ein Mundwerk, gemein genug dass sich um ihn das ganze werktätige arbeitsscheue Gesindel sammelt – und damit habt ihr den an der Stirn mit eiserner Dummheit gepanzerten Elefanten der dieses alte wurmstichige Gebäude von Staat umstoßen wird.

AGRIPPA
Die Macht des Demos ist ein Geheimnis.

B.
Es ist ihr Tag, u. sie treten ihn an. Sie werden eure Häuser anzünden.

PH.
Und sie werden euch euren lebendigen Gott abspenstig machen. Das Geld!

B.
Und wie denkst du über den Demos, mein Lehrer?

KRATINOS
Mein Denken ist langsam: wie das Meer reinigt es erst jedes Ding von s. Selbstverwesungen Der Demos glaube ich ist eine der Verkleidungen für das Nichts: die Zukunft – die Krankheit – und das Ich – Ich glaube die Macht des Demos ist Schein: der wahre Gott bleibt das Geld

AG.
Und was ist kein Schein

PH.
Das Geld! Du weißt es! Der weiß es! Eure Frauen wissen es! euer Gewissen weiß es! Eure Freundinnen wissen es.

AKT I   SZENE IN DER VILLA   79

AGATHON
Der Demos trägt den Tyrannen in sich: man muss ihm nur Zeit lassen ihn
zu gebären.

P.
5 Bei der Operation dürfte das Messer danebengehen

BACCHIS
Tretet sie rechtzeitig zusammen. Die Natur opfert ganze Arten. Ihre Erdbeben. Ein Mann ist mehr als der ganze Haufen.

PH.
10 Brava! dass Du beiderseits von den Halbgöttern aber unehelich abstammst
ist ein Argument gegen die Ehe. Lasst sie einen Mann sehen – sie sagt es!

AGRIPPA
Man sollte dich zur Oberpriesterin der Diana machen. Sie hat das in sich was
fehlt

15 PH.
Sie hat durch ihr Blut alle Rechte darauf. Es sind 2 Gutgeborene in diesem
Zimmer: sie u. ich. Wir haben einen Ahnen gemeinsam: Evander. Ich freue
mich: ich sehe den Spalt wieder aufgehen.

AGATH.
20 Wie sollte sie die fruchtbare Göttin mimen

B.
Das lasst m Sorge sein.

PH.
Man führt ihr einen Mann zu!

25 AGATHON
Man müsste ein Ceremoniell erfinden –

PHANIAS
Es ist erfunden: auf dem offenen Markt Fackeln ein goldenes Bette mit gol-
denen Kissen u. Timon: die Göttin der Schönheit u. der Held des Tages –
30 u lasst sie als Stadtgöttin mit ihm zu Bett gehen –

DE.
Oh. oh!

B.
Lass ihn reden er ist der einzige der Lehrgeld gezahlt hat.

35 AGATHON
Spiele lieber Bacchis. Man muss Theater spielen wenn die Welt so gefährlich

u. hässlich ist Ich werde dir eine Rolle schreiben – Ich werde dir einen Gott begegnen lassen – Ich werde dir machen was du brauchst.

B.
Er nennt das Machen – aber sein ganzes Machen besteht darin dass er nichts zu machen im Stande ist – als Worte. Das Machen ist eine andere Welt.

AG.
Du meinst das Handeln. Aber wir Dichter zeigen gerade in unseren Tragödien das Reine Handeln.

B.
So zeigt ihr das was es nirgends gibt

AG.
Ich meine, das Handeln in s Wahrheit in seiner Reinheit

B.
Das Handeln u. die Liebe entziehen sich der Idee habe ich recht Kratinos?

K.
Du hast immer recht –

B. steht auf
Ich hasse Euer Arroganz. Euer Euripides! dieses Advocatengetu! Wen überzeugt es? Euch Wortmacher! Eure Worte sind ein schlotterndes Kleid – wir sind der Leib der hineinschlüpft dann entsteht Einzigkeit: das Leben ist ein Mimus jeder einzelne Augenblick wiegt alles auf –

AGATHON
Aber ohne das Wort ist alles dahin wie ins Wasser geschrieben! Was bleibt ausser durch Worte! Taten sind dahin! Was bleibt – als was wir erhalten? Dein Ahne, auf den du stolz bist – ich habe ihn besungen. Er ist fast so berühmt wie wenn er eine Strophe erfunden hätte

B.
Euer Ruhm ist eine Gaunerübereinkunft. Ruhm ist ein Wort – aus Worten – das für Worte verliehen wird – Schwätzer verleihen Schwätzern Ruhm – Aber das Wort ist ein Eunuch im Harem wenn es nicht die Anticipation der Tat ist. Ich werde nie einen Text sprechen! Timon ist der größte Wortkünstler. Denn er macht etwas mit seinen Worten. Wahrhaftig! Ich will ihn sehen! Aber ja! Ich gehe ihn einladen! Ich will ihn hier zu Tisch haben! Ihr sollt mit ihm zu Tisch liegen! ihr oder wen er sonst zu sehen wünscht!

P.
Aber dass er vorher ein Bad nimmt! u. ein ausgiebiges!

PH.
Sie will einmal einen Mann sehen! Das ist kein Wunder! Sie sieht immer nur euch!

AKT I SZENE IN DER VILLA   81

ARION
A a a a a.
Begleiter strahlend
B. sieht sich flüchtig um

5 AGATHON
Du lebst vom Schein, Bacchis!

B.
Und Du Du eitler Mensch! Du schmachtest vor Begierde nach dem Schein!

AGRIPPA
10 Lasst sie gehen wenn sie keine Angst vor Gerüchen hat. Es sind ein wenig
viel Fischgerüche in den Versammlungen gemischt mit sehr altem Leder –
und von Kohlsuppe.

PH.
Sie findet ihn auf der Strasse: wie ein Hund an jedem Eckstein hebt er das
15 Bein u hält eine Rede

DEM.
Du wirst nicht im Ernst! sie auf die Strasse lassen – Palamedes!

Arion Atem-Übungen

PALAMEDES
20 Ich mach ihr keine Vorschriften.

B.
Es würde nichts fruchten, Dem.

PERIANDER
Sie muss ihm begegnen das steht in den Sternen – B. ist außer Timon das
25 einzige wovon man spricht – aber von Timon wird liebevoller gesprochen

ARION
Ich wundere mich! Ich weiß nicht – was in diesen Menschen vorgeht –

PAL.
Wenn du wirklich ausgehen willst nimm die Sänfte ich bitte dich u. sei vor-
30 sichtig Du nimmst Hephästion u. ein halbes Dutzend von unsern Leuten mit
ich bitte, nach seiner Auswahl.

A.
Ich wundere mich –

B.
35 Ich gehe in Männerkleidern. und werde auf Bacchis schimpfen wie ein Rohr-
spatz: Ich werde mich gebärden wie ein junger Mensch der von einer Alten
ausgehalten wird – Ich werde die gewisse Geberde haben

ARION zornig
A a a a a a

PHANIAS
Sie geht in Männerkleidern. u wird ihn anreden. u hierherbringen. Sie denkt man kann nicht wissen welchen Geschmack Timon hat. Er war Eseltreiber vielleicht hat er Schiffjungen gern. Lasst sie sich die Strohwitwenschaft einteilen wie sie will! Mit Timon! und auf offenem Markt! Es muss einmal alles zu allem kommen! Durcheinander ist die andere Form der Verwesung! Ich habe 2 Schwindel gesehen: Politik u. Liebe – lass beide vergehen

P.
Und Freundschaft?

Ph. wütend

AG.
Und Ehre –

ARION springt auf
Palamedes!

P.
Was befiehlst du m großer Gast!

ARION
Was sind das für Leute in deinem Haus! Wovon sprechen sie? von einer Privatangelegenheit – während ich! ja wissen sie nicht dass ich da bin?

P.
Es sind die Angelegenheiten der Stadt, Arion – wir leben in aufgeregten Tagen –

ARION
Die Stadt? die Stadt? aber ich – ich. Wer ist dieser Timon von dem das schöne blonde Geschöpf immer redet?

B.
Wir sprechen davon dass Worte nichts sind – und Töne alles. Du wirst für uns singen Arion – wie Orpheus – der einzige Gebrauch der Worte

ARION geschmeichelt
Ich werde für dich singen –

B.
Und für Timon – denn ich werde Timon einladen

ARION
Ich soll für Timon singen – du wirst Timon einladen – u. mich ihm vorsetzen – Wer ist denn dieser Timon?

AKT I SZENE IN DER VILLA   83

B.
Du wirst ihn zähmen wie Orpheus den Tiger

*ARION
Du Schlange! Schlange! – Ich habe dich auserwählt. Schlange! probiert
a – a – a – a Deine Schlangenkälte legt sich um m. Kehlkopf Süße boshafte kalte Schlange!

PH.
Katze! Katze!

B.
Timon wird nicht existieren, weil du da bist – Timon wird ein Vorwand sein –

ARION prüfend ob sie die Wahrheit redet
Dein Auge ist böse – aber seine Bosheit ist süß – stürzt ab.

BEGLEITER verzweifelt
Die Dame hat alles verdorben Sie hätte sich augenblicklich – in zärtlicher Weise zu seiner Verfügung stellen müssen –

Pal. ihnen nach*

B.
Kratinos, bitte komm. Ich kleide mich um um auszugehen. Während man mich als jungen Herren anzieht – wirst du mir sagen wie man aus dem Gemischten das Reine ziehen kann – Aber zuvor. sie läutet Den ersten Koch! Ich empfange ihn hier Periander ich weiß dass Du ihn gern siehst.

DEM.
Du wirst nicht ausgehen!

B.
Ich verbiete niemandem mich zu begleiten.

HEPHÄSTION
Den Solon. Sofort.

PH.
Was für eine wahnwitzige Katze! aus Lydien! Ich muss etwas Stärkendes trinken! Hephästion bringe! Bringe Wermuth mit Arak!

Solon, der Küchenchef, herein, verneigt sich vor B. dann vor Periander.

P.
Gegrüßt, Solon!

B.
Solon – ich werde einen Gast haben, der kein alltäglicher Gast ist.

S.
Die gnädige Frau meint einen der Könige deren Thron in den letzten Monaten unsicher geworden ist. Ich werde ihn so bedienen dass er vergisst was ihn hiehergeführt hat.

B.
Kein König. Hast du von Timon reden gehört?

S.
Das niedere Küchenpersonal redet seit Tagen von nichts anderem.

B.
Und wie beurteilst du ihn.

s. lächelt
Eine Eintagsfliege. Immerhin: es ist sein Tag. Man muss ihn umherschwirren lassen.

B.
Ich werde ihn einladen.

S.
Hieher.

B.
Hieher.

S.
Zu Tisch?

B.
Zu Tisch. Du wunderst dich.

S.
Die gnädige Frau ist eine große Künstlerin. Ich wundere mich über nichts.

KRATINOS
Du bist ein Philosoph. Solon.

SOLON *verneigt sich*
Man hat es oft gesagt – anderseits hat man das Gleichnis mit dem Feldherrn aufgestellt in Bezug auf die Geistesgegenwart der Umsicht u. den Mut zur Entschließung.

KRATINOS
Und dieser Vergleich gefällt dir besser?

SOLON
Ich sehe immerhin einen großen Unterschied. Der Feldherr kann geschlagen werden u. eine Art von großer Mann bleiben. Ich würde nach einer Niederlage nicht mehr existieren.

AKT I   SZENE IN DER VILLA

B.
Ich wünsche dass Du nachdenkst wie man ihn so bewirtet, dass die Bewirtung den größten Eindruck auf ihn macht.

S.
Zwei Möglichkeiten gehen unmittelbar aus der Situation hervor. Die eine ist die – sich zu ihm herabzulassen: man würde scheinbar das anrichten was ihm gewohnt ist, aber aus anderer Materie – auf goldener Schüssel das was er im hölzernen Napf zu verzehren gewohnt ist

B.
Gut. Er würde sich behaglich fühlen Aber er würde nichts bemerken u dein Geist wäre verschwendet

S.
Eine sehr banale Lösung. Die andere wäre die – ihn in seine Schranken zu verweisen Man würde so kochen wie ich für die gnädige Frau zu kochen pflege, wenn sie allein speist er würde einen Bissen in dem Mund haben u nicht wissen dass es das Hirn von Krammetsvögeln ist – er wäre verloren wie ein Blinder . . .

B.
Das würde er übel nehmen.

S.
Ja. Es wäre politisch unklug. Ich sehe die wirkliche Lösung. Es ist immer die dritte – Kratinos wird mir bestätigen dass der dritte Gedanke oft der glücklichste ist: er schwebt über den beiden ersten –

B.
Und der wäre?

S.
Ich denke an eine Speisefolge die König Antiochus fast zu sehr bewunderte. Aber ich würde sie leise verändern – und mit Anklängen an die hiesige populäre Kost durchsetzen. Es wäre alles von höchstem Niveau – aber voller populärer Anspielungen. Der Demagoge würde sich von jedem Bissen verwirrt fühlen – gewisse Andeutungen würden ihn in sich selbst führen – andere in eine nie zu betretende Welt. Bedenkt man dass Essen schlechthin auf alles im Menschen wirkt – wogegen die Kunst nur auf die Augen – Kratinos nur auf den Geist – bedenkt man dass die Nahrung den geheimsten Sitz der Entschlüsse erreicht, ja das was hinter allem ist u wovon unser Tun nur ein schattenhaftes Ausüben so muss er als ein anderer aufstehen, als er sich niedergelassen hat.

B.
So bitte wirst du es machen Solon.

S.
Ich werde mich selbst m. m Personal auf die Märkte verfügen. Verzeihung! Der Tag des Banketts ist schon bestimmt?

B.
Du wirst ihn heute wenn ich nachhauskomme erfahren. Ich denke ich werde den grossen Mann bis dahin gesprochen haben.

S. verneigt sich küsst ihr Gewand u. geht

B.
Komm Kratinos. Wenn es dich nicht ermüdet mich zu begleiten – u. ein wenig mit deiner Schülerin allein zu sprechen –

KRATINOS
Deine Wortverachtung ist Philosophie. Aber du bist Mimin durch u. durch sie geht, Krat. folgt ihr

DEM.
Ein wahnsinniger Gedanke dieser Spaziergang! Wenn das Gesindel sie erkennt.

AGRIPPA
Sie ist so ungefähr die verhassteste Person in Ephesus.

PHANIAS
Ihr habt sie in Verzweiflung gebracht lasst sie. Geschieht ihr etwas, seid ihr ihre Mörder – so und so.

AGATHON
Wir?

PH.
Du vor allem. Es ist seit neuerem durch Ärzte erwiesen dass Langeweile tödtlich wirken kann. sie kann euch alle wegen fortgesetzten Mordversuchs vor Gericht ziehen.

DEM.
Diesen göttlichen Körper sich verstümmelt zu denken auch nur von einem Steinwurf –

PH.
Sie hat Mut u. verachtet das Gesindel. Aber was sie fürchtet ist die Langeweile. Es wird ihr nichts geschehen.

AGRIPPA
Man braucht etwas mehr Geduld um dich zu ertragen – als sonst –

DEM.
Ich schwöre –

PH.
Demetrius, du Geck, bei was schwörst du? Bei deinen Wuchergeschäften oder bei den Liebhabern deiner Frau? bei den Männern deiner Freundinnen? Sie sind alle bankrott

AG.
Lass ihn er hat das volle Lehrgeld gezahlt –

DEM.
Es gibt einen Punkt wo der Cynismus Verbrechen wird –

PH.
Hat sie sich beklagt? Ich frage. Hat sie sich beklagt? Also lasst sie. Sie hat mehr Mut als ihr. Soll der Spalt aufgehen! Es ist das was sie mit mir verbindet.

AGATHON
Was verbindet sie mit

PH.
Mit Palamedes verbindet sie ..

AGATHON
Mit dir?

PH.
Mit dir? Ihre leerste Seite: ihre oberflächlichste Eitelkeit –

PERIANDER
Und mit dir?

PH.
Ihr Gemeinstes: Essen u. Klatsch.

DEM.
Und mit dir?

PH.
Mit dir? Nichts, als deine Zudringlichkeit – verzeih: Deine Dringlichkeit wollte ich sagen –

AGRIPPA
Und mit dir? mit dir? Phanias, man fragt dich!

PH.
Die Weltverachtung. Es ist der zarte Anfang der Verwesung in ihrem Herzen – Sie hat die Welt erkannt, wie sie ist. Sie ist weise u. kalt wie das Geld Es ist keine Ehre in irgend einem Menschen u irgend einem Ding – es sind auch keine Schranken zwischen den Menschen u den Dingen – es ist kein Platz mehr etwas Gutes zu tun – Das Geld hat alles im voraus verzehrt. Es ist launisch – es kommt und geht – durch das Geld kommt jedes zu jedem

Man sucht es heiß aber es liegt kühl bald bei dem bald bei jenem. Ausbruch
Geht auf die Gasse, lasst eure paar Söldner ausrücken, beschleunigt doch das
Zeug – das wo das Oberste zu unterst kommen wird das wovon der Name
unangenehm klingt . . Es werden viele solche sauberen Timons auftauchen u Eure Kniebeugen ernten Ihr werdet um die Wette kriechen Es
werden abscheuliche Positionen zu sehen sein – Es wird kommen aber ich
weiß noch nicht von wo ich es mir ansehen werde –

P.
Wer kein Dach über sich hat, hat leicht das Maul aufreißen – u Schmutzreden führen – wir sind die Häupter von Familien – u unsere Familien sind
dieser Staat.

PH.
Timon ist dieser Staat! Timon! Timon! und sein Ungeziefer! der gestrige
Timon! der heutige Timon! der morgige Timon! der ewige Timon! Ihr
u. Eure hochmögenden Familien Ihr Kochfleisch das acht Tage alt ist. –
Ich kenne euch zu gut. *Ich habe euch schon zu lange gesehen:* Ich habe euch
schon ungeboren gekannt das ist es – darum ärgere ich mich so namenlos –
schüttelt sich ich möchte mich zu Tode gähnen. Ich sehe Eure Väter u
Mütter – wenn ich euch ansehe – und sie lächeln mich so *vertraulich u.
käuflich an – –

A.
Lass unsere Mütter in Ruhe! Phanias! sie sind todt! respectiere etwas!
Phanias!

PH.
Ich bin auch todt! Also respectiert mich! Eure Mütter waren sehr unzufrieden
wenn ich sie in Ruhe ließ – damals als ich noch am Leben war! Dieses Haus
weiß etwas davon zu erzählen. Eines gewissen Tages bin ich hier in diesem
Haus öffentlich gestorben an der Tür Ihr solltet mich mit Pietät umgeben!
Ich war sehr schön. Ich war sehr gütig. Ich war sehr geistreich. Ich war sehr
beliebt. Ich war der Regen u das schöne Wetter. Ich war der reiche Phanias
Ich habe Eure Väter u. Mütter gekannt. Es war ihnen schmeichelhaft von
mir gekannt zu sein. – das war alles in allem – in einer sehr geldgierigen, sehr
angenehm niederträchtigen Gesellschaft – Ich stehe zu euch in einem zärt-
lichen Verhältnis – Nur aus Überlastung mit solchen Geschäften habe ich es
versäumt euch alle miteinander zu Söhnen zu haben. ihr hochgebietenden
Herren! er winkt ihnen geht Ich empfehle mich demgemäß zu Gnaden.

DEM.
Gehen wir. Wir können im Vorhaus warten.

HANDSCHRIFT Ic/ʃH

Ic
genaues Scenarium.

Anfang: Barbier über T's Incompetenz. Rufe: Ruhig! ruhig!
2 Parteien: Ephraem / Phanias. Auch Conservative: Bauern.
Geschrei Timon: näher.
Bacchis Hephästion.
Timon kommt, wirft Kusshände.

STIMMEN
Geh nicht vorüber! Komm herab!

B.
Sprich zu uns, Timon!

TIMON herabkommend
Jeder Einzelne sei ein König! ein Zeus verwandter Fürst! Das ist eures Timon Gebet u. schlechter Gruß. Für heute abend – wenn ich einen Vorschlag tuen darf ein Festmahl: auf der Gasse. Jedes Haus tische auf. Die Fenster erleuchtet. Es gibt keine verriegelte Wohnung mehr! Das sei der Vorschmack der Zukunft.

Stimmen (der junge Mensch etc.)

TIMON
Wir wollen Feste feiern – aber wachsam. Offene Gewalt wagen sie nicht mehr: das ist mein apport zu Euren Siegen. Noch aber sind sie leise nicht waffenlos! Noch ist die Freiheit hinterrücks bedroht. Noch gibt es Machtmittel in ihrer Hand, das furchtbarste: der Tempelschatz – Was Priesterschlauheit in Jahrtausenden zusammengescharrt –

STIMMEN
Confiscieren!

TIMON
Und es gibt einen Ort – wo sie ihr Drachennest haben. Ich nenn ihn nicht. Es ist ein Haus. Dort münden unterirdische Gänge. Beiläufig, ihr Freunde . .
Warum sieht man keinen Officier?

ST.
Sag uns warum nicht!

TIMON
Dort lauern sie: unter Orgien – und mischen Mysterien u. Unzucht. Weihrauch und schweren Wein –

STIMMEN
Nenn uns das Haus!

TIMON
Ich will nicht: ihr würdet hinstürmen – u. es zerstören wollen – die Spiegel die Corruption die Bäder die Tische würden euch wahnsinnig machen ihr würdet keinen Ziegel auf dem andern lassen – und das soll nicht sein: denn Eigenthum ist heilig – auch der Bösen

STIMMEN
Nenn uns das Haus! und führ uns hin!

TIMON
Zwar wenn der dem das Haus gehört – ein notorischer Volksfeind ist – auch dann ist Eigenthum noch heilig .. aber an dem verbrecherischen Gliede straft man den Bösen: die Drohnen straft man wenn man sie aus dem Korb wirft. Besitz ist heilig. Soll aber der mich bestohlen hat dann das Meer abgraben – Parks errichten – die Stadt einengen dürfen? – Soll ein solches Haus nicht einem um die Stadt verdienten Mann zur Wohnung gegeben werden.

STIMMEN
Zeig uns das Haus – wir schenken dirs!

T.
Was rief man?

STIMMEN
Wir schenken es dir.

TIMON
Ich nenn es nicht. Kein Zuruf bringt mich dazu. Lasst mich vom Wohl u. Wehe des Volkes reden – vom Kampf des Volkes – von Gefahren – von Schiffen, von Pferden – nicht von leichtfertigen Weibern.

EINE STIMME
Bacchis!

TIMON
Nein. Den Namen hab ich nicht gehört Von Weibern rede ich gern. Solchen wie jeder zu Hause hat. Ein braves Weib an s. Herd! Der ist ein halber Mensch der das nicht kennt. Aber nicht von solchen die mit gekünstelten Genüssen Impotenz u. Menschenverachtung verbinden. Nein nicht von Miminnen. – nichts von solchen die schwierige Stellungen nachmachen und in Palästen wohnen ich liebe einfache Stellungen

AKT I SZENE c

STIMME
Bacchis

TIMON
Nichts vom verkünstelten abnormalen perversen Betrieb – wo aus dem
Raffinement die Verachtung spricht: Das ist der Stachel der Schlange!
Solche Danae mit dem Goldregen –

ST.
Jagt sie hinaus! die Comödiantin!

T.
Jetzt genug davon. Genug. Genug! Zu besseren Gedanken. Ich bitte Euch
um Verzeihung. Ich habe eure Gedanken vergiftet. Ich habe nicht allen –
fühl ich, nach dem Sinn geredet. Den Besten nicht! Nicht dort den Alten!
Auch dort dem Jüngling nicht! Wie soll ich aber reden – damit ich ganz Euer
Mann bin! Der Mann des Ganzen! Der Alte dort ich kenne ihn nicht

DER BARBIER
Du kennst mich genau!

STIMMEN
Still! Timon soll reden!

TIMON
Den Jungen schmeichle ich gern. Sie sind unsere Könige: denn die Zeit ist
mit ihnen, und vor ihr beuge ich mich. Lehre mich, du Blanker, wie spreche
ich, dass es Deiner Jugend gefällt? Du bist der Herr des Tages!

BACCHIS
Ehrlich sollst du sprechen.

TIMON
Tu ich das nicht?

BACCHIS
Du sollst sie ansehen, wie sie sind. Und nicht wie das Laster zu Herakles
sollst du sprechen – das ihm wenig Arbeit u. viel Lust versprach – sondern
ehrlich. Und sie nachhause schicken auf's Meer, ins Bergwerk, auf den Acker,
in die Werkstatt. Wie sie da stehen, brauchen sie keine Zunge, sondern einen
Kopf u. eine gebietende Hand.

Theron u. andere fahren auf.

TIMON
Redefreiheit! Sonst ist der Tag der Freiheit dahin! Er hat sich uns gestellt!
er spricht zu uns – er sei uns willkommen!

B.
An ihre Arbeit sollen sie – denn sie sind Sklaven u. gehören an ihr Werk.

T.
Wie nennst du sie?

B.
Ich nenne sie was sie sind. Ackerknechte, Fischer, Taglöhner, Lastträger, Markthelfer, was weiß ich. Sie sind nichts andres als Sclaven u. ihr Herr ist jeder der daherkommt, und sie dingt – und so wars von jeher und so ists recht.

STIMMEN
Oho!

TIMON
Freiheit dem Mund der spricht! Wer ihm die Zunge bindet, bindet sie auch mir! Ich sage: Freiheit! Auf seine Stimme kommts mir an. Wer sagt mir dass ich das Volk vertrete: wenn seine Stimme gegen mich ist. Mein Gewissen ist zart. Ich fühle die Erbse die nicht da ist. Sind Euer drei das Volk? oder fünf? oder dreißig? oder tausend – aber vielleicht wenn er dazukommt: wird mein Gewissen mir sagen: Timon: du stehst hier für Ephesus! Komm zu uns! Wir haben Häuser in denen du willkommen bist! Natur ist alles! Was brauchst du Künstelei – gesunde Jugendkraft hat das nicht nötig! In dir ist hoff ich junges Blut – du bist hoff ich keiner von den geilen Schößlingen –

STIMMEN
Wir sind das Volk in seinem Zorn!

B.
Ein Haufen seid ihr, ein zusammengerotteter! – und er der euch zusammenrottet tut euch Schaden an Leib u. Seele. Weiß Gott was wollt ihr sein – u. seid nichts als das Thier mit tausend Köpfen

STIMMEN
Jüngling, du missfällst uns!

B.
Nein! er soll euch missfallen – weil er kalt u. warm aus einem Munde bringt. Er will euer Herr sein u. genießen! Merkt ihr denn nicht worauf er hinaus will? Er betäubt euch, denn er mischt alles durcheinander mit der Kraft seiner Zunge. Aber Sonderung ist göttlich – so im Denken als im Sein – alles ist abgestuft und nichts hat seines gleichen.

T.
Jüngling! ich beschwöre dich! Bist du ein Sohn der Stadt! Schwör mir! oder bist du solch ein Zugereister wie die Schamlose um sich sammelt – ? solch einer von der Bacchis Mamelucken? Dann geh – zwar ungekränkt doch schleunig!

B.
Kennst du die Bacchis?

T.
Du kennst sie, wett ich! Schieb ich dir vor diesem hohen Gerichtshof den
Eid zu? Antworte werter Jüngling

B.
Werter Abtritt! Kennst du die B?

T.
Du kennst sie nicht! Ich hoffe es für dich! wir älteren kennen sie – vom Weg-
jagen – du bist nicht aus ihrer Schule – dazu siehst du mir nicht genug ver-
lebt aus! nicht verlottert genug! – oder bist du ein ihr Zugeschworener!
einer von den ihren? ein Besoldeter aus dem Tempelschatz? solch ein Bevorschusster?

B.
Reißt ihm die Zunge aus! dem Bordellwirth!

STIMMEN
Die Zunge dir! Reisst ihn herunter dort!

TIMON
Wie nennt er mich?

B.
Bei deinem Amt! du Kuppler! Wucherer mit Weiberfleisch!

TIMON
Die Sprache verräth dich! Also bist du aus der Schule! – Jetzt seht ihr das
Hassenswerte vor Euch!

VARIANTEN UND ERLÄUTERUNGEN

ENTSTEHUNG

Im umfangreichen Notizenkonvolut der Komödie fand sich folgende Zeittafel:

Die Rhetorenschule
1916/17/19
neuerdings X 1922
neuerdings X 1923
u Lenzerheide VII 1924
Ausarbeitung begonnen
Aussee 3 IX. 1925.

Diese Übersicht verzeichnet die wichtigsten Phasen der Konzeption und wird von datierten Manuskriptblättern bestätigt und ergänzt. Die früheste Notiz datiert vom 20. August 1916; das letzte Zeugnis der Beschäftigung trägt das Datum vom 13. November 1926.

In den Jahren 1916 bis 1922, in denen Hofmannsthal nur einzelne Tage, meist während des regelmäßigen Aufenthaltes in Aussee, dem Lustspiel widmete, entstanden nur wenige Notizen, von denen allein die datierten Blätter den einzelnen Stadien dieser Anfangsphase zugeordnet werden können. Der erste Konvolutdeckel hatte die Aufschrift:

Die Rhetorenschule
Notizen, Aussee, Sommer 1916.

Für diesen Zeitraum ist die Arbeit nur für den 20. August mit Sicherheit belegbar: An diesem Tag liest Hofmannsthal den ›Selbstquäler‹ von Terenz und macht sich erste Notizen. Mit mehr oder weniger großer Stringenz erschlossene Daten gestatten, Hofmannsthals Beschäftigung mit dem Stoff auch noch für den 6., 8. und 18. September, sowie den 19. Oktober 1916 zu datieren. Im Jahr 1917 arbeitet Hofmannsthal am 30. Mai, 26. August und 14. September an der Komödie. Die weitere Arbeit ist erst wieder für den 25. August 1919 belegt. Sie ruht dann offenbar für drei Jahre und wird erst im Oktober (u. a. am 15.), im November und Dezember 1922 wieder aufgenommen.

Diese erste Epoche der Entstehung ist durch die Ambivalenz der Details und die alternativ nebeneinander hergehenden inhaltlichen Möglichkeiten gekennzeichnet. Die Blätter sind nicht mehr als ein schwebendes Durcheinander (P II 364) unverbun-

dener Einzelheiten. Der Ablauf des Ganzen ist nicht einmal zu ahnen. Eine Gerichtsverhandlung wird genannt, eine Verhandlung des Rhetors mit einem fremden Gesandten bzw. eine Begegnung der Rhetoren mit der Hetäre. Schließlich ist von einem Volksaufstand vor deren Haus die Rede. Eindeutig ist von Anfang an der schroffe Gegensatz im Charakter des Rhetors und seines Sohnes, der zuerst Clitipho, dann Ktesiphon heißt: Ein wendiger Überjournalist *von virtuosem Pragmatismus und ein passiver, im Schatten dieses Vaters zerbrochener Sohn, der sich zu einer naiven Sklavin im Haus der Hetäre hingezogen fühlt. Die politischen und ökonomischen Motive des Alten sind eng verknüpft. Konkret heißt es einmal von ihm:* Er will die Stadt verkaufen – *also vermutlich mit Hilfe seines rhetorischen Einflusses die Stadt an eine fremde Macht politisch verschachern helfen.* Er hofft so, *erster Magistrat der Stadt zu werden. Als dominanter Zug seiner Persönlichkeit erscheint seine Geldgier, die sein fast sentimentaler Idealismus, mit dem er etwa den Dichter zum Idylliker stilisiert, ergänzt. Unverkennbar sind Züge des Parvenü: Renomiersucht verbindet sich mit politischem Erfolgsstreben. Dem entspricht seine Gesinnungslosigkeit. Er leiht seine Stimme dem, der am meisten zahlt. Die Gestalt der Hetäre gewinnt von Anfang gegenüber der Vorlage an Selbständigkeit. Bei Terenz ist sie als Gegenfigur zur bürgerlichen Welt der Väter konzipiert, in die sie sich freilich durch ihren Wunsch, eine Ehe zu führen, einordnen will. Auch bei Hofmannsthal gilt die Hetäre als* herrisch, frech, geldgierig. *Aber Hofmannsthal nimmt ihr von Beginn an den Zug eitler Oberflächlichkeit, der sich bei Terenz in Clitiphos Urteil, Bacchis sei* ›prunksüchtig, Aufwand machend, vornehmtbuend‹ *ankündigt. Aber erst in den Notizen von 1922 finden sich vereinzelte Hinweise auf ihre aristokratische Herkunft. – Bei aller Gegensätzlichkeit sind jedoch die Aufzeichnungen zur* Rhetorenschule *aus den Jahren 1916 bis 1922 in einem Zuge verwandt: Sie dokumentieren Hofmannsthals Unvermögen, eine straffe dramatische Handlung zu entwerfen. Er notiert Wendung um Wendung, Dialogteile neben szenischen und psychologischen Details, die z. T. von exzerpierten Partien durchsetzt sind, ohne sie zum geschlossenen Dialog zusammenfügen zu können.*

  Ein zusammenhängender Notizenkomplex entsteht im Herbst 1923; belegt sind für die Arbeit folgende Tage: der 26. September, der 22. und 27. Oktober, sowie der 2. November. Hofmannsthal sammelt die Blätter unter der Konvolutdeckelaufschrift:

Die Rhetorenschule.
Neues.
(seit X 1923).

  Einen großen Teil der Notizen bilden Exzerpte aus dem zweiten Band von Spenglers ›Untergang des Abendlandes‹ *und Bertrams Nietzsche-Monographie, deren Kontext jedoch Fortschritte in der Konzeption erkennen läßt. So erscheint, zum ersten Mal seit der Beschäftigung mit dem Stoff, die Figur des Rhetors durch den Kontrast von effektiver politischer Macht und übersteigertem historischen Anspruch in einer ironischen Perspektive:* Ein Mann des Schicksals, *der in seiner Physiognomie die Bestätigung seiner eigenen Größe suchen muß. Indem Hofmannsthal das bekannte Wort Hegels über Napoleon* Die Weltseele reitend *auf den Rhetor überträgt, steigert er dessen Hybris ins Groteske. Dem Imponiergehabe des Rhetors stellt Hofmannsthal die Potenz des Gesandten, der sich als Lastträger maskiert, gegenüber; ihr verfällt die Hetäre. Der Gesandte und der Sklave sind in dieser Entwicklungseinheit einunddieselbe Figur; aus der Hetäre ist nunmehr endgültig eine Repräsentantin des Adels geworden. Zum ersten Mal entwirft Hofmannsthal ein Szenarium, das zunächst auf fünf Akte angelegt ist und bei einer späteren Überarbeitung zu einem dreiaktigen zusammengefaßt wird. Der Handlungsablauf ist darin nur grob schematisiert, läßt aber deutlich die tragende Idee des Stückes erkennen, antagonistische soziale Gruppierungen politisch zu konfrontieren. Der gesellschaftlichen Konstellation von Volk und Gegenmacht, gemeint sind die Aristokraten, entspricht die von Außen und Innen, von Straße und Haus. Die Koordination räumlicher und sozialer Kategorien ermöglicht es, den im Bürgerkrieg sich entladenden Konflikt beider Gruppen dramatisch im Griff zu behalten und an der Belagerung eines einzelnen Hauses zu demonstrieren. Bei der Überarbeitung einiger Notizen aus der ersten Konzeptionsphase orientiert sich Hofmannsthal an der Gliederung dieses ersten Szenariums und versieht sie mit entsprechenden Aktangaben. Zwei am 2. November notierte Blätter, eins davon bezeichnet Hofmannsthal sogar als* Entwurf, *erweisen sich retrospektiv als Keimzellen für die den ersten Akt abschließende Begegnung des Rhetors und der Hetäre auf dem Markt.*

Zu dieser Szene (spätere Bezeichnung: Ic) entstehen unter dem Eindruck der Lektüre von Robert von Pöhlmanns ›Geschichte der sozialen Frage und des Sozialismus in der antiken Welt‹ (vgl. S. 550ff.) während des Aufenthaltes in Lenzerheide vom 17. (evtl. früher) Juli bis 1. August 1924 die meisten Notizen, teilweise bereits dialogisch geordnete Exzerpte. Die im Spätherbst 1923 abgebrochene Arbeit war in der Zwischenzeit offenbar nur am 10. und 11. März 1924 vorübergehend wiederaufgenommen worden. Auch nach dem Aufenthalt in Lenzerheide beschäftigt sich Hofmannsthal – entgegen der in einem Brief an Wiegand erwähnten laufenden Arbeit an einer Comödie *(HvH-WW 123)* – *nur noch sporadisch mit dem Stoff. Es finden sich folgende Daten auf wenigen Blättern: der 6., 9. und 31. August, sowie der 8. und 9. Oktober. Hofmannsthal bewahrte die Materialien offenbar in zwei Konvoluten auf; jedenfalls haben sich zwei Aufschriften erhalten:*

Timon der Redner.
(Lenzerheide Juli 1924
Fusch August 1924)

und:

Timon der Redner.
Neuestes
(ab 1 VIII. 24, Lenzerheide)

Markante Kennzeichen dieser Entwicklungseinheit sind: Aus dem im Szenar von 1923 geplanten Volksaufstand vor dem Haus der Hetäre wird ein Bankett, zu dem die Hetäre den Rhetor, der nun Timon heißt, samt seiner Gefolgschaft einlädt; die politische, in einer Prügelei endende Konfrontation beider Gruppen hatten bereits die letzten

Notizen von 1923 auf den Marktplatz verlegt, wobei die Hetäre als Jüngling verkleidet auftreten sollte. Der Personenkreis des Stückes wird wesentlich erweitert: Neben den Rhetor tritt als politischer Gegner ein durch den Verlust seines Vermögens zum Zyniker gewordener, erbarmungsloser Kritiker der Aristokraten, der Shakespeares Timon von Athen nachgezeichnet ist. Aus der ursprünglichen personalen Einheit des fremden Gesandten und des Lastträgers werden zwei Figuren. Das unmotivierte Doppelspiel des Gesandten wird aufgegeben; er ist nun der Repräsentant einer auswärtigen Macht, dessen Auslieferung die aufrührerische Menge fordert, und zugleich Liebhaber der Hetäre, während der Sklave, der künftige Triumphator, im geheimen wirkt. Die Zahl der Aristokraten vergrößert sich; neben Timon dem Bettler, dem Gesandten und der Hetäre ist noch der Auftritt eines Arztes, eines Malers und eines Dichters, sowie einer Tänzerin vorgesehen. Auch Timons Gefolgschaft besteht nun nicht mehr aus Rhetorenschülern, sondern aus zwielichtigen Figuren und kleineren Kriminellen. Er selbst führt ein Doppelleben.

   So werden während des Aufenthaltes in Lenzerheide neben der laufenden Arbeit am Turm – Hofmannsthal konzipiert in diesen Wochen endgültig das Schlußdrittel des dritten Aktes – vor allem die politischen Gruppierungen des Stückes näher bestimmt. Nach einer kurzen Beschäftigung mit dem Andreas *berichtet Hofmannsthal im August 1924 Burckhardt von weiteren Plänen, fügt aber hinzu, daß er dem* Timon *nicht den ersten Platz in seiner Phantasie nehmen lassen wolle (HvH-CJB 158). Im September und Oktober schließt Hofmannsthal die erste Fassung des* Turm *ab und entscheidet sich im November, um sich zu entspannen, für die leichte Fiakergeschichte (vgl. RS-HvH 527). Im gleichen Monat überarbeitet er noch eine Szene aus dem fünften Akt des* Turm, *was erneut* einige productive Kraft *(HvH-WW 125) erfordert. Noch Mitte Januar 1925 schreibt Hofmannsthal an Thomas Mann, daß er – nach der Arbeit am* Turm *– ein wenig müde* sei und achtgeben müsse, sich *zusammenzuhalten (ThM-HvH 24). Erst während des Pariser Aufenthaltes im Februar 1925 hat sich Hofmannsthal – vielleicht im Gespräch mit Burckhardt – wieder mit der Komödie beschäftigt. Auf einem Ende Februar 1925 datierten Blatt notiert sich Hofmannsthal* Hauptsächliches, zur Handlung. *Im März 1925 reist Hofmannsthal nach Marokko. Während eines kurzen Ferienaufenthaltes in Burckhardts Sommerhaus auf dem Schönenberg im April arbeitet er nur sporadisch an der Komödie, die nun wieder* Rhetorenschule *genannt wird. Im Mai und im Juni weilt Hofmannsthal in England. Ende Juni schreibt er an Schröder, daß er sich mit einem* finstern Stoff, dem Xenodoxus, eingelassen habe *(Corona, 10, 1943, 798), woran er während des ganzen Juli neben dem erst im Herbst abgeschlossenen Aufsatz* Schillers Selbstcharakteristik *arbeitet. Am 11. Juli erbittet Hofmannsthal von Wiegand Benns Novellenband ›Gehirne‹, weil es ihm* in einem gewissen Arbeitsbezug wichtig erscheint *(HvH-WW 137), bemerkt aber wenige Wochen später gegenüber Burckhardt, daß er sich einer neuen Arbeit zugewandt habe:* Es ist keine von denen, die im vergangenen Jahr so nahe schienen: die Rhetorenschule und Phokas – sondern ein um ein paar Jahre älterer Plan. *(HvH-CJB 186)*

   Die Phase der Ausarbeitung, während der die beiden ersten Szenen des ersten Aktes vollendet werden, zwei weitere Szenen nicht über ein fortgeschrittenes Entwurfsstadium hinaus gedeihen und zum zweiten Akt gerade zwei Detailentwürfe entstehen, beginnt – wie zwei Konvolutdeckelaufschriften belegen – am 3. September 1925.

Die Szenenfolge des ersten Aktes bleibt von Anfang an widersprüchlich. In dem am 9. September entworfenen ersten Szenar zur Szene I a plant Hofmannsthal eine dreiteilige Struktur des ersten Aktes: 1. Szene: Vor Timons Haus, 2. Szene: Haus der Leäna, 3. Szene: Offener Platz. Die Notizen verzeichnen entsprechend: I a, I b, I c. Hofmannsthal scheint sich vor allem nicht darüber klar geworden zu sein, wo die Szene mit der Überschrift In der Villa zu plazieren sei. Inhaltliche Gründe, die sich im Lauf der Konzeption ergeben (Bacchis beabsichtigt, Timon zu sich zum Bankett einzuladen), erfordern ihre Anordnung vor der Begegnung der Hetäre mit dem Rhetor auf dem Markt. I c müßte also eigentlich I d heißen. Gegen Ende seiner Beschäftigung mit dem Lustspiel erwägt Hofmannsthal offenbar folgende Gliederung des Aktes: 1. Szene: Vor Timons Haus, 2. Szene: In der Villa, 3. Szene: Haus der Leäna, 4. Szene: Offener Platz; jedenfalls ändert Hofmannsthal die Aufschrift auf dem Konvolutdeckel der Reinschrift zur Szene Haus der Leäna von I b in I c, und Notizen vom November 1926 verzeichnen erneute Details zur Szene In der Villa unter I b. Dieser sehr kontrastreichen und sicher theaterwirksamen Einteilung widerspricht die Reihenfolge der unter Timons Auszug zusammengefaßten Szenen, der schließlich bei der Einteilung des Apparates, der die Genese von Einzelszenen transparent machen will, der Vorzug gegeben wurde.

Die riesige, in einem vergleichsweise kurzen Zeitraum entstandene Materialfülle manifestiert einen mühseligen Schaffensprozeß, der jedoch nicht einheitlich prospektiv verläuft. Reihenweise fixiert Hofmannsthal charakterologische und psychologische Details, Dialogteile oder Szenenausschnitte, die er fast additiv zu zusammenhängenden Szenarien zu integrieren sucht, wobei der (bei mehrfach gegliederten Szenen) zumeist vorher mittels kleiner lateinischer Buchstaben festgelegte szenische Bereich, innerhalb dessen eine Notiz verwendet werden soll, oft unberücksichtigt bleibt. Das Prinzip der Montage dominiert. Innerhalb der Abfolge der Szenarien greift Hofmannsthal dauernd auf bereits abgelöste Partien zurück. Selbst gestrichene Passagen leben fort. Die Geneseprozesse der einzelnen Szenen des Lustspiels bestätigen Richard Alewyns auf Hofmannsthals Arbeitsweise gemünztes Bild des Schachspiels, in dem verschiedene Kombinationen probiert und ebenso viele Züge zurückgenommen wie ausgeführt werden. Erst mit der ersten Niederschrift, die Hofmannsthal vom Szenarium mit der Bezeichnung Text unterscheidet, wird der Schaffensprozeß weniger verzettelt; vorformulierte Details werden nur noch selten benötigt.

Das erste Szenarium zur Szene I a entsteht am 9. September, vor dem 28. September drei weitere. Da sie in blauschwarzer Tinte konzipiert sind, läßt sich als terminus post quem sicher der 15. September, für den die Verwendung blaugrauer Tinte noch belegt ist, annehmen. Mit großer Wahrscheinlichkeit kann der Entstehungszeitraum jedoch auf die Woche zwischen dem 22. und 28. September eingeschränkt werden. Das erste Szenarium des zweiten Aktes ist von Hofmannsthal auf den 22. Oktober datiert; da das Blatt jedoch mit blaugrauer Tinte, alle übrigen mit Daten vom Oktober ver-

sehenen Blätter jedoch mit blauschwarzer Tinte geschrieben sind, muß es vermutlich 22. September statt Oktober heißen. Unter dieser Voraussetzung kann die Benützung blaugrauer Tinte vom 3. bis 22. September angenommen werden. Vom 28. bis mindestens 30. September dauert die Arbeit am letzten Szenar der ersten Szene. Hofmannsthal hat zu Beginn der Niederschrift die Hoffnung, ihm gelinge ein kohärenter Text, und versieht den Konvolutdeckel mit der entsprechenden Aufschrift. Die Gestaltung des Stimmungsumschwungs von Timons Frau bereitet aber unerwartete Schwierigkeiten, die Hofmannsthal zwingen, sich den Schlußteil der Szene zunächst erzählend – mit nachgetragenen Dialogpartikeln – zu vergegenwärtigen, dann die Rede der Frau mit ihrer Charakterisierung Timons grob zu schematisieren, bevor er auf den letzten drei Seiten des Konvolutes den Schluß der Szene voll dialogisiert. Auf dem Konvolutdeckel ändert er entsprechend Text in Genaues Scenar. Vom 22. bis 25. November entsteht das, was Hofmannsthal Text nennt. Die Reinschrift entstand vermutlich im Frühjahr 1926 (vgl. S. 327, 33ff.); für eine Datierung des Typoskripts fehlt jeder Hinweis.

Wie einige Notizen (die dann unberücksichtigt blieben) dokumentieren, erwog Hofmannsthal bereits für die erste Szene eine Begegnung des Rhetors mit seinem ursprünglichen, jetzt Phanias genannten Namensvetter. Hauptmerkmal des Entwurfs der zweiten Szene (Haus der Leäna) ist Hofmannsthals Unsicherheit, eben diesen Auftritt des Phanias richtig zu plazieren. Im ersten mit blaugrauer Tinte, also im September konzipierten Szenar ist eine definitive Komposition der Szene noch nicht zu erkennen: Phanias erscheint fast in der Rolle des ubiquitären Shakespeareschen Narren. Das zweite Szenar, wahrscheinlich unmittelbar vor dem dritten entstanden, das am 2. Oktober verfaßt wurde, ist im Anfangsteil sehr locker strukturiert, während der Dialog Timons mit Leäna bereits genauer ausgeführt ist. Der Auftritt des Phanias ist als Gespräch mit Lykon an den Anfang der Szene gestellt. Das dritte Szenar versucht die im zweiten weniger berücksichtigten Partien besser in den Griff zu bekommen, also vor allem das Rendezvous des Sohnes mit dem Mädchen; Hofmannsthal gelingt jedoch kaum mehr als eine Inhaltsangabe, obwohl er das Blatt sogar als genaueres Scenarium bezeichnet. Die nächsten Szenarien entstehen erst in der letzten Oktoberwoche, das vierte am 24., das fünfte am 29. Oktober. Dieses, letztes Scenarium genannt, teilt die Szene in vier Einheiten: Der Unterhaltung Timons mit Leäna gehen die Dialoge des Phanias mit einigen Mädchen am Fenster und mit Lykon, sowie die Begegnung von Timons Sohn mit seinem Mädchen voraus. Die Einheit Timon – Leäna wird jedoch nicht weiter ausgeführt. Der Geneseprozeß konzentriert sich auf den Beginn der Szene. Die weiteren szenischen Einheiten werden dann um die Monatswende Oktober/November auf einzelnen Blättern flüssig weiterentwickelt. Erst der Entschluß Hofmannsthals, den Auftritt des Phanias, den er in einem (am 2. November begonnenen) ausführlichen Entwurf ausgeführt hatte, aus dem Szenengefüge auszugliedern, macht den Weg frei zu einer klaren dreifach gestaffelten Disposition der Szene: Timon räumt nach einer längeren Unterhaltung mit Leäna vor dem Haus die Bühne für das Treffen des Lykon und Chelidas mit Myrtion, bis die herbeieilenden Gefolgsleute Timons das Rendezvous unterbrechen und Wappnung des Rhetors und Abmarsch er-

folgen. In sechstägiger Arbeit konzipiert Hofmannsthal vom 17. bis 22. November den Text *der Szene. Die Reinschrift wurde wahrscheinlich im Frühjahr 1926 hergestellt (verg. S. 327, 33ff.); wann das Typoskript angefertigt wurde, ist nicht bekannt.*

Das erste Szenar zur Szene In der Villa *entsteht im September (blaugraue Tinte). Es organisiert noch nicht den Aufbau der gesamten Szene. Hofmannsthal kennzeichnet es selbst mit der nachträglichen Zuweisung zur Einheit* a) *als eine Art Keimzelle für den Beginn der Szene. Das zweite Szenar, das vermutlich Anfang November konzipiert wird, untergliedert die Szene in vier, jeweils mit kleinen lateinischen Buchstaben markierte Teile, die im dritten Szenar, ebenfalls vom Anfang November, rasch weiterentwickelt werden. Zusammen mit zwei weiteren Einzelszenarien zur szenischen Einheit* c)*, die u. a. die Auseinandersetzung der Hetäre mit dem Dichter über eine Ästhetik der Gebärde enthält, entsteht daraus vom 10. bis 15. November der Text, aus dem Hofmannsthal in der zweiten Hälfte des Monats (jedenfalls vor dem 3. Dezember) die Druckvorlage für* Die Mimin und der Dichter *destilliert.*

Zur letzten Szene des ersten Aktes hatte Hofmannsthal bereits in früheren Phasen umfangreiches Material vorbereitet, auf das er während der Ausarbeitung zurückgreifen kann, ohne auf die Konzeption zahlreicher neuer Details zu verzichten. Ihm gelingt relativ schnell nach zwei, nicht genauer datierbaren, fast völlig aus vorformulierten Teilen zusammengesetzten Szenarien am 9. November ein, allerdings genetisch unterschiedlich fortgeschrittenes, Gesamtszenar; dessen Hauptteil*, die rhetorische Konfrontation zwischen Bacchis und Timon, ergibt, zusammen mit der am 25. November einzeln entworfenen sog. Rede der Bacchis das genaue* Scenarium*. Dieses wird am 25. November begonnen; Hofmannsthal bricht es mitten im Satz ab, und setzt es am 26. Januar in Rodaun fort, ohne daß ein Abschluß gelingt.*

Wurden von den beiden letzten Szenen des ersten Aktes nicht einmal zusammenhängende Niederschriften (›Texte‹) verfaßt, so verdienen die zum zweiten Akt konzipierten Szenarien kaum noch diese Bezeichnung. Es sind, von zwei Detailentwürfen abgesehen, allenfalls Ansätze dazu. Zum zweiten Teil des Aktes, dem Bankett, und zum dritten existiert überhaupt nur Notizenmaterial. Die Struktur des ersten Teils des zweiten Aktes, Hofmannsthal bezeichnet ihn mit Bacchisscenen *oder abgekürzt* II a*, unterliegt mehrfacher Veränderung. Das erste, zwar eigenhändig, aber vermutlich falsch auf den 22. Oktober (wahrscheinlich ist September) datierte Szenar fixiert eine Szenenabfolge, in der zwei Monologe der Bacchis mit je einem Dialog zwischen ihr und ihrer Sklavin Kira einerseits und dem Arzt andererseits abwechseln. Diese Einteilung wird am 27. November wesentlich erweitert; als weitere Dialogpartner der Bacchis werden eine Vertraute, ein Notar, eine Wahrsagerin und Kira, Demetrius und Arion genannt; aus dem Dialog mit dem Arzt, zu dem Hofmannsthal einige Teile entwirft, wird im Verlauf der Konzeption dieses Szenars ein Gespräch mit dem Philosophen Kratinos, das Hofmannsthal am 28. November, dem letzten für 1925 belegten Arbeitstag, separat fortentwickelt. Wann die auf großen Blättern jeweils am oberen Rand flüchtig hingeworfenen übrigen Szenarskizzen, von denen allein der Dialog zwischen Bacchis und Demetrius noch ausführlicher gestaltet wird, entstanden sind, läßt sich* *nicht feststellen, Hofmannsthal hat aber vermutlich bis zum 6. Dezember an dem Stück gearbeitet. Frau von Hofmannsthal berichtet am 28. November ihrem Bruder von Hofmannsthals* großer Freude und Lust am Arbeiten, *und Hofmannsthals euphorische Mitteilung an Burckhardt vom 6. Dezember:* Der erste Act des Lustspiels ist vollendet, für die beiden anderen das Scenarium, sehr genau. *(HvH-CJB 110) klingt nicht nach verebbender Produktivität; sie nennt aber auch zugleich den Grund, warum die Arbeit im Dezember nicht mehr aufgenommen wird:* Wohl aber habe ich mich von einer geisterhaften Kraft gegen den alten Romanstoff hingewendet gefühlt. *(ebd.) Erst am 12. und 13. November 1926 entstehen unter dem Eindruck von Shakespeares ›Antonius und Kleopatra‹ noch einmal wenige Notizen.*

Hofmannsthals politisches Lustspiel verdankte aktueller Zeitkritik und zwei theoretischen Abhandlungen, Spenglers ›Untergang des Abendlandes‹ und Pöhlmanns Werk über den antiken Sozialismus, seine wichtigsten Impulse. Moriz Benedikt und die Verfallserscheinungen der sterbenden Donaumonarchie, die politischen und sozialen Unruhen der ersten Nachkriegsjahre, das Heer von Spekulanten und Wucherern – diesen Sieg des Chaos über die Form unterzog Hofmannsthal einer radikalen Kritik. Seine Kritik war platonisch. Ihr ideeller Gehalt war früher vorhanden als die dichterische Vision ihrer Handlung und Figuren. Der Timon-Stoff bot zu wenig Oberfläche, an der sich Tiefe hätte verstecken lassen können.

ÜBERLIEFERUNG

ÜBERSICHT[1]

Notizen 1916–1925 (bis zum Beginn der Ausarbeitung): N 1–N 122

Akt I Szene a

Nicht verarbeitete Notizen zu I a: N 123–N 128
I a / 1 H *(und zugehörige Notizen:* N 129–N 133*)*
I a / 2 H
I a / 3 H *(und zugehörige Notizen:* N 134–N 149*)*
I a / 4 H *(und zugehörige Notiz:* N 150*)*
I a / 5 H *(und zugehörige Notizen:* N 151–N 157*)*
I a / 6 H
I a / 7 H

[1] *Die ausführliche Beschreibung der einzelnen Überlieferungsträger erfolgt an ihrem jeweiligen Ort innerhalb des Abschnitts Varianten. Dort sind zugehörige Notizen der jeweiligen Handschrift vorangestellt.*

ÜBERLIEFERUNG   105

Ia| 8 T
Ia| 9 H
Ia| 10 T

Akt I   Szene b

⁵ Nicht verarbeitete Notizen zu Ib: N 158–N 162
Ib| 1 H (und zugehörige Notizen: N 163–N 166)
Ib| 2 H (und zugehörige Notiz: N 167)
Ib| 3 H (und zugehörige Notizen: N 168–N 171)
Ib| 4 H (ergänzende Notiz: N 172)
¹⁰ *Ib| 5 H* (und zugehörige Notizen: N 173–N 177)
Ib| 6 H (und zugehörige Notizen: N 178–N 179)
Ib| 7 H (und zugehörige Notizen: N 180–N 185)
Ib| 8 H
Ib| 9 H
¹⁵ *Ib| 10 H*
Ib| 11 H (und zugehörige Notizen: N 186–N 193)
Ib| 12 H
Ib| 13 T

Akt I   Szene In der Villa

²⁰ Nicht verarbeitete Notizen zu der Szene In der Villa: N 194–N 201
Villa| 1 H
Villa| 2 H (und zugehörige Notizen: N 202–N 205)
Villa| 3 H (und zugehörige Notizen: N 206–N 227)
Villa| 4 H (und zugehörige Notiz: N 228)
²⁵ *Villa| 5 H* (und zugehörige Notizen: N 229–N 237)
Zum Ende der Szene In der Villa: N 238
Nicht verarbeitete Notizen zur Figur des Phanias: N 239–N 244
Villa| 6 H (und zugehörige Notizen: N 245–N 247)
Einfügung: N 248
³⁰ *Villa| 7 H*
Villa| 8 H
Villa| 9 D
Villa| 10 D

Akt I   Szene c

³⁵ Nicht verarbeitete Notizen zu Ic: N 249–N 258
Ic| 1 H (und zugehörige Notizen: N 259–N 261)
Ic| 2 H (und zugehörige Notizen: N 262–N 264)
Ic| 3 H (und zugehörige Notizen: N 265–N 273)
Ic| 4 H (und zugehörige Notizen: N 274–N 275)

Ic/5H *(und zugehörige Notizen: N 276–N 280)*
Notizen zum nicht mehr ausgearbeiteten Schluß von Ic: *N 281–N 284*

Akt II

II/1H
II/2H *(und zugehörige Notizen: N 285–N 287)*
II/3H *(und zugehörige Notizen: N 288–N 290)*
II/4H *(und zugehörige Notiz: N 291)*
II/5H
II/6H
II/7H *(und zugehörige Notizen: N 292–N 296)*
Nach Abbruch von Akt II nicht mehr verarbeitete Notizen: N 297–N 394

Akt III: *N 395–N 420*

Letzte Notizen November 1926: N 421–N 424

RECHTFERTIGUNG DER TEXTKONSTITUIERUNG

Die vorliegende Ausgabe bietet Texte sehr unterschiedlicher Qualität und Autorisation. Timon der Redner *blieb Fragment. Abgesehen von dem Szenenausschnitt* Die Mimin und der Dichter *sind nicht mehr als zwei Szenen fertig geworden. Alles übrige – sehr umfangreiche – Material befindet sich in vorläufigen Stadien der Genese.*

Die beiden unter dem Titel Timons Auszug *vermutlich für einen Separatdruck zusammengefaßten Szenen liegen in zwei mit Stift überarbeiteten Reinschriften (Ia/7H; Ib/12H) sowie typierten Abschriften (Ia/8T; Ib/13T) vor; das Typoskript der ersten Szene mit einem, das der zweiten mit zwei Durchschlägen. Hofmannsthal korrigierte das Typoskript der ersten und ein Duplikat der zweiten Szene und versah beide mit der Aufschrift* Handexemplar*. Gertrud von Hofmannsthal übertrug die Korrekturen auf die übrigen Durchschläge, worauf sie von Hofmannsthal erneut überarbeitet wurden. Zusätzlich verfaßte Hofmannsthal eine kurze vorspannartige Einführung (Ia/9H, 10T), ähnlich den Vorbemerkungen, die etwa Teildrucke der Dramen* Das Leben ein Traum *oder* Der Schwierige *einleiten. Diese Einführung enthält erstmals den endgültigen Titel* TIMONS AUSZUG Zwei Scenen aus einem unveröffentlichten Lustspiel.

Die durchgehende und zweimalige Revision der Typoskripte rechtfertigt die Annahme einer mehr als nur je punktuellen Autorisation; jedoch mit einer Einschränkung: Auf dem Konvolutdeckel der Reinschrift zur Szene Leänas Haus *veränderte Hofmannsthal nachträglich die Aufschrift* Ib *in* Ic, *und Notizen vom Herbst 1926, die also nach der Konstituierung des Handexemplars entstanden, verzeichnen die letzten*

ÜBERLIEFERUNG

Details zur Szene In der Villa *unter* Ib. *Hofmannsthal erwog also zuletzt noch eine Neugliederung des ersten Aktes, so daß bei einer Fortsetzung der Arbeit Änderungen aufgrund einer neuen Aktstruktur möglich gewesen wären. – Der Text erscheint in der Fassung, wie sie Hofmannsthal in der zweiten Überarbeitung der Typoskripte fixierte. Emendationen sind im Apparat verzeichnet, stillschweigend vereinheitlicht wurde die Schreibung der Personennamen.*

Die Szene Die Mimin und der Dichter *ist in zwei annähernd identischen Drucken überliefert: In der Weihnachtsbeilage 1925 der »Literarischen Welt« (Villa/9 D) und im »Buch des Gesamtverbandes Schaffender Künstler Österreichs« von 1929 (Villa/10 D). Dem ersten Druck lag die im Nachlaß von Willy Haas erhalten gebliebene handschriftliche Fassung (Villa/8 H), dem zweiten wahrscheinlich der erste Druck zugrunde. Da in 10 D ein in 8 H mit kräftigen Horizontalstrichen markierter Einschnitt, den 9 D als doppelten Absatz wiedergibt, fehlt und dieser Druck zudem eine grammatische Korruptel aufweist, wurde 9 D als Textgrundlage gewählt.*

Die übrigen Texte (S. 35–93) sind nicht autorisiert. Es handelt sich um vom Herausgeber additiv abgehobene Endphasen von Niederschriften der Szenen Vor Timons Haus *(Ia/6H),* Haus der Leäna *(Ib/11H),* In der Villa *(6H) sowie des vermutlich letzten Szenars der Szene* Offener Platz *(Ic/5H). Sie werden zusätzlich in den Textteil aufgenommen, um dem Leser einen leicht lesbaren, zusammenhängenden Abdruck der Endphasen dieser im Apparat integral dargestellten Handschriften zu bieten.*

DIE PAPIERSORTEN

Die Hauptmasse der Papiere läßt sich sechs Sorten (Siglen A–F) zuordnen. Die daneben verwendeten Unika (verschiedene Schreibmaschinenpapiere, Briefpapiere, Zettel) werden an ihrem Ort beschrieben.

Sorte A:

Gelbliches glattes dünnes Papier, verwendet in 4 (5) Formaten:
  1. *Doppelblatt, 460 × 291 mm; nur gefaltet, zweimal 230 × 291 mm, als Konvolutdeckel verwendet.*
  2. *Blatt (= getrenntes Doppelblatt), 230 × 291 mm; ungefaltet zum Beschreiben, gefaltet, zweimal 230 × 145 mm, als Konvolutdeckel für Notizen verwendet.*
  3. *1/2 Blatt (Zettel), 230 × 145 mm; für Notizen verwendet.*
  4. *1/4 Blatt (Zettel), 115 × 145 mm; für Notizen verwendet.*
  5. *Unregelmäßige Trennungen.*

Die Formate 2–4 gehen durch Halbierung auseinander hervor, wobei es sich nicht immer um exakte Halbierungen handelt; Format 3 schwankt beispielsweise zwischen 228–232 mm in der Höhe und 143–147 mm in der Breite.

Sorte B:

Gelbliches poröses dünnes Papier mit Leinenstruktur, Formate:
 1. Blatt, 270 × 211 mm
 2. 1/2 Blatt (Zettel), 135 × 211 mm
 3. Unregelmäßige Trennungen

Sorte C:

Bräunliche holzhaltige Blätter mit Perforation an der oberen Schmalseite, 206 × 134 mm.

Sorte D:

Bräunliche holzhaltige dünne Blättchen von einem Abreißblock mit rötlicher Gummi-Leiste, 135 × 87 mm.

Sorte E:

Gelbliche holzhaltige Blätter mit Perforation an der oberen Schmalseite, 187 × 86 mm.

Sorte F:

Sechs Zettel, ähnlich der Sorte A, aber dünner und heller; Format: 168–171 mm in der Höhe und 105–107 mm in der Breite. Maße des unzertrennten Papiers (Ausgangsformat) unbekannt.

VARIANTEN

NOTIZEN 1916-1922

N 1

H III 206.55 – *Einseitig beschriebenes Blatt der Sorte A, 289 × 231 mm; schwarze Tinte, Nachtrag mit Stift.*

Erste Skizze zur Rhetorenschule.

20. VIII. 1916   Die Rhetorenschule.[1]
                         Comödie mit antiken Motiven

Chremes, Inhaber der Rhetorenschule. ⎫ Benedikt Vater u Sohn.
Clitipho sein Sohn   ⎭

Bachis Hetäre, herrisch, frech, geldgierig. Dem Alten und Jungen überlegen.

Die Hetäre und der alte Chremes verstehen sich im Geldpunkte.

Chremes Weltbild: der Dichter bedürfnisslos, von Liebe zu den Armen erfüllt Hirtenleben zugeneigt wogegen die jetzigen Schwelger, Wortkünstler. ⌊Lob des Landlebens bei Unkenntnis der Getreidearten. Lob der Maschine Über den Staat⌋

der König = Tyrann. ⌊Mameluken desselben: Gesandter etc.⌋
die Freiheit
der Priester.

Die Möglichkeit, Geld zu gewinnen: durch Anwaltthätigkeit, Parasitismus

Nachdem er für das »Bürgermädchen« – und gegen die »Hetäre« declamiert hat – vermählt er sie mit seinem Sohne weil sie reich ist: der König ⌊= Gesandter.⌋ u. der Priester müssen Trauzeugen sein. Er hofft, erster Magistrat der Stadt zu werden.

⌊Ein Liedchen zu componieren à la Bilitis⌋

Gerichtsverhandlung über den Traum *(1)* von den Schatten *(2)*:

Die Hetäre kommt mit ihrer Mutter zum Chremes. Die Mutter kuppelt immer, bei jeder noch so kurzen Begegnung ⌊(so mit Chremes, mit dem Gesandten; sie versteht aus allem was zu machen)⌋

[1] *r. R. Leseliste:* relire: Bilitis / Aphrodite / Theokrit* / Mauthner Sprachkritik / Aretin / Lukian. / Horaz Satiren* (Rabagas.) / ⌊ˢM⟨arcel⟩ Schwob Vies imag⟨inaires⟩
Mad⟨ame⟩ de Noailles⌋
Bedeutung der Sternchen bei Theokrit *und* Satiren *bleibt offen; vgl. auch* N 158 *und* 355.

Der Gesandte trägt dem Chremes an, dasselbe wogegen Chremes declamiert, selber zu machen, sich daran zu beteiligen. Verspricht ihm eine Gnadenkette. (Chremes will lieber einen Becher)

N 2

H III 206.51 – Einseitig beschriebener Zettel von Sorte A, 232 × 146 mm; schwarze Tinte.
Zum politischen Kalkül des Rhetors.
Vermutlich – gleichzeitig mit N 1 – 20. August 1916.

Chremes

Das Wesentliche ist, dass Chremes das Ziel das er zu haben vorgiebt – die Stadt von der Nachbarschaft des Königs befreit – gar nicht hat, dass ihm vielmehr der gegenwärtige Zustand viel besser passt, weil bei gesichertem Zustand er u. seine Rhetoren überflüssig werden.

N 3

H III 207.135 R – Vorderseite eines beidseitig beschriebenen Zettels von Sorte A (Rückseite: N 333), 230 × ca. 145 mm; schwarze Tinte.
Zum Substanzverlust der rhetorischen Sprache; im Herbst 1923 erweitert (siehe N 68) und im Herbst 1925 bei der Benutzung der Rückseite durchgestrichen.
Keine genauere Datierung möglich.

Rhetorenschule

Das Geheimniss des Tones, den sie alle von Chremes haben. – Das Geheimniss dass im rhetorischen Ton ein anderes ich ist, wie in der geschminkten aufgeputzten Hetäre – dass das eigentliche Ich aber so schwer zu finden – nur im Schweigen zu finden, nein selbst das nicht. Wo ist Spontaneität, innere Notwendigkeit der Sprache? Ist nicht alles Convention, Tempel- oder Agorasprachenimitation. Qualen eines, der sich reden hört – bis zum grotesk-pathologischen getrieben – \(der Sohn)/[1]

N 4

H III 206.86 – Einseitig beschriebener Zettel von Sorte A, ca. 231 × ca. 147 mm; blauschwarze Tinte, Nachtrag mit Stift.

---

[1] *Der letzte Satz zusätzlich am l. R. markiert.*

Unverbundene Details über den Meister der Rhetorenschule.
Keine genauere Datierung möglich.

Rhetorenschule

DER MEISTER
man muss bei jeder Gelegenheit etwas zu sagen haben. Wecke mich um vier Uhr nachts und rufe mir ins Ohr: Die Freiheit ist bedroht. *(1) (2)*^{p} Ferner: von jedem Punkt aus müsse man zu grossen gesellschaftlichen Ideen gelangen. |

Der *(1)* Syrer *(2)*^{s} Bithynier | ⌉Emissär eines Königs⌈ den er hasst und gegen den er declamiert und mit dem er Geschäfte macht;

Declamationen gegen den Soldaten, die auf diesen gar nicht passen. Er tue der Bürgerin Gewalt an.

(1) Ferner: von jedem Punkt aus müsse man zu grossen gesellschaftlichen Ideen gelangen. *(2)*^{p} |

Hass auf die Dichter.

N 5

H III 207.4 – *Einseitig beschriebener Zettel von Sorte A, 232 × 144 mm; schwarze Tinte, Nachtrag mit Stift.*

Aufzählung und Charakterisierung einiger von Chremes' Rhetorensklaven sowie eine Skizze zu einem Monolog des Rhetors; im Herbst 1923 den Materialien des ersten Aktes (gemäß N 60; siehe N 55) und im Herbst 1925 teilweise den Materialien des zweiten Aktes (siehe N 361) zugeschlagen.[1]
Keine genauere Datierung möglich.

Chremes u. seine Sclaven.
ein Rabulist (den er aus dem Zimmer jagt, wenn es ihm gefällt gegen die Logik zu handeln, den gestrigen Tag zu desavouieren, sich selbst ins Gesicht zu spucken)
ein Stoiker

---

[1] *Zunächst selbständige Notizen vor allem aus der Frühphase des Lustspiels werden im Verlauf der Konzeption von Hofmannsthal zunehmend funktionalisiert und inhaltlich dem fortentwickelten Gesamtplan angepaßt. Da der vorliegende Band die Masse der Materialien in die entsprechenden Entwicklungseinheiten aufteilt, ist bei Notizen mit Überarbeitungsschichten aus verschiedenen Entwicklungsphasen die singuläre Darstellung eines Überlieferungsträgers nicht sinnvoll. Diese Notizen erscheinen also mehrfach je in der Textgestalt, die sie in der jeweiligen Entwicklungsphase des Lustspiels erreicht haben.*

ein Cyniker
ein Schönredner der am Ekel vor den Worten krank geworden ist

\^s Chremes sinnt für sich eine phantastische Ehrung aus: bei lebendigem Leib als Gott durch die Stadt zu fahren: er will aber entweder lernen selbst daran ⟨zu⟩ glauben, oder es sicher haben, dass niemand daran glaubt, und dass er das Ganze hat, wenn er die Ceremonie hat. Monolog in welchem ihm unklar ist welches von beiden er vorzieht: Sein Scharfsinn lässt ihn im Stich⟩

N 6

H III 206.44 – Einseitig beschriebener Zettel von Sorte A, 232 × 146 mm; schwarze Tinte, Unterstreichung mit Stift.

Zwei unverbundene Details.

1916; vgl. die sehr ähnliche Mystifikation vom braven N. *in der Molière-Bearbeitung* Die Lästigen *aus dem gleichen Jahr.*

Die Rhetorenschule.

Von dem echten Cyniker findet der Alte, er übertreibe.
Alle Angestellten des Alten müssen den Armring tragen: »Durch mich lehrt N.«

N 7

H III 205.15 – Einseitig beschriebener Zettel von Sorte A, 232 × 146 mm; schwarze Tinte, Anstreichung mit Stift.

Ausführliche, teilweise bereits dialogisierte Skizze zum Verhältnis von Vater und Sohn.

Vermutlich zur gleichen Zeit wie N 6 – 1916 – entstanden.

Rhetorenschule.

Der Junge, zerrinnt vor lauter Vagheit, Unsicherheit, ineinander überfliessen der Begriffe, Ironie, Melancholie –

dem Alten wird alles fest u. brauchbar, handlich.

Dem Jungen gelingt nichts, dem Alten alles.

Der Junge ist ein Schlemihl, der Alte ein Tausendsassa.

Der Junge hat teils ebensolche Freunde, wie er ist, die alles beweisen u. an nichts glauben: der Alte benützt sie ganz gut u. es entstehen Effecte, die der

Junge bewundert u. nicht begreift, ganz reale Effecte: z. B. ein Volksauflauf bei einem Leichenbegängnis.

Das System des Alten, sofort zu belohnen u. sofort fallen zu lassen, dem Jungen so unbegreiflich.

Anfang:

die Courtisane ist ins Haus des fremden Gesandten gezogen.

DER ALTE
ausgezeichnet, das schafft jetzt eine Verbindung du gehörst jetzt zu den Bekannten dort des Hauses

DER JUNGE
Aber ich schau Sie doch nicht mehr an!

DER ALTE
jetzt werde ich erstens durch Lykon um die Freundschaft des Gesandten werben, zweitens durch Kolax Material gegen ihn sammeln lassen.[1]

Der Alte: der Überjournalist: jeder Augenblick muss ausgenützt werden. Er kann nicht schlafen, wenn die Marktweiber nicht haranguiert worden sind für die Freiheit.

DER SOHN beständig
Wie kommt das zu dem, o Vater?

DER VATER immer klipp u. klar
Was will er? wie ist er zu kaufen? Jeder Mensch will etwas. Der Cyniker (auch als Journalist.)

N 8

H III 206.25 – Einseitig beschriebener Zettel von Sorte A, 233 × 144 mm; schwarze Tinte.

Erste Notizen zu einer Sklavin der Bacchis.

1916; ›Das Mädchen von Andros‹ des Terenz: Lektüre im Spätsommer 1916.

Das Mädchen aus Andros, Sclavin der Bacchis. Sie sieht, in einer ganz zweckhaften Welt, das Schöne, Entzückende im zum Zweck erhobenen Mittel. (siehe jene Definition des Gide über das Wohllüstige.)

Sie sagt: ich meine, diese alle kennen die Wohllust nicht.

---

[1] *Replik am l. R. mit Stift markiert.*

Die Mutter der Bachis versucht ihr, ihre unschuldige Miene ausnützend, einen Schwindel einzulernen.

N 9

H III 206.84 – Einseitig beschriebener Zettel von Sorte A, 232 × 146 mm; schwarze Tinte, Unterstreichung mit Stift.

Zur Hetäre und zu ihrem Verhältnis zum Sohn des Rhetors (jetzt Ktesiphon*).*

Entstehungsjahr sehr wahrscheinlich 1916 (Nähe zu Terenz).

6 IX. ⟨1916⟩   Handlung.

Bachis hat dem Ktesiphon eingeredet, der Gesandte habe sie durch den Soldaten mit Gewalt entführen lassen. In der That hat sie nur die Nacht bei dem Soldaten verbracht.

Ihre Gewandtheit im Lügen.

Die Muhme ⌊(Sclavin aus Andros)⌉ unfähig zu lügen, erscheint als Lügnerin, wird schliesslich hinausgetrieben.

Bachis weiss nicht dass Ktesiphon der Sohn des Chremes ist.

Scene: Gastmahl das Chremes für Bachis gibt.[1]

N 10 – N 11 – N 12 – N 13 – N 14 – N 15 – N 16 – N 17 – N 18 – N 19

H III 206.47 – 206.49 – 206.50 – 206.94 – 206.96 – 206.95 – 206.46 – 206.48 – HVB 24.33 – H III 206.93 – Zehn einseitig beschriebene Blätter der Sorte E; N 10–12: schwarze Tinte (auf N 11 Nachtrag und Unterstreichung mit Stift); N 13–19: Stift.

Sammlung von charakterologischen Anmerkungen vor allem zum Rhetor und seinem Sohn; Details zu zwei weiteren, auf diese Notizen beschränkten Figuren eines Wucherers und seiner Tochter.

Entstehungsjahr sehr wahrscheinlich 1916 (Anklänge an die Molière-Bearbeitung Die Lästigen: *Ergast, ferner an Terenz' ›Das Mädchen von Andros‹: Davus und ›Die Brüder‹: Ktesiphon).*

N 10

8 IX ⟨1916⟩

Chremes vollkommene Gewissenlosigkeit in Bezug auf Consequenz und Treue. ⌊(Auf das gestern Gesagte; auf den Anfang der Rede selbst.)⌉

---

[1] *Zeile nachträglich mit Bleistift unterstrichen.*

Den Ergast, der die Worte hasst, bestimmt er (da dieser sich \ins Orchester/ verkriechen will) zum süsslichen adulator des Wucherers. – Aber wir kämpfen doch gegen Corruption. Während der Anrede nimmt der Wucherer seine Tafeln heraus, berechnet Procente aus Münzgewinn: so wie ein schlaues procédé wobei er an Lieferung für den Feind gewinnt und Ausfuhrverbote überschreitet; er lässt Ware reisen. Er hat einen Kopfrechner bei sich Die Tochter hat eine lycische Sclavin bei sich, die sie zu ihren Füssen kauern lässt

N 11

Complimente des alten *(1)* Wucherers *(2)*ˢ Wucherers der die Action subventionieren soll | an Chremes:

er lasse sich immer erzählen, was für Gleichnisse Chremes gebraucht etc. Er befriedige völlig seine geistigen Bedürfnisse.

in I.

die Besuche stossen zusammen: die Hetäre Bachis – der Gesandte und der Wucherer, welcher seinen officiellen Besuch macht.

N 12

Ktesiphon wünscht den schwebenden Zustand bez. der Ehe – der ihm so viel Credit verschafft – festzuhalten u. zu verlängern. \(Er glaubt dass der Wucherer das Heiratsproject nur vorschütze um Chremes den Mund zu stopfen)/

Er begünstigt daher das Interesse der Tochter an dem Gesandten.

Die Kupplerin als Vermittlerin zwischen dem Gesandten u. der Wucherers-tochter. Der Wucherer übergibt sie ihr

Souper à quatre. Chremes betrachtet dies als ein Mittel den Gesandten zu gewinnen. Die Tochter nimmt verschleiert daran teil.

N 13

Ktesiphon hat vor der Bacchis einmal seinen Vater verleugnet und muss nun dabei bleiben.

Ia meldet ihm Davus sie kommt hierher in des Chremes Haus.

N 14

Rhetorenschule

Chremes glaubt die Zusammenkunft zwischen dem Gesandten und der Freundin des Stadtältesten zu veranstalten und gibt ein Gastmahl für seinen Sohn und die Hetäre

Scene im Vorraum des Gastmahls

die Mutter controliert das Auftragen, sie hat die kleine Sclavin mit

N 15

CHREMES
Ich habe das Ohr der Stadt

Sein Rivale: der moderne, der todtgeschwiegen wird. Eisiges Schweigen wenn der Name fällt.

der gefühlvolle Wucherer und seine witzige Tochter, die den Gesandten heirathen möchte. Sie ist der Ansicht dass alles irgendwie zu erreichen, zu kaufen ist.

Ihr Gespräch mit der Kupplerin, die sie für eine hochachtbare Dame hält und mit der sie ganz eines Sinnes ist.

N 16

Rhetorenschule
Chremes und der Parasit

CHR.
Ich sage mir – – des weiteren sag ich mir – – der Davus ist ein treuer guter Bursche – ich folgere daraus – ferner: man sucht seine Freundschaft – weil er mein Sohn ist

Chremes studiert selbst die Ansprache ein, die an ihn gehalten werden soll als Retter der Stadt vor benachbarter Tyrannis *(1)*. *(2)*; diese Ansprache wird dann im entgegengesetzten Sinn verwendet |

N 17

Chremes: ebenso bereit sich vom Gesandten in Dienst nehmen zu lassen

Chremes: wie er sich den Gesandten vorstellt: einen salbenduftenden Barbaren, innerlich hohl

(1) PARASIT →
(2) BACCHIS |
er liest jede Zeile die du schreibst – er verkleidet sich um dich sprechen zu hören – er schreibt über dich Berichte

N 18

Ktesiphon, entschlusslos bis zum Pathologischen Angst vor der Heirath.

Wenn er in Gang kommt wäre er zu allem fähig, auch den Alten zu bestehlen.
In Gegenwart des Alten ist er wie Blei.

N 19

Ktesiphon: Er hat Credit bei allen Wucherern seit man ihn für den Schwiegersohn in spe des grossen Wucherers hält, der wie ihrer aller König ist, und Könige bewuchert

N 20

H III 206.24 – *Einseitig beschriebener Zettel von Sorte A, 231 × 143 mm; schwarze Tinte.*

Zur Beziehung des Rhetors zum Gesandten und zur Abhängigkeit der rhetorischen Terminologie von der Tradition; im Herbst 1923 erweitert und partiell den Materialien des dritten Aktes (gemäß N 60) zugeschlagen; siehe N 69.

Entstehungsjahr vermutlich 1916.

18 IX. ⟨1916⟩
Chremes u. der Gesandte sind die wahren Gegenfiguren in Bezug auf das Sociale, das Chremes ganz leugnet (er betrachtet die Atmosphäre davon [beim Gesandten] als Residuum alter überwundener *(1)* Dinge *(2)* Zeiten, Farce. Tuerei.)

Dabei trägt die Rhetorenschule noch als Jargon die ganze Cultur bis zu strengsten Urzeitformeln mit sich und er arbeitet doch damit, aber ganz mechanisch: so geht es zwischen ihm u. dem Gesandten auch um Glaube u. Unglaube, indem jener wenigstens an den Glauben glaubt, an die Schönheit glaubt.

Chremes hält den Gesandten für einen Cyniker darum weil er das Geld verachtet, für einen Heuchler darum weil er das Geld verachtet (angeblich)

N 21

H III 207.56 – *Vorderseite eines beidseitig beschriebenen Zettels von Sorte A (Rückseite: N 328), 231 × 143 mm; schwarze Tinte.*

Charakteristik des Chremes.

Entstehungsjahr vermutlich 1916.

19 X. ⟨1916⟩   Rhetorenschule

Chremes: Die höchste unbedingte Eitelkeit, dass er nicht nur eitel ist auf das was wirklich zu ihm gehört, sondern auf Momenteffecte die der Zufall, die directe Täuschung des Andern hervorgerufen haben: auf Eindrücke, wie ein Erschrecken der andern Person weil sie ihn für einen dritten gehalten. – Wie heisst gehört nicht zu mir? – er würde jeden Moment ebenso wie den Kopf, auch die Arme oder den Rumpf eines andern benützen. Alle Reinlichkeit darin hält er für Hypochondrie..

N 22

H III 206.70 – Vorderseite eines beidseitig beschriebenen Zettels von Sorte A (Rückseite: N 304), 232 × 145 mm; schwarze Tinte.

Mimische Details zu einem Versuch der Rhetoren, die Hetäre zu überreden; im Herbst 1923 ergänzt und den Materialien des dritten Aktes (gemäß N 60) zugeschlagen; siehe N 70.

Keine genauere Datierung möglich; evtl. August 1916.

Scene der »Überredung« der Hetäre durch die Rhetoren:

wie sie alle, wie Hunde, begierig sind, jeder sein Kunststück vorzubringen: mit dem Finger bald auf diesen bald auf jenen weisend gestattet er jedem ein colloquium mit dem Object ihrer Bemühungen

N 23

H V B 25.45 – Untere Partie eines einseitig beschriebenen Zettels von Sorte F (Fragment), 171 × 107 mm; Stift.

Bibliographischer Nachweis einer wissenschaftlichen Ausgabe der fingierten Briefe Alkiphrons.

Keine genauere Datierung möglich.

zur Rhetorenschule
die fingierten Hetären u Parasitenbriefe
des Alkiphron.
ed. Meineke Leipzig 1853.

N 24 – N 25

H III 205.42 – 206.29 – Zwei einseitig beschriebene Blätter der Sorte A, N 24: 290 × 232, N 25: 232 × 146 mm; blauschwarze Tinte.

Größtenteils Exzerpte aus dem vierten Band von Jacob Burckhardts ›Griechischer Kulturgeschichte‹, Kapitel V. Der Mensch des IV. Jahrhunderts.

Auf N 24: 30 V 17; N 25 sicher am gleichen Tag entstanden (Exzerpte aus dem gleichen Umkreis).

N 24

30 V 17.   Die Rhetorenschule.

Die Bibliothek des Chremes, aus gedächtnisstarken Individuen bestehend.

Die courante Meinung dass mit Reden u. durch Reden alles zu erreichen, alles zu verschieben, zu bemänteln sei. Denn aller Dinge Ziel sei die Geltung oder der Nachruhm.

(reservatio mentalis: das Geld sei der wahre Gott der Welt, dem alles Reden nur indirect huldigt)

Die Geltung aber sei durch Überzeugen, Veruneinigen oder Verblüffen der Gegner zu erreichen, der Nachruhm sei schliesslich zu erzwingen durch Vertuschen der Wahrheit, Verdrehen des Tatbestandes etc.

Dagegen Sinken des Credits der Athleten (seit Leuktra, Niedergang der Spartanerei.)

Verleugnung des Agonalen durch die Hedoniker, ebenso durch die Cyniker. Das Gebiet des Wetteifers nicht mehr die Politik, sondern der Witz.

Ein junger Ionier, in Athen gefragt: »Welches ist deine Heimat« antwortet: Ich bin reich.

Chremes Argumentation, dass alles in der Stadt gewusste von ihm *(1)* abhänge *(2)* herstamme. Der Einwand, es stamme doch auch einiges von den Göttern, den Offenbarungen, den Erkenntnissen der Väter; sein Gegenargument: der Gebrauchswert aller Erkenntnisse stamme von ihm: das Geldähnliche, das er allem Geistigen verliehen, [die unbegrenzte Popularisierung] dass es überall hindringe, eines zum andern bringe. Niemand, sagt er, auch nicht die Priester, weisen die Verständigung in meiner Sprache ab.[1]

Das Wissen – »Bildung« gegenübergestellt den »Meinungen« (δόξαι) des niedrigen Volkes. Geringschätzung der Dichter.

---

[1] *Absatz nachträglich am l. R. mit Stift markiert.*

N 25

Rhetorenschule.

Fischhändler: ihre unverschämten Preise, ihre düstere Grobheit, langes Haar, Betrügerei beim Wechseln u. Herausgeben, Verkaufen von fauler u. todter Ware. Fischer fühlen sich über dem besten Feldherrn.

Der gemietete Koch, neben dem Kochsclaven. »Sie erlauben sich Prahlereien litterar. u. philos. Art und es ziert sie, wenn sie sich auf das Opfern verstehen.«

z. E. Einer rühmt sich, dass er dem König Nikomedes 12 Tagereisen ins Binnenland Sardellen geliefert habe, die er aus Rüben zuschnitt u. mit der gehörigen Sauce zubereitete; denn »in nichts unterscheidet sich der Koch vom Dichter, liegt doch für beide die Kunst im Genie.«

über eine Hetäre: wie niedlich sie zu essen wusste (Eubulos)

N 26

H III 207.3 – Vorderseite eines beidseitig beschriebenen Zettels von Sorte A, 232 × 142 mm (Rückseite: Frau ohne Schatten, N 14, Bd. XXVIII, S. 301, 31–34); schwarze Tinte, Nachtrag mit Stift.

Exzerpte aus dem vierten Band von Jacob Burckhardts ›Griechischer Kulturgeschichte‹, Kapitel VI. Der hellenistische Mensch; im Herbst 1925 Keimzelle für N 369.

Vermutlich gleichzeitig mit N 24 und 25 entstanden.

Rhetorenschule.

[Jacob Oeri: Die attische Gesellschaft in der neueren Comödie der Griechen. Hamburg 1897.]

Statuen wert.
In Athen dem Karystios, einem Partner Alexanders im Ballspiel, ferner dem Puppenspieler Eurykleides neben den grossen Tragikern, ebenso einem Taschenspieler Theodoros.

Ferner: berühmten Säufern u Fressern, berühmt mageren u. dicken Leuten. [Das Chaotische darin, das frech geblähte im Geist Benedikts und der absolute Nihilismus zutiefst]

Zoilos. Er liebte überhaupt das Übelreden, u zwar weil er nicht in der Lage war, Übles zu tun. Der literarische Cyniker, oder der rhetorische Thersites.

Über Theophrasts Charaktere: Burckhardt IV. 594 ff.

[\s Gastmahl beim Meister: lauter solche Tagesberühmtheiten: der Magere u der Dicke.]

N 27

H III 206.45 – Einseitig beschriebener Zettel von Sorte A, 233 × 145 mm; schwarze Tinte, Nachtrag mit Stift.

Mit literarischen Anspielungen – Jonson, Shelley – durchsetzte charakterologische Notizen zur Figur des Chremes.

26 VIII 17   Rhetorenschule.

Chremes betrunken u. seiner Sinne nicht mächtig, will die ⌊jüngere⌋ Hetäre sich zu willen machen – durch Argumente die ihm seine lebende Handbibliothek liefern muss: indem er ihr ihre Scrupel und Widerstände nach verschiedenen Weltanschauungen ausreden läßt ⌊sie liebt einen andern. Sein Nihilismus (aus dem Mund der Freigelassenen u Parasiten) gegen alle ihre Begriffe: Reinheit, Treue, selbst Geschmack –

sofort nach dieser Scene hält er eine perikleische Rede an eine Deputation.

Seine Stärke: Steuerhinterziehung
         Geiz gegen Arme
         Denuntiation *(1) (2)^S* früher Bordellwirt⌋

Für Chremes Züge vom Volpone.

Eine schwebende Analogie mit der Figur des alten Cenci in Shelleys Tragödie, völlig transponiert, die Analogie liegt nur in der Completheit der Hybris.

N 28

H III 207.141 – Vorderseite eines beidseitig beschriebenen Zettels von Sorte A (Rückseite: N 309), 230 × 147 mm; schwarze Tinte.

Eventuell durch Lektüre angeregte Skizze zu einem neurasthenischen Rhetor, im Herbst 1923 (N 56) und 1925 (N 129) erweitert.

         Rhetorenschule   14 IX 17.

Unter den Sclaven u. Freigelassenen des Chremes ein Neurastheniker, dem seine Haut (Gesichtshaut u. sonst) zu eng wird. Ewiger Versuch sich durch Erzählen u Schildern davon Erleichterung zu schaffen.

Seine Mission bei der Hetäre. Gespräch beider über die menschliche Haut. Sie ist Fanatikerin des Jung-bleibens durch Cultur der Haut.

Er: die Philosophie der Haut als der Grenze zwischen Individuum u. Aussenwelt. Tiefsinnige Betrachtung eines abgehäuteten Ochsenkopfes.

Ihre Haut-curen. Eselsmilch. Gurkensaft.

N 29 – N 30

FDH (Hofmannsthals Bibliothek) – Notizen im hinteren Buchdeckel (s. u. Zeilen 12 und 17) und entsprechend angestrichene Textpartien (s. u. Zeilen 13–15 und 18–20) von: Sören Kierkegaard, Stadien auf dem Lebenswege. Studien von Verschiedenen. Zusammengebracht, zum Druck befördert und herausgegeben von Hilarius Buchbinder. Übersetzt von A. Bärthold. Leipzig: Richter 1886, S. 419 und 420.

Unter einer großen Anzahl von Notizen zum Schwierigen *zwei Vermerke, die sich auf das* ›Schreiben an den Leser von Frater Taciturnus, § 1. Was ist unglückliche Liebe und welches die Variante im Experiment?‹ *beziehen; vgl. N 47.*

Die Notizen zum Schwierigen *sind wahrscheinlich Herbst 1917 entstanden.*

N 29
Rhetorenschule

»Eine brauchbare Hauptfigur würde ein Politiker sein, der trotz all seiner Klugheit begeistert sein will, ein Opfer sein, aber sich nicht opfern will; der fallen, aber Zeuge des Beifalls sein will; ein Begeisterter, der keine Ahnung davon hat, was Begeisterung ist.«

N 30
Verherrlichung des Zeitgenossen

»Ein Schritt ist noch übrig, ein wahres *non plus ultra*, wenn nämlich eine solche kannegießernde Generation von Lebensversichernden es als eine Ungerechtigkeit der Poesie ansehen wollte, daß sie nicht ihre Helden unter den würdigen Zeitgenossen wählt.«

N 31

H III 206.92 – Einseitig beschriebener Zettel von Sorte A, 230 × 146 mm; schwarze Tinte, Zusätze mit blauer und brauner Tinte.

Sammlung nahezu unverbundener Einzelheiten zu mehreren Figuren des Stücks; im Herbst 1923 leicht variiert und den Materialien des ersten Aktes (gemäß N 60) zugeschlagen; siehe N 57.

Aussee   Rednerschule.
25. VIII 19.

Der Sohn ist gedächtnis-schwach, leicht zu verwirren; gelegentlich Stotterer; fast schwachsinnig.

Er liebt die kleine Sclavin im Haus der Hetäre, ein richtiges Aschenbrödel, eine Skythin mit gelbem Haar. Er hört gern zu wenn sie von ihrer Kindheit im Heimatdorf erzählt.

Ein Mitsclave, eine Art Zuhälter, der sie tyrannisiert.

Der junge Mensch hilft ihr den Herd heizen, auskehren. – Die Hetäre liebt ihn.

Der Vater, dämonische Indiscretion gegen den Sohn gegen sich selbst. [Will im Gespräch mit dem Sohn ergründen, ob dieser sein Sohn.]

Seine Rede auf die Redekunst, als auf das Menschenverbindende.

Scham des Sohnes, bis zum Selbstmordversuch: den ihm die Collegen abwechselnd nahelegen u. ausreden.

cf. Augustinus Confessiones Buch I–III.
Burckhardt Griech. Culturgeschichte.

N 32

H III 206.60 – Einseitig beschriebener Zettel von Sorte F, 171 × 105 mm; dunkelblaue Tinte.

Inhaltlich an N 31 anschließende Notiz; im Herbst 1923 erweitert und den Materialien des zweiten Aktes (gemäß N 60) zugeschlagen; siehe N 67.

Nicht genauer datierbar; 1919 ist aus inhaltlichen Gründen als Entstehungsjahr möglich, aber auch 1922 ist nicht auszuschließen (Papier).

Die Hetäre und das skythische Mädchen.

Ein förmliches Verhör. Welche physischen Details das Entscheidende beim Verlieben gewesen wären.

Die Hetäre küsst das Mädchen, quält sie aber auch wieder. Sie neidet ihr dass sie unter der Magie steht, ahnt sehr wohl dass für solche Geschöpfe das ganze Leben ein anderes.

Sie kommt so weit durch (1) Schauen (2) Anschauen | etwas von des jungen Menschen dumpfen Zauber zu fühlen. Er ist ihr gegenüber dumm, ja beinahe stumpf und roh. Die Hetäre spielt die Liebe zu ihm um (1) ihm (2) sich selber | zu bezaubern: wälzt sich schlaflos auf ihrem Lager u. s. f.

N 33

H III 206.110 – Einseitig beschriebenes Blatt – vermutlich ein halbierter Bogen – eines festen gelblich-weißen Briefpapiers, 210 × 175 mm; dunkelblaue Tinte, Nachtrag mit Stift.

Zur Hetäre und zur Liebesbeziehung zwischen dem Sohn und der jungen Sklavin. Wiederaufgenommen als N 71 und 317.

Keine genauere Datierung möglich; auch der Nachtrag mit Stift läßt sich nicht eindeutig datieren: mit Bachofen beschäftigte sich Hofmannsthal 1917 für die Semiramis.

Rhetorenschule

Die Hetäre, helenahaft: sofort Mittelpunkt einer Wirbelbewegung: jeder fühlt in ihrer Nähe seine Kräfte gewachsen, seine Ansprüche gerechtfertigt, das Unmögliche möglich. Jeder wird Aphoristiker, Philosoph, Mystiker. Ihre Kraft der Aufmerksamkeit.

Ihr Geiz: die lykische Sclavin, auf der Stirn liegend.

Der Sohn: wie er die erwachende Liebe der Sclavin erkennt, die er einmal gestreichelt, als sie schlief – nun sich mit der Dialektik gegen die Möglichkeit wehrend, er, gerade er könnte zu solcher Beglückung ausersehen sein. Die Sclavin hat kein Verständnis für diese Dialektik; naturhaft, steht sie ausserhalb des Socialen Kreises, völlig. Sie stammt aus einer tellurisch-gynaikokratischen Welt.

Hochzeitsceremonie die sie selbst erfindet, zum Klang der Flöten der a n d e r n Hochzeit. ¦s Ihr Verhältnis zum Mond, zur Nacht, zum Sinken.

Gespräch der Sclavin mit Ktesiphon über Gärtnerei: Bewässerung. Sie stammt aus sumpfiger Landschaft⌋

N34

H III 207.31 – Einseitig beschriebener Zettel von Sorte F, ca. 168 × 107 mm; dunkelblaue Tinte.

Zur öffentlichen Funktion der Rhetoren.

Keine genaue Datierung möglich.

Die normale Verwendung der Rhetoren ist die dass sie z. B zu Gunsten des Fischhändler-gremiums auftreten, um Fischteuerung zu rechtfertigen; oder dass sie Neutralität empfehlen.

N35 – N36 – N37

H III 207.28 – 207.32 – 96.12 – Drei einseitig beschriebene Zettel von Sorte F, 171 × 105, 171 × 107, 172 × 106 mm; dunkelblaue Tinte, Nachträge mit Stift.

Zur Rolle des Sohnes in der Beziehung zwischen Rhetor und Hetäre.

Oktober 1922.

N 35

X. ⟨1922⟩

Die Hetäre. Sie ist *(1)* Pa *(2)* Mimin *(3)*ˢ Mimin |. Ihr Geist. Sie sieht alles sehr künstlerisch. ⌈Sie ist von äusserster Skepsis.⌉

Der Alte kommt zu ihr, fußend darauf dass der Sohn bei ihr ein und ausgehe; oder er zwingt den Sohn zu glauben, er glaube dass der Sohn dort Herr im Haus; und der Sohn getraut sich nicht die Wahrheit aufzudecken aus Furcht der Vater verschicke ihn sonst. (Berathungen mit seinem Sclaven) Also muss der Sohn dort eine Comödie spielen mit Hilfe ⌈d. Sclaven und⌉ der Magd, die aber eifersüchtig auf die Herrin.

Der Alte will von der Hetäre dass sie für ihn interveniert beim Gesandten dessen Vertreibung ⌈auf die Villa⌉ er eben durchgesetzt ⌈ˢ d.h. aus dessen zufälliger Vertreibung durch einen Haufen verlaufener Söldner er für sein Prestige Nutzen zieht –⌉. Er will die Stadt verkaufen.

N 36

X 22.

Der Sohn macht dem Vater weiss er liebe die Hetäre (oder der Vater tut als glaube er dies, weil es ihm passt dass sein Sohn ohne ihm grosse Kosten zu machen, dort den Gesandten aussteche) indessen der Sohn tatsächlich die Magd liebt: eine Skythin.

Der Sohn ist einfältig, der Syllogismen und aller Redekünste müde. Er hängt mit Entzücken an der völlig einfältigen Magd, die ihrer Herrin blind ergeben ist.

N 37

Der Alte redet der Hetäre ein sein Sohn sei ein Wunder an Geist u. Verschlagenheit. Scene zwischen ihm und dem Sohn, wo dieser von äusserster Verlegenheit.

N 38

H III 206.54 – *Einseitig beschriebener Zettel von Sorte F, 170 × 104 mm; violette Tinte, Nachtrag mit Stift.*

Charakterisierung des Sohnes und der Sklavin.

X 22.

Das Liebespaar.

Der Sohn schnell verzagt, grübelnd melancholisch – findet alles dumm was er sagt

Die Sclavin eine unerschöpfliche Natur – bereit alles für beide zu tragen und es herrlich findend. Sie wird beredt wenn sie tröstet und aufmuntert.

\ˢ Der Sohn *(1)* ist auch der *(2)* hat zur Mutter eine Sclavin gehabt von dumpfer aber fügsamer Gemütsart

»O bester Syrus –
ich bin so froh – ertrag mich!«]

N 39 – N 40

H III 206.53 – 206.52 – Rückseiten eines zu Zetteln zertrennten Entwurfes vom 18. X. 18 zum Unbestechlichen; Sorte A, 232 × 145 bzw. 146 mm; violette Tinte.

Zu den politischen Absichten des Rhetors und dem Verhalten seiner Rhetorenschüler bei der Hetäre.

N 39

X 22.   Handlung.

Der Alte will durchaus durch die Hetäre auf den Gesandten einwirken. Er sucht sich unter seinem Material an Rednern denjenigen aus der zu einer Aufwiegelung am besten zu brauchen: er braucht einen Brustton der Überzeugung. Sie haben den aber nicht mehr, weil sie schon zu verbraucht sind immerzu Schaukelpolitik, Mittelweg, Compromiss \; sie begreifen alle sehr schwer dass er plötzlich die entgegengesetzte bithynische Politik machen will]. sie haben die Jungen entnervt, den Pöbel mit Witzen gefoppt; nun braucht er aber eine Einschüchterung der Hetäre: einen Volksaufstand vor ihrem Haus. Die Hetäre ist sehr mutig schimpft während draussen gebrüllt wird und droht dem Pöbel Prügel. Nun da die draussen *(1)* mürbe geworden sind *(2)* denken dass sie mürbe geworden ist, dringt einer der Rhetoren nach dem andern bei ihr ein, immer in der Voraussetzung sie schlottere vor Furcht: um die Friedensbedingungen zu besprechen. Sie schickt mit frecher Überlegenheit (sie ist auch sehr peuple, aber sehr gescheidt und gebildet, sehr Aristokratin im Geschmack) jeden heim. So dass der Alte sich nun entschliesst sie selber aufzusuchen.

N 40

X 22.

Die Rhetoren bei der Hetäre: äusserst schüchtern übergehend in plump vertraulich. Einer erhält ihre Hand zum Kuss. Sie empfiehlt ihnen die Sclavin als ihre Vertraute die um alles wisse.

Besuch der Rhetoren bei der Sclavin nachts wenn gerade der Sohn zu dieser kommt. Angst der Sclavin vor den Rhetoren, die alle zusammen kommen.

Hetäre liebt nicht dass die Sclavin spürt was sie nicht spürt: sie ist nicht eifersüchtig auf *(1)* die Liebhaber *(2)* den Liebhaber – aber auf die Liebe[1]

N 41 – N 42

H III 205.26 – 206.115 R – Rückseiten eines geteilten Notizblattes zum Unbestechlichen vom Februar 1922, Sorte A, 146 × 114 bzw. 117 mm; violette Tinte.

Zu drei Philosophen, Gefolgsleuten des Rhetors, und zu dessen Vergangenheit; beide Notizen werden im September 1925 variiert und in I a verwertet; siehe N 135 und 157.

N 41

15 X 22

Einer der Philosophen: ich habe eine Menge Gedanken – aber sie sind alle überflüssig – Sie vermehren sich wie Ungeziefer

Der Cyniker: hat wenige Gedanken und sie werden immer stockig und ranzig.

Der eitle Skeptiker: kann zwischen sich und seinen Gedanken gar nicht unterscheiden –

N 42

⟨15.⟩ X 22.

Der Alte *(1)* hatte frü⟨her⟩ *(2)* war früher Mädchenhändler; dazwischen immer Kornwucherer und Pfandleiher

N 43 – N 44

H III 206.41 – 207.29 – Zwei Fragmente eines Blattes, gemeinsames Wasserzeichen: SCHREIBMASCHINEN-PAPIER; N 43: beidseitig beschrieben (Rückseite: typierter Beginn einer Abhandlung über Kotzebue, Autor unbekannt), 212 × 165 mm; N 44: einseitig beschrieben, 170 × 112 mm; Stift.

[1] *Absatz am l. R. mit Stift markiert.*

Zu den Philosophen und zu einer durch Brod-Lektüre beeinflußten theoretischen Begründung der Demokratie.

Oktober(?) 1922.

N 43

Rhetorenschule.

Der Intentionist und der Auskoster des Erlebnisses

der struppige Cyniker
der elegante Skeptiker
der Stoiker, der Epikureer

aber j e d e r k a n n a u c h a n d e r s.

N 44

Rhetorenschule

Die Sclavin mit dem Sohn gerathen arglos auf die wahre Begründung der Demokratie
　　　　　　　»der Menschenwürde«:
Dass es in des Menschen Willen liegt Gott zu fürchten – also das edle Unglück anzuerkennen, das ist das Einzige worin alle Menschen gleich sind (trotz aller Verschiedenheit des Intellects u Gemütes)

»Um jedes einzelnen Menschen willen ist die Welt erschaffen worden«
　　　　　　　　　　　　　　　　　　　　　　　　　Talmud

N 45 – N 46

H III 207.30 – 207.26 – Zwei einseitig beschriebene Zettel von Sorte A, 143 × 116 und 148 × 115 mm, korrespondierende Schnittkanten; Stift.

Durch eine George Sand-Reminiszenz angeregte Details zum Rhetor, sowie eine knappe Skizze zur Exposition.

November 1922.

N 45

Der Alte:

Für den Alten zu beobachten die gelegentlich alberne Art der George Sand (worin sie nur Prototyp von 1850–60) [z. B.] von Christus zu reden. Ihre Declamation gegen Priester und ihre Schlauheit.

Ihr Gedanke dass die Wahrheit Eigentum der Vielen, der Demokratie.
In ihm ist Kopf und Bauch sonst nichts. In der Ehe war er roh unbewusst.

N 46

XI 22.   Exposition

Gespräch der Journalisten untereinander über den Chef und seine mutmasslichen Absichten bei dem neuesten coup – jeder nur von sich schwätzend –

vergleiche Lustige Weiber –

N 47

H VII 7.52 – Eintragung im Tagebuch; blaue Tinte.

Den Bereich von N 29 erweiterndes Exzerpt aus dem ›Schreiben an den Leser von Frater Taciturnus‹ (§ 1: Was ist unglückliche Liebe und welches die Variante im Experiment?) in Kierkegaards ›Stadien‹, S. 417–419.

XI. 22.   [Politiker als Komödienfigur]
Wink für ein Lustspiel, im Kierkegaard Stadien S. 419.

– Ist die Liebe keine absolute Leidenschaft mehr, so muss die Poesie sie verlassen. – – Soll die Poesie noch weiter existieren, so muss sie eine andre Leidenschaft entdecken, die ebenso berechtigt ist, wie die Liebe es für die Poesie war. – Es wäre nun nicht schwierig zu zeigen, dass keine solche andre Leidenschaft ist, gerade auf Grund der eigenthümlichen Zusammensetzung des Erotischen. – Aber was den Glauben an die Liebe schwächte, dass der Unendlichkeitssinn fehlt, wird auch den Glauben an die andern Leidenschaften schwächen. Insofern ist es ganz consequent, dass die Politik in unserer Zeit ihre Verehrer nicht zu Opfern begeistert, denn sie begeistert gar nicht, sonst kommen die Opfer von selbst. – O winkende Aufgabe für einen Dichter, aber ohne Leidenschaft kein Dichter, auch kein komischer. – Eine brauchbare Hauptfigur würde ein Politiker sein, der trotz aller seiner Klugheit begeistert sein will, ein Opfer sein, aber sich nicht opfern will; der fallen, aber Zeuge des Beifalls sein will, ein Begeisterter, der keine Ahnung davon hat was Begeisterung ist –

N 48

H III 206.116 – Rückseite eines beidseitig beschriebenen halben Blattes (Vorderseite: unterer Teil einer Tantiemenabrechnung von Fürstner), vergilbtes holzhaltiges Schreibmaschinenpapier, 228 × 146 mm; blauschwarze Tinte.

Zur Hetäre und zur Liebesbeziehung des Sohnes zur Sklavin; erweitert Oktober/November 1923; siehe N 72.

XII 22.   Rhetorenschule

[Austeilung unserer Lebensinhalte auf die Figuren dieser Comödie]

Die Hetäre. / Ihr Verhältnis zur Liebe. (Liebe führt auch der alte Hauptrhetor im Munde, immerfort hört sie das Wort: man nennt sie Priesterin der Liebe.) Sie hat ⌈18⌉ Liebhaber gehabt – aber nie war ihr Herz ergriffen. Ihr Eros: Anschauen des Schönen.

Ihr Interesse an der Verliebtheit der Skythin. Ihre sehr genauen Fragen.

Bericht des Jungen über seine totale Ergriffenheit (von der ersten Secunde an) an den vertrauten Sclaven und den Vater. Er ist nicht imstande an Anderes zu denken. [Alles was passiert ist ihm gleich, ausser sofern es Bezug hat auf die Sclavin.]

Vollständige Trennung zwischen der Welt in der sich die beiden Liebenden befinden – welche bis zum Magischen gesteigert – und den anderen Sphären worin die Hetäre und andererseits jene Schwätzer.

NOTIZEN 1923

N 49

H III 123.60 – Untere Partie auf einem einseitig beschriebenen Zettel aus dem Notizenkonvolut der Herbstmondnacht, *glattes festes gelbliches Papier, 165 × 105 mm; schwarze Tinte.*

Zum Sohn.

Herbstmondnacht: H⟨interhör⟩ 23. II. 23; *die Notiz zur* Rhetorenschule *u. U. erst später.*

             Rhetorenschule:

der Sohn ein misstrauischer Liebhaber.

N 50

H III 207.27 – Linke Partie auf einem einseitig beschriebenen und gefalteten Zettel (rechte Partie: Kostenrechnung von fremder Hand; Inflationsbeträge); vergilbtes, holzhaltiges Schreibmaschinenpapier, fragmentarisches Wasserzeichen: HINEN und S; dunkelblaue Tinte.

N 49 erweiternde Notiz zum Sohn.
Vermutlich ebenfalls Februar 1923.

Rhetorenschule.

Der Sohn hat zuerst die Hetäre geliebt Misstrauen hat die Liebe getödtet jetzt entdeckt er dass er die Sclavin liebt –

N 51

H III 206.72 – Einseitig beschriebener Zettel von Sorte A, 148 × ca. 113 mm; blauschwarze Tinte.

Exzerpte aus dem zweiten Band von Spenglers ›Untergang des Abendlandes‹.

A⟨ussee⟩ 26 IX 23   Rhetorenschule
Spengler Untergang II.
Bei Tiberius Gracchus wird man vielleicht noch einen Einfluss jenes stoischen Schwärmers Blossius entdecken der später Selbstmord begieng nachdem er auch Aristoneikos von Pergamon ins Verderben geführt hatte – ..

Über dessen aus Sclaven u. Tagelöhnern gebildeten »Sonnenstaat« vgl. Pauly Wissowa Real Enzcykl. 2, 961. –

Ebenso stand der revolutionäre König Kleomenes III. von Sparta 235 unter dem Einfluss des Stoikers Sphairos.

N 52

H III 205.19 – Einseitig beschriebener Zettel von Sorte A, 231 × 144 mm; blauschwarze Tinte, Nachträge mit Stift.

Spengler-Exzerpte und Notiz zur Haupthandlung; im September 1925 zusammengestrichen und den Materialien von I a zugeschlagen, vgl. N 141.

1923 (nachgetragen); da N 52 Exzerpte aus dem gleichen Spengler-Kapitel wie N 51 enthält, vermutlich auch am 26. September entstanden.

[S 1923]   Rhetorenschule

[Anfang: Publicum will von der Redaction die Wahrheit erfahren. (1) (2)S (über die Situation der Stadt, die Bedrohung von aussen u. durch die Aristokraten)]

Was ist Wahrheit? Für die Menge das was man ständig liest und hört. – Was die Presse will, ist wahr. Drei Wochen Presse-arbeit u. alle Welt hat die Wahrheit erkannt. Ihre Gründe sind so lange unwiderleglich als Geld vorhanden ist, um sie ununterbrochen zu wiederholen.   (Spengler)

Ohne dass der Leser es merkt, wechselt die Zeitung u. damit er selbst den Gebieter. Kein Thierbändiger hat seine Thiere besser in der Hand.
                                                                                       (ibidem)

Haupthandlung: Der Alte will sich selbst an den Gesandten verkaufen – und zwar im Moment des Auflaufes – aber man soll nicht merken dass er sich verkaufen will – daher unterschiebt er Liebe zu der Hetäre – um überhaupt zu einer Unterredung zu kommen –

N 53

H III 205.18/123.24 – Einseitig beschriebener Zettel von Sorte A, 230 × 146 mm; blauschwarze, Nachträge: schwarze Tinte und Stift.

Spengler-Exzerpte zu Szenen und Personen; im September 1925 getrennt und den Materialien des ersten und zweiten Aktes zugeschlagen; vgl. N 145 und N 357.

Zum Entstehungstag vgl. N 52.

⟨26.⟩ IX 23   Rhetorenschule.

Die »Freiheit« zu denken. Die Stadt ist voller »Freiheit«. Man darf über alles frei denken: über den Fischhandel, über die Tempelbauten, über die Beamten – aber man kann es nicht mehr. ⌈*T* Man fragt: wie soll ich denken? (die Rhetoren müssen es mundgerecht machen)⌉

cf. Balzac Sur Cathérine de Médicis
    über Robespierre

»der Despotismus der Freiheit gegen die Tyrannei«.

↑*S* Der Gesandte Aristokrat u. Skeptiker↑

Vorschläge des Alten: Proscripition der Reichen seiner früheren Geldgeber – Ergreifung der Dictatur durch den Gesandten

Besetzung der strategischen Punkte während er mit der Freiheitsgöttin einen Umzug hält – ¹

Plebiscit – ⌈*T* wie man es macht⌉

---

¹ *Absatz am l. R. markiert.*

N 54

H III 207.67 – Einseitig beschriebener Zettel von Sorte A, 229 × 145 mm; blauschwarze Tinte, Nachtrag mit Stift.

Spengler-Reminiszenzen verwertende Notizen zur Begegnung des Rhetors mit der Hetäre und dem Gesandten; im September 1925 den Materialien des zweiten Aktes zugeschlagen; vgl. N 358.

Mit N 51–53 entstanden.

Gespräch des Alten mit der politisch sehr klugen, die Macht liebenden Hetäre:
»ein Machtwille kann nur durch einen andern abgelöst werden«

Der Gesandte sagt auf den ersten Blick, aus Instinct: Der Mensch ist zu kaufen. [⁵ (Dies im Moment wo er als Frau verkleidet fliehen soll: »er ist ein ganz junger Mensch.«)]

N 55

H III 207.4 – Beschreibung siehe N 5; Zusatz: Stift.

Aus der ersten Entstehungsphase des Stückes: Liste von Chremes' Rhetoren und Skizze zu einem Monolog des Rhetors; im Herbst 1925 wurde die untere Partie noch einmal aufgegriffen und den Materialien des zweiten Aktes zugeschlagen; siehe N 361.

Den Materialien des ersten Aktes im Herbst 1923 zugeschlagen.

I

Chremes u. seine Sclaven.
    ein Rabulist (den er aus dem Zimmer jagt, wenn es ihm gefällt gegen die Logik zu handeln, den gestrigen Tag zu desavouieren, sich selbst ins Gesicht zu spucken)
    ein Stoiker
    ein Cyniker
    ein Schönredner der am Ekel vor den Worten krank geworden ist

Chremes sinnt für sich eine phantastische Ehrung aus: bei lebendigem Leib als Gott durch die Stadt zu fahren: er will aber entweder lernen selbst daran zu glauben, oder es sicher haben, dass niemand daran glaubt, und dass er das Ganze hat, wenn er die Ceremonie hat. Monolog in welchem ihm unklar ist welches von beiden er vorzieht: Sein Scharfsinn lässt ihn im Stich

N 56

H III 207.141 – *Beschreibung siehe N 28; Zusätze: Stift.*

Skizze von 1917 zu einem Neurastheniker, die nun zur Charakterisierung des Sohnes herangezogen wird; im Herbst 1925 nochmals erweitert (N 129).

Den Materialien des ersten Aktes im Herbst 1923 zugeschlagen.

Rhetorenschule

I

Unter den Sclaven u. Freigelassenen des Chremes ein Neurastheniker, dem seine Haut (Gesichtshaut u. sonst) zu eng wird. Ewiger Versuch sich durch Erzählen u Schildern davon Erleichterung zu schaffen. (Der Sohn?)

Seine Mission bei der Hetäre. Gespräch beider über die menschliche Haut. Sie ist Fanatikerin des Jung-bleibens durch Cultur der Haut.[1]

Er: die Philosophie der Haut als der Grenze zwischen Individuum u. Aussenwelt. Tiefsinnige Betrachtung eines abgehäuteten Ochsenkopfes.

Ihre Haut-curen. Eselsmilch. Gurkensaft.

Sie verlangt dass die Sclavin sich Männern hingebe um die in der Stadt schwierig zu erlangenden Nahrungsmittel zu bekommen –

N 57

H III 206.92 – *Beschreibung siehe N 31; Zusatz und Variation: Stift.*

Sammlung von Details zu mehreren Figuren aus dem Jahr 1919.

Den Materialien des ersten Aktes im Herbst 1923 zugeschlagen.

Rednerschule.

I

Der Sohn ist gedächtnis-schwach, leicht zu verwirren; gelegentlich Stotterer; fast schwachsinnig.

Er liebt die kleine Sclavin im Haus der Hetäre, ein richtiges Aschenbrödel, eine Skythin mit gelbem Haar. Er hört gern zu wenn sie von ihrer Kindheit im Heimatdorf erzählt.

Ein Mitsclave, eine Art Zuhälter, der sie tyrannisiert: der Lastträger.

Der junge Mensch hilft ihr den Herd heizen, auskehren. –[2]

---

[1] *Absatz am r. R. mit Stift markiert.* [2] *Satz am r. R. mit Stift markiert.*

Der Vater, dämonische Indiscretion gegen den Sohn gegen sich selbst. Will im Gespräch mit dem Sohn ergründen, ob dieser sein Sohn.

Seine Rede auf die Redekunst, als auf das Menschenverbindende.

Scham des Sohnes, bis zum Selbstmordversuch: den ihm die Collegen abwechselnd nahelegen u. ausreden.

cf. Augustinus Confessiones Buch I–III.
   Burckhardt Griech. Culturgeschichte.

N 58

H III 207.66 – Rückseite eines beidseitig beschriebenen halben Blattes (Vorderseite: unterer Teil eines Geschäftsbriefes), leichtes Schreibmaschinenpapier, 220 × 135 mm; blauschwarze, Nachträge: grauschwarze Tinte.

Über politisches Handeln; im September 1925 den Materialien zunächst des ersten, dann des zweiten Aktes zugeschlagen; vgl. N 359.

22 X 1923   Rhetorenschule

Der Rhetor soll (zum Schein) Tyrann werden um als solcher die Besetzung der wichtigsten Punkte der Stadt durch die Truppen des Königs durchzuführen, *(1)* ebenso *(2)* worauf dann die Übergabe folgt. Ebenso | soll er mit der Hetäre symbolisch vermählt werden. ⌈ᵀ(er weiss dass sie sehr reich ist)⌉

Der Sinn des Ganzen: dass alles politische Handeln nur eine allegorische Pantomime (unaufrichtig durchgeführt)

Demgegenüber die Sclavin die alles naiv nimmt.

⌈ᵀ ER
Was heißt symbolisch?⌉

N 59

H III 206.38 – Einseitig beschriebener Zettel von Sorte A, 232 × 147 mm; violette Tinte.

Aus Ludwig von Pigenots ›Hölderlin‹ exzerpierter Passus der zweiten Olympischen Ode Pindars in Hölderlins Übersetzung.

Bestellung von Pigenots Buch am 12. September 1923 bei Willy Wiegand (HvH-WW 102); die violette Tinte des Exzerpts läßt auf Lektüre im Oktober 1923 schließen.

                Weis ist, wer vieles Weiß von Natur
                die Gelernten aber
                überfließend von Allberedsamkeit

> Raben gleich, Unnützes zuschreien
> Zu Jupiters göttlichem Vogel
> Pindar   Hölderlin

N 60

H III 206.71 – Einseitig beschriebener Zettel von Sorte A, 230 × 146 mm; violette, Nachträge: schwarze Tinte.

Zunächst auf fünf Akte angelegtes Szenarium, durch Streichung und Nachträge zu einem dreiaktigen zusammengefaßt.

27 × 23.   Rhetorenschule.
                   Scenarium.

(1) 1.ter Act

Vorbereitungen auf die Ergreifung der Macht. [Ausrufung des Sonnenstaates] Das Haus der Hetäre erkannt als Hochburg der Gegenmacht.

2 ter Act.

Die Vorbereitungen zur Belagerung. Das Haus der Hetäre von innen gesehen. Die skythische Sclavin. Der Lastträger.

3 ter Act:

Die Belagerung des Hauses.

4 ter Act.

Die Friedensbedingungen. [(Dictiert vom Lastträger. Dieser dictiert auch das Betragen der Hetäre wodurch der Rhetor in Sicherheit gewiegt wird. Es handelt sich darum, Zeit zu gewinnen bis einige Abteilungen Soldaten in die Stadt geschmuggelt sind, stark genug um die bewaffnete Bürgerschaft im Zaum zu halten.)]

5 ter Act:

Der Triumphzug.

(2)ᵀ 1.ter Act

Vorbereitungen auf die Ergreifung der Macht. Ausrufung des Sonnenstaates Das Haus der Hetäre erkannt als Hochburg der Gegenmacht. Reden gegen die Hetäre. Der Lastträger schlägt einen Angriff zurück.

2ter Act.

Die Belagerung des Hauses. Ariadne. Die Friedensbedingungen. (Dictiert vom Lastträger. Dieser dictiert auch das Betragen der Hetäre wodurch der Rhetor in Sicherheit gewiegt wird. Es handelt sich darum, Zeit zu gewinnen bis einige Abteilungen Soldaten in die Stadt geschmuggelt sind, stark genug um die bewaffnete Bürgerschaft im Zaum zu halten.)

3ter Act:

Der Triumphzug.

N 61

H III 207.69 – Einseitig beschriebener Zettel von Sorte A, 230 × 146 mm; violette Tinte.

Zur Figur des Redners und zum Gesandten; der den Redner betreffende Teil im Herbst 1925 leicht variiert den Materialien des zweiten Aktes zugeschlagen, vgl. N 346.

A⟨ussee⟩ 27 X 1923
                     Rhetorenschule.

Er (Thersites) sieht sich oft in den Spiegel ob sein Bild auch wirklich der Vorstellung entspreche, die er von dem Mann des Schicksals ausgehend wissen will. ⌈(zugleich, ob es möglich, dass er der Hetäre sinnlich imponiere)⌉

Verkörperung des Zeitgeistes. Die Weltseele reitend.

Der Gesandte (Emissär) der asiatischen Macht: Verächter Europas ⌈(schamlos u. geschwätzig)⌉ zugleich aber fähig, dessen Verfeinerungen zu genießen. (Verhältnis der Türken zur byzantinischen Welt)

Dieser Emissär – eine asiatische ⌈napoleonische⌉ Figur ⌈(Macedonier)⌉ schleicht sich als Lastträger ins Haus der Hetäre: die skythische Sclavin erkennt das Zeichen der Macht auf seiner Stirn und verehrt ihn.

Die Hetäre bisher völlig kalt gegen Männer verfällt ihm. Der Lastträger schreibt ihr vor, sie solle auf die Vorschläge des Thersites eingehen.

⌈Thersites' Gleichsetzung

Seine Utopie: der Sonnenstaat.⌉

N 62 – N 63

H III 205.25 – 206.113 – Zwei einseitig beschriebene Zettel von Sorte A, 231 × 144 und 230 × 147 mm; violette Tinte.

Mit Reminiszenzen aus George und Proust durchsetzte Notizen zum politischen Geschehen und zur Situation der Aristokraten; im September 1925 variiert und den Materialien des ersten Aktes zugeschlagen, vgl. zu N 62: N 142, zu N 63: N 225.

N 62

27 X 23.   Rhetorenschule.

Der Rhetor setzt Tat u. Rede völlig gleich. Andere Taten als Reden kennt er nicht.

Er allein weiss wie Geschichte sich vollzieht.

Er zieht auch die oberste Priesterwürde an sich und beschliesst die Mysterien zu feiern.

Das Haus der Hetäre ist Zentrum für die Aristokraten welche vom König von Pontos subventioniert

Gespräch junger Aristokraten analog der in den Proust'schen Romanen gespiegelten Welt. Das Unzerstörbare dessen was man snobism nennt. Die Hetäre wählt einen Liebhaber aus einem anderen Kreis. Die Kälte der Hetäre als Distruction empfunden.

In Pontos selbst indessen eine Revolution. Die oberste Gewalt sei an einen Unterofficier gelangt. Der Gesandte reist ab: der Lastträger trägt ihn als Weib verkleidet durch die Bürgergarden.

N 63

27 X 23.   Die Rhetorenschule.

Die Hetäre: Frauenhochmuth. Sie will Priesterin der Diana werden. Sie will es den Aristokraten abschmeicheln.

Ihre Hingezogenheit zu Frauen. Conversation. Spottlust u. Kraft im Schmähen u. Verschmähen. Genie der Ablehnung.

Dann: Vermelde man am Markte meine Schmach
       Ich liege vor dir niedrig u. gebrochen.

Hetäre: Abstammung väterlicher u mütterlicherseits vom höchsten Adel aber unehelich.

Junger Adeliger dichterisch begabt: Algabal. Größter Geschmack in Ausstattung von Villen etc. ⌈Der zweite ein Verächter der Kunst u des Wissens: beide scheinen ihm banausisch, des Mannes unwürdig.⌉

N 64

H III 207.22 – Einseitig beschriebener Zettel von Sorte A, 230 × 144 mm; violette Tinte.

Skizze des Schlußaktes; ferner über das Verhältnis der Hetäre zum Lastträger.

27 X 23.   Rhetorenschule.

Für den endgiltigen Triumphzug stellt Thersites auf dem noch nicht angespannten Wagen eine Probe an, mit der Hetäre als Göttin der Freiheit. Jetzt befiehlt er die Pferde, es kommt der Lastträger auf einem der Pferde hereingeritten – die Stallknechte mit ihm, und ein zweites Pferd *(1) (2)* (für die ⟨Hetäre⟩⟩ *(3)* |, sowie Soldaten. Der Lastträger befiehlt den Thersites zu fesseln und in einem Käfich auszustellen: als den Vertreter Europas. Der Käfich wird im Triumphzug mitgeführt. Den für Thersites bestellten Lorbeerkranz setzt der Lastträger auf. Indessen sammelt sich ein Teil des *(1)* Hofes *(2)* Zuges, Gruppen mit Emblemen u. s. f. die Mädchen bestimmt vor Thersites Blumen zu streuen u. s. f. Auf dem Wagen fährt die Hetäre, gezogen von Bewunderern.

Bei der Belagerung des Hauses der Hetäre offenbart sich der Lastträger als der zum Befehlen Geborene *(1)*. *(2)*: hier verliebt sich die Hetäre in ihn. Sie sagt: Ich will mit dir allein sein. – »Später« – antwortet er.

N 65

H III 206.61 – Beidseitig beschriebener Zettel von Sorte A, 227 × 148 mm; blauschwarze Tinte.

Exzerpte aus Bertrams Nietzschebuch; im Herbst 1925 geringfügig ergänzt und den Materialien des zweiten Aktes zugeschlagen, vgl. N 302.

27 X 23   Die Rhetorenschule

Das Mysterium, als letztes Palladium in den Händen des Adels.

Goethe: Das Beste wird nicht deutlich durch Worte.

τὰ δρωμενα im Gegensatz zu τὰ λεγομενα

Spricht die Seele so spricht ach schon die Seele nicht mehr!   Schiller

In allem Reden liegt ein Gran Verachtung.   Nietzsche

So weigert sich die Sclavin, ihrer Herrin das Letzte von ihrem Liebesmysterium mitzuteilen. [Sie stammelt dann.][1]

Das Wort macht das Ungemeine gemein. Wir verachten alles was sich erklären lässt. Man glaubt nur dem Stammelnden.   Nietzsche

Ich kann mir keinen Gott denken der spricht   Hebbel

Von zwei ganz hohen Dingen, Maß u. Mitte redet man am besten nie.
         Nietzsche

V.

Es ist viel erreicht wenn der großen Menge.. jenes Gefühl endlich angezüchtet ist, dass sie nicht an alles rühren dürfe; dass es heilige Erlebnisse gibt, vor denen sie die Schuhe auszuziehen u. die unsaubere Hand fern zu halten hat...[2]   Nietzsche

---

[1] *Absatz am l. R. markiert und gewissermaßen ausgesondert.*   [2] *Absatz am l. R. markiert.*

Die deutschen Gelehrten sind als Erkennende zudringlich u. ohne Scham
idem.

N 66

H III 206.63 R – Rückseite eines beidseitig beschriebenen halben Blattes (Vorderseite: unterer Teil eines Briefes), leichtes Schreibmaschinenpapier, 221 × 142 mm; blauschwarze Tinte.

Exzerpte aus Bertrams Nietzschebuch; im September 1925 den Materialien des dritten Aktes zugeschlagen, vgl. N 418.

27 X 23 Rhetorenschule.

Der [isaurische] Lastträger bemächtigt sich sogleich dieses Ideologen um ihm die Legende seines Auftauchens zu dictieren (= er bedient sich der Presse)

»Vor allem heisst es, sich des Geistes versichern, in dem Geschichte geschrieben werden soll« Napoleon

»Weil die Menschen eigentlich nur alles Altgeborene, Langsamgewordene achten, so muss der welcher nach seinem Tode fortleben will, nicht nur für Nachkommenschaft, sondern noch mehr für eine Vergangenheit sorgen, weshalb Tyrannen jeder Art der Geschichte gern Gewalt antun, damit diese als Vorbereitung und Stufenleiter zu ihnen hin erscheine.« Nietzsche

N 67

H III 206.60 – Beschreibung siehe N 32; Zusätze: schwarze Tinte.

Notiz aus der ersten Entstehungsphase zur Hetäre und der skythischen Sklavin.

Den Materialien des zweiten Aktes zugeschlagen im Oktober/November 1923.

II
Es handelt sich um Ausdruck u. das was hinter dem Ausdruck

Die Hetäre Ariadne und das skythische Mädchen.

Ein förmliches Verhör. Welche physischen Details das Entscheidende beim Verlieben gewesen wären.

Die Hetäre küsst das Mädchen, quält sie aber auch wieder. Sie neidet ihr dass sie unter der Magie steht, ahnt sehr wohl dass für solche Geschöpfe das ganze Leben ein anderes.

Sie kommt so weit durch Anschauen etwas von des jungen Menschen dumpfen Zauber zu fühlen. Er ist ihr gegenüber dumm, ja beinahe stumpf und roh. Die Hetäre spielt die Liebe zu ihm um sich selber zu bezaubern: wälzt sich schlaflos auf ihrem Lager u. s. f.

N 68

H III 207.135 R – Beschreibung siehe N 3; Erweiterung mit Stift.

Notiz aus der ersten Entstehungsphase zum Substanzverlust der rhetorischen Sprache.

Ende Oktober/November 1923.

Rhetorenschule

Das Geheimniss des Tones, den sie alle von Chremes haben. – Das Geheimniss dass im rhetorischen Ton ein anderes ich ist, wie in der geschminkten aufgeputzten Hetäre – so spricht er zu Ariadne indem er geradezu sich mit ihr vergleicht: beide seien Centren. dass das eigentliche Ich aber so schwer zu finden – nur im Schweigen zu finden, nein selbst da nicht.[1] Wo ist Spontaneïtät, innere Notwendigkeit der Sprache? Ist nicht alles Convention, Tempel- oder Agora-sprachenimitation. Qualen eines, der sich reden hört – bis zum groteskpathologischen getrieben – (der Sohn)[1]

N 69

H III 206.24 – Beschreibung siehe N 20; mit Stift erweitert und Akt III zugeschlagen.

Notiz aus der ersten Entstehungsphase zum Verhältnis des Rhetors zum Gesandten und zur rhetorischen Sprache.

Ende Oktober/November 1923.

Chremes u. der Gesandte sind die wahren Gegenfiguren in Bezug auf das Sociale, das Chremes ganz leugnet (er betrachtet die Atmosphäre davon beim Gesandten als Residuum alter überwundener Zeiten, Farce. Tuerei.)

III

Ceremonial des Besuchsempfangs bei der Hetäre.

Dabei trägt die Rhetorenschule noch als Jargon die ganze Cultur bis zu strengsten Urzeitformeln mit sich und er arbeitet doch damit, aber ganz mechanisch: so geht es zwischen ihm u. dem Gesandten auch um Glaube u. Unglaube, indem jener wenigstens an den Glauben glaubt, an die Schönheit glaubt.[2]

---

[1] *Diese Sätze am l. R. markiert.*   [2] *Letzter Satz am r. R. mit Stift markiert.*

Chremes hält den Gesandten für einen Cyniker darum weil er das Geld verachtet, für einen Heuchler darum weil er das Geld verachtet (angeblich)

N 70

H III 206.70 – Beschreibung siehe N 22; mit Stift erweitert und Akt III zugeschlagen.

Mimische Details zu einer Begegnung der Rhetoren mit der Hetäre, vermutlich von 1916, sowie eine nachgetragene Skizze zur Einteilung des Aktes; bei Benutzung der Rückseite im Herbst 1925 durchgestrichen.

Ende Oktober/November 1923.

III
Scene der »Überredung« der Hetäre durch die Rhetoren:

wie sie alle, wie Hunde, begierig sind, jeder sein Kunststück vorzubringen: mit dem Finger bald auf diesen bald auf jenen weisend gestattet er jedem ein colloquium mit dem Object ihrer Bemühungen

Zuerst die Überredungsscene, dann der Volksaufstand u. Eingreifen des Lastträgers.

N 71

H III 206.110 – Beschreibung siehe N 33; Nachträge mit Stift.

Notizen aus der ersten Entstehungsphase zur Hetäre und zur Liebesbeziehung zwischen dem Sohn und der jungen Sklavin.

Ende Oktober/November 1923.

Rhetorenschule

[ˢFrühstücksgespräch: sie redet ruhig von ihrem Geiz, so wie unten.

Sie lässt die Sclavin hereinkommen als Verliebte, fragt sie aus.¹]

Die Hetäre, helenahaft: sofort Mittelpunkt einer Wirbelbewegung: jeder fühlt in ihrer Nähe seine Kräfte gewachsen, seine Ansprüche gerechtfertigt, das Unmögliche möglich. Jeder wird Aphoristiker, Philosoph, Mystiker. Ihre Kraft der Aufmerksamkeit.

Ihr Geiz: die lykische Sclavin, auf der Stirn liegend. [ˢIhr Geiz ist stärker als alles: sie möchte davon erlöst werden wie von einer Krankheit. Ihr Erlösung wenn sie als Mimin auftritt: die Verschwenderin spielt]

¹ *Pfeil am l. R.*

Der Sohn: wie er die erwachende Liebe der Sclavin erkennt, die er einmal gestreichelt, als sie schlief – nun sich mit der Dialektik gegen die Möglichkeit wehrend, er, gerade er könnte zu solcher Beglückung ausersehen sein. Die Sclavin hat kein Verständnis für diese Dialektik; naturhaft, steht sie ausserhalb des Socialen Kreises, völlig. Sie stammt aus einer tellurisch-gynaikokratischen Welt.

Hochzeitsceremonie die sie selbst erfindet, zum Klang der Flöten der andern Hochzeit. Ihr Verhältnis zum Mond, zur Nacht, zum Sinken.

Gespräch der Sclavin mit Ktesiphon über Gärtnerei: Bewässerung. Sie stammt aus sumpfiger Landschaft \[s Ihre Blumenliebe (Jacub Deml)/

N 72

H III 206.116 – Beschreibung siehe N 48; Erweiterung mit Stift.

Notizen aus dem Jahr 1922 zur Hetäre und zur Liebesbeziehung des Sohnes zur Sklavin.

Ende Oktober/November 1923.

Rhetorenschule

Austeilung unserer Lebensinhalte auf die Figuren dieser Comödie

Die Hetäre. / Ihr Verhältnis zur Liebe. (Liebe führt auch der alte Hauptrhetor im Munde, immerfort hört sie das Wort: man nennt sie Priesterin der Liebe.) Sie hat 18 Liebhaber gehabt – aber nie war ihr Herz ergriffen. Ihr Eros: Anschauen des Schönen. (Gespräch beim Frühstück in III)

Ihr Interesse an der Verliebtheit der Skythin. Ihre sehr genauen Fragen.

Bericht des Jungen über seine totale Ergriffenheit (von der ersten Secunde an) an den vertrauten Sclaven und den Vater. Er ist nicht imstande an Anderes zu denken. Alles was passiert ist ihm gleich, ausser sofern es Bezug hat auf die Sclavin.

Vollständige Trennung zwischen der Welt in der sich die beiden Liebenden befinden – welche bis zum Magischen gesteigert – und den anderen Sphären worin die Hetäre und andererseits jene Schwätzer.

N 73

H III 207.25 – Rückseite eines beidseitig beschriebenen halben Blattes (Vorderseite: oberer Teil eines Briefes an Hofmannsthal von Dr. Heinrich Haerdtl vom 27. 10. 1923; unterer Teil N 75), leichtes Schreibmaschinenpapier, 222 × 144 mm; blauschwarze Tinte, Nachträge mit Stift.

Einzelnes zur Hetäre sowie Exzerpte aus Bertrams Nietzschebuch.

2 XI 23 Rhetorenschule.

Ariadne lässt die Sclavin auf einem Schiff in ihre Heimat bringen, aus Eifersucht auf den Lastträger.

\\\s\(Die Sclaven welche sie auf das Schiff tragen sollen vergessen sie im Hof des Rhetors)/

Ariadne: Ihre Neugier dem Mysterium gegenüber.

Der »mittlere Dritte« (τρίτος μέσος) cultischer Geheimname des Dionysos.

Kern der Hauptfigur: der Hanswurst der sich ernst nehmen machte (Wort von Nietzsche über Sokrates)

ernst genommen werden

N74

H III 207.24 – Einseitig beschriebener Zettel von Sorte B, 213 × 136 mm; blauschwarze Tinte.

Keimzelle für I c sowie ein wörtliches Zitat aus Bertrams Nietzschebuch.

2 XI 23. Rhetorenschule
Handlung für I Entwurf:

Er nimmt die ihm gegenübertretende Ariadne wirklich für einen Jüngling – den er durch seine überlegene Geisteskraft zu gewinnen hofft – für die Sache der Freiheit – da *(1)* treten *(2)* tritt die Ironie des Schicksals dazwischen, indem alle revolutionären Anstalten jetzt zur Explosion kommen.

Der Rhetor – kentaurenhaft mit Eigenschaften überlastet die er alle durch das W o r t castriert hat –

N75

H III 206.117 – Rückseite eines beidseitig beschriebenen halben Blattes (Vorderseite: unterer Teil eines Briefes an Hofmannsthal von Dr. Heinrich Haerdtl vom 27. 10. 1923; oberer Teil: N73), leichtes Schreibmaschinenpapier, 222 × 141 mm; blauschwarze Tinte.

Wie N74 Keimzelle für I c.

2 XI 23 Rhetorenschule

I.

Der Rhetor bringt in Umlauf dass die Aristokratenpartei die Hetäre als Oberpriesterin ausrufen will.

Die Hetäre als Jüngling auftretend vor dem Volk.

Ende I.

Der Lastträger betätigt sich als Stratege, bei der Prügelei die am Schluss der Volksrede der Hetäre entsteht.

Die Hetäre trägt sich sehr ernstlich mit dem Gedanken Oberpriesterin (also Incarnation der Stadtgöttin [Artemis?]) zu werden. Dies scheint ihr die einzig würdige Verwendung ihres Ich – bis sie es genug findet, wenn er seinen Fuß auf sie setzt.

Ihr Grundverhältnis so auszusprechen:

»Wenn Skepsis u. Sehnsucht sich begatten, entsteht die Mystik.«

Nietzsche

NOTIZEN 1924

N 76

H III 206.114 R – Vorderseite eines beidseitig beschriebenen Zettels (Rückseite: N 194) von Sorte A, 147 × 116 mm; blauschwarze Tinte.

Vielleicht durch die Spengler-Exzerpte vom Herbst 1923 angeregte Details zur politischen Rivalität zwischen Rhetor und Hetäre; im September 1925 bei der Benutzung der Rückseite durchgestrichen.

10 III. 24. Rhetorenschule.

Der Rhetor. Machtsucht ohne Fundamente. Die Hetäre tritt ihm entgegen. Sie kennt ihn von früher gut.

N 77

H III 206.90 – Einseitig beschriebener Zettel von Sorte A, 232 × 146 mm; blauschwarze Tinte.

Zu den politischen Absichten und zur Psychologie des Rhetors, der zum ersten und einzigen Mal Gorgias genannt wird.

11. III 24. Rhetorenschule

I

Gorgias will den letzten Rest der Aristokratie die sacrale Institution stürzen. Zu diesem Zweck bringt er in Umlauf dass die Aristokraten die Hetäre zur Oberpriesterin der Diana gemacht haben. Nachdem dies von allen Seiten wiederhallt, glaubt er es selbst.

Er verliebt sich dann wirklich: dieser einzige Kern in ihm, das Haben-wollen. Er bietet ihr alle Sorten von Vereinigung Ehe etc. an. Immer scheint ihm jeder neue Vorschlag besser, bis zur sacralen Form. Er meint jetzt auch die Religion zu verstehen. — Er glaubt zugleich das Geld zu verachten.

N 78

H III 206.28/207.170 — Beidseitig beschriebenes Blatt, glattes festes helles Papier (ein halber Briefbogen?), 219 × 138 mm; blauviolette Tinte.

Aus Pöhlmann-Exzerpten zusammengestellte Skizze zum ersten Akt, im September 1925 getrennt und leicht variiert teils den Materialien des ersten (N 144), teils des zweiten (N 376) Aktes zugeschlagen.

Lenzerheide 17 VII. 24.   Rhetorenschule

Seine (des Rhetors) Unfähigkeit, auch nur zu begreifen dass jemand irgend etwas über das Geld stellen könne; ausser als Redensart und um der Convention zu genügen.

(1) I.

Der Jüngling der ihm opponiert, imponiert ihm sehr; er fragt sich um welche Summe dieser Jüngling zu bestechen sei

(2) Stösst er auf solche Argumente, dass irgend ein Gott über dem Gold u. Silber stehe, so fährt er im Gespräch fort, sicher, dass er auf den Weg der Verständigung kommen werde. [ᵖ Er kann einfach nicht glauben, dass es für einen Nicht-verrückten ein anderes Ziel seines Strebens geben könne.] Fundament: der Mensch ist nur soweit ⟨etwas⟩ als er etwas hat – der Arme verdient nichts als ehrlose Knechtschaft. – Der Reichthum ist der Maßstab für den Wert aller anderen Dinge.

[ᵖ Er kann einfach nicht glauben, dass es für einen Nicht-verrückten ein anderes Ziel seines Strebens geben könne.]

I.

Der Jüngling der ihm opponiert, imponiert ihm sehr; er fragt sich um welche Summe dieser Jüngling zu bestechen sei

Simonides: ob Reichthum oder Bildung vorzuziehen sei? – Er sehe die Weisen vor den Thüren der Reichen.

Anspruch des Reichen auf die politische Macht, weil er eben das besitze, was zum Herrschen berechtigt.

Der »Oligarch« hat aus den homer. Gedichten nur dies behalten: Nimmer Gedeihn bringt Vielherrschaft, einer sei Herrscher...

Seine andere Seite ist die dass er sich für den wahren u. einzigen Woltäter der Stadt hält.

[Timon der B.]
Das Geld ist Blut u. Seele der Sterblichen Wer das nicht hat der wandelt unter Lebenden wie ein Todter.

N 79

H III 206.77 – Beidseitig beschriebener Zettel von Sorte A, 232 × 147 mm; blauviolette Tinte.

Pöhlmann-Exzerpte, im Herbst 1925 den Materialien von I c (N 264) zugeschlagen.

Lenzerheide   Rhetorenschule
17. VII 24.

I.

Argumentation der Hetäre: Den Gegner als Reichen zu denuncieren. Sie erzählt seine Biographie.

Der arme Bauer bei Aristophanes:
Ich, ein gottesfürchtiger u gerechter Mann, war arm u. lebte kümmerlich – Reich sah ich andere: Tempelräuber, R e d n e r v o l k, Betrüger, Sykophanten, Schurken.

Gegenargument: es sei schimpflich, sich nicht aus der Armut herauszuarbeiten.

Eines ihrer Argumente: Höhe des Zinsfußes womit die Reichen die Armen unterm Fuß halten.

Sein Argument: wie könne ihrer aller Freiheitsliebe die Vorrechte einzelner dulden

Ihr Argument: ihr seid Sclaven der Reichen in jedem Betracht und ihrer Ausdrucksmaschine.

Argument der Hetäre: Das Laster habe dem Herakles versprochen: andere werden für Dich arbeiten u. Du wirst die Früchte ihres Fleißes genießen.

Seine ultima ratio: schrankenloser Individualismus

Wechselweise Beschuldigung der oligarchischen Geheimbündelei mit dem Schwur, »dem Volk feind zu sein *(1)*«. *(2)*, u. ihm durch Berathung nach Kräften zu schaden«

la démocratie c'est l'envie

                                                                             Proudhon.

N 80

H III 206.32 – *Einseitig beschriebener Zettel von Sorte A, 234 × 145 mm; blauviolette Tinte.*

Pöhlmann-Exzerpte.

Lenzerheide   Rhetorenschule   17 VII 24.

Der einseitige Ökonomismus verlangt dass die Regierenden auf jede Machtentfaltung nach aussen – auf alles was irgend den Frieden gefährden könnte – verzichten.   Poehlmann I S. 300 ff.

N 81

H III 205.28 – *Rückseite eines beidseitig beschriebenen Zettels (Vorderseite: Ansatz zu einem Entwurf zum dritten Akt des* Turm *in der Kinderkönig-Fassung) von Sorte A, 228 × 149 mm; blauviolette Tinte.*

Beginn eines Personenverzeichnisses; im September 1925 gestrichen und durch N 200 ersetzt.

Juli 1924.

Lenzerheide[1]   Rhetorenschule

Bacchis, Curtisane
Kira *(1)* ihre Sclavin *(2)* eine ihrer Sclavinnen

N 82

H III 206.19 – *Einseitig beschriebener Zettel von Sorte A, 227 × 146 mm; blauviolette Tinte.*

Pöhlmann-Reminiszenzen aufgreifende Skizze zur öffentlichen Konfrontation zwischen Demokraten und Aristokraten; im Herbst 1925 den Materialien von I c (N 262) zugeschlagen.

[1] Lenzersclave *Hs.*

Lenzerheide 18 VII ⟨1924⟩   Rhetorenschule
I.
Handlung.

Armes Volk angesammelt durch Sendboten.

Bacchis mit jungen Herren herumflanierend. Timon erkennt u. insultiert sie. Der Karische Sclave macht ihn unschädlich Kira mit, um die Haare zu richten. Die jungen Herren eher ängstlich. Timons Strafrede auf die ganze Classe.

Die junge Sclavin durch einen Steinwurf verwundet. Brüske Liebeserklärung des Kariers.

Der Rhetor: Rede auf die Freiheit; dann: die Freiheit ist bedroht – von wo? Aus der Villa der Hetäre. Von den Aristokraten. – Hier tritt ihm Bacchis entgegen. – Sie *(1)* lobt *(2)* preist | den Zustand der Armen: sie hätten den Neid. – Durch den Zwang, als gemietete Objecte, seien sie der Langeweile entrückt. – Sie nennt sie Sclaven u. den einen Lügner der etwas Anderes von ihnen behauptet. Sie seien nicht Sclaven eines Bestimmten, sondern jedes Beliebigen Man mietet den Arbeiter wie ein Pferd einen Esel

N 83

H III 206.35 – Einseitig beschriebener Zettel von Sorte A, 233 × 145 mm; blauviolette Tinte, Nachtrag mit Stift.

Im September 1925 (N 396) ergänzte Details zum Schlußakt.

Lenzerheide 27 VII 24.

Timon unter den Seinen – die Ente in ihrem Pfuhl. Der Sohn mit Kira auch hier: er hat die Sänfte gestürmt. Timon ganz Bürger u. Familienvater.

⌐*ˢBeide von Timon abhängige Existenzgruppen vereinigt: alle schutzflehend zu ihm geflüchtet: die Sophisten die kleinen Hetären u. die Verwandten* –⌐

N 84

H III 206.36 – Einseitig beschriebener Zettel von Sorte A, 232 × 145 mm; blauviolette Tinte.

Mehrfach variierte Disposition zum ersten Akt.

Lenzerheide
28 VII 24

I.
Timon.

(1) 1.) als Rhetor, seine Leute aussendend[1]
    2.) in dem öff⟨entlichen⟩ Haus das er besitzt unter falschem Namen
    3.) in seiner Wohnung.
    4.) auf der Gasse.

(2) 1.) in dem öffentlichen Haus das er besitzt unter falschem Namen
    2.) als Rhetor, seine Leute aussendend
    3.) in seiner Wohnung.
    4.) auf der Gasse.

(3) 1.) als Rhetor, seine Leute aussendend in eine Barbierstube
    2.) in seiner Wohnung. (wo man auch den anderen Namen kennt.)
    3.) in dem öffentlichen Haus das er besitzt unter falschem Namen: Nachrichten über seinen Sohn einziehend. Seine Unzufriedenheit mit einem Mädchen bekundend. Die politischen Grundsätze des Bordells. Empfängt hier auch politische Emissäre.

    Ihn interessiert dass der Sohn Einlass bei der Hetäre hat.
    4.) auf der Gasse.

Im Bordell. Eine Schwester der Kira. – Der Karische Sclave geht vorüber. Conflict Timons mit dem Sclaven. Timons Tiraden über Barbaren. (Vorwurf er sei doch selbst ein Fremder.)
In der Barbierstube voll Sittlichkeit gegen die Aristokraten, das volksfremde wucherische Gesindel.

Bei der Instruction der Emissäre: Hass gegen das Geld predigen – die Vorgänge im Nachbarreich aufbauschen. Er nimmt noch mehrere auf die alle als Redner brauchbar sind.

N 85

H III 206.17 – Einseitig beschriebener Zettel von Sorte A, 222×146 mm; blauviolette Tinte.

Pöhlmann-Exzerpte, im September 1925 den Materialien des zweiten Aktes (N 368) zugeschlagen.

Juli 1924.

[1] ü. Z.: der Sohn so ungeschickt.

Timon.

Landbau ist diejenige Arbeit, die den Erwerbenden nicht nötigt das zu vernachlässigen um dessentwillen man den Erwerb sucht, nämlich Seele u. Leib.
Platon.

Der Durchschnitt habe aus leidlich guten Menschen zu bestehen.

der redliche Timon

N 86

H III 206.122 – Einseitig beschriebener Zettel von Sorte A, 231 × 145 mm; blauviolette Tinte.

Pöhlmann-Exzerpte; obere Partie im Herbst 1925 den Materialien von In der Villa *(N 224) zugeschlagen.*

Lenzh. VII 24.   Timon

arist. Standpunkt. (Kulturziel)

Das Wesentliche besteht weniger darin aufgeklärte Massen zu schaffen, als vielmehr darin, große Meister hervorzubringen u. ein Publicum, das fähig ist, sie zu verstehen. Wenn hiezu die Unwissenheit eine notwendige Bedingung ist, nun um so schlimmer. Die Natur hält sich bei solchen Bedenken nicht auf, sie opfert ganze Gattungen damit andere die notwendigen Lebensbedingungen finden.
Renan   Dial. philos.

Glücksziel.

Dem gegenüber das demokr. Ziel: das größte Glück der größten *(1)* Masse. *(2)* Anzahl. | (Bentham)

Geheimschwur des oligarchischen Clubs: [1]
Ich will dem Demos feind sein u. ihm zuleid tun, was ich nur kann.

Konzentrierung des Reichthums. Blasiertheit. Virtuosen des Genusses.
Idee der Gleichheit enthält als **geheimen** Inhalt die: Herr zu sein über den früher Höheren (wenn nicht persönlich so symbolisch durch den Tyrannen)

N 87

H III 205.36 – Einseitig beschriebener Zettel von Sorte A, 231 × 146 mm; blauviolette Tinte.

[1] *ü. Z. Vermerk vom September 1925 in blaugrauer Tinte:* Schwur

Mit Pöhlmann-Entlehnungen durchsetzte Details zu verschiedenen szenischen Zusammenhängen; im September 1925 zusammengestrichen und leicht variiert I a (N 143) zugeschlagen.

Juli 1924.

I u II.

Timon: einen Flötenspieler bei sich, der immer die Harmonie der Töne demonstriert.

Bacchis hat ins »Haus« eine Tänzerin holen lassen.

Timon war bei einem berühmten Rhetor anderswo Haussclave

Aegypten der Staat der jede Neuerung, auch auf dem Gebiet der Kunst, verbietet.

III.

Der Despot verordnet Auszug eines Drittels der Bevölkerung.

TIMON
Wenn der Dichter auf dem Dreifuß der Muse sitzt...

Timon: Identität von Geld u. Wort.

N 88

H III 206.88 – Einseitig beschriebener Zettel von Sorte A, 231 × 145 mm; blauviolette Tinte.

Sammlung von Pöhlmann-Exzerpten; obere Partie im September 1925 den Materialien des ersten Aktes (N 133) zugeschlagen.

29 VII. ⟨1924⟩

Timon (bei Anwerbung verschiedener, worunter ein Masseur, ein Gerichtszeuge ⌈(Meineidiger) Spielbudenhalter –⌉ ein Mörder etc. ⌈Litterat / Winkelschreiber / Spieler / Bravo⌉): Die Berufsphysiognomieen sind in meinem Staat verschwunden. (Engels)

Alle Forderungen aus Darlehen an Aristokraten cassiert u. die Hausmiethen storniert.

Timons Unterscheidung zwischen anständigen u schmutzigen Geschäften.

Timon[1] des Armen Entschluss die wahre Einsamkeit in der Großstadt zu suchen. Unanständig u. gemein ist das Gewerbe aller Körperlichen Arbeiten

⌈Die Hetäre:⌉ (Cicero): denn für diesen Lohn verkaufen sie sich in die

---

[1] *Markierung (Stern) am l. R. vom September 1925 mit blaugrauer Tinte.*

Sclaverei. Gemeine Leute auch die Krämer die en gros einkaufen um im Detail zu verkaufen. Der anständige Mensch muss strenggenommen Grundbesitzer sein. Cicero: Staat u Städte sind dazu gegründet damit jeder im Besitz des seinigen bleibe.

N 89

H III 206.26 – Einseitig beschriebener Zettel von Sorte A, 232 × 146 mm; blauviolette Tinte.

Pöhlmann-Exzerpte, z. T. einzelnen Sprechern zugeordnet.

29 VII. ⟨1924⟩   Politika.

[Privateigenthum u. Vertragsfreiheit. (Mago)]

Was Production u. Erwerb vom Staate fordern, ist Freiheit u. Sicherung.
                      (Cicero)

Hoffnung auf Sicherung des Erwerbes ließ den Schutz der Mauern suchen.
                      (idem De off.)

Hetäre: ihr Staunen dass alle sich vor Timon fürchten

Vernichtung der Schuldscheine sofern sie sich auf Schulden an Adelige beziehen.

Hetäre: ihr schwebt vor eine system. Regeneration des Bauernstandes: Bodenreform.

Timon: Der Hass gegen den Besitzenden – der düstere Schatten unserer Zeit.

Bauer: will völliges Verbot des Zinsnehmens durchsetzen (Bauer das Opfer des Getreideimportes)

N 90

H III 206.74 – Einseitig beschriebener Zettel von Sorte A, 232 × 144 mm; blauviolette Tinte.

Mit Pöhlmann-Reminiszenzen vermischte Details zum politischen Programm Timons; ein Abschnitt wurde im September 1925 I c (N 249) zugeschlagen.

29 VII 24   Timon Handlung.

Der Sclave Waräger Skythe. Zauberer.

Kira von ihm bezaubert.

Timon:

Programm: Keine Vorrechte. keine Befehlsgewalt der Aristokraten. Die Garde zurückrufen. Ihnen Grundbesitz geben. Keine zu grossen Güter. Keine Mysterien. Mehr Licht! mehr allgemeine Bildung./ Edicte gegen Luxus./

Hetäre: Sich aufsparen für den Wirklichen.

Einfangen von freien Leuten als Sclaven.

Darlehen an Handwerker, auf das Inventar.

Speculantenherrschaft: Grundwucherer, Zinswucherer, Kornwucherer.

N 91

H III 206.82 – *Einseitig beschriebener Zettel von Sorte A, 231 × 147 mm; blauviolette Tinte.*

Pöhlmann-Exzerpte, im September 1925 den Materialien des ersten Aktes (N 130) zugeschlagen.

Juli 1924.

Timon.

Timons vergangene Bekannte sich herandrängend: Kuppler Friseur Claqueur – Hehler Badeknecht – verarmter Bauer

Teuerung durch Piraten. \(entlaufene Sclaven)/
ein Schiffbrüchiger.
Fackeln u. Brandpfeile

Steinschleuderer auf die Dächer –

ein Schuldknecht in Ketten

N 92 – N 93

H III 207.86 – 206.76 – *Einseitig beschriebene Zettel von Sorte A, 231 × 146 mm; blauviolette Tinte, Nachtrag mit Stift.*

Pöhlmann-Exzerpte, im Herbst 1925 Ic (N 279 und 263) zugeschlagen.

N 92

VII 24 Timon.

Der Adel = die Leute denen ihre Häuser u. Landgüter Statuen u. Gemälde stets wichtiger gewesen sind als der Staat

Vergeudung durch Überbauen des Meeres u. Abtragen ganzer Berge

N 93

30 VII ⟨1924⟩

TIMON zum Volk
jeder Einzelne von Euch muss ein König sein – ja er muss Zeus gleichen.

Vorschlag: Volksgerichte ob die Reichen allen Vorschriften ⌊s (bezüglich Wucher)⌉ gehorchen –

Gedanke: die Villa der Hetäre dem Volk zur Bewahrung zu geben¹

Ich bin gewöhnt alles Bestehende auf seine Berechtigung zu prüfen. »Ein Gegenstand, der einmal diesem Gottesurteil unterworfen wurde kann nie wieder in Geheimnisse gehüllt oder durch eine Weihe geschützt werden: er bleibt immer der freien Wahl u. der profanen Erörterung ausgesetzt.«

Was Sclaven schändet – ist der Name nur

Er spricht schließlich in Versen

N 94 – N 95

H III 206.118 – 206.13 – Einseitig beschriebene Zettel von Sorte A, 231 × 146 mm; blauviolette Tinte, auf N 95 Nachtrag mit Stift.

Mit Zitaten aus Shakespeares ›Timon von Athen‹ IV, 3 und Pöhlmann-Reminiszenzen vermischte Details zur Figur Timons des Armen; im September 1925 partiell der Szene In der Villa (N 205 und 239) zugeschlagen.

N 94

30 VII. 24.

Timon: einige Diebe versprechen dem Sohn, für ihn das Mädchen im allgemeinen Tumult zu stehlen.

---

¹ *Abschnitt am l. R. markiert.*

Timon: er geht auf Dächer u. wirft Steine herab

In einem lichten Moment nennt er die Götter »perpetual-sober« –

Timon der Arme ist der frühere Besitzer der Villa – er kennt die outs and ins.

Timons des Redners zweite Frau die Kupplerin; diese beschimpft den um das Haus herumschleichenden armen Timon erstens wegen seiner Herabsetzung des Berufes, dann dass er sich für ihren Freund ausgebe.

N 95

30 VII 24. Timon der Arme.

Sein Argument: aus jedem kann durch Umstände alles werden: aus dem jungen Herren ein Lustknabe, ein Dieb, ein Galeerensclave – aus dem Gauner, dem er dann seine Verehrung bezeugt, ein großer Herr, u. Sittenrichter, mit einem Schweif von Schmeichlern hinter sich. [ˢ durch Gold wird schön aus hässlich, tapfer aus feig, jung aus alt, vornehm aus gering.

His semblable – yea himself – Timon disdains.]

Auch Gesetze sind grausame Kerkerbauten.

N 96

H III 207.146 R – Vorderseite eines beidseitig beschriebenen Zettels (Rückseite: N 291) von Sorte A, 230 × 146 mm; blauviolette Tinte.

Timon dem Bettler zugewiesene Pöhlmann-Exzerpte; im September 1925 partiell den Materialien des ersten Aktes (N 147 und 241) zugeschlagen.

31 VII 24. Timon der Redner

Timon der Verarmte hasst g l e i c h m ä ß i g die Reichen u. den Pöbel, die Satten und die Gierigen.

[Apokalypse]
Der in einer Stunde zerstörte Reichthum der Kaufleute u. Schiffsrheder: Gold Silber Edelstein Linnenzeug Purpur Seide Scharlach Thujaholz Geräthe von Elfenbein von Erz Eisen Marmor, auch Zimmt, Amonsalbe, Myrrhe Weihrauch, Öl, feinstes Mehl – Weizen Hornvieh, Schiffe Pferde Wagen, Knechte u. Menschenseelen.

Timon ⟨der Verarmte⟩ wünscht ihnen dass sie alle nichts haben: ihm schmeckt Reichtum u. Armut gleich bitter

NOTIZEN 1924

Die Eigenschaft der Gier – dass sie immer nur mehr will.

[T. D. ARME] an Timon den Redner
Deine Art von Hilfe ist für die Leute ein durchlöchertes Fass. Das blosse Mitlöffeln genügt ihnen schon nicht mehr. Sie wollen sich satt essen.
Die tributzahlenden Städte sind durch die Piraten verloren.

N 97

H III 206.30 – Vorderseite eines beidseitig beschriebenen Zettels (Rückseite: Notizen zum Aufsatz Schillers Selbstcharakteristik) von Sorte A, 232 × 146 mm; blauviolette Tinte, Nachtrag mit Stift.

Mit Pöhlmann-Zitaten vermischte Notizen zu verschiedenen szenischen Zusammenhängen, im September 1925 partiell verwertet (N 240 und 261).

VII. 24   Timon

Arm u. reich = 2 Völker, zwischen denen keinerlei Verkehr besteht die einander so wenig kennen in ihren Gewohnheiten Gedanken u. Gefühlen als ob sie die Söhne verschied. Zonen u. Bewohner versch Planeten wären.

I

Timon:[1] Bemühungen sich einen Todten, ein Opfer der Aristokraten zu verschaffen für den Hauptmoment in I; sowie auch eine klagende Frau u Töchter. (Diese Figurantinnen decouvrieren sich dann als Angestellte des »Hauses«.) Es wird doch irgendwo ein Todter zu haben sein.

[Suspension der Schuldgesetze
Stornierung der Mietzinse]

III.

Timon erwartet: er werde nach Aegypten exiliert werden. Statt dessen erfolgt der Dioikismos, in größtem Mass-stabe in eine ferne Landschaft, wogegen ein mutiges Räubervolk hier angesiedelt wird.

N 98

H III 205.34 – Einseitig beschriebener Zettel von Sorte A, 232 × 147 mm; blauviolette Tinte.

Im September 1925 den Materialien von Ia (N 146) zugeschlagene Notizen zu Timons Verhältnis zum Sohn.

[1] *l. R. mit Stift:* Scene mit der II^ten Frau. Er verbietet ihr auszugehen

VII 24 Timon

Der Sohn: ganz versonnen u. *(1)* vertiert. *(2)* ↑verliebt ≈ verträumt.↓ Timon nennt es vertiert. |

Er hört die Vorwürfe des Vaters gar nicht. Er weiß, der Vater »redet«.

TIMON
hörst Du mich? was habe ich gesagt? Ich habe soeben etwas ungewöhnlich Bedeutendes gesagt.

N 99

H III 206.64 – Vorderseite eines beidseitig beschriebenen Zettels (Rückseite: N 398) von Sorte A, 232 × 145 mm; blauviolette Tinte.

Zur Demagogie Timons; im September 1925 erweitert und den Materialien von I a (N 132) zugeschlagen.

Juli 1924.

I.
(1) Er *(2)* Timon bringt auf die Aristokraten hätten die Wachtschiffe an die Piraten verkauft

N 100

H III 207.55 – Vorderseite eines beidseitig beschriebenen Zettels (Rückseite: N 343) von Sorte A, 230 × 148 mm; blauviolette Tinte.

Während der Lektüre von Shakespeares ›Timon von Athen‹ IV, 3 entstandene Notizen zu beiden Timon; im September 1925 erweitert und den Materialien von I b (N 173) zugeschlagen.

Shakespeare-Lektüre in Lenzerheide vom 30. Juli bis zum 1. August 1924.

Timon

seine Biederkeit: stellt vor mich hin gerade Worte nur
    (1) kein
    (2) in die Quer stellt mir kein einzig Wörtlein

[Alter verarmter] Bauern Misstrauen gegen städtische Redekünste.

TIMON DER BETTLER vor dem Bordell
»Ihr habt mehr Zerstörungskraft in Euch als das Schwert« –

Er macht einer ganz Kleinen sein Compliment für die Geisteszerüttung die sie zu schaffen versteht. Huren machen Männer zu Huren – zu Schwächlingen, zu grausamen kleinen Affen – \Preis des Giftes das neurasthenisch macht – Sein Preis des Hauses.]

Schwager Timon's des Redners früher Besitzer des Hauses.

N 101

H III 207.68 – Einseitig beschriebener Zettel von Sorte A, 231 × 147 mm; blauviolette Tinte.

Notiz zur psychischen Situation des Gesandten.

VII 24   I u II.

Tiefer Pessimismus des Gesandten. Gespräch mit dem Arzt über den Tod. Der Arzt auch Chiromant. Auseinanderhalten von Schicksal u Psyche, Leistung und Niveau.

N 102

H III 207.10 – Einseitig beschriebener Zettel (untere Partie: begonnenes Briefkonzept) von Sorte A, 231 × 146 mm; blauviolette Tinte.

Die Hetäre betreffende Details zum zweiten Akt.

VII 24   II

Sittenrichterliche Seite beim Auftreten Timons. – Ihm gegenüber sie die unschuldige Haltung.

eventuelle frühere Bekanntschaft des Sclaven mit der Hetäre

Liebesnacht mit dem Sclaven, die sie aber reut im Hinblick auf den morgigen Einzug des Triumphators

N 103

H III 207.147 R – Vorderseite eines beidseitig beschriebenen Zettels (Rückseite: N 339) von Sorte A, 230 × 145 mm; blauviolette Tinte.

Durch die Lektüre von Shakespeares ›Timon von Athen‹ IV, 3 angeregte Details zur Figur Timons des Bettlers; im September 1925 ergänzt und den Materialien von Ib (N 166) zugeschlagen.

1 VIII 24   Timon

Timon der Bettler: Gespräch mit der Kleinen über die käufliche Liebe.

Ihr seid harmlos gegen die Bürgerstöchter. Fragt sie, was sie sich verdienen will: *(1)* Möbel *(2)* Kleider? Möbel?

alles graust ihm. Veilchen waren einmal wohlriechend.

Timon: Geiz u. Verschwendung ist ihm gleich ekelhaft; das Bild des frechen Reichen u. des demüthigen Armen gleich öde. – [Er nennt sich einen Wegwurf, aber er habe sich selber weggeworfen.]

Von den jungen Herren weiss er alle Familienverhältnisse u. s f. Er weiß dass Bacchis geizig ist.

Er übertreibt den Stil Timons des Redners, wo dieser innehält, fängt er erst an.

Seine Declamationen gegen die menschl. Zunge.

Timon der Redner erklärt der andere ahme ihn nach.

Timon klatscht Beifall u. serviert dem Tisch von Bacchis u. dem Redner.

N 104

H III 207.138 – Vorderseite eines beidseitig beschriebenen Zettels (Rückseite: N 308) von Sorte A, 231 × 145 mm; blauviolette Tinte.

Verschiedene teilweise durch Shakespeare-Lektüre angeregte Notizen, besonders zur Figur Timons des Armen; im September 1925 zusammengestrichen und den Materialien von Ib (N174) zugeschlagen.

Shakespeare-Lektüre in Lenzerheide vom 30. Juli bis zum 1. August 1924.

Timon

I

Ceremonie die Unterwelt zu befragen, von Timon dem Bettler gestört.

Angst des Gesandten Bacchis in böse Hände fallen zu lassen. Sie will bleiben, um die Villa zu erhalten. Das Gut der Emigranten wird confisciert.

Timon ⟨der Bettler⟩:
Anrede an den vornehmen jungen Herrn der das »Haus« verlässt. Er habe einen Magen, dem nur mehr das Grobe behage. Eine Bacchis vermöge er nicht zu genießen, auch wenn er sie besitze. [Wie er die Langeweile seiner eigenen Gesellschaft aushalte.]

Gespräch mit der gutherzigen Hure. Alle Gutherzigkeit von Frauen auf dieser Basis. – Sie schickt ihn weg weil Timon der Redner aus dem Haus tritt, der Hunde auf ihn hetzen will.

N 105

H III 207.109 – *Einseitig beschriebener Zettel von Sorte A, 232 × 145 mm; blauviolette Tinte.*

Zur Figur Timons des Bettlers; im September 1925 den Materialien von In der Villa *(N 228) zugeschlagen.*

VIII 24   I.

[Apelles Periander Arion]

Timon der Bettler kommt in die Villa u prophezeit dass Timon der Redner jetzt das Oberste zu unterst kehren wird. Das sei ein Werktätiger, gemein genug dass die Materie ihm Dienst leiste; das werktätige arbeitscheue Gesindel sei um ihn gesammelt. [Dass die Gesetze ein sociales Gerüst, an dem man rütteln kann, keine göttliche Ordnung von der Dike erfunden.]

Timon ⟨der Bettler⟩: er wisse von Ärzten dass Langeweile tödtlich sei, also könne Bacchis den Gesandten auf Mordversuch ⟨ver⟩klagen u. beerben

Poet u Maler in der Villa.

Timon ⟨der Bettler⟩ zählt die Liebhaber auf die sie gehabt habe – aber sie habe bei keinem etwas gespürt.

N 106

H III 207.7 – *Einseitig beschriebener Zettel von Sorte A, 232 × 144 mm; blauviolette Tinte.*

Details zum ersten Akt.

VIII. 24.   I.

Timon der Bettler prophezeit dem Gesandten so oder so werde sie die erste Nacht wo er weg sei mit dem ersten besten Sclaven verbringen [der jetzt die niedrigsten Dienste mache.]

Entschluss des Gesandten doch zu bleiben, aus Liebe zu Bacchis

In Bacchis begrüßt er das beste Blut der Stadt – zu dieser Ehrenstelle gelangt –

[Timon:] Gebärde der Adoration vor ausgeschüttetem Gold.

Er hat verbreitet dass der Tempelschatz der Diana in diesen ihm bekannten Katakomben vergraben.

N 107

H III 207.75 – Einseitig beschriebener Zettel von Sorte A, 231 × 146 mm; blauviolette Tinte.

Details zu zwei Aristokraten, darunter eine indirekt formulierte Replik, ferner eine Namensliste; im September 1925 den Materialien von I c (N 260) zugeschlagen.

1 VIII 24.

Die beiden jungen Aristokraten

der Melancholiker

der Sanguinisch-cholerische Prahler. Findet gute hochmüthige Worte.

Dieser ist der Ansicht man könne sich mit dem Demos nicht auseinandersetzen; man müsse den Schatz in der Hand behalten und die Söldner an sich ziehen. Das Reden sei die Teufelskunst des Gesindels. Mit Reden degradiert man sich. »Unweise nicht unedel«

Agis / Pausias / Laches / Philo / Parmenion / Kliton / Agathon

N 108 – N 109 – N 110

H III 207.6 – 207.5 – 206.39 – Drei einseitig beschriebene Zettel von Sorte A, 232 × 146 (N 108), 232 × 147 (N 109), 231 × 146 (N 110) mm; blauviolette Tinte.

Zur Konfrontation des Redners und des Bettlers während des Banketts; im Herbst 1925 den Materialien des zweiten Aktes (N 371, 372 und 385) zugeschlagen.

N 109 vermutlich am gleichen Tag entstanden wie N 108 und 110.

N 108

1 VIII 24.   Bankett

Timon: nähere Angaben wie sein Porträt zu stilisieren: wahre Volkstümlichkeit in jeder Geberde –/Kinn

von den sinnlich schönen Lippen fließend Beredsamkeit, Überredung in genialem Maße. Die schönen überzeugenden Gleichnisse müsse man von den Lippen fliessen sehen (er hat Fett auf den Lippen)

⌐Timon der Bettler wünscht der Zunge des Redners Geschwüre bis zur Wurzel⌐¹

Timon der Bettler fordert ihn auf zu öffentl. Beischlaf.

Bankett: Bacchis / beide Timons / Arzt. / Maler / Dichter / 2 junge Herren – Tänzerin. Leerer Platz für den Gesandten. Sclave meldet, *(1)* er *(2)* Gesandter | sei in Sicherheit.

N 109

II
Das Bankett.

Timons Belehrungen an den Maler: das demokratische Maß in allem wirken zu lassen. Den Begriff des Schönen, als welcher nicht verdauungsstörend sein dürfe, und nichts von Mystik. Ein Gegenstand für ein Bild: ihn und die Hetäre als der Bürger umarmt die Stadtgöttin –

(Timons Verfehlungen gegen das Essceremoniell; Schmutzflecken, er muss das Oberkleid wechseln)

Das Bankett von aussen gestört durch Steinwürfe des Gesindels. Der Sclave schafft taktisch Rath.

An den Dichter die Ermahnung sich journalistisch zu betätigen – ein Gran von Poesie für Witze, schlagende V e r g l e i c h e. Immer errathen was die Zeit will – Timon der Bettler: die Hure Zeit die mit j e d e m warm wird.

N 110

1 VIII 24.

Timon der Bettler: beim Gastmahl soufliert er Timon dem *(1)* Reichen *(2)* Redner | Du bist viel zu niedrig geboren und hast viel zu plumpe Sinne um die zu beurteilen die du angreifst. Dein Hass gegen sie ist viel zu seicht, weil du ihre versteckteren Gemeinheiten, das Raffinement ihrer vergoldeten Vulgarität nicht kennst. Er habe nie die Wollust des Befehlens noch der frechen rücksichtslosen sadistischen Überhebung gekannt wo jeder Schritt ein Austeilen von Peitschenhieben an die Minderen. Er apostrophiert die jungen Herren da sie lachen, als schwächliche lendenlahme junge Hunde, Affen der Aristokratie aus denen nur hie u da ein Verstorbener rede.

---

¹ *Ort des Einschubs graphisch nicht gesichert.*

N111

H III 206.109 – *Einseitig beschriebener Zettel von Sorte A, 231 × 143 mm; blauviolette, Nachtrag mit blauschwarzer Tinte.*

Vorwiegend die Hetäre betreffende Details zum dritten und vor allem zum zweiten Akt.

1 VIII ⟨1924⟩

III

Hetäre dem Heerführer nachziehend mit dem Tross. Timon sie anredend.
T Die Freundin /

II

Zarte Abschiedsrede des Gesandten an das Schöne, bevor er sich eventuell dem Tode opfert.

Bacchis sehr sensibel; ihre Thränen entzücken ihn, machen ihn aber nicht irre. Er wünscht ihr das volle Glück.

Bacchis: richtige Wertung aller Figuren, auch des Bettlers. Über sich selbst: was sitzt in unserem Centrum Dunkles? (was ihr erst durch die Liebe gelöst werden könnte)

N112

H III 207.8 – *Einseitig beschriebener Zettel von Sorte A, 231 × 143 mm; Stift, Nachtrag mit blauschwarzer Tinte.*

Diverse Details, vor allem zum Gesandten.

Fusch 6 VIII *T*24/

Bankett
\II/

TIMON zu dem Physiker
Ich kenne nur die Logik der Tatsachen.

(1) (2)^P Während des Banketts Meldung der Gesandte sei in Sicherheit. Er habe sein Siegel dagelassen. |

I

Falsches Bild *(1)* der *(2)* das ¦ Mitdiener von dem Sclaven entwerfen: harmlos. Der Gesandte beachtet den schnellen Wechsel in seinem Gesicht

(1) Während des Banketts Meldung der Gesandte sei in Sicherheit. Er habe sein Siegel dagelassen. *(2)^p* |

I.
Gesandter: Abschied: Er habe immer eng u. ängstlich in der Zeit gehaust.
Nun breite eine sanfte Ferne sich vor ihm, unabsehbar.

N113

H III 207.73/206.62 – Einseitig beschriebener Zettel von Sorte A, 233 × 148 mm; blauschwarze Tinte.

Notizen zum Verhältnis der Hetäre zu Männern im allgemeinen und zu ihrer Begegnung mit dem Sklaven im besonderen; unterer Teil des Zettels im Herbst 1925 für die Materialien des dritten Aktes (N409) abgetrennt.

9 / VIII 24.   Timon

Hetäre: indirectes Gespräch darüber wie Frauen gewöhnlich über Männer urteilen, mit denen sie intim waren.

Darüber, dass nach ihrer Einsicht, Männer nicht eifersüchtig sein sollten.

in III auf dem Schiff ihre Eifersucht. Sie weiss nicht wie viel von all den Huldigungen (Rufen, Musik, Feuer) sie sich zu eigen machen darf. Als er sie nach vorne führen will ist sie jählings schüchtern u. wie gelähmt. u. fällt vor ihm nieder.

N114

H III 206.37 – Rückseite eines beidseitig beschriebenen Zettels (Vorderseite: Entwurf zum Beginn des zweiten Aktes der Ägyptischen Helena) von Sorte A, 231 × 146 mm; violette Tinte; auf der Rückseite außerdem eine Einnahmebilanz von Anfang Jänner.

Zu einer Dreiecksbeziehung zwischen der Sclavin und dem Sclaven sowie der Hetäre.

A⟨ussee⟩ 31 VIII 24.   Timon

I. II

Der Sclave älter hergerichtet. (Am Schluss jung)

Die junge Sclavin aus Eifersucht, fühlend wie er ihr entgeht, gibt gewisse Auskünfte über ihn.

HETÄRE
Ich kenne die Männer. Das sagt man immer nach schlechten Erfahrungen.

N115

H III 207.64 R – Vorderseite eines beidseitig beschriebenen Zettels (Rückseite: N353) von Sorte A, 233×146 mm; violette Tinte.

Zu Timons falscher Einschätzung der Lage; bei der Benutzung der Rückseite durchgestrichen.

8 X 24.

Timons große Beweisrede dass der Sclave jedenfalls nicht identisch mit dem – Dictator sein könne.

N116

H III 206.66 – Vorderseite eines beidseitig beschriebenen Zettels (Rückseite: N399) von Sorte A, 234×145 mm; violette Tinte.

Vermutlich durch N113 angeregtes Detail für den dritten Akt; bei der Benutzung der Rückseite durchgestrichen.

9 X 24.

Scene auf dem Schiff zwischen der Hetäre und dem Dictator, ohne dass sie noch sicher ist, wer er sei.

N117

E III 100.8 R – Rückseite eines beidseitig beschriebenen Zettels (Vorderseite: Notizen zum Fiaker als Graf*) von Sorte A, 231×145 mm; violette Tinte; auf derselben Seite außerdem Notizen zum* Xenodoxus.

Wahrscheinlich Reichs Buch über den Mimus entnommene griechische Vokabel zur Charakterisierung Timons; auf der Vorderseite die Übersetzung Spassmacher *zur Charakterisierung des Herrn von Huber im* Fiaker als Graf.

Die intensiv violette Tinte läßt auf Herbst 1924 schließen; möglicherweise zur gleichen Zeit wie die auf den 13. November 1924 datierte Vorderseite.

Timon: γελω⟨το⟩ποιός

N118

H III 206.111 – Einseitig beschriebener Zettel von Sorte A, 231×147 mm; Stift, Nachträge mit violetter (Exponent T) und blauschwarzer (Exponent T') Tinte; auf derselben Seite außerdem Notizen zu dem dramatischen Plan Der Maranne.

Ethnologisches (vermutlich Exzerpte) zum Volk der Sarmaten.

Entstehung vielleicht 1918; im Herbst 1924 der Rhetorenschule *zugeordnet; Nachtrag* Kira *vom Herbst 1925.*

\T Rhetorenschule\] \T' Kira\]

Sarmaten Dörfer wo sie's Hemd über der Hose tragen, andere in der Hose. Kühe Bienen – andere melken Stuten. Dorfältester. – Die Frau dem Liebe schuldig der sie liebt; er ist ihr Herr.

NOTIZEN 1925
(BIS ZUM BEGINN DER AUSARBEITUNG)

N 119

H III 207.140 – *Einseitig beschriebenes Blatt, obere Kante perforiert (Briefpapierblock), 216×278 mm; Aufdruck:* RODAUN BEI WIEN, *blauschwarze Tinte.*

Zur psychischen Verfassung der Hetäre.

       Timon   Paris, Ende Februar 1925
     Hauptsächliches, zur Handlung.

Die Hetäre hat das Gefühl, zu ersticken: sie hat das Gefühl wenn sich in der Atmosphäre etwas ändern würde – aber kann sich denn in dieser ausgeschöpften Welt etwas noch ändern – wie durch einen Blitzstrahl – so würde sie wieder atmen, leben können; es wäre dann mit einem Schlag die ganze Welt brauchbar.

Der Blitzschlag bei einer Handlung des Sclaven vor seinem Verschwinden (wo er ihr wie eine posthypnotische Suggestion den Befehl gibt, wie zu handeln – und sofort findet sie alles trivial ausser der genauen Ausführung dieses Befehls) – aber es praecipitieren sich die Ereignisse so, dass sie gar keine Zeit hat sich klar zu werden, wie weit e r dabei im Spiele ist (ja, emotioniert u. fortgerissen, glaubt sie fast, sie könne den Rhetor über ihn selber herausheben u. mit ihm das Erhoffte realisieren) – jetzt geht alles Schlag auf Schlag und wie sie alles d u r c h g e f ü h r t hat, erscheint aus dem Brunnen der fremde Dictator – wer? der Sclave. Sie sagt ihm: Wunder über Wunder, ich habe dich ermöglicht – Nein, sagt er: Du hast meine Befehle, wie natürlich, ausgeführt.

Zwischendrin auch lässt sie die kleine Sclavin holen, sie über ihre Beziehung zu dem Kappadokier schnell auszufragen – aber da drängt sich auch schon etwas dazwischen.

N120

H III 207.23 – Einseitig beschriebener Zettel von Sorte A, 228 × 147 mm; blauschwarze Tinte, Anstreichung mit Stift.

Zur seelischen Isolation der Hetäre.

Als Entstehungsjahr läßt sich nicht ganz sicher 1925 vermuten; die Bezeichnung der Karier als Synonym für den Sklaven ist bereits in Notizen der Lenzerheidezeit belegt.

3 IV   Rhetorenschule.

Die Hetäre: das Erlebnis ihr ein Rätsel. (vgl. Abhandlung v. Kober)

Ihre Fragen an die Sclavin wegen deren Liebe zu dem Karier.

Die Hetäre will Herrin der Stadt werden. Ihre despotischen Atavismen – aber nur mimisch.

Die Mimin und der Rhetor.

Hetäre: ihre Stärke: die Schwächen der andern, die Dummheit der meisten kennen.

Ihre Prüfungen, die sie über die skythische Sclavin verhängt, um dahinter zu kommen; hinter das ihr unfassliche des Dualismus.

Die Hetäre: sie ist ohne vis-à-vis. Sie liebt nicht, hasst auch nicht. Bestreitet den anderen, dass sie hassen oder lieben.[1]

N121

H III 207.93 – Einseitig beschriebener Zettel von Sorte A, 230 × 146 mm; braune, Nachträge: blauschwarze Tinte.

Zum Wendepunkt des Banketts.

Schönenberg 18 IV 25   Rhetorenschule
                          Höhepunkt des Banketts.

Auf dem Höhepunkt der Macht tritt an Timon aus dem Munde Timons des Bettlers die Forderung heran, den Becher der Freiheit *(1)* fleiß⟨iger⟩ *(2)* eifriger dem Volk zu credenzen – die Sclaven u. Gefangenen zu emancipieren, die Schüler den Lehrern, die Söhne den Ältern gleichzustellen – kurz ganze Arbeit zu machen. Timon [plötzlich ernüchtert] lässt den Bettler in eine Cisterne sperren. (Ebenso den Sclaven, der dadurch den Weg zur Flucht findet?)

---

[1] *Absatz am l. R. mit Stift markiert.*

⌜Nun tritt die Hetäre (= Mariamne) mit der bisher zurückgehaltenen Nachricht von der Nachbarrevolution hervor.⌝

N 122

H III 207.52 – Einseitig beschriebener Zettel von Sorte A, 231 × 146 mm; blauschwarze Tinte.

Personenverzeichnis.

Oktober 1925; im November 1925 überarbeitet (Abgar-Hephästion).

(1) T⟨imon⟩
(2) Palamedes, der *(1)* *(2)* pontische *(3)* lykische | Gesandte
Bacchis seine Freundin
Demetrius ⌜der Nauarch⌝ ⎫
Agrippa ⌜der Landvogt⌝ ⎬ Adelige
Phanias ein verarmter *(1)* großer Herr *(2)* Adeliger |
Ein Dichter (Agathon)
†ein Maler†
ein Bildhauer
ein Physiker
⌜ein Philosoph *(1)* *(2)* (Kratinos)⌝
(1) ein Sopransänger *(2)* der Sänger (Ptolemäos) |
eine Wahrsagerin
Timon
seine Frau
Chelidas sein Sohn
Leäna Kupplerin
Kira, *(1)* Sclavin *(2)* Dienerin | der Bacchis
(1) Abgar *(2)* Hephästion |, ein Sclave bei Palamedes
ein kleiner Diener
Lykon, ein Tagdieb
Tryphon ein Vermittler
Ergast, ein Phantast
Ein Barbier
ein Claqueur (ein junger Mensch)
ein Soldat
ein zweiter Soldat
ein Pirat, als altes Weib verkleidet

AUSARBEITUNG 1925/1926
Akt I Szene a

Nicht verarbeitete Notizen zu Ia

N123

H III 205.21 – Einseitig beschriebener Zettel von Sorte A, 232 × 146 mm; blaugraue Tinte.
Aus Timons Arsenal von Schimpfwörtern.
September 1925.

Timons Schimpfwörter:
Du schimmliger Käse! du Grind – du Lügenschippel!

N124

H III 205.27 – Einseitig beschriebener Zettel von Sorte A, 232 × 145 mm; blauschwarze Tinte.

Timons Schimpfwörter.

Wahrscheinlich zugleich mit Lektüre im September 1925: Abtritt *– wie aus N272 hervorgeht – aus Shakespeares ›Troilus und Cressida‹ entlehnt.*

Timons Schimpfwörter: Du Mischmasch! Du krummbeiniger Hundsfott! Du Wasserkopf! Vogelhirn! Embryo! Du Pfütze! du Abtritt! Auskehricht der Schöpfung! – ⌊Du mit den hängenden Augen u. dem hängenden Maul!⌉

Zum Sohn: Ich wollte ein Markthelfer sein, ein Gehilfe in einem Hurenhaus – ein Arschwisch – ein Schwein, eine Eidechse – alles lieber als du!

N125

H III 205.14 – Einseitig beschriebener Zettel, gelbliches dünnes poröses Papier, 225 × 140 mm; Stift.

Dialogisiertes Beispiel von Timons Beschimpfungen des Sohnes.

Keine genauere Datierung möglich.

AKT I SZENE a   171

                                    I.
Warnung: sie werden dir den Arsch vollhauen u. dich in einen Kerker werfen

N 126

H III 205.22 – Einseitig beschriebenes Blatt der Sorte C; schwarze Tinte.

Vermutlich durch Shakespeares ›Timon von Athen‹ angeregte Tirade, die allerdings kaum zum kleinbürgerlichen Barbier paßt und auch nicht verwandt wird.

September 1925.

                              I a Schluss
Die Frau aufgereizt durch den Barbier der sagt: Ihr kommt nicht einmal bis ans Vorhaus – euch jagen schon die Läufer – die Trabanten – die Stallknechte – euch wischen wie ein zertretenes Gewürm die Fersen ihrer Lakaien aus – *(1)* euch *(2)* in euch jagen sie Steine aus Schleudern – hinrichten sollen sie euch sowahr Ordnung ist, euch Maulkörbe tragen lassen – auf hartem Lager die ganzen Kerle liegen lassen – peitschen solche Weiber – wofern noch Autorität in der Stadt ist – Büttel / Schergen / Wachen

[DIE FRAU
Reisst ihnen mit den Nägeln die Schminke vom Gesicht, u. wenn die Gesichter mitgehen.]

N 127 – N 128

H III 205.23 – 205.24 – Zwei einseitig beschriebene Blätter der Sorte C; schwarze Tinte.

Durch Shakespeares ›Timon von Athen‹ (wörtliche Entlehnungen) beeinflußte Dialogpartikel für Phanias, der in I a später überhaupt nicht auftritt. Inhaltlich gehören sie eher zum später aufgegebenen Anfang von I b, dem Dialog zwischen Ephraem und Phanias.

Wie N 126 im September 1925.

N 127

                                   I a

PHANIAS
Ich habe meine Thiere gern gehabt. Aber solch ein verdammter Gedankenstocherer hat mich belehrt, dass wir nur unser ich in die Thiere hineintragen – jetzt sehe ich so eine Art von Mensch in ihnen. Sie sollen crepieren!

Er stellt [entlassene] Soldaten u. Diebe gleich. »Ihr könnt nichts stehlen was ein Dieb nicht stahl.« –

Es wird ein Anschauungsunterricht werden, wenn das hervorkommt was ihr vor euch versteckt: Eure Diebe, Eure eingesperrten Narren, eure Galeerenruderer, eure Weiber in Strafhäusern – eure Hinterhäusler, eure Aftermiether –

Die ganze Stadt wird einem Keller mit vergifteten Ratten sehr ähnlich sehen.

N 128

Ia

PHANIAS
zu meiner Zeit war man potenter, rascher auf der Spur des Wildes – und schussneidiger. Ein Etwas von Metall war noch im Blut.

» – dem Vater fluche du,
dem armen Lump, der ekellos besprengte,
ein Gassennickel u. zusammenpfuschte
erbeignen Lumpen dich.«

Phanias (fausse sortie) hält sich selbst die foudroyante Nachrede.

In Ia | 1 H verarbeitete Notizen

N 129

H III 207.141 – Beschreibung: N 28 und 56; Erweiterung mit blauschwarzer Tinte.

Notiz aus der ersten Entstehungsphase des Stückes, zur Charakterisierung des Sohnes vorübergehend aufgegriffen.

September 1925.

Rhetorenschule

I

Unter den Sclaven u. Freigelassenen des Chremes ein Neurastheniker, dem seine Haut (Gesichtshaut u. sonst) zu eng wird. Ewiger Versuch sich durch Erzählen u Schildern davon Erleichterung zu schaffen. Sohn: Über die Haut: sich wohl fühlen in seiner Haut

Seine Mission bei der Hetäre. Gespräch beider über die menschliche Haut. Sie ist Fanatikerin des Jung-bleibens durch Cultur der Haut.[1]

---

[1] *Absatz am r. R. mit Stift markiert.*

AKT I SZENE a   173

Er: die Philosophie der Haut als der Grenze zwischen Individuum u. der
Massenwelt. Tiefsinnige Betrachtung eines abgehäuteten Ochsenkopfes.
Ihre Haut-curen. Eselsmilch. Gurkensaft.

Sie verlangt dass die Sclavin sich Männern hingebe um die in der Stadt
5 schwierig zu erlangenden Lebensmittel zu bekommen –

N 130

H III 206.82 – Beschreibung: N 91; Zusatz mit blaugrauer Tinte.

Aus der Lenzerheidezeit (Juli 1924): Exzerpte aus Pöhlmanns Darstellung sozialer Revolutionen in der Antike.
10 *Dem I. Akt im September 1925 zugeschlagen.*

Timon.

I

Timons vergangene Bekannte sich herandrängend: Kuppler Friseur Claqueur – Hehler Badeknecht – verarmter Bauer
15 Teuerung durch Piraten. (entlaufene Sclaven)
ein Schiffbrüchiger.
Fackeln u. Brandpfeile

Steinschleuderer auf die Dächer –

ein Schuldknecht in Ketten

20 *N 131*

H III 205.37 – Rückseite eines beidseitig beschriebenen Blattes, in der Mitte geknickt (zuvor vielleicht Konvolutdeckel; auf der Vorderseite Neuestes*), gelbliches poröses Papier, 271 × 281 mm; blaugraue, Nachträge: blauschwarze Tinte.*

Lockere, N 129 und N 130 verwertende Skizze zum Anfang der Szene; zugleich Keimzelle
25 *für Ia/1 H.*

Entstanden zwischen dem 4. (= Beginn der Ausarbeitung) und dem 9. September 1925; Variante und Einschub erst nach Ia/1 H.

Timon

Anfang.
30 Timon mit der Frau die sich beklagt. Der Sohn dem die Gesichtshaut zu enge
wird. Vorübergehende. Timon hat mit jedem ein Geschäft. Besorgung eines
Schuldknechtes.

⌈TIMON
Ja, ja.⌉

Wandeldecoration.
Die Barbierstube. Das Bordell. Auch elegante Vorübergehende. Er schickt
die Frau nachhause. Es gelte die Freiheit zu verteidigen.

(1) DIE FRAU →
(2)^T TIMON zu den Kindern |
Seht Kinder wie alle Euren Vater kennen!

⌈^T Bauer mit Gemüse: den er ins Haus schafft – – dann verkauft er das Gemüse einem Handwerker der gar kein Gemüse braucht Du brauchst kein Gemüse! Ich werd dir! (Der Handwerker wollte sich rasieren lassen) Bauer will Verbot des Getreideimportes u. Verbot des Zinsnehmens.⌉

Er schnappt alles auf was Vorübergehende sagen: Fischteuerung – die Getreideschiffe gecapert –

Der Sohn hat zur Mutter eine Sclavin gehabt von dumpfer aber fügsamer Gemütsart –

Er gibt allen rendezvous im Haus. Der Sohn kommt ins Haus nach.

N 132

H III 206.64 – Beschreibung: N 99; Erweiterung mit Stift.

Aus der Lenzerheidezeit (Juli 1924); Ia zugeschlagen und erweitert im September 1925.

Ia
Timon bringt auf die Aristokraten hätten die Wachtschiffe an die Piraten verkauft

Er hat erst vor einer Minute erfahren dass es überhaupt Wachtschiffe gibt

N 133

H III 206.88 – Beschreibung: N 88; Zusatz mit blaugrauer Tinte.

Obere Partie eines Zettels aus der Lenzerheidezeit mit Pöhlmann-Exzerpten, wörtlich in I a / I H verwertet.

Im September 1925 dem I. Akt zugeschlagen.

I
Timon (bei Anwerbung verschiedener, worunter ein Masseur, ein Gerichts-

AKT I SZENE a

zeuge (Meineidiger) Spielbudenhalter – ein Mörder etc. Litterat / Winkelschreiber / Spieler / Bravo): Die Berufsphysiognomieen sind in meinem Staat verschwunden.   (Engels)

Alle Forderungen aus Darlehen an Aristokraten cassiert u. die Hausmiethen storniert.

Timons Unterscheidung zwischen anständigen u schmutzigen Geschäften.

Ia/1H

H III 205.39 – Einseitig beschriebenes Blatt der Sorte A, 289 × 230 mm; Grundschicht: blaugraue Tinte; großflächige Überarbeitung: blauschwarze Tinte, außerdem weitere Nachträge mit Stift.

Erstes, kaum dialogisiertes Szenarium der ersten Szene.

	Scenarium.[1] I.		[I. a]
A. Gasse.	B. Das »Haus«.		C. Offener Platz.

A.

Die Frau. ⌊Fischteuerung weil die Wachtschiffe fehlen.⌋ Der große Sohn. Timon: Ja! ja! (sein Kopf erfüllt: jetzt ist der große Schlag ⌊^T Geberden.⌋ zu führen.) –[2]

Klage des Sohnes: dass ihm die Haut zu enge. ⌊^T Dass er sein Ich nicht finden könne. Ihn überschwemme alles.⌋

Timon richtet etliches an der Kleidung.

Begegnungen: ⌊^T einer der in die Villa einladet⌋ alle mit Timon bekannt. ⌊Timon verträgt nicht dass man sich um andere gruppiere. Stützt sich bald auf den, bald auf jenen.⌋

DIE MUTTER
Sieh wie alle deinen Vater kennen.

Der Sohn: Klagt.

Teuerung durch die Piraten. Nachricht dass die Wachtschiffe eingezogen wurden. (Was aber auf Wunsch der Demokraten geschehen war. ⌊Motion: die Galeeren abzurüsten⌋) ⌊Agitations-material.⌋

⌊Instruction der 3 Philosophen über das Abrüsten der Galeeren. Jagt sie zum Teufel, mimt bessere Schreier.⌋

---

[1] *Beginn:* Aussee 9 IX 1925.
[2] *Größere Abstände auf der Zeile hier durch Absätze wiedergegeben.*

Begegnungen: ⌜*T* Einer der ein Schiebergeschäft mit ihm hat. Ein Soldat der ihn zunächst sehr scharf ansieht. (der Soldat auch in I c) Der Soldat: Du hast etwas von verfluchten Söldnern gesprochen!⌝ Friseur / Claqueur / Hehler ↑Badeknecht ≈ *S* Masseur↓ | Ein Schuldknecht in Ketten. / verarmter Bauer *(1)*. *(2)*: will Verbot des Zinsnehmens durchsetzen u. Verbot der Getreideeinfuhr. | /

Alle ins »Haus« bestellt. Ferner Litterat. Winkelschreiber. ⌜(Es ist Zeit dass man einander ins Weiße der Augen sieht)⌝ Späher. »Bravo« Masseur. ein Gerichtszeuge (Meineidiger). ⌜Barbierstube. Die Vorgänge im Nachbarreich aussprengen.⌝ ⌜*T* Comités in allen Stadtvierteln bilden: die Zuhälter einreihen, drüben im Hurenviertel⌝

TIMON
Die Berufsphysiognomien sind in meinem Staat verschwunden.

(1) Schlussziel: Ausrufung des Sonnenstaates. *(2)* *S* ↑für C Schlussziel: Ausrufung des Sonnenstaates. Dabei regnet es.↑ Dazwischen: Begegnung einiger Aristokraten mit Timon dem Bettler. Schimpfwörter für Timon den Bettler gegen Tim. d. R. |

⌜*T* Die Frau, erbarmungslose Kennerin von Timons Charakter: alles was er ausgefressen hat – als Spion, als Zwischenträger – Versuch als agent provocateur zu verdienen – als Angeber – Verkauf seiner »öffentlichen Meinung« an alle Parteien. *(1)* *(2)* Sobald aber *(a)* der Nachbar (Barbier) *(b)* die Nachbarin (Frau des Barbiers) | sich gegen ihn wendet, ergreift sie seine Partei | (Sie charakterisiert die Begegnenden: den Hehler – den verkrachten Bordellwirth, den Winkelschreiber)

(1) *(2)* Kolax (sich nähernd:) Ist das der große Timon? ↑Winkelschreiber ≈ Kolax↓ preist ihn als die öffentliche Meinung, als die Seele u das Haupt der Stadt: glücklich ihr Bürger, wer ihm die Hand drücken darf. Einer lacht. Ein solches Lachen kann den Kopf kosten⌝

I a | 2 H

H III 205.40 – *Einseitig beschriebenes Blatt der Sorte A, 290 × 229 mm; blauschwarze Tinte (gleiche Tinte wie Überarbeitung von I a | 1 H).*

Auf I a | 1 H unmittelbar aufbauender, in einem Nachtrag die Episode der Philosophen integrierender detaillierter Entwurf zum Beginn der Szene.

Nach dem 9. (I a | 1 H) und vor dem 28. (Beginn von I a | 5 H) September 1925 entstanden.

Ia.¹
Anfang

\(1) (2) Kolax Lykon Tryphon | Die drei Philosophen, hieher bestellt, ihren Lohn für die Erziehung des Sohnes zu bekommen – Simonides Urteil über die Weisheit; sie werden bezahlt mit Anteilen⌉ \Sohn (Angst vor dem Vater) muss auf die Seite gehen⌉

⟨Timon:⟩ Ermahnung an die Frau: Zu ihrer Mutter in die Vorstadt zu ziehen. Dort discret von ihm zu sprechen:² er sei ein schlichter Bürger, der sich dem allgemeinen Wohl hingebe.

DIE FRAU
Ich weiß ja dass Du niemand besonderes bist. \Wer bist du denn? Du kriechst vor jedem Vornehmen. Der Bursch gleicht dir, abgesehen von deiner Frechheit.⌉

TIMON
Die verfluchte Gans. Ich bin der Retter dieser Stadt. \Ernst genommen werden. Da sieh wie die drei sich verbeugen.⌉

DIE FRAU
Ja schlau bist du genug. Aber die Last liegt auf mir. Du redest nur, redest – ich muss schaffen.

TIMON \Blick auf jeden Vorübergehenden ob er ihn ernst nimmt. Alle zu plump – vertraulich.⌉
Dieses Reden wird die Stadt erretten. \– Du Harpyie!⌉ – Sei hart gegen unsere Schuldner: \halt fest: der Begriff des Eigenthums darf nicht wanken.⌉ Die Schuldbriefe verbirg vor Feuer u. Zugriff. Die Äcker habe ich auf der Kinder Namen schreiben lassen.

Ein Winkelschreiber \(Schmeichler)⌉ ihm zur Seite (1). (2), der bei ihm, dem großen Sachwalter lernt. | Er bildet sich ein kleines Gefolge. Einige von ihnen: Timon wird – Timon muss! \Exerciert mit ihnen, wie sie vor dem Volk sich mit ihm benehmen müssen.⌉

Vor der Barbierstube. Einige Neugierige halbrasiert heraus.

Detail: einer raunt ihm zu die Aristokratenpartei wolle Bacchis zur Oberpriesterin der Diana ausrufen (1). (2): er habe es auf dem Corso so gehört. | Einer verdeutscht ihm, was aus dieser Nachricht zu machen sei.

---

¹ *o. R. links:* Es liegt etwas in der Luft. *o. R. rechts:* Sohn ein Mispelbaum; alles faul ehe es reif wird
² *l. R.:* Einer (schnüffelnd) Es liegt etwas in der Luft.

TIMON
Was reden sie von Schiffen? forsch es aus!

Timon: warnt den Sohn rechtlich zu bleiben.

Streit mit der Frau, bis zu Schlägen. Sie ins Haus. ⌈Publicum heraus, halbrasierte. Der Sohn flüchtet.⌉

TIMON
Ein wackres Weib – eine rechte Ephesierin vom alten Schlag. Er wirft ihr Kusshände nach

⌈Kolax ihm huldigend als dem großen Volkstribun⌉

In Ia | 3 H verarbeitete Notizen

N134

H III 205.29 – Einseitig beschriebener Zettel von Sorte A, 233 × 147 mm; blauschwarze Tinte.

Zur Episode der Philosophen.

September 1925; die Episode der drei Philosophen wird in Ia | 5 H (begonnen am 28. September) bereits fallengelassen.

Ia.
Antipathie der Philosophen gegen den Dichter u Aristokraten – den Affen Platons – den Gecken der Mysterien – den Bauernverehrer – den Zeitverleugner –

N135

H III 205.26 – Beschreibung: N41; Erweiterung mit blauschwarzer Tinte.

Aus einer früheren Entwicklungsphase; jetzt virulent für die Episode der drei Philosophen im Dienst Timons.

Im September 1925 Ia zugeschlagen und in Ia | 3 H verwertet. Sofern die Erweiterung zur gleichen Zeit erfolgt, läßt sich die Lektüre von Shakespeares ›König Heinrich der Vierte. Zweiter Teil‹ eventuell auf September 1925 datieren: Die Verwendung des Wortes Unschlütt *könnte durch Shakespeares Schauspiel, in dem eine Wirtin Unschlitt figuriert, angeregt worden sein.*

AKT I SZENE a   179

Einer der Philosophen: ich habe eine Menge Gedanken – aber sie sind alle
überflüssig – Sie vermehren sich wie Ungeziefer

Der Cyniker: hat wenige Gedanken und sie werden immer stockig und ranzig.

Der eitle Skeptiker: kann zwischen sich und seinen Gedanken gar nicht unterscheiden –

TIMON
ein Gedanke ist ein Geschäft Das ist ein Gedanke: Unschlütt aufkaufen –
was sie auf den Schiffen nicht mehr brauchen –

N 136

FDH (Hofmannsthals Bibliothek) – Eintragung mit Stift in: Gehirne. Novellen von Gott-
fried Benn. Leipzig: Kurt Wolff 1916. 35. Bd. der Bücherei ›Der jüngste Tag‹, S. [54]f.

Notiz mit einer wörtlichen Entlehnung auf Seite [54]f. in Hofmannsthals Exemplar. Auf
derselben Seite außerdem noch N 163.

September 1925; Benn-Lektüre für diesen Monat nachweisbar. N 136 wird bereits in I a / 3 H
(also vor dem 28. September 1925) in einem Einschub verarbeitet.

        I a
⟨SOHN⟩
Es kräuselt sich – was? – mein Hirn! Das Zu-enge, Zu-weite Wo sind
meine Grenzen?

TIMON
Mische dich unter die Menge! Wieviel Söldner haben sie? wo liegt das Gold?
erfahre! rieche! erspüre! bring es aus Huren heraus!

Grenzenlos u für immer

N 137

E IV A 3.110 R – Beidseitig beschriebener Zettel von Sorte A (Vorderseite: Notizen zum
Andreas), 231 × 147 mm; blauschwarze Tinte.

Mit einem Teil von N 136 nahezu identisches Detail, vermutlich Abschrift.

September 1925.

CHELIDAS
Grenzenlos u. für immer:

CH.
es kräuselt sich –

L.
Was?

CH.
Mein Hirn – zu enge zu weit das sind m. Grenzen!

N 138

H III 205.38 – Einseitig beschriebenes Blatt der Sorte A, 292 × 231 mm; blauschwarze Tinte.

N 138 stellt die fast wörtlich übernommene N 136 in einen weiteren Kontext.

September 1925.

Ia.
Scenen des Sohnes.

DER SOHN
Es kräuselt sich!

⟨TIMON⟩
was?

⟨DER SOHN⟩
mein Hirn! Das Zu-enge, Zu-weite. Wo sind m. Grenzen!

TIMON
Mische dich unter die Menge! Wie viele Söldner haben sie? wo liegt das Gold? erfahre! rieche! erspüre! bringe es aus den Huren heraus!

(1) DER SOHN
Mir ist als ob –
Ich verrinne – an den Rändern löse ich mich auf –

(2) SOHN
Hier seh ich einen schmutzigen Kameltreiber, hier einen aufgeblasenen Geldwechsler – hier einen feinen Herren wie soll ich die zueinander bringen?

TIMON
Durch jede Öffnung u. Pore wollen sie zueinander – du musst der Fischleim sein in dem sie sich lösen, der Gallert in dem sie hecken wie die Häringe – keiner darf für sich bleiben –

DER SOHN
Mir ist als ob –
Ich verrinne – an den Rändern löse ich mich auf –

AKT I SZENE a   181

Sohn vor der Barbierstube hat plötzlich den Vater verloren; echappiert sich
zu der kleinen Hure hin.

N139

Deutsches Literaturarchiv Marbach a. N., Dauerleihgabe Land Baden-Württemberg – Eintragung mit Stift in: Shakespeares dramatische Werke. Hrsg. von Max Koch. Stuttgart: Cotta o. J., Bd. 7, letzte Seite (S. 352), rings um den Satzspiegel.

Notiz in der Shakespeare-Ausgabe aus dem ehemaligen Besitz der Baronin Oppenheimer. Auf Seite 352 endet ›Wie es euch gefällt‹; die beiden Schimpfwörter am Ende von N139 sind jedoch der Komödie ›Was ihr wollt‹ entnommen.

September 1925: N139 wird von N140 (das auf Grund seiner blaugrauen Tinte auf September 1925 zu datieren ist) fast wörtlich übernommen.

Philosophen hatten andere Lieblingsthemata aber der Lehrer bestimmt was
zeitgemäß ist – er bestimmt auch¹ was ortsgemäß ist – obwohl er nicht von
hier ist – und ich sage euch: er hat zwei Leben: aber ich getraue mich nicht
gegen ihn Er hat seinen Namen gestohlen

lederner Schuft! Schöps!

N140

H III 205.41 – Einseitig beschriebenes Blatt der Sorte B, 273 × 213 mm; blaugraue Tinte.

Wörtliche Übernahme und punktuelle Erweiterung von N139.

September 1925.

       Timon I.

Anfang.

Die drei Philosophen. Jeder hätte sein Lieblingsthema: aber Timon bestimmt
was zeitgemäß ist

2 ter
Er bestimmt auch was ortsgemäß ist, obwohl er nicht von hier ist

3 ter
Und ich sage euch er hat zwei Leben – dieses da das ihr kennt – und ein anderes, so niederträchtig schweinisch beneidenswertes – ich werde euch ein

¹ *Stenographie.*

anderesmal – Ich könnte – aber ich getraue mich nicht gegen ihn – Er hat sogar seinen Namen gestohlen – und dort aus dem Bordell hat er den früheren Besitzer hinausgewuchert –

Timons Behandlung der Philosophen: Schöps! lederner Schuft! Pinsel! Esel!

N 141

H III 205.19 – Beschreibung: N 52; Zusatz mit blaugrauer Tinte.

Einem szenischen Kontext zugewiesene Exzerpte aus Spenglers ›Untergang des Abendlandes‹.

Ende (wahrscheinlich 26.) September 1923, während der Spengler-Lektüre entstanden und im September 1925 den Materialien zu I a zugeschlagen.

Rhetorenschule

I a

Anfang: Publicum will von der Redaction die Wahrheit erfahren. (über die Situation der Stadt, die Bedrohung von aussen u. durch die Aristokraten)

Was ist Wahrheit? Für die Menge das was man ständig liest und hört. – Was die Presse will, ist wahr. Drei Wochen Presse-arbeit u. alle Welt hat die Wahrheit erkannt. Ihre Gründe sind so lange unwiderleglich als Geld vorhanden ist, um sie ununterbrochen zu wiederholen. (Spengler)

Ohne dass der Leser es merkt, wechselt die Zeitung u. damit er selbst den Gebieter. Kein Thierbändiger hat seine Thiere besser in der Hand.

(ibidem)

N 142

H III 205.25 – Beschreibung: N 62; Zusätze: blaugraue Tinte.

Notizen aus einer früheren Entstehungsphase, im Umkreis der Spengler- und Bertram-Lektüre entstanden.

Im September 1925 I a zugeschlagen und ausgewertet.

Rhetorenschule.

I. a

Der Rhetor setzt Tat u. Rede völlig gleich. Andere Taten als Reden kennt er nicht.

AKT I   SZENE a   183

Er allein weiss wie Geschichte sich vollzieht.

Das Haus der Hetäre ist Zentrum für die Aristokraten welche vom König
von Pontos subventioniert[1]

Gespräch junger Aristokraten analog der in den Proust'schen Romanen ge-
5 spiegelten Welt. Das Unzerstörbare dessen was man snobism nennt. Die
Hetäre wählt einen Liebhaber aus einem anderen Kreis. Die Kälte der Hetäre
als Distruction empfunden.

In Pontos selbst indessen eine Revolution. Die oberste Gewalt sei an einen
Unterofficier gelangt. Der Gesandte reist ab: der Lastträger trägt ihn als
10 Weib verkleidet durch die Bürgergarden.[1]

N143

H III 205.36 – Beschreibung: N 87; blaugraue Tinte.

*Partie eines Zettels der Lenzerheidezeit mit wörtlichen Entlehnungen aus Pöhlmanns Buch
über den antiken Sozialismus.*

15 *Im September 1925 Ia zugeschlagen und erweitert.*

Ia
mit dem Sohn

TIMON
Wenn der Dichter auf dem Dreifuß der Muse sitzt...
20 Timon: Identität von Geld u. Wort.

N144

*H III 206.28 – Beschreibung: N78, Größe jetzt: 138 × ca. 129 mm; Zusätze mit blau-
grauer Tinte.*

Oberer Teil eines getrennten Blattes der Lenzerheidezeit; die Rückseite des beidseitig be-
25 *schriebenen Fragmentes muß als überholt gelten. Vgl. N78.*

Im September 1925 getrennt und dem I. Akt zugeschlagen.

---

[1] *Beide Absätze durch doppelte Anstreichung am l. R. hervorgehoben.*

Rhetorenschule

I
Begegnung mit dem Dichter

Seine (des Rhetors) Unfähigkeit, auch nur zu begreifen dass jemand irgend etwas über das Geld stellen könne; ausser als Redensart und um der Convention zu genügen. Stösst er auf solche Argumente, dass irgend ein Gott über dem Gold u. Silber stehe, so fährt er im Gespräch fort, sicher, dass er auf den Weg der Verständigung kommen werde.

Der Jüngling der ihm opponiert, imponiert ihm sehr; er fragt sich um welche Summe dieser Jüngling zu bestechen sei

N 145

H III 205.18 – Oberer Teil eines getrennten Zettels vom Herbst 1923 (unterer Teil: N 357) Beschreibung: N 53; Größe jetzt: ca. 148 × 115 mm; Zusatz: blaugraue Tinte.

In einen Kontext gestellte Spengler-Exzerpte.

Im September 1925 abgetrennt und dem ersten Akt zugeschlagen.

Rhetorenschule

I

Die »Freiheit« zu denken. Die Stadt ist voller »Freiheit«. Man darf über alles frei denken: über den Fischhandel, über die Tempelbauten, über die Beamten – aber man kann es nicht mehr. Man fragt: wie soll ich denken? (die Rhetoren müssen es mundgerecht machen)

N 146

H III 205.34 – Beschreibung: N 98; Zusatz: blaugraue Tinte.

Aus der Lenzerheidezeit; zum Verhältnis des Sohnes zu seinem Vater Timon.

Im September 1925 I a zugeschlagen.

Timon

I A

Der Sohn: ganz versonnen u. ↑verliebt ≈ verträumt.↓ Timon nennt es vertiert.

Er hört die Vorwürfe des Vaters gar nicht. Er weiß, der Vater »redet«.

AKT I SZENE a   185

TIMON

hörst Du mich? was habe ich gesagt? Ich habe soeben etwas ungewöhnlich Bedeutendes gesagt.

N 147

H III 207.146 R – Untere Partie eines Blattes (Beschreibung: N 96) der Lenzerheidezeit mit Erweiterung (blaugraue) und Nachtrag (blauschwarze) Tinte.

Keimzelle für N 148.

Erweiterung: September, Nachtrag: September/Oktober 1925.

Die tributzahlenden Städte sind durch die Piraten verloren. (Die Stadt wie eine Hure die aufs Trockene gekommen ist) \\$^T$ Getreidespende der Piraten. Schwarze Flagge/

N 148

H III 205.35 – Einseitig beschriebener Zettel von Sorte A, 230 × 145 mm; blauschwarze Tinte.

Zum weiteren politischen Geschehen.

September/Oktober 1925.

                          Politik.

\Sphairos / Blossius/

Die tributzahlenden Städte sind durch die Piraten verloren. (Die Stadt ist wie eine Hure die aufs Trockene gekommen ist)

Der große Pirat hat sich auch der Herrschaft im Königreich bemächtigt durch eine Militärrevolte.

\Pergamum / Pontos / Häfen: Mallus / Adana/

N 149

H III 206.73 – Einseitig beschriebener Zettel von Sorte A, 232 × 147 mm; blauschwarze Tinte.

In I a / 3 H verwertete Partie eines Zettels mit Notizen zu I a, I c und Villa. Die I a und VIIIa betreffenden Partien wurden gestrichen, als das ganze Blatt I c zugeschlagen wurde. Die übrigen Partien: N 201 und 270.

September 1925.

I.a

Timons Wille auszugehen – der Frau Widerwille gegen politische Betätigung, ihre Verachtung der öffentlichen Meinung: der sie die wahre Meinung der Bürgersfrauen, ihres gleichen, entgegenstellt.

I a / 3 H

H III 205.45-46 – *Zwei (mit α und β paginierte) einseitig beschriebene Blätter der Sorte A, 290 × 229 mm; blauschwarze Tinte.*

Auf I a / 2 H unmittelbar aufbauendes Szenar zu I a: Auf Blatt α (mit der Arbeitsanmerkung nächstes: die Hauptscene mit dem Sohn richtig placieren) ist in der Mitte eine größere Partie abgegrenzt, die den nachträglichen Vermerk Mittelteil *erhielt. Blatt β (mit der Überschrift (1)* Genaue Reihenfolge. (Mutter) *(2)* Mittelteil |*) ersetzt Blatt α innerhalb des markierten Bereichs. Beide Blätter werden als Einheit betrachtet, d. h. der Ablöseprozeß wird mit Hilfe von Großstufensymbolen dargestellt.*

Entstanden zwischen dem 9. und 28. September 1925.

I a¹

\ᵖ Der Dichter u. ein junger Herr. Es steht nicht gut – was aber nicht verhindert dass man sich rasieren lassen muß!/

Links der Sohn u. die zwei Sophisten. (ein Cyniker u. ein Skeptiker) \ᵖDie Sophisten gewahren den Dichter rufen halblaut seinen Namen./ \Der Sohn liebt den Dichter, u. nimmt nicht Partei für ihn./ \Skeptiker: Es gibt was, man wird auf der Gasse speisen!/

rechts aus dem Haus Timon, die Frau u. die zwei jüngeren Kinder. Barbierladen. Der Barbier \arist. conservativ, verkauft Parfums./ zornig, Feind des Timon.

Furcht des Sohnes vor dem Vater. Tröstungen in zweierlei Philosophie. \Kolax Lykon/ Der eine will ihn bei Seite gehen lassen, der andere nicht. \ᵖ Dichter vorbei zum Barbier. Antipathie der Sophisten./

SOHN
Der Vater lösche ihm die Gedanken aus.

\LYKON
Denken dass unsereins im *(1)* Geh⟨irn⟩ *(2)* Leib mehr Gedanken als so einer/

KOLAX
Er hat Gedanken wie Ungeziefer. \Zeitweise: wenig Gedanken: sie werden stockig u. ranzig sie sind überflüssig./

¹ *o. R.* Sphairos (Blossius)

AKT I SZENE a 187

LYKON
Was sollen Gedanken? [Man braucht Worte – da ist der Timon ein Kerl: er
schafft meinen Worten einen Raum.]

[DER SOHN
5 Es kräuselt sich?

KOLAX
Was?

DER SOHN
M. Hirn.]

10 Timons Stimme.

DER SOHN muss auf die Seite gehen.
[(Mir ist, als ob .. An den Rändern löse ich mich auf.)]
Die beiden Sophisten. (über Timons doppeltes Leben. Barbier horcht.)

[PUBLICUM beim Barbier
15 Was ist die Wahrheit? Revolution am Pontos. Piratengefahr.]

TIMON
Wo ist Euer Zögling?

Lykon: Antwort.

A TIMON
20 Kusch. Hör zu, Aspasia. Jetzt zu Euch! heute ist ein großer Tag! Wir werden hervortreten.

ASPASIA
Du Wichtigmacher! du Maulheld. Wir leben von dem Gemüsegarten, den
ich dir zugebracht habe.

25 [I^{ter} Zank: über Geld, Wert der Worte. Die Freiheit, zu denken. Die Rhetoren müssen das was aussprengen: immer Politisches an Ökonomisches
knüpfen: nie Resultat suchen.

⟨ASPASIA⟩
Kleidung der Kinder. Bei wem wurden die Sandalen besohlt? Nur bei Par-
30 teigenossen!]

TIMON
Auf, mein Sohn! [Vorwärts! statt Maulaffen feil zu halten! Mach dich gefürchtet! Sie fürchten einen Schatten, wenn sie ohne Militär sind.] Es liegt was in
der Luft. Siehst du die Gesichter der Aristokraten, wie verschreckt. Dort
35 (1) läuft (2) stiehlt sich | einer aus dem Barbierladen.
Der Soldat: von Timon begrüßt; der sich vorstellt als Sachwalter des Volkes,

Volksfreund. Vom Soldaten angefahren, beutelts ab. ⟨Erwähnung der Politik: *(1) (2)* er erfährt: | Galeeren abgerüstet.⟩

⟨Mit dem Sohn u. den zwei Sophisten. Sohn verträumt sich. Timon: Was habe ich gesagt?⟩

⟨beim Barbier. Lärm. Es ist was los. Schickt den Sohn aus.⟩

Der Bauer mit dem Gemüse; Timon schwatzt ihms ab. – Seht Kinder wie euer Vater sich plagt. Nun Agathokles, Kopfrechnen! *(1)* zum Geldwechsler *(2)* wechseln |! ⟨der pontische Quinar fällt stündlich.⟩

Handwerker will zum Barbier, Timon schwatzt ihm Gemüse auf. Gibt ihm das Kind mit. Du brauchst Gemüse! es kommt Hungersnot! Erzähl es zuhause! ⟨Die tributzahlenden Städte sind an die Piraten verloren.⟩

Tryphon der Winkelschreiber sich nähernd: Huldigung. – Wut der Frau. ⟨Einige dabei; hinzutretend: verkrachter Bordellwirth; Hehler. Claqueur. Masseur. (auf wiedersehen im »Haus«.) Dort wo ihr öfter – ihr wisst schon!⟩ →

B[1] TIMON[2]

Hör zu Aspasia. ⟨zu Lykon⟩ Wir werden hervortreten. wittert die Luft ⟨Es liegt was in der Luft.⟩

ASPASIA

Du Wichtigmacher! Du Maulheld! Wir leben von meiner Mitgift – dem Seifensiedergewerb. –

⟨TIMON⟩

Seht ihr wie verschreckt die Aristokraten! dort stiehlt sich einer in den Barbierladen! ⟨Sie werden nicht mehr lange sich rasieren lassen!⟩ *(1)* Auf mein Sohn! *(2)* zum Sohn Wie ist die Stimmung in der Stadt? ⟨flaire!⟩ Sandalen des Kindes Die Galeeren sind abgerüstet! Die Söldner stoßen zu uns.

DIE FRAU

Zu Euch! Das kann niemand anhören. Ohrfeigt ein Kind

⟨Der Soldat: Episode.⟩ Der Bauer mit dem Gemüse. Timon schwatzt ihms ab. –

⟨⟨BAUER⟩

Hol dich der Teufel, du Aristokrat.

⟨TIMON⟩⟩

Seht Kinder, wie euer Vater sich plagt. Nun Agathokles, Kopf rechnen. Der pontische Quinar fällt stündlich. Zum Geldwechsler!

---

[1] *Auf Blatt β. Vgl. Handschriftenbeschreibung.*
[2] *o. R. Episode des Dichters: der Barbier heraus, schimpft.*

AKT I   SZENE a   189

\Bewunderung des Lykon. Einreden des Barbiers.]

⟨TIMON⟩
Haranguiert den Bauern, auf den Markt zu kommen.
(1) Kleiner Auflauf. Der Barbier heraus: schimpft. *(2)* Der Handwerker. | –
5 zu den Sophisten u. zum Sohn
begleitet ihn! Siehst du wie ich Stimmen gewinne! Du aber! mische dich unter die Bevölkerung! \Wie viele Söldner haben sie? wo liegt das Gold? erfahre! rieche! erspüre! bringe aus den Huren heraus! Wenn ich deine Glieder hätte!] erzeuge Unruhe! Heut ist die Entscheidung.

10 DER SOHN
Man bringt nicht heraus, was wahr ist. Sie sagen, die tributzahlenden Städte sind von den Piraten besetzt – heißt es.

TIMON
Natürlich eine Mine der Aristokraten. Ha! ich kriege sie in die Hand.

15 SOHN
es sagen aber etliche etwas dagegen – nicht wahr Lykon.

LYKON
Je nachdem man es auffasst! \Dem Schwerfälligen beut nie Fortuna ihre Locke!]

20 \p Agenten, verdächtige Gesichter.]

SOHN
Die Mehrheit weiß nicht was sie denken soll!

TIMON
Meine Gedanken. Hilf mir Lümmel. Ich füttere Euch seit Monaten. \p Co-
25 mités bilden.] Einen Stadtteil durch Getreidenot haranguieren den andern durch Sinken der Fischpreise. Geht nur voraus. Ich habe noch einen Gang. \p Ich will Resultate sehen!] Halt da! welch eine erregte Gruppe! \p Hieher! ihr Männer! he!] Geh ins Haus, Aspasia. Ich habe zu reden, wie du siehst. \p Verabschiedet sie Kommt mich dort treffen – wo ihr wisst! Sagt einem
30 Agenten: er habe das ausgesprengt dass sie die Bacchis ausrufen wollen. –

AGENT
Das schreit man überall!

T.
Am Ende ist es wahr! (Formel: Sommer lauft der Lachs doch)]

35 Tryphon heran, Timon lässt ihn seine Begrüßung wiederholen. | Tryphon preist ihn als die öff. Meinung, als Seele u. Haupt der Stadt, demnächst ihr Erwählter. Glücklich der Bürger der ihm die Hand drücken darf.

Die Frau: will ihn ins Haus sperren! ⌈statt dass er Politik mache.⌉ Er berausche sich an Versammlungen. Was er alles ausgefressen hat. Versuch als Spion, als Steuerconfident zu dienen, als Angeber. Verkauf seiner öffentl. Meinung an alle Parteien. ⌈p Lachen.⌉ Sie charakterisiert die Dabeistehenden.

Der Barbier u. dessen Frau gegen Timon. erklären: er gehöre *(1)* in Hausarrest oder Kerker. *(2)* p nicht in Hausarrest sondern Kerker. | Aspasia wechselt die Partei.

TIMON
Ein wackeres Weib. Eine echte Ephesierin vom alten Schlag.

Der Sohn flüchtet.

Parteinahme für Timon; ↑dessen ≈ Aspasias↓ Rede ⌈für Versammlungsfreiheit.⌉ gegen Balbiere, Hurenweibel, u. anderes Aristokratisches. Schafft ihm Abgang. Timons Abschied.

In Ia/4H verarbeitete Notizen

N 150

H III 205.32 – Vorderseite eines beidseitig beschriebenen Zettels von Sorte A (Rückseite: N 221, 222, 281, 282), 232×145 mm; Stift.

Doppelt gefaltetes Brouillon; die vier Blatteile jeweils gesondert mit Dialogpartikeln zu Ia beschrieben.

September 1925.

1. Teil:

Ia

TIMON
Ich habe das Ohr des Volkes. Das ist nicht zu leugnen.

LYKON
Und eine Nase für den opportunen Moment. Dein Vater ist ein Politiker. Er will nichts erreichen – sondern etwas anstreben

2. Teil:

Ia
Mahnung an die Kinder zur Rechtlichkeit

AKT I SZENE a   191

I
Lykon Kolax
Es ist eine unergründliche Gemeinheit in dem Kerl – er schwimmt wie ein
Fisch im Wasser in der Zeit

5   SOHN
ihm ist wohl in seiner Haut

3. Teil:
Ia
Sohn möchte flüchten – dorthin wo die Kleine ist – ⌈solang der Vater im Haus
10 ist zittert er⌉ aber dort fürchtet er den Herrn, dessen Stimme ihn an die des Va-
ters erinnert
Beim Balbier möchte er nicht vorbei

TIMON
He Bu⟨l⟩arch du kannst mich begleiten

15 ⟨SOHN⟩
was sind das für welche?

⟨TIMON⟩
Bewunderer Deines Vaters Sie wollen ihn ehren

4. Teil:
20   Ia
Veranstaltung ein Zweckessen für die abgedankten Söldner sie aufzuklären

Anf.
Ihr Haar – Du meinst Ihr Kopfhaar

Ach du sie ist nur eine kleine Nummer Sie ist die Gefährtin der Tänzerin

25   *Ia/4H*

*H III 205.43–44 – Zwei (mit A und B paginierte) einseitig beschriebene Blätter der Sorte
A, 290 × 228 mm; blauschwarze Tinte.*

*Auf Ia/3H aufbauendes (Aufschrift: nächstes; vgl. Arbeitsanmerkung auf Ia/3H)
Szenar zu Ia; der Dialog Lykon-Chelidas detailliert; die übrigen Teile lösen sich nur selten
30 von darstellender Prosa.*

Zwischen dem 9. und 28. September 1925 entstanden.

(1) LY.
(2) SOHN
– dort auch glaube ich immer seine Stimme zu hören

LYKON
Wo dort

SOHN
dort wo wir hingehen – Ist es wirklich dieselbe? hat sie dich geschickt –
alles verwirrt sich *(1)* mir. *(2)* mir, was wir früher geredet haben. |

LYKON
Hast du dir gemerkt Du sollst mich deinem Vater vorstellen – dort im
Haus – er kommt oft hin

SOHN
ich will dich hier vorstellen – später –

[Timon ruft ihn. Sohn will weg als hätte er nicht gehört.

LYKON hält ihn
Wir warten willig, auf ihre Muße u. Bequemlichkeit. Ein Mann von Ihrem
Wert –]

TRYPHON zurück mit einem Buben – [wie Timon schon aus dem Fenster spricht.]
Jetzt sind schon andere aufgestellt *(1)*. *(2)*: so geht es immer im Leben: man
will sicher gehen – u. man geht unsicher. Gewiss schnappen uns diese seine
Gunst weg. |

Tryphon grüßt u. huldigt *(1)* – *(2)*: Er komme wegen des andern, des Spiegelbelegers. |

Ein anderer der bestellt ist (ein Masseur) will auch von unten sprechen

TIMON
ich komme zu dir! schweig!

Ein dritter will sich in Erinnerung bringen *(1)*. *(2)* (der Winkelschreiber) |

Der Soldat:

später: Lykon. Wunsch vorgestellt zu werden. [Timon hat das Ohr des
Volkes]

Des Sohnes Unfähigkeit.

Timon übersieht ihn;[1] plötzlich behandelt er ihn als alten Freund – der gerade *(1)* angekommen *(2)* ankommen werde: nennt ihn Damasus.
Lykon gleich im Bild [*(1)* Seine *(2)*; durch seine | Einsicht: kaum etwas erreicht, muss neues angestrebt werden: Bewegung ist alles!]

---

[1] *Einfall für eine Modifikation am l. R.:* Geh ab Du Schöps! wer ist das Gestell? *(1)*
(2) Misch dich nicht drein – | Eine widerliche Physiognomie

AKT I SZENE a											193

†⎡TIMON
Du sollst mein Herold sein! dann ignoriert er ihn wieder: fort! falle nicht
lästig!⎤†
polit. ⎡patriot.⎤ Anrede an den Sohn:
Du weißt das gestern durch deinen Vater Erreichte! heute ein neuer vielleicht
großer Tag! hier deine Mutter ⎡Lerne haushalten! der Staat braucht Haushälter⎤
(die Familienscene als Production) das mit dem Bauern hier anschließend –
als Paradigma; alles mit politischen Reden gewürzt
⎡LYKON
Es ist eine unergründliche Gemeinheit in dem Kerl! er schwimmt *(1)* in ihr
(2) in der Zeit | wie ein Fisch im Wasser. – Ich muss ihm das ablernen! o Frechheit! wie er den übern Löffel balbiert!⎤
Barbier wegen Kohlstrünken wütend; wodurch Herrschaften ausgleiten
könnten. Er tut als glitte er: ruft um die Polizei! ⎡Er schwört dann er sei absichtlich ausgeglitten, nicht geworfen worden! Geworfen! geschleudert!
hingespuckt! gelegt! gebettet!⎤
Später:
†TIMON zu Ergast
Du sollst mein Herold sein!†
mit Ergast (= dem Winkelschreiber): Agenten finden! Ich kann nicht überall sein! Comités bilden! in Timons Namen! Handfeste Kerle anwerben! wie
diesen (den Masseur)

dazwischen: *(1)* Ba *(2)* Masseur: der Badebesitzer liege im Sterben – jetzt
könne man dem Neffen das Bad abkaufen. (Er erwartet Provision u. zahlt
auch einer andern Person Provision)

Sohn: Bewundert das Sich-hineinfinden.

LYKON
Ich kann nur nach wo ein anderer das Loch eingebrochen hat. – Ich habe
Gedanken wie Ungeziefer – aber nicht die Gabe den καιρός zu erwischen.

Der Käufer des Gemüses: Hehler, Pfandleiher ⎡Geizhals⎤ will nicht in baar
zahlen.

(1) TRY
(2) TIMON gibt weni⟨g⟩ mit
Es sei neues Gemüs – ja gedörrt sei es haltbar – auch faul – alles alles! u. für
nichts! mein Onkel – ein Opfer der Aristokraten verkauft –

In Ia/5H verarbeitete Notizen

N151

H III 205.31 – Einseitig beschriebener Zettel von Sorte A, 232 × 146 mm; blauschwarze Tinte.

In Ia/5H partiell integrierte Details zu den Anhängern Timons, z. T. dialogisiert.

September 1925.

Anfang:

\[Tryphon vorstellend:] Protection suchende Spiegelbeleger – ein stellenloser Weintreberhändler er klebt Thonzeug handelt mit Kitt u. will Aufseher werden – Administrator in einem öffentlichen Haus. Er kann reden –

Tryphon (bei einer nebensächlichen Sache) Seht ihr wohl! ich hoffe hier gibts Wahrheit!

In Wahrheit Herr, ich bin ein armer Hund, der gerne leben will.

†Einer ≈ Damon:↓ \[Dieser über Bacchis Vorleben informiert] der ihn durchaus in einer Privatangelegenheit sprechen will – aber gibt es Privatangelegenheiten sollen nicht unter solcher Leitung die Berufsgesichter schwinden – lasst mich den Saum vom Gewand Eures Gatten küssen

N152

H III 205.16 – Einseitig beschriebener Zettel von Sorte B, 213 × 117 mm; blauschwarze Tinte.

Charakterologische Details zu Timons Gefolgsleuten.

September 1925.

Lykon kann alles sobald man ihms vormacht, zuerst der Soldat, dann Tryphon. Er wird dann völlig inspiriert.

Stellensucher: kann Treber verschaffen wodurch Grünspan erzeugt wird –

N153

H III 205.30/206.83 – Vorderseite eines beidseitig beschriebenen Zettels (Rückseite: N 248) von Sorte A, 148 × 230 mm; blauschwarze Tinte.

AKT I SZENE a   195

Bemerkungen zur Mimik des Sohnes. Der untere Teil des später getrenten Zettels (siehe N169) enthält fast wörtliche Exzerpte aus Benns Novellensammlung ›Gehirne‹.

September 1925.

Der Sohn: die inadaequaten Bewegungen.

TIMON
Welche Bewegung gehört eigentlich zu Dir außer dieser – in den Hintern gestoßen zu werden!

Die inadaequaten Bewegungen: auf die Strasse gehen als spränge er ins Wasser; trotzen wollen u. doch ausweichen;

in Ib. Furcht vor der »Frau«. Meint sie mich? Hören von den Piraten. (Der Soldat war einer)

»Ich erschaffe mich an dir« – \(Sie findet seine Bewegungen nicht hässlich – sein Lächeln reizend, wenn auch schüchtern –/

\(wie die Schimpfwörter des Vaters treffend sind)/

Der Sohn: »Keiner Verknotung mächtig und dennoch auf Erhaltung rechnend.«

Schwere drängende Zerrüttung.

»Nach einem Wort schrie er – das ihn erfasste...«

»Rönne, ein Gebilde, ein heller Zusammentritt, zerfallend, von blauen Buchten benagt, über den Lidern kichernd das Licht«

N154

H III 205.33 – Beidseitig beschriebener Zettel von Sorte A (Rückseite: Notiz zu Geschichtliche Gestalt), 232 × 146 mm; Stift, Nachträge mit blauschwarzer Tinte.

Keimzelle der in Ia/5H realisierten, aber in Ia/7H wieder fallengelassenen Begegnung Timons mit den beiden entlassenen Soldaten (Angebot der öffentlichen Bewirtung).

September 1925.

(1) Wut der Frau über die abgerüsteten Soldaten →
(2)ᵀ 2 Soldaten: Matamores. \(ein Nubier)/ Wut der Frau über die abgerüsteten Soldaten

TIMON
Harangue: sie sollten, ginge es nach ihm, umsonst gespeist werden.

in Ic sind es ihrer drei.

(3)^T [Dies während ihm Tryphon *(a)* seine Geschichte *(b)* sein Anliegen | erzählt] 2 Soldaten: Matamores. (ein Nubier) in Ic sind es ihrer drei. Wut der Frau über die abgerüsteten Soldaten

TIMON

Harangue: sie sollten, ginge es nach ihm, umsonst gespeist werden. |

N155

H III 205.20 – Untere Partie eines einseitig beschriebenen Zettels (obere Partie: N382) von Sorte A, 233 × 146 mm; blauschwarze Tinte.

Wörtliche Wiederholung eines schon am 17. Juli 1924 (N79) aus Pöhlmanns Buch herausgeschriebenen Aristophanes-Zitates. Die obere Partie (N382) ist eine wörtliche Entlehnung aus Shakespeares ›Troilus und Cressida‹, so daß sich aus dem Datum der Weiterverwendung von N155 auch die Shakespeare-Lektüre auf September 1925 datieren läßt.

September 1925; N155 wird wörtlich am 30. September in Ia/5H integriert.

Ia

Der arme Bauer: Ich ein gottesfürchtiger u. gerechter Mann – war arm u. lebte kümmerlich. Reich sah ich andere: Tempelräuber, Rednervolk Betrüger, Sykophanten – Schurken.

N156

H III 205.17 – Einseitig beschriebener Zettel von Sorte A, 231 × 147 mm; Stift, Nachtrag: blauschwarze Tinte.

Dialogpartikel zu Timon und Tryphon.

September 1925.

TIMON
solche Nachricht müßtest du dem Großkopfigen[1] zutragen

(1) TRYPHON →
(2) DAMON |
Wem sonst als dir! du bist die große Zunge!

Seine Vermutungen über Bacchis: Schläft jeden Tag mit einem andern ... usf.

---

[1] Großkopfing Hs.

AKT I SZENE a   197

N 157

H III 206.115 R − Beschreibung: N 42; Zusätze: blaugraue Tinte.

Dem I. Akt zugeschlagene Notiz aus der Frühphase zum Charakter Timons.

September 1925.

                        I

Timon war früher Mädchenhändler; dazwischen immer Kornwucherer und Pfandleiher

                     I a | 5 H

H III 205.75−82, 85, 83, 86 − Ein doppelseitig beschriebenes Blatt, neun einseitig beschriebene Blätter der Sorte A, 299 × 231 mm, sowie ein Konvolutdeckel, 460 × 290 mm; blauschwarze Tinte; auf dem Konvolutdeckel:

                  I^{ter} Aufzug
            (*1*) Text. (*2*) Genaues Scenar.
                    I a. |

Letztes Szenar von I a. Vgl. Entstehung S. 102.

Eingetragene Daten: 28, 29 und 30 IX 25. Vermutlich dauerte die Arbeit an I a | 5 H noch bis Anfang Oktober.

Ein Gässchen.[1] Rechts Timons Haus. In der Mitte unter einem Torbogen ein Barbierladen.

TRYPHON mit noch einem
Ob das des Timon Haus.

Barbier gibt keine Antwort

TRYPHON
Ich meine den politischen Timon, nicht den Timon der Hafenarbeiter vermiethet noch den Seiler ⌊der im Frühjahr gestorben ist⌋ − noch den der verwachsen ist ⌊u auf Pfänder leiht⌋ − ich mein den Timon der für das ganze hintere obere Gebiet des elften Viertels das Wort führt.

BARBIER
Ein Schwein und Lump ist dieser Timon

TRYPHON[2]
So ist demnach hier sein Haus. Man hat mir gesagt − an einem Fleischhauer vorbei dann schräg gegenüber von einem Barbier − so müsste es hier sein.

[1] *o. R. A⟨ussee⟩ 28 IX 25*
[2] *Mit Stift am l. R.: stärker mimisch charakterisieren*

⌊*P* Es ist sonderbar dass Nachbarn von einem so berühmten Manne nicht wissen.⌋

Barbier kehrt ihm den Rücken

⌊*p* Kritik des Wortes Berühmtheit: wie schwer ein Haarfärbemittel berühmt werde – welche Verkennung das seine durchzumachen habe, bei solchem inneren Gehalt, solcher Wirkung auf den Haarboden *(1)* Nahrung der Haarwurzel Stärkung der Wärme *(2)* u. nun wo Aristokraten *(1)* *(2)* durch die Vermittelung eines Stallmeisters | es benützen, will dieses Trüffelschwein die Erde umwühlen⌋

TRYPHON
Es könnte auch dieses sein. Man hat mir gesagt: du findest immer eine Ansammlung von Leuten davor; und wenn du ihm jemand zuführen willst so musst du früh aufstehen. Demnach –

Barbier ist verschwunden

TRYPHON
So scheint es dort drüben zu sein. Dieser Barbier hat eine *(1)* gaunerische *(2)* krankhafte | Erscheinung; er zerbricht einem das Wort im Mund. Es ist wie wenn man Wasser getrunken hätte mit rostigen Nägeln darin – auf manche Leute wirkt das als Abführmittel –

Der Sohn u. Kolax von hinten sich fortschleichend, querüber.¹

SOHN
wie hat sie es gesagt – welches waren ihre Worte –

LYKON
Bist du vertrottelt habe ich dir nicht alles gesagt im Haus?

SOHN
Du triffst meine Schwäche – ich fasse es nicht wenn von ihr die Rede ist

LYKON
Du musst sie grob anpacken – da ist ein Soldat der kommt wegen den andern, nimmt diese Kleine nur so nebenbei

SOHN
so nebenbei – wie ein Hühnchen – Wie Du das sagst.

⌊*P* LYKON
Ich werde es genau so tun. Seit er es mir vorgemacht hat. Er packt sie an den Haaren.

---

¹ *Größere Lücke, danach Namenwechsel Kolax : Lykon.*

AKT I SZENE a   199

SOHN
Du meinst doch die blonde?

LYKON
An diesen Haaren packt er sie.

SOHN
An ihrem Hälschen!⁊

LYKON
Was schneidest du für ⟨ein⟩ Gesicht.

SOHN *p* trippelt⁊
(*1*) Ich (*2*)*p* Teils über das was du sagst teils weil ich | glaube die Stimme zu hören. – Wie mir dann wird ist unbeschreiblich.

LYKON
Welche Stimme.

SOHN
Meines Vaters. Sie schlägt sich mir aufs Gedärm.

LYKON
Diese Stimme hat das Ohr des Volkes. Ich will in sein Gesichtsfeld treten.

SOHN
Sogar dort glaube ich manchmal –

↑LYKON
Er ist Stammgast. Du wirst mich ihm dort vorstellen. Mein Credit wird steigen. [Es ist dort eine mit grünen Augen – sie –↑]

SOHN¹
(*1*) Dich (*2*) Ihm dort – ich würde in die Erde sinken. Alles dreht sich. – Er ist es.

LYKON
um so besser. gib mir den Arm. – Wie dieser? den habe ich auch dort schon gesehen. Mache mich ihm bekannt. Es wird meinen Credit steigern (*1*). (*2*)*s*, auch vor mir selbst. |

TIMON
He! dir habe ich etwas zu sagen! *s* Wie stehst du da – wie ein Storch –⁊

Sohn: will flüchten.

LYKON *hält ihn*
Wir warten willig auf Ihre Muße u. Bequemlichkeit.

¹ *Fortsetzung:* 29 IX 25.

SOHN
Mein Hirn kräuselt sich. Wenn er mich mitnimmt bemächtigt er sich meiner.

Lykon ringt mit ihm

SOHN
(1) Ich *(2)* Bedenke was für mich auf dem Spiele steht. [s Es ist das erste mal! hat sie dich selbst geschickt]

LYKON
Du kommst zurecht. Das Mädchen wartet auf dich.

Sohn zweifelt durchaus

LYKON
Um deines Vaters willen *(1)* geb ich mich *(2)* gibt man sich | mit dir ab. [Geize nicht!]

TIMON aus der Tür, nach hinten sprechend
Ja! ich besorge alles!

FRAU [von oben]
Und lass dir nicht halbfaule Fische aufschwätzen nach deiner Art – von Parteigenossen [– das ist dieser Malchus, ein Schreier wie Du]

TIMON
Gewiss nicht, Schatz.

[FRAU
Nicht diese grünen die sind giftig. Und lass Dir nicht einreden dass du das Stück von Thunfisch hinterm Kopf erwischst Ich will das Stück nicht! es ist nicht frisch! auch wenn du es nicht riechst.]

LYKON
Jetzt ist der Augenblick.

[FRAU
Halt noch! wirst du auch stehn?]

Tryphon mit seinem Clienten, geführt von einem Buben.

Bub deutet der ist's

TRYPHON
Still. Nicht ihn ungerufen angehen. Das haben solche Grossköpfe nicht gern. Wart bis er uns bemerkt.

TIMON zum Sohn
Du begleitest mich.

DIE KINDER
Die Mutter kommt herunter.

AKT I SZENE a   201

FRAU mit einem Zögern
Da. Und auch Gemüse. Und nicht wieder perorieren, dass sie dir faules ein-
legt. Und da für die Fische. ⌊Dann läufst du noch *(1)* we *(2)* zum Spengler
wegen des *(1)* Blu *(2)* kupfernen Gefässes. *(1)* *(2)*⁵ Was aber wirst du ihm
vorwerfen? Heut im Bett hab ich es dir gesagt!⌋

TIMON
Gewiss gewiss.

TRYPHON
⌊Da sind nun schon andere aufgestellt.⌋ So geht es *(1)* im *(2)* mir immer im
Leben. Gewiss schnappen uns diese seine Gunst weg. Verflucht, wer ein
Schlemihl ist.

BADEKNECHT ⌊(BUCKLIGER)⌋¹ heran, schiebt Tryphon beiseite.
He Timon! dringend!

LYKON
Vielleicht dass ich *(1)* die Tasche *(2)* den Korb | tragen darf?

TIMON
Ich danke junger Mensch.

DIE FRAU
Was will der mit den Hängeaugen? Du trägst die Tasche. Vorwärts jetzt.
Und du herein ins Haus und gib Schreibstunde statt Maulaffen feil zu halten.

TIMON
(1) M *(2)* der Bursch begleitet mich, dächte ich und sieht was ich gelte. Das
bildet seinen Verstand aus. ⌊zum Sohn Mische dich unters Volk!⌋ Heute
gilt es viel. Ich wittere Schlachtenluft. ⌊Nun was hast du gehört? Revolution
in Pontos? Der König verjagt? Dreimänner an der Spitze?⌋

(1) FRAU
(2) TRYPHON
Der hier möchte gern Hafenkapitän werden, Timon. Er ist ein Spiegelbele-
ger.² Nehmt ihn unter Eure Fittiche.

FRAU
Wer bist denn du, Galgenstrick. Ihm noch das dunstige Gehirn ganz verdrehen.

---

¹ *l. R. später ausgeführte Episode:* Buckliger: ⌊†Es ist im »Haus« was passiert: eine
Schlägerei† Ein Soldat wollte nicht aus seinem Zimmer gehn. Zerhaut (obwohl
schwertlos) mit einem Schämel die Einrichtung – u zahlt nicht. Jetzt schläft er –⌋
² *Nachtrag ü. Z.* Auch mit Teppichreinigen

MASSEUR
A He. wichtig eilig. Es geht um das Ankaufen des Bades.

TIMON
Nicht hier!

MASSEUR
Eilige Sache. Der alte Kerl liegt im Sterben. \Er kratzt schon seine Decke: ein Kaufschilling ist das einzige was ihm noch Atem schaffen kann.] Jetzt oder nie! →

B *(1)* He. wichtig eilig. Eine Rauferei im *(a)* Bordell *(b)* ˢ »Haus«¹ *(2)* Der Soldat zahlt nicht.

T.
Fürchtet sich die Frau? |

TIMON
Nicht hier! \ˢ Deute nicht in die Richtung!] Wie hast du mich gefunden?

MASSEUR
Ich habe überall gefragt nach unserm Herrn dem Malchus der hier herüber auch Timon heißt \Ich weiß das soll ich nicht. Wenn aber die Frau sich nicht zu helfen weiß. Der Soldat rollt die Augen –]

TIMON
Dein Maul verfaul dir u verpetschiere sich!

MASSEUR
Wegen eines Affen war es – |

LYKON
Wir wissen wohl vor wem wir stehen.

FRAU
Was!

LYKON
Vor dem die Aristokraten zittern! der Abrüster der Galeeren! der \Ephesische] Herkules des Volks!

FRAU
(1) Und *(2)* Fort da, ihr Lauskerle! – Und du! vorwärts u. wieder nachhause.

---

¹ *Obwohl bereits getilgt (textgeschichtlich überwunden), wirkt* Bordell *nach; so kommt es zum Vermerk* »Haus«.

AKT I SZENE a								203

MASSEUR
(1) Ich brauche das! Ich muss eine Provision auszahlen →
(2) Was soll ich sagen?

T.
5 Dass ich auf dem Wege bin. Dass ich eile! |

FRAU
Hinein mit dir ins Haus. Und du auf den Markt. Nein du bist zu dumm. ⌊Du bringst mir wieder Stinkendes daher.⌋ Ich gehe. Herein mit euch.

TIMON
10 Höchst wackeres *(1)* Ep *(2)* Weib! Ephesierin vom alten Schlag.¹ Da!
(1) sorg für die Sandalen ⌊wenn du Zeit findest⌋ *(2)*ᵖ meld dich anstatt mit den hängenden Riemen herumzulaufen. |

FRAU
Was du? du Lump? ⌊ᵖ Wer verdient das Kopfstück? das arme Kind oder – –⌋
15 weißt du wo die gekauft sind. Reißt die Sandale weg ⌊Seit der Unfug in der Stadt los ist, wird alles Schwindel. Seit Kerle wie du mitreden! – Die incarnierte Incompetenz. Flickschuster sitzen über Admirale zu Gericht!⌋ ⌊Knuten sollte man sie!

BARBIER
20 Ein wahres Wort aus einem garstigen Mund! Es ist ein Rachen, *(1)* aber zwischen *(2)* u. die Zunge haust drin wie ein Drache aber die Wahrheit kommt heraus! Gesindel erzwang die Abstimmung! Betrug! Terror!⌋²

KIND
die Mutter reißt mich.

25 TIMON
Rauhe Hand ist wacker. Hut ab vor dieser Frau. ⌊Geh hin u küss die Hand, mein Sohn; sie hat deine Wiege gewiegt – solang es solche Frauen gibt – geht dieses Volk nicht unter! Lerne mein Sohn! Hausväter braucht die Stadt!⌋ ⌊Drin der Agathokles heult. *(1)* *(2)* Er braucht warme Umschläge u.
30 Camillen. | Willst du nicht hinein.

FRAU
Ich sehe dass du was reden willst.

(1) CH.
(2) T.
35 Nur mit m. Sohn.⌋

---

¹ *Folgt gestrichenes Vornotat* (alle: heilrufend: Bauer tritt auf und grüßt)
² *Erweiterung nicht in den Dialog integriert.*

LYKON
Hut ab vor Timon! ⟨Dem der den Volksentscheid gemacht hat!⟩

TRYPHON
Dem Freund der Niedrigen.

⟨Barbier lacht Hohn⟩

MASSEUR
Wenn du *(1)* nicht herausrückst, ist alles verstunken *(a)*. *(b)*, u. mein Zeitverlust! ich hätte inzwischen erpressen können! *(2)* dich nicht eilst! ist alles verloren! die Mädchen schreien!

T.
Tritt mit mir auf die Seite.

⟨TRYPHON
willst du leugnen, bescheidener Mann, dass Du es bist – dass diese Hand es war, die den Aristokraten die Waffe entwunden hat Küsst die Hand⟩ |

A Bauer mit Gemüse tritt auf, zieht die Kappe ab.[1]

TIMON
Was für Gemüse – wühlt im Korb

BAUER
He – wühl nicht so.

LYKON
Weißt du wer vor dir steht?

BAUER
In Arsch –

TIMON
Du Schöps misch dich nicht drein! ⟨Fahr ab.⟩

DIE FRAU
Man könnte immerhin den ganzen Vorrath ⟨fährt hinein ist Landgemüse!⟩

TIMON
Es ist dass ich mir den Gang spare. Was kostet der Korb. Schick ich meinen Sclaven heraus, so erzielst du keinen Preis . . . ⟨He! Damon!⟩ Stell nieder

Lykon nimmts ihm ab, stellts zu Boden

BAUER
Ich will am Markt verkaufen. ⟨Das ist zwei zwanziger wert.⟩

---

[1] *l. R. gestrichen.* 30 IX 25. *Vgl. S. 205, Anm. 1.*

AKT I SZENE a   205

TIMON
Du glaubst noch an Markt. *(1)* Wi⟨r⟩ *(2)* An Richtpreise. An Aufseher. Wir
haben alles geändert. Vertrag mit Pontos. es kommen täglich zehntausend
Esel u. zweitausend Kamele mit Gemüsen. stößt mit dem Fuß gegen den Korb
5 In welcher Welt denn lebst du? Wir haben Freiheit geschaffen.

BAUER
ist das so. Dann fahr ich nachhaus.

TIMON
Nachhaus: die Aristokraten legen octroi auf jeden der hinausgeht. Lebst du
10 auf dem Mond. Man zahlt jetzt Strafe für alles. Siehst du die Söldner nicht
herumgehen?

BAUER
ist das jetzt so.

(1) TIMON
15 *(2)* Dann verkauf ich es Euch.

FRAU
Auch nicht einen Dreier wert. Wenn du so einkaufst verhau ich dich

LYKON
Es ist eine unergründliche Gemeinheit in dem Kerl.

20 TIMON
Da! eine Münze. Ich schulde dir 4 Kupfernickel macht – Kopfrechnen Agathokles –

BAUER
Das Geld da nehm ich nicht.

25 TIMON
Was? da – und um die Ecke der wechselt dir!

B TRYPHON:[1]
Gestatte jetzt dass ich dir diesen vorstelle, obwohl ich selbst dir unbekannt
bin. Das sind die Lasten der Größe.

30 ↑2 Spadassins auftretend,[2] ein Neger darunter. Einer ein langes Schwert, einer ein
Kurzes. Bleiben stehn, hören zu. Einer kaut.↑ Lykon drängt sich hinzu, die Angelegenheit zu erhorchen

TRYPHON
Ich bin glücklich dass du mir dein Ohr leihst. Dies ist ein Spiegelbeleger –
35 aber arbeitslos.^{A-C} [^c Zuletzt war er Claqueur. erinnerst du dich wie er

---
[1] *Fortsetzung der Konzeption am 30 IX 25., beginnend mit der Ersetzung von* **A**.
[2] *l. R.:* später:

klatschte? Auch bei Rennen! Zurufer!⟩ Er hat einen Plan. ⟨^{bc}Sein Onkel hat einen Weingarten. Er fürchtet ihn u hält Hunde.⟩ Durch dich werden die Galeeren abgerüstet. Da wird viel Kupfer ledig. Du bist der Präsident der Commission. ⟨Der Ausschuss muss über alle Ausschüsse gesetzt werden.⟩

LYKON
Das ist er! heil!

TIMON
Geh ab du Schöps! was drängst du dich heran?

TRYPHON
Er hat aber die Trebern. Die hat er.

⟨CLIENT
Ich kann sie mir verschaffen.

TRYPHON
Das ist so gut wie wenn er sie hätte.⟩ Und Absatz für Grünspan hätte er. Er braucht Kupfer: kann aber kein Capital dran wenden. Er will Hafencapitän werden.

⟨†CLIENT
Ja oder Marktaufseher – der für sich Zoll erhebt† *(1)* Deine *(2)* ⟨Das⟩ Maß ⟨Deiner⟩ | Beteiligung ist eine Frage der ⟨Übereinkunft⟩⟩

Sohn schneidet ein Gesicht *(1)* *(2)* möchte entwischen:

LYKON
Ich dränge mich in sein Vertrauen |

TIMON
Ein wenig Aufmerksamkeit! Dein Vater wird um Rat gebeten. Man sieht in mir den Protector der Unterdrückten. Ein wenig Weltläufigkeit. Mische dich unter die Leute! Dort stehen wackere Söldner! Biete *(1)* ihnen an *(2)* dich an, ihnen die Stadt zu zeigen. Benimm dich als mein Präsidialist. ⟨Zieh deine Schreibtafel heraus. Notiere. Merke vor. Du hast keine? lacht krampfhaft⟩

(1) SOHN

(2) Du bist keine Privatperson! Mische dich unter die Menge! mache *(1)* mich *(2)* dich als junger Mann | bei Soldaten beliebt! erfahre rieche erspüre! bringe aus diesen ihr Innerstes heraus! ⟨*(1)* *(2)* beiseite | Ich komm sofort nachhaus – ich renn hinüber – sage es der Frau – Nicht die Polizei! Kein Aufsehen!⟩

SOHN
Ich verrinne – an den Rändern löse ich mich auf. ⟨Ich soll die Soldaten – hat er das jetzt gesagt? Das eben gesagte – Darius u Sesostris.⟩

AKT I SZENE a   207

[TIMON
So ungeschickt gehst du auf sie zu? welche Gebärde gehört eigentlich zu
dir – außer dieser: in den Hintern gestoßen zu werden!]

TRYPHON von dem Clienten gedrängt: kläglich
Lass ihn Hafencapitän [oder Gesandten] werden – es kostet dich nichts! [u.
wird dir bringen. Die Frau wird es nicht bereuen. er zeigt ihr Geld]

[CLIENT
(1) Ich hab es satt! Ich bin ein armer Hund der leben will! (2) Ich steche
nieder wen du willst. Ich bin ein armer Hund der leben will! weint]

DIE FRAU
[Vertröstungen?] Vorwärts! (1) zeig deine Macht! Du bist ja angeblich
jemand! (2) stehst du noch immer da – und immer ein Haufen um dich! |

Die Söldner hinter der Frau.

DIE FRAU misst die Söldner mit den Blicken stumm vor Staunen – [fürchtet sich
aber..]
Solches Gesindel verstreust du in unsere reinliche Stadt. [Ah das sind die
Folgen?] retirirt hinter Timon

1ter
Was rülpst das Weib?

2ter spricht punisch

TIMON
Achtet nicht, liebe Kriegsgenossen. – Hier ist das schlichte Heim der Bürger.
[Mit offenen Armen geht man Euch entgegen. Stellt den Sohn vor] Gienge
es nach mir – ihr solltet öffentlich gespeist werden –

[Pun⟨ischer⟩ Soldat nimmt die Einladung wörtlich.

⟨TIMON⟩
– nicht hier! im Prytaneum!]

Er begeht ein paar Tactfehler (1) (2): will zu spassig sein. | sie marschieren
drohend gegen ihn an   Er hat ihnen Denkfreiheit¹ verschafft – u Freiheit von
dem Tau-endchen.

Ihr werdet in den abgerüsteten Galeeren wohnen [friedlich ohne Seekrank-
heit] u. Freiheit atmen!

[Claqueur klatscht ihm Beifall.]

¹ ü. Z. Die Narben von der Peitsche des Officiers –

TIMON retirierend
Auch gut! Und genug disputiert. Ihr folgt mir Freunde auf den Markt. \So behandelt man solche milites.⌉

FRAU
\Dass du mir noch in eine Strassenrauferei kommst!⌉ Ins Haus! \Du warst genug an der Luft⌉

(1) Tryphon (2)ᵖErgast | drängt sich dazwischen.

(1) TR⟨YPHON⟩
(2)ᵖ ERGAST
Noch nicht. Vielmehr erst dann wenn du mich angehört haben wirst. Die Dame entschuldige. Ich muss (1) Euch (2) den Führer | allein sprechen! – Ich ein gottesfürchtiger u. gerechter Mann war arm u. lebte kümmerlich. Reich sah ich andere Tempelräuber Sykophanten, Lakaien, Schurken – Es gibt aber keine Privatangelegenheit mehr, wenn ich Dich u Deinen Stern recht verstehe! – Es gibt keine Privatangelegenheiten in deiner Nähe. Du schaffst die Berufsgesichter ab. \Alle Gesichter werden frei! (physisch)⌉ Es liegt etwas in der Luft.

TIMON schnuppert
Ja! entschieden!

ERGAST
Du hast ↑ sie ≈ die Stadt.↓ in der Hand. Durch die Fisch- u Getreidepreise. Das ist der Strick den du zuziehst. Er zieht ↑eine kleine Spagatschlinge ≈ ein kleines Stückchen Schnur↓ aus der Tasche. Die Aristokraten. Was sind sie noch? Du hast ihnen die Waffe aus der Hand gewunden – was sind sie noch: (1) eine (2) die Leibgarde einer Hure. \ᵖ Weißt du wer sie war! Blumenmädchen! (1) dann (2) er hält sich die Nase zu dann Mimin! sie tragen alle Ringe wo ihr Porträt als Leda u. s f.⌉ Bacchis: ↑das ist das Wort. – ≈ ᵖ in einem Wort zieht sichs zusammen: Eiterbeule –↓

\ᵖTIMON
Ist das so eine satanische Person?

⟨ERGAST⟩⌉
Sie wollen sie zur Oberpriesterin der Diana machen. \ᵖSie schwören auf ihrem nackten Leib den Oligarcheneid⌉ Weißt du was das bedeutet?

(1) (2)ᵖ' TIMON
Ich muss zum Markt. Ich muss denen die das Wort führen manches stecken. Der Giton hört auf mich – der Pausanias auch: der steht auf u. gibt mir beide Hände

AKT I SZENE a   209

⟨ERGAST⟩ |
Alles Gold der Erde. ⌊ᵖ Gewölbe! so! stampft auf Sie spielen Katz u. Maus
mit euch. Mörder aus den Canalgittern.⌉ Aber hebt ihm den Fuß hier ist der
Schlüssel zur Lage! – ⌊in seinen Mund⌉ Du hast die Zunge! ⌊ᵖIn Gold
5 sollte man sie fassen! die Feuerzunge!⌉

⌊FRAU darein fahrend
Was fährst du ihm mit den Pfoten ins Maul! *(1)* *(2)* wie ein Rosstäuscher!

⟨ERGAST⟩⌉
⌊ᵖDu bist entschlossen?⌉ Lass mich ⌊ᵖdafür⌉ den Saum des Gewandes
10 deiner Gattin küssen! – Du setzest ihnen noch heute den Fuß auf den Nacken.

⌊TIMON
Ja wie denn?

⟨ERGAST⟩⌉
Du ziehst die Schlinge zu! Alles mit Deiner Zunge! ⌊Gründung von fünfer
15 comités: 5 Finger.
(Tim. Tryphon. Lykon. Claqueur. Ergast.)⌉

TIMON
⌊Ist das die Art mit dieser Hure? Ist sie eine geschworene Feindin des Volkes
(1) *(2)* dieses Weibsbild |? So eine Semiramis?⌉ *(1)* Ich¹ muss zum Markt.
20 Ich muss denen die das Wort führen manches stecken. ⌊Der Giton hört auf
mich – der *(a)* Ephraem *(b)* Pausanias auch: der steht auf u. gibt mir beide
Hände⌉ *(2)* ᵖ′ |

(1) LYKON →
(2) ERGAST² |
25 Wem willst du was stecken! Du bist der Führer! Ich habe dich gestern sprechen gehört –

Claqueur klatscht

I *(1)* Gang *(2)*³ Lykon überbietet den Ergast in Schmeicheleien. ⌊u. Vor-
schlägen.⌉ Ergast noch wilder huldigend. →
30 *(3)* LYKON
Was Keule? †d. Zunge.† Hebebaum. ein Krahn. ein *(a)* Blạ *(b)* Widder. Ein
Enterbock. †Das Staatsschiff sinkt† Ein Ramm.

ERGAST noch wilder huldigend
Zunge! Zunge!

¹ *l. R.* Sohn: Mir fließt alles auseinander: Sesostris Darius u. das eben gesprochene
  Wort!
² *Ersatzlos gestrichen.*
³ *Stufe (2) beim Übergang zu Stufe (3) ungestrichen.*

TIMON
Du sollst mein Herold sein! Arschgesicht! |

⌊ERGAST
Gründung von fünfer comités zur unmittelbaren Action: eine Haarnadel.
Er zeigt die 5 am Boden ∴ die große Fünf⌋¹
Die Frau fährt drein: Sein Vorleben.

A DER BARBIER zustimmend
(1) Der reine Mens⟨ch⟩

(2) Die Frau wendet sich jäh, hält die Rede gegen die Aristokraten, Barbiere, Parfumeurs, Huren – Jockeys etc. u. heißt ihn auf den Markt u. ihnen den Herrn zeigen. Hebt ein Kind auf – dem Vater nachzuwinken.

B Was zu *(1)* einer großen Hur *(2)* einem großen Mensch | wollt ihr ihn schleppen? Ich hab ihn reinlich gehalten.

ERGAST
Zur Bacchis!
(er war dort Hundejunge dann Aufwärter)
⌊ˢ Spieße gefällt!⌋

⟨DIE FRAU⟩
Häuptling von Tagedieben! das täte ihm passen! Eine Hure anbetteln? »angehen willst du sie?«

DER BARBIER zustimmend lässt den Eingeseiften
Eingesperrt gehört er, in Turm! u. gepeitscht. Gepeitscht mit geknoteten Riemen! So einem müßte die Obrigkeit den Herrn zeigen. Hier Kohlstrünke wirft ihm nach das durchs Gitter!

Die Frau wendet sich jäh, geht mit dem Besen auf die Flacons los hält die Rede gegen die Aristokraten, Barbiere, Parfumeurs, Huren – Jockeys etc. als Dreckfinken ⌊Wettrennen reiten; Windhunde laufen lassen –⌋ reinlich ist nur der Kleinbürger: bei dem herrscht Rechtlichkeit

TIMON
†Dafür muss ich dich küssen† gute treue Haut!

⟨Die Frau⟩ heißt ihn auf den Markt u. ihnen den Herrn zeigen. Hebt ein Kind auf – dem Vater nachzuwinken.

---

¹ *Zugehörigkeit des Einschubs graphisch nicht gesichert.*

AKT I SZENE a

C 1te Rede der Frau.

\(*1*) (*2*)^P FRAU
Wer seid denn ihr? den kenn ich als einen Lumpen – euch Speichellecker, Schüssellecker – hinein mit dir, Käsgesicht! auf den Claqueur ist das nicht der Kerl der wegen des Einbruchs beschuldigt war? u. wo die Frau verschwunden ist? |

TIMON
Das sind Politiker!

FRAU
(*1*) (*2*) Politiker sind die? Verwaschene Physiognomien ohne Berufsmerkmal!
(Detail aus der Scene Lykon Phanias in Ib) |
Ungewaschene u. verwaschene Gesichter! (*1*) (*2*) Gesichter mit Fenstern. |

Barbier klatscht Beifall

⟨FRAU⟩]
Der letzte Irgend-wer! das evidente Nichts! ungeschickt zu allem! ein Arsch, \den ich rein machen muss] kein Mensch! – Wer kennt ihn denn – wie^r ich? Ein Dreckfink! ein Feigling! Die Windfahne hat mehr Charakter wie er! – Wenn ihn seine \schmierige] Haut nicht zusammenhielte –

\SOHN]
Wie halte ich zusammen? – Ich sollte meinem Vater zuhilfe kommen! aber gegen meine Mutter?

⟨FRAU⟩]
jedes Gasthaus, jeder pissende Hund hat Gewalt über ihn – \ich arbeit mich todt bis ich ihn wieder rein kriege]

ERGAST flüstert
Er ist ein großer Politiker!

⟨FRAU⟩
Was, ein Politiker. Ja das war er immer. Als Pfandverleiher – \als Kuppler –] als Steuerconfident. Jede Gaunerei im Haus war politisch. Er war immer ein politischer Schurke – so dass ich Lamien als Dienstboten halten musste. Er hat sich immer politisch aus der Schlinge zu ziehen gewusst. \Ich werd euch politisch hinter Huren herlaufen! wie Hunde!

Ergast fletscht die Zähne

DIE FRAU
der fletscht die Zähne wie ein Toter!]

---

^1 *l. R.* Timon: Lob der Ehe. Ergänzung. Nur auf Familie ruht der Staat.

TIMON
†Wir gehen jetzt gemütlich ins Haus.† Sie ist eine Köchin, Käsnerin, Einseiferin, Trocknerin ohne Gleichen. Sie macht einem das Ehebett recht wohnlich. ⸤Sie hat runde Hüften, Hüte mir das Haus, wir werden einen Hort brauchen, eine Festung! Proviant!⸥

(1) FRAU
Wer seid denn ihr? den kenn ich als einen Lumpen – euch Speichellecker, Schüssellecker – hinein mit dir, Käsgesicht! auf den Claqueur ist das nicht der Kerl der wegen des Einbruchs beschuldigt war? u. wo die Frau verschwunden ist? *(2)*ᵖ |

⸤ˢErgast furios, unheimlich wirft den Barbier hin u. würgt ihn, *(1) (2)*ᵀ gibt ihm den Kohlstrunk zu fressen | eilt dann Timon nach.⸥

II¹ ERGAST
Ja weißt du denn nicht wer du bist? Was Apollon Viergespann was Zeus Blitz – was Herkules Keule – du trägst's im Mund!

DIE FRAU
Was zu einem großen Mensch will er ihn schleppen?

LYKON
Zur Bacchis! ⸤du führst uns an – kein Stein bleibt auf dem andern. Wir zerstampfen das Aristokratenviertel wie einen Ameisenhaufen!⸥

ERGAST
die Spieße gefällt! ⸤Du bist entschlossen? lass mich dafür den Saum des Gewandes d. Gattin küssen! Entweder auf dem Schild⸥

DIE FRAU
Was mit denen allen? als ein Häuptling von Tagedieben? angehen willst du sie? so eine angehen?

⸤LYKON
Sie ist der Schild der Reichen – Ruf ihnen zu: Entweder⸥²

(1) ERGAST →
*(2)*ᵖ DIE FRAU zerrt ihn
Ich werde euch hinter einer läufgen Hündin laufen! Mit Müh u Not halt ich mir den da rein. Jedes Gasthaus, jeder Fetzen hat Gewalt über ihn.

---

¹ *Stufe* **I** *ungestrichen; Stufe* **II** *beginnt auf neuem Blatt mit Vermerk:* zu Seite 7 unten (des genauen Scenars); *statt 7 muß es allerdings heißen 6.*
² *Zuordnung des Einschubs graphisch nicht gesichert.*

AKT I SZENE a   213

ERGAST
Der größte Politiker der Stadt – der Mann der mit der Zunge die Eiterbeule
aufsticht! | Jetzt kommt die unmittelbare Action. *(1)* Fünf richten alles.
(2) Die Zunge! *(3)* Die Zunge macht jetzt alles! Sie rammt wie ein Widder
5 das Bollwerk – |

TIMON
Du sollst mein Herold sein, Arschgesicht!

DIE FRAU
Daraus wird nichts. Hinein!

10 **ERGAST**
Den Führer lass uns!

LYKON
Zeig dich als mächtiger, eventuell als brutaler Mann! \Wir wollen vergewaltigen!]

15 †**DIE FRAU**
Ist das nicht der Kerl der wegen †Gattenmord ≈ Vatermord↓ vorbeigeführt
wurde?

Ergast fletscht die Zähne†

LYKON
20 Jetzt mach dich frei! Du Herkules! Huss! Huss!

DIE FRAU
†Hu! – Da hinein. ≈ Du Windfahne! du Feigling! \Huss lässt du den sagen?
Du evidentes Nichts!]↓

TIMON
25 Ich muss dir Einkäufe machen. \Lass mich fort, so bist du alle los.]

LYKON fletscht
Der große Timon – will sich seines Netzes bemächtigen kauft nicht ein! er
beschlagnahmt! er enteignet! \Weiber sind jetzt Gemeingut! Jedem eine
Bacchis, jedem zwei drei ein Dutzend!]

30 **TIMON**
Du Schöps, fahr ab! Du reizst sie ja nur.]

(1) **DIE FRAU**[1] zerrt ihn
Ich werde euch hinter einer läufgen Hündin laufen! Mit Müh u Not halt ich
mir den da rein. Jedes Gasthaus, jeder *(a)* Fetzen *(b)* Federfetzen *(c)* Fetzen |
35 hat Gewalt über ihn.

[1] *l. R.:* Ergast: Die Zunge köpft demnächst den halben Rat!

ERGAST
Der größte Politiker der Stadt – der Mann der mit der Zunge die Eiterbeule aufsticht! *(2)ᵖ* |

DIE FRAU
Ja er war immer politisch hinter einem Unterrock her. ⌈ich kenne eure Politik.⌉

TIMON
Wir gehn jetzt gemütlich ins Haus. Nun lasst *(1)* sie *(2)* das, | Freunde. Bis später.

⌈FR⟨AU⟩
Leg den großen Riegel vor!⌉

LYKON
Wir tragen ihn *(1)*? *(2)*! auf Händen! ⌈durch die Stadt!

ERGAST
Die Zunge der Stadt! Kein Maulkorb ihr!⌉

DIE FRAU
Was ihr Lumpen. Ihr Diebsgesichter ihr! Heraus Eurykleia! ⌈u. wenn ich ihn drin hab leg den großen Riegel vor.⌉

TIMON
Oh sie ist Köchin Wäscherin, Einseiferin . . ⌈Sie macht auch Seife aus alten Knochen – und Lauge aus *(1)* verbrannten *(a)* Schalen *(b)* Man *(2)* gebrannten Nussschalen.⌉ Sie macht mir das Ehebett recht wohlich. Sie hat viel rundere Hüften u. *(1)* zärtlichere Gewohnheiten *(2)* appetitlichere Ingredienzien | als ihr denkt.

SOHN ⌈schreit⌉
Lass doch den Vater! ⌈Wie das klingt was ich schreie!⌉

FRAU
Ins Loch, du Käsgesicht! ⌈Die Kette zum Riegel los! er wird ins Haus gedrängt⌉

TIMON
(1) Die Ehe! die Familie: *(2)* †Zu mir mein Sohn! | Auf solchem Haus ruht der Staat.† ⌈Zum Sohn Ich habe zu tun. Mach mir hinten zum Ziegenstall die Tür auf Ich klctter übern Abtritt dahin.⌉

Barbier schaut heraus, verschwindet wieder

TIMON
Auf solchen ⌈ᵖ kleinen⌉ Häusern ruht der ⌈ᵖ große⌉ Staat. Das sind die Waben in denen sich der Honig aufhäuft. Geht hin, sagts den Aristokraten –

AKT I SZENE a   215

daran sollen sie nicht rühren: hier lebt das Mark der Stadt. Wenn sie alle
Zucht in Unzucht verwandeln, an der *(1)* Schwelle *(2)*ᴾ Klippe | der bürger-
lichen Ehe *(1)* scheitern sie. *(2)* lasst sie scheitern, gute Götter: Familien-
leben – wie dieses Dach es deckt, das ist der *(a)* Markstein *(b)*ᵖ Schwelle |,
5 über *(a)* den *(b)*ᵖ die | sie stolpern. |

DIE FRAU
Ja. ja. Das sagst du drinnen auf. drängt ihn hinein u treibst dazu den Teig
ab. Den Riegel!

BARBIER aus seiner Bude, das Becken u. das seifige Messer in der Hand
10 Hinein! †und er soll durch Latten schauen wie ein gefangener Schimpanse!†
In einen Turm gehört so einer! hinter \kreuzweise/ Eisengitter! und †vor-
her ≈ jeden Samstag↓ gepeitscht mit knotigen Riemen gehört er! *(1)* So
(2) An so | einem, wenn die Götter *(1)* nicht *(2)* ein Einsehen hätten, müsste
die Obrigkeit *(1)* den Herren *(2)* ihre Kraft | zeigen! und das gehört ihm
15 wirft \Kohlstrünke alte Knochen./ \wenn er hinter Gitter hockt!/ von seinen
ordnungsliebenden Mitbürgern!

*(1) (2)*ᴾ DIE FRAU
wie was? was hör ich da? Simon! der alte räudige Simon bellt mir was? Der
aus †Pferdsurin ≈ Pferdeharn↓ die Wohlgerüche macht!

20 EINIGE
Du unterstehst dich! Achtung! halt! du stehst still! Achtung vor dem
Messer.

Die Frau: Packt ihn am Bein.

CLAQUEUR
25 Soll ich den Kerl dir opfern? hoher Fürst!

⟨BARBIER⟩ |
ins Gefries den Unrath mit dem er \aus dem Bürgersteig/ vor seinem Haus
eine Senkgrube macht! \in seinen Rachen Fischgräten Kohlstrunk, Fetzen
Knochen, Unrath/ dass ehrlicher Leute Kundschaft sich den Hals brechen
30 kann! entgegen den Vorschriften über die Pflichten der Hausreinigung!
\Verstink †dein *(1) (2)* eigenes | Haus ≈ deinen eigenen Dachsbau↓ mit
(1) (2) deinem | *(1)* Kohl *(2)* Fraß | *(1) (2)* u alten Knochen |! Schmutz-
pack!/

(1) DIE FRAU
35 wie was? was hör ich da? *(a)* Theron *(b)*ᵖ' Simon |! der alte räudige *(a)* The-
ron *(b)*ᵖ' Simon | bellt mir was? \Der aus †Pferdsurin ≈ Pferdeharn↓ die
Wohlgerüche macht!/

EINIGE
Du unterstehst dich! ⌊Achtung! halt! du stehst still!⌋ Achtung vor dem Messer.

Die Frau: *(a)* Stell⟨t⟩ ihm ein *(b)* Packt ihn am | Bein.

CLAQUEUR
⌊Soll ich den Kerl dir opfern? hoher Fürst!⌋ *(2)*ᵖ |

DER EINGESEIFTE
Wirds einmal! ⌊*(1)* Theron! *(2)*ᵖ′ Simon |⌋ oder soll ich dich suchen kommen! Wutanfall

DER BUB ⌊mit dem Becken⌋
Herr! so geht doch schon heim!

EINER
Schmeißt ihn von hinten, *(1)* den Aristokratischen Hund! *(2)* das Aristokratische Luder! |

BARBIER retirert, das Messer vor sich
Zu hilfe! Polizei! ist noch ein Schutz da für friedliche Bürger? ⌊Behördliche dicke Knüppel über euch Buben!⌋ Tagdiebe! Helft ⌊lieber⌋ dem Weib dass sie den gemeingefährlichen Kerl hinter Schloss u. Riegel bringt!

⌊EINER
Halts Maul! schrei du hier nicht! oder –⌋

DIE FRAU macht sofort volte-face u. springt den Barbier an
Du der aus Rossharn den Parfum für Huren machst – ↑du alter Klopfhengst!↑ du Trabant von ⌊rotzigen⌋ Lakaien – du mit Krätzsalben Händler – Perükkenmacher für Kahlköpfe – ⌊reißt seinen Töchtern die Haare aus! Lakaienmenscher! Stallflitschen!⌋ was? soll ein solcher ⌊lahmer⌋ Hund hier bellen dürfen gegen die Frau eines Volksführers!
Vorwärts zerhaut ihm seine Flaschen und Tiegel! Den Herren zeigen! Du zeig ihm jetzt den Herrn! und sofort! und ihnen allen! vorwärts! auf den Markt! Sie *(1)* sch *(2)* sollen ↓ᵖ nasse Hosen bekommen↓ vor Angst ↑ᵖ sich nässen↑ wenn sie uns kommen sehen! Aristokraten! was? Dreckfinken. ↑Hurenhengste ≈ Klopfhengste↓ parfumierte! ⌊ausgemergeltes Gesindel! Seidenbrunzer!⌋ uns an die Kandare nehmen? ↑uns?↑ die Bürgerschaft? lasst ihn doch unsere Fäuste fühlen! Vorwärts! ≈ wenn sie bei ihren Weibern was wollen – müssen sie sich Boxer u. Reitknechte mitnehmen↓

⌊*(1)* ERGAST →
(2) CLAQUEUR |
friss die Kohlstrünke! friss! Heil! Timon! Timon! macht's! der Timon! Timon⌋

AKT I SZENE a   217

FRAU
Ja nehmt ihn in die Mitte! Dreck sind sie parfumierter Dreck! ⌊mit Veilchenduft!⌋ darum wollen sie uns Vorschriften machen! was glauben sie? Die Strasse reinigen – wenn sie vorübergehen – dass Ihnen Staub nicht in die Nase steigt – *(1)* uns *(2)* wir stinken ihnen wohl? Rein ist unser Haus – das prügelt ihnen ein – und Rechtlichkeit wohnt hier! – winkt Eurem Vater! Er geht den lumpigen Aristokraten das Dach anzünden! Wie wo der Vater ist? ↑sie tragen ihn! ≈ der den sie tragen!↓ Wink ihm! schrei! dort! Papa! Papa!

Ia | 6 H

H III 207.211 | 231, 213–230 – *Ein beidseitig beschriebenes Blatt, siebzehn einseitig beschriebene Blätter der Sorte A, 290 × 230 mm, sowie ein Konvolutdeckel, 460 × 290 mm; vom 22. bis 24. November: blauschwarze Tinte; am 25. November: dunklere Tinte. Die am 23./24. November geschriebenen Abschnitte werden am 25. November (vermutlich vor Fortsetzung der Konzeption) mit dunklerer Tinte überarbeitet. Auf dem Konvolutdeckel:*

I^ter *(1)* Aufzug *(2)* Aufzug a. |
Text.
⌊T (endgiltig 23–25 XI. 25)⌋

Zusammenhängende Niederschrift von I a.

23., 24. und 25. XI. 25. Da erst das fünfte Blatt datiert ist, hat sicher bereits am 22. November die Konzeption begonnen. Die Datierung des Konzeptionsbeginns auf dem Konvolutdeckel entstand vermutlich durch falsch gelesene Ziffern.

(1) Das *(2)* Ein Gässchen. Rechts Timons Haus. In der Mitte unter einem Torbogen ein Barbierladen.

Tryphon mit einem jungen Burschen. Der Barbier steht *(1)* zwi⟨schen⟩ *(2)* in der Ladenthür.

TRYPHON
Ob das des Timon Haus? ob Timon hier wohnt? – oder in dem? Dich frage ich! ja! wen denn sonst? warum zeigst du denn mit dem ⌊schiefen⌋ Maul statt mit dem ⌊ausgestreckten⌋ Finger? Ich meine den politischen Timon, nicht den Timon, ^{A-D} ↑^{cd} der Ruderer vermiethet und↑ *(1)*^a dessen Weib eine *(2)*^{bc} der die *(3)*^{Sd} der früher eine¹ | Schänke unten am alten Hafen *(1)*^{a-c} hat *(2)*^{Sd} hatte | – ↑^{cd} noch den Seiler, der im Frühjahr gestorben ist↑ – noch den, der verwachsen ist und auf Pfänder leiht. Ich meine den ⌊berühmten⌋ Timon der für das ganze hintere obere Gebiet des elften Viertels *(1)* das Wort führt.

¹ eine *nicht restituiert.*

BARBIER für sich
Ein *(a)* Schwein und Lump ist dieser Timon. *(b)* Schweine und Lumpen führen das Wort! →

(2) (a) das Wort führt, u. im großen Rat *(b)* im großen Rat das Wort führt, u. | den Regen u. das schöne Wetter macht.

BARBIER für sich
Wetter macht! Ein Schwein und Lump¹ macht Wetter! Dann ist es auch ein Schweinswetter. |

↑TRYPHON
So muss es dieses Haus sein. Man hat *(1)* mir *(2)* uns | gesagt: schräg gegenüber dem Barbierladen. Es ist sonderbar dass Nachbarn von einem so berühmten Mann nichts wissen.

BARBIER *(1)* tritt auf die Gasse
(2) Von einem berühmten Mann nichts wissen. Berühmt. *(1)* Das Aas *(2)* Der Kerl | da, an dem ich nicht meinen [kothigen] Schuh abwischen möchte, nennt er einen berühmten Mann.↑

TRYPHON
Oder doch dieses? Aber² man hat mir gesagt: immer findest du eine Ansammlung von Leuten davor. Lauter Bittsteller, Anhänger und solche. Und wenn du ihm jemand zuführen willst so musst du früh aufstehen – sonst kommst du gar nicht zur Audienz.

BARBIER kommt heran [gelb vor Zorn]
Ich muss mir doch das *(1)* Arschgesicht *(2)* Hurengesicht | anschauen, das hier vor meinem Geschäft das Wort »berühmter Mann« herauslässt! –

TRYPHON
Es scheint dort drüben zu sein.

BARBIER tritt ihm in den Weg
Es scheint dort drüben zu sein. Ein confiscierter Kerl. Ein Hetzer und Wühler. – Ich werde dir ein Wort sagen, also bleibe stehen, du *(1)* dürres *(2)* | Gestell! du schiefes, saloppes, unrasiertes, ungewaschenes, verwanztes! – Hast du einmal im Leben das Recept zu einem Haarfärbemittel ausgedacht! *(1)* weißt du, *(2)* Kannst du ermessen, oder ahnen, oder aussinnen, | was dazu gehört. Und wenn das Haarfärbemittel da ist, und glänzt in der Flasche wie das Aufgelöste von Perlmutter in der Sonne, und riecht delicater wie das zarteste *(1)* Veilchen, *(2)* parfumierte Veilchen – und hat einen inneren Gehalt, dass der ausgedörrteste, verwesteste Haarboden unter ihm wieder jung

---

¹ Schwein und Lump *nicht restituiert.*
² *ü. Z. abgebrochener Nachtrag mit Stift:* Warum zeigst du denn mit dem sch⟨iefen⟩ Maul

AKT I SZENE a   219

wird, und *(1)* nährt *(2)* atzt | die Haarwurzeln wie ein Pelikan seine Jungen,
und lässt durch die Haarwurzeln in das Geblüt eine Wärme einfließen, dass
ein 60er die Füße wirft wie ein Schulbub↑ – und du hast einen Gedanken:
dieses Haarfärbemittel berühmt werden zu sehen – ↑und da reißt ein Kerl, an
5 dem du nicht die Schuhe abputzen möchtest, dreimal oder sechsmal sein ungewaschenes Maul auf und brüllt etwas in eine Versammlung hinein – und den
(1) willst *(2)* soll ich mir einen berühmten Mann nennen hören. ≈ ᴾ u dieses
Haarfärbem. ist da! es existiert seit dreizehn Jahren! Und es ist nicht ein
Kunde der es nicht kennt – sie kennen es alle – aber sie haben sich ihr Wort ge-
10 geben es totzuschweigen! ja wovon sprecht ihr denn wenn ihr unter euch seid
frage ich sie seit 13 Jahren!↓ Und nun ist *(1)* mein Haarfärbemittel so weit
und der Stallmeister eines großen Herren ist *(2)* der Stallmeister eines großen Herren |
darauf gekommen \ᴾ'und sagt mir   Sokrates sagt er: dein *(1)* Haarfärbe
(2) Mittel muss berühmt werden –⌐ und bringt einen Flacon nach dem an-
15 dern in Umlauf u bei was für Herren – und da *(1)* will dieses Schwein mit
seinem Rüssel die Erde aufwühlen und das Unterste zu oberst bringen
(2) fängt dieses Schwein \ᵀᵖ' dort⌐ mit seinem Rüssel an die Erde aufzuwühlen und das Unterste
zu oberst zu bringen | – und da soll ich ruhig dastehen und anhören wie ein solcher
Strolch dessen Gesicht man in dieser Gasse nie vorher gesehen hat, sich hier
20 breit macht und mir diesen Schädling \ᵀᵖ' in mein Gesicht hinein⌐ einen berühmten Mann nennt! ↑ᵖmir der ich weiß was es kostet damit das was wert
ist berühmt zu sein u. was alles in sich hat, um einen Ruhm zu verdienen –
nicht todtgeschwiegen ⟨wird⟩ dass Dus verrotten lassen u. auf den Mist gie-
ßen kannst!↑ ↑*(1)* Mir *(2)* Ich | der ich weiß, man kann da sein, man kann alles
25 in sich tragen, die Seele die Kraft eines Herkules und kann dabei verrotten
und trüb werden – und auf den Mist ausgegossen werden weil es der Canaglia
Zufall nicht passt dass man berühmt wird Traurig ist die Welt eine traurige
Sache!↑²

[ᵀ TRYPHON
30 Dieser Barbier *(1)* hat eine krankhafte Erscheinung. *(a)* Wie *(b)* Seine Rede
ist armselig u. ekelhaft *(2)* hat eine armselige u. ekelhafte Redeweise |. ↑Es ist
wie wenn man Wasser getrunken hätte mit rostigen Nägeln darin. Manche
Leute gebrauchen das als Abführmittel. ≈ ᵀ Seine Worte in Wasser, könnten
als Abführmittel gebraucht werden.↓ Gehen wir dort hinüber. er führt den
35 andern an der Hand.]

Der Sohn mit Lykon, von hinten aus Timons Haus herausschleichend, querüber.

DER SOHN
Wie hat sie es gesagt?

---
¹ *Folgt schließende eckige Klammer einer erwogenen Tilgung, jedoch ohne Pendant.*
² *Schlußsatz des Monologs bereits vorher am Seitenende notiert.*

LYKON
(1) Bist du gehirnweich? habe *(2)*ᴾ Habe | ich dir nicht drinnen im Haus alles *(1)* vorgesagt. *(2)* W⟨ort⟩ f⟨ür⟩ W⟨ort⟩ wiederholt. | *(1) (2)*ᵖ Bist du gehirnweich? *(3)*ᵀ Bist du verblödet? |

SOHN
Du triffst meine Schwäche. Ich fasse es nicht auf wenn von ihr die Rede ist. Wenn sie auf mich zukommt, zittere ich und sehe einen roten *(1)* Fleck *(2)* zitternden Schein vor mir *(1)*. *(2)* und nicht sie.

LYKON
Du musst sie grob anpacken. Da ist ein Soldat. Der kommt wegen der †andern ≈ᵀᴾ rothaarigen↓. †Diese kleine ≈ᵀᵖ Die anderen↓ nimmt er nur so nebenbei. Wie ein Habicht mit einem \kleinen/ Huhn geht er um mit ihr.

SOHN
So nebenbei. Wie ein Habicht ⟨mit⟩ einem Hühnchen. Wie du das sagst.

LYKON
Ich werde es mit der Nikto genau so tun. Und mit einer jeden. Seit er es mir vorgemacht hat, spüre ich, dass es in mir liegt. †ᵀ Er packt sie an den dicken blonden Haaren.† Was schneidest du für ein Gesicht?

SOHN
Teils über das was du sagst, teils weil ich glaube eine Stimme zu hören. \Wie mir dann wird, ist unbeschreiblich./

TIMONS STIMME im Haus
Sogleich, *(1)* meine Maus. *(2)* mein Schatz. ¦

LYKON
Welche Stimme?

SOHN
(1) Meines Vaters. *(2)*ˢ Diese da! | Sie schlägt sich mir *(1)* aufs Gedärm. *(2)* auf die Herzgrube. |

LYKON
(1) Diese Stimme *(2)*ˢ Die Stimme d. Vaters | hat das Ohr des Volkes. Ich wollte ich hätte sie hier im Schlund sitzen.

[ᵀ SOHN
Sogar dort wo wir hingehen – glaube ich manchmal. Es ist natürlich Angst – Besessenheit.

LYKON
Wer sagt dir dass er nicht dort zu gewissen Stunden Stammgast ist. Ein Kerl wie der. Ein *(1)* ges *(2)* volkstümlicher Herkules.

AKT I SZENE a

SOHN
Ihn dort? Ich würde in die Erde sinken. Alles dreht sich: lauscht]

TIMON im Haus
Jaaa! Was denn? *(1)* er an⟨twortet⟩

(2) **SOHN**
Er ist es. ⌈P Fort mit uns.

TIMON *(1)* am Fenster sichtbar *(2)* an der Tür, spricht nach hinten
Was will die Mutter? was?]

LYKON
(1) Um so besser. *(2)*ᵖ Halt. | Gieb mir den Arm. Wenn er heraustritt mache mich mit ihm bekannt. Es wird meinen Credit steigern. Auch vor mir selbst.

TIMON in der Tür, sieht den Sohn
He! dir habe ich etwas zu sagen. Was stehst du so da wie ein Storch, dem der Frosch aus dem Schnabel gesprungen ist?

Sohn will flüchten

LYKON hält ihn, verneigt sich zugleich
Wir warten willig auf Ihre Muße u. Bequemlichkeit!

SOHN
(1) Mein Hirn kräuselt sich. Wenn er mich mitnimmt, bemächtigt er sich meiner bis in die letzte Faser. will weg →
*(2)*ᵀ Mir wird schwarz vor den Augen. Zugleich vor Furcht u. aus dem Gefühl m. Nichtigkeit, dass er mir solche Furcht einflösst. will weg

Timon wird unsichtbar, ins Haus. |

LYKON ringt mit ihm
(1) *(2)*ᵖ Du kommst zurecht. |

SOHN verzweifelt
Bedenke was für mich auf dem Spiel steht! Es ist das erste mal! Hat sie dich wirklich geschickt?

LYKON
(1) Du kommst zurecht. *(2)*ᵖ | Das Mädchen wartet auf dich *(1)*. *(2)*, *(a)* *(b)* bis du *(c)* | sage ich dir. |

TIMON¹ in der Hausthür, ⌈einen Korb in der Hand⌉ nach hinten sprechend
Ja! alles wird besorgt – wie du es wünschest.

DIE FRAU dazu
Und lass dir nicht halbfaule Fische aufschwätzen ⌈ᵀ die sind giftig⌉ von die-

¹ *Fortsetzung am* 23. XI. ⟨1925⟩.

sem Lumpen deinem Parteigenossen. Das ist ein Schreier wie Du ⌊und seine
Ware *(1)* ist nichts *(2)* so wenig | wert wie er.⌋

TIMON
Gewiss nicht, Schatz.

LYKON stößt Chelidas
Jetzt ist der Augenblick!

⌊^{T}CHELIDAS
Noch nicht. Myrtion.⌋

DIE FRAU
Halt noch! wirst du mir stehn!$^{A-D}$ ⌊^{cd} zieht ihn ins Haus⌋ ⌊$^{b-d}$ *(1)* ^{bc} *(2)* ^{d} Nicht
diese grünen die sind giftig. | Und lass dir nicht einreden, dass das Stück
dicht hinterm Kopf – auch wenn du nichts riechst!⌋

Tryphon mit *(1)* Scheu *(2)* dem jungen Menschen, geführt von einem Buben.
Der Bub deutet: der ists! auf den halbsichtbaren Timon

TRYPHON zu dem jungen Menschen
Still, nicht ihn ungerufen angehen. Das haben solche †Grossköpfe ≈ Haupt-
kerle↓ nicht gern. ⌊Wart bis er uns bemerkt.⌋

TIMON ⌊allein⌋ hervortretend, zu Chelidas
Du begleitest mich. will herunter

DIE DREI KINDER fassen Timon an
Die Mutter ruft dich.

FRAU mit einem Einkaufsnetz
Da, für die Fische. Das Gemüse dort hinein. Dann laufst du noch zum
(1) Spengler *(2)* ^{S} Klempner |–wegen des *(1)* Warmwasserhäfens *(2)* ^{S} Warm-
wassertopfes | – was *(1)* wirst du ihm sagen? *(2)* wirst du ihm vorwerfen?
(3) ^{T} für eine Lumperei wirst du ihm auf den Kopf zu sagen? | was? heut
im Bett hab ich dir's eingedrillt?

TIMON
Gewiss. Gewiss. Dem sag ich deine Meinung.

TRYPHON leise
Da sind schon andere aufgestellt. So gehts mir. Verflucht wer ein Pechvogel ist!

DER ALTE EPHRAEM ungeschickt halblaut
He Malchus! dringend! he Malchus! Herr! – Herr Timon will ich sagen!

TIMON zu Ephraem, winkt ihm ab
Kusch *(1)*! *(2)* ^{T} doch mit Malchus da! |

AKT I SZENE a   223

(1) EPHRAEM
(2) LYKON
Vielleicht dass ich den Korb tragen darf?

TIMON
5 Ich danke junger Mensch. gibt ihm den Korb

EPHRAEM ⌈^{TP}halblaut⌋
Malchus – du musst nachhaus. Ich soll dich holen. Die Frau schickt um dich.
Sie weiß sich ⌈^{Tp}gar⌋ nicht ⌈^{Tp}mehr⌋ zu helfen.

DIE FRAU Timon am Arm haltend
10 Was will der mit den Hänge-augen. Den Korb trägst du. nimmt Lykon den
Korb ab, gibt ihn Timon. Und du ins Haus, Kopfrechnen mit dem Kleinen
anstatt da Maulaffen feil zu halten.

TIMON
Der Bursch begleitet mich – dächte ich, und sieht was ich gelte.

15 DIE FRAU
Da sieht er was!

TIMON
Das bildet seinen Verstand aus. Heut ↑gilt es viel. ≈^{S} wird ein großer Tag!↓
Ich wittre Schlachtenluft. – Nun Chelidas was hört man so. *(1)* Revolution
20 in Pontos? ⌈Aufruhr⌋ in Lydien? *(2)* Aufruhr in Pontos? | Der König verjagt?
Drei-männer an der Spitze?

LYKON ⌈^{P}schnell⌋
(1) Wir *(2)* Man redet so etwas! ⌈^{p}Du bist *(1) (2)* von allem | unterrichtet –
ich sehe.⌋

25 TRYPHON tritt vor
Der hier auf den jungen Mann weisend möchte gerne durch dich Hafencapitän werden, Timon. Er war früher Teppichhändler. Auch mit Früchten
hat er hausiert. Nimm ihn unter deine Fittiche, Timon! Du vermagst alles
in der Stadt.

30 DIE FRAU
Wer bist du, Galgenstrick? Ihm noch das dunstige Gehirn ganz verdrehen!

EPHRAEM sucht hinter Timon zu kommen
Wenn sich die Frau nicht zu helfen weiß. *(1)* Der Soldat schlägt alles kurz u.
klein *(2)* Ein Soldat ist im Haus alles wegen eines Affen |. Die Mädchen sind
35 außer Rand u Band. Hol mir den Malchus schreit die Frau. Kommt jetzt –
kommt!

TIMON halblaut
↑Wie hast du mich denn hier gefunden, ≈ Deut nicht. Schweig jetzt.↓ *(1)* du
(2) Bestie!

EPHRAEM
Wenn sich die Frau nicht helfen kann. *(1)* Ihr müsst *(2)* Du musst | nachhaus.

LYKON
O Frau, wir wissen *T* sehr/ wohl vor wem wir stehen!

FRAU
Was?

LYKON
Vor *(1)* dem die Aristokraten zittern! *(2)* *T* der Aristokratengeißel! | vor dem Abrüster der Galeeren. Vor dem ephesischen Herkules! dem Führer *(1)* des Volkes! *(2)* der Stadt! |

TIMON über die Schulter
Verzieh dich. Sag ich komme *(1)* gleich so schnell ich kann. *(2)* gleich Sie so⟨ll⟩ *(3)* *T* hin. so schnell ich hier wegkann. |

FRAU
Fort da ihr Tagediebe. Und du fort auf den Markt. – Nein. Ich †habs anders beschlossen. ≈*T* hab mirs anders überlegt.↓ Du bist mir zu *(1)* dumm *(2)* *T* leichtfertig |. Du bringst mir wieder stinkendes daher. Hinein. Ich geh selber. Platz da – der Vater soll ins Haus.

TIMON
Höchst wackeres Weib! Ephesierin vom alten Schlag.

FRAU
Das ist keine Ehr mehr, seit Kerle wie *(1)* die *(2)* du | mitreden! Da – die Sandale los – das ist Parteigenossenarbeit! Liederlich Gesindel – reisst dem Kind die Sandale ab Schreier \u Schwindler/ alle – *T* Keinen sieht man ehrlich arbeiten! bist du ein Schneider – ein Färber ein Schneider ein Schuster – lauter verwaschene ungewaschene Gesichter!/

BARBIER
(1) Ein wahres Wort aus einem garstigen Mund! *(2)* Ein Rachen wie ein Drachenloch: aber die Wahrheit kommt heraus! |

DER KLEINE
Die Mutter reißt mich!

TIMON
Rauhe Hand ist wacker. *(1)* Geh *(2)* Hut ab vor dieser Frau. Geh hin u. küss die Hand, mein Sohn. †\sie hat d. Wiege geschaukelt./† Solang es solche Frauen gibt, geht diese Stadt nicht unter. [Lerne das, mein Sohn.]

LYKON
Hut ab vor Timon! der den \großen/ Volksentscheid erzwungen hat!

AKT I SZENE a   225

⌊BARBIER
Gesindel-entscheid! Lumpen-entscheid – Halsabschneider-entscheid⌋

TRYPHON
Dem Freund der Niedrigen!

⌊EPHRAEM
Wenn du nicht eilst, so weiß ich nicht was wird.⌋

TIMON ⌊immer⌋ vor der Tür
Drin der Agathokles! ⌊du hörst⌋ er braucht warme Umschläge. Willst du nicht hinein.

DIE FRAU
Ich sehe dass Du wieder Reden halten willst!

TIMON
Nachhaus! und sag ich renne wie ich kann! ich komme schon so bald ich *(1)* los *(2)* mich frei mache!

TRYPHON nähert sich Timon
Bescheidner Mann willst du leugnen dass du es bist – dass diese Hand es war er küsst ihm die Hand *(1)* die den Aristokraten ihre letzte Waffe entwunden hat

(2) LYKON
die den Aristokraten ihre letzte Waffe

TRYPHON hält ihm den Mund zu
entwunden hat. →

*(3)*ᵀ LYKON
die den Aristokraten ihre Schiffe aus dem Leib gerissen hat! Tryphon hält ihm den Mund zu |
Gestatte dass ich ⌊dir⌋ diesen vorstelle – obwohl ich selbst dir unbekannt bin.

LYKON
Du aber uns nicht! Wir bewundern dich. ⌊ᵀWir sind die deinen!⌋

TRYPHON
Das sind die Lasten der Größe. – Ich bin glücklich dass Du mir dein Ohr leihst. Dies ist ein Händler mit Reis – und Teppichen. Ein werktätiger junger Mensch. Zuletzt war er er klatscht, der junge Mensch auch ⌊ᵀgewaltig⌋ Das war er: beim Theater! im Circus! ⌊ᵀbeim Rennen!⌋ und bei dir! Gestern – während deiner Rede – †hast du ihn nicht klatschen sehen† – Hast du seinen Zuruf nicht gehört: mit seinem Schreien bringt er ein Gespann halblahme Gäule als erste durch das Ziel.

DER JUNGE MENSCH
Siege! *(1)* siege! Timon! *(2)* Timon! siege! |

TRYPHON
Du kennst ihn jetzt. *(1)* Er hat einen Plan. *(2)* Sein Onkel ist reich u. hat Weingärten. Er fürchtet *(a)* ihn *(b)* den Neffen u. hält Hunde. Dieser hat einen Plan. – | Durch dich werden die Galeeren abgerüstet. Da wird viel Kupfer frei.

LYKON
Berge von Kupfer.

⌈TR.⌉
Du bist das Oberhaupt des *(1)* Ausschusses *(2)* Überwachungsausschusses. *(3)*ᵀAusschusses, der alles überwacht. |

LYKON
Das ist er heil!

A TRYPHON
Geh ab du Schöps, was drängst du dich heran! – Er aber hat die Trebern, Unmassen Trebern hat er – *(1)* Von den Trauben aus *(2)* Aus den Weingärten.

DER JUNGE MENSCH
Das heißt ich kann sie mir verschaffen.

TRYPHON
Natürlich. Der Onkel ist ein alter Mann u wohnt einsam. Das ist so gut, wie wenn er sie hätte. Und Absatz für Grünspan hat er, nach Lydien – *(1)* fuhrenweise. *(2)* für 1000 Fuhren ⌈T. wenn die Götter gut sind!⌉ | Er braucht also Kupfer: kann aber kein Capital dran wenden. Er *(1)* will also Hafencapitän werden. *(2)*ᵀ muss somit Hafencapitän werden u. d⟨urch⟩ dich. |

⌈DER J. MENSCH
ja oder Marktaufseher der für sich Zoll erhebt

TRYPHON
Das Maß deiner Beteiligung ist *(1)* die Frage von *(a)* mündlichen Unterhandlungen *(b)* einer mündlichen Unterhandlung |. *(2)* eine Frage der Übereinkunft.⌉

⌈Zwei Soldaten.⌉

CHELIDAS leise
Jetzt fort! ⌈ᵀ man braucht uns nicht!⌉

LYKON hält ihn bei der Hand
Im Gegenteil. Jetzt *(1)* *(2)*ᵀ sofort *(3)*ᵀ | dräng ich mich in sein Vertrauen!

TIMON
Ein wenig Ruhe da! Dein Vater wird um Rat gebeten. Man sieht in mir den

AKT I SZENE a   227

Anwalt der Unterdrückten. Ein bischen *(1)* Weltläufigkeit. *(2)*ᵀ Gewandtheit. | Mische dich unter die Leute, die Wünsche an mich haben. Dort stehen wackere Söldner. Zieh deine Schreibtafel heraus. Du hast keine! Ha! Merke vor was sie von uns wünschen. Du bist keine Privatperson: du bist *(1)* mein
5 Sohn. *(2)*ᵀ der Sohn des Timon. | näher bei ihm Mache dich an die Soldaten heran! *(1)* erforsche ihre Gesinnung! *(2)*ᵀ erforsche! | erfahre! rieche! erspüre! bringe ihr Innerstes heraus! ⌊ᵀMach dich beliebt! Gewinn deinem Vater Freunde!⌋

TRYPHON von seinem Clienten gedrängt, fasst Timon am Gewand kläglich
10 Lass ihn Hafencapitän werden! oder eine Gesandtschaft anführen!

DER JUNGE MENSCH nahe b. Timon
Ich räume auf die Seite, wen du mir bezeichnest. – Ich bin ein armer junger Hund der leben will!

CHELIDAS vor sich
15 Ich verrinne. An den Rändern löse ich mich auf. Ich solle zu den Soldaten? *(1)* Hat er das gesagt? *(2)* Es ist als ob er das gesagt hätte. Jetzt oder vor langer Zeit? ⌊ᵀMyrtion! Myrtion!⌋

Die beiden Soldaten. betrachten alle Häuser von unten bis oben.

TRYPHON
20 *(1)* Es *(2)*ᵀ Es kostet dich nichts, und es | wird dir bringen. Du wirst *(1)* es *(2)*ᵀ den Handel | nicht bereuen.

TIMON eine Ablenkung suchend
Kannstᵀ du nicht mit einer *(1)* gewandten halbwegs militärischen *(2)*ᵀ hübschen weltläufigen | Haltung auf sie zugehen! ⌊anstatt so verkrümmt . . .
25 *(1)* mit *(2)* ⌋ →

B^{S2} TRYPHON von seinem Clienten gedrängt, fasst Timon am Gewand kläglich
Lass ihn Hafencapitän werden! oder eine Gesandtschaft anführen!

DER JUNGE MENSCH nahe b. Timon
Ich räume auf die Seite, wen du mir bezeichnest. – Ich bin ein armer junger
30 Hund der leben will!

CHELIDAS vor sich
Ich verrinne. An den Rändern löse ich mich auf. Ich solle zu den Soldaten? Es ist als ob er das gesagt hätte. Jetzt oder vor langer Zeit? Myrtion! Myrtion!

---

¹ *Fortsetzung:* 24 XI. ⟨1925⟩.
² *Diese großräumige Umgruppierung der Dialogpartien mittels Stichworten, Pfeil und großen Strichen markiert.*

CHELIDAS leise
Jetzt fort! man braucht uns nicht!

LYKON hält ihn bei der Hand
Im Gegenteil. Jetzt dräng ich mich in sein Vertrauen!

TIMON
Ein wenig Ruhe da! Dein Vater wird um polit. Rat gebeten. Man sieht in mir
den Anwalt der Unterdrückten. Ein bischen Gewandtheit. Mische dich unter
die Leute, die Wünsche an mich haben. | Welche Gebärde gehört eigentlich
⌊erb u eigenthümlich⌋ zu diesem *(1)* Menschen *(2)* Waschlappen | – außer
dieser: vor den Hintern gestoßen zu werden. Und das muss mein Sohn sein!

DIE FRAU wieder aus dem Haus, sieht die Soldaten, die ihrem Haus gegenüber aufgepflanzt sind. ⌊^{T} Alle andern stehen stumm herum.⌋
Was ist denn das?

TIMON
Das sind wackere^{A-E} *(1)*$^{a-d}$ Krieger *(2)*^{Te} Seesoldaten. | Abgerüstete sind
das von den Galeeren. ⌊$^{b-e}$ Sie sind jetzt *(1)*$^{b-d}$ frei *(2)*^{Te} aus dem Joch | u be-
trachten sich die Stadt.⌋

DIE FRAU
Ah das sind die Folgen. ⌊$^{b-e}$ von *(1)*^{b} deinem *(2)*$^{c-e}$ dem was Du ins Werk
gesetzt hast?⌋ Solches Gesindel streunt jetzt in der Stadt herum. ⌊^{Te} u. macht
bei hellichtem Tage die Gasse unsicher!⌋ *(1)* sie schließt die Haustür *(2)* Da
ist es an dem, dass man sein Haus verschließt sie schlägt krachend die Hausthür zu

DER ERSTE SÖLDNER
Was rülpst das alte Weib?

Der zweite Söldner: flucht auf punisch.

A TIMON
Achtet nicht auf *(1)* das Weib *(2)*^{T} sie |, liebe Kriegsgenossen. Ihr seid will-
kommen im schlichten Heim des Bürgers. Mit offenen Armen geht man euch
entgegen. ⌊^{T} Man öffne ihnen m Haus!⌋

Der zweite auf punisch drohenden Tones, fragt den ersten etwas

DER ERSTE
Willst du *(1)* uns foppen, Mensch? Dicker *(2)* dich lustig machen, *(a)* Mensch?
Dicker *(b)* dicker *(3)*^{TP} Spässe machen, ausgefressener | Wanst?

TIMON
⌊^{Tp} Spässe?⌋ Gienge es nach mir ihr solltet öffentlich gespeist werden! nicht
hier! auf dem Rathaus! Neubürger seid ihr! friedlich auf abgerüsteten

AKT I SZENE a   229

Schiffen werdet ihr im Hafen wohnen und Freiheit atmen. – *(1)* Lasst mich *(2)* Ich will ¦ den unter euch sehen der mir nicht Bruder sagt wenn er erfährt dass ich Timon *(1)* bin *(2)* heiße ¦! Euer Arzt, der *(1)* euch *(2)* euren Magen ǀ auf ewige Zeiten von der Seekrankheit und euren Rücken *(1)* vom
5 Tauende *(2)* von der Peitsche ǀ des Bootsmanns curiert hat!

Der junge Mensch klatscht unmäßig Beifall

DER ERSTE SÖLDNER geht drohend auf ihn los
Von was für einer Peitsche *(1)* redet der *(2)* redet da das *(3)* redest du du madiges ǀ Stück Käse – ⌈von was redet *(1)* die Schweinsblase? *(2)* der
10 schweinsäugige Wanst? *(3)* der? Schweinsäugiger? *(4)* die Schweinsblase?⌉¹

Der zweite neben ihm rollt die Augen u redet punisch

DER ERSTE SÖLDNER
Sagst du das noch einmal *(1)*? *(2)*ᵀ, ⌈schweinsäugiger Mops!⌉ von der Peitsche? He! ǀ

15 Timon duckt sich, lächelt ihn an *(1) (2)*ᵀ, schüttelt den Kopf ǀ

DER ERSTE packt den zweiten bei der Schulter
Vorwärts. Hier gibts nichts für uns. sie gehen

TIMON richtet sich auf, schüttelt den Schreck ab *(1) (2)*, grinst ihnen jovial nach
Auch gut! Genug jetzt mit ihnen disputiert. ⌈Punisch war das was der eine
20 mit mir redete.⌉ – Ein andermal lad ich mir sie in eine Schänke ein. zu Chelidas So geht man mit †Soldaten ≈ˢ solchen Lanzknechten↓ um. Ihr folgt mir Freunde auf den Markt. →

Bˢ Ich geh ihr an den Balg!

Viele dazwischen

25 Timon abwinkend ǀ

FRAU
Ins Haus! ⌈u. ganz allein!⌉ Dass du mir noch in Raufereien kommst! fasst ihn

THERON stürzt durch den Schwibbogen herbei auf Timon zu; er hat strähniges her-
30 abhängendes Haar u. ein abgezehrtes Gesicht
Noch nicht! Vielmehr erst dann wenn du mich angehört haben wirst. †ˢ Die Dame entschuldige.† – Ich ein gottesfürchtiger und gerechter Mann, war arm u. lebte kümmerlich. Reich sah ich Tempelräuber, Sykophanten Lakaien Schurken.

---

¹ Schweinsblase *nicht restituiert.*

[^{S} *(1)* FRAU
Wie ein Todter fletsch der die Zähne! *(2)*^{P} |

TIMON
(1) Es ist eine *(2)* Ist es eine Privatangelegenheit?

THERON
Es gibt keine Privatangelegenheiten mehr, wenn ich dich und deinen Stern
recht verstehe! Du schaffst die Berufsgesichter ab! alle Gesichter werden frei
er entspannt alle Muskeln des seinigen durch eine grässliche Grimasse
(1) *(2)*^{P} FRAU
Wie ein Todter fletsch der die Zähne!

⟨THERON⟩ |
– Du fühlst was in der Luft liegt?

TIMON ⎡schnuppert⎤
Ja! entschieden!]

THERON dicht bei ihm
Du hast die Stadt in der Hand! *(1)* Wie? →
(2)^T T.
Wieso?

TH. |
Durch die Fisch- und Getreidepreise. Das ist der Strick, den du zuziehst.
Er zieht ein Stückchen Schnur, eine Schlinge, aus der Tasche und demonstriert
das Zuziehen Die Aristokraten? *(1)* was sind sie noch? Du hast ihnen die
Waffe aus der Hand gewunden! Was sind sie noch?^{1} *(2)*^{S} Du hast ihnen die
Waffe aus der Hand gewunden! was sind sie noch? lacht gellend *(3)*^{S} was
sind sie noch? lacht gellend | Die Leibgarde einer Hure! Bacchis, das ist *(1)* das
(2)^T ihr letztes | Losungswort.

TIMON
Bacchis? ist das so eine? und so mächtig?

THERON
Blumenmädchen! dann Mimin! ⎡er hält sich die Nase zu ≈^{T} Tanzen auf
dem Theater! er tanzt⎤ Sie wollen sie zur Oberpriesterin der Diana machen!
Weißt du was das bedeutet?

TIMON
Priesterin? ⎡^{T} das Weibsbild!⎤

THERON
Den Tempelschatz! Alles Gold der Erde! Gewölbe, so, er stampft auf voll
Gold! Sie spielen Katz u. Maus mit euch. Sie werben Söldner – zehntausende.

---

^{1} Was sind sie noch? *ungestrichen.*

AKT I SZENE a

TIMON
Hört ihr's!

THERON *umschlingt ihn fester*
Aber – er hebt Timons Fuß hier ist der Schlüssel zur Lage. Hier! – Du hast
die Zunge, die gewaltige! Die Feuerzunge! in Gold sollte man sie fassen!

DIE FRAU
Was fahrst du ihm mit deinen Pfoten ins Maul, wie ein Rosstäuscher!

THERON
[S Du bist entschlossen? lass mich den Saum des Gewandes deiner Gattin
küssen. –] Du setzest ihnen noch heute den Fuß auf den Nacken.

TIMON
(1) Das tu ich. *(2)* So ist es. | – Wie denn?

THERON
Du ziehst die Schlinge zu. Mit fünf.

(1) →
*(2)*P TIMON
Mit meinen fünf?

THERON
Hier stehen fünf. Ich der der der und der – Du hast uns, wie deine Hand. Die
ganze Stadt durchsetze ich mit solchen fünf. Du hast heut Nacht fünf mal
fünfhundert Hände! |

CHELIDAS *vor sich*
[S Mir fließt alles ineinander. *(1)* Sesostris und Darius *(2)*T Solon und Lykurg | und was der eben da redet.] Es ist mir fraglich, ob ich vorhanden bin.

LYKON
Du bist vorhanden!

CHELIDAS
Es ist ein Schein.

LYKON
Es ist k⟨ein⟩ Schein!

(1) THERON
Hier stehen fünf. *(a)* Der ich der der der. *(b)* Ich der der der und der – Du hast
uns, wie deine Hand. Die ganze Stadt durchsetze ich mit solchen fünf. Du
hast heut Nacht fünf mal fünfhundert Hände! →

*(2)*P |

[S TIMON
Ich muss zum Markt. Ist das die Art mit dieser *(1)* *(2)* Bacchis | – ist *(1)* sie

(2)^T dieses Weibsbild | eine geschworene Feindin des Volkes? *(1) (2)^T* so eine Semiramis? |

THERON
Auf ihrem nackten Leib um Mitternacht schwören sie den Oligarcheneid: das *(1) (2)^S* gemeine | Volk zu hassen und es auszurotten!]

TIMON
Ich muss – sofort –

DIE FRAU
Was musst du, als da hineingehen u. den Teig abtreiben?

TIMON
Denen die das Wort führen, muss ich alles stecken! ↑^S der Giton hört auf mich – der steht auf wenn ich komme u. gibt mir beide Hände –↑

LYKON
Wem willst du was stecken? Du bist *(1)* d⟨er⟩ *(2)* selber der Führer!

DER JUNGE MENSCH
Timon! Timon!

THERON
Du hast will ihm wieder in den Mund fahren die Keule, sie niederzuschlagen!

LYKON nähert sich ihm
Was Keule! Hebebaum! ein Krahn!

Timon hält sich den Mund zu

THERON
Ein Widder! ein Enterbock, das Schiff des Staats damit zu rammen! –

TIMON
Du sollst m Herold sein!

THERON
Zähne gefletscht u. ihnen an die Kehle!

DIE FRAU
Husch! da hinein!

LYKON zu Chelidas
Jetzt kommts! den Führer lass uns!

DIE FRAU
Heraus, ⟨Melaina!⟩ und wenn ich ihn drin hab – legt den Riegel vor!

LYKON
Jetzt mach dich frei, du Herkules! Huss! huss!

AKT I SZENE a   233

[^{S} TIMON
Ich muss dir die Einkäufe machen. Lass mich fort, so bist du alle los.

LYKON bemächtigt sich des Korbes
Der große Timon kauft nicht ein! er beschlagnahmt! er enteignet! – Weiber
sind jetzt Gemeingut! Jedem eine Bacchis! jedem zwei drei! ein Dutzend!

TIMON
(1) Du Schöps fahr ab. *(2)* Fahr ab du Schöps *(3)*^{S} Halts Maul! du Schöps | Du
reizst sie ja nur!

DIE FRAU zerrt Timon gegen die Tür
Ich werd euch *(1) (2)*! | hinter einer läufigen Hündin drein *(1)* keuchen!
(2)* jagen! Mit Müh u. Not halt ich mir den da reinlich.

THERON
Lass frei! die Zunge der Stadt!

DIE FRAU
Ich kenn eure Politik.

TIMON
Nun lasst das Freunde! Wir gehen jetzt gemütlich ins Haus. Das Weitre
später!

LYKON
Nein wir tragen ihn auf *(1)* Händen! *(2)** unsern Händen fort!]

[^{SP} DIE FRAU
Arbeit ich dafür Tag und Nacht mit diesen Händen – dass dich Lumpen mir
verlumpen – *(1) (2)* Du Windfahne – du *(3)*^{T} So geht der Wind – Windfahne – du,
hinein! so! so! Was? handgemein?]

TIMON
(1) Nein küssen muss ich die gute treue Hand. O *(a)* sie ist *(b)*^{TP} | eine Köchin!
eine Wäscherin *(a)*! *(b)*^{Tp} ist diese Hand! | eine Einseiferin! eine *(a)* Tro
(b) Plätterin ohne Gleichen! Sie macht Seife aus alten Knochen u Lauge aus
gebrannten Nussschalen – und sie macht mir *(a) (b)*^{T} auch | das Ehebett
(a) (b) recht | wohnlich! →
(2)^{Sp} Lasst nur! |

DIE FRAU
Ins Loch, du Lügenmaul! Die Kette zu! den Riegel vor!

TIMON
Zu mir mein Sohn! [^{T} zu mir!]

CHELIDAS zu ihm
hier Vater!

TIMON
Ich habe ein ↑dringendes ≈^T lebenswichtiges↓ Geschäft in der Stadt \^T zu besorgen⌐. – Hinein ins Haus! und mach mir hinten *(1)* zum *(2)* vorm | Ziegenstall *(1)* die Tür auf *(2)*^T das Türchen auf ins Gässchen |. [^S Ich klettere übern Abtritt dahin.]

CHELIDAS im Haus
(1) Muss ich? – *(2)*^T Ja! ja! Ich laufe. |
Barbier¹ aus seiner Tür

TIMON zurückgerissen
Lass nur. Ich komme ja. Ihr Freunde! auf solchen kleinen Häusern *(1)* wie dies *(2)* ruht der ganze große Staat. Das sind die Waben, in denen sich der Honig aufhäuft. Geht hin! sagts den Aristokraten: daran sollen sie nicht rühren! ↑^S Hier lebt das Mark der Stadt. Wenn sie alle Zucht in Unzucht, ↑allen Fug in Unfug↑ verwandeln – an der Klippe der bürgerlichen Ehe lasst sie scheitern, gute Götter! Familienleben, wie dieses Dach es deckt – das ist der Markstein, über den sie stolpern *(1)* werden! *(2)*! |↑

DIE FRAU
(1) Ja, ja das *(2)*^S Das | sagst du drinnen auf, und treibst dazu den Teig ab.
sie drängt ihn hinein

DER BARBIER näher kommend, das seifige Messer in der Hand
Recht so! hinein mit dir! \^S du Stänkerer!⌐ [^S ↑^S In einen festen Turm gehört *(1)* der *(2)* so einer –] hinter kreuzweise Eisengitter! so einem müsste die Obrigkeit den Herrn zeigen, eh's zu spät ist!↑²

DIE FRAU ⌐wendet sich⌐
Wie was? was hör ich da? der alte räudige *(1)* Simon *(2)* Myron ¦ bellt uns was? der Pferdesharndestillator?

DER BARBIER hebt was vom Boden auf
Und das ihm wenn er hinterm Gitter hockt *(1)* in sein Gefries! wirft *(2)* *(3)*^SP in sein Gefries! wirft *(1)* Kohlstrunk *(2)*^Sp Kohlstrünke |! alte Knochen! Fischgräten! Fetzen Unrath! wirft

EINER
Du untersteh dich!

DER BARBIER
Ihm ins aufrührerische Gefries den Unrath! ↑^S in seinen Rachen! wenn er da vor seinem Haus eine Senkgrube macht, dass *(1)* ehrliche Leute *(2)* ehrlicher Leute Kundschaft sich den Hals brechen kann! \Wo bleibt die Strassenvorschrift?⌐ Da verstink dir deinen eignen Dachsbau! Da!↑

¹ *Fortsetzung:* 25 XI 25.
² *l. R. Vormerkung für geplante Variation mit Stift:* kurze Wechselreden

AKT I SZENE a   235

(1) DIE FRAU zu Timon
Achtung! halt du stehst still! – Packt ihn am Bein!

LYKON
Halt! Achtung vor dem Messer! →

(2)^S
(3) DIE FRAU zu Timon
halt du stehst still! |

[^{S} THERON
Schmeißt ihn von hinten hin, den Aristokraten!

DER BARBIER retiriert, das Messer vor sich
Zu Hilfe! Polizei! ist noch ein Schutz da für friedliche Bürger! Es sind noch
Knüppel über Euch! Helft lieber dem Weib – dass sie den *(1)* verzweifelten
(2)^T gemeingefährlichen | Kerl hinter Schloss u Riegel bringt!

DIE FRAU] springt *(1)* von *(2)* die Stufen herunter u geht den Barbier an
Was? der Krätzsalbenhändler! der Trabant von rotzigen Lakaien, der! ↑^{S} soll
solch ein lahmer Hund hier bellen dürfen gegen Timon! – Vorwärts! zerhaut ihm seine Tiegel! Reißt seinen Töchtern die Haare aus – er macht
Perücken daraus für ↑Herren! – ≈^{S} ihre kahlköpfigen Liebhaber!↓↑ Den
Herrn zeigen! *(1)* er *(2)*^{S} uns |! [^{S} – Du zeig ihm jetzt den Herrn! sofort! und
ihnen allen! – Vorwärts auf den Markt! sie sollen nasse Hosen bekommen
wenn sie euch anmarschieren sehen!]   Vorwärts. Aristokraten\?] was?
Klopfhengste parfumierte! *(1)* Die Seidenbrunzer! uns an die Kandare
nehmen? Sie uns?

Timon. auf die Schulter genommen.   *(2)* Timon. auf die Schulter genommen.

DIE FRAU
(1) Die Seidenbrunzer! *(2)* | uns an die Kandare nehmen? Sie uns! Die sich
↑die Weiber ≈^{S} *(1)* ↑die Betten ≈ ihre Weiber↓ *(2)* ihre Betten |↓ von Boxern
und Reitknechten warm halten lassen! sie uns Vorschriften machen? Die
Strassen reinigen – wenn sie vorübergehen – dass ihnen Staub nicht in die Nasen steigt! nur Veilchenduft! die Seidenbrunzer die! – Ja! nehmt ihn in die
Mitte! – Wir *(1)* stinken ihnen wohl? *(2)*^{S} riechen ihnen wohl nicht gut? | Rein
(1) ist *(2)*^{S} riecht | nur unser Haus – das prügelt ihnen ein: hier wohnt die
Reinlichkeit! *(1)* *(a)* mitsammen *(b)* Gemeinsam mit | der Rechtlichkeit!
(2) und auch die Rechtlichkeit wohnt hier! | – Winkt Eurem Vater! *(1)* Er geht den
lumpigen Aristokraten 's Dach überm Kopf anzünden! *(2)*^{S} Es geht über die
lumpigen Aristokraten her! | Wie – wo der Vater ist? der den sie tragen! Wink ihm!
schrei! dort! Papa! Papa!

Ia / 7 H

H III 207.232–244 – Zwölf (mit 1–12 paginierte) einseitig beschriebene Blätter der Sorte A, 290 × 230 mm, sowie ein Konvolutdeckel, 290 × 460 mm; blauschwarze Tinte, wenig dichte, aber durchgehende Überarbeitung mit Stift; auf dem Konvolutdeckel:

⌈ˢTimon, Iter Act.
I.a⌉
Reinschrift
Vor Timons Haus.

Wenig variante Reinschrift.

Vermutlich Frühjahr 1926; vgl. S. 327, 33ff.

Ia / 8 T

8,1 T   Grundschicht
8,2 T   1. Tintenschicht
8,3 T   2. Tintenschicht

H III 208.14–24, 3–13 – Je elf (mit 1–11 paginierte) einseitig beschriebene Blätter (Original: H III 208.14–24, Durchschlag: H III 208.3–13), 291 × 222 mm; gelbliches Papier, Wasserzeichen: VELO MILL DEPOSÉ; Farbband: schwarz; Kohlepapier: schwarz; auf dem Original die erste schwarze Tintenschicht 8,2 T, auf dem Durchschlag die von Gertrud von Hofmannsthal übertragene erste schwarze sowie die zweite schwarze Tintenschicht 8,3 T. Da die Grundschicht von Original und Durchschlag bei einem Typoskript identisch ist, die erste Tintenschicht vom Original auf das Duplikat mit wenigen Versehen fehlerlos übertragen wurde, wird 8 T als ein Überlieferungsträger mit zwei Korrekturschichten betrachtet. – Aufschrift am Kopf des Originals: Handexemplar*; am Kopf des Duplikats:* H v. Hofmannsthal.

Typierte, zweimal überarbeitete Abschrift (Lesefehler: giebt *statt* zieht*; rückwärts statt undeutlich geschriebenem* seitwärts*;* Denk nichts *statt* Deut nicht *etc.) von Ia / 7 H mit einem Durchschlag. Zusätzlich zu den von Briefabschriften bekannten Typiergewohnheiten Gertrud von Hofmannsthals (z. B. häufige Leertaste zwischen Klammern und umschlossenem Text oder zwischen dem letzten Satzglied und abschließendem Interpunktionszeichen) gestattet ein auf dem Original handschriftlich vorgenommener Korrekturversuch, auf Frau von Hofmannsthal als Abschreiberin zu schließen.*

Kein Beleg für eine genauere Datierung.

Ia / 9 H

H III 208.2 – Einseitig beschriebenes Blatt der Sorte A, 290 × 230 mm; schwarze Tinte.

Erläuternde Vorbemerkung für einen offensichtlich erwogenen Separatdruck der Szenen Ia

AKT I   SZENE a   237

*und I b, deren Einordnung und Wiedergabe nur mit geringem Recht, aber immer noch am sinn-
vollsten im Rahmen der Materialien der ersten Szene erfolgt.*
Keine genauere Datierung möglich.

I a | 10 T
5   *10,1 T   Grundschicht*
    10,2 T   Tintenschicht

*H III 208.1 – Einseitig maschinenschriftlich beschriebenes Blatt eines gelblichen Papiers,
291 × 230 mm; schwarze Tinte (Ia|10,2T); Aufschrift am Kopf:* H v. Hofmannsthal.
Typierte, handschriftlich überarbeitete Abschrift von I a|9 H; zur Einordnung siehe dort.
10 *Keine genauere Datierung möglich.*

Varianten aus I a | 7 H, 8 T, 9 H, 10 T zu
TIMONS AUSZUG, *S. 7–18*

7,1 f.: Vor Timons Haus. *7 H* Timon I Act *8,1 T 8,2 T* Timons Auszug // (Zwei Scenen aus einer Komödie) // I. *8,3 T* Timons Auszug, zwei
15 Scenen. *9 H 10 T*
7,4 f. die Wortführerin] \die Wortführerin/ *9 H* **7,6** Stadtbezirk] *(1)* Bezirk
(2) Stadtbezirk | *9 H* **7,7** fünf] *(1)* drei *(2)* fünf | *9 H* **7,8** andern] anderen
9 H **7,12** politischer] \politischer/ *9 H* **7,16:** I. *eingefügt entsprechend 8,3 T* **7,20**
rückwärts] \rückwärts/ *7 H* **8,1** hintere] \hintere/ *7 H* **8,2** macht.] macht! –
20 *7 H* **8,15** Dreckkerl, ein] Dreckkerl. Ein *7 H;* Wühler!] Wühler. *7 H* **8,16**
Gestell,] Gestell, [ˢ du unrasiertes, ungewaschenes,] *7 H* **8,17** unfehlbaren]
\unfehlbaren/ *7 H* **8,18 f.** da drinnen steht es,] \ˢ da drinnen steht es,/ *7 H*
8,19 Jahren!] Jahren! \ˢ es sollte berühmt sein wie nichts in der Welt!/
7 H. Einschub wurde bei Anfertigung von 8,1 T vergessen; Und . . . Aber] und . . .
25 aber *7 H*
8,20 Wort . . . Wort gegeben *Die ungenaue Variation in 7 H (1)* Wort gegeben
(2) ˢ Wort die ganze Stadt, gegeben | *führt zu unvollständigem Verbesserungsversuch
durch Gertrud v. Hofmann bei Herstellung von 8,1 T :* Wort gegeben, die ganze
Stadt gegeben *woraus Hofmannsthal in 8,2T die Endphase herstellt.*
30 **8,21** anhören] anhören, *7 H* **8,22** man] man [ˢ hier] *7 H* **8,26** widerwärtige]
(1) ekelhafte *(2)* widerwärtige | *7 H* **8,29** seitwärts] \seitwärts/ *7 H, bei
Anfertigung von 8,1 T falsch gelesen :* rückwärts **8,31** Wie hat sie es] *(1)* Was hat
er *(2)* Wie hat sie es *7 H* **8,33** vorgesprochen?] vorgesprochen *7 H, 8,1 T*
9,2 zittere] zittere, *7 H;* ist] ist, *7 H* **9,6** andern dort im Haus] anderen \dort
35 im Haus/ *7 H*

9,12f.:
[LYKON
Welche Stimme?] *7H, gleichphasig mit 9,16.*
9,16: *(1)* LYKON *(2)* CHELIDAS *7H* **9,17** Die Stimme meines Vaters.]
[Die Stimme meines Vaters.] *7H, gleichphasig mit 9,12f.* **9,21:** LYKON *7H*
8,1T **9,26** Mutter,] Mutter? *7H* **9,27:** LYKON *7H 8,1T* **9,28** heraustritt,]
heraustritt *7H 8,1T 8,2T* **10,9** Mal! will weg] Mal! *7H 8,1T 8,2T* **10,11**
Dir! hält ihn fest] dir! *7H* Dir! *8,1T 8,2T* **10,16** deinem *emendiert aus* deinen
8T; deinem *7H*
10,20 Merke ... genau] *(1)* [Merke Dir:] Das ist ein [alter] nichtsnutziger
Schreier [genau] *(2)* S Merke Dir: Das ist ein nichtsnutziger alter Schreier genau | *7H*
10,26f. grünen, mit schleimigen Schuppen] grünen. *7H 8,1T 8,2T;* giftig
7H 8,1T 8,2T **10,28** kommt wieder mit] mit *7H 8,1T 8,2T;* dem *emendiert
aus* den *8T;* dem *7H* **10,32** Nicht] *(1)* warten bis *(2)* nicht *7H* **10,33**
Wart bis er uns bemerkt.] [Wart bis er uns bemerkt.] *7H* **11,4** ruft!] ruft
(1) dich! *(2)* S ! | *7H*
11,5 Netz] *(1)* Handnet⟨z⟩
      (2) Netzkorb *(3)* Netz ¦ *7H*
11,6 zum] dem *7H*
11,11f. ihms ... Spatzenhirn!] *(1)* dirs eingetrillt, was du ihm sagen wirst.
(2) S ihms eingetrillt, was er ihm sagen soll, und er hats wieder vergessen. Spatzenhirn! | *7H*
11,14: leise *(1)* Da sind schon andere aufgestellt. Verflucht, *(a)* was wir für
(b) was ein Pechvogel ist! *(2)* S Verflucht! Da sind schon andere aufgestellt. | *7H*
11,17 Herr!] Herr! [S Herr Timon will ich sagen!] *7H* **11,19** mir ... Timon.] [mir] mit Malchus *(1)* da *(2)* hier |! [S Hier bin ich Timon!] *7H*
11,27 Reisst] *(1)* nimmt *(2)* reisst | *7H*
11,29 da!] da!
[EPHRAEM von hinten
(1) E *(2)* Malchus, ich soll dich holen, sagt die Frau.] *7H* **12,1** hinten
flüsternd] hinten *7H 8,1T* **12,2** kann!] kann. *7H 8,1T* **12,6** Spitze?] Spitze!
7H **12,11** Frau, ... wird!] Frau. *(1)* Komm jetzt! *(2)* Sonst weiß ich nicht
was wird! | *7H*
12,16 sind denn die? die] *(1)* bist denn du? *(2)* S sind denn die? | *7H.
Ungenaue Abschrift in 8,1T* sind denn die die? *führt zu ungenauer Korrektur in
8,2T und 8,3T* sind denn die? die, *woraus der Text hergestellt wurde.*
12,18 Kein Wort!] Deut nicht. *7H. Abschreibfehler in 8,1T* Denk nichts,
führt in 8,3T zur Variation (1) Deut' *(2)* Kein Wort!
12,19:
EPHRAEM
[S Wenn du nicht eilst, so weiß ich nicht was wird.] *7H*
12,23: Alle murmeln bewundernd *7H* **12,28** gehst] jetzt *7H* **12,30** will] soll
7H **12,32** Übelriechendes] Stinkendes *7H 8,1T* **13,2** mich.] mich! *7H*

AKT I   SZENE a   239

13,7 grossen] \großen/ *7H* *13,8* vor] von *7H* *13,11* eine warme Windel!]
einen warmen Umschlag. *7H 8,1T 8,2T* *13,13* Nichts da!] \Nichts da!/ *7H*
13,17: LYKON \drängt ihn weg/ *7H. Nachtrag bei Anfertigung von 8,1 T ver-
gessen.* *13,20* Wir sind] *(1)* Ich bin *(2)* Wir sind | *7H;* leihst] leihest *7H*
5   *13,25* Sieg für] Sieg! *7H. In 8,2 T noch übersehener Abschreibefehler von 8,1T:
Sieg führt ohne Rückgriff auf 7 H zur varianten Verbesserung in 8,3 T.*
13,31 Deinen] Dein *7H 8,1T* *14,1:* CHELIDAS *7H 8,1T* CHELIDAS *(1)* für
sich *(2)* bei Seite *8,2T* *14,4* Der Schützer der Niedrigen!] *S* Der *(1)* Freund
(2) Schützer | der Niedrigen/ *7H*
10 *14,5* sammeln sich] hinzu, \allmählich/ *7H. Bei Anfertigung von 8,1 T offen-
gelassene Lücke: ... ohne Rückgriff auf 7 H in 8,2 T gefüllt;* Darunter] Ein paar
7H 8,1T *14,8* bemerkst] *(1)* siehst *(2)* bemerkst | *7H* *14,9* ihm] mir *7H;*
Unterdrückten.] Unterdrückten. [*S* Ein bischen Gewandtheit.] *7H;* Bürger]
(1) Leute *(2)* Bürger | *7H* *14,10* Einen Funken] Ein bischen *7H 8,1T 8,2T*
15 *14,13:* \Die Frau wieder neben Timon/ *7H* *14,15* Waschlappen,] Waschlappen *7H 8,1T 8,2T* *14,16* werden?] werden. *7H 8,1T*
14,18f.:
S DIE FRAU
Ich dir? du hast ihn mir gemacht, du Nichtsnutz!/ *7H*
20 *14,24* und ganz allein!] \und ganz allein!/ *7H* *14,26* wird!] wird. *7H 8,1T*
14,27 Hand!] Hand. *7H* *14,34* zieht *emendiert aus* in *8T nicht verbesssertem
Abschreibfehler* gibt; zu] *(1)* vor *(2)* zu *7H* *15,4* Vorwärts] Vorwärts, *7H*
15,9 Wer ist denn die wieder?] *(1)* ist das solch eine? *(2)S* wer ist denn
die wieder? | *7H*
25 *15,11f.* Vor einem Jahr in der Gosse. Jetzt reich wie Krösus! -] *S* Jetzt
reich wie Krösus. -/ *7H* Jetzt reich wie Krösus - *8,1T*
15,13 bedeutet?] bedeutet. *7H 8,1T* *15,15* Nein, aber wir werden das]
Nein. *(1)* Ich werde sie *(2)* Das werden wir *(3)S* Aber wir werden es | *7H*
15,23 Aber, Du hast die Zunge, die gewaltige!] *(1) (2)* Aber! [er packt
30 Timons Fuß hier ist der Schlüssel zur Lage! Hier!] Du hast die Zunge, die
gewaltige! [Die Feuerzunge! will ihm in den Mund fahren] *7H; sollte emendiert aus* in *8T nicht korrigiertem Abschreibfehler,* wollte *7H* *15,29* es. neigt
sich zu ihm, leise] es. *7H 8,1T* *15,31* Mit] *(1)* Hier st *(2)* Mit *7H;* fünf,]
fünf: *7H 8,1T* *16,5* sofort!] sofort *7H 8,1T 8,2T*
35 *16,9:* *(1)* Du hast die Keule, sie niederzuschlagen *(2)S* Da ist die Keule, mit der
wir sie niederschlagen | *7H*
16,18 Für] *(1)* Fü⟨r⟩ *(2)* Timon! für *7H* *16,20* Heil] Huh *7H;* hinein!
drängt Timon gegen die Tür] hinein! *7H 8,1T* hinein! drängt *(1)* ihn
(2) Timon gegen die Tür *8,2T* |
40 *16,23f.:*
S VIELE
Den Führer frei! Gebt uns den Führer!/ *7H*
16,26 her,] her! *7H;* vor,] vor! *7H* *16,28* mit einem Ruck!] *S* mit einem

Ruck!] / 7H **16,30** Jetzt gilts!] \S Jetzt gilts!] 7H **17,5** CHELIDAS dicht bei] CHELIDAS zu 7H 8,1T 8,2T **17,8** todeswichtiges] lebenswichtiges 7H 8,1T **17,10** da!] da. 7H 8,1T 8,2T **17,16** dann hinaus - -] *(1)* dahin - *(2)*S dann hinaus - | 7H **17,19:** *fehlt* 7H 8,1T **17,22** zur Frau]. \S zur Frau] 7H **17,23** ja -] ja. \S -] 7H **17,24** friedlichen] \S friedlichen] 7H **17,28** ab!] ab. 7H 8,1T **17,31f.** das Gitter in die Fresse] die Gitter ins Gefrieß 7H 8,1T **18,6** bückt sich] \bückt sich] - 7H **18,7f.** Euch! Man zeigt euch noch den Herrn!] euch! 7H Euch! 8,1T **18,10** uns! will er - der Salbenkerl?] uns? 7H 8,1T

18,11f.:
\VIELE
Was? reißt den Kerl in Fetzen!] 7H

18,15f.:
\STIMMEN
Packt ihn am Bein! Zerschmeißt ihm seine Tiegel!] 7H **18,18** Herrn] Herren 7H **18,19f.** Wir riechen ihnen wohl nicht gut?] *(1)* \Wir riechen ihnen *(a)* *(b)* wohl | nicht gut?] Ja nehmt ihn in die Mitte. *(2)*S Wir riechen ihnen wohl nicht gut? | 7H **18,21** Einige] *(1)* Viele *(2)* Einige | 7H **18,26** Rechtlichkeit... Wahrheit] Rechtlichkeit \S, und Häuslichkeit, u. Redlichkeit u. Bravheit] 7H **18,27** prügelt] \S prügelt] 7H; ihnen übern Kopf -] *(1)* überm Kopf angezündet ihnen - *(2)* ihnen überm Kopf, - 7H **18,30f.:** *fehlt* 7H 8,1T Timon wird auf den Schultern seiner Anhänger weggetragen 8,2T

Akt I Szene b

Nicht verarbeitete Notizen zu Ib

N 158

H III 205.55 – *Einseitig beschriebenes Blatt der Sorte C; blauschwarze Tinte.*

Größtenteils in Lukians ›Hetärengesprächen‹ nachzuweisende Namen.

Keine genauere Datierung möglich.

Namen.

Philinos / Ptaon \der Dichter] / Gorgias Chaireas / Praxias / Antiphon /

AKT I   SZENE b   241

Menekrates / Lamprias / Leontichos / Polemon / Chelidas[1] / Gorgos / Char-
mides /

Lyra / *Corinna[2] / Crobyle / *Chrysis / *Ampelis / Musarion / *Philinna /
Thais / Hymnis / Parthenis* / Myrto / Tryphaina /

Städte

Pinara / Myra / Tlos / Xanthos

N 159

*H III 205.74 – Deckblatt eines Konvolutdeckels (enthält außerdem N 250) der Sorte A,
460 × 290 mm; blauschwarze Tinte.*

Namenliste auf einem Konvolutdeckel zu Szenarien der Szene Ib mit der Aufschrift:

Timon
Ib *(1)* u. Ic. *(2)* ¦

Keine genauere Datierung möglich.

Ktesiphon / Pallas / Narciss / Endymion / Nikteris

N 160

HVB 24.10 – Einseitig beschriebenes Blatt der Sorte D; Stift.

Äußerung Timons sowie ein Heinse-Exzerpt.

*Heinse-Lektüre und Notizen für eine Rezension der Schüddekopfschen Ausgabe im Oktober
1925.*

TIMON
Hier ist's kalt in der Küche

Schneuz dich zuerst

Heinse über Voltaire

Alle die Geschöpfe darin könnten keine Viertelstunde leben wenn sie in der
Natur wären.

[1] Chenidas *Hs.*
[2] *Bedeutung der Sternchen bleibt offen (vgl. auch N 1 und 355).*

N 161

H III 205.54 – Beidseitig beschriebener Zettel von Sorte A, 233 × 146 mm; blauschwarze Tinte; auf der Rückseite Aufschrift mit Stift Timon (Der Sohn), *was darauf schließen läßt, daß der Zettel ursprünglich Teil eines Konvolutdeckels für Notizen zum Sohn war.*

Wie aus der Retrospektive erkennbar, zwei später getrennte, erweiterte und in unterschiedliche Kontexte gestellte Dialogpartikel zur Begegnung des Phanias mit Timon (Vgl. N 176 und 185).

Eine gewisse Nähe zu Shakespeares ›Troilus und Cressida‹ läßt auf September 1925 schließen.

\[ᶜ Ib\]

\[ᴬ⁻ᶜ Timon u Phanias gegeneinander, während Timon gepolstert wird –\]

⟨PH.⟩
Kuhfladen –

\[ᵃ⁻ᶜ T.\]
über Phanias: Dem Kerl sollte man die Zunge ausschneiden

PH.
Dir ...

PH.
Bist du bei der Halsabschneiderpartei

T.
Du bei der Narrenpartei

\[ᵇᶜ Phanias sagt ihm ein Programm: durch welche Punkte die Reichen zu vernichten wären –\]

N 162

H III 207.80 R – Vorderseite eines beidseitig beschriebenen Blattes der Sorte D (Rückseite: N 258); Stift.

Zwei Repliken des Phanias zur nicht realisierten Begegnung Timons mit Phanias am Schluß von Ib; durchgestrichen bei der Benutzung der Rückseite.

September/Oktober 1925.

Beim Wappnen:

PHANIAS
Wahr ihm die Kehle. Schweine sticht man so ab!

AKT I SZENE b   243

Ich hab in meiner Kindheit einen solchen gekannt

⟨TIMON⟩
Bin ich jetzt der Gewisse?

In Ib/1H verarbeitete Notizen

N163

FDH (Hofmannsthals Bibliothek) – Eintragung mit Stift in: Gehirne. Novellen von Gottfried Benn. Leipzig: Kurt Wolff 1916. 35. Bd. der Bücherei ›Der jüngste Tag‹, S. [54].

Notiz zur Psyche des Sohnes, ohne direkten inhaltlichen Bezug zur Lektüre.

Benn-Lektüre im September 1925; der Beginn von N163 (allerdings als Nachtrag) in Ib/1H und in der Grundschicht von Ib/3H (datiert: 2. X. 25).

IIB

welcher ist da – ach der!

Er hat keinen Credit. Er monologiert. Mädchen bei ihm. Er glaubt den Vater zu sehen – überall – wieder die gewisse Geberde (à la Rathenau) – Er verwechselt zwei Mädchen: sucht sie auseinanderzubringen – Fragen ob sein Vater reich sei

N164

Deutsches Literaturarchiv, Marbach a. N., Dauerleihgabe Land Baden-Württemberg – Eintragung mit Stift in: Shakespeares dramatische Werke. Hrsg. von Max Koch. Stuttgart: Cotta o. J., Bd. 11, S. 182.

Skizze einer kurzen Dialogpartie zwischen dem Sohn, Lykon und dem Mädchen im 11. Band (u. a. ›Troilus und Cressida‹) der Shakespeare-Ausgabe aus dem ehemaligen Besitz der Baronin Oppenheimer. Shakespeares Drama steht in keinem inhaltlichen Zusammenhang zur Eintragung.

Lektüre von ›Troilus und Cressida‹: September 1925.

SOHN
Versuch sich zu erklären

⟨MÄDCHEN⟩
Ist er denn stumm?

⟨LYKON⟩
sonst wie ein Wasserfall, beredt wie Honig. Und Sohn eines herrlichen Vaters!

SOHN
Verzeih ich höre – u. sehe seine Warze – ich bin verloren –

N 165

H III 205.52 R – Vorderseite eines beidseitig beschriebenen Blattes (Rückseite: N 191) der Sorte C; blauschwarze Tinte.

Abschrift von N 164 mit wenigen Erweiterungen; durchgestrichen bei der Benutzung der Rückseite.

September 1925.

Ib.
Scene des Sohnes

SOHN
versucht, sich zu erklären

MÄDCHEN
Ist er stumm?

[L.]
Sonst beredt wie ein Wasserfall u süß wie Honig. Und der Sohn eines herrlichen Vaters!

SOHN
Verzeih ich höre – ich sehe seine Säbelbeine – seine Warze: diese Warze ist die Klippe an der mein Schicksal Schiffbruch leidet!

N 166

H III 207.147 R – Beschreibung: N 103; Zusätze mit Stift.

Während der Lektüre von Shakespeares ›Timon von Athen‹ IV, 3 entstandene, bei der Ausarbeitung Ib zugeschlagene und ergänzte Details aus der Lenzerheidezeit zur Figur Timons des Bettlers (Phanias).

September 1925; Einzelheiten von N 166 bereits in Nachträgen zu Ib/1 H.

Timon
Ib

Timon der Bettler: Gespräch mit der Kleinen über die käufliche Liebe.

Ihr seid harmlos gegen die Bürgerstöchter. Fragt sie, was sie sich verdienen will: Kleider? Möbel?

alles graust ihm. Veilchen waren einmal wohlriechend.

Timon: Geiz u. Verschwendung ist ihm gleich ekelhaft; das Bild des frechen Reichen u. des demüthigen Armen gleich öde. – Er nennt sich einen Wegwurf, aber er habe sich selber weggeworfen.

Von den jungen Herren weiss er alle Familienverhältnisse u. s f. Er weiß dass Bacchis g e i z i g ist, u. dass sie nichts spürt.

Er übertreibt den Stil Timons des Redners, wo dieser innehält, fängt er erst an.

Seine Declamationen gegen die menschl. Z u n g e.

Timon der Redner erklärt der andere ahme ihn nach.

Timon klatscht Beifall u. serviert dem Tisch von Bacchis u. dem Redner.

Ib / 1 H

H III 205.97 – *Einseitig beschriebenes Blatt der Sorte A, 290 × 230 mm; Grundschicht: blaugraue, Nachträge: blauschwarze Tinte und Stift.*

Erstes Szenar zu Ib im Ganzen, wobei die Reihung kleinerer szenischer Einheiten noch nicht endgültig ist; insbesondere ist die Episode des Phanias *noch nicht definitiv placiert.*

Anfang September 1925.

      Ib.
     ⌊1ᵗᵉ Scene Bordell.⌋

⌊Timon u. die Wirthin. Die Mädchen zum Rapport⌋ Darauf sehen, dass Aristokraten es frequentieren; ⌊ᵀ diese sollen sich hier zuhause u. gesichert fühlen: solche Redensarten wie: ↑das Gesindel das ≈ Die Lumpenpartei – die↓ jetzt oben auf ist. *(1) (2)* Sie sollen hier ihre Papiere verstecken.⌋ in ihrer Angst das Letzte aus ihnen heraus. Für Ordnung sorgen wenn Unordnung in der Stadt ist. ⌊ᵀ Plan: Brandlegen u. Häuser kaufen.⌋ Die Frau solle sicher sein dass sie seine einzige Frau sei. ⌊Sie: ubi tu Gaius, ego Gaia.⌋ Den Betriebsfonds verstecken *(1)*. *(2)*ᵀ: lieber Häuser kaufen. | Die Geschäftsbücher durchsehend während des Gespräches. ⌊ᵀ Heron besuchte die X. Licht – Parfumerien Obst⌋ Polizei ⌊(= den Badeknecht) *(1) (2)*ᵀ: drüben das Männerbad gehört auch ihm.⌋ rufend gegen den Stänkerer *(1)* Timon. *(2)*ᵀ Phanias. | Hier herrsche F r i e d e.

vorher: ein Mädchen u. der Sohn. *(1)* Der Sohn versteckt sich. Ihm wird
wirr von der Allgegenwart des Vaters. *(2)*ᴾ |

Junge Herren kommen die Flötenspielerin bestellen. ⌊Der Sohn verzweifelt.⌉
Gehen hinauf. Timon horchend.
Timon der Bettler herein.
Timon weist ihn hinaus, weil er die Kundschaft störe. Der Schuldknecht in
Ketten gebracht (ein Schauspieler)
Timons Rede. Die Mädchen weinen. ⌊ᵀ(Die nicht weint, kneipt er)⌉ Versprechen des Sonnenstaates.
*(1) (2)*ᵀᴾ′ Auswahl der Leibgarde: der Sohn eingereiht. wobei er immer
sagt: er verlasse sich auf die Kraft der moralischen Argumente, und dabei
die Muskeln prüft. Timon auf die Schultern gehoben, durch die Stadt
*(3)*¹ Lykon: Ich werde trachten, mich bei ihm einzuschmeicheln Begeisterung der Mädchen über nahende Keilerei. Die Mädchen müssen zuhause
bleiben, es wird Geschäfte geben.

_{Auswahl der Leibgarde: der Sohn eingereiht. wobei er immer sagt: er verlasse sich auf die Kraft der moralischen Argumente, und dabei die Muskeln prüft. Timon auf die Schultern gehoben, durch die Stadt}

Angst der Leäna: er könne ihr verprügelt werden, Seewasser oder was ärgeres zu saufen kriegen
Timon: eventuell stoße ich ihnen ein Messer zwischen die Rippen. Der Soldat, mit dem er früher die unangenehme Begegnung hatte, jetzt jovial begrüßt u. in die Garde eingereiht.
Phanias dabei: Euch jage ich mit einem nassen Fetzen – aber sie mögen vor
euch zittern! |

⌊ᵀ Anfang. *(1) (2)*ᵖ Der Sohn versteckt sich. Ihm wird wirr von der Allgegenwart des Vaters. | Der Sohn u. zwei Mädchen. *(1) (2)* Ein Mädchen:
Welcher ist da? ach der! | Jede Gegenwart überschwemmt ihn mit Eindrücken. Er wird ausgelöscht. Er meint seinen Vater zu sehen. *(1) (2)* Ich könnte
schwören, ich sehe seine Säbelbeine, seine Warze. | Hallucination? Allgegenwart.⌉

⌊ᵀ Episode Timons des Bettlers: *(1) (2)* Alles graust ihm, was man durch
Hurerei verdienen kann: Kleider Möbel. Veilchen waren einst wohlriechend. |
Geiz u. Verschwendung ist ihm gleich ekelhaft, das Bild des frechen Reichen
u. des demüthigen Armen gleich öde.

↑bei der Miethung der Flötenspielerin. ≈ Phanias lässt die jungen Herren
weggehen.↓ Er weiß dass Bacchis geizig ist u. dass sie wenig bei Männern
spürt. Darum ist sie Mimin geworden.⌉

---

¹ *Die hypothetisch angeordnete Stufe (3) hat vermutlich mehrere Unterstufen, die jedoch im
einzelnen nicht erkennbar sind.*

AKT I SZENE b   247

(1) (2)^S Auswahl der Leibgarde: wobei er immer sagt: er verlasse sich auf die Kraft der geistigen Argumente. Timon auf die Schultern gehoben, durch die Stadt *(3)$^{Tp'}$*

In Ib/2H verarbeitete Notiz

N167

H III 205.84 – Beidseitig beschriebener Zettel von Sorte A, 230 × 147 mm (Rückseite: N352); blauschwarze Tinte.

Notiz zum Charakter des Sohnes, die auf eine historische, im Tagebuch Hofmannsthals verzeichnete Begebenheit in Wien zurückgreift; durchgestrichen bei der Benutzung der Rückseite.

September 1925; aus der Figur des Cynikers (eines der Philosophen) wird erst im Laufe der weiteren Arbeit die des Lykon, des ständigen Begleiters des Sohnes.

Ib
(1) Cyniker *(2)* Lykon |, im Bordell, den Sohn so verhöhnend wie P⟨eter⟩ A⟨ltenberg⟩ den Heinz Lang.
Du wirst werden wie ich – das größte Schwein unter der Sonne – fähig alles ⌊für ein Nachtmahl⌉ zu verkaufen –

Sohn glaubts sofort.

Leäna (Bordellwirtin) schimpft Jetzt sei Ruhestunde.

Ib/2H

H III 205.66 – Rückseite eines Zettels von Sorte A (Vorderseite: Notizen zu Geschichtliche Gestalt), 233 × 146 mm; blauschwarze Tinte.

Zweigeteiltes, sehr lockeres Szenar zum Beginn von Ib, das weiterhin die endgültige Anordnung der einzelnen Dialogpartien offen läßt.

Monatswende September/Oktober 1925; in die relative Chronologie der Szenarien zu Ib nur hypothetisch einzuordnen. Die Vermutung, es sei vor Ib/3H (aber vielleicht am gleichen Tag) entstanden, stützt sich auf ein inhaltliches Kriterium: Der Beginn von Ib/3H nimmt den Schluß von Ib/2H fast wörtlich wieder auf und liefert überdies eine Art Interpretation der Schlußworte des Lykon, wenn es dort heißt: Harangue des Lykon à la Narciss-Rameau.

Ib

(1tes Drittel)

⌈Phanias mit Lykon, ein Herz u. eine Seele.

LYKON ihn zu reizen
Du warst reich. Hast alles gehabt! u. Undank. Ihr Schuhfetzen bist du. Ich
bin frech mit dir.⌉

(1) Sohn mit Lykon. *(2)* ⌈Timon:¹ will sich hier nicht zeigen: Parterrezimmer.⌉ Phanias mit Leäna: er reißt den Vorhang auf. ruft sie heraus: sie solle oben die zwei hinausschmeißen ⌈Um die Flötenspielerin zu bestellen.⌉ ⌈(über Bacchis Geiz u. Kälte *(1)* *(2)* Leäna findet ihn noch elegant. |)⌉

LEÄNA
still es sind Vornehme oben *(1)*. *(2)*, im Saal. | Die werden nicht lange machen.

TIMON
Im Gegenteil: sie müssen hier ihre Zuflucht finden. Ich denke mir das so. –
⌈Übrigens: stelle *(1)* *(2)* für d. Soldaten | Negerinnen ein. Ich habe drei in der Hand, greifbar.⌉

LEÄNA
Wenn du so frech lügst u. Pläne aussinnst halte ich alles für möglich –

TIMON ⌈Das Buch durchlaufend.
was ist da: ein Soldat?

⟨LEÄNA⟩
Ja: er ist noch im Haus. Er schläft. nach dem Scandal

⟨TIMON⟩⌉
Alles was dich ärgert sprenge ich aus *(1)*. *(2)*: höre noch mehr: ich werde verbreiten lassen, ich sei mit ihr verheirathet *(a)*. *(b)*, mit m. Schwägerin. |

LEÄNA
Wie soll man dir über sein?

TIMON
Das sollst du auch nicht, sondern unter mir – bist du nicht mein Weibchen?
⌈führe ich nicht für dich die Bücher. Beschaffe ich nicht Salben u. alles. Halte ich nicht das ganze in Ordnung? Sorge du fürs Haus. Ich muss in den Kampf.

LEÄNA
Bleib. Ich bestell dir welche du willst.

---

¹ *ü. Z.:* Phanias – Lykon

AKT I SZENE b

TIMON
Mach mich nicht schwach. Heute ist mein Schicksalstag.

LEÄNA
Nimm Garden mit: ich beschaffe dir drei Kerle: einen kenne ich gut

Timon nimmt sie beim Ohrläppchen⌉

Sohn mit Lykon: Bitte ihm Geld zu verschaffen um alles! das Mädchen von hier wegzubringen.

LYKON
sie narrt dich. Sie will es für den Soldaten. – Und du wirst es tragen wie ich ⌈alles ≈ jede Demütigung durch ihre Herrin u. sie.⌉ trage – für ein Nachtmahl *(1)*. *(2)*, u. rülpsende Selbstverachtung.

In Ib / 3 H verarbeitete Notizen

N168

H III 207.50 R – *Vorderseite eines beidseitig beschriebenen Zettels (Rückseite: N 334) von Sorte B, 213 × 135 mm; Grundschicht: blaugraue, Nachträge: blauschwarze Tinte.*

Psychologische Details zum Sohn.

September 1925.

Der Sohn.

Ib

DER SOHN
war der Soldat bei dir. – »Es ist Zeit dass wir einander ins Weisse der Augen sehen.«

Angst – ihre Wurzel die Nähe des Menschen, seit die Schranken gefallen sind.

Der Sohn in II

Größter Schreck: wie es ihm nicht gelingt: zu lügen.

andere Stelle:

alles fließt ihm so auseinander, der gestrige Tag, u. das eben gesprochene Wort, u. Sesostris oder Darius.

Die kleine Sclavin Begleiterin der Tänzerin.

⌊ᵀIb⌉

Der Sohn: Schwierigkeit in Bezug auf seine körperliche Erscheinung – (sie findet ihn gar nicht hässlich, andere, die sie gehabt hat, waren viel hässlicher u. hatten ihr doch gefallen) er müsste die Gnade empfangen, sich zu vergessen: findet sich nicht hässlich sondern eher unmöglich ⌊ᵀ(was schlimmer ist als hässlich)⌉.

N 169

H III 206.83 – Vorderseite eines beidseitig beschriebenen Zettels von Sorte A (Rückseite: N 248), ca. 132 × 147 mm; blauschwarze Tinte.

Unterer Teil eines getrennten Notizblattes (zusammen mit dem oberen Teil: N 153) mit für die psychische Struktur des Sohnes signifikanten Wendungen, größtenteils aus Benns ›Gehirne‹ exzerpiert.

September 1925.

in Ib. Furcht vor der »Frau«. Meint sie mich? Hören von den Piraten. (Der Soldat war einer)

»Ich erschaffe mich an dir« – Sie findet seine Bewegungen nicht hässlich – sein Lächeln reizend, wenn auch schüchtern –

(wie die Schimpfwörter des Vaters treffend sind)

Der Sohn: »Keiner Verknotung mächtig und dennoch auf Erhaltung rechnend.«

Schwere drängende Zerrüttung.

»Nach einem Wort schrie er – das ihn erfasste ...«

»Rönne, ein Gebilde, ein heller Zusammentritt, zerfallend, von blauen Buchten benagt, über den Lidern kichernd das Licht«

N 170

Deutsches Literaturarchiv, Marbach a. N., Dauerleihgabe Land Baden-Württemberg – Eintragung mit Stift in: Shakespeares dramatische Werke. Hrsg. von Max Koch. Stuttgart: Cotta o. J., Bd. 7, letzte Seite (S. 352), rings um den Satzspiegel.

Notiz in der Shakespeare-Ausgabe aus dem ehemaligen Besitz der Baronin Oppenheimer. Die Notiz steht in keinem inhaltlichen Zusammenhang zur Lektüre.

September 1925; N 170 wird noch im gleichen Monat in die Grundschicht von N 171 übernommen.

AKT I SZENE b

Ib

Monolog ob er mutig oder feige . .
er lässt sie in sein Innres blicken

N171

H III 205.61 – *Einseitig beschriebenes Blatt der Sorte B, 273 × 213 mm; Grundschicht: blaugraue, Nachträge: blauschwarze Tinte.*

N170 aufgreifende und zugleich erweiternde Sammlung von Details zum Dialog Timon-Leäna, wobei Leäna (im Gegensatz zu späteren Notizen) die Erweiterungspläne des Hauses entwickelt.

September 1925.

Ib.

Leäna, *(1)* die Wirthin eines gewissen Hauses *(2)*ᵀ eine Kupplerin |.

Monolog, ob er mutig oder feige sei. Er lässt dabei die Wirthin in sein Inneres blicken.

(1) Sie will das Local erweitern. einen großen Salon anlegen. *(a) (b)* (sie zeichnets mit der Ferse in Sand) | – Sie hält ihn für dumm, aber jovial u. einfallsreich, und brutal, ja gefährlich.

*(2)*ᵀ Das ist es ja was mich so verliebt in dich macht dass Du so ein Raufbold bist

(a) zu Leäna: Bleibe bei deiner Gesinnung mein Schatz. →

(b)   Anfang
        Timon : Leäna
        Geschwätz Leänas.

zu Leäna: Das ist es ja was mich so verliebt in dich macht Bleibe bei deiner Gesinnung mein Schatz. |

LEÄNA geschwätzig
und da hab ich gedacht ich könnte einen Saal aufbauen weißt du wie ichs gesehen habe zwar ich habe es nicht gesehen – und dabei denke ich mir wenn Du das Buch durchsiehst sollst Du Freude haben – und da fährt mir das Mensch dazwischen –

LEÄNA
Da sag ich denn Du heißest Malchus u gar nicht Timon, nur als Timon bist Du eingetragen wegen einer Erbschaft die dir rechtlich zusteht und deine Frau ist deines Bruders Witwe –

TIMON
Wie aus dem kleinen Schnabel alles nett herauskommt küsst ihren Mund
Hat eine dich geärgert? her mit ihr vor mich!

nachdem er abgeholt ist
Es geht los!

Ib/3H

*H III 205.60 – Einseitig beschriebenes Blatt der Sorte A, 290 × 229 mm; blauschwarze
Tinte.*

Genaueres Scenarium *zur Begegnung des Sohnes mit dem Mädchen und zum Beginn der
Abholung* Timons *durch seine Anhänger.*

Begonnen 2. X 25.

Ib.[1]

(genaueres Scenarium)

Scenen des Sohnes u. Abholung.

Phanias setzt sich in die Türhüter-Loge.

DIE KLEINE
Welcher ist da? – Ach der?

DER SOHN
War der Soldat bei dir?

DIE KLEINE wiederholt die Redensart
Es ist Zeit dass wir einander ins Weiße der Augen schauen.

Der Sohn steht, die Stirn an die Hausmauer gelehnt

Lykon dazu: Bitte um Geld. Harangue des Lykon à la Narciss – Rameau.
(Lykon quält ihn, sie sei mit den Vornehmen) Bitte des Sohnes sie ihm her-
unterzuschaffen: in den Aufgang. Lykon solle dabei bleiben – die Kleine sei
so flatterig, sie entlaufe sonst, oder er verliere die Fassung. *(1) (2)* ↑Lykon:
Oh, sie sind von Eisen ≈ Die Kleine ängstlich weil der Besitzer da ist: er
inspiciere die Zimmer.↓ |

Man hört Timon lachen. Erschrecken des Sohnes. – sich an Lykon klam-
mernd: Was werde ich sagen? ⎨Mir fällt keine Lüge ein! Der Anblick des
Vaters macht ihm Schwindel, weil dann alles schwankt.⎬

---

[1] *Beginn: 2. X 25.*

AKT I   SZENE b

Scene Lykon / Sohn / Mädchen: Lykon als Vermittler.

⌈Sohn Angst. Mädchen: Wovor ängstet er sich? *(1) (2)* Sohn: Alles fließt
ihm so auseinander. Der gestrige Tag u. das letzte Wort, u. Hannibal u. Darius. ⌉

Sohn: Schwierigkeit in Bezug auf seine körperliche Erscheinung. Sie findet
ihn gar nicht hässlich: andere die sie gehabt hat, waren viel hässlicher u. hatten
ihr doch gefallen. – Er müsste die Gnade empfangen sich zu vergessen – er
findet sich nicht hässlich, sondern unmöglich.

Sie bietet sich an, ihm Musik zu machen, oder zu singen, wenn auch leise.
(1) (2) (Denn sie sei nur Begleiterin, dürfe nicht über ihr Fach herausgehen.) | Sohn (muss weinen) Ja! ja! Sohn: *(1)* Ich erschaffe mich an dir.
(2) (zu Lykon) Ich erschaffe mich an ihr⌉

Das Mädchen führt den Sohn bei der Hand weg: er flüchtet plötzlich Hals
über Kopf wie er seinen Vater kommen sieht. ⌈Timon, einen Turban auf, der
seitlich herabhängt.⌉¹ Timon fährt sich mit der Hand übers Gesicht *(1)*.
(2): etwas angetrunken. Mir war doch – als ob. |

LYKON
er suchte mich! – Ich bin Lykon der Philosoph. Ihr kennt mich. Es sind
wichtige Nachrichten vom Markte. ⌈Alles treibt einer Entscheidung zu. Es
geht ums Ganze.⌉

TIMON $^{A-C}$
⌈^{c} tretet beiseite ich muss nachdenken.
Reflexion, ob er feig oder mutig.⌉ ⌈^{bc} zu Leäna⌉
Hier ist ein Vertrauensmann des Comités, mir hergesandt

LEÄNA muss sich die Augen wischen
Ich weiß Du bist ein brutaler, mutiger Kerl – ⌈sie werden dich mir verprügeln.
Wo nehm ich wieder so einen emeuten Kerl her? Bist du denn so rasend
mutig? solch ein Klopffechter. Hast du das von den Soldaten angenommen?
Die sind es ja nur aus Beutelust u Gewohnheit. Und du hast den Teufel so
gratis im Leib?⌉

TIMON küsst sie
Einzige!

Ib / 4H

H III 205.95 – *Einseitig beschriebenes Blatt der Sorte A, 290 × 229 mm; blauschwarze
Tinte.*

¹ Ort des Zusatzes graphisch nicht gesichert.

Auf Ib/3 H aufbauendes Szenar zum Beginn von Ib, z. T. mit denselben Wendungen.
Begonnen 24 X 25.

Ib¹
[Genaues] Scenarium.

(1) Timon Leäna:²
(2) Anfang.

Phanias wartet ungeduldig auf die zwei, die oben sind.
Lykon bringt den Sohn u. das Mädchen zusammen.
Mädchen ängstlich weil der Besitzer auch da u. er oft unversehens Zimmerinspection hält. Oben bei der Flötenspielerin im Saal seien zwei junge Herren; im kleinen Zimmer der Soldat u. Schweinerei.

[LEÄNA] über den Soldaten
Ich drohte dich holen zu lassen. Da sagte der Kerl mir [auf punisch]: Es ist Zeit dass der Alte u. ich einander ins Weisse des Auges schauen.

Lykon (hereinspähend)

Lykon – Phanias.

(sie führt ihn zu einer Mahlzeit)

Der Sohn / die Mädchen / Lykon /

Der Sohn (Angst vor den Stimmen) [Alles fließt ihm so auseinander. Die vorige Stunde – das letzte Wort mit Sesostris u. Nimrod.]

Phanias reißt (1) die Tür (2) den Vorhang | auf.

Timon: Leäna hervor. Einige Mädchen. Phanias mischt sich ins Gespräch.
[»Durch euch erfahre der unbenarbte Bramarbas«]

Timon : Phanias

PHANIAS
Es werden die Abgaben erhöht werden müssen, nicht Timon.

[TIMON
Wozu treibst du dich hier herum?]

Der Sohn u. das Mädchen, mit Lykon.
Das Mädchen führt den Sohn bei der Hand weg. Timon tritt heraus.

---

¹ *Beginn:* 24 X 25.
² *r. R.:* NB Unschlüssig ob auf dem Markt sich zeigen

AKT I SZENE b

DER SOHN vorher
Es gelingt mir nicht zu lügen – ich muss fort.

TIMON nach der Begegnung
Mir war doch als ob. – War hier nicht noch jemand?

SOHN flüchtet
irgendwo, wo kein Ausgang ist.

LYKON Frech ihm entgegen. –
Wir suchten dich, *(1)* dein Sohn *(2)* ein Gefährte | u. ich. Ich bin Lykon der Philosoph. – Alles treibt einer Entscheidung zu. Es geht ums Ganze.

TIMON
Tretet bei Seite ich muss nachdenken. Wie kam der Kuhfladen hier her? der Chelidas? Ich administriere hier das Haus für eine Verwandte.

Ib / 4H ergänzende Notiz

N 172

H III 205.59 – *Einseitig beschriebenes Blatt der Sorte A, 290 × 232 mm; blauschwarze Tinte. Nachträglicher Vermerk: fällt weg.*

Ansatz zu einem Schlußdialog zwischen Phanias und Timon, im Lauf der Ausarbeitung von Ib zunächst geändert (Lykon *statt* Phanias) *und schließlich ganz aufgegeben.*

Vermutlich Ende Oktober 1925 im Anschluß an Ib/4H.

Abmarsch Timons mit Gefolge.

PHANIAS nähert sich Timon mit Ehrerbietung
Als ein armer Bürger einem einflussreichen Bürger – der einen Rat gibt – aus Erfahrungen

(1)[1] TIMON
und warum sollte man einem solchen Rat nicht bedingungsweise u. unverbindlich sein Ohr leihen – wenn er ohne gemeine Redensarten gegeben wird

PHANIAS *(2)*P |
Das ist zwar ein gemeines Haus – ich meine ein öffentliches Haus – die Herren Mitkuppler – Zubringer – Steuerbediensteten...

[1] *Stufe (1) nur eingeklammert.*

(1) (2) ᵖ⟨TIMON⟩
Gemeine Redensarten! in diesem Haus! hier dürfen nur öffentliche Redensarten abgegeben werden! |

(1) PHANIAS →
(2) LYKON | nachwinkend
Ich befehle dich deinem Schicksal – das deiner Natur gleichen möge! möge es genau deine Verdienste *(1)* enthüllen *(2)* krönen – deine innerste Natur enthüllen u. belohnen –

In Ib | 5 H verarbeitete Notizen

N 173

H III 207.55 – Beschreibung: N 100; Ib: Stift; Erweiterung: blaugraue Tinte.

Während der Lektüre von Shakespeares ›Timon von Athen‹ IV, 3 entstandene und in der Phase der Ausarbeitung Ib zugeschlagene und ergänzte Notiz der Lenzerheidezeit.

September 1925.

Ib

Timon

seine Biederkeit: stellt vor mich hin gerade Worte nur
    in die Quer stellt mir kein einzig Wörtlein

Alter verarmter Bauern Misstrauen gegen städtische Redekünste.

TIMON DER BETTLER vor dem Bordell
»Ihr habt mehr Zerstörungskraft in Euch als das Schwert« – Huren u. Geld verderben die Welt

Er macht einer ganz Kleinen sein Compliment für die Geisteszerrüttung die sie zu schaffen versteht. Huren machen Männer zu Huren – zu Schwächlingen, zu grausamen kleinen Affen – Preis des Giftes das neurasthenisch macht – Sein Preis des Hauses.

Schwager Timon's des Redners früher Besitzer des Hauses.

N 174

H III 207.138 – Beschreibung: N 104; Ib: Stift.

AKT I SZENE b   257

*Durch das Gespräch Timons mit den Huren Phrynia und Timandra in Shakespeares Tragödie
(IV, 3) angeregte und in der Phase der Ausarbeitung Ib zugeschlagene untere Partie eines
Zettels der Lenzerheidezeit.*

September 1925.

Ib

Timon ⟨der Bettler⟩:
Anrede an den vornehmen jungen Herrn der das »Haus« verlässt. Er habe
einen Magen, dem nur mehr das Grobe behage. Eine Bacchis vermöge er
nicht zu genießen, auch wenn er sie besitze. Wie er die Langeweile seiner
eigenen Gesellschaft aushalte.

Gespräch mit der gutherzigen Hure. Alle Gutherzigkeit von Frauen auf dieser Basis. – Sie schickt ihn weg weil Timon der Redner aus dem Haus tritt,
der Hunde auf ihn hetzen will.

N 175

*H III 205.96 – Einseitig beschriebenes Blatt der Sorte A, 290 × 230 mm; blauschwarze
Tinte.*

*N 173 und 174 einerseits konzentrierende, andererseits erweiternde Sammlung von Details
zum Auftritt des Phanias.*

September/Oktober 1925.

Ib. Details

(1) Episoden des Bettlers Timon *(2)* Episode des Phanias |

⌈kommend: sein Preis des Hauses.
mit den jungen Adeligen:
ich war besser als ihr, eleganter als ihr, exclusiver als ihr.

DIE JUNGEN
 war ist nicht ist!

TIMON
O du schmutziger Schaum auf der Welle – *(1)* wovon lebst du? was hält
dich? dich wasche ich jetzt mit starken Waschmitteln!
(2) bittet die Götter alles noch ärger werden zu lassen – lärmt zu den Fenstern
hinauf.⌋

Die gutherzige Hure. Alle Gutherzigkeit von Frauen auf dieser Basis. Auch
alle Bosheit. (Die gutherzige warnt ihn später ⌈vor den Hunden⌋)

Er macht einer ganz Kleinen ein Compliment für die Geisteszerstörung.
Preis des Giftes das neurasthenisch macht, das alle Ich-bildung untergräbt
u. die Symbole unmöglich macht: er nennt sie eine Gigantin.

Duett: Phanias Lykon.

LYKON
Ich habe gehört, Sie waren wohltätig. Schade –

LEÄNA
Ruhe! Ihr stört den Herrn!

Stell Negerinnen ein!

die drei Soldaten.

N176

H III 205.54 – Obere, geringfügig erweiterte Partie von N161, Beschreibung siehe dort; untere Partie: N185.

In Ib/5H im Dialog zwischen Lykon und Phanias partiell ausgewertete Dialogpartikel zu der in Ib nicht realisierten Begegnung zwischen Timon und Phanias.

September 1925.

Ib.

Timon u Phanias gegeneinander, nachdem Phanias die jungen Herren ge-
höhnt hat

T. über Phanias
Dem Kerl sollte man die Zunge ausschneiden

PH.
Dir...

PH.
Bist du bei der Halsabschneiderpartei

T.
Du bei der Narrenpartei

AKT I SZENE b   259

N 177

H III 205.53 – Einseitig beschriebener Zettel von Sorte A, 146 × 115 mm; blauschwarze Tinte.

Den grotesken Konkurrenzkampf der Gefolgsleute um die Gunst Timons charakterisierende Dialogpartikel.

September/Oktober 1925.

I b.

LYKON
Gegrüßt Ergast? – und ich – wie ich ihn gesucht – solche Tage brauchen Galoppierhengste – Du findest unseren Führer bereit.

I b | 5 H

H III 205.56,93 – Zwei einseitig beschriebene Blätter der Sorte A, 290 × 229 mm; blauschwarze Tinte, Stift.

Letztes Scenarium zu I b; ausführlicher zum Beginn (Phanias – Mädchen; Lykon – Sohn – Mädchen) und zum Anfang der Abholung. Die Scene Timon – Leäna ist nicht weiter ausgeführt. Der Geneseprozeß konzentriert sich zunächst auf den Beginn der Szene, dessen Bereich abgegrenzt (= Großstufe A) und auf einem eigenen, kreuz und quer beschriebenen Blatt (= Großstufe B) weiterentwickelt wird; in der Wiedergabe ist der Versuch unternommen worden, einen stringenten Ablauf des Dialogs zu rekonstruieren.

I b.[1]
Letztes Scenarium.

〔a) Phanias u die am Fenster
b) Lykon : Phanias.
c) Lykon / Sohn / Mädchen
d) Timon Leäna〕

A Phanias *(1)* bleibt. *(2)* wartet ungeduldig. | *(1)* Die *(a)* 2 andern *(b)* Andern *(c)* 2 anderen | sind schon weg: ruft man vom Fenster. 〔Ohne ihn zu verständigen. Er beschimpft die Mädchen. Wird aus Bosheit die Tür hüten.〕 *(2)* Komm herauf zur Musik: ruft man vom Fenster. Phanias: 〔Braucht ihr meinen Witz, ihr Esel?〕 Mich ekelt Musik: Mädchen: Phanias: beschimpft sie. Phanias: Lass dich nicht für Bacchis anmiethen. Ihre Feste sind schäbig. Ich habe Feste gegeben! – O Du Gigantin! Mädchen (bezeigt sich gutherzig) Phanias: Gutherzige Huren – alles ein Brei! |

---

[1] *Beginn:* 29. X ⟨1925⟩

(1) Der Sohn *(2)*ᵖ | das Mädchen Lykon *(1) (2)*ᵖ (dann der Sohn) |
Das Mädchen \(zu Lykon)/: hier gehe die Frau mit dem Alten herum. Oben
seien die 2 jungen Herren dann der Soldat. Er solle später kommen. Lykon:
Das bringt ihn um. Schaff Rat. Im Gärtchen! Der Sohn hereingerufen. Lykon
erstaunt über seine Umschweife. \Von oben: Schick den Türhüter herauf.
Er soll Salben besorgen./

Scene Timon – Leäna. (Er kommt essend heraus.)

[Lykon aus dem Haus: Ich lasse euch allein! Sohn ihm nach. Leäna: glaubt
es sei der Soldat, will Timon ins Haus ziehen. Lykon *(1) (2)* begrüßt Ergast. |
(deckt den Sohn mit dem Mantel): Wir holen dich auf den Markt.] →

B¹   Ib
                              Anfang.

a.) Phanias u. die Mädchen \(ein sanfterer, giftiger Ton)/
b.) Phanias Lykon

                              zu a.)
\Rufen Türhüter hinauf./

PH.

\Er hat Katzenjammer für ganze Decennien./ Alles graust ihm was man
durch Hurerei verdienen u. verschwenden kann – so auch seine Feste im
nachhinein. \(bei ihrem Parfum, der ihr nachweht)/ Verflucht dass Du mich
erinnerst! Veilchen waren einst wohlriechend. Jetzt riechen sie wie Pferde-
harn! \Warum kann ich *(1)* meine *(2)* das Wissen meiner | Vergangenheit
nicht abschütteln? Ich wollte ich hätte rechtzeitig Gedächtnisschwäche bei
einer von euch aquiriert./

vorher: Bacchis spürt nichts, darum ist sie Mimin geworden, um ihrem
Leib was vorzulügen.

DEMETRIUS
Die kleine ist hübsch und witzig

PHAN.

Mein Compliment! Gelobt das graziöse Gift \der Blutbahnen/ das alle Ich-
Bildung untergräbt durch Neurasthenie – Ich will Türhüter werden *(1). (2)*,
u. mich an der Prosperität des Unternehmens freuen. höhnt den Eintretenden
Willkommen, Client! Du bist hässlich genug! |

---

¹ *Vgl. Handschriftenbeschreibung.*

AKT I SZENE b   261

                              b.)

LYKON
(1) Ich habe gehört Sie waren wohltätig?

PHANIAS
Bei welcher Partei bist du? bei den Wucherern oder Halsabschneidern!
Beide *(a)* reich⟨en⟩ *(b)* halten sich die Wage. →

(2) Ich kenne dich Phanias! | Ich werde dir deine Gedenktafel sagen.

PHANIAS
du bist ein würdiger Vertreter des Adels.

(1) LYKON
O du wirst sehen –

PHANIAS
Was für ein *(a)* Lu⟨mp⟩ *(b)* Narr du bist.

Lykon winkt dem Sohn

PHANIAS
O ein Zubringer

(2) PHANIAS
Ich sehe dein Gesicht. Das ist mir genug. *(1)* Du missbrauchst Geistiges zu
Tellerlecker-diensten – du bist so feig als tückisch – ich lese deine Handschrift
in Deinem Gesicht *(2)* Nun sag mir was Du bist: du hast so etwas Niederträchtiges dabei Verwaschenes du müsstest ein Politiker sein – so etwas Incompetentes hast du! politischer Schmarotzer? Gib Auskunft.

LYKON
Ja – ich bin Politiker – sucht eine Münze Ich gehöre zum Haus.

⟨PHANIAS⟩
Du missbrauchst Geistiges zu Tellerlecker-diensten – du bist so feig als tückisch – ich lese deine Handschrift in Deinem
Gesicht

LYKON
O du wirst sehen –

PHANIAS
Was für ein Narr du bist. freut sich seinem Drang entgegen zu sein Die Hausordnung erlaubt jetzt keine Besprechungen. Die Hausordnung lässt nicht
zu – *(1)* ab⟨er⟩

(2) LYKON
Ich muss für einen Andern winkt dem Mädchen He ich bring ⌈ihn⌉ dir

MÄDCHEN
Wen denn? Ach den Jungen – wart ich komm herunter.

PHANIAS
O ein Zubringer Bist du eingetragen als einer unserer Zubringer oder machst Du
Privatgeschäfte? Hier herrscht Communismus! Hier geht es weniger lügen-
haft zu als anderswo. Zu dem Mädchen Schlägt er dich? ⁅Nein?⁆ – Dann
tut er Unrecht! |

⁅ˢ Anfang der Abholung⁆¹

ERGAST ⁅= THERON⁆ / Tryphon dazu
Wie bist du uns entwischt! Mit Mühe haben wir dich gefunden! Durch deinen
Sohn!

⁅LEÄNA
Der! der verkrachte Architekt!⁆

ERGAST
†hetzt ihn auf: andere Stadtviertel mit ihren Führern würden ihm den Rang
ablaufen – das darf nicht geschehen. –† Die Aristokraten glauben: jetzt
machen sie's: sie *(1)* ziehen *(2)* halten die Reste der Truppen in den Kasernen – ⁅Alle Versammlungen abgesagt.⁆ stellen sich todt. Es kommt zum
Treffen: aber wir haben den Polemarchen.

TIMON
Wo?

ERGAST
In Dir. Was wäre Gewalt ohne Gewalt *(1)*? *(2)*, du Überwältiger! | In dei-
nem Hirn sind Phalangen – speerstarrende Rechtecke – Kataphrakten –
Streitwagen – heraus mit ihnen. ⁅Du an der Spitze.⁆

TIMON
Aber doch nicht wörtlich?

ERGAST
Ha? wo wäre die Grenze? *(1)* Er zeigt eine Axt *(2)* Die fünf Finger. |

⁅Ergast galoppiert (= Hanriot) hallucinatorisch; befehligt eine Schlacht.

ERGAST
Ich galoppiere dir voraus!⁆

---

¹ *Nachtrag (als Gedächtnishilfe) am o. R.; gehört aber inhaltlich hierher.*

AKT I SZENE b   263

                        In Ib / 6 H verarbeitete Notizen

N *178*

H III 205.50 – *Einseitig beschriebenes Blatt der Sorte C; blauschwarze Tinte.*

*Zusammenhängender, im Umkreis der Benn-Lektüre entstandener Dialogabschnitt zur Szene
des Sohnes.*

September 1925.

                                    Ib
Der Sohn (für ihn ist der Vorgang ein fortwährender Monolog)
Sie ist willig (raunt ihm Lykon ins Ohr) wie aber zu ihr hinkommen – nur
zermalmt wäre es möglich. – wer ist so geknechtet wie ich – es ist ja alles undenkbar – die innere Hässlichkeit, die Scham – (ihm schwindelt): einer von
diesen sein – sie gehen hier aus und ein – – aus und ein! wie ist es möglich

DAS MÄDCHEN
hat er kein Geld – es macht nichts!

⟨DER SOHN⟩
Wenn ich mit ihr anderswo wäre

DAS MÄDCHEN
Ist er behext – man kann ihn freihexen –

DER SOHN
Ich kann nicht – ich bin zu nah u zu weit wischt sich den Schweiß

N *179*

H III 205.49 – *Einseitig beschriebenes Blatt der Sorte C; blauschwarze Tinte.*

Durch die Benn-Lektüre angeregte Dialogpartikel zur Szene des Sohnes.

September 1925.

                                    Ib
            Chelidas – *(1)* Mädchen *(2)*P Myrtion |¹
[meine schwere drängende Zerrüttung.]
Da er zu weinen anfängt – Lykon sie drängt ihn zu trösten – überfällt sie
zitternde Scham: Ja, geh! ruft sie.

¹ *ü. Z.:* Selbstmordsturz Leonces bei Lenas Anblick
  r. R.: Polemon

Lykon sucht das Missverständnis aufzuklären: er fühle sich unwürdig, nicht sie erscheine ihm unwürdig.

⌈*p* Myrtion (fürchtet dass beide sie höhnen)⌉

CHELIDAS
zu jedem gehört alles was er tut – zu mir gehört nichts – u. wenn einer sich an
dir vergreift bin ich waffenlos – denn mein Arm nicht einmal gehört zu mir!
O Lykon ⌈du Beredter⌉: mache dass sie's versteht – aber wenn ich fort bin.

Ib / 6 H

H III 205.57–58 – Zwei einseitig beschriebene, mit I und II paginierte Blätter der Sorte A, 290 × 230 mm; blauschwarze Tinte.

Flüssig dialogisierter, nur wenig varianter Entwurf zur Begegnung Lykons und Chelidas' mit Myrtion.

Unmittelbar nach Ib/5H, woran Ib/6H auch inhaltlich direkt anschließt, also Ende Oktober/Anfang November 1925.

Ib
Scene des Sohnes.

LYKON zieht das Mädchen hervor
Sie ist willig! Sie hat schon auf dich gewartet!

Sohn an der Tür

MÄDCHEN
Hier getraue ich mich nicht. Der Herr! ⌈ist im Hause der Malchus! *(1) (2)* der Alte!⌉ Er hat *(1)* mir *(2)* uns | verboten aus Liebe zu empfangen. ⌈Ausgang hab ich auch nicht.⌉

LYKON
führ ihn hinauf. In den Saal

MÄDCHEN
Da sind die jungen Herren.

LYKON
In dein Zimmer

MÄDCHEN
Der Soldat!

SOHN
Rede ihr nicht zu. *(1) (2)* †Warum *(a)* spion⟨iert⟩ *(b)* steht der Herr *(a)* sehr *(b)* so | nahe?† |

AKT I   SZENE b   265

LYKON
Sie denkt doch nur nach wo ihr sicher zusammen sein könntet.

SOHN
Es ist ja alles undenkbar. Zermalmt u. neugeboren: das wäre der Weg.

MÄDCHEN
Hat er kein Geld – ⌊Sag ihm⌋ es macht nichts! Das ist meine freie Stunde.

LYKON
Unsäglicher Mensch!

SOHN
Die Unmöglichkeit. Körperlich. Die Unmöglichkeit der Annäherung. Einer von diesen sein – sie gehen hinaus u hinein! Undenkbar!

LYKON
Zu hässlich findet er sich; der narrische Mensch.

MÄDCHEN
Hat er was Geheimes.

LYKON
Ein Kerlchen wie aus frischem Flusswasser. Ich sehe ihn täglich im Bade.

MÄDCHEN
Mir haben schon hässlichere gefallen! ⌊Er hat hübsche Wangen u. einen freundlichen Mund. Sein Kinn ist wie bei einem Kind *(1)*. *(2)* u. wackelt so.⌋

(1) LY.
(2) SOHN
Unmöglich das ist es. lehnt den Kopf an die Wand   Durch Zusammenhänge.

MÄDCHEN
Wovor ängstet er sich?

LYKON
Vor dir! Ich lasse euch allein. ⌊Ich gehe.⌋

Sohn hält ihn

MÄDCHEN
Ist er behext?

LYKON

MÄDCHEN
hat er kein Geld?

(1)¹ Sohn: Er müsste die Gnade haben sich zu vergessen. Es seien so entsetzliche Zusammenhänge. Er finde sich nicht hässlich sondern unmöglich.

Mädchen bietet sich an für ihn Musik zu machen. ⌊(sie sagt Lykon was sie an ihm hübsch u. unschuldig findet)⌉ →

(2)ᴾ MÄDCHEN
Ist er schwer von Zunge?

LYKON
Sonst beredt wie ein Wasserfall. Wie Honig fließt's ihm von den Lippen. Und der Sohn was für eines herrlichen Vaters! Und er übertrifft ihn!

DAS MÄDCHEN
wie hübsch er wird, wenn er nicht so vor sich hin stiert! Soll ich ihn bei der Hand nehmen? bietet sich an für ihn Musik zu machen. |

SOHN zu Lykon
Ich erschaffe mich an ihr. ⌊er muss weinen⌉

Man hört Timon lachen

Sohn steht wie angewurzelt

MÄDCHEN
Komm.

SOHN²
Vergebt mir. Ich höre: ⌊Der Klang sitzt hier im Ohr –⌉ dann sehe ich: Säbelbeine – eine Warze – diese ist es an der mein Leben Schiffbruch leidet! Abends bin ich mutiger – alles erscheint mir möglich – Dass er auch hier ist: das ist zuviel für meine Phantasie   sie gucken d. d. Spalt³
(1) das erschüttert mich. Ich geb es auf! Ich muss abtreten von der Lebensbühne, wo im Dunkeln! →
(2) Die Erbärmlichkeit der Association. Das erschüttert mich. Ich geb es auf! Dies Haus war, lieblich ist kein Wort: es war wo anders – weil du darin wohnst: es zu betreten Frevel. Ich muss abtreten von der Lebensbühne, wo im Dunkeln! versucht sich zu erklären. |

(1) MÄDCHEN
Ist er schwer von Zunge?

LYKON
Sonst beredt wie ein Wasserfall. Wie Honig fließt's ihm von den Lippen. Und der Sohn was für eines herrlichen Vaters! ⌊Und er übertrifft ihn!⌉

---

¹ *Stufe (1) ungestrichen.*
² *l. R.:* Phanias: sich dreinmischend, cynisch.
³ *ü. Z.:* (Der Alte hier quasi familiariter)

AKT I SZENE b   267

DAS MÄDCHEN
wie hübsch er wird, wenn er nicht so vor sich hin stiert! Soll ich ihn bei der
Hand nehmen? *(2)p* |

LYKON *hat den Vater erspäht*
5 Du musst gleich fort. Halt da das Ohr daran –

DAS MÄDCHEN
Ich will ihn haben! sag ihm's doch!

LYKON
Ich werde!

10 DAS MÄDCHEN
Du untersteh dich! ihn!

[Lykon begrüßt Timon!]

Leäna: Gebärde: hinauf!

In Ib/7H verarbeitete Notizen

15 *N 180*

H III 205.48 R – Vorderseite eines beidseitig beschriebenen Blattes (Rückseite: N 192) der Sorte C; blauschwarze Tinte.

Aus Plautus-Reminiszenzen zusammengestellter Dialog Timon–Leäna; durchgestrichen bei der Benutzung der Rückseite.

20 *September/Oktober 1925.*

                               Ib

TIMON *sich selbst lobend*
Bin ich dir nicht in jeder Gestalt zu Dienst? Anwalt, stirnrunzelnd! Trabant,
furchteinflössend! Wirth, jovial, gemüthlich! Kupplerisch – Haushälter!
25 und im Bett na sag das selbst!

⟨TIMON⟩
Er schläft?

⟨LEÄNA⟩
Ja ganz u gar, nur mit der Nase nicht, mit der macht er Krawall.

N 181

Deutsches Literaturarchiv, Marbach a. N., Dauerleihgabe Land Baden-Württemberg – Notizen mit Stift in: Shakespeares dramatische Werke. Hrsg. von Max Koch. Stuttgart: Cotta o. J., Bd. 4, letzte Seite (S. 432).

Einzelnotizen zum Dialog Timon–Leäna im 4. Band (u. a. ›König Heinrich der Vierte. Zweiter Teil‹) der Shakespeare-Ausgabe aus dem ehemaligen Besitz der Baronin Oppenheimer. Der bloße Verweis (S. 342) auf eine Replik der Wirtin Hurtig (mit entsprechender Markierung auf der bezeichneten Seite) hier durch den betreffenden Text ersetzt.

Intensive Shakespeare-Lektüre im September/Oktober 1925.

»*WIRTIN.*

Mein Seel', wenn du ein ehrlicher Kerl wärst, dich selbst und das Geld dazu. Du schwurst mir auf einen vergoldeten Becher, in meiner Delphinkammer, an dem runden Tisch, bei einem Steinkohlenfeuer, am Mittwoch in der Pfingstwoche, als dir der Prinz ein Loch in den Kopf schlug, weil du seinen Vater mit einem Kantor von Windsor verglichst, da schwurst du mir, wie ich dir die Wunde auswusch, du wolltest mich heiraten und mich zu deiner Frau Gemahlin machen. Kannst du es leugnen? Kam nicht eben Mutter Unschlitt, des Schlächters Frau, herein und nannte mich Gevatterin Hurtig? Und kam sie nicht, um einen Napf Essig zu besorgen, und sagte uns, sie hätte eine gute Schüssel Krabben? worauf du Appetit kriegtest, welche zu essen, worauf ich dir sagte, sie wären nicht gut bei einer frischen Wunde? Und befahlst du mir nicht an, wie sie die Treppe herunter war, ich sollte mit so geringen Leuten nicht mehr so familiär thun? und sagtest, in kurzem sollten sie mich Madame nennen? und küßtest du mich nicht und hießest mich, dir dreißig Schillinge holen? Ich schiebe dir nun den Eid in dein Gewissen: leugn' es, wenn du kannst.«

Leäna über Bacchis Sie bringt jeden zu allem In so eine denke ich mich hinein!

S. 345.

Keine Worte weiter – lass sie kommen

Über Huren: Das Verderbte an ihnen.

Hinken: durch ein Gedränge

Leäna: von vorn Du musst mir! du musst mir! Aus Jähzorn!

Todschläger Fetzen Wischhadern

Timon: Du denkst wie jedes Weib denken soll⟨t⟩e

Leäna: Beängstigungen

In der Weiche

AKT I   SZENE b

N 182

H III 205.65 – Einseitig beschriebener Zettel von Sorte A, 231 × 146 mm; blauschwarze Tinte.

Drei kleinere, das ökonomische Kalkül Timons charakterisierende Partikel zum Dialog Timon–Leäna.

Aufgrund einer wörtlichen Entlehnung aus Shakespeares ›Lustigen Weibern von Windsor‹ auf September/Oktober 1925 zu datieren.

LEÄNA
ach ich hab ja zu weiche Hände um sie zusammenzuhalten –

Timon schleckt die Hand ab –

LEÄNA
Und wenn Du nicht da bist –

TIMON blättert das Buch durch
das für Salben? das für Lampenoel? wie lange hat sie gebrannt?[1] Ich werde Stundenuhren anschaffen! Doppelte Zeit doppelte Taxen – die Stunden abgestuft – ich baue an – geheime Ausgänge – Katakomben –

LEÄNA
Ich habe Furcht vor Unruhen – Redest du auch zum Frieden?

TIMON
Ich rede wie's uns gut tut.

LEÄNA
Wenn sie die Herrschaften bedrohen –

TIMON
Dann blüht unser Weizen!

LEÄNA
Es gibt doch nichts Höheres als elegante junge Herren, die freigebig sind. Jetzt und – dann

TIMON
Die achte ich auch am höchsten – \Die nutzen wir recht aus. Wir wollen Negerinnen. er**weitern**! Einen Türsteher! Phanias/

LEÄNA
Ach was ich da rede! Natürlich gibt es etwas Höheres, einen Mann wie dich.

[1] *Zusätze am l. R.:* Man muss 2 Negerinnen einstellen *(Zeile 14)*
   baufällige Stiegen *(Zeile 16)*
   was sagte der Soldat *(Zeile 18)*

N 183

H V A 32.4 R – Vorderseite eines Blattes der Sorte C (Rückseite: Notizen zu Deutsche Autoren älterer Zeit); blauschwarze Tinte.

Lukians siebtes Hetärengespräch auswertende Fragen.

September/Oktober 1925.

I b

†TIMON
≈ LEÄNA↓
Hässlich? Praxias? ein Schiffsrheder? ein Mann der Zinnbergwerke besitzt? der ganze Ernten aufkauft u transportiert – der an Rückfracht allein reich wird! Der stinkt? wie ein alter Bock? der?

N 184

H III 206.18 R – Rückseite eines beidseitig beschriebenen Blattes der Sorte D (Vorderseite: N 284); blauschwarze Tinte.

Wörtlich in I b/7 H integrierter Ausspruch Leänas.

September/Oktober 1925.

I b

LEÄNA von den hübschen eleganten Herren
Gut gut. Sollen sie alle hin werden? Vorbei! wenn nur unser Haus dabei gut fährt –

N 185

H III 205.54 – Untere, wesentlich erweiterte Partie von N 161; Beschreibung siehe dort; obere Partie: N 176.

In I b/7 H im Dialog zwischen Timon und Leäna partiell ausgewertete Dialogpartikel zu der in I b nicht realisierten Begegnung zwischen Timon und Phanias.

September 1925.

I b

Timon und Phanias gegeneinander, während Timon gepolstert wird – Küchenmesser

AKT I   SZENE b   271

TIMON
(1) Du bis⟨t⟩ *(2)* Ich muss mir einen Türsteher halten. Ich nehme einen Aristokraten

PH.
Dann wird Dein Thür⟨steher⟩ sich Deines Hauses als Abtritt bedienen

T.
Es wäre gescheidter Du bewürbest dich um die Stelle

Phanias sagt ihm ein Programm: durch welche Punkte die Reichen zu vernichten wären –

                                   Ib/7H

H III 205.62–64 – *Drei einseitig beschriebene Blätter der Sorte A, 290 × 229 mm; blauschwarze Tinte.*

Fast durchgehend dialogisierter, erst gegen Ende ausfasernder Entwurf zur Begegnung Timon–Leäna.

Der Platz von Ib/7H in der relativen Chronologie der Ausarbeitungsphase von Ib ist hypothetisch. Ib/7H und Ib/8H sowie Ib/9H und Ib/10H folgen jeweils unmittelbar aufeinander; Ib/7H und Ib/8H könnten aber auch erst nach Ib/10H entstanden sein.
Die Einordnung geht von der Beobachtung aus, daß Hofmannsthal meist zunächst Teilentwürfe konzipiert, bevor er eine zusammenhängende Niederschrift einer ganzen Szene beginnt; und Ib/10H ist – wenn auch Fragment – der Ansatz zu einer solchen Niederschrift. – Eine genaue Datierung ist also nicht möglich. Allerdings läßt sich der Zeitraum der Entstehung relativ eng eingrenzen. Ib/5H entsteht am 29. Oktober, Ib/10H am 2. November, und Ib/11H beginnt am 17. November 1925. Vom 10. bis 15. (wahrscheinlich sogar 16.) November dauerte die Niederschrift zur Szene In der Villa. *Als mögliche Entstehungszeit kommt also nur der Zeitraum vom 29. Oktober bis 10. November 1925 in Frage; sehr wahrscheinlich aber ist Ib/7H während der Monatswende Oktober/November 1925 entstanden.*

                                   Ib¹

⌈TIMON
Sie suchen mich – die meinigen – hast du nicht Timon rufen gehört? reinigt sich das Ohr

LEÄNA
Den Namen will ich nicht hören –⌉ Und endlich – wie ich gar nicht Herr werden kann, und ich fühle es ist unser Institut in Gefahr ⌈ich weiß ja wohl dass die Behörde dir wohl will⌉ – so schick ich um dich – den Burschen der weiß wo du wohnst.

¹ *o. R.:* Tryphaina / Lyra / Ampelis /

TIMON[1]
Das ist gefährlich?

LEÄNA
Weiß ich das nicht! Ich weiß viel mehr, als du weißt dass ich weiß – ach sie weint sie sagen ja – du wärest mit ihr seit 20 Jahren – und hättest Kinder mit ihr: Kein Wort glaub ich – aber Dir glaub ich auch nichts!

TIMON
Du weißt ja doch das spreng ich aus

LEÄNA
Und sie ist deines Bruders Weib: da sagen die mehrsten dass das gar nicht wahr sein kann. – ⟨Aber ich rede mit niemand darüber.⟩

TIMON
Die Witwe – die Schwägerin –

⟨**LEÄNA**
Und hässlich.

T.
Über die Maßen, rauh, abstoßend.⟩

LEÄNA
Du hast kein Kind mit ihr?

TIMON
Wo werd ich?

LEÄNA
Und den du mir machst das wird dein erster Sohn – ⟨Schwörst du⟩

TIMON
Hör mehr. Ich spreng das aus dass ich mit ihr verheirathet bin. Das hat diesen Zweck. Es ist mein Wahlkreis. Dass – ich – Malchus bin –

LEÄNA
Du Gerissener! wer ist dir über! sie stopft ihm Essen in den Mund

TIMON
Du sollst auch nicht über mir sein – sondern unter mir. Mein Weibchen! halte ich nicht das ganze Häuschen u. Gärtchen in Ordnung? nett? gepflegt? Bin ich dir nicht in jeder Gestalt zu Dienst? Dein Anwalt! dein Verwalter! dein Trabant, furchteinflössend – Kuppler – und im Bett Sag selbst. – Jetzt ganz beiseite den Tratsch. ⟨Wir wollen uns ruhig setzen.⟩ Ich werfe einen Blick aufs Buch u. trage ein. – ⟨Dann muss ich auf den Markt

---

[1] *l. R.:* zwischen dem Geschwätz den Türhüter gerufen: Wie hab ich dich ihn suchen heißen? Türhüter: Eilig u. überall.

AKT I SZENE b   273

LEÄNA
Aber du isst noch was?

TIM.
Was gäbe es.

⟨LEÄNA⟩
Frische Krabben Fenchel in Öl was warme Schafsnieren mit frischem Knoblauch u einem Schuss Tomaten

⟨TIMON⟩]
Der Kerl schläft jetzt?

LEÄNA
Ja ganz, nur mit der Nase nicht. Mit der macht er Krawall.

TIMON
Wie nur das ganze so weit kommen konnte!

LEÄNA
Sie ist die widerhaarigste *(1)* Die Lyra. →
(2) T.
Die Lyra.
L.
Ja! |

TIMON
Sie ist doch nicht so übel.

LEÄNA
Ja vor dir kuscht sie. Wenn ich aber mit ihr allein bin. Ich hab einmal zu weiche Hände um die wilden Gänse zusammenzuhalten!

Timon schleckt ihr die Hand ab

LEÄNA
Und wenn du dann nicht da bist. Willst du das Buch?

TIMON *blättert* ⌈überm Buch
Das für Salben, das für Lampenöl? wie lange hat sie gebraucht? Ich werde Stundenuhren anschaffen – Doppelte Zeit! doppelte Taxen! Was fange ich mit einer Stunde an!]

LEÄNA[1]
(1) so höre: *(2)* Es war wegen einem Affen. Sie wollte ihn nicht abliefern. Und Abliefern der Geschenke steht im Vertrag. Nun hat sie den Affen von einem Capitän u. einen Gürtel u. eine Doppeldrachme. Von auswärts sagt sie.

---

[1] *Replik der Leäna am l. R. markiert, zusätzliche Bemerkung:* in I a

Dass du auswärts schläfst ist gegen den Vertrag u. wenn du es erfährst krieg
ichs u. du – ⌊Dafür verkauf ich meine Seele! trag die Verantwortung. nimmst
dafür 15 von 100.⌋ *(1)* Da mischt sich der Soldat ein. Da⟨rauf⟩ *(2)* Und überhaupt sag ich, ich weiß nicht wie Du mir vorkommst. *(1)* Darauf mault sie
(2) Wie denn? unfreundlich bist du, u. frech – wo bei uns alles das Höfliche –
⌊alles hat man dir gesagt – nie zudringlich – nie unfreundlich – ohne Betrügerei im Bett ordentlich u. reinlich arbeiten. –

TIMON
Wie aus dem Schnabel dir alles nett herauskommt!

⟨LEÄNA⟩⌋
Sagt sie: das geht auf den hässlichen alten Kerl, den Praxias – auf den spuck
ich – ⌊er hat die Krätze u ist geizig⌋ Was sag ich, Ein Rheder – ein Mann der
Zinnbergwerke in Spanien besitzt. Der an der Rückfracht allein reich wird. –
Mir graust. – Der riecht nicht gut? ein Bock – Darauf hau ich ihr eine hinein –
darauf zeigt der Soldat die Zähne u *(1)* sagt *(2)* brüllt | etwas saugemeines
auf punisch.

T.
Hast du ihn denn verstanden?

LEÄNA
Nein an ihrem Lachen merk ich das doch.

(1) TI.
(2) – Darauf verbiet ich ihm das Haus u sag zu ihr – er verdirbt dir die Manieren – wie du lümmelst – wie du säufst statt manierliche Schlucke

TIM.
Gib einen Stift. Das ist ja unerhört – Darauf.

LEÄNA
Darauf droh ich mit dir. Da fletscht das Schwein Ja ja denn es ist Zeit dass der
Alte u. ich uns einmal ins Weiße der Augen schauen –

TIMON
Das hat er ⌊von mir⌋ gesagt? steht auf *(1) (2)*; schaut besorgt *(3)* Und darauf
ist er weg! Vor meinem Weib? Ah! ah!

LEÄNA¹
Dass du ihn mir nicht aufsuchst! – Ich bring ihn aus dem Haus. Ich geb seinen
Cameraden was. – Nein nein Du schaust so grimmig. Ich habe Furcht vor
Unruhen. Redest du auch zum Frieden?

---

¹ *l. R. flüchtig notiert (offenbar während der Konzeption von Ib/11 H)*: Ephraem: Es
(1) gibt *(2)* kennt ihn jeder Mensch. Was unsern Malchus? und ⟨Leäna:⟩ Ich richt
uns alles allein – ich hab weiche Hände – alles repris⟨e⟩ Steht eine allein oder hat sie
einen Bräutigam

AKT I SZENE b

TIMON
Ich rede wie's uns Vorteil bringt.*A-D* {*cd*Der Augenblick dictiert mirs.}
{*d*Mir kommts beim Reden.} {*b-d*Die Miethen müssen herab. *(1)b (2)cd* Getreide umsonst herein.} Bleib du *(1)* in unse⟨ren⟩ *(2)*, du Gute, in diesen
friedlichen 4 Wänden u. fremde der Scheußlichkeit der Welt.*A-C* {*bc* Die Welt
ist hässlich: verderbt – hast du von der Bacchis gehört Die nenn ich nur zum
Beispiel}

LEÄNA
Wenn sie die Herrschaften bedrohen? {*bc*Gehts denen an den Balg?} Die
eleganten jungen Herrn! {*c*Es geht doch nichts über elegante wenn sie das
Geld nur so – u. so hochmüthig und ach bessere Leute!} Gut! gut! sollen sie
hin werden! vorbei! wenn nur das Unsere dabei gut fährt!

TIMON
Die nützen wir recht aus. Wir wollen das Institut erweitern. Dazu sind Unruhen gut.*1* {Häuser werden billig.}*2*

LEÄNA
Wie denn? {Teuerung? Friede?}

TIMON
Kümmere dich nicht um Politik.

LEÄNA
{Ich mich kümmern! wo werd ich! aber eine politische Antwort bekommen
sie schon von mir!} Sags mir ein bischen.

TIMON*3*
†Vor allem das. Was immer kommt ≈ Aber da mags in der Stadt drunter u.
drüber gehen!↓: sie müssen sich hier zu Hause fühlen! Drin! – Nie hier ein
revolutionäres Wort. Vor den Piraten Furcht wie vor der Pest! Lass solche
Redensarten fallen: Hier ist Alt-Ephesus! – Berath sie, deut etwas von Verstecken an. Der zweite Ausgang ist Gold wert. Man kann auch wohnen.
Meldezettel braucht man nicht. Katakomben. {Wir werden ihnen ihre Bacchis u. ihre Schauspielerinnen u. Tänzerinnen austreiben. Sie sollen hieher.}

LEÄNA
Mir läuft die Ganshaut. {Ist es so recht: wenn ich sage: gehängt sollen die
Gleichmacher werden. Ich sag es ja gern! u. s. f. geschwätzig}

---

1 r. R. vornotiert: (dass er den Soldaten aus politischer Schonung nicht sehen will)
2 u. Z.: Das mit den Miethen muss ich überlegen. Vertrag mit den Piraten: wir sind
  Brüder. Reden muss man.
3 l. R.: Timon mustert immer das Haus als *(1)* habe *(2)* suche er den Sohn.

TIMON
(1) Und jetzt – *(2)* Erweitern! begreife! groß werden! ⌊so erweitert sich zugleich meine Begier! hab ich eine Rundung unserer Einkünfte im Auge. zugleich ins Bollwerk des Adels dring ich – und in dich hinein! Ich fühle Kräfte wie ein Stier.⌋

⌊LEÄNA
Und Negerinnen? u. als Türsteher u Lakai einen Aristokraten.

PHANIAS
Er wird das Haus als Abtritt benützen.⌋

LEÄNA
(1) Ich fürchte mich du suchst jetzt *(2)* †Schwöre mir jetzt zärtlich du suchst nicht | den Soldaten. Vielleicht hat er etwas anderes gesagt! *(1) (2)* Gegen wen gehts denn eigentlich?

T.
Gegen die Bacchis!

LEÄNA
Du sollst ihr nicht gegenübertreten! Du sollst sie nicht zu Fall bringen! *(3)* P |

TIMON
Ich will ihm verzeihen

≈ Jetzt musst Du den Soldaten verprügeln –

(1) (2) TIMON
Ah! dass du ihn zu finden wüsstest!

⟨LEÄNA⟩ |
Ich wecke ihn. Du musst den Rundgang machen

TIMON
Ich will ihm verzeihen aus politischer Schonung. †Meine Politik ≈ Mein Verstand↓ hat das Übergewicht über meinen Bürgerzorn bekommen

LEÄNA
Du sollst ihm nicht verzeihen!

⟨TIMON⟩↓
um der großen Dinge willen. ⌊Ein Saal. Negerinnen. Musik.⌋ Doch muss ich auf den Markt. ⌊Nämlich: wo viele sind da hab ich Mut! Das ist eigenthümlich. Es sitzen mehrere in uns: dumme u schlaue! Ich habe mir vorgesetzt: wenn sie mich finden!⌋

LEÄNA
Ich hasse den Namen T i m o n. Der klingt rauh u. wild. Bleib noch – *(1)* und dann den Rundgang innen. Das Aug des Herren.

AKT I   SZENE b   277

(2) TIMON
und dann den Rundgang innen. Das Aug des Herren.

LEÄNA
Den lass.

5   TIMON
Du fürchtest ich könnte? Aber ich habe Tadel auszuteilen

LEÄNA
Ich rufe dir die Mädchen zum Rapport! Jetzt iss noch einen Bissen. Komm noch einen Augenblick hinein! zieht ihn hinein

10 ⟨TIMON⟩
Doch wenn ich drin bin – und höre sie nicht

⟨LEÄNA⟩
Du musst mir! du musst mir!

TIMON
15 (1) (2) Wenn das Orakel was wert ist | Nicht viel Geschwätz. Hinein.

LEÄNA
Du »Timon« du!⟩

Lykon entdeckt den Timon u. ruft Chelidas ab

⟨ERGAST
20 Ist Timon hier! umzingelt das Gebäude!

LYKON
Hier ist er! hier!⟩

(1) (2)ᵖ Im Abmarsch

LEÄNA
25 Gegen wen gehts denn eigentlich?

T.
Gegen die Bacchis!

LEÄNA
Du sollst ihr nicht gegenübertreten! Du sollst sie nicht zu Fall bringen! |

30   *Ib/8H*

H III 207.81 R/206.75 R – *Beidseitig beschriebenes Blatt (Rückseite: N 252 und 251) der Sorte A, 291 × 230 mm; blauschwarze Tinte.*

Auf Ib/7H aufbauender Entwurf zu einer partiellen Erweiterung der Szene Timon–Leäna. Anlaß war offenbar eine Shakespeare-Reminiszenz (vgl. N 182). Die einzelnen Änderungen gegenüber Ib/7 H werden in ihren jeweiligen Kontext mittels Verweisen eingeordnet. In der Darstellung sind die entsprechenden Partien wörtlich aus Ib/7 H übernommen. Gegen Ende fasert Ib/8 H in einzelne Details, vermutlich Vormerkungen für Ib/11 H, aus. Nach der Verwertung wurde der Entwurf durchgestrichen und das Blatt getrennt; die Rückseiten wurden als Notizzettel benutzt (siehe oben).

Zur Datierung: siehe Ib/7 H.

Ib
Timon – Leäna

(er hinkt weil ein Soldat ihn den Bürgersteig hinabgestoßen: ⸌dabei sind ihm Bedenken gekommen: von Lederzeug u. Eisen – gegen Menschenfleisch. flucht den Soldaten.⸍ Will alles wissen.) ⸢Dir gedroht? die Zähne gefletscht?⸣

LEÄNA
Er ist schon weg –

TIMON
Den Kerl verbläue ich. $^{A-D}$ ⸢^{cd} Ins Weiße der Augen *(1)* ^{c} *(2)* ^{d}. Hässliche Rede!⸣ Die Lyra ⸢$^{b-d}$ das Mädchen⸣ herbei – ⸌Gut dass ich den nicht zu finden weiß –

LEÄNA
Nein nein. Dass Du nur da bist!

≈ Die kleine schwarze Amsel wird die so keck!

⟨LEÄNA⟩
Ja vor dir kuscht sie aber –↓

TIMON
Soldaten – sieh ich war auf dem Weg zum Markte – und wollte mich zu dir schleichen – ein Riesengefolge –

LEÄNA
Du hinkst.

TIMON
Das ist es. Hundskerle in Eisen u Leder Man sollte sie abrüsten, ihnen die Zähne ziehen. ⸢Man musste mich wegreißen!⸣ – Wie war der Kerl?

LEÄNA
Er ist ganz fort. Vergiss ihn!

T.
(1) Gu⟨t⟩ *(2)* Wohl ihm! Ich strafs an anderen. ich lasse sie hängen bis sie matt werden! ⸢castrieren wäre gut!⸣ Sie[1] suchen mich – die meinigen – hast du nicht Timon rufen gehört? reinigt sich das Ohr

---

[1] *Beginn der Übernahme aus Ib/7 H entsprechend dem Vermerk:* (Jetzt Blatt a.)

LEÄNA
Den Namen will ich nicht hören – Und endlich – wie ich gar nicht Herr werden kann, und ich fühle es ist unser Institut in Gefahr ich weiß ja wohl dass die Behörde dir wohl will – so schick ich um dich – den Burschen der weiß
5 wo du wohnst.

TIMON
Das ist gefährlich?

LEÄNA
Weiß ich das nicht! Ich weiß viel mehr, als du weißt dass ich weiß – ach sie
10 weint sie sagen ja – du wärest mit ihr seit 20 Jahren – und hättest Kinder mit ihr: Kein Wort glaub ich – aber Dir glaub ich auch nichts!

TIMON
Du weißt ja doch das spreng ich aus

LEÄNA
15 Und sie ist deines Bruders Weib: da sagen die mehrsten dass das gar nicht wahr sein kann. – Aber ich rede mit niemand darüber.

TIMON
Die Witwe – die Schwägerin –

LEÄNA
20 Und hässlich.

T.
Über die Maßen, rauh, abstoßend.

LEÄNA
Du hast kein Kind mit ihr?

25 TIMON
Wo werd ich?

LEÄNA
Und den du mir machst das wird dein erster Sohn – Schwörst du

TIMON
30 Hör mehr. Ich spreng das aus dass ich mit ihr verheirathet bin. Das hat diesen Zweck. Es ist mein Wahlkreis. Dass – ich – Malchus bin –[1]

LEÄNA
Nur dass sie dort dich alle Timon nennen!

TIM.
35 Und du! du Unvorsichtige!

[1] *Ende der Übernahme aus Ib/7 H.*

LEÄNA
Ephraem muss her! ↑Ich brauch dich nicht. ≈ Hab ich gesagt? wie hab ich es
gesagt? den Malchus – den sie Timon nennen↓ Geh was stellst du dich so her!
Du* Gerissener! wer ist dir über! *sie stopft ihm Essen in den Mund*

TIMON
Du sollst auch nicht über mir sein – sondern unter mir. Mein Weibchen!
halte ich nicht das ganze Häuschen u. Gärtchen in Ordnung? nett? gepflegt?
Bin ich dir nicht in jeder Gestalt zu Dienst? Dein Anwalt! dein Verwalter!
dein Trabant, furchteinflössend – Kuppler – und im Bett Sag selbst. – Jetzt
ganz beiseite den Tratsch. Wir wollen uns ruhig setzen. Ich werfe einen Blick
aufs Buch u. trage ein. – Dann muss ich auf den Markt

LEÄNA
Aber du isst noch was?

TIM.
Was gäbe es.

⟨LEÄNA⟩
Frische Krabben Fenchel in Öl was warme Schafsnieren mit frischem Knoblauch u einem Schuss Tomaten

⟨TIMON⟩
Der Kerl schläft jetzt?

LEÄNA
Ja ganz, nur mit der Nase nicht. Mit der macht er Krawall.

TIMON
Wie nur das ganze soweit kommen konnte!

LEÄNA
Sie ist die widerhaarigste.

T.
Die Lyra.

L.
Ja!

TIMON
Sie ist doch nicht so übel.

LEÄNA
Ja vor dir kuscht sie. Wenn ich aber allein bin. Ich hab einmal zu weiche
Hände um die wilden Gänse zusammenzuhalten! *Timon schleckt ihr die
Hand ab*

---

¹ *Beginn der Übernahme aus I b/7 H entsprechend dem Vermerk:* Blatt b

AKT I SZENE b

LEÄNA
Und wenn du dann nicht da bist. Willst du das Buch?

TIMON blättert überm Buch
Das für Salben, das für Lampenöl? wie lange hat sie gebraucht? Ich werde
Stundenuhren anschaffen – Doppelte Zeit! doppelte Taxen! Was fange ich
mit einer Stunde an!

LEÄNA
Es war wegen einem Affen. Sie wollte ihn nicht abliefern. Und Abliefern der
Geschenke steht im Vertrag. Nun hat sie den Affen von einem Capitän u.
einen Gürtel u. eine Doppeldrachme. Von auswärts sagt sie. Dass du auswärts
schläfst ist gegen den Vertrag u. wenn du es erfährst krieg ichs u. du –
Dafür verkauf ich meine Seele! trag die Verantwortung. nimmst dafür 15 von
100. Und überhaupt sag ich, ich weiß nicht wie Du mir vorkommst. Wie
denn? unfreundlich bist du, u. frech – wo bei uns alles das Höfliche – alles hat
man dir gesagt – nie zudringlich – nie unfreundlich – ohne Betrügerei im Bett
ordentlich u. reinlich arbeiten. –

TIMON
Wie aus dem Schnabel dir alles nett herauskommt!

⟨LEÄNA⟩
Sagt sie: das geht auf den hässlichen alten Kerl, den Praxias – auf den spuck
ich – er hat die Krätze u ist geizig Was sag ich, Ein Rheder – ein Mann der
Zinnbergwerke in Spanien besitzt. Der an der Rückfracht allein reich wird. –
Mir graust. – Der riecht nicht gut? ein Bock – Darauf hau ich ihr eine hinein –
darauf zeigt der Soldat die Zähne u brüllt etwas saugemeines auf punisch.

T.
Hast du ihn denn verstanden?

LEÄNA
Nein an ihrem Lachen merk ich das doch. – Darauf verbiet ich ihm das Haus
u sag zu ihr – er verdirbt dir die Manieren – wie du lümmelst – wie du säufst
statt manierliche Schlucke

TIM.
Gib einen Stift. Das ist ja unerhört – Darauf.

LEÄNA
Darauf droh ich mit dir. Da fletscht das Schwein Ja ja denn es ist Zeit dass der
Alte u. ich uns einmal ins Weiße der Augen schauen –

TIMON
Das hat er von mir gesagt? steht auf Und darauf ist er weg! Vor meinem
Weib? Ah! ah!

LEÄNA
Dass du ihn mir nicht aufsuchst! – Ich bring ihn aus dem Haus. Ich geb seinen Cameraden was. – Nein nein Du schaust so grimmig.¹

LEÄNA
Komm noch einen Augenblick hinein! *zieht ihn hinein*

TIM.
Ja! Sie müssen mich finden!

Ib/9H

H III 205.94 – Einseitig beschriebenes Blatt der Sorte A, 290 × 230 mm; blauschwarze Tinte.

Erstes Blatt eines schon zu Beginn ausfasernden Entwurfes zum Auftritt des Phanias; verworfene Vorstufe zu Ib/10H.

Wahrscheinlich am 2. November 1925 entstanden.

Ib.

Im Haus. Rechts der Ausgang auf die Strasse, u. eine offene [durch einen Vorhang geschlossene] Nische für den Türhüter.

Reihenfolge: Phanias: will den Türhüter hinaufschicken. Türhüter weigert sich.

Phanias vergleicht ihn, was er war, u. diesen Hurenlakai.

⟨PHANIAS⟩
Weißt du wer ich bin – u. war.

TÜRHÜTER
[Seid? Schmarotzer bei einem früheren Clienten! und lebst von Indiscretionen. Ja, dich kenn ich auch u. lange.

PH.
Die Pest über alle die mich lange kennen.

T.
36 Jahre.] War das ist es! [Abdanken hast du müssen – Diener entlassen –] Ich war bei euch Stallputzer. [unter deinem ersten Stallmeister, Antiochus der dich bestahl. Wie mir zu Mut war, wenn Ihr zu Pferde stieget!

PH.
(1) (2) Ich war populär! | Die Schimmel: alles weiß u. Goldzäume

---
¹ *Ende der Übernahme aus Ib/7H.*

AKT I SZENE b   283

⟨T.⟩] *(1)* rührt ihn jovial an *(2)* pufft ihn

PH.
Halunke! untersteh dich!
(Monolog über die Zeit) |

(1) DEMETRIUS →
(2) AGRIPPA |
Komm herauf zur Musik. ⟨Man wünscht dich.]

PHANIAS
Mich ekelt Musik.

⟨DEMETRIUS
Die Kleine soll dich begrüßen.

PHANIAS
Heil kleine Giftmischerin!]

(1) MÄDCHEN →
(2) LYRA
Phanias wie gehts? Komm herauf wir wollen dich hören, wie du schimpfst. |
Schick uns den Ephraem herauf. Er soll was besorgen: Ich muss zur Bacchis:
als Künstlerin.

TÜRHÜTER
Sofort. geht hinauf

↑ᵖMÄDCHEN
Und setz du dich in die Nische! Tu mir den Gefallen!↑

PHANIAS
↓ᵖ Ich werde d. Platz einnehmen.↓ ⟨Beug dich, ich will dich riechen! *(1)* sie
wirft ein Tuch herunter *(2)* u. mich an bessere Zeiten erinnern. Dein Anblick
stört mich. Du malst dich zu gut.

⟨MÄDCHEN⟩
Ich muss mich schön machen. Die Bacchis hat mich gebeten: sie gibt ein Fest.
Adieu. sie wirft das Tüchlein herunter]

PHANIAS
Du bildest dir was ein zur Bacchis geladen zu werden. Und Bacchis war das
bescheidenste Ornament meiner Feste *(1)*. *(2)*: geringer als du bei ihr: denn
dich benützt sie um sich was vorzulügen. Sie ist so geizig als ich freigebig
war. |

Mädchen: tröstet ihn *(1)*. *(2)*: er sehe noch was gleich! |

PHAN.
Gutherzige Huren! – Canal durch den alles durchgeht. schnuppert ihr Parfum

Verflucht dass sie mich erinnert. \[u. schlechtes Parfum noch dazu.] Veilchen waren einst wohlriechend. Jetzt riechen sie wie Pferdeharn: universeller gigantischer Katzenjammer: die ganze Welt riecht mir schal u. übel. – \[Ich will Ephraem werden.]¹ Warum bin ich alles losgeworden u. kann das Wissen meiner Vergangenheit *(1)* nicht *(2)* u. nicht die Empfindlichkeiten | loswerden. \[Musik Abdanken innerlich! Begreifen! alles sagt Adieu] Ich wollte ich hätte bei einer von Euch Gedächtnisschwäche aquiriert, statt Sciatixa. Ich will die Türe hüten \[zum Zeitvertreib.] – die welche die allerunbehüteteste ist, und die behütetste sein sollte: hier wo der Lebenssamen ins Danaidenfass gegossen wird. Langsame Gattenmörderinnen! und alle anbrüllen \[alle wie Cerberus] die aus u. eingehen: den feigen Soldaten der hier den Ehemann \[der Alten sekiert² –] den Richter – In meiner Portierloge war ein Bogen aufliegend: da trug sich alles ein was Namen hatte – aber es kam nichts ein durch die Eingänge – Hier kann man sich der Prosperität des Unternehmens freuen.

Ib | 10 H

H III 205.87–92 – Sechs einseitig beschriebene, von 1–6 paginierte Blätter der Sorte A, 290 × 230 mm; blauschwarze Tinte; Vermerk am linken Rand der ersten Seite: Die Begegnung mit Ephraem in I c versetzen.

Zusammenhängender Entwurf zum Auftritt des Phanias in I b. Danach nicht mehr weiter ausgeführt, da Hofmannsthal sich entschließt, diese Partie aus der Szene herauszunehmen und in I c einzubauen. Dieser Entschluß hat zur Folge, daß I b neu organisiert wird. Das Treffen von Lykon und Chelidas mit Myrtion, in I b / 10 H nach dem Phanias-Monolog, wird dem Dialog Timon–Leäna, mit dem am 17. November 1925 der Gesamtentwurf der Szene (I b / 11 H) beginnt, nachgestellt.

Begonnen am 2 XI 25; beendet sicher bald darauf (jedenfalls vor dem 17. November: Beginn I b / 11 H), wahrscheinlich schon einen oder zwei Tage später (vgl. die Tagespensen in I b / 11 H).

Im³ Haus der Leäna. *(1)* Rechts *(2)* Offener | Hofraum. Rechts der Ausgang auf die Strasse, u. die durch einen Vorhang halb geschlossene Nische für den Türhüter. (Man hört oben Klimpern u. ein Liedchen)

PHANIAS
Du! wie heißt du?

---

¹ *l. R.:* Nische riecht nach Knoblauch u. einer alten Decke
² Sekieren *Hs.*
³ *Beginn:* 2 XI 25

AKT I SZENE b   285

EPHRAEM
↑Wissen Sie das nicht? Sie haben ein schlechtes Gedächtnis.↑ Ephraem heiße
ich *(1)* noch immer. *(2)*. |

PHANIAS
Ephraem geh hinauf in das Zimmer wo sie Musik machen – halt kennst Du
den Herren der da hinaufgegangen ist.

EPHRAEM
Von Namen. Er heißt Agathon. ↑Der andere ist der Demetrius, der Reiche.↑

PHANIAS
Eben diesen Herren lasse ich sagen, sie möchten sich beeilen wenn sie *(1)* wei-
ter *(2)* für den Rückweg | auf meine Gesellschaft *(1)* gehen *(2)* zählen | wol-
len.

EPHRAEM
Sagen Sie mir was ist dieser Agathon? ↑Es ist keiner von der adeligen Gesellschaft aber er geht immer mit welchen davon. ≈ Darüber zerbreche ich mir
den Kopf. Ein rechter Herr ist der nicht – u. so ein Kaufmann oder so was
ist er auch nicht↓

PHANIAS
Ein Dichter ist er.

EPHR.
Ach so. ⌈So einer der Witze macht!⌉ Ach, solche ⌈Tagdiebe solche nichts-
nützigen,⌉ haben Sie *(1)* auch viele *(2)* genug | in ihrem Vorzimmer sitzen
gehabt.

↑PHANIAS
(1) Ich? *(2)* Was weißt du davon?

EPHRAEM
Die haben sich gerissen – wer einer von ihren Geliebten ein Gedicht machen
darf. Das sind die ärgsten Schmarotzer.↑

PHANIAS
Du hast mich früher gekannt *(1)*. *(2)*, merke ich. |

EPHRAEM
36 Jahre ist das jetzt *(1)*. *(2)*, dass ich Sie kenne. | Dass ich Sie ⌈sehr gut⌉
kenne. – ⌈Aber gesprochen habe ich *(1)* *(2)* noch | nie mit ihnen.⌉ ↑Das haben
Sie wohl nicht gern dass man sie an damals erinnert. – Aber mich freut es.
≈ Was mir das für einen Eindruck gemacht hätte!↓ Wissen Sie noch der
⌈rote⌉ Antiochus? einer Ihrer ⌈letzten⌉ Stallmeister.

PHANIAS
(1) Dunkel.

EPHRAEM →
(2) Geberde
So ein großer vierschrötiger Kerl *(a)*, mit brennrotem Haar. *(b)*.
⟨EPHRAEM⟩
Ach das wissen Sie doch!
⟨PHANIAS⟩
Mit brennrotem Haar. *(c)*.

EPHRAEM näher
Ach das wissen Sie doch! | *(1)* Das war einer. *(2)* Der hat sie bestohlen wie kein zweiter.^(A-C) *(1)*^a Das war der erste der Tag aus Tag ein sein *(2)*^b Der hat sein Stück *(3)*^c Der hat sein | Brot in ihr Blut *(1)*^a getaucht hat. *(2)*^(bc) eingetaucht. | ⸢wahrhaftig!⸣ lacht hustet

Phan. winkt ab

EPH.
Unter dem war ich Stallbursch. Das war †was. ≈ etwas:↓ Stallpage bei Ihnen sein. – †Manchmal sind Sie immer nur gefahren: in den Rat, zu Besuch: alles zu Wagen; einmal 4 Füchse einmal vier Rappen. Dann ⸢immer⸣ wieder geritten. ⸢Und davor u dahinter eine Cavalcade.⸣ Und so wie Sie es machten, so war es die Mode; und *(1)* das Pferdegeschirr *(2)* die Zäumung, rot oder grün mit silber – so wie Sie sie *(3)* das Zaumzeug, rot oder grün mit silber – so wie Sie es | hatten so war es vornehm.† Wissen Sie was ⸢*(1)* drei *(2)* fünf | Jahre lang⸣ mein größter Wunsch war?

PHANIAS
†Gib ihn von dir, ≈ Bringe ihn vor,↓ Ephraem, und wenn es in meiner Macht steht –

EPHRAEM
Einmal den *(1)* p⟨ersischen⟩ *(2)* †Perser, den ≈ Schimmel das Jagdpferd das↓ | ich striegelte, ⸢Ihnen⸣ vorführen zu dürfen. Dann durfte man †wenn *(1)* es *(2)* Sie im Sattel saßen bevor man die Zügel freigab –† *(1)* den *(2)* ihren *(3)* den | Steigbügel küssen, in dem ihr Fuß hieng. ⸢und bekam dafür so einen Klaps von ihrer Hand – so – von Ihnen selbst; persönlich.⸣

†PHANIAS
Aber es ist dir mit diesem Wunsch gegangen wie es mit allen ⸢großen⸣ Wünschen geht. †Er ist unerfüllt geblieben ≈ Und wenn ich ihn Dir heute erfüllen würde –↓ ≈ Ph. wendet sich ab↓

EPHRAEM
So ein großer Herr waren Sie! Und jetzt – betrachtet ihn

PHANIAS
Und was ist dein Amt jetzt, Ephraem? Sprechen wir von Dir. Es ist mir lieber. Du bist Türhüter? sehe ich.

AKT I SZENE b   287

EPHRAEM
Ja, sie *(1)* nennen *(2)* nennt | es so: [damit das Kind einen Namen hat. Was
ist hier zu hüten.] Es geht ein u aus wer will – bei Tag u. bei Nacht. *(1)* Lauf-
bursch bin ich. *(2)* Eig⟨entlich⟩ bin ich Laufbursch. | Ich besorge so was zu be-
5 sorgen ist für die Damen. [*(1)* *(2)* Mit dem Atem geht es mir ganz gut
(a) *(b)* Kurz ist er, aber ganz gut. | u. die Beine sind auch alert. | Und von
den Trinkgeldern lebe ich – sozusagen. Denn ich verköstige mich selbst.
Nur die Wohnung da gibt sie mir.]

Phanias – Geberde

10 **EPHRAEM**
\Aber in der Nacht^{A-C} *(1)*^{ab} *(2)*^{c} wenn ich aufpassen muss |/ Da muss ich
\$^{b}$dann/ oft an Sie denken. Sie haben ja jetzt auch kein sicheres Einkommen
mehr. Alles nur von fremder \Laune und/ Gnade: †In der Form ist ein Unterschied – aber den finde ich nicht beträchtlich. ≈ so den Gesellschafter müssen
15 sie spielen – Auch so in fremder Menschen Hand.↓ Jetzt ist der Unterschied
zwischen uns nicht so groß. †Daran denke ich oft.† Das unterhält mich \oft/
Wenn ich nachts aufstehen muss *(1)* u. einem *(a)* *(b)* groben | Soldaten
†*(2)* u. irgendeinem Kerl | aus dem Haus leuchten, u. lauern ob er mir was
\in die Hand/ hineinwirft. ≈ um aus dem Haus zu leuchten.↓ *(1)* *(2)* da denke ich
20 mir: wer weiß wo Sie jetzt den lustigen Gesellschafter machen u lauern dass
sie sichs mit keinem verderben – von dessen Laune sie abhängig sind *(3)* | –
(1) Da schlafe *(2)* Da xxxxx^{1} *(3)* Hier schlafe | ich. Aber *(1)* ausziehen
kann ich mich *(2)* bequem machen darf ich mirs | nie.^{AB} \$^{b}$Immer so parat
wie ich jetzt vor ihnen stehe./ *(1)*^{a}Das *(2)*^{b} Anders | erlaubt sie \$^{b}$es/ nicht.
25 †Sie hält viel darauf dass alles einen Schick hat.† Das ist eine grausame Semira-
mis, so rund und *(1)* mollig *(2)* katzenfreundlich | sie *(1)* aussieht *(2)* vor
Ihnen dasteht |, eine richtige Semiramis ist das!

AGATHON aus dem Fenster
Phanias! was machst du? Phanias! herauf! man will dich sehen! man will
30 hören was Du über Timon den künftigen Dictator gesagt hast! Man will dich
\über die Dummheit unserer Regierenden/ brüllen hören wie einen Löwen!

EPHRAEM Geberde
Sehen Sie! \Sie haben jetzt auch kein sicheres Eink.../

LYRA am \gleichen/ Fenster, Agathon \zärtlich/ wegdrängend
35 Wie gehts Phanias – guten Morgen, Phanias \$^{p}$Bekommen wir eine Revolution? Ist es wahr dass Du alles schwarz siehst?/

PHANIAS
Guten Nachmittag! \$^{p}$reizende Person! jetzt seh ich alles bunt, denn ich sehe
die reizende Malerei in deinem Gesicht/

---
^{1} *Stenographie; nicht entziffert.*

(1) LYRA →
(2) AGATHON |
Wie? Ephraem? herauf! im Galopp! man braucht dich!

Ephraem geht [eilig] hinauf

LYRA
Ich muss mich schön machen. Die Bacchis gibt ein Fest. Sie hat mich gebeten.
Sie will diesen Timon einladen wenn Sie ihn findet! Ich werde für ihn tanzen![1]

PHANIAS
[Er wird übel riechen!] Gib dir keine Müh. Es ist niemand dort der etwas
versteht. Es ist das Haus einer kalten Person – alles vergeudet.

LYRA
Du wirst doch dort sein [Ich werde dir gefallen. Dem größten Kenner!]

PHANIAS
Mir gefällt nichts mehr. *(1)* Ich rieche höchstens noch. *(2)* Ich finde ihren
Koch miserabel. Meiner Zunge gefällt nichts, m Augen schmeckt nichts,
meine Ohren kriegen nichts zu sehen – |

LYRA
Riech das! es riecht nach mir!

AGATHON packt sie
Damit erlaub ich nicht dass Du spassest! Phanias! gib mir das Tuch zurück!

PHANIAS
Er erlaubt nicht. Er gönnt mir nicht. Der letzte Schmarotzer! – *(1)*[2] er
nimmt das Tüchlein Schmeißt sie mir Almosen zu? – Dieses Parfum – mir, dem
– – – [die Phryna –] er brüllt u hört sich selber zu [sogleich hält er inne]

AGATHON →
(2) P Du Parasit! Du Phantom! – Lass den, Lyra! Seine Schmeicheleien sind
Weltleuten schal – Er ist eine geistige Hure für Impotente – deren Höchstes
wenn sie meinen – sich gekitzelt zu fühlen – [Alles das Zeug verbrennen!]

AGATHON
Such dir den Timon – und verdinge dich als Herold

PHANIAS
Leck auf was er fallen lässt!

LYRA |
Gut gebrüllt, Phanias! [*p* eine Blume]

[1] *r. R., evtl. alternativ zu Lyras Replik:* Die Bacchis pfeift auf dem letzten Loch demnächst u. die Feste werden bei uns sein: ich werde öff. tanzen
[2] *Stufe (1) beim Übergang zu Stufe (2) nicht gestrichen.*

AKT I SZENE b   289

PHANIAS
Brüll ich für Sie? Bin ich so etwas geworden! \Bin ich der gewisse? so eine
Figur! in einer Pfütze seh ich mich: aber die Pfütze trage ich in mir] Pfui!
†ich will mich in die Hütte des Ephraem setzen u. mich an der Prosperität
(*1*) meines (*2*) des | Unternehmens freuen. –† Er hat einen Stock u. er traut
sich ihn nicht zu gebrauchen! – Sie pissen ihn an. Oh! Er hat in einem Raum
der seit hundert Jahren zur (*1*) Aufbewahrung (*2*) Unterbringung | für altes
Lederzeug dient, noch Fische aufbewahrt, die schon bei Lebzeiten nicht
mehr frisch waren – und wenn er es nicht mehr aushalten konnte – sich mit
Knoblauch erfrischt. \Und da schläft er u deckt sich mit einer alten Decke zu
er schüttelt sich] Oh! oh er sucht die Blumen – \Was schmeißt sie alte Blumen auf mich! O Timon! komm u. räche mich!] Pfefferminz – Thymian –
Basilikum – ließ ich mit (*1*) \kleinen] Rosen (*2*) kleinen Rosen u. gefüllten
Veilchen | mischen u. das brachte ich in die Mode. Eines Menschen Nase
†ist stolzer als seine Seele! ≈ dankt schwerer ab als seine Seele.↓ Ach! zu
meiner Zeit waren Veilchen stärker (*1*) – Die ganze Welt riecht mir übel.
(*2*), – süßer – sie sind auch ganz gemein geworden. Alles ist namenlos gemein
geworden: und ich am meisten. Warum hab ich nicht Gedächtnisschwäche
aquiriert! Bin ich alles los geworden – und das Wissen meiner Vergangenheit
kann ich nicht los werden. Abdanken! abdanken! er packt sich vorn am
Gewand u schüttelt sich \Timon! – Halt. kommst du aus der Stadt? was ist
Neues von Timon? Du siehst aus wie ein Politiker.

LYKON
Ich gehöre seinem Gefolge an. Er ist uns verschwunden.] kommt heran –
Chelidas bleibt draußen stehen Da bleib. Ich bring sie dir.

Chelidas flüstert mit ihm

LYKON
Nein jetzt! natürlich jetzt! du Narr! \ˢNur leise!]

PHANIAS
Was wäre denn das für eine Physiognomie. Halt da.

LYKON
Was denn? wer bist denn du? \ᴾIch habe Eile.]

PHANIAS
\ᴾEine sehr spitzbübische] Eile. (*1*) Wer bist denn du? (*2*) Du bist ein
Etwas, ein sehr pavianähnliches das mich in solchen Gedanken gestört hat,
aus denen man als Cerberus aufwacht! |

LYKON
Wer bist denn du?

PHAN. ergreift den Stock
Mein Amt.

LYKON
Ist denn nicht mehr der Ephraem

PH.
Nein – wie du siehst! *(1)* Ich sehe dein Gesicht. Das ist mir genug. *(2)*ᵖSondern sein Nachfolger u Rächer. Der arme alte Mann ist todt. |

LYKON
So lass mich nur vorbei. Ich gehe hier aus u ein.

PHANIAS
Nein. Weder aus noch ein; solang ich hier stehe: oder

LYKON
Was soll das heißen.

PHANIAS *macht moulinet mit seinem Stock*
Dass ich nicht in der Laune bin, dich passieren zu lassen. Und weißt du auch den Grund.

LYKON
Nicht im Entferntesten.

PHANIAS
Hier! dieser Steckbrief! Dein Gesicht hat etwas Unverschämtes u. Feiges: es sagt¹ mir dass Du zwar nicht Soldat, aber Trossknecht bist – und oft dem Alten Mann hier Unbill antust – und dafür hebt den Stock Ich pflegte solche Gesichter wenn ich ausritt aus dem Weg *(1)* st *(2)* jagen zu lassen –

LYKON
Nein! nein! ich bin kein Soldat! auch kein Ruderer – ⌊ᵖIch bin ein gewöhnlicher Mensch⌋

PHANIAS
(1) Was bist du denn – *(2)*ᵖIch könnte mich nicht gewöhnen. Was ist das was du treibst? wenn du dich so herumtreibst? ⌊Bist du ein *(a) (b)* bankrotter | Kaufmann? oder so ein Versammlungsbesucher?⌋ |

LYKON
(1) Politiker. *(2)*ᵖich bin politisch tätig. |

PHANIAS *betrachtet ihn genau*
Die Lüge könnte stimmen. – Nach den Chiffren in deinem Gesicht gebrauchst du einen Anflug von Geistigem zum Tellerlecken. ⌊Du hast etwas Niederträchtiges – dabei Verwaschenes – aber Unaufgewaschenes – Du hast etwas Incompetentes – ja du bists!⌋

---

¹ *ü. Z.* Feig u tückisch.

AKT I   SZENE b   291

LYKON
Also lässt du mich ein.

PHANIAS
Das kommt drauf an. Denn jetzt befrag ich dich *(1)*: *(2)* erst näher: Achtung! Gehörst du zu den Schwachköpfen oder zu den Halsabschneidern |

LYKON
Herr Gott! ich †habe Eile! ≈ bin beeilt!↓

PHANIAS
Dem widersetzt sich die Hausordnung. ⌈ᴾIn mir steht sie vor dir. Jetzt ist die Ruhestunde der Damen. *(1)* *(2)* Bedenk dass Du erzeugt worden bist – und das Geschäft kann dich nicht mehr freuen⌉

LYKON
Ich muss für einen Andern. ⌈ᴾEben weil sie jetzt dienstfrei ist.⌉

PHAN
Was musst du?

LYKON
Ein Mädchen ruf ich. *(1)* Du wirst sehen – he Myrtion! *(2)** he Myrtion! – Du wirst sehen

PH.
Dass Du ein Narr bist!

LYKON
Myrtion! Da! sie kommt!

PH.
Ich bleibe dicht bei dir.

Myrtion kommt: ans Fenster, im parterre

LYKON
Ich bringe *(1)* Dir den Jungen. *(2)* ihn

MYRTION
Wen?

PHAN. sieht auf
Kein Alibi!

LYKON
Myrtion, um wen hast du *(a)*? *(b)* mich geschickt? |

MYRTION freudig
Ach den! |

PH.

Nun sehe ich dass Du Zubringer bist. Aber bist du eingetragen als einer unserer Zubringer? oder machst du Privatgeschäfte? Wie?

LYKON

Aus purer Freundschaft.

PHANIAS hebt den Stock

Die gibts nicht. Du willst Phanias von Freundschaft erzählen!

LYKON

Nur – um den Burschen zu was zu bringen: damit er munterer wird. Er kann nicht bis 5 zählen!

PH.

Das ist kein Grund für einen Deinesgleichen. Sag mir den hundsgemeinen Grund! Was willst du dir herausschmarotzen?

LYKON

Das ist compliciert – ⌊Zeus erschlage mich wenn ich nicht diesmal sozusagen uneigennützig handle.⌋ da ist das Mädchen! Chelidas komm her! Gib Bürgschaft.

PHAN.

Der Bursch ist jung u. hübsch. Ich werde durch die Finger sehen *(1).* setzt sich ⌊vorne⌋ u. *(a)* sch *(b)* stützt den Kopf in die Hände. *(2),* setzt sich vorne u. stützt den Kopf in die Hände. sobald Du *(a)* keine schmutzigen *(b)* P schmutzige | Nebenabsichten hast: *(a)* dann *(b)* P greif ich ein: Kraft meines Amtes da! Denn es wird jetzt in diesem Haus ein anderer Geist einziehen – *(3).* setzt sich vorne u. stützt den Kopf in die Hände. Noch immer tun die Menschen das: was so grässlich einsam macht – was *(1)* in ei *(2)* unsere Inconsistenz enthüllt: die Umarmung. Und die Einsamkeit nachher ist nicht tierisch – sondern teuflisch – und ich kenne sie und sie zu übertäuben will ich die Revolution.

weiterhin Phanias

Das Einzige – was alles aufwiegt – ist die wirkliche Paarung – und die Stadt ruhend auf der Ehe – Dafür warf mein Ahne sich in den Spalt –

In 1b / 11 H verarbeitete Notizen

N 186

H III 205.67 – Einseitig beschriebenes Blatt der Sorte C; Stift, Nachtrag: blauschwarze Tinte.

AKT I SZENE b   293

Einzelne Repliken, sowie eine längere Dialogpartie zur Begegnung Timon – Leäna.

Oktober/November 1925; Nachtrag wahrscheinlich erst im November 1925 (Vormerkung für Ib/11 H).

(1) IIa (2) Ib |

Wenn ich ihr richtiger Mann wäre wie wäre ich unterm Pantoffel. Es läge dann kein Grund vor

\T (1) (2) Hervor mit dem Kerl der Frauen prügelt – |

Es werden Juwelen u. so was in Umlauf kommen –

Du hast gesagt ich solle mich in acht nehmen dort nichts von Timon zu reden damit sie nicht darauf kommen: dass die zwei nur einen Kopf haben –

meines Schwestermannes Schwester.

Lassen wir den infamen Klatsch (nachdem er sich verfangen hat)

(1) (2) Schieb mir den Eid zu! |

(1) L.
Malchus hast Du dich genannt, bei meiner Jungfernschaft!

TIM.
Also! damals habe ich doch nichts vorgehabt – Du gibst nicht acht wenn ich dir was erkläre was Politisches –

(2) TIM.
Also! damals habe ich doch nichts vorgehabt –

L.
Mich hast du vorgehabt –

T.
Ich meine ich bin auf nichts ↑ausgegangen ≈ losgegangen↓ Du gibst nicht acht wenn ich dir was erkläre was Politisches – Habe ich mich Malchus genannt wie ich zum ersten Mal gekommen bin – oder Timon?

L.
Malchus hast Du dich genannt, bei meiner Jungfernschaft!]

N187

H III 207.203 R – Rückseite eines beidseitig beschriebenen Blattes der Sorte A (Vorderseite: Blatt 13 von Ib/11H), 290 × 229 mm; blauschwarze Tinte.

Auswählende Abschrift von N181 mit einigen Ergänzungen.

Vermutlich erst während der Konzeption von Ib/11H entstanden und am 20. November 1925 bei Weiterverwendung der Vorderseite durchgestrichen.

Neues Detail.

TIMON
Du denkst wie jedes Weib denken sollte. So wie die große Strasse mitten auf den Markt zu geht dein Denken –

LEÄNA Beängstigung
schnürt mich ein wenig auf –

über Huren wie B. Das Verderbte an so einer.

TIMON überzeugt
Du hast recht. Das ist gescheidt von dir.

T.
Redet er punisch?

⟨LEÄNA⟩
Todschläger! Fetzen! Wischhadern!

⟨TIMON⟩ vor dem Abgang
Keine Worte weiter! hinein mit uns!

N 188

H III 205.68 – Einseitig beschriebenes Blatt der Sorte A, 290 × 232 mm; blauschwarze Tinte.

Elemente zum Dialog Timon–Leäna.

Oktober/November 1925.

Neues.
Ib

⸤Schluss

Lykon als Ratgeber anstatt Phanias
Lykon im Zweifel ob er mitstürzen oder Leäna betreuen soll –⸥

TIMON – LEÄNA
Häuser werden billig zu kaufen sein –

es geht reißend mit mir – aufwärts – ⸤meine Popularität ist erschreckend angewachsen: hörst du nichts? Hörst du nichts?

AKT I SZENE b   295

                    Schluss der Scene: Leäna – Timon]

⟨TIMON⟩
Hörst du nichts: ich habe es als Wette gesetzt: wenn sie mich finden – –
wie er den Sohn sieht sie haben mich! \der Pavian ist auch da.

5 LYKON ruft ihn an
Timon!]

⟨TIMON⟩
Alle[1] feinen Herren sollen hier her kommen – betteln sollen sie hier leben zu
dürfen – diese Bacchis-Wirtschaft wird aufhören –

10 LEÄNA
Du! wie sie noch Blumenmädchen war war ich hundertmal \nicht ich etwa
selber ich war in einem bessern Bad –] in einem Bad mit ihr: sie hängen ihr
seit 20 Jahren – \nicht eine ist hier die nicht besser u. munterer wäre] alles
künstlich – alles Lug u. Trug – Sand in die Augen bei diesem Frauenzimmer –
15 alles macht sie mit dem Mund – \Reclame: Ausrufer Anschläge – Lug u
Trug Sie verstehens ihre Sprache ist alles]

\LEÄNA andererseits
O die macht was sie will mit jedem! in diese denk ich mich hinein! Bringt
mir Kleider!]

20 *N 189*

*H III 207.83 R – Vorderseite eines beidseitig beschriebenen Zettels von Sorte A (Rückseite:
N 267), 231 × 149 mm; blauschwarze Tinte; Aufschrift am linken oberen Rand:* Görres /;
*auf derselben Seite eine Notiz für I c, die auf der Rückseite wörtlich wiederholt und zugleich in
einen Kontext gestellt wird: Wiedergabe nur einmal als N 267.*

25 *Entstanden unter Verwendung von N 187; nach nur partieller Verwertung durchgestrichen.
Während der Konzeption von Ib/II H zwischen dem 17. und 18. November 1925.*

   TIMON überzeugt!
   Ja du hast recht! das ist gescheidt von Dir.

   Der redet punisch. Das sind verfluchte Halsabschneider
30 Redet er punisch?

   In Ia das Detail vom Affen u dem Soldaten!

   [1] *Dieser Absatz und Replik der Leäna am l. R. mit Schweifklammer und Vermerk versehen:* Bacchis

N190

H III 207.57 R – Vorderseite eines beidseitig beschriebenen Zettels von Sorte A (Rückseite: N351), 231 × 147 mm; blauschwarze Tinte.

Entstanden unter Verwendung von N187; nach nur partieller Verwertung durchgestrichen.

Während der Konzeption von I b/II H zwischen dem 17. und 19. November 1925.

⟨LEÄNA⟩
Er soll auf punisch schreien! \zu seiner Mutter!/ und sein Wischhadern die.

⟨TIMON⟩
Nein Weck ihn nicht! Ich überwinde mich.

⟨LEÄNA⟩
Auch gut – so komm hinein: ich hab etwas für dich –

N191 – N192

H III 205.52–205.48 – Rückseiten zweier beidseitig beschriebener Blätter (Vorderseiten: N165 und 180) der Sorte C; blauschwarze Tinte.

Einzelne Repliken Leänas.

Oktober/November 1925.

N191

LEÄNA beim Anblick Ergasts
Was ist das für ein kleiner Topf der so \ᴾschnell/ ins Sieden *(1)* gekom *(2)*ᵖ kommt!

von Leäna: Sie ist gleich bei der Hand – das Handgelenk sitzt ihr locker –

Schluss:
LEÄNA zu den Mädchen
Nur nicht gemein gedacht! Begreift ihr denn was es heißt solch einen Mann haben?

N192

kurz vor Schluss.

LEÄNA
den mit dem Glasaug! entsinn dich doch! das war ein desparater Kerl – hol ihn – je mehr je besser –

N 193

H III 205.51 – *Einseitig beschriebener Zettel von Sorte A, 233 × 145 mm; blauschwarze Tinte.*

Zwei kleine szenische Einheiten zum Schluß von I b.

Aufgrund einer Entlehnung aus Shakespeares ›Lustigen Weibern von Windsor‹ auf September/ Oktober 1925 zu datieren. Vgl. N 182.

I b
Schluss

nach dem Abschied von Timon haranguiert sie seine Geleiter verspricht ihnen freien Empfang, Getränke – Handgeld – ein Fest ohne Gleichen wobei keiner was zahlt, erinnert sie, jeden, an ein Abenteuer, wobei sie geholfen, wie sie bei einer Diebstahlsbeschuldigung ihn gedeckt, vor der Polizei ihn versteckt!

Vorher Wappnung:

⟨LEÄNA⟩
Werden sie mir mit Messern in ihn hineinstechen? mit Piken? *(1)* Wolfshunde *(2)* die Hunde |! (die Beine gegen *(1)* Hunde *(2)* Bluthunde |)

[⟨PHANIAS⟩
die Kehle (so sticht man Schweine ab)]

Bewaffnung des Gefolges: Stuhlbeine – Küchenmesser – Hämmer –

⟨LEÄNA⟩ zu einem Strolch
erinnerst du wie ich mit Lebensgefahr?

STROLCH
Dafür ließ ich dir doch die Hälfte

LEÄNA
Umsonst was noch umsonst!

I b / 11 H

H III 207.189–201, 225 R, 202–210 – *Zwanzig einseitig und zwei beidseitig beschriebene Blätter (207.203 R: N 187, 207.225: I a / 6 H) der Sorte A, 290 × 229 mm, sowie ein Konvolutdeckel; Grundschicht und Varianten: blauschwarze, Nachträge: blaugraue Tinte; auf dem Konvolutdeckel:*

I b. Text.
17. XI.–22 XI. 1925.

Zusammenhängende Niederschrift des (nach dem nicht mehr ausgeführten Entschluß, die Begegnung des Phanias mit Ephraem und Lykon in I c zu integrieren) nur noch dreiteiligen Auftritts vor Leänas Haus.

Ib

Timon¹ u Leäna, eingehängt.

TIMON

Wie? dir gedroht? ⌊mit s. Fäusten *(1)*? *(2)* dir gedroht?⌉⌋

LEÄNA

Gedroht? Ja! mich bedroht *(1)*? *(2)*! | *(1)* mit ⌊seinen beiden⌋ Fäusten!
(2) das war aber schon etwas mehr als *(a)* bedroht *(b)* gedroht! das muss ich
sagen! |

TIMON

Ja wie der Kerl das wagt? †schaff mir den Kerl – dass ich ⟨ihn⟩ so verbläue!†
Wo ist der Kerl? Du weißt nicht wo er ist?

LEÄNA

Er ist ja nicht mehr da. schrei doch nicht so!

TIMON

⌊Gerüstet was? Oh dass ich ihn hier hätte! Wie heißt er? in *(1)* welcher Kaserne wohnt er? *(2)* welche Kaserne gehört er?⌋ *(1)* *(2)*ᵖ Ich geh ihn suchen –
Ich finde ihn! | Hat er gemeint dass da mein kleiner Schatz ganz ohne Männ-
chen ist! Der Hund, †der abgelumpte! ≈ Schlachtvieh!↓ Ah! ah! drückt sie
an sich

(1) LEÄNA

(2) Dich wegen eines Affen – ja wie war denn das? – Ich geh ihn suchen – Ich
finde ihn!

LEÄNA →

*(3)*ᵖ Dich wegen eines Affen – ja wie war denn das? *(a)* Was war mit diesem Affen? was
(b) Was | für ein Affe überhaupt? Wie kommt der Affe her?

LEÄNA |

Sie wollte ihn nicht abliefern, ⌊das Mädchen⌋ den Affen. †Und abliefern der
Geschenke steht im *(1)* Vertrag *(2)* Dienstvertrag | – bei jeder. Nun that
sie den Affen ≈ find ich bei ihr den Affen↓ von einem Capitän u. einen
⌊ᵖneuen⌋ Gürtel *(1)* auch. *(2)*ᵖ. |† – Von auswärts sagt sie. Das kecke Ding!
Dass du auswärts schläfst ist ⌊vor allem⌋ gegen den Vertrag, wenn er *(1)* es
erfährt ⌊m Bräutigam, m Malchus sag ich⌋ *(2)* m Bräutigam, m Malchus sag
ich es erfährt *(3)* es erfährt, m Malchus sag ich | kriegst du eins übers Ohr
⌊und *(1)* *(2)* eine Woche | Abzug⌋. ⌊Hab ich nicht recht! wenn das unser
Herr erfährt! – M⟨ein⟩ B⟨räutigam⟩ d⟨er⟩ M⟨alchus⟩ – Ah der, und lacht so
(1) frech *(2)* keck⌋ – und überhaupt sag ich: ich weiß nicht wie du mir vorkommst.

¹ *Beginn:* 17 XI 25.

AKT I SZENE b   299

(1) (2)^P TIMON
Wie nett alles dir aus dem netten Schnabel herauskommt! küsst sie

⟨LEÄNA⟩ |
Wie denn? sagt sie – nun wie denn halt? der *(1)* Trampel *(2)* Fetzen!
(1) Wie denn sagt die Frau da von *(2)* Sags da vor | m. Freund *(1)*? *(2)*! |

(1) TIMON
Wie nett *(a)* das *(b)*^{P'} | alles ⌈P'dir⌉ aus dem *(a)* kleinen *(b)* netten | Schnabel
herauskommt! küsst sie

LEÄNA *(2)*^p |
(1) Unfreundlich *(2)* Manierlos | bist du und frech: ↑wo bei uns alles auf
Höflichkeit angelegt ist – auf gute Manieren –↑ ↑^PAlles hat man ↑dir gesagt ≈
dich gelehrt u sich *(1)* den ⟨Mund⟩ *(2)* die Kehle wundgeredet:↓ Immer
freundlich sein, immer höflich nie zudringlich! keine Betrügereien, du bist
in einem reellen Haus – und der Ruf des Hauses in dem du bist *(1)* das ist
(2) den kannst du dir in den Lohn einrechnen – gleichmäßig im Betragen
gegen jeden Kunden – im Bett ↑ordentlich u. reinlich ≈ munter u. verläßlich↓
arbeiten –↑ und *(1) (a)* keine *(b)* nie | Launen! *(2)*^p ⌈^Tunverschämte⌉ Launen
hast du! | ⌈sag ich⌉ Sagt sie: das geht auf den hässlichen alten Kerl, den Pra-
xias. Auf den spuck ich. Er hat die Krätze u. ist geizig. Was sag ich? Ein
Rheder? Ein Mann der Zinnbergwerke da drüben auf der Insel besitzt – der
an der Rückfracht allein reich wird u. wenn er seine Schiffe leer gehen lässt –
Bei dem geht alles leer, sagt sie, *(1)* der Schlamp *(2)* | – mir graust. – ↑Der
riecht nicht gut. ⌈der Millionär?⌉ – Ein Bock!↑ – darauf hau ich ihr eine
hinein.

⌈T.
Mit der *(1)* flinken *(2)* kleinen weichen festen Patsche!

⟨LEÄNA⟩⌉
[*(1)* Drauf *(2)* Auf das, | der Soldat brüllt mir *(1)* was *(2)* etwas | Saugemei-
nes – auf punisch in die Zähne so hinein –

TIMON
Hast du ihn denn verstanden!

LEÄNA
Na, an ihrem Lachen merk ich es doch! Ein solcher *(1)* Kerl *(2)* Umgang |
sag ich zu ihr verdirbt dir die Manieren. Wie du *(1)* vor mir *(2)* seit neue-
stem | lümmelst – und wie du säufst mit der Bekanntschaft – glaubst du ich
seh es nicht, anstatt manierlich in kleinen Schlucken zu trinken wie man es
dir zeigt – *(1) (2)* u er verzehrt nichts als Sardellen u Zwiebeln | Und über-
haupt verbiet ich *(1)* ihm *(2)* dem | das Haus.] *(1)* Und darauf *(2)* Das Wort

ist noch nicht aus m. Mund | geht der Kerl \m⟨it⟩ einem Satz] auf mich los –
packt mich^{AB} (1)^a da – (2)^b |

TIMON
(1)^a Wie da! (2)^b Wo?

LEÄNA
Bohrt mir –

T.
was\?] was? |

LEÄNA
Ich weiß nicht wo! \^b (1) An sei⟨nen⟩ (2) Sei⟨ne⟩ Klauen waren wie Eisen!

TIMON
War er bewaffnet? Ah! dich find ich aus!

LEÄNA
Lederzeug u Eisen –

TIMON
In Lederzeug?]

TIMON
Der Barbar! der Hund! (1)^a (2)^b die Zähne ihm ausbrechen (3) |

LEÄNA
Mit einem Waschbecken (1) hat ihm die Ampelis (2) hab⟨en⟩ ihm die Mädel |
ins Gesicht gehauen und die Nykto ihn von hinten in (1) den Finger (2) den
Ohrlappen | gebissen – (1) sonst (2) somit (3) sonst | war ich dahin! (1)
(2)^P Weinkrampf | (1) Ja hätt ich noch mehr abwarten sollen? Aber dir ist's
nicht recht dass ich holen lasse!¹

(2) TIMON
Dahin mein Schatz, mein Kätzchen – meine süße Puppe! Und ich muss nicht
zuhause sein! – \Aushungern! die Zähne ausbrechen! (1) (2) castrieren! |]

LEÄNA (1) (2) Weinkrampf. (3)^p |
(1) Aber (2) Oh lass mich nur! | dir ist es ja nicht recht wenn ich einmal dich
(1) holen lasse – von dort drüben (2) von dort drüben holen lasse |. Gar nicht
einmal recht ist dirs. Ganz mit einem finstern Gesicht bist du auf mich zugekommen. Ich bin eben eine alleinstehende kleine Frau – ich hab eben zu
weiche Hände – \für das Pack das infame – Das hat man mir nicht an der
Wiege gesungen – dass ich nur solche Fetzen zusammenhalten muss – u.
allein]

¹ *ü. Z. vorgemerkt:* (Timon: Nein nein nein Malchus (küsst sie) Malchus! Malchus!
(nicht Timon –)

AKT I SZENE b   301

TIMON will sie ihr küssen
Wie Flaum von einem drei Tag alten Gänschen!

LEÄNA entzieht sie ihm
Es ist ebenso gut wie wenn ich keinen Bräutigam hätte. Denn wenn¹ es drauf
u. dran geht, da hab ich ihn eben nicht. Ich lass dich nicht mehr zu mir holen –
\ᵀ o ich werde mir zu helfen wissen da² ist der Capitän – gib mir den Schlüssel
hat er gesagt –⌋

TIMON
Zu jeder Stunde! um Mitternacht! im Morgengrauen! Lass mich holen! lass
mich zu dir befehlen! lass mich citieren! lass mich rufen! Aber *(1)* Malchus
lass mich rufen! Malchus küsst sie Malchus küsst sie Malchus! – Kein Laut
von Timon *(2)* Timon lass mich rufen! Timon küsst sie Timon! – Kein Laut von Malchus drüben³ ⌊im Seilerviertel⌋ | – sonst ist alles hin!

LEÄNA
(1) Mein⟨st⟩ *(2)* Hab ich den Timon holen lassen *(a)*! *(b)*? ¦Meinst du dass
ich den verhassten Namen in den Mund nehme! wird *(3)* Wird | das Doppelspiel drüben u herüben nicht bald ein Ende haben? stampft auf

TI.
Das notgedrungene, mein Engel! †notgedrungen† politische Notwendigkeit
– Du weißt es! †Du *(1)* bist *(2)* spielst | doch unter einer Decke mit mir?
≈ Wen habe ich denn unter meiner Decke↓ *(1)* Du bist doch m. Mitwisserin!

LEÄNA
(2) Wo hab ich denn eine Mitwisserin als da unter diesem \ᵀ carierten⌋ Kleidchen?

LEÄNA
†Bin ich so dumm? Kann man mir nichts Politisches erklären.† Ich verstehe
Männersachen recht gut. Männer müssen Schwindeleien machen – *(1)* *(2)* je
größer, je höher sie hinaus wollen. *(3)*ᵀ doppelt wenn es gegen die Behörden
geht! | †Hab ich dich also so holen lassen, dass es dir Schaden bringen konnte.
†Geh ich darauf aus, unser Verhältnis \drüben überm Fluss⌋ an die große
Glocke zu hängen.†† Sieht man mich vielleicht drüben wo du mit der alten
Hexe ⌊unter einem Dach⌋ wohnst, herumziehen *(1)*. *(2)*ᵀ: und n⟨ach⟩ Malchus rufen! |

TIMON
Das sagt ja niemand!

---

¹ was *Hs.*
² dass *Hs.*
³ Malchus drüben *erst nachträglich (abweichende Tinte) ebenfalls angeglichen.*

LEÄNA
Ich verstehe was man zwischen den Zeilen sagt. Aber wahr ist es nicht. Wahr
ist es nicht! Klein machen willst du mich jetzt! ⌊Dumm soll ich dastehn!⌉ –
Hab ich den Timon suchen lassen. Was geht mich der Timon an – der drüben
im ⌊oberen⌉ Seilerviertel haust? – Den Malchus hab ich holen lassen, den
meinigen! ⌊ganz heimlich!⌉ und so hab ich ihm aufgetragen.

TIMON
⌊^{TP} Er kam dort hin: wo ich der Timon bin!⌉ Er schrie: He *(1)* Timon!
(2)^{Tp} Malchus! | *(1)* hier *(2)* Herr! | ihr müsst nachhaus! die Frau – ⌊^{T} ein
Affe ein Soldat! he Malchus!⌉ Es ist so herausgekommen.

LEÄNA
jetzt auf der Stelle soll er her. *(1)* Wie hab ich dich ihn *(2)* Wen hab ich dich
suchen heißen?

EPHRAEM
Ihn *(1)*! *(2)*^{T} doch. |

LEÄNA
Wen?

EPHRAEM[1]
Da den Alten halt – den Bräutigam.

A LEÄNA
Und wie hieß ich dich suchen: hab ich gesagt – wie hab ich es gesagt.

zugleich LEÄNA EPHRAEM
Der Malchus heißt dort Timon hast du gesagt. Es kennt ihn jeder Mensch!
was unsern Malchus?

B[2] LEÄNA
Und wie hieß ich dich ihn suchen.

EPHRAEM
Eilig u. überall.

(1) (2) LEÄNA
Auf welche Weise

zugleich LEÄNA EPHRAEM
Der Malchus heißt dort Timon hast du gesagt. Es kennt ihn jeder Mensch!
was unsern Malchus? |

---

[1] *l. R. vorgemerkt:* (sie u. Ephraem zugleich)
[2] *Von Stufe **B** zunächst nur der letzte Satz (S. 303, 12–14); davor größere Lücke. Das
Übrige dann versuchsweise am r. R. konzipiert.*

AKT I   SZENE b   303

LEÄNA
Doch wen?

EPH.
Jetzt fragt sie nochmal.

5 LEÄNA
Hieß ich dich Timon.

EPHRAEM
Freilich ja

LEÄNA
10 Freilich nein, du Nichtsnutz, du alter Suppenmatz – du halblahmer! Eben gerade den Nicht-Timon ließ ich dich wegen der Frau suchen – u. wegen der Nachbarn dort – den welcher den Nachbarn hier¹ Weiß ich denn nicht wie du das eingefädelt hast – damit du Wahlrecht bekommst als *(1)* Zugereister – *(2)* Zugewanderter –

15 *C*² LEÄNA
Und wie hieß ich dich ihn suchen?

EPHRAEM
Wie denn? mit Rufen halt *(1)* und suchen *(2)* und schauen | wie man sucht –

LEÄNA
20 Doch wie? wie *(1)* hab ich es gesagt! *(2)* solltest du – |

EPHR.
Eilig [sehr eilig!] u. überall *(1)* im drübern Viertel. *(2)* im elften Viertel! |

LEÄNA
In welcher Weise?

25 EPHRAEM
Jetzt fragt sie noch einmal

LEÄNA
Hieß ich dich Timon *(1)* rufen?

EPHRAEM
30 Ja freilich ihn! →

(2) oder Malchus rufen?

EPHRAEM
Den Malchus freilich ja. Wen sonst? |

¹ *Hier mündet der Versuch in den zuvor niedergeschriebenen Text (Lücke!) ein.*
² *Neuansatz einen Tag später 18 XI. ⟨1925⟩; Stufen **A** und **B** bleiben ungestrichen.*

LEÄNA
Doch wie? Hab ich gesagt: Schrei Malchus? \(1) wie (2) oder wie hab ich es gesagt!/

EPHRAEM
Der Malchus heißt dort Timon, hast du gesagt. Es kennt ihn jeder Mensch hast du gesagt. (1) Du findest ihn gewiss. (2) Was unsern Malchus – \Den kennt dort drüben jeder Mensch? Curios./ sag ich? Ja, sagst du \noch/ (1) Timon (2) also lauf! (3) lauf! es gibt ein Trinkgeld! |

(1) LEÄNA
(2) und rufst mir nach:

†(3) ⟨LEÄNA⟩
und hab ich nicht \dazu/ gesagt: kein Wort von (1) Timon (2) Malchus | wegen der Nachbarn

≈ LEÄNA
Sonst nichts?↓

EPHRAEM
wegen der Nachbarn soll ich \doch/ kein Wort von Timon wissen, hast du mir eingebläut!

LEÄNA
Wo (1)? (2) das? du \Schlapper/ Schwanz! |

EPHRAEM
Na hier herum – was halt die Nachbarn sind

LEÄNA
Doch dort! \K⟨ein⟩ Wort von Malchus!/

EPHRAEM
(1) Doch (2) Nein nein! | dort dort wissen sie von Malchus und von Timon

LEÄNA
\ᵖ Dort wissen sie von Malchus u. von Timon!/ Von Malchus hab ich gesagt?

\ᵖ E.
Du hasts gesagt.

L.
(1) Ich das gesagt? (2) Ich das? (3) Ich? Du sagst ja?/

EPHRAEM
Freilich ja. (1) Du (2) ¦

LEÄNA
Ei freilich nein! ei freilich nein! Du Nichtsnutz! \Die wissen ⟨von⟩ Timon! hab ich gesagt!/ fahr ab in die Hundehütte! du alter Suppenmatz, den man

AKT I   SZENE b   305

umsonst füttert. *(1)* W⟨eiß⟩ *(2)* Fahr ab. Weiß ich denn nicht wie Du das
eingefädelt hast? weil du doch ein Zugewanderter bist – und wolltest doch
das Wahlrecht haben und das Recht dort *(1)* mit Gemüse *(2)* ¦ zu handeln

TIMON
5 Ja. ja! lass jetzt. ich muss Dir jetzt was sagen

LEÄNA
O was man mir erklärt, das weiß ich. Dass du dazu hast in das Haus ziehen
müssen \vor 3 Jahren –

TIMON
10 So vier, fünf Jahre sinds –

⟨LEÄNA⟩⟩
zu deines verstorbenen Schwagers Schwester, weil die Rechte intabuliert
sind auf dem Haus – und das war nur so möglich dass Du sie zum Schein
heirathetest – so alt wie sie war.

15 TIMON
Du weißt's! die Götter wissens auch! *(1)* doch sonst! *(2)* sonst niemand! |
Finger auf den Mund   Jetzt lass! *(1)* ruft da nicht wer? *(2)* ruft's da nicht
Timon? |

LEÄNA
20 Wer soll den rufen? \Hier wird Malchus gerufen!⟩ – O ich weiß viel mehr
als *(1)* ich wei *(2)* du weißt, dass ich weiß. Ach sie verzieht ihr Gesicht
sie sagen *(1)* ja *(2)* sogar – \diese Lügenmäuler – und wer weiß ob das nicht
die Wahrheit ist:⟩ | du wärest mit ihr seit zwanzig Jahren u. sie wäre deine
†richtige ≈ rechtmäßige↓ Frau – und du hättest Kinder mit ihr, drei oder
25 viere! – Kein Wort glaube ich davon! aber dir glaub ich auch nichts! †\Und
du hießest nicht Malchus – sondern richtig Timon!

T.
Das kann ich dir wohl beweisen! Hab ich mich M⟨alchus⟩ genannt wie ich
dir das erste Mal zu Gesicht gekommen bin oder Timon?

30 L.
Malchus hast du dich genannt, bei meiner . . .

T.
Also: damals hab ich doch nichts im Sinn gehabt.

L.
35 Mich hast du im Sinn gehabt

T.
Ich nein ich bin auf nichts *(1)* ausgegangen *(2)* losgegangen

L.
Auf mich bist du losgegangen sobald wir allein waren

T.
Also: schieb mir den Eid zu! Ich bin Malchus den man Timon nennt⟩†

TIMON
Du weißt doch: das spreng ich alles selber aus –

LEÄNA
[*(1)* Und *(2)*ᵖ Aber | sie ist *(1)* *(2)*ᵖ nicht | deines Bruders Weib, sagen sie!

(1) TIMON
Sie ist die Schwester des verstorbenen *(a)* Schwagers *(b)* Schwestermannes von mir | –

LEÄNA
Da sagen die mehrsten dass das gar nicht wahr sein kann! ⟨Denn sie hat nie keine Schwester nicht gehabt! das sagen sie!⟩ *(2)*ᵖ Denn sie hat nie keinen Bruder nicht gehabt! das sagen sie!⟩] Aber ich rede mit niemand darüber. *(1)* Aber alt u hässlich ist sie? *(2)*ᵖ Nur eines das sage ich dir: ist sie alt u hässlich? ist sie das? |
(1) Und

(2) T.
Wie die Nacht. ⟨ᵖ Wie eine ausgedorrte Citrone:⟩

⟨L.
Und doch bist du unterm Pantoffel *(1)* *(2)* sagen alle |.

T.
Ein neuer Beweis! Wenn sie m rechtmäßiges Weib wäre – was hätte ich für eine Ursache mich zu ducken. So aber *(1)* sie *(2)* mit dem Geheimnis hat sie mich in der Hand. An dem Kinn packt sie mich da.⟩

LEÄNA
⟨Ja, ja!⟩ Und du hast ⟨gewiss⟩ kein Kind mit ihr?

T.
Wo werd ich!

LEÄNA lehnt den Kopf an s. Schulter
Und den du mir machst, das wird dein einziger Sohn?

T.
Das schwör ich.

LEÄNA
Du Gerissener du! wer ist dir über!

T.
†Du sollst mir auch nicht über sein. Unter mir sollst du sein. – Bin ich dir

AKT I SZENE b   307

dafür nicht in jeder Gestalt zu Dienst? Dein Anwalt? dein Verwalter! dein
Trabant, wenns darauf ankommt! Und im Bettchen? sag selbst.↑ Jetzt ganz
beiseite den Tratsch. Denn es kann sein dass sie mich abholen.

L.
Die Polizei? Sind die dir doch auf der Ferse?

TIMON
(1) Närrchen! *(2)* Narr kleiner! | Soll ich dir etwas sagen? etwas anver-
trauen? *(1)* etwas

(2) L.
Sag mirs. Ist es etwas Politisches? Ich weiß ja das Zeug hat dich in den
Klauen! Oder ist es eine Weibergeschichte. Sag mirs!

TIMON
Du hast einen gescheidten Kopf. Du denkst ↑was ein jeder so auf dem Markt
denkt. ≈ so ⟨wie⟩ alle denken! Kerzengrad wie die Strasse mitt⟨en auf⟩
d⟨en⟩ Markt↓

L.
Ja das möchte ich sehen, ob eine sich was anderes denkt! Ich denke mir so
viel als eine. Aber reden muss man mich lassen – sonst kann ich mir nichts
denken –

T.
Ja mit dir kann man sich über alles berathen.

[L.
So sag doch schon was es ist.

TIMON]
Mit *(1)* allen *(2)* dem ganzen Gesicht horchst du? sogar mit der kleinen
Schnauze der netten, aufgeworfenen? Küsst sie

L.
(1) Sag *(2)* So *(1)* sags doch schon! *(2)* brings doch schon an den Tag! |

T.
Ich habe mich ⌈ohne viel Reden⌉ von ihnen los gemacht. Sie wollten *(1)* mit
mir geradewegs auf den großen Markt! *(2)* mich geradewegs auf den großen Markt
schleppen! mitten auf den riesigen Platz hin.

L.
Was waren denn das für welche? Todschläger Halsabschneider? haben sie
dich vergewaltigen wollen? Ist denn gar keine Ordnung mehr! keine Ge-
walt *(1)*? *(2)* über d. Pack? |

T.
Meine Anhänger waren das. *(1)* ⌈Reden sollte ich. Marschieren wollten sie

mit mir an der Spitze. Wie eine Phalanx und ich der vorderste!⟩ ⟨Es geht
schwindelnd auf mit mir. *(a)* Mein Ruhm *(b)* Meine Popularität | ist reissend
angewachsen!⟩

L.

Solche *(a)* panische *(b)* verzweifelte | Kerle sind das? ja was sind sie denn
(a)? *(b)* vor dir?

T.

(2) Es geht schwindelnd auf mit mir. Meine Popularität ist reissend angewachsen!

L.

Solche verzweifelte Kerle sind das? ja was sind sie denn vor dir?

T.

Reden sollte ich. Marschieren wollten sie mit mir an der Spitze. Wie eine
Phalanx und ich der vorderste!

L.

⟨Die Hundsknaben!⟩ Und du bist ihnen ↑ausgekommen? ≈ ausgewischt?↓

T.[1]

An einer *(1)* Strassenecke *(2)* Ecke | wo ein rechtes *(1)* Gewühl von Leuten *(2)* Gedräng | war, – *(1)* Weibchen! *(2)* [bin ich] abgebogen – und zu
Dir!

L.

↑Du hast dich gefürchtet!↑ ⟨Die sollen schauen ob sie dich finden!⟩ Ich versteck dich! ⟨Du kannst von mir was anziehen. Wollen sie mir dich bemachen?⟩

T.

Weibchen! – Es sind mehrere Naturen in uns! Das ist es. ⟨Wild u. ängstlich/dumm u schlau/es ist alles verfitzt, sie wollen eine die andre niederhalten⟩ Fürcht ich mich – oder nicht. Ich kann so wild sein. Unterm Reden
kommts mir! ⟨Wie einem Hahn wird mir – den ein andrer überkrähen will!⟩
Der Augenblick dictiert mirs. Da kommt das Ganze über mich.

L.

Nein so grimmig schaust du aus! ⟨Und in alles willst du dich dreinmischen?⟩
– Ich habe Furcht vor Unruhen. Redest du denn auch zum Frieden?

T.

Ich rede wies uns Vorteil bringt. Bleib, du Gute, in diesem friedlichen Häuschen. ⟨Ich will dich schützen. Ich will dir dein Gärtchen reinhalten.⟩ Die Welt

---

[1] *Am l. R. mit Stift:* Orakel; *am r. R. Stiftmarkierung.*

AKT I SZENE b   309

ist hässlich u. verderbt. Hast du von der Bacchis gehört! *(1)* von dem reichen Frauenzimmer drüben auf

(2) LEÄNA →

(3) die einmal Blumenmädchen war?

LEÄNA |
↑Gehört! Die! wie mich selber kenn ich sie! Du die ist nicht so jung! sie hängen ihr – ich weiß es – aus dem Bad – aber reich ist die! die hat das Haus dort droben – dort ist alles aus purem Gold! ≈ Ah die war einmal ein Weib! Jetzt gibts die gar nicht mehr! Alles ist falsch an der alles künstlich! Das ist eine Verderbnis! Das kannst du dir nicht ausdenken. Nicht eine hier die nicht besser von Leib u munterer v. Geist wäre!↓

T.
Das sagt man mir. ⎡So lauten m. Berichte⎤

LEÄNA
Solls über die hergehen?

T.
So unter andern ja! Man wird ⎡allen⎤ solchen *(1)* Figuren *(2)* Volks *(3)* Prassern *(4)* ↑Weibern, die den Schweiss des Volkes verprassen, ≈ Volksschweissverprasserinnen↓ | ins Weiße der Augen schauen!

LEÄNA
Du sollst ihr nicht ⎡von ganz nahe⎤ ins Weiße der Augen schauen, *(1)* das ver⟨biet⟩

(2) T.
(1) *(2)* Ich meine: *(3)* Nein ich meine | Man wird ↑sie ≈ diese babylonische Sultanin↓ zu Falle bringen

L.
Du nicht! du nicht! das verbiet ich dir!

T.
Du musst nicht alles wörtlich nehmen. Es geht auf die ganze Rasse. Die Vornehmen

L.
Soll es denen an den Balg gehen? – Ja alle bessern Leute – denen zeigst du's. Das soll mir einer sagen, was das ist das Bessere. ⎡Vielleicht weil sie so *(1)* künst⟨lich⟩ *(2)* reden, dass mans nicht versteht! Wo haben sie denn das sitzen das Bessere?⎤ In Dreck mit ihnen ⎡u ihren *(1)* *(2)* arroganten *(3)* hochgetragenen | Nasen⎤. – Aber was so elegante junge Herren sind – es geht doch nichts über solche, wenn sie das Geld so hochmüthig aus der Tasche ziehen und es hinwerfen – ⎡ohne auch nur einen Blick⎤

T.
Das muss alles herunter vom hohen Ross!

L.
Die eleganten ⟨auch?⟩ alle! Gut! gut! sollen sie hin werden! vorbei! wenn nur das unsere dabei gut fährt!

TIMON[1]
Gut fährt? Das soll es! ⟨Ich will unser kleines Schiffchen schon steuern!⟩ †Alle feinen Herren sollen hier her kommen! betteln sollen sie hier leben zu dürfen!† – Was war das! Wer schreit da?

LEÄNA
Der Citronen ausruft – Der Bucklige draußen auf der Gasse –

TIMON
Und das? ⟨das war⟩ nicht Timon? jetzt? Das! das!

LEÄNA
Der Wasserträger! mit der hohen Stimme.

TIMON
Gut. – Was ich sagen wollte – [P Hieher sollen sie! denen werden wir ihre Bacchis u ihre Schauspielerinnen u. Tänzerinnen und Sängerinnen austreiben. Hieher! *(1)* *(a)* betteln *(b)* winseln | sollen sie *(2)* stoßen sollen sie sich | um Einlass!] – Wir wollen hier erweitern. [P Dazu sind *(1)* Unruhen *(2)* die Zeiten | gut.]

LEÄNA
†Wieso denn gut?† Wenns drunter u. drüber geht?

T.
Lass nur! Häuser *(1)* werden billig [werden] *(2)* wird man billig kriegen *(3)* werden billig | wie *(1)* Fische im Hochsommer. *(2)* schlechte Fische. | Wir nehmen ein Männerbad dazu! ⟨wir brechen die Mauer durch. Das oben vermieth ich⟩

[*(1)* LEÄNA
Sags mir

(2) Kümmere du dich nicht um Politik.

LEÄNA
Ich mich kümmern! wo werd ich! aber eine politische Antwort bekommen sie schon von mir, wenn sie mich fragen!

---

[1] *Fortsetzung am* 19 XI. ⟨1925⟩.

AKT I SZENE b   311

T.
†Dir obliegt eins: was immer [über die] kommt, hier müssen sie sich geborgen fühlen wie in Mutters Schoß†] [ᵖBetteln sollen sie hier herein zu dürfen!]

L.
[Die Eleganten auch?] Das sollen sie! die [hübschen] Kerle! *(1)* †wie im Schoß!† die niederträchtigen! *(2)* |

T.
[Hier müssen sie sich geborgen fühlen.] Nie hier ein revolutionäres Wort. Vor Piraten Banditen Demokraten *(1)* Furcht wie vor der Pest –

L.
Das glaub ich.

T. →
(2) fürchtest du dich _{wie vor der Pest –}

L.
Hab ich so Furcht.

T.
Nein du stellst dich so! | Lass solche Reden fallen, wie: Hier ist Alt-Ephesus! Berath sie in allem. [Auch wohnen können sie hier.] Deut an: Du wüsstest wo man etwas verstecken kann: Preziosen, Documente †*(1)* Sag *(2)* Lass fallen: | Das Haus hat *(1)* mehr als einen Ausgang. auch unterirdische. *(2)* einen unterirdischen Ausgang. | Meldezettel braucht man hier nicht.

(1) LEÄNA

(2) Wen du *(1)* die Polizei nicht finden lassen willst, den findet sie *(2)* den Büttel _{nicht finden lassen willst, den findet} er | hier nicht.†

LEÄNA
Mir läuft die Ganshaut. Ist es recht, wenn ich sage: Gehängt sollen die Gleichmacher werden! *(1)* crepieren sollen *(2)* vergiften sollte man *(3)* Erwürgen _{sollte man} | die Halsabschneider! [Ich wenn ich Rattengift – ich streut es ihnen – den Angebern –] Ist das so recht?

TIMON [küsst sie]
Erweitern! so ein Saal. zieht den Grundriss mit der Ferse Begreifst du! groß werden!

A †LEÄNA
Eine Negerin möcht ich einstellen – oder so eine braune halbfarbige!

TIMON
Stell ein! Stell *(1)* zweie ein! *(2)* ein! drei! | – *(1)* Wen *(2)* Groß werden wir!

(1) LEÄNA
So groß werden?

(2) Wir werden das erste Haus am Platz!† wenn ich ⟨an⟩ eine solche Erweiterung unseres kleinen netten *(1)* Betriebes *(2)* Krimskrams da | denke – da erweitert sich doch auch meine Begier nach dir! umfasst sie habe ich eine solche Rundung unserer Einkünfte im Auge – *(1)* habe ich doch auch noch ganz anders *(2)* haftet m Auge doch auch noch ganz anders auf deinen Rundungen! Wenn ich so ⌈mit m Plänen u Vorsätzen⌉ in das Bollwerk *(1)* des Adels und der Reaction *(2)* der Privilegierten | eindringe – da dringe ich doch auch ⌈mit noch ganz anderen Plänen u Vorsätzen⌉ in dieses kleine Bollwerk! –

B
Stell Negerinnen ein! |

LEÄNA
Ja macht denn die Politik so einen *(1)* Kerl *(2)* Hauptkerl | aus dir?

TIM.
Wie einen Stier *(1)* macht sie mich! *(2)* in der Arena |

LEÄNA springt vor Freude
Ah! du musst ⌈früh u spät⌉ Politik machen! das seh ich ein! *A* Und jetzt!

⌈⟨TIMON⟩
Was ist?

⟨LEÄNA⟩⌉
Jetzt musst du mir den Kerl verhauen! den Soldaten! †vor ihren Augen! jetzt soll das Mensch *(1)* sehen *(2)* begreifen wer *(1)* Herr *(2)* Gesetze gibt †im Haus u.† in der Stadt! Ich hol ihn dir! Und alle Mädels sollen zusehen, ≈ und der Wischhadern der freche, soll zusehen!↓ wie du ihn hinlegst u. auf ihn trampelst!

TIMON
Ah! dass du ihn finden könntest! – *(1)* Sei *(2)* Aber sei | ruhig! ich stöbre ihn auf!

LEÄNA
Ich weiß ja wo er ist – *(1)* ⌈gleich⌉ da bei der Hand! *(2)* |

TIMON
⌈Wo immer in welcher Spelunke immer!⌉ In welcher Kaserne er sich versteckt: er soll sich wundern *(1)* wie ich ihn aufspüre! *(2)* was ich für ein *(1)* Spürhund bin! *(2)* eine Spürnase hab *(3)* Spürnasen in Dienst hab | Mein Weibchen anbellen! *(1)* mit seinem *(2)* wenn sie allein ist!

LEÄNA
Ich schaff ihn dir in *(1)* einer Minute.

AKT I SZENE b   313

TIMON
Ich zerr ihn dir daher! und wäre es durch die halbe Stadt! →
(2) einem Atemzug.

TIMON
5 (a) Ja Atemzüge wird's ihn kosten (b) U wenn es eine Million Atemzüge kostet | :
denn ich schlepp ihn dir daher und wärs von drüben – durch die halbe Stadt! ich
führ ihn dir her, an den Ohren, wie einen Tanzbären! |

LEÄNA
Was denn? er ist ja hier im Haus!

10 TIMON
(1) Hier? hier? im Haus? (2) Ich find ihn! und †wäre es im Flachland –
≈ müsste ich eine Razzia halten lassen vom Hafen aus auf den Berg↓ (3) Ich
find ihn! |

LEÄNA
15 Droben auf (1) dem Mädel (2) dem Mädel ihrem Bett (3) der Truhe | schnarcht
er (1) und ist nicht zu erwecken. (2) seit dem Morgen wie ein Vieh. | Wart
(1) ich weck ihn (2) den den weck ich dir schon auf! Tryphaina! Ampelis!...
Die Schlampen liegen auf dem Ohr!

TIMON
20 Wart noch.

LEÄNA
(1) Sei (2) Wart hier: (3) Was denn warten? | (1) ich schaff ihn dir in die
Fäuste. (2) In deine Fäuste mit dem Kerl! | Der soll auf punisch zu seiner Mut-
ter schreien – †wenn du ihn (1) hinstreckst (2) in die Arbeit nimmst | – und
25 (1) der (2) sie, der freche Fetzen – soll dabeistehn –†

TIMON
(1) Er (2) Auf punisch sagst du –

LEÄNA
Ja! ich lauf – (1) ich weck ihn – mit (a) kaltem Wasser (b) Scheffeln kalten
30 Wassers (c) einem Scheffel kalten Wassers (2) †ich schütt ihm Brunnwasser |
ins †Gesicht – ≈ Gefrieß!↓ ≈ mit Wasser ins Genick weck ich ihn!↓

TIMON packt sie
Nein! weck ihn nicht!

LEÄNA
35 Ich kann's gar nicht erwarten!

TIMON
Du lässt ihn ungeweckt. Ich habe mich überwunden. Es war schwer. Es ist
geschehen!

⌊LEÄNA

Was hast du denn?

TIMON⌋

Mein politischer Verstand hat ⌊mit einem Ruck⌋ ↑ᴾ das Übergewicht über↑
(1) meinen Bürgerlichen Zorn *(2)* meine Bürgerliche Wut | ↑bekommen
≈ᵖ untergekriegt.↓ *(1)* Ich will *(2)* Ich sage mir, es ist nicht an dem dass wir
⌊um unserer Leidenschaft willen⌋ diesen Söldner der Reaction in die Arme
treiben dürfen Ich will ihn nicht sehen. – [↑Aber auch politische Beherr-
schung hat ihre Grenzen.↑] Sorge dass er *(1)* mich *(2)* mir nicht unter die
Augen kommt. [↑Wenn er hier vor m Augen dann stehe ich für nichts.↑]
(1) Durch ein Hinterpförtchen lass ihn *(2)* Hinten raus lass ihn | entwischen –
und ohne dass ich es weiß. *(1)* Denn sonst – *(2)* Sonst steh ich für nichts |
↑und es soll durch mich ⌊den Bräutigam⌋ nichts passieren was *(1)* dem Ruf
dieses Hauses schaden bringen *(2)* den Ruf dieses Hauses untergraben | könnte.↑
grimmig Verstehst du mich? ⌊Ich liebe es wenn man mich schnell versteht!⌋

LEÄNA

Auch gut! auch gut! – ⌊Na⌋ jetzt kommst du aber mit mir hinein! – Du bist
ja so gut wie nüchtern *(1)*! *(2)*? du Lamm du armes! das macht dich giftig! |

TIMON

⌊Mit dir hinein?⌋ Du vergisst den Vorsatz – Was hast du *(1)* allenfalls?
(2)? Einen Bissen. →

Bⁱ Und jetzt! was ist?

TIMON

Sie rufen deutlich.

LEÄNA

Hinein mit dir. Du bist so gut wie nüchtern. Das macht dich schreckhaft. –
Ich hör nichts.

TIMON

Mit dir hinein? Du vergisst den Vorsatz Was hast du allenfalls .. |

LEÄNA

(1) Frische *(2)* Eine Schüssel frischer | Krabben, und vorher ein Fenchel in
Öl – drinnen komm!

TIMON

Du vergisst das Orakel – und nichts Warmes?

---

¹ *Stufe* **A** *ungetilgt, Stufe* **B** *vermutlich erst kurz vor Anfertigung der Reinschrift entstanden und nach Verwertung durchgestrichen.*

AKT I SZENE b   315

LEÄNA
(1) kei *(2)* Schafsnieren mit Knoblauch!

TIMON
mit Knoblauch! –

†LEÄNA
(1) Sauce. *(2)* hab *(3)* und ein wenig geschabte Sardellen hinein –

TIMON†
Das Orakel wird mich drinnen finden. ⸤Was ist das für ein Gesicht? Tuch übers Gesicht⸥

LEÄNA
Das wäre sauber! wenn die Götter wollen auch im Bett. ⸤das soll aber kein Omen sein!⸥

Lykon herein.

TIMON
Nicht viel Geschwätz *(1)*. hinein. *(2)*, von Göttern jetzt! hinein!

LYKON¹ sieht dem abgehenden Timon misstrauisch nach; dann
Myrtion! pst! Myrtion!

Das Gesicht Myrtions an einem Fenster *(1)* in einem *(2)*, zwischen Fensterrahmen u. Vorhang.

LYKON
Ich bringe ihn!

Chelidas an der Eingangstür, zaudernd; wegzulaufen bereit

MYRTION das halbe Gesicht
(1) Wen? – Ah den! Ich komme herunter! *(2)* der Junge? Gleich! ich komme! |

CHELIDAS
Ich gehe lieber. Ich verschwinde. *(1)* Ich verdufte. *(2)* Ich vergehe. *(3)* Ich war gar nicht da. |

LYKON
Sie ist ⸤doch⸥ willig. Sie hat schon auf dich gewartet.

CHELIDAS
Unmöglich. †Zermalmt u. neugeboren, das wäre der Weg.†

MYRTION
Wo ist er denn? –

---

¹ *Fortsetzung am* 20. XI. ⟨1925⟩; *ganz oben auf der Seite gestrichenes Vornotat:* »grenzenlos u für immer«

LYKON
He! komm!

MYRTION
†Hier getraue ich mich nicht.† Der *(1)* Malchus *(2)* Kerl *(3)* Alte | ist im Haus, ihr Bräutigam – der Malchus sieht sich um

LYKON
Und? Chelidas!

MYRTION
Ich trau mich nicht. *(1) (2)* Er ist ein *(3)* | Er hat uns *(1)* solche *(2)* | Liebschaften verboten. †Er will nur regelrechte Kundschaft.† *(1)* Kann er nicht später wieder kommen gegen Abend? *(2)* Sag ihm er soll später wieder kommen! |

LYKON
Das bringt ihn um! Schaff Rat! – *(1)* Im *(2)* Ihr habt ein | Gärtchen! dort hinten.

MYRTION
Geht nicht. Ich trau mich nicht. Wo ist er denn?

LYKON zieht Chelidas bei der Hand herein.
(1) In dein Zimmer! *(2)* |

MYRTION
(1) Das geht nicht! →
(2) schüttelt den Kopf |

CHEL.
Rede ihr nicht zu! Lass sie! Du siehst doch!

LYKON
Sie denkt doch nur nach wo ihr zusammen sein könntet.

CHEL.
(1) Es ist alles undenkbar: zermalm⟨t⟩ *(2)* Dies Haus war – lieblich ist kein Wort – es war so anders *(1)* u nicht das allein *(2)* weil du da wohnst – es zu betreten – Wahnsinn! den Arm vor dem Gesicht.

MÄDCHEN
Warum ist er denn so? ärgert ihn etwas?

CHELIDAS vor sich
Die \fleischgewordene] Unmöglichkeit! *(1)* †die Unmöglichkeit der Annäherung schlechthin – Wie einer von diesen sie – sie gehen hinaus u. hinein – undenkbar.† *(2)* dass ein solcher wie dieser da sich annähern dürfte |

MÄDCHEN
Hat er kein Geld? sag ihm das macht doch nichts! Das ist jetzt m freie Zeit.

AKT I SZENE b 317

Chelidas Arm über Gesicht

LYKON
Zu hässlich findet er sich. \Was weiß ich! nicht Manns genug!/ †Der närrische *(1)* Mensch. *(2)* Hypochonder! |†

5 MÄDCHEN
Hat er was geheimes Übles?

LYKON
Ein Kerl wie aus *(1)* F *(2)* frischem Flusswasser geboren! Ich seh ihn täglich im Bad!

10 *(1)* MÄDCH.

(2) CHELIDAS
Es kräuselt sich –

LYKON
Was kräuselt sich?

15 CHELIDAS
Mein Hirn *(1) (2)* wie in ein *(3)* | – zu enge u. zu weit: *(1)* das ist Zerrüttung die Grenze! *(2)* die schwere drängende Zerrüttung | will entspringen.

Lykon stellt den Fuß vor

MÄDCHEN
20 Mir haben schon \weit/ hässlichere gefallen! Er hat hübsche Wangen u einen freundl. Mund.

\LYKON
Hörst du./

CHELIDAS
25 *(1)* Unsäglich. Das ist es. lehnt den Kopf an die Wand *(2)* lehnt den Kopf an die Wand Leiblich vor ihr! Und geistig so weit – irgendwo bei Nimrod u Sesostris. Nicht zu ihr mich schwingen können die vor mir steht! |

M.
Warum wackelt er so mit dem Kinn. Will er denn weinen.

30 LYKON
\Frag nichts!/ Nimm ihn \nur/ bei der Hand.

MÄDCHEN
Ist er behext?

LYKON
35 Ach wo! Von dir!

MÄDCHEN
Man kann das auch curieren! ich weiß *(1)* wer das kann! *(2)* die Alte die kanns! |

Chelidas sieht sie an

LYKON
Nimm †ihn doch† bei der Hand. Sonst brauchts keine Cur.

Mädchen scheut sich

CHELIDAS
(1) Nicht hässlich. *(2)* | Weit schlimmer – unmöglich! wie in einem Mausloch alles so enge – dann so weit – ⌈Es ist alles zu weit alles zu eng⌉ ich kann nicht zu dir – es ballt sich ringt nach Worten

MÄDCHEN
(1) Ist er denn ⌈so⌉ schwer von *(2)* Hat er immer eine ⌈so⌉ schwere | Zunge?

LYKON
Sonst ⌈wenn er v⟨on⟩ dir redet⌉ *(1)* gehts ihm vom Mund *(2)* geht sein Mundwerk | wie ein Wasserfall. Wie Honig *(1)* springts *(2)* fließts | ihm von den Lippen. [Und der Sohn von was für einem Herrlichen Vater! Ein Herkules an Beredsamkeit! und der Sohn übertrifft ihn! wenn sie gegeneinander disputieren zieht der Alte den Kürzeren – es ist alles Scheu vor dir – er schämt sich –] Du jagst ihm solche Furcht ein: er ist so fürchterlich verliebt in dich!

MÄDCHEN
Alle beide wollt ihr mich zum Narren haben! Da sucht euch eine Andere! ⌈Aber von dir hätt ich mirs nicht erwartet!⌉

CHELIDAS
Halt sie! ⌈Lass sie nicht fort!⌉ ich erschaffe mich an ihr! ⌈wenn sie nur *(1)* stehn *(2)* da | bleibt!⌉

LYKON
So fasse sie doch an!

Chelidas tuts: sie sehen einander an

MÄDCHEN
Wie hübsch er wird wenn er nicht mehr so vor sich hinstiert.

CHELIDAS
Du *(1)* gutes Wesen! Gutes! Unbegreifliches! *(2)* Unbegreifliche! | lehnt den Kopf an ihre Schulter

Lykon promeniert – discret.

AKT I SZENE b   319

MÄDCHEN
Willst du *(1)* in das *(2)* in's | Gärtchen? dort? ⌊Ein so ein netter sanfter Kerl
bist du?⌋ ich mach Musik für dich – ich möchte sehen *(1)* ich sing ein biss-
chen – *(2)* Ich kann ein bisschen singen. |
5 Man hört Timons Lachen. Lykon stutzt Das Lachen abermals.

CHELIDAS ⌊entgeistert⌋
Vor dir steht Mädchen – eine Negation. ⌊Ein Todter wäre ein Spass dagegen.

MÄDCHEN
Nein –

10 ⟨CHELIDAS⟩⌋
(1) Ein Mensch *(2)* Ein Mann *(3)* Was ist ein Mann? Ein ⟨Mann⟩ | ist Möglich-
keit von Taten. ⌊oder er ist nichts.⌋ Seine Taten gehören ihm: sonst nichts.
Zu mir gehört nichts. Wenn man sich an dir vergreift – bin ich waffenlos –
denn mein Arm gehört nicht zu mir: mein Hirn gebietet ihm nicht. Es
15 schweift umher. – O Lykon! mach dass sie's versteht – aber wenn ich fort bin.

Lykon schaut durch den Spalt

DAS MÄDCHEN
Was hast du denn schon wieder? Lass den *(1)* fort *(2)* weg |! ⌊Red nur mit
mir, *(1)* ich werde *(2)* von dir werde ⟨ich⟩ | alles capieren.⌋

20 CHELIDAS
Das Hirn *(1)* treibt Seifenblasen hervor. *(2)* macht Seifenblasen. | Irgend etwas
ist da – was nicht da ist. Ich höre: dann sehe ich. †Der Klang ist eine Ausgeburt des Ohres, das Bild eine Ausgeburt des Auges.† Wahr ist nichts davon.
Ich höre *(1)* eine *(2)* etwas *(3)* eine Stimme. Ich sehe: Säbelbeine – *(1)* einen
25 Brustkasten *(2)* ein Gesicht *(3)* | – eine Warze. ⌊Du stehst vor mir u das
drängt sich dazwischen!⌋ *(1)* Diese Dinge sind es an denen mein Leben
Schiffbruch leidet. *(2)* Angesichts des rett⟨enden⟩ Ufers erleidet mein Leben
Schiffbruch. | Leb wohl: die Götter seien gut zu dir ⌊, du Gute!⌋

LYKON
30 *(1)* Du musst fort! *(2)* Ja ja er muss jetzt fort! |

MÄDCHEN
Warum denn fort. Ich will ihn bei mir haben. Und er will auch!

CHELIDAS
⌊Nein. nein.⌋ Ich muss abtreten von der Bühne. *(1)* Ich *(2)* Das Schauspiel |
35 war zu erbärmlich

MÄDCHEN
Jetzt schäm ich mich! Er meint was Hässliches!

320   VARIANTEN

CHELIDAS
O Götter! Sie schämt sich! kniet, gibt den Kopf in ihre Knie

LYKON
Hinaus mit dir! – Eh es zu spät ist! \– Er ist es wirklich./

(1) MÄDCHEN →

(2) CHEL. ab
(a) Chaos verschlinge mich! *(b)*^{S} Verschlinge mich die Hölle! |

Mädchen¹ stampft auf

LYKON
Du verstehst das nicht! Dich *(1)* hätte ich anders angepackt, *(2)* pack ich
anders an! | du *(1)* Frosch! *(2)* Grasaff! *(3)* Fratz |

MÄDCHEN
Du untersteh dich! ihn hol her. Dich will ich *(1)* gerade so viel sehen als
nötig, damit ich ihn erblicke – *(2)* nicht! |

\STIMME
Timon!/

LYKON \horcht auf/
Man hat auch keine Zeit für dich, du Ente!

ERGAST = THERON *(1)* bei *(2)* in der Thür
Ist hier nicht Timon? wer *(1)* weiß *(2)* sagt mir | wo Timon ist! *(1)* der
(2) wo ist der Führer?

STIMME
Timon!

LYKON² reisst den Vorhang weg
Hier \und/ windet sich wie Hektor *(1)* aus den Armen des königlichen Gemahls *(2)* los o königlicher Gemahl | – ich muss lassen! Die Stadt braucht
m Arm!

Leäna springt von Timon's Schoß

\ERGAST
Timon ist hier!/

TIMON
Bereit! \bereit! bereit bis auf die Knochen!/ wischt sich mit dem Handrücken
den fetten Mund ab

---

¹ *Nicht restituiert.*
² *Fortsetzung am* 21 XI. ⟨1925⟩.

AKT I SZENE b   321

Mehrere herein, darunter Tryphon und der junge Mensch.

Leäna jagt Myrtion ins Haus

↑Ephraem stürzt herbei, aus d. Haus.↑

↑TIMON
5   Was ist denn los?↑

LEÄNA
Sind das die Deinigen?

TIMON
Vertrauensmänner! Lauter? ⌊Jeder steht für ihrer tausend.⌋

10   THERON (= ERGAST)
Durch Herolde die Versammlungen abgesagt. Die Söldner in den Kasernen consigniert. Sie stellen sich todt.

TIMON
Ja, da muss ich auch hin *(1)*. *(2)* u. es ihnen zeigen. |

15   THERON
(1) Es kommt zum *(2)* Und eben darum kommts zum | Treffen – zur Entscheidung!

TIMON
Aber doch nur so – so ⌊mit⌋ Rede gegen Rede –

20   THERON
Nein, heute gehts ums ⌊blutige⌋ Ganze.

TIMON
Ums ⌊blutige⌋ Ganze!

⌊THERON
25   Ja wir sind an dem! zeigt 5 Finger

T.
So weit? so schnell?⌋

(1) THERON
Aber wir sind →

30   *(2)*ᵖ Sie stellen sich ja todt

THERON
Wir werden sie wecken. Wir sind jetzt | die Herren *(1)* der Lage *(2)*ᵖ. Wir haben sie! |

TIMON
35   Sicher – trotz denen in der Kaserne?

THERON
Sie sind ein Haufen ohne Kopf. Wir haben den Polemarchen. ⌊Heil! dem Feldherrn!⌉

TIMON
(1) Ihr habt *(2)* Den habt ihr? so den haben wir, mein ich.

THERON
(1) In Dir! *(2)* | hier steht er doch! *(1)* Du Überwältiger! *(2)* hier steht er doch! Du bists | ⌊Ruft heil dem Polemarchen Timon!⌉

LEÄNA
(1) Das ist ein kleiner Topf wie der *(2)* Wie *(a)* so *(b)* schnell so *(c)* stark so | ein kleiner Topf | ins Sieden kommt!

THERON[1] galoppiert die Front ab kommt wieder zurück
(1) Was ist Gewalt gegen Gewalt – du *(2)* Was wäre Gewalt ohne Gewalt – du *(3)* Gewalt gegen Gewalt gebiert den | Überwältiger! Hier sind Phalangen hier! in deinem Hirn! speerstarrende Rechtecke! Kataphrakten! Streitwagen! ⌊Elephanten!⌉ heraus mit ihnen! – *(1)* Du *(2)* Er ¦ an unsre Spitze! und schafft ein Pferd – damit ich *(1)* seine Befehle aus *(2)* mit seinen Befehlen ⌊in die Stadtviertel⌉ | galoppieren kann!

⌊Gedränge:⌉

TIMON
Jetzt ist es da! *(1)* Leb wohl! *(2)* Wie sie mich nur erwischt haben! | Da schau! da werden ihrer immer mehr. A Ich muss: *(1)* das *(a)* seh ich. *(b)* siehst du. *(2)* |

LEÄNA wischt sich die Augen
Bist du denn so rasend mutig? solch ein *(1)* Raufbold? Hast du das von den Piraten angenommen? *(2)* Pirat? | Die sind es doch nur aus Beutelust und Gewohnheit. Und du hast den Teufel so gratis im Leib?

TIMON
Und wenn sie fragen: Wohin gieng Timon? Sage ihnen auf den Markt: zu sterben *(1)* für Versammlungsfreiheit! *(2)* für Freiheit *(3)* wenns sein soll! oder zu siegen! |

VIELE
Timon! Timon!

LEÄNA hält sich die Ohren zu
Ich hasse den Namen Timon! Verfluchter Timon! friss mir nicht meinen süßen Malchus auf! sonst *(1)* gehen dir meine Nägel in dein Gesicht. *(2)* hüte dich! zeigt ihre Krallen |

[1] *l. R.* Lykon:

AKT I SZENE b   323

TIMON
Du Schatz

LYKON
(1) Führer! jetzt reiss dich los und führe! *(2)* Jetzt reiss dich los und führe! großer
Hektor! |

LEÄNA
Nein nein ich lass ihn nicht! →

*B*ˢ Begreifst du? Ich muss:

LEÄNA
Nein nein ich lass ihn nicht!

LYKON
Jetzt reiss dich los und führe! großer Hektor!

⟨LEÄNA⟩ |
Tryphaina! Ampelis! Nykto! wo seid ihr denn? ⌊Laidion! Philinna!⌉ helft
mir ihn halten! hier aus m Haus bringt ihr ihn nicht heraus! – ⌊Die Tür schließ
Ephraem! hinaus mit allen Fremden! Ich will doch sehen!⌉

Die Mädchen: aus allen Türen.

THERON
Ihr Männer man bedroht den Führer an *(1)* der *(2)* seiner | Freiheit!

(1) DIE MÄNNER →
(2) LYKON |
(1) Timon!
(2) Lasst uns unsern Führer los! *(3)* Gebt uns unsern Führer frei! |

LEÄNA
Du Hund! auf Lykon ⌊Lasst ihr ihn mir nicht?⌉ Gebt mir doch einen Rat!
wie schütz ich ihn! Wenn sie ihn mir verprügeln! wenn sie ihm Seewasser
oder ranziges Öl oder noch was ärgeres ↑in den Leib gießen? ≈ einschütten?↓

EIN MÄDCHEN
Schaff Waffen her für ihn! *(1) (2)* Messer oder Knüppel! bringt was ihr
findet! *(3)*ᵖ |

LEÄNA
Ja Waffen! Waffen! *(1) (2)*ᵖ Messer oder Knüppel! bringt was ihr findet! |

*(1) (2)*ᵖ Mädchen bringen: ein Stuhlbein, einen spitzen beinernen Kamm, einen
Bratspieß |

TIMON
Nein keine Waffen – es ist ausgerufen worden wer *(1)* sich bewaff⟨net⟩ *(2)* eine *(1)* Waffe *(2)* Angriffs-Waffe *(3)* Waffe | trägt – das ist offener Aufruhr!

(1) Mädchen bringen: ein Stuhlbein, einen spitzen ⌐beinernen⌐ Kamm, einen Bratspieß *(2)* ᵖ |

⌐LEÄNA
Nein nicht solche – andere: *(1)* die *(2)* allenfalls solche | mit denen man sich schützt wo etwas offen steht

Mädchen bringen Kissen, Deckel Tücher – fangen an

(1) (2) M.
Ein Feldzeichen muss er haben!⌐

THERON ergreift das Stuhlbein
Es ist an dem! es ist an dem!

LYKON ergreift den Bratspieß.
Und vorwärts jetzt! Die Miethen Steuerpetitionen – Moratorium für alle Schulden

⌐MÄDCHEN
Wir gehen alle mit!⌐

TIMON
Die Miethen was

LEÄNA
Denk an die Häuser da! –

TIMON
Nichts mit Gewalt. Wo Timon führt herrsch Recht *(1)*! *(2)* u. Überlegung. Wir wollen fest bei den Gesetzen stehen! |

LYKON
Volksgerichte ob die Gesetze eingehalten werden! Legale Formen! das ists!

LEÄNA
(1) Ein *(2)* Noch eine Gnadenfrist!

MÄDCHEN
Das da – das ist von dem Soldaten der oben schläft *(1)* ein Stück Harnisch

LEÄNA
(a) Nein weiter *(b)* Tiefer | unten! →

(2) das Rückenstück vom Harnisch

AKT I   SZENE b   325

LEÄNA
(a) Huha! *(b)* wie macht man denn das an?

EINER
Tiefer herunter! |

5 MÄDCHEN
Ja die Weich! schützt ihm die Weich doch *(1)*! *(2)* nur! |

LEÄNA waffnet ihn
Einen *(1)* Krebs *(2)* Hummer | mach ich aus ihm – keine Fuge darf offen stehen – Und ⌈wenn sie von oben Steine schmeißen⌉ wer steht mir für sein
10 Leben ein

STIMMEN
Wir alle! *(1)* Timon! heil *(2)* alle!

LYKON
⌈Wir! decken ihn m. unsrem Leib –⌉ Mit dem eignen Blut!

15 LEÄNA
Was denn? *(1)* 2 *(2)* 2–3 | solche schwächlichen Kerle sollen deine *(1)* Garde *(2)*ᴾ Leibgarde | sein! ⌈ᵖ Das wär mir was! sie mustert die Kerle⌉

LEÄNA¹
Ist da kein tüchtiger Kerl! *A* der dort! du! der früher Polizeisoldat war ⌈und
20 der das Gegenteil⌉ dich mein ich ja! ⌈der mit der platten Nase –⌉ drück dich nur nicht – und du sein Spießgesell ja du der Starke dort, hervor mit euch!²

(1) TIMON
Um die Versammlungsfreiheit geht es! sollen wir uns nicht *(a)* zeigen *(b)* versammeln | dürfen? wollen sie uns ⌈wackere Bürger⌉ mundtot ma-
25 chen? *(2)*ᴾ |

Zwei Kerle: hervor, nicht sehr willig.

LEÄNA
Was du zierst dich? und wies die böse Geschichte gegeben hat, hab ich da nicht *(1)* geschworen – vor dem Richter *(2)* aus purer Barmherzigkeit u
30 Güte vor dem Richter u Schöffen | geschworen ich hätte dich hier vom Haus nicht vor Morgengrauen weggehen gesehen – und hab ich dich mit diesem Eid nicht aus der Patsche gezogen – und dafür *(1)* meiner Seele Seligkeit aufs Spiel gesetzt *(2)* riskiert auf off⟨enem⟩ Markt gepeitscht zu werden |

¹ *Fortsetzung am* 22 XI. ⟨1925⟩; *am r. R. vorgemerkt:* (Mädchen umgebt die Frau: zeigt dass ihr eine Mutter zu ehren wisst)
² *Am r. R. vorgemerkt:* Tim: berührt die Muskeln. Es wird gut werden. Es ist Gewalt ein richtig Argument.

1ter KERL¹
Und wie viel Anteil [an der Sache] habt ihr dafür gekriegt? Mir schwant was von dreissig *(1)* von Hundert. *(2)* Prozent! |

2ter KERL
Und wie viel extra in bar? was nicht abgerechnet werden durfte.

LEÄNA
Soll ich mich umsonst um meinen Kopf geschworen haben für 2 solche ↑Gauner. ≈ Höllenhunde?↓ Vorwärts – und achtet mir auf diesen! der eine links der andere rechts: dass ihm kein Härchen gekrümmt wird! **B**ˢ zieht einen hervor

Zwei Kerle: hervor, nicht sehr willig.

LEÄNA
Was du zierst dich? Vorwärts – und achtet mir auf diesen! der eine links der andere rechts: dass ihm kein Härchen gekrümmt wird! |

*(1) (2)*ᵖ TIMON
↑Um die Versammlungsfreiheit geht es!↑ sollen wir uns nicht versammeln dürfen? wollen sie uns wackere Bürger mundtot machen? |

1ter KERL
Ja ja schon gut.

einer einen Todschläger der andere ein langes Messer

(1) LEÄNA
(2) TIMON
Wir werden schon er *(1)* fühlt *(2)* befühlt seine beiden Leibwächter die Kraft der Argumente finden – die schöpfen wir aus *(1)* unserem Recht! *(2)* lauterem Recht! *(3)* unserer Lauterkeit! |

LEÄNA
Bringt ihn mir heil zurück! und es gibt ein [gratis] Fest in diesem Haus *(1)*! *(2)* von dem noch unsre Enkel reden sollen! |

(1) ERGAST →
(2) LYKON |
Sitzt in diesen rundlichen Formen [in diesen kleinen Polstern da] so viel Großmut?

TIMON
Für dich geschieht! für's Häuschen – und er zieht sie nahe an sich für den der kommen soll. Er wird der Bürger einer schöneren Welt!

[ˢ Sie setzen sich in Bewegung. Das Feldzeichen voran.

¹ *l. R.* Theron, galoppiert ordnet den Vortrab

AKT I SZENE b 327

LEÄNA
Ihr! daher!

TIMON {nochmals stehen bleibend]
(1) Ac⟨htet⟩ *(2)* Mädchen! *(1)* achtet doch auf eure *(2)* steht mir eurer
Mutter bei!

LEÄNA eilt nach
Schick mir durch einen Botschaft! Aber nicht: jetzt gehts *(1)* drunter u.
drüber *(2)* los! | Nicht: ich steh auf Leichen u kämpfe – oder noch was ärgeres – Denn das ertrag ich nicht, bei meinem Zustand. – an seinen Hals Nein
keine Botschaft! *(1)* aber komm *(2)* komm nur selbst | zurück!

TIMON
Entweder mit dem Schild – oder auf dem Schild! weist aufs Feldzeichen

Der Zug ab. Die Mädchen winken.]

LEÄNA
Wenn ihm was widerfährt. {ˢIch *(1)* überlebs *(2)* überleb es nicht!]

Lykon bleibt zurück. Die Mädchen heulen.

LEÄNA
↑ˢHeult nicht! {ˢdass man noch ganz verzagt.] und schaut auch nicht lustig
wie die da – die Herzlose Vettel! betet zu den Göttern!↑ Ich kann nicht beten
wenn ich nicht was Männliches in der Nähe hab! Komm du daher! daher! du
Windhund! *(1)* Steh! *(2)* Steh er; stütze mich! | sie lehnt sich an ihn und
betet weinend {Ihr droben!] Beschützt mir meinen Timon!

die Mädchen dicht um sie

I b / 12 H

H III 207.*176–188* – *Elf einseitig beschriebene Blätter, ein beidseitig beschriebenes Blatt*
(207.182 R zu Cristinas Heimreise*) der Sorte A, 290 × 230 mm, von 1–12 paginiert, sowie ein Konvolutdeckel, 291 × 460 mm, der Sorte A; blauschwarze Tinte; wenig dichte, aber*
durchgehende Überarbeitung mit Stift, jedoch auch danach noch Varianten mit Tinte, so daß
keine Schichten sicher abgegrenzt werden können; auf dem Konvolutdeckel:

(1) Ib. *(2)*ˢIc. | Reinschrift.
{ˢHaus der Leäna.]

Mit Ausnahme der ersten Partien wenig variante Reinschrift.

Vermutlich Frühjahr 1926; die Notiz zu »Cristinas Heimreise«, *in gleicher Schrift und*
Tinte wie I b / 12 H, enthält eine Modifikation für die Aufführung von April 1926 (Hinweis von Rudolf Hirsch/Frankfurt a. M.).

Ib/13 T

13,1 T   Grundschicht
13,2 T   1. Tintenschicht
13,3 T   2. Tintenschicht

H III 208.43–51, 25–33, 34–42 – Je neun (von 2–9 paginierte) einseitig beschriebene Blätter (Original: H III 208.43–51; 1. Durchschlag: H III 208.25–33; 2. Durchschlag: H III 208.34–42); 291 × 200 mm; dünnes helles Schreibmaschinenpapier; Farbband: violett; Durchschläge: schwarz; auf dem ersten Durchschlag die erste schwarze Tintenschicht (13,2 T), auf dem zweiten die von Gertrud von Hofmannsthal übertragene, sowie die ebenfalls schwarze zweite Tintenschicht (13,3 T). Das Original blieb zunächst unkorrigiert, bis Herbert Steiner, von dessen Hand sich auch Eintragungen auf dem zweiten Durchschlag finden, posthum Varianten von Ib/12 H und die beiden Tintenschichten von Ib/13 T kollationierte und auf das Original übertrug. Seine textkritische Relevanz ist daher gering. Mit den gleichen Gründen wie bei Ia/8 T wird Ib/13 T als ein Überlieferungsträger mit zwei Variationsschichten angesehen. – Aufschrift am Kopf des ersten Durchschlages: Handexemplar

Von Gertrud von Hofmannsthal typierte (vgl. Begründung zu Ia/8 T), von Hofmannsthal zweimal überarbeitete Abschrift (Lesefehler: Bastar *statt* Barbar*, so daß Hofmannsthal in* Bastard *änderte) von Ib/12 H mit zwei Durchschlägen.*

Kein Beleg für eine genauere Datierung; typierte Grundschicht vermutlich nicht gleichzeitig mit Ia/8 T entstanden (andere Schreibmaschine: keine Umlaute; andere Papiergröße); gleichzeitig jedoch je die beiden Korrekturschichten, also Ia/8,2 T und Ib/13,2 T, sowie Ia/8,3 T und Ib/13,3 T.

Varianten aus Ib / 12 H, 13 T zu
TIMONS AUSZUG, *S. 19–30*

19,1: (1) Ib. (2)^S Ic. Haus der Leäna. | *12 H* Das Haus der Leäna *13,1 T 13,2 T* **19,2** »Haus der Leäna«] Haus der Leäna *12 H 13,1 T 13,2 T*
19,2—4 Überm Ausgang... umgeben. *fehlt 12 H 13,1 T* Überm Ausgang ein Schild hängend, darauf eine hereindeutende Hand und die Aufschrift: Leänas Haus. *13,2 T*
19,7 Dich bedroht] (1) dir gedroht (2) dich bedroht | *12 H*; Kerl?] Kerl? [^S Du weißt nicht, wo er ist!] *12 H* **19,9** da,] da! *12 H* **19,11** er ... Affen!] [^S und schlägt sich wegen eines Affen!] *12 H* **19,12** sich.] sich. [^S Dich wegen eines Affen!] *12 H* **19,13** Wo] Wie *12 H 13,1 T*
19,16 sie überhaupt auswärts mit Männern schläft] du [^S überhaupt] auswärts \mit Männern/ schläfst *12 H*
19,17 senkrecht] \senkrecht/ *12 H*; ich –] ich – [^S und sie, das freche Ding – spielt sich auf gegen mich –] *12 H* **19,18:** TIMON *12 H 13,1 T*

19,19: *(1)* Wie nett dir das alles aus dem süßen Schnabel herauskommt!
*(2)*ˢ Nett aus dem süßen Schnabel *(3)*ᵀ Nett kommt das aus dem süßen Schnabel da! | *12H*
19,23 Packt] Packt? *12H*
19,31 Bastard!] Barbar *12H*. *Abschreibfehler in 13,1 T* Bastar *führt zur varianten Korrektur* Bastard! *ohne Rückgriff auf 12H;* wie oder nicht!] \ˢ wie oder nackt?] *12H*
20,1:
TIMON
[ˢ Und ich muss nicht zuhause sein!] *12H*
20,2 castrieren!] castrieren! [will sie umfassen] *12H*
20,11—13:
[LEÄNA
Schutzlos ist man! *(1) (2)*ˢ Preisgegeben und ausgeliefert!
TIMON] *12H*
20,14 du!] du. *12H* du *13,1 T* **20,16** haben?] haben! *12H 13,1 T 13,2 T*
20,16f. sie stampft] stampft *12H. Lapsus bei Anfertigung von 13,1 T* er stampft *führt in 13,2 T zu Verbesserung ohne Rückgriff auf 12H.*
20,23 habe] hab *12H* **20,26** Schwester,] Schwester, und *12H 13,1 T*
20,33 kratz] *(1)* geb *(2)* kratz *12H;* Dich] dich *12H* **21,4** ihr?] ihr! *12H 13,1 T* **21,8** machst,] Machst, das *12H*
21,10 ich bei den Göttern!] ich *(1)*.
LEÄNA
Du gerissener du! wer ist dir über?
TIMON *(a)* küsst
(b) Du sollst mir auch nicht über sein. Ihr ins Ohr Unter mir sollst du sein ¦
(2). →
*(3)*ˢ bei den Göttern! | *12H*
21,10 jetzt aber] Jetzt \aber] *12H;* das Gerede] den Tratsch *12H 13,1 T*
21,19 horcht sie!] *(1)* horchst du *(2)* horcht sie |! *12H* **21,27** Ist] ist *12H*
21,30 das.] das.
[ˢ LEÄNA
Die Hundsbuben! Was *(1)* wollen denn die. *(2)* Haben denn die vor? |
TIMON] *12H*
21,30f. sie gegen die Aristokraten] sie, \gegen die Aristokraten,] *12H*
22,2 Strassenecke – – zu Dir] Strassenecke – [ˢ wo ein rechtes Gedräng von Menschen war – bin ich abgebogen] – zu dir *12H* **22,4** Dich] dich wieder *12H* **22,10** mir. –] mir. [ˢ Ich kann so wild sein als einer. Unterm Reden kommts über mich.] – *12H* **22,15** Unterm Reden] *(1)* Dann *(2)*ˢ Unterm Reden | *12H*
22,16 will!] will!
[LEÄNA
Mir ist Angst. Redest du denn auch zum Frieden?
TIMON] *12H*

22,16 Beiläufig, hast du] Hast du *12H* Hast Du *13,1T 13,2T* **22,19** war?]
war. *12H 13,1T 13,2T*
22,21 Diese.] Diese.
[LEÄNA
Die hat jetzt ein Haus. Da ist alles aus purem Gold.
TIMON
So lauten meine Berichte. Und darin eine Verderbnis, unausdenkbar.] *12H*
22,24: TIMON [So unter anderem ja!] *12H* **23,6** kommt dazu *fehlt 12H*
13,1T; Zwei] Zwei, *12H;* Du an] du ein *12H* **23,10** werden, wie Fische im
Hochsommer] werden \ˢ wie Fische im August] *12H* werden, wie Fische im
August *13,1T* **23,15** Gut, was] Gut. Was *12H* **23,17** Ephesus! gottlob!]
Ephesus. *12H 13,1T 13,2T* **23,18** Wen…Banditen] *(1)* Wenn hier die
Banditen ver *(2)* Wen hier die demokratischen Banditen *12H;* nur] nur,
12H **23,22f.** den Hals…Halsabschneidern!] Erwürgen soll man die Halsabschneider! *12H 13,1T* **23,25** Erweitern will ich!] Erweitern! *12H 13,1T;*
einen Saal dazu] ein Saal *12H* einen Saal *13,1T*
23,25f. Negerinnen…arbeiten] *(1)* Negerinnen will ich \ˢ hier arbeiten]
(2) Negerinnen und indische Schönheiten will ich hier arbeiten | *12H* Negerinnen
indische Schönheiten will ich hier arbeiten *13,1T*
24,2f. Du bist…armer Kerl.] \Du bist ja so gut wie nüchtern.] *12H* Du bist
ja so gut wie nüchtern. *13,1T 13,2T* **24,18** ihn.] ihn! *12H* ihn *13,1T* **24,20**
am Fenster] \am Fenster] *12H* **24,23** da!] da. *12H. In 13,2T noch unkorri-
gierter Lapsus von 13,1T da, führt zur endgültigen Fassung.* **24,25** Dich doch]
dich *12H* Dich *13,1T 13,2T* **24,26** MYRTION kommt aus] MYRTION aus *12H*
13,1T **24,31** verboten.] verboten. – *12H* verboten *13,1T. Text emendiert
aus* verboten, *13,2T 13,3T;* solle] soll *12H 13,1T 13,2T* **25,4** Lass sie!]
\Lass sie] *12H* **25,9** etwas?] etwas? – *12H*
25,9f. Hat er…nichts]
(1) CHELIDAS
(2) Hat er kein Geld? sag ihm das macht nichts. *12H*
25,14 ein geheimes Übel] *(1)* was geheimes Übel *(2)* ein geheimes Übel | *12H*
25,23 Hirn!] Hirn! [zu enge! zu weit] *12H* **26,4** Sonst, was er von dir redet,]
Sonst \ˢ, wenn er von dir redet,] *12H* **26,7** tut] *(1)* Wie hübsch *(2)* tut
12H **26,13** Riss] *(1)* Spalt *(2)* Riss | *12H* **26,15** Ihr Verfluchten!] \ˢ Ihr
Verfluchten] *12H* **26,18** Grässlich.] \ˢ Grässlich.] *12H* **26,19** leidet]
(1) leidet *(2)* erleidet | *12H* **26,23** Dir –] dir! *12H* Dir *13,1T 13,2T;*
wirklich!] wirklich. *12H* wirklich *13,1T* **26,28** mich!] *(1)* mich wirklich!
(2) mich! | *12H;* denn] \ˢ denn so] *12H* **26,31** THERON] ERGAST *12H 13,1T*
27,4 THERON] ERGAST *12H 13,1T* **27,17** zum Schein] \ˢ zum Schein] *12H*
27,24 doch] *(1)* ja *(2)*ˢ doch | *12H* **27,33** wir, mein' ich?] wir *(1)* ? *(2)*,
mein' ich? ¦ *12H* **28,4** Heil] heil *12H* **28,5** Timons Kopf klopfend]
(1) Timon zeigend *(2)* Timon's Kopf klopfend | *12H* **28,13** an dem] da *12H*
13,1T 13,2T **28,19** von Deinem Weib] \von deinem Weib] *12H;* Hektor!]

AKT I SZENE IN DER VILLA   331

Hektor! [los von Andromache!] *12H* **28,21** Ich lass ihn nicht wegschleppen!] *s* Ich lass ihn nicht wegschleppen!] *12H* **28,22** stecken die Enten] *(1)* steckt ihr *(2)* stecken die Enten *12H* **28,28** Ihr schönen Weiber] ihr *(1)* Hübschen *(2)**s* schönen Weiber | *12H* **28,30** Seewasser] Seewasser,
5 [*s* ranziges Öl] *12H* **29,12** Riemen,] \\Riemen,] *12H* **29,15** Einen] *(1)* Wie ein *(2)* Einen *12H* **29,25** Dir! Und] dir! und *12H* **29,34** Nehmt] nehmt *12H* **29,35** der Inschrift *fehlt 12H 13,1 T, Nachtrag in 13,2 T von der Hand Gertrud von Hofmannsthals* **30,4** herantretend] heraustretend *12H* **30,6** schönern] schönren *12H* schönen *13,1 T* **30,9** Göttern. *folgt Absatz*
10 *12H* **30,12** droben,] droben! *12H*

Akt I Szene In der Villa

Nicht verarbeitete Notizen zu der Szene In der Villa

N*194*

H III 206.114 – Rückseite eines beidseitig beschriebenen Zettels von Sorte A (Vorderseite:
15 *N 76), 147 × 116 mm; Grundschicht: blaugraue, Nachträge: blauschwarze Tinte.*

Zur indirekten Charakterisierung der Hetäre, nachgetragen ein passendes Pöhlmann-Exzerpt.

Grundschicht: September 1925.

Die Bacchis bedauert dass die Zerfahrenheit der Epoche auch in *T* den] einzelnen Künstlerschicksalen als Bruch fühlbar wird.

20 *T* B. lobt Aegypten wo jede Neuerung auch auf dem Gebiet der Kunst verboten. Liest die Gesetze Platons, den sie den besten Zeitschriftsteller findet]

N*195*

H III 207.70 R – Beidseitig beschriebener Zettel (Rückseite: zu Schillers Selbstcharakteristik) von Sorte A, 233 × 148 mm; blauschwarze Tinte.
25 *Kurze Dialogpartie zwischen Bacchis und dem Dichter.*

Keine genauere Datierung möglich; vermutlich aber aus der ersten Phase der Ausarbeitung: September 1925.

BACCHIS
klagt über ihre Zerrüttung – ⌈(ich war so männerfest!)⌉ u. dass diese sich sinnloser Weise (sinnloser Weise, wie sie beweisen könne) mit der Vorstellung des Sclaven irgendwie vermische (den sie aus Rücksicht auf Palamedes nicht entfernen könne.)

DER DICHTER
Du setzest den großen Verstand in Kampf mit etwas – *(1)* das *(2)* und weißt nicht dass es Dein Entzücken sein wird, wenn er dich verlässt u. sich auflöst im Nichts.

N 196

H III 207.62 – Einseitig beschriebener Zettel, 233 × 157 mm; leichtes, gekörntes, durchscheinendes Papier von blaß gelblicher Färbung (andere Hälfte: N 420); Stift, Nachtrag: schwarze Tinte.

Einzelne Partikel zu einem nie realisierten Dialog zwischen dem Dichter und dem Sklaven.

Keine genauere Datierung möglich; Nachtrag 1925 (Übernahme eines auch in Schillers Selbstcharakteristik verwandten Valéry-Zitates).

I
Villa

Gespräch des Sclaven mit dem Dichter

SCLAVE
findet ihn klüger als die anderen, integer. Was er hier suche unter den Überflüssigen? Was fasciniert dich?

DICHTER
Die Eleganz.

DICHTER
Welchen Platz würdest Du mir anweisen.

SCLAVE
Ich würde dich zu meinem Schreiber machen.

⌈*T* DICHTER
Ich bin mehr das Resultat meiner Werke als ihr Urheber.

DICHTER
Du bist ein eigenthümlicher Mensch, Eupator. Man könnte glauben, dass nichts Dir etwas anhaben könnte.

SCLAVE
Gewiss nicht – solange ich nicht an mein Ziel gekommen bin.]

N 197 – N 198

H III 207.60 – 207.61 – Einseitig beschriebene Blätter der Sorte C; blauschwarze Tinte.

Ursprünglich für den ersten Akt vorgesehene Partien eines Dialoges zwischen dem Dichter und dem Sklaven, im Rahmen des Treffens der Aristokraten im Haus der Bacchis nicht realisiert und später den Materialien zum zweiten Akt zugeschlagen (N 321 und 322).

September/Oktober 1925.

N 197

I.
In der Villa

Der Dichter u. der Sclave:

DER SCLAVE
Du bist der raffinierteste ihrer Schmeichler, u. prostituierst nicht dich selber aber das was Dir anvertraut ist – u. auf besonders discrete Art, ihre Lüsternheit zu erwecken.

DICHTER
Mit welcher Art von Verachtung frage ich mich verachtest du sie? mit der des Wilden? mit der des Gebildeten?

SCLAVE
Mit einer drei u. vierfach gedrehten. .

N 198

I.
In der Villa

Sclave – Dichter.

SCLAVE
Dein Weibliches ist: Du siehst zu – du empfängst. Aber Du hast Dich unter lauter Eunuchen niedergesetzt. Du bist zu subtil um Dich zu schämen – Du hast große Gaben, aber sie sind nichts nutz. Du änderst nichts.

Du bist ihr Schmeichler – um so dümmer als Du nicht eigentlich von ihnen abhängst. Du leihst ihnen das – wovor du dich bückst.

N 199

H III 207.42 R – Vorderseite eines beidseitig beschriebenen Zettels von Sorte A (Rückseite: N 416), 232 × 147 mm; blaugraue Tinte.

Zur Begegnung des Gesandten mit dem Dichter; durchgestrichen bei der Benutzung der Rückseite.

September 1925.

In der Villa.

Der Gesandte u. der Dichter (über Verkennung, analog berühmter Mann u. Neuhoff)

N 200

H III 205.28 – Rückseite eines beidseitig beschriebenen Zettels (Vorderseite: Ansatz zu einem Entwurf zum dritten Akt des Turm*) von Sorte A, 228 × 149 mm; blaugraue Tinte.*

Notiz aus der Lenzerheidezeit (N 81) zuvor durchgestrichen.

September 1925.

Namen: Phanias

Timons Monologe von Bürger übersetzt.

N 201

H III 206.73 – Beschreibung: siehe N 149.

Die Szene In der Villa *betreffende Partie einer Sammlung von Notizen, die jedoch nicht verwertet wird. (Vgl. N 149 und 270).*

September 1925.

I
in d. Villa.

(1) die anmaßenden *(2)* Demetrius anmaßende | sous-entendus von Bacchis aufgedeckt

Villa | 1 H

H III 206.8 – Einseitig beschriebenes Blatt der Sorte B, 273 × 215 mm; blaugraue, Zuweisung: blauschwarze Tinte.

AKT I   SZENE IN DER VILLA   335

Wenig strukturierter Entwurf zur Szene In der Villa, *später mit der nachträglichen Zuweisung* a) *als Vorstufe für die erste Einheit der Szene gekennzeichnet.* Villa / 2 H *begnügt sich unter* a) *denn auch fast mit einem Verweis auf* Villa / 1 H: Der Gesandte mit den Briefen.

September 1925.

I.
In der Villa.¹

⌊ᵀa)⌋
Der Gesandte mit *(1)* ihr *(2)* einem Brief, der *(3)* einigen Briefen, deren einer | ihn nachdenklich macht. ⌊(Aus diesem Brief ersehe ich…) er definiert den Brief mehr in Proust'scher Art, analysiert ihn mehr als er ihn referiert. Bacchis hilft ihm darin, indem sie seine Art noch übersteigert – schließlich: also was enthält der Brief?

ER
man könnte daraus entnehmen, dass es sehr gefährlich steht oder dass mein Freund sich sehr wichtig macht.

Bacchis plötzliche Lust die Sprechweise ihres Gegenüber scharf zu kritisieren. *(1) (2)* Sie findet sie provincial, Intimität affichierend; oder hoberau, Verachtung affichierend. |

Der Gesandte – wenn ihr Blick auf ihm ruht: Missbehagen – sie annulliere ihn in ihrem Innern. – Seine Erwägungen was er tun solle, gelähmt durch die Furcht, ein Hanswurst wie die anderen zu erscheinen.⌋ Zusammenhang der Bewegung draußen mit der in der Stadt.

(1) Bacchis, *(2)* Demetrius dazu. ⌊Sein Gut jenseits der Grenzen in Flammen.⌋ Bitte an Bacchis nicht auszugehen.

Bacchis:² animiert durch die Vorgänge. ⌊Sie will abends ein Fest geben.⌋ Vorwürfe des Demetrius *(1)*. *(2)*: sie lebe vom Schein u. für den Schein.

Sie: und er – der raffiniert Eitle Mensch |

Der Dichter dazu. Gesteigerter Begriff von Timon. ⌊Sein Einfluss auf dem Markt; unter den Werftarbeitern u. Frachtknechten. Es cursieren gewisse Drohungen von ihm. Sein curriculum vitae: er war Badeknecht – Eseltreiber – hat eine besitzende Witwe geheirathet⌋

2 junge Herren: Bacchis sei in aller Mund. ⌊Man spreche von den Getreide-

---

¹ *o. R.:* Ich trete den Hochmuth des Platon nieder – mit einem anderen Hochmuth.
² *l. R.:* Ihr Küchenchef

schiffen u. komme auf Bacchis, von der Fischteuerung u komme auf Bacchis.–
von Timon u. komme auf Bacchis. Man muss sich gut mit dir stehen.⌋

Der ⌊karische⌋ Sclave – Demetrius gegenüber.

In Villa/2H verarbeitete Notizen

N 202

H III 206.2 – *Einseitig beschriebener Zettel von Sorte B, 215 × 138 mm; blaugraue Tinte.*

Ausformulierte und teilweise in Villa/2H integrierte Dialogpartie zwischen Bacchis und den Aristokraten.

September 1925.

I
in der Villa

⌊c⌋

BACCHIS bei des Gesandten Apprehension es könnte alles drunter u. drüber gehen. – Das liegt schon immer in den Dingen, wie sie geworden sind. Es ist eine Schweinsschnauze in jedem Rosengewinde – es muss einmal das Letzte zum Letzten kommen –

EINER
Das sind trübe Gedanken.

SIE
Was Gedanken sind kennt ihr nicht. Ihr kennt nur Worte. In Bezug auf Gedanken seid ihr wie ein Eunuch im Harem. – Und trübe – als Kritik – ihr kennt die Farben eines Gewitters zu schlecht. Es tut mir leid, vor euch Sätze auszusprechen –

Er lächelt

SIE
lächelt nicht so süffisant als meintet ihr, euch würden einzelne Selbstlaute oder Seufzer genügen. –

N 203

H III 206.120 – *Untere Partie eines einseitig beschriebenen Zettels von Sorte A (obere Partie: N 233), 232 × 148 mm; blauschwarze Tinte.*

AKT I SZENE IN DER VILLA   337

Ursprünglich eine Replik des Phanias, erst nachträglich Bacchis zugeschlagen und nach Ver-
wertung durchgestrichen.

Aufgrund der Shakespeare-Reminiszenzen in der oberen Partie (N 233) auf September 1925
zu datieren.

BACCHIS
Die Welt ist so: dass in ihr etwas Gutes zu tun keinen Sinn mehr hat. Es ist
kein würdiger Raum mehr *(1)*. *(2)* dafür.

N 204

H III 207.121 R – Rückseite eines beidseitig beschriebenen Zettels von Sorte B (Vorderseite:
N 345), 213 × 136 mm; blaugraue Tinte.

Kurze, in Villa/2 H integrierte Notiz zum Auftritt Timons des Bettlers (Phanias).

September 1925.

Timons ⟨des Bettlers⟩ Auftreten (hier oder erst in II) – er dankt ironisch den
Dienern für das Hereinführen: er sei hier zu Hause.

N 205

H III 206.118 – Beschreibung: N 94; mit blaugrauer Tinte zusammengestrichen.

Notizen zu Timon dem Armen (Phanias) aus der Lenzerheidezeit, in der Phase der Aus-
arbeitung zusammengestrichen und in Villa/2 H verwertet. Dabei wird die erste Replik (mit
einer Entlehnung aus Shakespeares ›Timon von Athen‹), die in N 94 Timon dem Redner zu-
gedacht ist, in eine Timons des Armen umgewandelt.

September 1925.

⟨Timon der Arme:⟩

In einem lichten Moment nennt er die Götter »perpetual-sober« –

Timon der Arme ist der frühere Besitzer der Villa – er kennt die outs and ins.

Villa / 2 H

H III 207.119 – Einseitig beschriebenes Blatt der Sorte A, 290 × 230 mm; blauschwarze
Tinte.

Zusammenhängender, vierfach gegliederter Entwurf, der den Dialogen zwischen Palamedes und
Phanias und zwischen Palamedes und Hephästion den größten Raum widmet.

*Vermutlich Anfang (zwischen dem 4. und 9.) November 1925 entstanden; jedoch ist auch
Ende Oktober nicht auszuschließen: Der Sklave, der am 25. Oktober in einer Notiz noch
Abgar genannt wird, erscheint sowohl als Hephästion wie als Abgar.*

In der Villa.
(Scenarium.)

a.

DER GESANDTE [(PALAMEDES)] mit den Briefen.
[Ein Bote scheint nicht angekommen, der hier angekündigt wird]

BACCHIS dazu.
[Entschieden? Briefe deiner Gemahlin. Ehe.]

Kira dazu.

[GESANDTER
Apprehension: es liegt das Schlimmste schon im Aspect der Dinge. Es muss
einmal das Hinterste zum Vordersten kommen.

B.
Die Welt ist so dass in ihr etwas Gutes zu tun keinen Sinn mehr hat. Es ist kein
Raum mehr dafür.]

über den Sclaven.

b.

Die Wahrsagerin.
Gespräch über den Sclaven [fortgesetzt].
Kira's skythische Auskünfte.

Phanias dazu.

[KLEINER DIENER
Dieser Herr ist hereingekommen ohne zu fragen.]

Er dankt ironisch dem Diener fürs Hereinführen: er sei hier zu hause.

Bitte Palamedes erkläre dies deinem Personal. A–D

[cd PAL.
Dieser Herr gehört zu den Intimen. Er wird immer eingelassen.

PHANIAS
Nämlich: Ich wohne hier in der Tat. Ihr nur zum Schein. Mir ist jeder Fleck
eine Hölle.] [b–d Kenne die Herrin u. den Herren; auch die frühern Freunde;
die Einrichtung genau, u. was sie ihn gekostet.] [d kritisiert den Sclaven:
spricht zu gut griechisch etc.]

[cd PAL.
Willst du ein Bad oder eine Mahlzeit.

AKT I SZENE IN DER VILLA   339

PH.
Später. Jetzt will ich mich ärgern.

(1) PAL.

(2) Es sitzt draußen Art. ein sehr dummer Kerl, Dem. ein sehr eitler Kerl
5 u. N. ein sehr eingebildeter Kerl dessen Namen ich mir nicht merken will.]
\ᴾ und dazu ein Castrat.]

\ᶜᵈ PAL.
Das ist Arion Ptolemäos.]

c.

10 Besuche vorgelassen. 2 junge Herren. Der Dichter. (Aristokrat) Ein (1) Te-
nor (feig) (2) ᵖ Sopran (Castrat feig) | \Ptolemäos (1) (2) (Singt die Sappho)]

d.

Der Gesandte u. der Notar.
PHANIAS noch einmal dazu.
15 Böseste Prophezeiungen.
Aber das Gold wird Herr bleiben. Dafür sorgen die nüchternen Götter
(1). (2), die auch vor diesem Obergott zittern. | zum Notar Sie wissen,
dass die Dame von (1) Phanias (2) Demetrius einem großen Herren, |
adoptiert ist, demnach fähig Grundbesitz zu erwerben (1). (2) – von Parmenio
20 dem ersten Ratsherren – |

Palamedes stellt dem Notar nochmals den Sclaven vor.

PHANIAS
†Vertrauensseliger Narr (1). (2), mit diesem wird sie am ersten liegen. |
≈ Lass Geschäfte –↓ Alle Eure Maßregeln sind jetzt hinfällig. er schwingt
25 seinen Spazierstock Mit solchen Knüppeln erschlagen sie die Reichen.

\Pal. Notar: Notar über den schwarzen Abgar u Zusammenhang der Um-
sturzbewegungen.

PAL.
Es ist dieser Mann der uns eine Courtoisie erwiesen hat]¹

30 \NOTAR
Ich habe die Ehre mich zu empfehlen.]

---

¹ *Ort des Einschubs graphisch nicht gesichert.*

*A*¹ Schluss:

Pal. mit Hephästion auftretend: er solle ein bewaffnetes Gefolge zusammenstellen

H.
Ich weiß sie zu finden. Elephanten mit *(1)* Platten an der *(2)* gepanzerter |
Stirn

B PALAMEDES zum Sclaven
Die gnädige Frau will ausgehen. ⸢Eine Sänfte! *(1)* Sch⟨leuderer⟩

(2) HEPH.
Zu gefährlich!

⟨PALAMEDES⟩⸥
Nimm eine Escorte mit. ⸢Niemand livriert alle en bourgeois.⸥ Es sind die entlassenen Söldner u. s f. †Sie ist zu mutig. ≈ In ihrem Mut spricht ihre Verachtung der Dinge. Schütze ihren göttlichen Körper –↓

SCLAVE
Ich nehme Schleuderer mit.

⸢P.
Bewaffnete

H.
Zu viel Ehre – Bleikugeln – Damit reinige ich eure Gasse.⸥ Man wird sie brauchen wenn es gegen Elephanten geht. Mich interessiert Ballistik; auch Vogelflug. Ich werde alles benützen. Ich werde die Synthese ziehen.

PAL.
Meinst du wieder Herr in deinem Areal zu werden?

In Villa / 3 H verarbeitete Notizen

N 206

H III 206.6 – Obere Hälfte eines getrennten einseitig beschriebenen Blattes der Sorte B (untere Hälfte: N 360), 214 × 113 mm; Grundschicht: blaugraue, Nachtrag: blauschwarze Tinte.

Bacchis' Verhältnis zu Ehe und Abstammung.

Grundschicht: September 1925.

¹ *Stufe A = flüchtiges Vornotat am Rande.*

AKT I SZENE IN DER VILLA   341

I.
in der Villa.

Bacchis Hass-ziel die Gattinnen: Auch der Gesandte hat eine. Auch von dieser ist ein Brief da. ⌈ᵀ *(1)* *(2)* Sie ist mindestens so gut geboren wie eine davon, aber ausser der Ehe. Einer ihrer Ahnen jener der sich in den Spalt hineinstürzte über dem jetzt der Hügel mit dem goldnen Haus |

EINER
Ich habe in Umlauf gebracht dass man dich zur Oberpriesterin der Diana machen wird u. es an die Mauern schreiben lassen.

(1) *(2)* SIE
Es sind minder gut geborene darunter, aber politisch war das eine Dummheit.⌉

N 207

H III 206.119 – *Einseitig beschriebener Zettel von Sorte A, 231 × 148 mm; blauschwarze Tinte.*

Ausformulierte, jedoch nur partiell in Villa/3 H integrierte Dialogpartie zwischen dem Gesandten und Bacchis.

September/Oktober 1925.

a.
Abschied des Gesandten.

GESANDTER
In Gedanken entkleid ich mich nicht nur dieses Besitzes, dieser Stellung – dieser Ehren – sondern ich entkleide mich ganz – lege alles ab – stelle diesen Abschnitt jenem endgiltigen gleich – lege auch ab die Freuden Deiner Gegenwart – möchte nichts behalten als die Gewissheit dass für Dich mein Wesen nicht unliebenswert war.

BACCHIS
In Gesundheit freundlich, in der Krankheit liebenswürdig – im Zorn noch vornehm – ich hätte dich ⌊mehr⌉ geliebt, hätte ich es mehr vermocht –

GESANDTER
Das ist schrecklich. Immer nur Hülse.

BACCHIS
Alles ist Hülse – am farbigen Abglanz haben wir das Leben –

N 208

H III 207.169 – Einseitig beschriebener Zettel von Sorte A, 232 × 145 mm; blauschwarze Tinte.

Kurze, in Villa/3 H verwertete Dialogpartikel zu Palamedes.

September/Oktober 1925.

PAL.
Besuche sie Phanias ich wünsche dass alles um sie bleibt –

PH.
...

PALAMEDES
Jetzt ist das da – man lässt immer aufschreiben – auf einmal kommt die Rechnung.

N 209

H III 206.7 – Obere Partie eines einseitig beschriebenen Zettels von Sorte A (untere Partie: N 213), 232 × 145 mm; blauschwarze Tinte.

Über das Verhältnis des Gesandten zum Sklaven.

September/Oktober 1925.

(1) Gesa⟨ndter⟩ (2) In der Villa[1]

Bacchis: mit dem Gesandten über den Sclaven.

\(Ihre Briefe an ihn – Thema: S c h r e i b e n; sie kann es nicht mehr – sollen nur durch den Sclaven gehen)/

Wüsst ich dich in Gefahr würde ich ihn schicken – dich herauszureißen – oder doch nicht –

GESANDTER
Weil er mir so teuer u. des höchsten Zutrauens wert ist, bleibt er bei Dir.

N 210

H III 206.9 – Obere Partie eines einseitig beschriebenen Zettels von Sorte A (untere Partie: N 227), 233 × 147 mm; blauschwarze Tinte.

[1] *r. R.:* singender eitler Castrat

AKT I   SZENE IN DER VILLA   343

Teilweise in Villa/3 H übernommene Dialogpartikel der Bacchis.

September/Oktober 1925, vermutlich zur gleichen Zeit wie N 207.

In der Villa.

[BACCHIS zum Gesandten
Ich sehe dir Leben zu – Du kaufst mich um Schattengeld – ich bezahle dich mit dem Schatten –]

⌈c.⌉
⟨BACCHIS⟩ zum Gesandten über den Sclaven
Was ist das für ein Mensch? wie kommst du dazu ihm so viel zu vertrauen? Mir ist er zu jung für sein Alter, zu alt für seine Jugend. – Er ist ganz polar zusammengesetzt – u. scheint mir immer seine Grenze noch einzubeziehen Ich beobachte ihn mit Fischhändlern, mit Schreibern – ⌈er tut mehr als ihm befohlen ist.⌉

N 211

H III 207.43 R – Vorderseite eines beidseitig beschriebenen Zettels von Sorte A (Rückseite: N 408), 232 × 147 mm; blauschwarze Tinte.

Vorstufe für N 214 mit charakterologischen Details zur Figur des Sklaven; durchgestrichen bei der Benutzung der Rückseite.

September/Oktober 1925.

Bacchis u. der Sclave.

Seine vollkommene Geringschätzung der Frau – das Unerreichbare in ihm – (Ihr Verdacht, er liebe Knaben)

N 212

H III 207.108 – Rückseite eines beidseitig beschriebenen Zettels von Sorte B (Vorderseite: N 318), 214 × 137 mm; blauschwarze Tinte.

In N 214 verwertete Dialogpartikel des Gesandten.

September/Oktober 1925.

Anfang.

Sie kapern ein Schiff das Pferde für mich enthält – sie schicken einen Stallmeister mit.

Er zeichnet außerordentlich – u. rechnet gut: ich setze ihn über den Bau.

Die Kraft welche die Gegenwart dieses Menschen über ihn hat. Sein Gehen u. Kommen.

N 213

H III 206.7 – Untere Partie eines einseitig beschriebenen Zettels; obere Partie: N 209; Beschreibung siehe dort.

Kurze, von N 214 abgelöste Dialogpartie zwischen Bacchis und dem Gesandten zur Figur des Sklaven.

September/Oktober 1925.

BACCHIS
Ich hab ihn nie mit Mädchen sich abgeben sehen –

GESANDTER
Doch nicht mit Buben

BACCHIS
Auch nicht

N 214

H III 206.11 – Einseitig beschriebener Zettel von Sorte A, 233 × 147 mm; blauschwarze Tinte.

In Villa / 3 H wörtlich übernommene Dialogpartie zwischen Bacchis und dem Gesandten.

September/Oktober 1925.

Villa
⌈a⌋

DER GESANDTE über den Sclaven.
Ich habe nie einen Menschen dieser Art gesehen. Ich weiß nicht was er nicht auf eine großartige u. dabei höchst natürliche Art täte. Er ist der beste Einkäufer der beste Aufseher – (über solche die Silberzeug putzen) der beste Anführer – (über Bauabteilung) in allem drin – und zugleich drüber. – –
⌈Ich setze ihn über die ganze Dienerschaft.⌋

Ich komme auf den Gedanken dass ⟨das⟩ was uns in der Geschichte so imponiert die That u. der Mann – durch Menschen solcher Art realisiert werden könnte *(1). (2)*: nichts was er tut scheint geringfügig, oder niederen Ranges. |

AKT I   SZENE IN DER VILLA   345

BACCHIS
Er serviert wie Alexander – er führt ein Maulthier vor wie Solon – er prügelt
einen *(1)* Lehrling *(2)* Pagen | wie Theseus, u. ich fürchte er benimmt sich
in der Mädchenkammer wie Hercules. [Ich finde er hat den grenzenlosen
Hochmut des Orientalen – die fühlbare Frauenverachtung – u. eine freche
Art unsere Welt zu kennen.]

N 215 – N 216

*H III 206.5 – 206.16 – Zwei einseitig beschriebene Zettel von Sorte A, 233 × 148 und
233 × 147 mm; blauschwarze Tinte.*

*Einzelne, partiell von Villa/3 H aufgegriffene Details zum Dialog zwischen Bacchis und
der Wahrsagerin.*

September/Oktober 1925.

N 215

     mit der Wahrsagerin.

⟨BACCHIS⟩
Zuerst prüfe ich sie. Bin ich geizig oder verschwenderisch.

W.
Du liebst das Geld sehr – aber einmal wirst du es ansehen wie Kiesel – glücklich *(1)* dann *(2)*, der sich dir dann nähert.
ferner:
Du hast Liebhaber gehabt aber nie war dein Herz ergriffen – –

Dein Eros ist Anschauen des Schönen: darum siehst du viel in den Spiegel.

N 216

     In der Villa:

Wahrsagerin, im letzten Moment – soll sagen wie des *(1)* Ges *(2)* Palamedes
Geschick wird:
Ihr werdet diese Dame wiedersehen – u. ihr einen Liebhaber zuführen – in
einem Zelt – fern von hier im Ort, nah in der Zeit – sie wird euch immer so
lieben wie jetzt, aber sie wird dann verliebt sein, jetzt ist sie es nicht. – Dann
sogleich nach dieser Begegnung trennen sich Eure Wege.

BACCHIS
[(ruft sie noch einmal zurück)] will dass sie dem Sclaven die Hand liest.
[Damit man erfahre ob der Gesandte diesem trauen dürfe.]

Wahrsagerin fällt vor ihm nieder, küsst den Saum seines Kleides.

N 217

H III 206.12 – Einseitig beschriebener Zettel von Sorte B, 213 × 139 mm; blaugraue Tinte.

Kurze Notiz zu einer Dialogpartie zwischen dem Gesandten und Timon dem Bettler (Phanias).

September 1925.

In der Villa

Der Gesandte u. Timon ⟨der Bettler⟩.

(1) TIMON
(2) DER GESANDTE
Du kennst mich!

TIMON
Dich u dein Haus und deine Beischläferin – dein Haus kenne ich als mein Haus – Deinen Edelmuth als eine Geckerei

DER GESANDTE
Du kommst herein und nimmst übel –

TIMON
Ich kenne und ihr kennt nicht. Ich habe die Hefe ausgesoffen – u. ihr seid ungeprüft. In Pontos schneidet man Köpfe ab – man näht in Säcke u. ersäuft –

N 218

H III 206.14 – Obere Partie eines einseitig beschriebenen Zettels von Sorte A (untere Partie: N 237), 233 × 146 mm; blauschwarze Tinte.

Auf einer am 2. November 1923 aus Bertrams Nietzsche-Buch herausgeschriebenen Wendung aufbauende und in Villa/3 H integrierte Notiz zu Bacchis' Urteil über die allgemeine Lage.

Da die untere Partie (N 237) ein Phanias zugewiesenes Exzerpt aus Shakespeares ›Timon von Athen‹ aufweist, kann auf September 1925 geschlossen werden.

Bacchis: Ironie gegenüber dem Streben aller Männer ernst genommen zu werden – wo doch nichts mehr ernst zu nehmen sei – allenfalls könne man dann auch Timon ernst nehmen – warum nicht?

N 219

H III 206.102 – Untere Partie eines einseitig beschriebenen Zettels von Sorte A (obere Partie: N 297), 230 × 145 mm; blauschwarze Tinte.

AKT I   SZENE IN DER VILLA   347

Einzelne, z. T. in Villa/3 H aufgenommene Wendungen für den Anfang des Aristokratencercle.

Vermutlich im Oktober 1925, jedenfalls nach N 217.

I.

(*1*) DER ÄSTHET
ich kaufe billig ein; speziell die Getreidehändler, alle Importeure verkaufen.
(*2*)^P |

⌈junger⌉ Sclave meldet den Phanias umständlich

Sclave (Despot) hält ihm den Mund zu

PHANIAS tritt schon ein
In Pontos schneidet man Köpfe ab! Wo ist der große Ruhesitz aus Ebenholz?

(*1*) (*2*)^p DER ÄSTHET
ich kaufe billig ein; speziell die Getreidehändler, alle Importeure verkaufen. |

Phanias: Dass außer ihm Bacchis hier die bestgeborene Person – alle anderen parvenus –

N 220

H III 207.134 R – Vorderseite eines beidseitig beschriebenen Zettels von Sorte A (Rückseite: N 378), ca. 165 × 147 mm; blauschwarze Tinte.

Kurze, in Villa/3 H vollständig integrierte, die Fehleinschätzung der Situation kennzeichnende Bemerkung des Gesandten; durchgestrichen bei der Benutzung der Rückseite.

September/Oktober 1925.

In der Villa.
⌈c.⌉

der Gesandte: Timon sei ein profunder Mensch mit weiten Verbindungen, der sich simpel stelle.

N 221 – N 222

H III 205.32 – Rückseite eines beidseitig beschriebenen Zettels von Sorte A (Vorderseite: N 150), 232 × 145 mm; Stift.

Zwei Partien eines doppelt gefalteten Brouillons (die beiden übrigen: N 281 und 282); durchgestrichen nach der wörtlichen Übernahme in N 223.

September 1925.

N 221

BACCHIS
Sie mögen stärker sein als Ihr. – durch die Stunde. Aber sagt nicht dass sie stark sind. Macht keinen Mythos aus ihnen. Sie sind nicht einmal – etwas – sind Koth den der Regen macht, der Wind zerstäubt – die Kälte bändigt

N 222

Villa

Phanias Vetter von Bacchis: zählt ihre Urahnen auf bis zu dem Stadtheros

N 223

H III 206.101 – Einseitig beschriebener Zettel von Sorte A, 232 × 147 mm; blauschwarze Tinte.

Zwei N 221 und 222 aufgreifende, z. T. wörtlich in Villa/3 H verwertete Details.

September/Oktober 1925.

In der Villa
\[c\]

BACCHIS
Sie mögen stärker sein als ihr – durch die Stunde. Aber sagt nicht dass sie wirklich stark sind. Macht keinen Mythos aus ihnen. Sie sind nicht einmal etwas – Koth der Straße, der Regen macht ihn, der Wind zerstäubt ihn, die Kälte bändigt ihn.

Phanias Vetter von Bacchis: zählt ihre Urahnen auf bis zum Stadtheros.

Statue des Stadtheros und des Vaterlandsretters in dem Saal, wo gespeist wird

N 224

H III 206.122 – Obere, In der Villa zugeschlagene Partie eines Zettels der Lenzerheidezeit; Beschreibung: N 86; Zusatz: blauschwarze Tinte.

Im Sommer 1924 aus Pöhlmanns Buch exzerpiertes, in Villa/3 H dialogisch aufgeteiltes Renan-Zitat.

September/Oktober 1925.

AKT I SZENE IN DER VILLA 349

Timon
c.

arist. Standpunkt. (Kulturziel)

Das Wesentliche besteht weniger darin aufgeklärte Massen zu schaffen, als vielmehr darin, große Meister hervorzubringen u. ein Publicum, das fähig ist, sie zu verstehen. Wenn hiezu die Unwissenheit eine notwendige Bedingung ist, nun um so schlimmer. Die Natur hält sich bei solchen Bedenken nicht auf, sie opfert ganze Gattungen damit andere die notwendigen Lebensbedingungen finden.

Renan Dial. philos.

N 225

H III 206.113 – Beschreibung: N 63; Zusätze: blaugraue Tinte.

Während der Phase der Ausarbeitung ergänzte und dem ersten Akt zugewiesene Notizen vom Herbst 1923.

September 1925.

Die Rhetorenschule.
I.

Kira mit Schminke herein

Die Hetäre: Frauenhochmuth. Sie will Priesterin der Diana werden. Sie will es den Aristokraten abschmeicheln.

Ihre Hingezogenheit zu Frauen. Conversation. Spottlust u. Kraft im Schmähen u. Verschmähen. Genie der Ablehnung.

Dann: Vermelde man am Markte meine Schmach
Ich liege vor dir niedrig u. gebrochen.

Hetäre: Abstammung väterlicher u mütterlicherseits vom höchsten Adel aber unehelich. Das ist ihr Argument gegen die Ehe

Junger Adeliger dichterisch begabt: Algabal. Größter Geschmack in Ausstattung von Villen etc. Der zweite ein Verächter der Kunst u des Wissens: beide scheinen ihm banausisch, des Mannes unwürdig.

N 226

H III 206.15 – Einseitig beschriebenes Blatt der Sorte C; blauschwarze Tinte.

Einzelne, partiell in Villa/3 H verwertete Partikel zu einem Dialog zwischen dem Gesandten und Phanias.

September/Oktober 1925.

I.
⌊d.⌋

DER GESANDTE
Macht dir das Vergnügen, Phanias?

PHANIAS
Es hält mich aufrecht.

GESANDTER
Was wird dich freuen wenn man uns verfolgt.

PHANIAS
Der Witz davon, dass ihr 2 Nationen dann eine gemeinsame Sprache reden werdet:[1]

GESANDTER
Wenn man mich einkerkern würde würde ich sie ⌊erst recht als Sclaven⌋ verachten bis in den Tod. ⌊Ich würde sie als unfähig zu allem mich Betreffenden ansehen⌋

PHANIAS
Aber viele würden l'anglais tel qu'on le parle zu sprechen suchen, und während jene die Stufen erklimmen, sich ihnen unter die Füße breiten.

PHANIAS
Wie heißt die Stadt wo man alle Reichen auf den Schindanger getrieben u mit Knitteln erschlagen hat? Sie werden sich mit dem zehnten Mann begnügen. Aber wie fällt das Los? wird man es wenden können?

N 227

H III 206.9 – Untere Partie eines einseitig beschriebenen Zettels (obere Partie: N 210); Beschreibung siehe dort.

Skizze einer kurzen, in Villa/3 H vollständig integrierten Dialogpartie zwischen Bacchis und dem Dichter.

September/Oktober 1925.

---

[1] *Danach Lücke.*

AKT I SZENE IN DER VILLA   351

⟨BACCHIS⟩ zum Dichter
Du nennst das Machen – aber *(1)* dein *(2)* Euer | Machen besteht darin dass
Ihr nichts zu machen imstande seid

(1) DER DICHTER
Euripides z B. →

(2) DER DICHTER
Du meinst Handeln. Aber wir zeigen das Reine des Handelns. *(a)* _{Euripides z B.}

(b) BACCHIS
So zeigt Ihr das Reine von dem woran nichts Reines ist.

DICHTER
Ich meine die Idee des Handelns.

BACCHIS
Ihr prätendiert aber Menschen hinzustellen

DER DICHTER
_{Euripides z B. |}

BACCHIS
Lass mich mit Euripides in Ruh. Das Geschwätz.

                             Villa | 3 H

*H III 207.112–113, 114 R, 118 – Drei einseitig beschriebene Blätter und die Rückseite
eines beidseitig beschriebenen Blattes der Sorte A, 290 × 229 mm; blauschwarze Tinte.*

*Unmittelbar auf Villa | 2 H aufbauender, fast durchgehend dialogisierter Entwurf zur Szene
In der Villa.*

Wahrscheinlich Anfang November 1925 (zwischen dem 4. und 9.) entstanden.

                                a.
Briefe vom Bruder – von der Frau.

BACCHIS
Hassziel die Gattinnen Sie sei mindestens so gut geboren wie eine davon –
aber außer der Ehe. – Lächerliche Besorgnisse: sie kenne allein das Volk.
[Man wird im nächsten Monat fortmüssen?]

PAL.
Meine Confidenten

B.
Arme Teufel die vom Aufbauschen leben –

PAL.
Mein Gefühl. Es vollzieht sich etwas. ⌊ᵖ Man ist nicht mehr Herr der Lage.⌋

B. ärgert sich
⌊ᵖ Ein Herr! ihr seid keine Herren mehr!⌋

Entschluss abzureisen. Der Sclave kennt den Entschluss u. billigt ihn. Abreise zu Schiff. ⌊Morgen. Heute noch Geschäfte. Es darf nichts publik werden.⌋

(1) PALAMEDES
In Gedanken entkleid ich mich dieses Besitzes. →

(2) ER
Ich habe dich nie besessen.

B. zuckt die Achseln
⌊Besessen! bis an meine Grenze –⌋

ER
Du schweigst.

B.
Mein Schweigen enthält einige Zusicherung. Fühlst du das nicht?

ER
Mehr als Eide. Bis zu einer gewissen Grenze.

B.
Meine Grenze. – Aber ich habe keine liebenswürdigen Schwächen.

ER
In Gedanken entkleide ich mich dieses Besitzes. ⌊Und ich wollte bauen!⌋ – Der Alternde glaubt immer noch zu steigen während er schon sinkt – er betrügt sich wie ein Trinker mit dem was er noch zu vollbringen hofft – während sein Zimmer schon vergeben ist u. seine Rechnung längst abgeschlossen. |

SIE
⌊Man wird nicht mehr als 14 Tage getrennt sein.⌋ Ich werde schreiben –

PALAMEDES
Schatten eines Schattens ist ein Brief von dir. Ihre Briefe an ihn – durch den Sclaven. – Ihm vertrau ich dich an –

B.
Angst um ihn.

P.
Ihre Thränen entzücken ihn, machen ihn aber nicht irre.

AKT I   SZENE IN DER VILLA   353

BACCHIS
Ich habe dich nie so rückhaltlos vertrauen gesehen. [Einem von Piraten verkauften Fremden.] Wie kommst du dazu? Er ist mir zu jung für sein Alter, zu alt für seine Jugend. Ich beobachte ihn mit Fischhändlern mit Schreibern, er tut mehr als ihm befohlen ist. Er spricht zu gut griechisch.

(1) SCLAVE tritt leise ein
die bestellte Frau.

BACCHIS
Wer ist noch da? Man soll warten. Ich bin im Bad.

(2) PALAMEDES
Ich habe nie einen Menschen dieser Art gesehen. Er ist der beste Einkäufer, der beste Aufseher –

BACCHIS
Ja das Silberzeug ist in Ordnung

⟨PALAMEDES⟩
der beste Anführer einer Bauabteilung – in allem drin u. zugleich darüber. – Ich setze ihn über das ganze Haus. – Nichts was er tut scheint geringfügig oder geringen Ranges. So wird dies realisiert: die Tat u. der Mann.

BACCHIS
Er serviert wie Alexander – er führt ein Maultier vor wie Solon – er prügelt einen *(1)* Pagen *(2)* Stallbuben | wie *(1)* Demosthenes *(2)* Theseus – u. ich fürchte er benimmt sich in der Mädchenkammer wie Herkules. – Im Ernst: ich *(1)* fürchte *(2)* finde er hat einen grenzenlosen orientalischen Hochmut, die fühlbare Frauenverachtung u. eine freche Art, unsere Welt zu kennen.

SCLAVE tritt leise ein
die bestellte Frau.

BACCHIS
Wer ist noch da? Man soll warten. Ich bin im Bad.

[⟨PALAMEDES⟩
Du hast eine Wahrsagerin

⟨BACCHIS⟩
Agathon schwört auf sie. Und wenn Selbst er abzuwenden ⟨die⟩ Zukunft]

a/b.

BACCHIS
Wart. Zuerst prüfe ich sie.

Bin ich geizig oder *(1)* verschwenderisch.¹ *(2)* freigebig? | ⌈Bedenk die Antwort wird eventuell dementiert.⌉

WAHRSAGERIN
(1) Du *(2)* Ich kann nur nach der Wahrheit antworten. Erlaube die Hand. – Du liebst das Geld sehr, ⌈fast so wie Männer es lieben⌉ aber einmal wirst du es ansehen wie Kiesel – glücklich wer sich dir dann naht. Aber es wird an einem anderen Ort sein *(1)*. *(2)* : wo du über des Königs Schätze gebietest. |

BACCHIS
Geschickt. Und was wird die Veränderung bewirken?

WAHRSAGERIN
Sie wird ein Teil der großen Veränderung sein. –

⌈B.
In mir?

W.
In allem!⌉ Du hast – ⌈Pause. Frage: ob sie frei reden darf – monsieur désire?⌉ Freunde gehabt aber nie war Dein Herz ergriffen –

PALAMEDES
Lass doch! ⌈Da sie die Wahrheit redet.⌉

WAHRSAGERIN
Dein Eros ist Anschauen deiner selbst klein ist die Pupille ⌈*(1)* *(2)* wunderbar die Iris | sie dunkelt im höchsten Augenblick wie im Zorn⌉ – darin liegt die Herrlichkeit. Vollkommen sind die Wimpern. Was das Band enthüllt ist Herrlichkeit. Sie recitiert die Zeile des Chäremon

⌈B.
↑Du bist eine ≈ Ich bezahle sie als Wahrsagerin nicht als↓ Kupplerin.

W.
Ja dein Mund ist lose, aber nur aus Widerwillen – das wird einmal anders: du schweigst vor Liebesübermaß.⌉

BACCHIS
Genug von mir: wie fällt die Reise dieses Herren aus u. das *(1)*. *(2)*ᵖ? Es ist noch nicht bestimmt |

W.
⌈ᵖEs ist bestimmt.⌉ *(1)* Ihr werdet diese *(2)*ᵖ Der hohe Herr wird die |

---

¹ *Zunächst verschrieben:* verbrecherisch

AKT I SZENE IN DER VILLA								355

Dame wiedersehen u. ihr einen Liebhaber zuführen:¹ einen großen mächtigen, herrlichen.

P.
Das ist unverschämt!

W.
(1)² Die Wahrheit. In einem Zelt. (2)ᴾ Ich drücke mich schlecht aus.

B.
Aber das ist noch fern?

W. |
Fern von hier⌊ᵖ ? ⌋ – nach dem Ort – nahe nach der Zeit

⌊B.
Du wirst etwas fragen womit du dir weh tust.⌋

P.
So hört sie auf mich zu lieben?

W.
Sie liebt Euch immer so wie jetzt – aber sie wird dann verliebt sein jetzt ist sie es nicht.

⌊P. trotz B's Widerstand
Und der Herr um den es sich handelt.

B.
Ich nehm an sie weiß ihn nicht.

W.
Ich sehe ihn u. sehe ihn nicht. Ich verwirre mich. Ich höre –⌋

B.
Lass sie uns fortschicken.

W.³
Dann sogleich nach dieser Begegnung trennen sich Eure Wege für immer.

BACCHIS gibt P die Hand.
⌊Nimm mich mit.⌋

P.
Es hat mich etwas berührt wie längst Geahntes. ⌊Ich glaube dass die Zukunft in uns ist.

¹ ü. Z. (Die Linien laufen noch einmal zusammen)
² *Stufe (1) ungestrichen.*
³ ü. Z. Bald? Der Herr sollte nicht wünschen

B.
Ich weiß nur dass etwas Dunkles in uns sitzt, als Kern.⟩

B.
Dann lass mich noch eine Frage tun.

BACCHIS
(1) ruft sie noch einmal zurück *(2)* will sie noch einmal zurückrufen | – damit man erfahre ob der Gesandte dem Sclaven trauen dürfe ⟨: ohne die Person zu nennen.

PAL.
Will trauen ohne Stützpunkt.

W.
Ich höre den Schritt dessen.⟩

w. fällt vor dem Sclaven nieder
bittet um die Gnade ihm jemals zu Diensten sein zu dürfen.

b.¹

PHANIAS herein.
In Pontos schneidet man Köpfe ab – man näht in Säcke u. ersäuft . . .

c.)
Conversation.
Anfang: Demetrius Gut jenseits der Grenze in Flammen.
junge Herren: Timon u. Bacchis sei⟨en⟩ in aller Munde

BACCHIS
da er mich allein lässt will ich wieder einmal auftreten. tritt zu dem Dichter
Sie nimmt die Situation nicht ernst. ⟨ᵖ Ironie gegenüber dem Streben aller Männer, ernst genommen zu werden.⟩ – Was sei noch ernst zu nehmen? ⟨ᵖ Da alles sich selber preisgibt!⟩

⟨PALAMEDES
Und Timon?²

⟨BACCHIS⟩⟩
Allenfalls könne man auch den Timon ernst nehmen. Sie werde ihn zum Essen einladen.

⟨(Gespräch über die Strohwitwenschaft. Über das Sprechen.)⟩

¹ *Große Lücke.*
² *Folgt am l. R.:* Der Aesthet *(1) (2)* Artemidoros: ich kaufe billig ein. die Getreidehändler verkaufen.

AKT I SZENE IN DER VILLA   357

PHANIAS
Recht so. Es ist gleich mit welchem du zuerst schläfst.

PALAMEDES
Timon ist ein profunder Mensch mit weiten Verbindungen der sich simpel
stellt.

⌈DICHTER
Mädchenhändler Kornwucherer Pfandleiher. *(1)* *(2)* Politischer Improvisateur, der zufällig das Ohr der Fischhändler hat. Gestank dieser Kerle. Erinnerung an das was sie gegessen haben.⌉

CASTRAT
Seht ihr. Ich zittere wenn ich seinen Namen höre.

BACCHIS
Macht nicht e t w a s aus ihm Sie sind weniger als e t w a s : Koth der Strasse –
der Regen macht ihn †den der Südwind macht† der Nordwind zerstäubt ihn,
die Kälte bändigt ihn.

PALAMEDES
Der Demos ist der Herr der Stunde. Durch die Aufklärung.

DICHTER
Der Demos trägt den Tyrannen in sich. – ⌈Aber das Wesentliche ist nicht,
aufgeklärte Massen zu schaffen!⌉

BACCHIS
Tretet sie alle zusammen. Die Natur opfert ganze Arten. – ⌈Ein Mann ist mehr
als der ganze Haufen. Ich möchte im Traum einen Mann sehen. Aber ich
träume nie.⌉

PHANIAS
Brava! – Dass du unehelich vom höchsten Adel abstammst ist ein Argument
gegen die Ehe. ⌈Ihr seid alle von gestern Gegen uns: Syrische Zuwanderer!

BACCHIS
Ich verschmähe dein Lob. Ich bin was ich bin.⌉

(1) Küchenchef gerufen. *(2)* ᴾ |

⟨ARTEMIDOROS⟩
Ich habe übrigens in Umlauf gebracht dass wir Bacchis zur Oberpriesterin
der Diana machen werden. Ich finde es eine reizende Idee.

PHANIAS
Sie hat durch Geburt alle Rechte.

B.
Dazu brauche ich ein Costüm.

PHANIAS
Die Incarnation der Stadtgöttin.

DICHTER
Wie wirst du die fruchtbare Göttin mimen?

PHANIAS
Indem sie auf dem offenen Markt mit *(1)* jedem *(2)* Timon schläft.

DICHTER
... Circe? Atalanta?

BACCHIS
Du bist mein Mann – aber ihr seid kein Mann das ist es eben. Ein Dichter ist kein Mann. Ihm willfahren wäre so viel als mit einem Schatten liegen. Er ist ein Erpresser. Er will durch einen Spiegel in m. Bett.

BACCHIS
Lasst Phanias reden, er ist der einzige der von der Liebe was versteht

PHANIAS
furchtbar cynischer Ausbruch.

DER GESANDTE
macht dir das Vergnügen, Phanias?

PH.
Es hält mich aufrecht.[1]

D.
Ich werde dir machen was du brauchst.

B.
Er nennt das Mädchen. Aber Euer ganzes Machen besteht darin dass Ihr nicht zu machen im Stande seid. †Worte macht ihr.†

D.
Du meinst Handeln. Aber wir zeigen das Reine des Handelns.

B.
So zeigt ihr das Reine von dem woran nichts Reines ist.

D.
Ich meine die Idee des Handelns.

B.
Worte macht ihr das ist alles

---

[1] *Die letzten vier Repliken waren vornotiert und wurden erst im Laufe der Konzeption integriert.*

AKT I SZENE IN DER VILLA   359

ARTEMIDOROS
Sie hat nicht gern dass man Worte macht

(1) (2)ᵖ Küchenchef gerufen. |

\Sopran vermutet es wäre für ihn.]

5 ⟨KÜCHENCHEF⟩
Vermutet einen exilierten König.
Es gäbe 2 Möglichkeiten: sich herabzulassen ihn hinaufzuziehen \oder eine zweideutige Küche voll Doppelsinn]

B.
10 Ausgezeichnet.

K.
Ein sehr gewöhnlicher Gedankengang – madame ist Künstlerin – diese Form wäre zu banal

In Villa/4H verarbeitete Notizen

15 *N 228*

H III 207.109 – Zwei – entsprechend ihrer jetzigen Verwendung isolierte – Partien eines Blattes aus der Lenzerheidezeit (N 105), Beschreibung siehe dort; Zusatz: blaugraue Tinte.

In Villa/4H *wörtlich verwertete Repliken* Timons des Bettlers *(Phanias)*.

September 1925.

20   I.
                           Villa

Apelles Periander Arion

Timon der Bettler kommt in die Villa u prophezeit dass Timon der Redner jetzt das Oberste zu unterst kehren wird. Das sei ein Werktätiger, gemein
25 genug dass die Materie ihm Dienst leiste; das werktätige arbeitsscheue Gesindel sei um ihn gesammelt. Dass die Gesetze ein sociales Gerüst, an dem man rütteln kann, keine göttliche Ordnung von der Dike erfunden.

Timon ⟨der Bettler⟩: er wisse von Ärzten dass Langeweile tödtlich sei, also könne Bacchis den Gesandten auf Mordversuch ⟨ver⟩klagen u. beerben

Villa | 4 H

H III 207.114 – *Vorderseite eines beidseitig beschriebenen Blattes der Sorte A (Rückseite: szenische Einheit* b. *von Villa|3 H), 290 × 229 mm; blauschwarze Tinte.*

Ausführlicherer, Villa|3 H partiell weiterentwickelnder Entwurf der szenischen Einheit c.

Wahrscheinlich Anfang November 1925 (zwischen dem 4. und 9.) entstanden.

c.
Conversation (genauer)
[Erster Theil.]

Demetrius [(1) 42 (2) 38] u. (1) Artem. (2) Agrippa [28] | herein. [Periander. 35]

[PALAMEDES
Arion erzählt sehr interessant. Hörst du was in Lykien vorgeht. Der junge König bleibt unsichtbar. Ein gewisser Abgar. Ich weiß nicht wen ich vertrete. Es ist ein Kind zum K⟨önig⟩ ausgerufen.]

BACCHIS zu Demetrius
Er will verreisen. –

[A.]
Die Ratten verlassen [Immer im rechten Augenblick] das Schiff –

[PHAN.
B. wird aufleben – Langeweile ist tödlich: sie könne P. auf Mordversuch ⟨ver⟩klagen u. beerben]

DEM.
Ich hätte alle Ursache. Es wäre der Augenblick [Meine Hirten u Ackerknechte ⟨machen sich daran,⟩ die Herden aufzuteilen u die Meierhöfe anzuzünden]

[Phanias legt die Situation dar. nimmt D. beiseite]

ARTEMID.
Ich bleibe vorläufig noch; man kauft gut ein. Es ist auch unterhaltend. Die Frauen haben andere Gesichter.

B.
Die Ehefrauen? vielleicht werden die es jetzt am hellen Tag treiben.

PHANIAS
Ihr werdet verrecken. Wenn ich sage: es wird euch das u. das widerfahren ...

B.
lustige Antwort.

PALAMEDES
Sie nimmt nichts ernst.

AKT I   SZENE IN DER VILLA   361

PHANIAS
Da hat sie Gottes Recht. *(1)* Euer *(2)* Aber ich wünsche ihr einen Monat
unter Timon.

BACCHIS
Euer Ernst-nehmen ⌊kommt von ernst-genommen werden wollen⌉. Allenfalls könnte man den Timon ernst nehmen – da er euch solchen Schrecken einjagt.

PHANIAS
(1) Euer Ernstnehmen ist Philistrosität – reißt den Grundstein heraus u.
alles ist ein Wirbel *(2)* Timon wird das Oberste zu unterst kehren. Das ist ein Werktätiger, gemein genug dass sich um ihn das ganze werktätige arbeitsscheue Gesindel sammelt – |

PALAMEDES
ein profunder Politiker – u. undurchsichtig. Die Macht des Demos ist ein
Geheimnis. Es ist ihr Tag.

⌊PHANIAS
Ein Faselhans! Ein schmähsüchtiger Lump!¹ Von ↑solchen Bastardkötern
≈ solchem geblähten Giftfrosch↓ *(1) (2)* die man auf Katzen loslassen sollte |
redet ihr – wie wenn es etwas wäre! Dieser ↑verkleidete ≈ angezogene↓
(1) Spuck⟨napf⟩ *(2)* Käse!

Sopran ängstlich⌉

DICHTER auftretend
Ein Eseltreiber – ⌊Badeknecht⌉ ein Bordellwirth²

⌊DEM.
Nein ich weiß was er war: ich weiß es: Steuerconfident in bezug auf die Abgabe der Bordelle.⌉

PAL.
Eine Kraft. Auch eine geistige Kraft ist hinter dem Demos.

⌊B.
Platon leugnet sie.⌉

DEM.
Einfluss auf dem Markt. Hafenarbeiter. Werftknechte.

⌊PHANIAS wie oben
Das ist ein Werktätiger dem die heutige Materie gehorcht –⌉

---

¹ *Ursprünglich vornotiert am l. R.:* Phanias von Timon: Ein Faselhans! ein schmähsüchtiger Lump!
² *r. R.:* (Solon)

ARTEM.
Jedenfalls versteht er von sich reden zu machen.

⌊PH.
Es ist leichter ihr Gesicht durch Reden von Timon wechseln zu machen als im Bett.⌋

BACCHIS¹
Er interessiert mich. Ich muss ihn sehen. Ich gebe ein Fest.

⌊(1) (2)ᵖ läutet dem Koch |
Ihr seid alle eingeladen. (1) (2)ᵖ Riecht er schlecht? Man wird ihm ein Bad richten. | Sie werde singen u. dadurch der Mittelpunkt sein.

SOPRAN sieht darin seinen Vorteil
Ich weiß nicht von wem die Rede ist⌋

(1) DEM. →
(2) DICHTER ¦
Du lebst vom Schein.

BACCHIS
und du! du eitler Mensch!

ARTEM.
Jedenfalls ist Bacchis außer Timon das einzige wovon man spricht.

⌊ARION wütend
Ich wundere mich –

⟨ARTEM.⟩⌋
Aber von Timon wird mehr gesprochen.

⌊B.
Macht nicht etwas aus dem Nichts.

PALAMEDES
Timon ist ein profunder Mensch mit weiten Verbindungen der sich simpel stellt.

DICHTER
Mädchenhändler Kornwucherer Pfandleiher. Politischer Improvisateur, der zufällig das Ohr der Fischhändler hat. Gestank dieser Kerle. Erinnerung an das was sie gegessen haben.

CASTRAT
Seht ihr. Ich zittere wenn ich seinen Namen höre.

---

¹ *l. R.:* Palamedes zu Kratinos: Was er von der Zukunft glaube. (Antwort analog der Astrologie) ⌊Krat. Dass sie ebenso unfasslich wie die Gegenwart⌋

AKT I   SZENE IN DER VILLA   363

BACCHIS
Macht nicht etwas aus ihm. Sie sind weniger als etwas: Koth der Strasse –
der Regen macht ihn †den der Südwind macht† der Nordwind zerstäubt ihn,
die Kälte bändigt ihn.

PALAMEDES
Der Demos ist der Herr der Stunde. Durch die Aufklärung.

DICHTER
Der Demos trägt den Tyrannen in sich. – Aber das Wesentliche ist nicht,
aufgeklärte Massen zu schaffen!

BACCHIS
Tretet sie alle zusammen. Die Natur opfert ganze Arten. – Ein Mann ist
mehr als der ganze Haufen. Ich möchte im Traum einen Mann sehen. Aber
ich träume nie.

PHANIAS
Brava! – Dass du unehelich vom höchsten Adel abstammst ist ein Argument
gegen die Ehe. Ihr seid alle von gestern Gegen uns: Syrische Zuwanderer!

BACCHIS
Ich verschmähe dein Lob. Ich bin was ich bin.]¹

PAL.
Ich werde dich fort-escortieren lassen.^{A-C} [^cHephästion wird dich fort-
tragen. Mein Posten ist jetzt nicht mehr hier] [^bc (1)^b Man (2)^c Periander |
sagt mir eben, die Ratsherren haben keine 1 000 Mann mehr in der Hand.
(1)^b (2)^c Nur die kriegsgefangenen Söldner.]

DEM.
Man spricht vom Getreideschiff u kommt auf B. von der Fischteuerung u.
kommt auf B. – von Timon u kommt auf B.

[ARION wütend
Man scheint nicht zu wissen dass ich eingetroffen bin]

ARTEMIDOROS
Ich habe in Umlauf gebracht – du werdest Oberpriesterin.

PAL.
Wenn du [wirklich] ausgehst nimm die Sänfte (1). (2), ich bitte dich. |

B.
Zu Fuß. – in Mannskleidern ist man sicherer. [Ich werde auf Bacchis schimpfen.]

---

¹ *Mit Ausnahme der ersten Bacchis-Replik ist der Einschub ein in Villa | 3 H markierter
und hier mit der Anmerkung* (hier ein Stück von dem ältesten Blatt: »Conversation.«)
integrierter Passus.

In Villa | 5 H verarbeitete Notizen

N 229

H III 206.100 – Einseitig beschriebener Zettel von Sorte A, 232 × 148 mm; blauschwarze Tinte.

Einzelne, in Villa|5 H partiell ausgewertete Repliken der Bacchis.

September/Oktober 1925.

⌈c.⌉

Bacchis Hass gegen die Sprech-weise der Vornehmen (die Worte u. der Ton) wogegen ihr die naive Sprechweise auf dem Markt Vergnügen macht.

Sie möchte auch keinen wortkargen Mann – das ist ja ein Klotz. Ihre Liebhaber hatten alle eine Art die Sprache wegwerfend zu behandeln – die elegant war –¹

zu einem: ich würde mit deinem hübschen Gesicht zu sehr allein bleiben –

N 230

E V A 39.21 – Einseitig beschriebenes Blatt der Sorte C; blauschwarze Tinte.

Zwei isolierte, in Villa|5 H nur wenig ausgewertete Repliken der Bacchis.

September/Oktober 1925.

⟨BACCHIS⟩
Euer Advocatengetue: Wie insinuierend ist das alles und wie ungenau. Es will übertölpeln – und es *(1)* überzeugt nicht *(2)* dringt nicht ein |. Es ist zu stark u zu schwach – es begleitet die Gebärde wie ein Gewand den Tanz –

Ihr habt eine Gaunersprache: aber ihr Adel kommt von dem was sie nicht enthält: vom Schweigenden, nie Auszusagenden – von dem was er in seinen keuschen Zahlen betrachtet – und du in deinen keuschen Nächten – –

N 231

H III 206.108 R – Rückseite eines beidseitig beschriebenen Zettels von Sorte A (Vorderseite: III.ᵗᵉʳ Aufzug, also vermutlich Deckblatt eines ehemaligen Konvolutdeckels für Notizen), 231 × 140 mm; blauschwarze Tinte.

---

¹ *Abschnitt am l. R. markiert.*

AKT I   SZENE IN DER VILLA   365

Wörtlich in Villa/5 H integrierte Dialogpartie zwischen Bacchis und dem Dichter.

Oktober 1925; vgl. die Aufzeichnung Hofmannsthals im Tagebuch: X. 25. Gespräche mit Burckhardt über das Verhältnis des Geistigen zum tätigen Menschen, des Dichters zum Helden. (beziehen sich zugleich auf das Lustspiel)

5   ⌈c.⌉
                              Bacchis u. der Dichter

⟨BACCHIS⟩
darüber dass der Schauspieler (der beste) über dem stehe der die Worte hermacht. Euer Euripides –

10 DICHTER
In den Worten nimmt er Eure Kunst mit – sie ist darin einbegriffen –

BACCHIS
Seine Worte sind immer wie ein schlotterndes Kleid – wir sind erst der Leib der hineinschlüpft und dann entsteht Einzigkeit. Es ist im Leben alles mi-
15 misch-significativ – jeder einzelne Augenblick wiegt alle anderen auf – davon sind wir die Verkünder – u. darum über euch!

PHANIAS
Er wäre lieber über dir.

N 232

20 *H III 206.99 – Einseitig beschriebener Zettel von Sorte A, 232 × 148 mm; blauschwarze Tinte.*

Auf N 231 aufbauende, partiell in Villa/5 H verwertete Rede der Bacchis.

Spuren einer Lektüre von Shakespeares ›Antonius und Kleopatra‹ weisen auf den Oktober 1925 als Entstehungsdatum hin (Lesedatum im Exemplar der Baronin Oppenheimer:
25 *X. 25).*

                              In der Villa.
                                   ⌈c.⌉
                              Bacchis u der Dichter:

B.
30 Ihr habt das Gedächtnis der Welt gepachtet – und habt Worte erfunden, die ihr auf Euresgleichen anwendet: groß tief – keusch, mächtig – dabei redet ihr aber nur von aus Worten gemachten Figuren – ihr habt Eure Gaunersprache – und Timon ist Euer bester Schüler – – ihr könntet gerade so von Ameisen erzählen die den trojanischen Krieg untereinander führen – Timon ist der

größte Dichter unter euch: ich will ihn heut zum Nachtessen haben. ⌊Ich gehe ihn einladen, aber in Mannskleidern.⌋

Ihre Kritik des Begriffes: Volk.

Menecrates / Menas /

N 233

H III 206.120 – Obere Partie eines einseitig beschriebenen Zettels (untere Partie: N 203); Beschreibung siehe dort.

Aus Zitaten aus Shakespeares ›Troilus und Cressida‹ zusammengesetzte, für Villa/5 H nur wenig ausgewertete Bemerkungen Timons des Bettlers (Phanias).

September 1925 (Lektüre von ›Troilus und Cressida‹).

⌊c⌋

(1) Timon ⟨der Bettler⟩ über Bacchis Neubegier. *(2)ᵖ* |

Timons ⟨des Bettlers⟩ Verhalten zu Bacchis u. ihr Ertragen seines Verhaltens – könnte fast wie Sadismus anmuten.

(1) (2)ᵖ Timon der Bettler über Bacchis Neubegier. |

⌊In einem Zug ist alle Welt verwandt
einstimmig neu gebornen Tand zu ehren.
Wert ist der Gegenwart nur Gegenwärtges –⌋

sie! Sie sei eine ebenso große Hure wie die Zeit selber ⌊, zu der sie in verliebtem fürchtendem Verhältnis steht⌋. – Er war der große Hausherr, der große Liebling, der große Mäcen, der große Wohltäter – jetzt ein Tenor ohne Stimme.

»Doch Zeit ist wie ein Wirt der neuesten Mode
der lau dem Gast beim Scheiden reicht die Hand
doch den der kommt mit ausgestreckten Armen
als flög er ihm entgegen – an sich zieht.«

⌊Schau dich im Spiegel u. heul an dein Gesicht vom letzten Jahr –⌋ Zeit ist die Wurzel der Depravation; durch Zeit kommt alles zu allem: auch Bacchis zu Timon.

AKT I   SZENE IN DER VILLA   367

N 234

H III 206.121 – Einseitig beschriebener Zettel von Sorte A, 232 × 148 mm; blauschwarze Tinte.

Durch die Lektüre von Shakespeares ›Troilus und Cressida‹ angeregte, in Villa/5 H mehrfach unterteilte, aber fast vollständig integrierte Rede Timons des Bettlers (Phanias).

September 1925; siehe N 233.

                              Timon[1]

    »Kein Mensch, nur weil er Mensch,
    hat irgend Ehre; äußre Ehren nur
    Wie Stand Gunst Reichtum bringen Ehren ein – «

diesen Gedanken schärfer ausführen – er führt zur Einsamkeit aller Dinge –

nothingness is law – es ist alles Eitelkeit, wenn man durch ein Ding auf ein diesem nicht-identisches Ding wirken zu können glaube –

(1) Bacchis Mut sich über den Abgrund des Nichts zu beugen –

(2) wenn Bacchis dich anhört so ist es ihre Gemeinheit die mit deiner sich verbrüdert – wenn mich – so der Anfang der Verwesung in ihr, der sie weise macht – alles ist nur Vorspiel zu der Putrefaction wo jeder zum Seinen kommt – und die Liebesnacht ist der Mimus davon. – Sie mimt ihre nein die allgemeine Impotenz. –

Bacchis Mut sich über den Abgrund des Nichts zu beugen – ein Wahnsinn grüßt den andern, ein Trübsinn saugt sich am andern fest –

N 235

H III 207.110 – Einseitig beschriebenes Blatt der Sorte C; blauschwarze Tinte.

Knappe, nur z. T. in Villa/5 H verwandte Details zu Phanias.

September/Oktober 1925.

                              In der Villa

PHANIAS
Man wird Euch Euren sichtbaren Gott abnehmen.

Phanias schlägt Danae als mimische Ceremonie vor.

Demetrius / Diokles / Agathon /

---

[1] *o. R.:* nothingness is law

N 236

H III 206.4 – Einseitig beschriebenes Blatt der Sorte C; blauschwarze Tinte.

Mit Exzerpten aus Shakespeares ›Timon von Athen‹ durchsetzte, in Villa/5 H teilweise integrierte Skizze einer Dialogpartie zwischen Phanias und den Aristokraten.

September 1925 (Lektüre von ›Timon von Athen‹).

I
Villa.

\b / c/

PHANIAS
Eure Eltern u. Eure Grosseltern waren würdige Männer, würdige Frauen, würdige Greise. Sie hatten würdige Brüste – die sich würdig anboten – \einen sterngleichen Hochsinn, Hochsinn das ist das Wort!/

EINER
Ich schwöre

PHANIAS
(1) Du eidunfähiger Geck! *(2)* Ihr eidunfähigen Gecken! |

Feuer würde mich am meisten freuen – dessen ermangelt ihr am meisten – ein Feuer das euch vom Hafen an die Schiffe triebe –

EINER
Sie haben ihm scheußlich mitgespielt.

PHANIAS
Die Würdigsten waren Deckel von Senkgruben – \Jetzt sind sie dahin u. es stinkt zum Himmel/

Schminkt! malt euch an! das ist der allgemeine Gebrauch!

N 237

H III 206.14 – Untere Partie eines einseitig beschriebenen Zettels (obere Partie: N 218); Beschreibung siehe dort.

Durch die Lektüre von Shakespeares ›Timon von Athen‹ angeregte, in Villa/5 H wörtlich übernommene Repliken des Phanias.

September 1925 (siehe N 236).

EINER über Phanias
Wer kann das Maul weiter aufreißen als der kein Dach überm Kopf hat –

AKT I SZENE IN DER VILLA   369

PHANIAS
Euch verbietet feige Arschleckerei das Maulaufreißen – dazu muss man das
Maul zu haben u die Zunge nur *(1)* herumfahren *(2)* herumzüngeln | lassen

Villa | 5 H

*H III 207.115-117 – Drei (mit I–III paginierte) einseitig beschriebene Blätter der Sorte
A, 290 × 229 mm; blauschwarze Tinte.*

*Sich inhaltlich an Villa|4H anschließender II^ter Theil des Entwurfes zur szenischen
Einheit c.*

Wahrscheinlich Anfang November 1925 (zwischen dem 4. und 9.) entstanden.

c.
Conversation. (genauer)
Detail⟨s⟩ (einzelne Teile des Dialogs)
II^ter Theil

ARTEM.
↑Ich habe übrigens in Umlauf gebracht dass wir B. zur Oberpriesterin der Diana machen werden. ≈ Wir müssen sie zur Oberpriesterin der Diana machen!↓ Ist es nicht eine reizende Idee. *(1) (2)* Ich habe es an die Mauern schreiben lassen. →

(3) D.
Hast du es an die Mauern schreiben lassen?

[SOPRAN
Dann kann es uns allen, die wir zur oberen Gesellschaft gehören, den Kopf kosten.] |

PHANIAS
Sie hat durch die Geburt alle Rechte. Es sind nur 2 Gutgeborene hier – Sie und ich. ⸤Dass sie unehelich von den Herakliden abstammt ist ein Argument mehr gegen die Ehe!⸥

↑B.
Dazu brauche ich ein Costüm; wie unsere *(1)* Ahne. *(2)* Ahnin: Crinoline. |

PHANIAS↑
Ihr Ahne schloß den Spalt – sie wird ihn wieder aufmachen.

D.
Wie würdest du die fruchtbare Göttin mimen?

↑PH.
Ich weiß es aber ich will es ⸤noch⸥ nicht sagen.

D.↑
Ich werde ihr ein Ceremoniell erfinden. Sie muss wie Diana u. Circe zugleich sein –

\PH.
Ich habe es schon erfunden.¹ Ein Bett. *(1) (2)* das beste aus diesem Haus – | Fackeln –]

B.
Du bist mein Mann. Aber du bist kein Mann. Das ist es eben. Ein Dichter ist doch kein Mann. Ihm gefällig sein wäre soviel als einem Schatten sich hingeben. Er ist ein Erpresser. Er will durch einen Spiegel in mein Bett.

D.
Ich werde dir machen was du brauchst. –

B.²
Ich werde dir machen was du brauchst: Reclame.³ Er nennt das Machen. Aber sein ganzes Machen besteht darin dass er nichts zu machen im Stande ist

D.
Du meinst Handeln. Aber wir zeigen gerade das Reine des Handelns.

B.
So zeigt ihr das Reine von dem wo nichts Reines ist.

D.
Ich meine die Idee des Handelns.

B.
↑Worte macht ihr, das ist alles! ≈ Handeln ist *(1)* Verrath an der Idee *(2)* ein unschuldiger Verräther |↓

ARTEM.
Sie hat nicht gern dass man Worte macht. *(1)* Es ist ihr mit Silben genug. *(2)* ᴾ Ihre Freunde hatten alle ⟨eine Art die Sprache wegwerfend zu behandeln die elegant war – ⟩⁴ |

---

¹ *Variationsansatz ü. Z.:* Man müsste ihr
² *l. R.:* Bacchis schminkt sich u. der Dichter sagt dazu die Stelle aus dem Chäremon
³ *Skizze am r. R.:* [Bacchis fragt den Sopran was er singen wolle: *(1)* in Gegenwart des Timon. ⟨Lob der Musik die allein noch Worte erträglich macht welche sonst zu abgeschmackt. Sopran geschmeichelt] *(2)* Sopran geschmeichelt Lob der Musik die allein noch Worte erträglich macht welche sonst zu abgeschmackt. B: er müsse in Gegenwart des Timon singen | (Sopran singt wie die Flöte selbst) Sopran \ˢKleiner] hysterischer Wutanfall dass so viel von diesem die Rede.]
⁴ *Ersatz zunächst nur skizziert:* Gaffer = Armer Elegant, Worte wegwerfend *Dann aus dem mißfallenden Teil der nächsten Replik hierher übernommen.*

AKT I SZENE IN DER VILLA   371

B.
Nicht von dir. ⌊Lächle nicht so süffisant.⌋ Ich würde mit deinem *(1)* hübschen *(2)* berühmt schönen | Gesicht zu allein sein. – †ᵖDu aber bildest dir zu viel auf die Sprache ein. Meine Freunde hatten alle eine Art die Sprache
5 wegwerfend zu behandeln die elegant war –

PH.
Weiß Gott – und geistreich! Wie die Holzklötze! *(1) (2)* Sie hatten Platon am kleinen Finger u. kratzten sich die Ohren mit ihm. |

B.¹↑
10 Ich hasse seine Arroganz. Euer Euripides! dieses Advocatengetu! Was wäre er ohne uns? ⌊Er wäre längst vergessen.⌋

†D.
Eure Kunst ist in den Worten inbegriffen.

B.↑
15 Eure Worte sind wie ein schlotterndes Kleid Wir sind erst der Leib der hineinschlüpft dann entsteht Einzigkeit. Es ist im Leben alles mimisch significativ – jeder einzelne Augenblick wiegt alles andere auf ⌊Ihr kennt nur Worte. In Bezug auf Gedanken seid ihr wie ein Eunuch im Harem. Denn Gedanken sind Anticipation von Taten.⌋ Erfinde etwas wo ich einen Helden zum Mann
20 bekomme. ⌊Mir ist nicht gegeben mir was zu träumen.⌋

D.²
Einen Gott – denn du bist eine Göttin!

PHAN.
Sie muss auf offenem Markt mit Timon schlafen ⌊: *(1)* der Liebes- u der
25 politische Vorgang identisch *(2)*ᴾ′ den Liebes- u den politischen Vorgang verkuppeln u. beide in ⟨den⟩ Abgrund spotten: nothingness is law.⌋

(1) B.
Ihr habt das Gedächtnis der Welt gepachtet. →

(2) P.
30 Macht dir das Vergnügen Phanias?

PH.
Es hält mich aufrecht.

---

¹ *l. R.:* Dichter: Etwas Boshafter!
² *l. R.:* Sopran wartet immer auf wieder ins Gespräch gezogen Werden. in Kabira wartete man darauf dass er ins Gespräch zog. (zieht sich in einer Ecke zurück) Ich sehe man hat Privatangelegenheiten.

⟨B.⟩ |
[Ihr habt das Gedächtnis der Welt gepachtet.] Ihr redet von Göttern u. Helden – dabei redet ihr nur von aus Worten *(1)* geb *(2)* gemachten Figuren. Ihr habt Eure Gaunersprache – u. Timon ist [*ᵖ*Euer bester Schüler. Er ist] der größte *(1)* Dichter *(2)*ᵖWortkünstler | unter Euch. ⌊ᵖDenn er macht etwas mit seinen Worten!⌋ Ich gehe ihn einladen, aber in¹ Mannskleidern. ⌊läutet um den Küchenchef⌋

PH.²
(1) Da hat sie recht. *(2)* Sie denkt sich man kann nicht wissen welchen Geschmack Timon hat. Bei den heutigen Weltläuf⟨t⟩en –

⌊D.
Er ist ein Eseltreiber –

⟨PH.⟩⌋
er war Eseltreiber – das ist ein ritterliches Geschäft. – Lasst sie sich die Strohwitwenschaft einteilen wie sie will! *(1) (2)* Mit Timon! sie hat sich zu viel gelangweilt *(a)* Ihr seid ihre Mörder! *(b)* | Und auf offenem Markt! Es muss endlich alles zu allem kommen – und durch ⌊solche wie⌋ sie: sie ist wie das Geld – das liegt kalt bei jedem. ⌊es geht durch eine Hand in die andere u bl⟨eibt⟩ kalt⌋

(1) PAL.
Phanias! →

(2) DEM.
Ich bitte! |

B.
Lasst ihn reden. Er ist der einzige der *(1)* von Liebe *(2)* vom Leben | was versteht. Er hat ⌊das volle⌋ Lehrgeld gezahlt. ⌊geht sich anziehen

DEM. *(1) (2)* an der Tür |
Tu es nicht⌋

PHANIAS
Lasst sie doch. Einer eurer Ahnen schloss den Spalt – sie öffnet ihn. – Wollt ihr mir hier das Maul verbinden?

⌊DEM.
Ich schwöre dass ich sie verbinden werde!

---

¹ *r. R.:* B. Sopran. Sopran weinend ab. *(1)* Agathon *(2)* Phanias | ihn ⟨zu⟩ beruhigen.
² *l. R.:* Ph. Lasst sie, sie ist neugierig nach Gerüchen.

AKT I SZENE IN DER VILLA   373

⟨PHANIAS⟩⎦
⎣soll ich in meinem eigenen Haus die Zunge nicht benützen dürfen?⎦[1]
Bacchis, sag du dass sie mich reden lassen sollen. Ich bin ein Tenor ohne
Stimme aber kein Sopran! ⎣Es muss endlich alles zu allem – das Chaos klopft
5 schon lange an –⎦

B.
Lasst ihn. Was dunkel in uns liegt kommt durch ihn heraus ⎣Man hat zuweilen hässliche Gedanken: er spricht sie aus. Das ist wie ein *(1)* lavement.
(2) Clystier.⎦

10 PH.
Sie hat Mut, in ihrer Art, sich über den Abgrund zu beugen. *(1)* Lasst sie den
Liebesact und den politischen Act verkuppeln u. beide in den Abgrund
spotten. nothingness is law *(2)*$^{p'}$ |

⎣DEM.
15 Ehre!

⟨PH.⟩⎦
Kein Mensch u. kein Ding hat irgend Ehre. Jeder ist zu jedem fähig. Sie hat
es erkannt. Sie ist wie das Geld. ⎣Sie hat die Weltanschauung des Geldes:
Danae.⎦ Durch sie kommt jedes zu jedem. ⎣Sie hat die Weltanschauung des
20 Wertes abgeworfen.⎦ Äußre Ehre bringt [äußre] Ehre ein – mit Worten fängt
man Worte. Wenn B. dich anhört so ist es ihre Eitelkeit die sich mit dir verbindet – wenn mich so der Anfang der Verwesung von ihr der sie weise
macht. ⎣Sie erträgt mich als Peitsche: ich rette sie vor dem Tode. Ihr seid ihre
Mörder.⎦

25 *(1)* D.
Nein Phanias! ⎣mein Seel!⎦ ich schwöre, das *(a)* lass ich nicht *(b)* höre ich nicht
an!

PH.
Ihr eidunfähigen Gecken – – verreckt!² *(2)*^{P} | Ich rede weiter. Alles ist nur
30 Vorspiel zur Putrefaction wo jedes zu jedem kommt – u. ihre Liebesnächte
sind der Mimus davon. –

⎣BACCHIS
Du kennst sie nicht, Phanias.

⟨PH.⟩⎦
35 Sie mimt ihre und die allgemeine Impotenz.

---

[1] *r. R.:* Sie treiben das Ungeborene ab.
[2] *l. R.:* Schluss.

Bacchis fort.

Artem / Dichter / Demetrius: beschimpfen ihn.

PHANIAS
Prophezeiungen: wie er zusehen wird.

⟨....⟩
†Er kann leicht das Maul aufreißen, weil er kein Dach über sich hat! ≈ Wer kein Dach über sich hat – kann leicht das Maul aufreißen↓

PH.
Euch verbietet Arschleckerei das Maulaufreißen. Wer war ich u. wer seid ihr! Eure Mütter! \(1) (2) Ihr incarnierte Langweile! | Ich sehe die Gesichter Eurer Mütter u Großmütter – ach, mich grausts!/ \(1) (2) Respectiert mich!| Nur aus Geringschätzung habe ich verzichtet euch zu Söhnen zu haben –/ Wollen wir vom Stammbaum reden – oder von Lebensführung – Ein Viererzug oder das Loch nach einem Schanker –

⟨....⟩
Lass unsere Mütter u Großmütter!

⟨PH.⟩
Ich habe sie rechtzeitig in Ruhe gelassen wie ich noch am Leben war – Ihr Gecken!

(1) (2)ᵖ D.
Nein Phanias! mein Seel! ich schwöre, das höre ich nicht an!

PH.
Ihr eidunfähigen Gecken – – verreckt! |

[SOPRAN (1) (2) ARION |
sagt: Man solle ein solches Schandmaul einsperren. jetzt gar!]

Der Notar gemeldet.

PAL.
Sie hat die Schenkungsurkunde.

N 238

H III 207.106 – Einseitig beschriebenes Blatt der Sorte C; blauschwarze Tinte.

Flüchtige, durch zahlreiche Einschübe fast zum Entwurf erweiterte Skizze zum Ende der Szene.

Wahrscheinlich Anfang November 1925 (zwischen dem 4. und 9.) entstanden.

AKT I SZENE IN DER VILLA   375

                        In der Villa
                         \(Schluss)/

\B.
Lasst ihn er hat Lehrgeld gezahlt./

DEM.
Lassen wir diese partie honteuse ihren Monolog halten.¹

PH.
Ich soll Eure Rücken sehen. Ich werde noch ganz andere Posituren sehen.
findet sich allein Ich will keinen Monolog halten! Nicht in diesem Haus –
\Ich war der *(1)* Sultan *(2)* Perserschah | in dieser Stadt! Sie liefen *(1)*
(2) ungebeten | wenn ich winkte – Können Behänge Statuen, Schnitzerein
so *(1)* hässlich *(2)* hurenmäßig gemein | *(1)* aus den Augen *(2)* drein | sehen?
Spiegel auch noch – ich brauche eine Pfütze –/

Palam herein

PH.
Das ist eine Schenkungsurkunde Du verschenkst mein Haus abermals. \Und
für mich fällt nichts ab?/ Sie wird mit Timon darin wohnen oder mit Timons
Hundejungen oder mit †ihrem Ofenheizer ≈ seinem Henker↓ oder mit – Sie
wird ihre Pantomimen mit jedem tanzen – ²

PALAMEDES übers Altern zum Notar
\M. Kleider! Ich werde sie an hässl Orte tragen/ Wähle unter meinen Kleidern

PH. steht auf
Du hast es getan? Du hast ihr das Haus geschenkt? die Stallungen? die
Gärten?

\⟨PALAMEDES⟩
Willst du dich um ihre Pferde bekümmern?

⟨PHANIAS⟩
Nein dann müsste ich mich um das Ungeziefer bekümmern!/

\PH.
Ich bin den *(1)* *(2)* nüchternen | Göttern einen Tod schuldig: *(1)* *(2)* durch
marasmus juvenilis oder durch Zerrinnung der Galle | aber ihr Obergott das
Geld ist mir ein Schauspiel schuldig – Das Geld will in andere Hände kommen: sie auch.

Pal. leise mit dem Notar/

¹ *r. R.:* Ph. Ist es möglich: Ich war Regen u. schönes Wetter!
² *r. R.:* Danae: Zeus kommt immer als Goldregen

Nicht verarbeitete Notizen zur Figur des Phanias

N 239

H III 206.13 – Obere, nachträglich der Szene In der Villa *zugeschlagene Partie eines Zettels der Lenzerheidezeit; Beschreibung: N 95; Zusatz: blaugraue Tinte.*

Eine durch die auf Sommer 1924 zu datierende Lektüre von Shakespeares ›Timon von Athen‹ angeregte Replik Timons des Armen (Phanias).

September 1925.

c oder Schluss in der Villa.

Timon der Arme.

Sein Argument: aus jedem kann durch Umstände alles werden: aus dem jungen Herren ein Lustknabe, ein Dieb, ein Galeerensclave – aus dem Gauner, dem er dann seine Verehrung bezeugt, ein großer Herr, u. Sittenrichter, mit einem Schweif von Schmeichlern hinter sich. durch Gold wird schön aus hässlich, tapfer aus feig, jung aus alt, vornehm aus gering.

N 240

H III 206.30 – Obere, nachträglich der Szene In der Villa *zugeschlagene Partie eines Zettels der Lenzerheidezeit; Beschreibung: N 97; Zusatz: blaugraue Tinte.*

Durch Pöhlmann-Lektüre angeregte Notiz, jetzt zu einer Replik Timons des Bettlers (Phanias) geworden.

September 1925.

Timon der Bettler in I.

Arm u. reich = 2 Völker, zwischen denen keinerlei Verkehr besteht die einander so wenig kennen in ihren Gewohnheiten Gedanken u. Gefühlen als ob sie die Söhne verschied. Zonen u. Bewohner versch Planeten wären.

N 241

H III 207.146 R – Der Szene In der Villa *zugeschlagene Partie eines Zettels aus der Lenzerheidezeit; Beschreibung: N 96; Zusatz: blaugraue Tinte.*

Ursprünglich Exzerpt einer von Pöhlmann zitierten Passage aus der Apokalypse, jetzt zur Replik Timons des Bettlers (Phanias) geworden.

September 1925.

AKT I   SZENE IN DER VILLA   377

     Unglücksdrohungen in I

Apokalypse
Der in einer Stunde zerstörte Reichthum der Kaufleute u. Schiffsrheder:
Gold Silber Edelstein Linnenzeug Purpur Seide Scharlach Thujaholz Ge-
räthe von Elfenbein von Erz Eisen Marmor, auch Zimmt, Amonsalbe,
Myrrhe, Weihrauch, Öl, feinstes Mehl – Weizen Hornvieh, Schiffe, Pferde
Wagen, Knechte u. Menschenseelen.

Timon der Verarmte wünscht ihnen dass sie alle nichts haben: ihm
schmeckt Reichtum u. Armut gleich bitter

N 242

H III 206.3 – *Beidseitig beschriebenes Blatt der Sorte C; blauschwarze Tinte.*

*Offenbar als eine Art Vorspann zu seinen Sarkasmen und Prophezeiungen gedachte Rede des
Phanias.*

September/Oktober 1925.

      I.
     In der Villa

    \c / Anfang/

Der Ton des Phanias: Wenn ich sage es wird euch das u. das widerfahren – so
sage ich nicht dass ich es wünsche (noch dass ich es fürchte) ich sage es wird
geschehen: ich habe das Organ in mir wie Kassandra – aber kälter; und mein
Verstand, den ihr geschärft ha⟨b⟩t – sagt mir – warum sollte es nicht geschehen – aber es ekelt mich das eine wie das andere u. alle diese Permutatio-
nen sind ekelhaft wie das Krabbeln der Ameisen. Aber doch wieder im Einzelnen freut es mich weil es witzig sein wird (was Ihr so gar nicht seid) Euer
Untergang wird *(1)* voll Witzen *(2)* voller Witze sein.

N 243

H III 206.123 – *Einseitig beschriebenes Blatt der Sorte C; blauschwarze Tinte.*

Mehrere isolierte Repliken des Phanias.

September/Oktober 1925.

    \Id/

PHANIAS
Mir ist alles zum Ekel geworden, auch was ich in Arglosigkeit gelebt habe –

hat im nachhinein der Rost aufgezehrt. Mich freut nur noch Schimpfen und Erniedrigen.

Wie Du da stehst wird sie aus Langeweile mit dem liegen, aus dépit mit dem – aus eingebildeten Wünschen mit dem – aber mit keinem aus Begierde, es gibt nicht einmal Huren mehr. ⌈Das gehört zum Heroenzeitalter der Hurerei!⌉

Ich wollte ich könnte die Thiere so durchschauen wie ich euch durchschaue, das würde mir eine neue saftige Sprache geben – die Menagerie in Euren Eingeweiden zu charakterisieren.

N 244

H III 207.89 – Obere Partie eines einseitig beschriebenen Zettels von Sorte A (untere Partie: N 342), 230 × 147 mm; blauschwarze Tinte.

Knappe, vielleicht den Schluß der Szene vormerkende Notiz.

September/Oktober 1925.

Phanias bittet die Götter, alles noch grotesker werden zu lassen damit es seinen grimmigsten Träumen gleiche.

In Villa/6H verarbeitete Notizen

N 245

H III 207.107 – Einseitig beschriebenes Blatt der Sorte C; blauschwarze Tinte.

Kurze, teilweise in Villa/6H aufgenommene Skizze eines Dialoges zwischen dem Gesandten und Kratinos.

September/Oktober 1925.

⌈In der Villa

PALAMEDES
Und was sagt Kratinos dazu⌉

KRATINOS
Mein Denken *(1)* reinigt wie das Meer, *(2)* ist langsam wie das Meer reinigt ⟨es⟩ | alles von seinen Selbstverwesungen. Ich sage: Das Geld wird einen neuen Herrscher über uns setzen – aber es wird der eigentliche Gott bleiben – der durch jede Zunge zu jedem Zwecke spricht u dessen Sclaven ihr alle seid.

N 246

H III 206.1 − Einseitig beschriebenes Blatt der Sorte B, 272 × 213 mm; blaugraue Tinte.

Nur wenig in Villa/6 H ausgewertete Skizze eines Dialoges zwischen Bacchis und dem Koch.

September 1925.

I.
in der Villa.

⌈c.⌉
Der Küchenchef, gerufen – ein besonders ostentatives Festmahl für abends zu arrangieren.

DER KÜCHENCHEF
man werde ostentativ einkaufen – der canaille ins Gesicht. Ich werde mich selbst zeigen. Das ist wie beim König von Antiochia: sein Erscheinen auf dem Markt war das Signal der Unterwerfung. Ich habe gesagt: Ich werde für mich sprechen – Ich werde selbst vorschneiden.

BACCHIS
Du hast von Timon gehört.

Küchenchef nickt

BACCHIS
Ich werde ihn eventuell, falls es mir gefällt – einladen.

(EINER
er wird sehr bald uneingeladen hier essen)

N 247

H III 206.10 − Einseitig beschriebenes Blatt der Sorte C; blauschwarze Tinte.

Einzelne, nur teilweise in Villa/6 H integrierte Repliken des Phanias.

September/Oktober 1925.

I
In der Villa

PHANIAS
Es wird kommen, aber ich weiß noch nicht, von wo ich es mir ansehen werde.

Es werden abscheuliche Posituren zu sehen sein – u. ohne Eintrittsgeld.

Es werden saubere Könige auftauchen u. eure Kniebeugen ernten. Ihr werdet um die Wette kriechen.

Das Hurenmäßigste in der Welt ist das Geld – es liegt noch kalt bei den Sterbenden

Fäulnis! aber langsame. Die Lust an der Perfidie, das einzige was sie belebt.

Ich habe Eure Mütter u. Väter gekannt.

EINER
Du sagst das mit einem niederträchtigen Gesicht.

PH.
Es war ihnen schmeichelhaft von mir gekannt zu sein. Es ist nicht Eure Schuld dass ihr nicht meine Söhne seid – oft nur ein Zufall

Villa / 6 H

H III 206.98; 207.155–168, 171–172, 92, 173–175 – Vorderer Teil des Konvolutdeckels und zwanzig mit 1–20 paginierte, mit einer Ausnahme einseitig beschriebene Blätter der Sorte A, 292×231 mm; blauschwarze Tinte; innerhalb der später für den Druck in der ›Literarischen Welt‹ überarbeiteten Partie auch Varianten mit Stift; Blatt 20, das Herbert Steiner im Harvard Bulletin (8/1954, No. 1, Plate II) faksimiliert publizierte, ist heute verschollen, so daß bei der Wiedergabe auf das Faksimile zurückgegriffen werden mußte. Auf dem Konvolutdeckel N 411 und die Aufschrift:

In der Villa.
Text.

Ein unter dem Eindruck von Valérys ›L'âme et la danse‹ konzipiertes Blatt (H III 207.92) wurde als (alternative) Variation einer ganzen Passage der Szene vom Dichter mittels Seitenangabe seinem funktionalen Ort zugewiesen und ist in die Darstellung integriert (Sorte C; blauschwarze Tinte).

Zusammenhängende Niederschrift der Szene In der Villa*; danach bricht die Genese der Szene ab; Hofmannsthal bereitete lediglich einen kurzen Ausschnitt für den Druck vor.*

Beginn: 10 XI 25. – Abschluß wahrscheinlich am 15. November 1925; Blatt 16: 15. XI.

Ein Zimmer.

Palamedes mit Briefen.

BACCHIS kommt herein
Nachrichten aus Sardes? Nicht gut?

PALAMEDES
Da. Von meiner Frau. Man treibt anscheinend [auch dort] sehr bedrohlichen Zuständen zu.

AKT I SZENE IN DER VILLA 381

BACCHIS
Deine Frau. Ich danke. Wenn ich anfangen wollte zu glauben was sie sagt oder schreibt –

PALAMEDES
Mein Bruder schreibt dasselbe, – dieser Brief da *(1) (2)* von einem anderen *(3)* | sagt das gleiche.

BACCHIS
Und deine Regierung?

PALAMEDES
Das ist das mehr als Sonderbare. Es ist *(1)* wieder kein Courier gekommen. *(2)* den vierzehnten Tag der Courier ausständig. | Der Landweg scheint nicht mehr offen

BACCHIS
(1) Und *(2)* Aber | diese ⟨privaten⟩ Briefe?

PALAMEDES
(1) Zu Schiff. *(2)* Auf dem Seeweg. | Durch irgendein Handelsschiff

BACCHIS
Das den Piraten ⟨ausnahmsweise⟩ nicht in die Hände gefallen ist

PALAMEDES
Es scheint so. – *(1)* Ich fürchte *(2)* Aber ich weiß auch nicht wie hier die Dinge werden sollen –

*(1) (2)*P B.
Man wird von hier fortmüssen?

P.
Ich werde fortmüssen.

B.
Ich komme dir nach.

P.
Das ist unmöglich.

B.
Du lässt mich holen.

P.
Das wird von den Umständen abhängen. *(3)*P′ |

B.[1]
Hier, was soll sich hier ereignen. *(1)* Man *(2)* Das Volk | schreit u. lebt weiter.

PALAMEDES
Meine Confidenten sehen in Bezug auf hier sehr schwarz.

B.
Arme Teufel, die aufbauschen, um zu leben.

P.
Mein Gefühl gibt ihnen recht.

(1) (2)^{p'} **B.**
Man wird von hier fortmüssen?

P.
Ich werde fortmüssen.

B.
Ich komme dir nach.

P.
Das ist unmöglich.

B.
Du lässt mich holen.

P.
Das wird von den Umständen abhängen. | – Man ist hier wie dort nicht mehr Herr der Lage.

B.
Herr! ihr seid keine Herren mehr; das ist was die Lage herrenlos macht – aber nicht seit heute.

P.
Ich habe Ursache anzunehmen, dass der Souverän den ich vertrete, praktisch eben so wenig existiert – als die Souveränität des hochgebietenden Herrn bei dem ich hier ↑accred⟨it⟩iert ≈ beglaubigt↓ bin. *(1)* Das ist *(a)* keine auf die Dauer mögliche Lage. *(b)* kein haltbarer Zustand. →

(2) **B.**
Du meinst dass Euer K⟨önig⟩ nicht mehr lebt

---

[1] *u. R. Vornotiz zu diesem Dialogteil, nach Verwertung durchgestrichen:*
B. Was ängstet dich
P. Dich hier zu lassen
B. Was soll sich hier ereignen
P. Meine Confidenten

AKT I SZENE IN DER VILLA   383

P.
Das will ich nicht sagen. Aber man kann leben u. an der Ausübung seiner
Souveränität behindert sein.

B.
Gefangen?

P.
Behindert. Eine solche S⟨ouveränität⟩ zu vertreten, ist auf die Dauer kein
haltbarer Zustand. |

(1) B.
Man wird von hier fortmüssen?

P.
Ich werde fortmüssen.

B.
Ich komme dir nach.

⌈P.
Das ist unmöglich.

B.⌉
Du lässt mich holen.

P.
Das wird von den Umständen abhängen. *(2)*ᵖ |

B.
(1) Man wird getrennt sein? Ein⟨en⟩ Monat? zwei Monate? – Drei *(2)* Wir werden getrennt sein? zwei Monate? Länger? | †Palamedes! Du sagst nicht's. Ich werde dir nicht schreiben können?†

P.
Doch wirst ⟨du⟩ deine Briefe einem Menschen anvertrauen –

B.
Hephästion. *(1)* *(2)*ᵖ Wirklich, du traust ihm so unbedingt? |

P.
Keinem andern. Das versprichst du mir. Er wird den Weg finden, sie in m
Hände kommen zu lassen. er geht umher

(1) (2) ⟨B.⟩
Wirklich, du traust ihm so unbedingt? *(3)*ᵖ |

⌈B.
Du kennst ihn seit 5 Wochen.

P.
Man kennt oder man kennt nicht. Man traut oder man traut nicht Es gibt Menschen:

B.
Sonderbar über einen gekauften Diener.⟩ Woran denkst du? wie siehst du alles an?

P.
Alles. Ich sehe diese Dinge ⟨von denen ich mich trennen muss u. die zu dir gehören u. mit dir bleiben werden⟩ an, weil ich dich nicht ansehen will.

B.
Palamedes! geht zu ihm, sieht ihn an

P.
Du hast Thränen in den Augen. – Das habe ich *(1) (2)* †in diesen 4 Jahren | noch† nie gesehen!

B.
Es war nie ein solcher Anlass.

P.
Deine Thränen entzücken mich[A-C] ⟨[c] über alle Maßen⟩ – ⟨[bc] ich habe Deine Augen nie mit diesem Ausdruck gesehen –⟩ aber *(1)*[a] sie machen *(2)*[bc] er macht | mich nicht irre. Ich meine, er verführt mich nicht – das Gefühl das dich in diesem Augenblick

B.
Auch meine Hände

P.
dieses Gefühl in *(1)* einer Weise *(2)* dem Sinn | zu deuten – als ob daraus für dich in Bezug auf mich eben das Andere zu folgern wäre –

(1) B.
Was für Worte –!

P.
(2) dessen Nicht-vorhandensein zu erkennen – ⟨zu wissen⟩ zu ertragen *(1)* ich mir *(2)* mir in Frage zu stellen – ich mir

B.
Was für Worte – !

PALAMEDES
Ich mir zur Richtschnur gemacht habe. – Ich habe eine Frau deren bloßer Verkehr – deren bloße Begegnung hingereicht hätte, m Leben auszufüllen – ich habe diese Frau vier Jahre lang zur Freundin gehabt.

AKT I SZENE IN DER VILLA 385

⌊B.

Du sprichst als wenn alles vorbei wäre.

⟨P.⟩⌋

Du warst da immer wenn ich wollte – Dein Haus war mein Haus

B.

Dein Haus war mein Haus! sie küsst seine Hand

P.

Wenn die andern fortgehen mussten – habe ich bleiben dürfen

  B. ⌊die Augen geschlossen⌋
Du sagst es!

P.

Ich habe dich nie gehabt! ⌊Ich war nie dein Geliebter – auch in d Armen nicht!⌋

B.

Du hast mich früh u. spät gehabt – bis an m Grenzen.

P.

Aber über allen Grenzen fängt das an – *(1)* und es gibt nur alles oder nichts. *(2)* ¦

B.

Nicht das jetzt. Wir stehen vor einer Trennung. *(1)* Enthält *(2)* Liegt denn in einem Charakter wie dem meinigen – nicht einige Gewähr? Wenn ich schweige – ist das nicht ein bischen mehr als wenn andere schwören –

P.

Unsäglich![1]

HEPHÄSTION ⌊eintretend, zu B.⌋

(1) Diese Frau *(2)* Eine Frau die bestellt wurde. *(1)* Die *(2)* Eine | Wahrsagerin.

⌊⟨PALAMEDES⟩

Was ist? Was ist?

⟨HEPHÄSTION⟩⌋

Sie lässt sich melden. *(1)* Sie wurde für diese *(2)* Es wurde ihr diese Stunde gegeben.

---

[1] *Folgt großer Absatz.*

B.
†Man muss sie eintreten lassen.† – In einer Minute. – *(1)* Wer ist *(2)*^P Ist |
noch \^p jemand] da?

\^p H.
Ich werde nachsehen u melden.

⟨B.⟩
Wer immer:] Man soll warten. Ich bin im Bad.

Hephästion ab.

P.
(1) Du hast eine Wahrsagerin kommen lassen? *(2)*^p Eine Wahrsagerin? |

B.
Es ist Agathon der mir von ihr vorgeredet hat. \^p Es ist der Moment dafür.]
Sie kommt im rechten Augenblick. †Man kann nicht sagen dass es uns nicht
wohl täte den Schleier ein wenig zu heben.†

P.
(1) Wer kann das wissen? *(2)* Ich verzichte. | †ob es wohltäte – auch dazu
gehört Voraussicht der Zukunft†

Wahrsagerin: herein

B.
Lass \mich]. Ich werde sie prüfen, ob sie eine gemeine Person ist oder etwas
höheres –

W.
Es ist die Dame, die mich bestellt hat?

†B.
Wissen sie wer ich bin.

W.
Ich weiß *(1)* bei *(2)* vor *(3)* mit | wem ich die Ehre habe zu sprechen.

B.
Sie kennen diesen Herren.

W.
Ich habe nicht die Ehre.†

B.
(1) *(a)* Sie versteht sich *(b)* Die versteht sich sagt man | *(a)* auf menschliche
Charaktere. – *(b)* auf menschliche Charaktere u. das Schicksal. – *(c)* auf den Charakter
u. das Schicksal *(d)* auf das Schicksal – und auch auf Charaktere nehm ich an. *(2)* |
(1) Bin ich eine geizige Frau *(a)* oder eine Verschwend *(b)* eine freigebige
Frau? *(2)* Was ist das? –

AKT I SZENE IN DER VILLA   387

⟨w.⟩
Eine Hand die alles ausdrückt.

⟨B.⟩
Vorwärts | ↑Steht hier Geiz oder Freigebigkeit geschrieben? ≈ Hab ich eine
(1) harte (2)ᵖ geizige | Hand oder eine (1) offene (2)ᵖ freigebige |?↓ – Darauf zu antworten ist misslich – denn es könnte sein dass die Antwort in den nächsten fünf Minuten Lügen gestraft wird.

w.
Ich kann nur nach der Wahrheit antworten. – [nimmt die Hand m. einem Tuch] Die Dame liebt das Geld ↑und ≈ aber↓ [lacht] fast mehr in der Art wie Männer es lieben – aber von einem gewissen Augenblick an, wird der Dame das Geld nicht mehr bedeuten als Kieselsteine. Glücklich wer dann der Dame in die Nähe kommt.

B.
Und (1) das (2) unter denen | wirst du sein? ↑aha! ≈ hm?↓

w.
Keinesfalls. Das wird an einem andern Ort sein↑, [und] dort wird die Dame über (1) die Schatzkammer eines Königs gebieten (2) eine königliche Schatzkammer gebieten, aber es werden andere Menschen sie umgeben. |↑

B.
Geschickt. Und was wird eine solche Veränderung herbeiführen?

w.
Sie wird ein Teil der großen Veränderung sein.

B.
↑Der großen? in mir?↑ Was für einer großen?

w.
Die Dame wird eine andere werden. [von der Fußspitze bis zum Scheitel –] – Darf ich frei sprechen?

↑B.
(1) Vollkommen. (2) | ↑Dafür bezahlt man dich. ≈ Dazu holt man (1) solche wie (2) Dich↓

w.↑
Die Dame hat Freunde gehabt – aber nie – Ich weiß nicht ob (1) der Herr (2) es dem hohen Herrn genehm ist dass ich alles sage

(1) (a) B.
Ich weiß nicht – →

(b) P.
Vorwärts! | Lass doch! da sie die Wahrheit redet

w. *(2)*^P |
Nie war das Herz der Dame ergriffen.

(1) (2)^p P.
Vorwärts! Lass doch! da sie die Wahrheit redet |

w. ⎡leiser, geheimer⎤
Der große Eros ist *(1)* der Dame nicht fremd: sie hat ihn im Anschauen ihres S⟨elbst⟩ *(2)* dir nicht fremd: du hast ihn im Anschauen dein⟨es⟩ Selbst. *(1) (2)* Dein *(a)* Auge *(b)* Blick *(a)* hat dich noch nie einem der Liebenden geoffenbart – nur dir selbst. *(b)* ist nie Offenbarung nur Sieg *(3)*^P | Vollkommen sind die Wimpern – klein ist die Pupille darin liegt die Herrlichkeit – die Dichter wissen nichts wenn sie von *(1)* kleinen *(2)* großen | Pupillen reden – wunderbar die Iris – sie dunkelt im höchsten Augenblick wie bei einer Zürnenden: *(1)* glücklich *(2)* auserwählt | der Mann der sie dunkeln gesehen hat – er wird nie bei einer andern mehr glücklich sein. *(1) (2)*^p Aber Dein Blick ist nie Offenbarung nur Sieg |

B.
(1) Als Wahrsagerin hab ich dich holen lassen nicht als Kupplerin. *(2)* Wahrsagen nicht kuppeln! |

w.
Dein Mund ist lose und deine Zunge scharf: ⎡wie bei einem jungen Mädchen.⎤ aber auch das wird einmal anders: du stehst schüchtern – du schweigst – leichter kommt dir das Weinen als ein Wort¹

B.
Genug. †Ich habe dich nicht kommen lassen, †um über mich zu reden. ≈ ^P damit du mir über mich Märchen erzählst.↓† *(1)* Genug. ⎡Märchen.⎤ *(2)*^p Genug Unsinn. | [Es handelt sich um *(1)* eine Reise. *(2)* etwas anderes. |] *(1) (2)* Es kann *(3)* | Dieser Herr wird ⎡wahrscheinlich⎤ in den nächsten Tagen eine Reise antreten. †^P Es ist noch nicht bestimmt.†

w.
†Darf ich.† †^p Es ist bestimmt.† Die Reise wird angetreten. ⎡weit *(1)* eher *(2)* schneller | als der Herr denkt.⎤

↑B.
Bald?

w.
Bevor der morgige Tag anbricht.↑

---

¹ *Folgt größerer Absatz.*

AKT I   SZENE IN DER VILLA   389

B.
(1) Und das Weitere? Ich *(2)*ᵖ Aber ich | werde den Herrn *(1) (2)* gesund *(3)*ᵖ bald u gesund | wiedersehen?

W.
Der hohe Herr wird die Dame wiedersehen. Er betritt ein ⌈schönes⌉ Zelt in welchem die Dame ihn erwartet. Aber es ist nicht um seiner selbst willen dass er gekommen ist. Er betritt das Zelt nur – um *(1)* der Dame einen Liebhaber zuzuführen *(2)*ᵖ jemanden einzuführen *(a)* den die Dame erwartet *(b)* u. dieser ⌈Andere⌉ ist es den die Dame eigentlich erwartet: dieser ist ihr Geliebter. |

P.
(1) Wie? *(2)*ᵖ Wie ist das? Ich führe der Dame einen L⟨iebhaber⟩ zu? eine reizende Prophezeiung! |

B.
(1) Ich bitte dich! was für *(2)* Palamedes! | Geschichten!

W.
Ich weiß nicht wie ich mich ausdrücken soll. Wenn ich Zorn errege – gelt es nicht. Die Dame erwartet sehnlich – mit Zittern – sie zittert vor Verlangen – v⟨on⟩ Sinnen vor Ungeduld vor Erwartung

P.
⌈Und wer ist der Herr?⌉ Ich wünsche dass Du mir ⌈eben diesen Herrn⌉ nennst –

W.
Das kann ich nicht. Ich kenne ihn nicht. Ich habe ihn nie gesehen. ⌈Er ist ein Fremder. Ein sehr gr⟨oßer⟩ Herr. Er befiehlt über alle. Auch über Dich!⌉

P.
Ah! ist es vielleicht die Person an die ich jetzt denke!

A W.
(1) Der Herr denkt *(2)* Du denkst in diesem Augenblick an eine bestimmte Person. Diese Person lebt nicht mehr.

(1) P.
(a) Also *(aa)* wer ist er! *(bb)* wie sieht er aus? | bemühe dich! →
(b) Ich nehme zur Kenntnis dass ⟨diese⟩ Person todt ist.

W.
Sie ist todt. Seit *(aa)* drei *(bb)* gen⟨au⟩ neun | Tagen.

(2) B.
An wen hast du gedacht. An Euren *(a)* jungen *(b)* | König?

P.
Er ist 2 Jahre älter wie ich. |

W. hält die Hand vor die Augen →

B Die Person von der dieser Ring herrührt. legt den R⟨ing⟩ an ihre Stirn

w.
Nein. Diese Person lebt gar nicht mehr.

⌊ᵖ P.
Wie denn? sie lebt!⌉

w. hält die Hand vor die Augen
⌊ᵖNein.⌉ Aber der von dem wir sprechen | Ich sehe ihn u. sehe ihn nicht Ich kann es nicht sagen. Er ist ein Feldherr − ⌊er kommt von weit her⌉ er ist hier *(1)* im Haus *(2)* in der Nähe | −

P.
Du sollst es sagen!

B. zieht ihn
Du siehst doch ganz vage Dinge − ⌊die einander widersprechen⌉

w.
Er ist nahe, ganz nahe − Ich kann mich irren. ⌊ᵖ Ich habe ihn vor kurzem − Es ist etwas im Spiel: ein Wille⌉

B.
⌊ᵖWahrscheinlich. Und in allem⌉ Lass sie uns fortschicken. ⌊ᵖ Sie lässt Leute sterben, die am Leben sind.⌉

P.
⌊Nein⌉ Wenn dieses eintritt − dann hat die Dame aufgehört,

w.
Die Dame liebt ⌊u schätzt⌉ den Herrn dann genau so wie jetzt. ⌊Sie ist sehr glücklich ihn *(1) (2)* wieder | zu sehen.⌉ Aber sie wird dann verliebt sein: das ist sie jetzt nicht:¹ ⌊zitternd⌉ erfüllt *(1). (2)* mit Liebe − *(a)* wie ein Schwamm mit Wasser *(b)* |

P.
Und diese Begegnung erfolgt bald?

W. bittet um die Hand. P. winkt: sie soll sie ihr nicht entziehen W. nickt

B.
Was nickst du?

---

¹ das ist sie jetzt nicht: *besonders markiert.*

AKT I SZENE IN DER VILLA

W.
Beide Hände sagen das Gleiche. Der Herr sollte nicht wünschen dass diese Begegnung bald erfolge!

P.
Warum?

(1) B.
(2) W.
Weil sich dann – ⌊es tut mir leid es zu sagen – die Dame scheint dem Herrn sehr anhänglich zu sein

P.
Vorwärts –

⟨W.⟩⌋
die beiden Lebenswege für immer trennen.

⌊Stille⌋

W.
Die Dame – der Herr haben noch eine Frage? Ich ziehe mich zurück? ab

B. wirft sich ihm an die Brust
Nimm mich mit. Verkleidet! – *(1)* als Reitbursch!

(2) P.
†Was für ein unangenehmer *(1)* sonderbarer Zwischen *(2)* unerwarteter Zwischenfall.† Sonderbare ⌊hässliche⌋ Prophezeiungen!

B.
Als Reitbursch – wie *(1)* immer. *(2)* damals. Damit wird alles was sie redet unmöglich. |

P.
(1) Wohin denkst du – *(2) (3)* Wohin denkst du – ¦ Du hast nie so zu mir gesprochen – soll der letzte Augenblick alles Bezaubernde – – ⌊Du bietest das an. – Meine Frau –

B.
Es ist mir gleich – Ich will nicht dass Du darunter leidest.

P.
Unsäglich: Sag es noch einmal! Du die so wenig sagt?⌋

Knabe tritt ein

B.
Was? Was denn? Lasst m doch!

KNABE
Dieser *(1) (2)* alte *(3)* dicke alte | Herr ist irgendwo hereingekommen. Er *(1)* geht mir *(2)* tritt ein ohne zu fragen

Phanias tritt ein.

KNABE
Da ist er schon! Mein Herr gehen sie hinaus!

PHANIAS
Bitte Palamedes erkläre mich *(1)* dem Personal *(2)* der Dienerschaft |. Erkläre dieser kleinen Kröte dass ich zum Haus gehöre

P.
(1) (2) Du kannst gehen *(3)* Es ist gut. | Dieser Herr tritt zu mir ein ohne gemeldet zu werden. Es ist seine Gewohnheit.

PHANIAS
Erkläre ihm dass ich Dein Hausbettler bin ⌊u. gewisse Privilegien habe⌋. Ich gehör zu dir. Ich gehöre zum Haus. Ich kann nicht ⌊in e Haus⌋ mit ihren Verehrern ⌊, diesen widerlichen ↑Schmarotzern ≈ Schwachköpfen↓ u. Nichtstuern,⌋ im Vorzimmer sitzen *(1)*. *(2)* und warten. ¦

P.
Du kannst gehen.

K. ab

⌊PH.
Halt. Erkläre ihm dass dies Haus mein Haus ist. – Verstehst du kleines Ungeziefer – bevor dein Vater – war ich hier.$^{A-C}$ *(1)*^{a} *(2)*^{bc}war ich hier der, dessen Pferd den Mist fallen ließ – was dein Vater aufkehrte | Hast du je den Namen Phanias gehört – *(1)*^{ab} *(2)*^{c}Phanias ist der unsichtbare Besitzer, der Flucher er beutelt dich –⌋

B.
Willst du ein Bad, Phanias – oder ein Frühstück.

PH.
Später. Jetzt will ich mich ärgern – Du baust. Es wird kleinlich werden. ⌊*(1)* unbeschreiblich *(2)* über die Begriffe | armselig wird das aussehen.⌋ Ich wollte den ganzen Hügel abtragen. ⌊Man baute Tag u. Nacht mit Flöten u Fackeln –⌋ Da war ich schon nicht mehr ich. Mein Stallmeister bezahlte m. Haushalt.

B.
Wer sagt *(1)* dir dass P. bauen wollte. Es *(2)* es dir?

PH.
Was meine Schönheit?

AKT I   SZENE IN DER VILLA   393

B.
Dass wir bauen wollten↑, | ist schon nicht mehr wahr↑.

PH. ⌊setzt sich⌉
Es sitzt draußen Agrippa ein sehr dummer Kerl –

5 ⌊s⟨B.⟩
Eintreten lassen!

⟨PH.⟩⌉
Demetrius – ein sehr eitler Kerl – sein Freund Periander ein sehr aufgeblasener roher und gewöhnlicher Kerl – dann noch ein alter ↑eingebildeter ≈ Dün-
10 kelhafter ≈ vor Dünkel zerplatzender↓ Kerl dessen Name ich mir nicht merken will ⌊ein Philosoph oder so etwas⌉

B.
(1) Er heißt ⌊immer noch⌉ Kratinos ⌊Phanias⌉ (a) u. ist ein sehr bedeu-
⟨tender⟩ (b) u. ist ein ⌊großer⌉ Philosoph (2) Es ist Kratinos, Phanias – m
15 alter Freund Kratinos, ein Weiser. |

PH.
Richtig u noch so etwas ähnliches ↑– ein Weib in Mannskleidern – ein scheußlicher Kerl↑ – ein ganz unbeschreiblich scheußlicher Kerl – ein Kerl den ich
noch nie gesehen habe, eine neue Erwerbung für Deine Menagerie, ein Weib
20 in Mannskleidern, er kommt von deinem Hof – wahrscheinlich haben sie ihn
weggejagt, weil sie ⌊in ihren l⟨etzten⟩ Lebenstagen⌉ eine ähnliche Mischung
⌊von gackerndem Huhn, eitlem (1) Pfau (2) Affen | und boshaftem Skor-
pion⌉ nicht aushalten können –

P.
25 Ein Herr (1) vom (2) von m | Hof?

PH.
Herr? ein Weib sag ich dir! ein Sänger!

P.
(1) Wie käme der her? (2)ᵖDas kann niemand sein als (a) Arion Ptole-
30 mäos (b) Ptolemäos Arion | der Liebling des Königs – ⌊der durch sein Singen
ihm die Schwermut vertreibt –⌉ | (1) (2)ᵖ Wie käme der her? Der König
lässt ihn nie von sich. |

PH.
Wie er herkommt. geflüchtet. ⌊als ein Wrack⌉ wie überall. wie alles. In
35 (1) Argos (2) Sardes | erschlagen sie die Reichen – ⌊sie flüchten zu Fuß⌉ – in
Kabira – auf den Inseln –

P.
Wir müssen ihn augenblicklich empfangen (1). (2): er (a) war (b) ist | der
erste Mann am Hof | (1) (2) ᵖ P läutet

B.
Eintreten lassen! |

PH.
(1) Ich werde brüllen wenn *(2)* Wenn er singt, *(1)* muss das *(2)* es muss | unmittelbar auf die Eingeweide wirken – Ich kann *(1)* Katzen *(2)*^(P') eine einzelne Katze | nicht ertragen [ohne dass mir übel wird] – in ihm ist *(1)* eine Katze. *(2)*^(P') die Quintessenz aller Katzen von Lydien, Mysien u *(a)* Karien. *(b)* Pisidien. | *(1)* P läutet

B.
(a) Herein bitte. *(b)* Eintreten lassen! *(2)*^p |

A **PTOL.**
Ich bin verwirrt diese Herren haben den Vortritt genommen. Sie wissen nicht. †Dass †unser ≈ Mein↓ zu den Sternen erhobener König – es waren seine letzten Worte† Ich betrete lydischen Boden.

P.
Es muss ein außerordentlicher Anlass sein –

PT.
(1) Der König ist todt *(2)* ausweichend | –

P.
Ich muss auf diese Art erfahren dass m König todt ist.

Knabe winkt ab: nicht es vor ihm bereden!

Arion: umarmt – bietet an zu umarmen

B. stellt vor. (nicht den Phanias – der dadurch für Arion suspekt bleibt.)

PT. ARION
(1) Es obliegt mir es zu melden. Mein König –... *(2)** | Auf diese Art – ungeheuerlicher Ausdruck –

P.
und wie bist du gerettet.

PT.
Wie? – – Du weißt es nicht?

B[1] Es treten ein: Demetrius u. Agrippa. Periander lässt dem Kratinos den Vortritt. Dann Arion mit s. Begleiter. Phanias zieht sich unter Zeichen des Widerw⟨illens⟩ auf die Seite zurück, setzt sich.

---

[1] *Neuer Ansatz:* 13^(ter) XI. ⟨1925⟩

AKT I SZENE IN DER VILLA   395

B.
Guten Morgen Demetrius! Wie gehts dir Kratinos? ⌊m Freund.⌉ Guten
Morgen ⌊, ihr Beide.⌉

PAL. auf Arion zu
5 Arion! *(1)* welche Auszeichnung für †mein bescheidenes ≈ dieses↓ Haus!
(2) welcher Glanz in meinem Haus! *(3)* welche Auszeichnung für *(a)* meine
(b) unsere | niedere Hütte! |

(1) ARION
(2) Hier ist Bacchis meine Freundin – *(1) (a)* die größte *(b)* eine glühende |
10 Bewunderin Deiner Kunst. *(2)* die glühend Deine Kunst bewundert – |

ARION
(1) I⟨ch⟩
(2) fast ohne zu grüßen
Ich bin verwirrt, ich *(1)* gestehe es *(2)* sage es laut |. Ich bin verwirrt. Diese
15 Herren haben den Vortritt vor mir genommen. ⌊Man begrüßt sie vor mir.⌉
†Sie haben im Vorzimmer Platz genommen während ich – warten musste
bis mir m Begleiter einen Lehnstuhl herbeischob† – Ich muss denken sie
wissen nicht wer ich bin. *(1)* Ich bin verwirrt – über *(2)* Ungeheuerlich!
(3) Schrecklich!

20 PAL.
†Sie werden ≈ Man wird↓ es sogleich wissen. †Dies ist† Arion der *(1)* große
(2) ᵖ größte | Sänger ⌊ᵖ unsrer Zeit⌉ – der ⌊vertraute⌉ Freund *(1)* meines Kö-
nigs – *(2)* meines Königlichen Herrn –

Arion winkt ab

25 PAL.
Das ist *(1)* der Nauarch Demetrius. der Gerichtsherr Agrippa¹ *(a)* der Landvogt Periander *(b)* Periander, der Vogt *(2)* Demetrius der Nauarch. Agrippa
der Vogt | *(1)* der untertänigen *(2)* über die †untertänige† | Landschaft.

ARION ⌊ᵖ begrüßt kaum; wirft einen bösen⌉ Blick auf den sitzenden Phanias *(1)*
30 *(2)*ᵖ; dann sich fassend
(1) Lydischer Boden *(a)* Die *(b)* Du Palast unserer | Gesandtschaft – lydi-
scher Boden! *(2) (a)* Fremde! Unbedeutende Fremde! *(b)* | Aber dies Du
Palast unserer Gesandtschaft – Endlich umgibt mich *(a)* e *(b)* eine lyd. Gesandtschaft!
Ich bin im Haus meines ⌊an die Sterne erhöhten⌉ Königs! | *(1)* Arion *(2)* Ich
35 betrete lydischen Boden! ⌊er weint,⌉ wirft dem Boden eine Kusshand zu; bietet
Palamedes eine Umarmung. Sieht B. an Sie hat mich gehört?

---

¹ Der Gerichtsherr Agrippa *ungestrichen.*

B.

⌊In *(1)* Kab *(2)* Smyrna. *(3)* Kabira.⌉ Es war eine ↑unvergessliche Stunde. ≈ Stunde, die ich nie vergessen werde.↓ ⌊*(1)* Deine Stimme – *(2)* Ich hatte die Menschenstimme gekannt, die Stimme der Flöte u die Kehle der Nachtigall: Ich wusste nicht dass sie sich vereinen können –⌉

ARION bietet ihr die Accolade an – wirft dann einen ⌊beunruhigten⌉ Blick auf Phanias
⌊Gut, gut, mein Kind. Eine Nachtigall *(1)* und ein *(a)* Tiger *(b)* Löwe | – *(2)* und ein *(a)* Tiger! *(b)* Löwe! *(3)* die einen Löwen in sich trägt!⌉

Drei Sessel für Arion Pal. Bacchis. Die andern Herren links. Begleiter stehend. Phanias rechts.

PAL.
(1) Ich frage mich *(2)* Und man fragt sich | welche Botschaft der außerordentlichsten Art bringst du uns, Arion?^{A-E} *(1)*^{a} Um welches Auftrages willen *(2)*^{b} Welcher ↑Auftrag ≈ Anlass↓ war hoch genug *(3)*^{c-e} Welche Mission war *(a)*^{c} schwierig *(b)*^{de} feierlich genug ⌊^{e} welches zu erreich⟨ende⟩ Ziel hoch genug⌉ damit mein König *(1)*^{cd} sie dem Mann *(a)*^{c} übertrage *(b)*^{d} übertragen musste *(2)*^{e} den Mann übers Meer aussenden musste | von dem er sich so wenig zu trennen pflegt als von seinem Selbst

ARION¹ verstört
⌊Den geschliffenen Saphir! Das Augenglas!⌉ Trennen! trennt sich der Freund von seinem Busenfreund? trennt sich die Erde von ihrem Mond, dem Trost ihrer Nächte! *(1)* Trenn *(2)* Mithridates sollte sich trennen von Arion! Ich weiß nicht *(1)* wie Du mir vorkommst *(2)* ↑wie ich Deine Reden auffassen soll ≈ was Du da sagst↓ | Palamedes. *(1)* Denn *(2)* ↑Es muss nicht Deine Gewandtheit in der Rede sein für die man dich zum Gesandten gemacht hat! ≈ Ich habe geglaubt dass man die Gesandten nach ihrer Gewandtheit auswählt↓

PAL.
(1) Wir wissen es. *(2)*^{P} | Er kann nicht ohne dich sein. – ⌊^{p} und dennoch bist du hier!⌉ Das war was ich ausdrücken wollte.

ARION
Vier Arien waren es wenn er sie ⌊an einem Tag⌉ nicht gehört hatte – ↑den Tag gab er verloren – und verfiel ≈ verfiel ⟨er⟩↓ ⌊vor Nacht⌉ in schwarze Raserei. Vier Arien ⌊*(1)* von dieser *(2)* aus L⟨ydiens⟩ *(3)* aus dieser Kehle⌉: die Klage der Ariadne, die Verzweiflung der Sappho – die ⌊girrende⌉ Entzük-

---

¹ *u. Z. gestrichene Notiz (Regieanweisung?)*: (Lorgnon)

kung der Io – der letzte Seufzer der ⸢versteinernden⸣ Niobe. – sieht um sich, besonders auf Phanias der murmelt Katze! ⸢Verflucht ich kann keine Katze sehen! Ich kann nicht, mir wird übel! gibt die Hand vors Gesicht⸣ Sich trennen von s. Arion!¹ Mein ⸢seit neun Tagen⸣ zu den Sternen erhöhter
5 *(1)* Freund *(2)* Bruder u. König!

PAL. ⸢steht *(1)* *(2)* halb *(3)* | auf⸣
Auf diese Art *(1)* erfahre ich *(2)* muss ich erfahre | dass mein König todt ist? – *(1)* Seit neun Tagen Bacchis! seit gerade neun Tagen! *(2)* Todt?

B. steht auf

10 ⟨PAL.⟩
Seit gerade neun Tagen! Bacchis! Das ist sonderbar. Das wusste hier niemand. |

ARION
Auf diese Art? ⸢Wie du dich unglücklich ausdrückst.⸣ Du erfährst es †durch Arion.† durch sein anderes Selbst. Alles was von ihm noch auf Erden weilt
15 steht vor dir u. kündet Dir den Tod seiner anderen Hälfte. Und das ist dir ⸢noch⸣ nicht genug! *(1)* *(2)* Unglücklicher? *(3)* | †Du fällst nicht in Ohnmacht!† Du umschlingst nicht weinend meine Füße! er schreit melodisch Ah! er springt auf Wo denn bin ich! Wer umgibt mich? was ist das für ein Haus? Wer denn sind diese Menschen? ⸢Sie haben den Vortritt vor mir genommen!⸣
20 blickt wütend im Kreise ⸢*(1)* Sie sitzen! *(2)* Sitzen! |

(PHANIAS)

(1) ⟨ARION⟩⸣
Es

(2) Agathon tritt ein

25 ⟨ARION⟩
Es kommen immer neue herein! sie starren mich alle an! ⸢*(1)* Wie missachten sie *(2)* Missachten | mich! er weint⸣

B. ⸢aufstehend⸣
Dies ist der Dichter Agathon. Er bewundert dich maßlos

30 ARION wie oben
⸢Ich komme von einem Piratenschiff.² *(1)* *(2)* Man hat mich geradewegs hieher getragen | Als *(1)* sie *(2)* diese blutrünstigen Geschöpfe | erfahren

---

¹ Sich... Arion! *Ausfüllung einer zuvor mit drei Strichen bezeichneten Lücke.*
² *o. R.* Der schwarze Abgar, das blutdürstige Scheusal

hatten wer ich war, trugen sie mich auf Händen. Sie wollten kein anderes Lösegeld als *(1)* einen meiner Triller. *(2)* eine ⟨meiner⟩ Arien, die mit dem *(a)* Triller *(b)* Nachtigallentriller | – Sie weinten dass man das Schiff nicht betreten konnte | Aber in welche [ungebildeten] *(1)* Räuberhände *(2)* Barbarenhände | bin ich hier gefallen?] Mein König, komm mir zu hilfe, von oben! [Schütze deinen *(1)* Arion vor Missachtung! *(2)* Arion!] Zeichen: er wolle *(1)* das Lorgnon *(2)* abgehen. Falscher Abgang. er wirft sich auf ein Lager

(1) PAL.

(2) BEGLEITER
Es ist alles gut. Er wird sich sogleich erholen. Man darf nicht vom Feuer nicht ins Wasser. †Er hat †Misshandlung ≈ Missachtung↓ erduldet† Seine Stimme war in Gefahr.[1]

Palamedes zu ihm
BACCHIS zu Demetrius
Palamedes will verreisen.

(1) P.
Mein →

(2) Sein | Posten ist nicht mehr hier sondern anderswo – wenn *(1)* ich die Lage recht verstehe *(2)* wir die Lage recht verstehen |

AGRIPPA
Immer im rechten Augenblick verlassen die Ratten das Schiff †das sinken soll†: u. immer mit einer *(1)* reizenden *(2)* schwerwiegenden | Begründung.

DEMETRIUS
Ich hätte alle Ursache zu verreisen. Es wäre der Augenblick sich um seine [lydischen] Güter zu bekümmern. Meine Ackerknechte u Hüter machen sich daran die Herden aufzuteilen u. die Meierhöfe anzuzünden. [Aber es scheint mein Herr Vetter kann keine Truppen entbehren. Der Rat hat k⟨eine⟩ tausend Söldner an der Hand.]

PERIANDER
Ich bleibe [trotz dieser †argen ≈ ungenehmen↓ Umstände] vorläufig noch in der Stadt. Es fängt an unterhaltend zu werden. Die Frauen haben auf einmal andere Gesichter.

B.
Eure Ehefrauen! [Das wäre zu wünschen.] Vielleicht würde denen ein Monat unter Timon sehr gut tun.

---

[1] *Am l. R. gestrichene Vormerkung:* B: Du wirst uns singen!

AKT I   SZENE IN DER VILLA   399

PHANIAS *dazutretend*
Verrecken werdet ihr alle *(1)*. *(2)* – hier oder anderswo. | Der Timon wird
euch das Oberste zu unterst kehren. Er ist das was kommt, u. mir soll es ein
Vergnügen sein.

D.
Du hälst ihn für einen großen Mann

PH.
Für einen Ochsenfrosch halte ich ihn, für einen *(1) (2)* reichen *(3)* | Bastard-
köter den man auf Katzen loslassen sollte – aber er ↑hat ein Mundwerk,
≈ ist solch ein werktätiger [scrupelloser] Nichtsnutz↓ gemein genug dass sich
um ihn das ganze werktätige arbeitsscheue Gesindel sammelt – und damit
habt ihr den an der Stirn mit *(1)* Eisen *(2)* ↑Eisen der Dummheit ≈ eiserner
Dummheit↓ | gepanzerten Elefanten der dieses alte wurmstichige Gebäude [von
Staat] umstoßen wird.

AGRIPPA
Die Macht des Demos ist ein Geheimnis.

[B.
Es ist ihr Tag, u. sie treten ihn an. *(1) (2)* ⁵ Sie werden eu⟨re⟩ H⟨äuser⟩ an-
zünden. |

PH.
Und sie werden euch euren lebendigen Gott abspenstig machen. Das Geld!

B.
Und wie denkst du *(1)* darüber *(2)* über den Demos |, mein Lehrer?]

KRATINOS
[ᵖMein Denken ist langsam: wie das Meer reinigt es erst jedes Ding von s.
Selbstverwesungen] Der Demos glaube ich ist *(1)* einer der Namen *(2)* eine
der Verkleidungen | für das Nichts: die Zukunft – die Krankheit – ↑das Geld
sind andere. ≈ und das Ich –↓ [ᵖ Ich glaube ↑der Demos ≈ die *(1)* Furcht-
barkeit *(2)* Macht des D⟨emos⟩↓ ist Schein: der wahre Gott bleibt das Geld

AG.
Und was ist kein Schein

PH.
Das Geld! Du weißt es! Der weiß es! Eure Frauen wissen es! euer Gewissen
weiß es! Eure Freundinnen wissen es.]

AGATHON
Der Demos trägt den Tyrannen in sich [: man muss ihm nur Zeit lassen ihn
zu gebären.

P.
Bei der Operation *(1)* gehen wir drauf. *(2)* dürften wir nur *(a)* verbluten. *(b)* ausbluten. *(3)* dürfte das Messer danebengehen⌋

BACCHIS
Tretet sie rechtzeitig zusammen. Die Natur opfert ganze Arten. ⌈Ihre Erdbeben.⌋ Ein Mann ist mehr als der ganze Haufen. †Ich möchte eine Frau einen Mann sehen.†

PH.[1]
Brava! dass *(1)* s⟨ie⟩ *(2)* Du *(1)* unehelich von den Herakliden *(2)* s beiderseits von den Halbgöttern aber unehelich | abstammst ist ein Argument gegen die Ehe. Lasst *(1)* ihr *(2)* sie einen Mann sehen – sie sagt es!

AGRIPPA
Man sollte dich zur Oberpriesterin der Diana machen. Sie hat das in sich was fehlt

PH.
Sie hat durch *(1)* ihre Geburt *(2)* ihr Blut | alle Rechte darauf. Es sind 2 Gutgeborene in diesem Zimmer: sie u. ich. Wir haben einen Ahnen gemeinsam: Evander. ⌈Ich freue mich: ich sehe den Spalt wieder aufgehen.⌋

AGATH.
Wie sollte *(1)* man *(2)* ihr die fruchtbare Göttin gefa⟨llen⟩ *(3)* sie die fruchtbare Göttin mimen

⌈B.
Das lasst m Sorge sein.⌋

PH.
Man führt ihr *(1)* Timon *(2)* einen Mann | zu!

AGATHON
Man müsste ein Ceremoniell erfinden – [2]

PHANIAS
Es ist erfunden: auf dem offenen Markt ⌈Fackeln⌋ ein ⌈goldenes⌋ Bette ⌈mit goldenen Kissen⌋ u. Timon: *(1)* die incarnierte Stadtgöttin *(2)* die Göttin der Schönheit | u. der Held des Tages – ⌈u lasst sie *(1)* *(2)* als Stadtgöttin | mit ihm zu Bett gehen –⌋

⌈DE.
Oh. oh!⌋

[1] *Am l. R. vornotiert:* B. *(1)* schminken *(2)* schminkt sich |
[2] *Folgt am u. R., vermutlich Vormerkung:* (Agathon: Ich werde das alles machen)

†P.
Macht dir das Vergnügen Phanias?

PH.
Es hält mich aufrecht! – Liebe u. Politik sind für mich das gleiche – lasst
5 *(1)* in einer Ceremonie sie beide *(2)* uns doch das gescheckte Wesen da
in einer Ceremonie *(3)* uns doch den da in einer Ceremonie | in †den Abgrund ≈ˢ Grund
und Boden↓ *(1)* spotten. *(2)* parodieren. |†

⌈B.
Lass ihn reden er ist der einzige der Lehrgeld gezahlt hat.⌉

10 AGATHON
Spiele lieber Bacchis. *(1)* Ich werde dir eine Rolle machen – Ich werde dir
einen Gott begegnen lassen – ich werde dir machen was du brauchst. Man
muss Theater spielen wenn die Welt so plump u. dumm ist *(2)* Man muss
Theater spielen wenn die Welt so gefährlich u. hässlich ist Ich werde dir eine
15 Rolle schreiben – Ich werde dir einen Gott begegnen lassen – Ich werde dir
machen was du brauchst. |

B.
Er nennt das Machen – aber sein ganzes Machen besteht darin dass er nichts
zu machen im Stande ist *(1)*. *(2)* – als Worte. Das Machen ist eine andere
20 Welt.

(1) ᵖD. →
(2) AG. |
Du meinst das Handeln. Aber wir Dichter zeigen gerade ⌈in un⟨seren⟩ Tra-
göd⟨ien⟩⌉ das *(1)* Reine des Handelns.

25 B.
†So zeigt ihr das Reine, von dem wo nichts Reines ist. ≈ ˢ Es wird sehr unrein
gehandelt.↓¹ →

*(2)*ˢ Reine Handeln.

B.
30 So zeigt ihr das was es nirgends gibt |

*(1)*ᵖD. →
(2) AG. |
Ich meine, *(1)* die Idee des Handelns. *(2)*ˢ das Handeln *(a)* in vollem Umfang *(b)* in ⟨seiner⟩ Idee *(c)* im weiten Umfang *(d)* im Mark s. Idee *(3)* das
35 Handeln in s Wahrheit in seiner Reinheit |

B.
Das Handeln u. die Liebe entziehen sich der Idee habe ich recht Kratinos?

¹ *Alternative beim Übergang zu Stufe (2) ungestrichen.*

⌊K.
Du hast immer recht –

⟨B.⟩⌋ steht auf
Ich hasse Eure Arroganz. Euer Euripides! dieses Advocatengetu! ⌊Wen überzeugt es? Euch Wortmacher!⌋ Eure Worte sind ein schlotterndes Kleid – wir sind der Leib der hineinschlüpft dann entsteht Einzigkeit: das Leben ist ein Mimus jeder einzelne *(1) (2)* stumm⟨e⟩ *(3)* | Augenblick wiegt alles auf –

AGATHON
Aber ohne das Wort ist alles dahin wie ins Wasser geschrieben! Was bleibt ausser durch Worte! Taten sind dahin! ⌊Was¹ bleibt – als was wir erhalten? Dein Ahne, auf den du stolz bist – ich habe ihn besungen. Er ist fast so berühmt wie wenn er eine Strophe erfunden hätte⌋

B.
†Ihr habt eine Gaunersprache – u die nennt ihr den Ruhm. ≈ˢ Euer Ruhm ist eine Gaunerübereinkunft. Ruhm ist ein Wort *(1) (2)* Er *(3)* | – aus Worten – das für Worte verliehen wird – Schwätzer verleihen Schwätzern Ruhm – ↓²
Aber das Wort ist ein Eunuch im Harem wenn es nicht die Anticipation der Tat ist. ⌊Ich werde nie einen Text sprechen!⌋ Timon ist der größte Wortkünstler. Denn er macht etwas mit seinen Worten. ⌊Wahrhaftig!⌋ Ich will ihn sehen! ⌊Aber ja!⌋ Ich gehe ihn einladen! Ich will ihn hier zu Tisch haben! Ihr sollt mit ihm zu Tisch liegen! ⌊*(1) (2)* ihr oder wen er sonst zu sehen wünscht! |

(1) D.
(2) P.
Aber dass er vorher ein Bad nimmt! u. ein ausgiebiges!⌋

PH.
Sie will einmal einen Mann sehen! Das ist kein Wunder! ⌊Sie sieht immer nur euch!⌋

ARION
(1) Ah *(2)* A a a a a.

Begleiter strahlend

B. sieht sich flüchtig um

(1) AGRIPP.

(2) AGATHON
Du lebst vom Schein *(1)*! *(2)*, Bacchis! |

¹ *l. R.* Hephästion:
² *Alternative auf der Rückseite.*

AKT I SZENE IN DER VILLA   403

B.
†Du weniger als Schein Agathon! ≈ Und Du Du eitler Mensch! ⌊ˢDu
schmachtest vor Begierde n⟨ach⟩ dem Schein!⌋↓¹

AGRIPPA
Lasst sie gehen wenn sie keine Angst vor Gerüchen hat. Es sind ein wenig
viel *(1)* Fischhändler *(2)*ᴾ Fischgerüche | in den Versammlungen *(1)*.
*(2)*ᴾ *(a)* von *(b)* gemischt mit sehr | altem Leder – und von Kohlsuppe. |

PH.
Sie findet ihn auf der Strasse: wie ein Hund an jedem Eckstein hebt er das
Bein u hält eine Rede

DEM.
Du wirst nicht im Ernst! ⌊⟨sie⟩ auf die Strasse lassen –⌋ Palamedes!

⌊Arion Atem-Übungen⌋

PALAMEDES²
Ich mach ihr keine Vorschriften.

B.
(1) Ich werde mir Mä⟨nnerkleider⟩ *(2)* Es würde nichts fruchten, Dem.

(1) AGRIP.

(2) PERIANDER
Sie muss ihm begegnen ⌊das steht in den Sternen⌋ – B. ist außer Timon das
einzige wovon man spricht – aber von Timon wird *(1)* mehr *(2)* liebevoller |
gesprochen

ARION
Ich wundere mich! Ich weiß nicht – was in diesen Menschen vorgeht –

(1) B.
(2) PAL.
Wenn du wirklich ausgehen willst nimm die Sänfte ich bitte dich u. sei vor-
sichtig *(1)* *(2)*ᴾ Du nimmst Hephästion u ein halbes Dutzend von unsern
Leuten mit ich bitte, nach seiner Auswahl. |

¹ *r. R. nicht integrierter Dialogentwurf:*
⌊A. Du willst das Theater ins Leben ziehen!
B. Und du das Leben in Worte –⌋
A. *(1)* Gleißnerin! *(2)* Mimin! |
B. Dichter!
A. Die Liebesn⟨acht⟩
B. Du kennst sie nicht! und wirst sie nicht kennen!
² *Irrtümlich Ph. Hs.; in der Anrede zuvor verbessert.*

⌊A.
Ich wundere mich –⌋

B.
Ich gehe in Männerkleidern. und werde auf Bacchis schimpfen wie ein Rohrspatz *(1)*. *(2)*: ich werde mich *(a)* demokratisch *(b)* volkstümlich | gebärden *(3)* : ich werde mich gebärden wie ein junger Mensch der von einer Alten ausgehalten wird – Ich werde die gewisse Geberde haben |

(1) P.
Du nimmst Hephästion u ein halbes Dutzend von unsern Leuten mit ich bitte *(a)*. *(b)*, nach seiner Auswahl. | *(2)*ᵖ |

ARION ⌊zornig⌋
A a a a a a

PHANIAS[1]
Sie geht in Männerkleidern. ⌊u wird ihn anreden. *(1)* *(2)* u hierherbringen.⌋ Sie denkt man kann nicht wissen welchen Geschmack Timon hat. ⌊Er war Eseltreiber vielleicht hat er Schiffjungen gern.⌋ Lasst[2] sie sich die Strohwitwenschaft einteilen wie sie will! Mit Timon! und auf offenem Markt! Es muss einmal alles zu allem kommen! ⌊Durcheinander ist die *(1)* *(2)* andere | Form der Verwesung!⌋

[↑P.
Macht dir das Vergnügen Phanias?

PH.
Es hält mich aufrecht!] ⌊Ich habe 2 Schwindel gesehen: Pol⟨itik⟩ u. Liebe – *(1)* aber *(2)* ¦ lass beide vergehen

P.
Und Freundschaft?

Ph. wütend

AG.
Und Ehre –⌋↑

ARION springt auf
Palamedes!

P.
Was befiehlst du m großer Gast!

ARION
Was sind das für Leute in deinem Haus! Wovon sprechen sie? ⌊von ⟨einer⟩

---

[1] *l. R. Vermerk mit Stift:* später
[2] *l. R.* Es werden lauter Timons hier sitzen!

AKT I   SZENE IN DER VILLA 405

Privatangelegenheit⌋ *(1)* wer ist dieser Timon von dem sie immerfort reden *(2)* | – während *(1)* ich hier bin! *(2)* Ich! ⌊ja⌋ wissen sie nicht dass ich da bin? |

P.
Es sind die Angelegenheiten der Stadt, Arion – *(1)* sie sind au *(2)* wir *(1)* sind *(2)*ᵖ leben | in aufgeregten *(1)* Zeiten *(2)*ᵖ Tagen | –

ARION
Die Stadt? die Stadt? aber ich – ich. Wer ist dieser Timon von dem *(1)* die Frau *(2)* das *(a)* Mädchen *(b)* zungenfertige Mädchen *(c)* hübsche Wesen *(d)* schöne blonde Geschöpf | immer redet?

B.
Wir sprechen davon dass Worte nichts sind – und Töne alles. Du wirst für uns singen Arion – wie Orpheus – der einzige Gebrauch der Worte

ARION geschmeichelt
Ich werde für dich singen –

B.
Und für Timon – denn ich werde Timon einladen

ARION
Ich soll für Timon singen – du wirst Timon einladen – u. mich ihm vorsetzen – ⌊wer ist denn dieser Timon?

⟨B.⟩
du wirst ihn zähmen wie Orpheus den *(1)* wilden Esel *(2)* Tiger⌋

†ARION
Du Schlange! Schlange! – Ich habe dich auserwählt. Schlange! probiert a – a – a – a ⌊Deine Schlangenkälte legt sich um m. Kehlkopf Süße boshafte kalte Schlange!⌋

PH.
Katze! Katze!

B.
Timon wird nicht existieren, weil du da bist – Timon wird ein Vorwand sein –

ARION prüfend ob sie die Wahrheit redet
Dein Auge ist böse – aber seine Bosheit ist süß – stürzt ab.

BEGLEITER verzweifelt.
⌊Die Dame hat alles verdorben Sie hätte ⟨sich⟩ augenblicklich – *(1) (2)* in zärtlicher Weise | zu seiner Verfügung stellen müssen –⌋

Pal. ihnen nach

≈ ARION
Deine Bewegung entsteht aus deinem Blick der unmerklich dein Haupt
hinüberzieht gegen die leuchtende Schulter – Deine Hände: wie sie annehmen u verwerfen – Du bist die größte Mimin der Welt – \Deine – Du – sie
klopfen – sie flattern –⌐ Du wirst für Arion tanzen. Arion wird für dich singen – \Ich werde dich über dich selbst erhöhen⌐ ich werde dich Rhodope
nennen – \↑Nichts ist anders als dumpf u. unrein neben dir ≈ reine Flamme,
Augenblick – Negation aller Wirklichkeit: Eros u Psyche wir sind es↓⌐ Deine
Füsschen spielen mit einem andern wie 2 Tauben – sie haben Flügel – – ich
werde ihre Flügel Deine Kräfte: bist du Herkules als Schwalbe Was für
Klötze sind diese Menschen – Folge mir! Folge mir! \auf eine Insel!⌐

BEGLEITER
Das ist der gesegnete Augenblick

ARION
A a a a a!

BEGLEITER
Er ↑entzückt sich daran ≈ bewundert sich↓ dass er sich an dir entzückt↓¹

(1) DEM.
Du wirst nicht ausgehen!

B.
Ich *(a)* verhindere niemanden *(b)* verbiete niemandem | mich zu beglei-
ten *(2)*ᴾ |

B.
Kratinos, bitte komm. Ich kleide mich um um auszugehen. Während man
(1) mir Knabenkleider *(2)* mich als jungen Herren | anzieht – wirst du mir
sagen wie man aus dem Gemischten das Reine ziehen kann – Aber zuvor. sie
läutet Den \ersten⌐ Koch! \Ich empfange ihn hier Periander ich weiß dass
Du ihn gern siehst.⌐

*(1) (2)*ᵖ DEM.
Du wirst nicht ausgehen!

B.
Ich verbiete niemandem mich zu begleiten. |

HEPHÄSTION
Den Solon. Sofort.

¹ *Alternative auf gesondertem Blatt: HIII 207.92. Dort außerdem Vornotat für Arion*
Du weinst aus Dankbarkeit *(vgl. N 334) und Nachtrag:* Agathon. Ich habe viele
Gedanken B. Man muss einen Ged. haben –

AKT I SZENE IN DER VILLA   407

PH.
Was für eine wahnwitzige Katze! ⌊aus Lydien!⌋ Ich muss etwas Stärkendes
trinken! Hephästion bringe! Bringe Wermuth mit Arak!¹
Solon, der Küchenchef, herein, verneigt sich vor B. dann vor Periander.

5 ⌊P.
Gegrüßt, Solon *(1)* du *(2)*!⌋

B.
Solon – *(1)* hast du etwas von *(2)* ich werde einen Gast haben, der kein
(1) gewöhnlicher *(2)* alltäglicher Gast ist.

10 S.
Die gnädige Frau meint einen der Könige deren Thron in den letzten Monaten unsicher geworden ist. *(1)* Wir w *(2)* ich werde ihn so *(1)* bewirten
(2) bedienen | dass er vergisst was ihn hiehergeführt hat.²

B.
15 Kein König. Hast du von Timon ⌊reden⌋ gehört?

S.
(1) Mein *(2)* Das niedere | Küchenpersonal redet seit *(1)* zwei *(2)* Tagen
von nichts anderem.

B.
20 Und wie beurteilst du ihn.

s. lächelt
Eine *(1) (2)* rednerische *(3)* | Eintagsfliege. Immerhin: es ist sein Tag.
⌊Man muss ihn umherschwirren lassen.⌋

B.
25 Ich werde ihn einladen.

⌊S.
Hieher.

B.
Hieher.⌋

30 S.
Zu Tisch?ᴬ⁻ᶜ *(1)*ᵃ *(2)*ᵇ zu Abend? *(3)*ᶜ |

B.
Zu *(1)*ᵃ Tisch. *(2)*ᵇ Abend? *(3)*ᶜ Tisch.³ | Du wunderst *(1)* mich *(2)* dich.

¹ *Folgt größerer Absatz; Fortsetzung am* 15 XI ⟨1925⟩
² *Vormerkung:* B. mit Kratinos ab
³ *Versehentlich nicht restituiert.*

S.
Die gnädige Frau ist ⌊eine große⌋ Künstlerin. Ich wundere mich über nichts.

KRATINOS
Du bist ein Philosoph. Solon.

SOLON verneigt sich
Man hat es oft gesagt – andererseits hat man das Gleichnis mit dem Feldherrn aufgestellt ⌊in Bezug auf die Geistesgegenwart der Umsicht u. den Mut zur Entschließung⌋.

KRATINOS
Und dieser Vergleich gefällt dir besser?

SOLON
Ich sehe ⌊immerhin⌋ einen großen Unterschied. ⌊Der Feldherr kann geschlagen werden u. *(1)* ein *(2)* eine Art von | großer Mann bleiben. Ich würde nach einer Niederlage nicht mehr existieren.⌋

B.
Ich wünsche dass Du nachdenkst wie man ihn *(1)* bewirtet. *(2)* so bewirtet, dass die Bewirtung den größten Eindruck auf ihn macht. |

S.
↑Ich sehe ⌊sofort⌋ zwei Möglichkeiten. Sie ≈ Zwei Möglichkeiten↓ gehen unmittelbar aus der Situation hervor. Die eine ist die – sich zu ihm herabzulassen: man würde ⌊scheinbar⌋ das anrichten was ihm gewohnt ist, aber aus anderer Materie – auf golden⟨er⟩ Schüssel *(1)* auf *(a)* P⟨orzellan⟩ *(b)* chine⟨sischem Porzellan⟩ *(2)* das was er im *(1)* irdenen *(2)* hölze⟨rnen⟩ Napf zu verzehren gewohnt ist

B.
Gut. Er würde sich behaglich fühlen *(1)* Er *(2)* Aber er | würde nichts bemerken u dein Geist wäre verschwendet

S.
↑Eine sehr banale Lösung.↑ Die andere wäre die – ihn ↑zu demüthigen. ≈ in seine Schranken zu *(1)* weisen *(2)* verweisen↓ Man würde so kochen wie ich für die gnädige Frau zu kochen pflege ⌊, wenn sie *(1)* sich herablässt *(a)* das Menu *(b)* ihre Wünsche | mit uns zu besprechen *(2)* allein speist | er würde einen Bissen in dem Mund haben u nicht wissen dass es das Hirn von Krammetsvögeln ist – er wäre verloren wie ein Blinder ...⌋

B.
Das würde er übel nehmen.

AKT I SZENE IN DER VILLA   409

S.

\Ja. Es wäre politisch unklug †u. philosophisch unweise†.] Ich sehe die wirkliche Lösung. Es ist immer die dritte – Kratinos wird mir bestätigen dass der dritte Gedanke oft der glücklichste ist: er schwebt über den beiden ersten –

B.
Und der wäre?

S.

Ich denke an eine Speisefolge die *(1) (2)* weiland *(3)* | König Antiochus *(1)* genießend *(2)* fast zu sehr | bewunderte. Aber ich würde sie †variieren ≈ leise verändern↓ – und mit Anklängen an *(1)* das Hiesige *(2)* die hiesige populäre Kost | durchsetzen. Es wäre alles von höchstem Niveau – aber voller populärer Anspielungen. *(1)* Er *(2)* Der Demagoge | würde sich von jedem Bissen verwirrt fühlen – gewisse Andeutungen würden ihn in sich selbst führen – andere in eine nie zu betretende Welt.[1] Bedenkt man dass Essen schlechthin auf alles im Menschen wirkt – woge⟨gen⟩ die Kunst nur auf die Augen – Kratinos nur auf den Geist – \bedenkt man dass die Nahrung den geheimsten Sitz der Entschlüsse erreicht, ja das was hinter allem ist u wovon unser Tun nur ein schattenhaftes Ausüben] so muss er als ein anderer aufstehen, als er sich niedergelassen hat.

B.
So bitte *(1)* ich dich es zu *(2)* wirst du es | machen Solon.

S.
Ich werde mich selbst \m. m Personal] auf die Märkte *(1)* begeben. *(2)* verfügen. | \ᵖVerzeihung!] Der *(1)* Abend *(2)* Tag *(3)*ᵖ Abend *(4)* Tag | *(1)* dieses Banketts *(2)* für dieses Bankett *(3)* des Banketts | ist schon bestimmt?

B.
Du wirst ihn heute *(1)* abend *(2)* wenn ich nachhauskomme erfahren. \Ich denke ich werde *(1)* ihn dann *(2)* den grossen Mann bis dahin gesprochen haben.]

S. verneigt sich *(1)* u. geht *(2)* küsst ihr Gewand u. geht

B.
Komm Kratinos. Wenn es *(1)* unterhält *(2)* dich nicht ermüdet | mich zu begleiten – \u. ein wenig mit deiner Schülerin allein zu sprechen –

KRATINOS
Deine Wortverachtung ist Philosophie. Aber du bist Mimin durch u. durch]
sie geht *(1) (2)*, Krat. folgt ihr

---

[1] *ü. Z. unvollständig:* Maß darin walten lassen.

DEM.

(1) Wahnsinniger Gedanke! *(2)* Ein wahnsinniger Gedanke dieser Spaziergang! | Wenn das Gesindel sie erkennt.

AGRIPPA

Sie ist ⸢so⸣ ungefähr die verhassteste Person in Ephesus.

PHANIAS

Ihr habt sie in Verzweiflung gebracht lasst sie. *(1)* Stirbt sie *(2)* Kommt sie um *(3)* Geschieht ihr etwas |, seid ihr ihre Mörder – so und so.

AGATHON

Wir?

PH.

Du vor allem. Es ist *(1)* *(2)* durch Ärzte *(3)* seit neuerem durch Ärzte | erwiesen dass Langeweile tödtlich wirken kann. sie kann euch alle wegen fortgesetzten Mordversuchs vor Gericht ziehen.

DEM.

Diesen göttlichen Körper sich verstümmelt zu denken ⸢auch nur von einem Steinwurf –⸣

PH.

Sie hat Mut u. verachtet ↑die Dinge. ≈ das Gesindel. Aber was sie fürchtet ist die Langeweile.↓ Es wird ihr nichts geschehen.

AGRIPPA

↑Du hast *(1)* keinen *(2)* deinen | angenehmen Tag Phanias. ≈ Man braucht etwas mehr *(1)* Humor *(2)* Geduld | um dich zu ertragen – als sonst –↓

DEM.

(1) Diese Rede früher über Timon ⸢u. Sie⸣. Ich wünsche nicht

PH.

Hat sie sich beklagt?

DEM.

Es gibt einen Punkt wo der Cynismus Verbrechen wird – →

(2) Ich schwöre –

PH.

(a) Du eidunfähiger *(b)* Demetrius, du ältlicher *(c)* Demetrius, du | Geck, bei was schwörst du? Bei deinen Wuchergeschäften oder bei *(a)* deiner Hahnreischaft? *(b)* den Liebhabern deiner Frau? bei den Männern deiner Freundinnen? Sie sind alle bankrott

AG.

Lass ihn er hat das volle Lehrgeld gezahlt –

AKT I SZENE IN DER VILLA   411

DEM.
Es gibt einen Punkt wo der Cynismus Verbrechen wird –

PH.
Hat sie sich beklagt? | Ich frage. Hat sie sich beklagt? Also lasst sie. Sie hat
5 mehr Mut als ihr. Soll der Spalt aufgehen! Es ist das was sie mit mir verbindet. ↑– das macht sie weise – ⌊über ihre Jahre –⌋↑

AGATHON
(1) Und was (2)ᵖ Was | verbindet sie mit (1) dir? →

(2)ᵖ PH.
10 Mit Palamedes verbindet sie . .

AGATHON
Mit dir? |

PH.
Mit dir? Ihre leerste Seite ⌊ᵖ: ihre oberflächlichste Eitelkeit –

15 PERIANDER
Und mit dir?

(1) A.

(2) PH.
(1) Ihre (a) (b) gemeinste | Lust am guten Essen u. am (2) Ihr Gemeinstes:
20 Essen u. | Klatsch.⌋

DEM.
Und mit dir?

PH.
⌊Mit dir?⌋ Nichts, als deine Zudringlichkeit – ⌊verzeih: Deine Dringlichkeit
25 wollte ich sagen –⌋

AGRIPPA
Und mit dir? mit dir? Phanias, man fragt dich!

PH.
Die Weltverachtung. ⌊Es ist der (1) (2) zarte | Anfang der Verwesung in
30 ihrem Herzen –⌋ Sie hat die Welt erkannt (1). (2), wie sie ist. | Sie ist weise
u. kalt wie das Geld ↑darum liebt sie es so↑ ↑Sie hat die Lüge, dass Wert in den
Dingen sei abgeworfen.↑ Es ist keine Ehre in irgend einem Menschen u
irgend einem Ding – es sind auch keine Schranken zwischen den Menschen
u den Dingen – (1) und (2) es ist kein Platz mehr etwas Gutes zu tun –
35 Das Geld hat alles im voraus verzehrt. Es ist launisch – es kommt u geht – |
durch das Geld kommt jedes zu jedem ↑Sie liegt kalt bald ≈ Man sucht es
heiß aber es liegt (1) kalt bei (2) kühl bald↓ bei dem bald bei jenem. (1) Das
alles (2) ↑Alles was wir aufführen | ist aber nur das Vorspiel der Putrefaction

wo jedes *(1)* zu jedem kommt *(2)* ⟨bei⟩ jedem liegt – | ⎡und ihre Liebesnächte
sind *(1)* der Mimus *(2)* die Pantomime | davon⎤↑ ⎡Ausbruch Geht auf die
Gasse, lasst eure paar Söldner ausrücken, beschleunigt doch das Zeug – das
wo das Oberste zu unterst kommen wird das wovon der Name unangenehm
klingt .. Es werden viele solche *(1) (2)* sauberen | Timons auftauchen u
Eure Kniebeugen ernten Ihr werdet um die Wette kriechen Es werden
abscheuliche Positionen zu sehen sein – Es wird kommen aber ich weiß
noch nicht von wo ich es mir ansehen werde –⎤

P.
Wer kein Dach über sich hat, hat leicht das Maul aufreißen – u Schmutzreden
führen – *(1)* wir haben Familie – *(2)* wir sind die Häupter von Familien – u
unsere Familien sind dieser Staat.

PH.
Timon ist dieser Staat! Timon! Timon! ⎡und sein *(1)* Gesindel! *(2)* Ungeziefer!⎤ *(1)* seit gestern Timon! *(2)* ⟨der⟩ gestrige Timon! der heutige Timon!
der morgige Timon! der ewige Timon! | Ihr u. Eure ⎡hochmögenden⎤ Fa-
milien *(1)* seid die fleischgewordene ⎡Impotenz und⎤ Langeweile. *(2)* Ihr
Kochfleisch das acht Tage alt ist. | – Ich kenne euch zu gut. ⎡Ich habe euch
schon zu lange gesehen:⎤¹ Ich habe euch schon ungeboren gekannt das ist
es – darum *(1)* er gähnt *(2)*² habe ich keinen Appetit auf euch. ˙schüttelt
sich *(3) (a)* langweile *(b)* ärgere | ich mich so namenlos – schüttelt sich
ich möchte mich zu Tode gähnen. | Ich sehe Eure Väter u Mütter [ᵖ noch die
Großmütter] – wenn ich euch ansehe – ⎡und sie lächeln mich so *(1)* käuflich
u. niederträchtig *(2)* ↑niederträchtig ≈ vertraulich↓ u. käuflich | an – –⎤

A.
Lass unsere Mütter [ᵖ u Großmütter] in Ruhe! ⎡Phanias!⎤ sie sind todt!
respectiere etwas! Phanias!

PH.
Ich bin auch todt! *(1)* Respectiert ihr *(2)* Also respectiert | mich! *(1)* Ich
habe Eure Mütter rechtzeitig in Ruhe gelassen: wie *(2)* Eure Mütter waren sehr
unzufrieden wenn ich sie in Ruhe ließ – damals als | ich noch am Leben war!
⎡Dieses Haus weiß etwas davon zu erzählen.⎤ ⎡Eines gewissen Tages bin ich
hier in diesem Haus *(1) (2)* öffentlich | gestorben⎤ an der Tür *(1)* Re-
spectiert ihr mich! *(2)* Ihr solltet mich mit Pietät umgeben! Ich war sehr
schön. Ich war sehr gütig. Ich war sehr geistreich. Ich war sehr beliebt.
⎡Ich war der Regen u das schöne Wetter.⎤ Ich war der reiche Phanias ⎡Ich
habe Eure Väter u. Mütter gekannt. Es war ihnen schmeichelhaft von mir
gekannt zu sein. *(a)* Es ist nicht Eure Schuld *(b)*⎤ – ⎡das war alles in allem –⎤

---

¹ *Zusatz am l. R.; funktionaler Ort graphisch nicht gesichert.*
² *Stufe (2) ungestrichen.*

in einer sehr geldgierigen, sehr angenehm niederträchtigen Gesellschaft –
Ich stehe zu euch in einem zärtlichen Verhältnis – | Nur aus *(1)* ⌈Übersättigung und⌉ Geringschätzung *(2)* ↑Übersättigung ≈ Überlastung mit solchen Geschäften↓ | habe ich *(1)* darauf verzichtet *(2)* es versäumt | euch alle miteinander zu Söhnen zu haben. ⌈ihr *(1)* reizenden ↑Burschen! ≈ Herren!↓ *(2)* hochgebietenden Herren!⌉ er ⌈winkt ihnen⌉ geht ⌈Ich empfehle mich demgemäß zu Gnaden.⌉

DEM.
Gehen wir. Wir können im Vorhaus warten.

N 248

H III 206.83 R – Rückseite eines beidseitig beschriebenen Zettels von Sorte A (Vorderseite: N 169), 147 × ca. 131 mm; blauschwarze Tinte.

Vermerk von im Fortschritt der Konzeption notwendig gewordenen Einfügungen.

November 1925.

Villa
(Schluss)

Einfügungen

a) Arions Bericht vom Piraten-Admiral

b) Phanias: Mit Pala. verbindet sie eine Art von Langeweile so subtiler Art:
dass er sie um ihr Selbst bringt. Sie wird ihm aus Langeweile noch treu sein.

Villa/7 H

E IV A 2.39 R – Mit a paginierte Vorderseite eines beidseitig beschriebenen Blattes (Rückseite: Notizen zum Andreas) der Sorte A, 291 × 232 mm; blauschwarze Tinte.

Abgebrochener Beginn der Druckvorlage für Die Mimin und der Dichter; der Text endet mit dem Ausspruch des Agrippa: Die Macht des Demos ist ein Geheimnis. Durchgestrichen bei der Benutzung der Rückseite.

Zwischen dem 15. November (letztes Datum von Villa/6 H) und dem 3. Dezember 1925 (Datum des Briefes, in welchem Hofmannsthal die fertige Druckvorlage = Villa/8 H Willy Haas ankündigt) entstanden.

Villa/8 H

Nachlaß Willy Haas – Vier Blätter, davon nur das letzte beidseitig beschrieben (paginiert:

2 *und* 4); *Sorte* A, 230 × 291 *mm; Tinte (Angabe der Farbe nicht möglich, da nur eine Photokopie zur Verfügung stand), auf dem ersten Blatt Satzanweisungen mit Stift von fremder Hand.*

Für eine – wenn auch nur partielle – Reinschrift auffallend variante Druckvorlage zu Die Mimin und der Dichter.

Wie Villa/7 H zwischen dem 15. November und dem 3. Dezember 1925 entstanden.

Villa|9 D

Die Mimin und der Dichter // (Aus einem Dialog) In: Die Literarische Welt, Dezember 1925, Weihnachtsbeilage.

Sorgfältig der Vorlage (Villa/8 H) folgender Druck mit minimalen redaktionellen Eingriffen (zurückhaltende Normalisierung von Interpunktion und Orthographie); zweimal fälschlich statt Doppelpunkt Semikolon.

Villa|10 D

Die Mimin und der Dichter // (Aus einem Dialog) In: Das Buch des Gesamtverbandes Schaffender Künstler Österreichs. Wien: Verlag des Gesamtverbandes Schaffender Künstler Österreichs 1929, S. 44–46.

Auf Villa/9 D beruhender und mit ihm nahezu identischer Druck (Abweichungen: einige neu interpungierende Eingriffe; Annullierung einer Zäsur, sowie vielleicht eine aufgrund eines Setzfehlers entstandene Korruptel).

Varianten aus Villa | 7 H, 8 H, 10 D zu
DIE MIMIN UND DER DICHTER, *S. 31–34*

31,1f.: Ein Stück Dialog. *7 H* Die *(1)* Schauspielerin *(2)* Mimin | und der Dichter. // (aus einem Dialog) *8 H*
31,3—8:
Die Sprechenden:
Bacchis ist eine Hetäre, eine Mimin, Agathon ein Dichter, Kratinos, ein Philosoph. Die anderen [: Agrippa, Demetrius, *(1)* Palamedes *(2)* Phanias] sind Adelige In einer griechischen Stadt Kleinasiens, zur späten Zeit. – Sie unterhalten sich im Haus der Bacchis, in einem Augenblick wo die Stadt von einer demokratischen Revolution bedroht ist. Timon, von dem sie reden, ist der Führer der Demokraten. *7 H*

31,7 politischen Umwälzung] *(1)* Umwälzung im demokratischen Sinn *(2)* politischen Umwälzung | *8H* **31,10** Ihr werdet einiges erleben. Der] – der *7H* **31,11** ein Vergnügen] recht *7H* **31,15** einen frechen] einen *7H* einen \frechen/ *8H;* ihn. Aber] ihn – aber *7H* **31,15f.** Mundwerk,] Mundwerk, gemein genug, *7H* **31,16** werktätige arbeitsscheue] werktätige *7H* **31,17** Stirn] Stirn mit Eisen *7H* **31,18** umstoßen] *(1)* ein *(2)* umstoßen *7H* **32,1** Nichts;] Nichts: *8H* **32,4** sich;] sich: *8H* **32,8** daneben *Absatz fehlt 10D* **32,31f.** Nur Euch selber! Euch Wortmacher.] \nur/ Euch selber! euch Wortmacher! *8H* **33,8** Erfindungen!] Erfindungen? *8H* **33,14** wird] *(1)* ist *(2)*ᵖ wird | *8H* **33,15** vergeblich,] *(1)* dahin! *(2)*ᵖ vergeblich, | *8H* **33,17** schlaffes, weites Gewand] *(1)* \schlaffes,/ schlotterndes Kleid *(2)* schlaffes, weites Gewand | *8H* **33,18** welcher ... er] welcher Leib es trägt, und wie er *(1)* wer es trägt, und wie man *(2)* welcher Leib es trägt, und wie er | *8H* **33,19** Eure] *(1)* Welche eurer Worte und Wendungen ist nicht in vielerlei Sinn zu gebrauchen, und zu allem gut. *(2)* Eure *8H* **33,21** in Wahrheit] \in Wahrheit/ *8H* **33,23** mein Ich] *(1)* wir *(2)* mein Ich | *8H* **33,27** großen] \großen/ *8H* **33,28** wird] *(1)* entsteht *(2)* wird | *8H* **34,5** Schein. *An dieser Stelle beabsichtigte Hofmannsthal zunächst, den Teildruck der Szene zu beenden. Er markierte das Ende mit fünf waagrechten Strichen, die er annullierte, als er die Druckvorlage erweiterte.*
34,11f. herüberkann] herüber kann *8H* herüberkam *(Korruptel?) 10D*
34,16 vorauswirft.] vorauswirft. *(1)* Das aber ist Timons *(a)* Erbteil, nicht das *(b)* Teil, nicht der | deine *(2)* | *8H*

Akt I Szene c

Nicht verarbeitete Notizen zu Ic

N 249

H III 206.74 – Mittlere Partie eines Zettels der Lenzerheidezeit; Beschreibung: N 90; Zusatz: blaugraue Tinte.

Einzelne, im mittelbaren Zusammenhang mit Pöhlmann-Lektüre konzipierte Punkte zu Timons politischem Programm.

September 1925.

Ic
Timon:

Programm: Keine Vorrechte. Keine Befehlsgewalt der Aristokraten. Im Heer / Gerichte / alle arist. Richter absetzen Die Garde zurückrufen. Ihnen Grundbesitz geben. Keine zu großen Güter. Keine Mysterien. Mehr Licht! mehr allgemeine Bildung. / Edicte gegen Luxus. /

N 250

H III 205.74 – Deckblatt eines Konvolutdeckels der Sorte A, 460 × 290 mm (enthält außerdem N 159); blauschwarze Tinte.

Durch N 45 angeregte, hier jedoch dem Rhetor zugedachte Notiz auf einem Konvolutdeckel zu Szenarien der Szene Ib mit der Aufschrift:

Timon
Ib *(1)* u. Ic. *(2)* ¦

Keine genauere Datierung möglich.

Ic

über Priesterschlauheit

N 251 – N 252

H III 206.75–207.81 – Rückseite eines beidseitig beschriebenen, getrennten Blattes (Vorderseite: Ib/8H) der Sorte A, 230 × 144 bzw. 147 mm; blauschwarze Tinte.

Zum Teil dialogisierte Details zu Ic.

November 1925; vgl. die Datierung von Ib/7H und 8H.

N 251

B.
Herde merkst du denn nicht welchen Hirten du eingetauscht hast?

N 252

Ic

Einladung der Bacchis an Timon.

Dessen Misstrauen –

»Jetzt wirft der Bursche die Maske ab«

AKT I SZENE c   417

                              Anfang

B.
Wo sind die Herren!

HEPH.
Gleichgiltig. Steh hier. Ich bin genug.

N 253 – N 254 – N 255 – N 256 – N 257

H III 207.84 – 207.78 – 207.76 – 207.79 – 206.22 – Fünf einseitig beschriebene Blätter der Sorte C; blauschwarze Tinte.

Mehrere nicht ausgewertete Partikel zu Timons öffentlicher Aristokraten-Beschimpfung. Im November 1925, zur gleichen Zeit wie N 277 und 278, entstanden.

N 253

                              I c

Bacchis Bestreben das Reden zu **verhindern**

TIMON
Eine Künstlerin in Stellungen –

                              Anfang

BACCHIS
Ja? wo bleibt Timon? schafft mir Timon herbei!

N 254
                              I c

⟨TIMON⟩
Nein *(1)* nein *(2)* keine Rede – nur so im Vorübergehen ein paar Worte

(1) [STIMMEN]
Platz für Timon! Platz für den Retter!

(2) Bin ich ein Redner? Ich bin ein Mensch wie ihr! – Solls sein so werd ich an Bord eines Pferdes gehen und sie rammen!

STIMMEN
Platz für Timon! Platz für den Retter!

Wie er der Teurung steuert?

N 255

Ic

⟨TIMON⟩
Bacchis die Mimin: sie übt mit ihren Bedienten

BACCHIS
Ah?

⟨TIMON⟩
Diese Damen die *(1)* weniger *(2)* es lieben weniger zu geben als sie empfangen –

Jeder Mensch hat seinen Ehrenpunkt: auch Verbrecher – Fechter – Boxer – Zuhälter – nur solche nicht.

N 256

Ic

⟨TIMON⟩
Kein gesundes Wort würdet ihr dort hören. Alles ↑künstlich ≈ verkünstelt↓ – raffiniert – *(1)* hint *(2)* zweideutig –

Darum braucht ihr die Gewalt in der Hand des geschmeidigen Mannes, der die Welt kennt

N 257

Timon über Bacchis

Das Angenehme des gezierten Benehmens besteht darin, sich über die menschliche Gesellschaft emporgehoben zu fühlen. – *(1)* Allmächtig *(2)* Wonicht allmächtig, wenigstens impertinent – Spitzfindigkeit kommt von der Sinnlichkeit. – Verachten ist alles –

Sich hinzugeben ist für sie eine gelehrte Angelegenheit – es gehört Studium dazu –

ehrbare Hingabe

Sie schleicht in die Schenken: sie bezahlt alles mit sich selber: es kostet sie nichts – sie spürt nichts.

N 258

H III 207.80 – Rückseite eines beidseitig beschriebenen Blattes der Sorte D (Vorderseite: N 162); blauschwarze Tinte.

AKT I SZENE c   419

Kurze, vielleicht mittelbar durch Freud-Lektüre angeregte Replik Timons.
September/Oktober 1925.

I c

⟨TIMON⟩
Der kleine Hahn will mich überkrähen? Ha! friedlich so lang es geht.

In I c / 1 H verarbeitete Notizen

N 259

H III 201.91 – Einseitig beschriebenes Blatt der Sorte C; blauschwarze Tinte.
Zum Beginn von I c.
September/Oktober 1925.

I c

Bacchis beschimpft als lila. Einer aus dem Volk nimmt sich ihrer an.
Timon kommt oben. Alle: lieber Timon! Er steigt herunter. Oben füllt sichs.
Siege! Timon! Siege!

N 260

H III 207.75 – Aus der Lenzerheidezeit; Beschreibung: N 107; Zusatz mit Stift.
Indirekt formulierte Skizze einer partiell in I c / 1 H integrierten Replik eines Aristokraten.
September 1925.

I c

Die beiden jungen Aristokraten

der Melancholiker

der Sanguinisch-cholerische Prahler. Findet gute hochmüthige Worte.

Dieser ist der Ansicht man könne sich mit dem Demos nicht auseinandersetzen; man müsse den Schatz in der Hand behalten und die Söldner an sich ziehen. Das R e d e n sei die Teufelskunst des Gesindels. Mit Reden degradirt man sich. »Unweise nicht unedel«

Agis / Pausias / Laches / Philo / Parmenion / Kliton / Agathon

N 261

H III 206.30 – Mittlere Partie eines Zettels der Lenzerheidezeit; Beschreibung: N 97; Zusatz: blaugraue Tinte.

Nur minimal ausgewertete Details zum Beginn von Ic.

September 1925.

Ib u. c

Timon: Bemühungen sich einen Todten, ein Opfer der Aristokraten zu verschaffen für den Hauptmoment in I; sowie auch eine klagende Frau u Töchter. (Diese Figurantinnen decouvrieren sich dann als Angestellte des »Hauses«.) Es wird doch irgendwo ein Todter zu haben sein.

Suspension der Schuldgesetze
Stornierung der Mietzinse.

Ic / 1 H

H III 205.2 – Einseitig beschriebenes Blatt der Sorte A, 289 × 230 mm; blauschwarze Tinte, einige Nachträge von stärkerer farblicher Intensität.

Sehr flüchtiger, noch nicht dialogisierter Entwurf.

September/Oktober, jedenfalls vor dem 9. November 1925.

(1) I *(2)* C. *(3)* Ic |

Der Fischmarkt

Die Hetäre mit Gefolge. ⌈Kira mit Schminknäpfchen. Spässe über »lila«.⌉ †Gespräch ob sie die Würde einer Oberpriesterin annehmen solle.† Ihre Verachtung des Gesindels. ⌈Neugierde ihr stärkstes.⌉ Der aristokratische Redner ausgeblieben, welcher die¹ Abrüstung der Galeeren melden sollte. Ihr Zorn.$^{A-C}$ ⌈^{T} Ihre Wut: aus solcher Vernachlässigung bildet sich die Volksstimme.⌉ *(1)*^{ab} Timon triumphierend. *(2)*^{c} | ⌈^{bc} Die Menge zaudernd. Der Bettler höhnt die Aristokraten.⌉ Die Hetäre auf die Tribüne *(1)*^{a}. *(2)*^{bc}: jenen am Reden zu verhindern Denunciert ihn als Kornwucherer u. Bordellwirth – | ⌈^{T} Bacchis heißt die Leute nachhaus gehen, jeder an sein Geschäft.⌉ Vorher: Gegenrede der jungen Aristokraten. ⌈Parmenion / Agis / Agathon⌉ Man müsse den Schatz in der Hand behalten, u. die Söldner an sich ziehen. Die Rede sei die Teufelskunst des Gesindels; mit Reden degradiert man sich *(1)*. *(2)*^{T}: das einzige sei: die Demokraten am Reden verhindern: sie castrieren. |

¹ *ü. Z. Variationsansatz:* über

AKT I SZENE c

Anfang von Timons Rede: Haar-raufen, Abreißen der Zierrathe – Bestreuen seiner selbst mit Schmutz: die Rede- u. Versammlungsfreiheit in Gefahr.¹
⌊ᵀ In der Versammlung bringt Timon vor: er habe es aus bester Quelle, sie wollen eine Strassendirne Bacchis zur Oberpriesterin erheben.⌋

Geringe Wirkung: Hereinbringen des Schuldknechtes. (Man hält das Klirren für Waffenklirren) ⌊Der Schuldknecht betrunken; heult. / Timon der Bettler im Wortgefecht mit ihm.

Schluss: Timon der Bettler bedroht als Simulant. *(1) (2)*ᵀ agent provocateur Sohn lacht wird verprügelt.⌋

Timon: fortfahrend: Alle Forderungen aus Darlehen cassiert, die Hauszinse storniert. Der Schatz der Diana aufgeteilt.

⌊ᵀ Prügelei: der Sohn verwundet.⌋

In Ic/2H verarbeitete Notizen

N 262 – N 263 – N 264
H III 206.19 – 206.76 – 206.77 – *Drei Zettel der Lenzerheidezeit; Beschreibungen: N 82, 93 und 79; Zusätze: Stift (N 262), blauschwarze Tinte (N 263 und 264).*

Mit Pöhlmann-Exzerpten durchsetzte, in Ic/2H fast vollständig verwertete Skizzen zur öffentlichen Wechselrede zwischen Bacchis und Timon.

September/Oktober 1925.

N 262

Rhetorenschule

I c
Handlung.

Armes Volk angesammelt durch Sendboten.

Bacchis mit jungen Herren herumflanierend. Timon erkennt u. insultiert sie. Der Karische Sclave macht ihn unschädlich Kira mit, um die Haare zu richten. Die jungen Herren eher ängstlich. Timons Strafrede auf die ganze Classe.

¹ *l. R.: (1) (2)*ᵀ Der Soldat mit dem er früher die unangenehme Begegnung hatte. *(3)*ᵀ |

Bacchis sich auf Kira stützend.

Die junge Sclavin durch einen Steinwurf verwundet. Brüske Liebeserklärung des Kariers.

Der Rhetor: Rede auf die Freiheit; dann: die Freiheit ist bedroht – von wo? Aus der waffenstarrenden Villa der Hetäre. Von den Aristokraten. – Hier tritt ihm Bacchis entgegen. – Sie preist den Zustand der Armen: sie hätten den Neid. – Durch den Zwang, als gemietete Objecte, seien sie der Langeweile entrückt. – Sie nennt sie Sclaven u. den einen Lügner der etwas Anderes von ihnen behauptet. Sie seien nicht Sclaven eines Bestimmten, sondern jedes Beliebigen Man mietet den Arbeiter wie ein Pferd einen Esel

N 263

Ic

TIMON zum Volk
jeder Einzelne von Euch muss ein König sein – ja er muss Zeus gleichen.

Vorschlag: Volksgerichte ob die Reichen allen Vorschriften (bezüglich Wucher) gehorchen –

Gedanke: die Villa der Hetäre dem Volk zur Bewahrung zu geben[1]

Ich bin gewöhnt alles Bestehende auf seine Berechtigung zu prüfen. »Ein Gegenstand, der einmal diesem Gottesurteil unterworfen wurde kann nie wieder in Geheimnisse gehüllt oder durch eine Weihe geschützt werden: er bleibt immer der freien Wahl u. der profanen Erörterung ausgesetzt.«

Was Sclaven schändet – ist der Name nur

Er spricht schließlich in Versen

N 264

Rhetorenschule
Ic

Argumentation der Hetäre: Den Gegner als Reichen zu denuncieren. Sie erzählt seine Biographie.

Der arme Bauer bei Aristophanes:
Ich, ein gottesfürchtger u gerechter Mann, war arm u. lebte kümmerlich – Reich sah ich andere: Tempelräuber, R e d n e r v o l k, Betrüger, Sykophanten, Schurken.

---

[1] *Abschnitt am l. R. markiert.*

Gegenargument: es sei schimpflich, sich nicht aus der Armut herauszuarbeiten.

Eines ihrer Argumente: Höhe des Zinsfußes womit die Reichen die Armen unterm Fuß halten.

Sein Argument: wie könne ihrer aller Freiheitsliebe die Vorrechte einzelner dulden

Ihr Argument: ihr seid Sclaven der Reichen in jedem Betracht und ihrer Ausdrucksmaschine.

Argument der Hetäre: Das Laster habe dem Herakles versprochen: andere werden für Dich arbeiten u. Du wirst die Früchte ihres Fleißes genießen.

Seine ultima ratio: schrankenloser Individualismus

Wechselweise Beschuldigung der oligarchischen Geheimbündelei mit dem Schwur, »dem Volk feind zu sein, u. ihm durch Berathung nach Kräften zu schaden«

la démocratie c'est l'envie

                Proudhon.

Ic/2H

H III 205.1 – *Einseitig beschriebenes Blatt der Sorte A, 290 × 230 mm; blauschwarze Tinte.*

Aus N 262–264 montierter, noch weitgehend transitorischer und nur in der zweiten Hälfte dialogisierter Entwurf.

September/Oktober, jedenfalls vor dem 9. November 1925.

Ic Genauer.

Bacchis mit Gefolge; Sclaven; die Schleuderer postiert. Haufen von Fischhändlern etc. ⌊Ihr Staunen dass alle sich vor Timon fürchten; alle etwas von ihm erwarten.⌋ Bacchis redet die armen Leute an; heißt sie nachhause gehen. ⌊Die Bauern aufs Land zurück. Der eine Bauer.⌋ †Kira mit um die Haare zu richten u. sie zu schminken† Timons des Bettlers Angriff. Die Sclaven machen ihn unschädlich.

Timon der Redner tritt auf »Wir warten auf die Reden der Aristokraten.« Volk fordert ihn auf die Tribüne zu besteigen. Bacchis *(1)* hör auf. *(2)* gegenüber: will ihn von der Bühne werfen lassen. | Sie preist den Zustand der Armen; die Armen hätten den Neid. Durch den Zwang, als gemiethete Objecte,

seien sie der Langeweile entrückt. Sie nennt sie Sclaven und den einen Lügner
der etwas Anderes von ihnen behauptet. Sie seien nicht Sclaven eines Bestimmten sondern jedes Beliebigen; man miethet einen Arbeiter wie ein Pferd
oder einen Esel.¹

TIMON zum Volk
Jeder Einzelne von Euch muss ein ⸤gegenwärtiger⸥ König sein – ja er muss
Zeus gleichen. Was aber haben die Aristokraten aus euch gemacht? O Him-
mel sende ihnen ein redend Bild vor die Augen! –

⸤BACCHIS
Lob der alten Zeit u alles Alten.⸥

Episode des Schuldners.

⸤BACCHIS
Das Laster hat dem Herakles versprochen, andere werden für dich arbeiten
u du wirst die Früchte genießen.⸥

TIMON
Die Villa der Hetäre aus deren Kerkern dieser entsprungen – muss Euer
Wohnhaus werden. ⸤Aber für heute abends ein Festmahl: keine Wohnung
feststehend.⸥

BACCHIS
Die Demokratie – das ist der Neid. ⸤Anspruch des Reichen auf die polit.
Macht weil er eben das besitze was zum Herrschen berechtigt.⸥

TIMON
Beschuldigung der oligarchischen Geheimbündelei mit dem Schwur: dem
Volke feind zu sein u. ihm nach Kräften zu schaden.

In Ic/3H verarbeitete Notizen

N265

*H III 207.87 – Einseitig beschriebener Zettel von Sorte A, 147 × 115 mm; blauschwarze
Tinte.*

*In Ic/3H verwertetes Detail zum Beginn der Szene, vielleicht Exzerpt aus einer unbe-
kannten Vorlage.*

September/Oktober 1925; vgl. Ib/11H, S. 321.

¹ Langeweile ... Esel *am l. R. Schweifklammer und:* harangue an Vorübergehende.

AKT I SZENE c   425

                            I c
Die legitimen Bezirksvorsteher sind zu hause geblieben u haben die Versammlungen durch Herolde auflösen lassen: das Volk constituiert sich souverän u. beruft ein Directorium mit dem Polemarchen an der Spitze.

N 266

*Deutsches Literaturarchiv, Marbach a. N., Dauerleihgabe Land Baden-Württemberg –
Notiz mit Stift in: Shakespeares dramatische Werke. Hrsg. von Max Koch. Stuttgart:
Cotta o. J., Bd. 4, S. 432.*

*Zusammen mit N 181 entstandene Notiz zum öffentlichen Auftritt der Bacchis im 4. Band
(u. a. ›König Heinrich der Vierte, Zweiter Teil‹) der Shakespeare-Ausgabe aus dem ehemaligen Besitz der Baronin Oppenheimer.*

Intensive Shakespeare-Lektüre im September/Oktober 1925.

B.
Warum?

STIMME
Ein Spion! ein Rabulist!

N 267

*H III 207.83 – Rückseite eines beidseitig beschriebenen Zettels von Sorte A (Vorderseite:
N 189), 231 × 149 mm; blauschwarze Tinte.*

N 266 erweiternde und in I c/3 H verwertete Dialogpartie.

November 1925.

                            I c

TIMON
Durchtrieben sind wir nicht. Einfältig sind wir. Rechtschaffen.

BACCHIS
Warum nur rottet ihr euch zusammen? ein ehrliches warum? – von jedem
einzeln nach seinem Stand. Es muss jeden verdrießen. Warum nur tut ihr es?

STIMMEN
Ein agent provocateur? ein Spion?

N 268

H III 206.80 – Einseitig beschriebenes Blatt der Sorte D; blauschwarze Tinte.

Knappe, in Ic/3 H teilweise übernommene Skizze der sich zuspitzenden Konfrontation zwischen Timon und Bacchis.

Oktober 1925.

Ic

TIMON
laut denn verkünde meine Stimme: sie wagen's nicht – u. verkünde immer lauter – u. dröhne immer selbstbewusster

BACCHIS
Du Hornochs!

N 269

H III 206.79 – Einseitig beschriebener Zettel von Sorte B, 207 × 136 mm; blaugraue, Nachträge: blauschwarze Tinte.

In Ic/3 H verwertete Skizze einer Dialogpartie zwischen Timon und Bacchis.

September 1925.

⌈ᵀIc⌉
Bacchis – und Timon.

TIMON
Das Blumenmädchen das mit ihren Blumen zugleich sich selber anbot

BACCHIS
⌈Sich anbot! Schwein!⌉ Ahnst du Lümmel, was das für Götterceremonien sein können! Wenn Du *(1)* deine *(2)* diese *(3)* deine | Kuh *(1)* bespringst – *(2)*ᵀ besprengst – |

(im Höhepunkt des Banketts überreicht sie Timon mit einer tiefen Verneigung einige Blumen)

N 270

H III 206.73 – Beschreibung: N 149; Nachtrag: blaugraue Tinte.

Ic betreffender, z. T. in Ic/3 H verwandter Teil einer Notizensammlung (vgl. N 149 und 201).

September 1925.

AKT I   SZENE c

I c

BACCHIS
⌊*T* Dir reiß ich noch die Zunge aus – und schmeiß sie meiner Dogge vor –⌋
Räumt dort das – weg! Tragt das Bordell ab –

Timon vor seinem großen Ausbruch: senkt die Hörner u stampft den Boden
wie ein Stier: dann mit ungeheurer volkshafter Wucht

N 271 – N 272 – N 273
*H III 206.81 – 206.78 – 206.17a – Drei einseitig beschriebene Blätter der Sorte D;
schwarze Tinte.*

*Drei in Ic/3 H integrierte einzelne Repliken, davon N 272 eine wörtliche Entlehnung aus
Shakespeares ›Troilus und Kressida‹.*

N 271 und 273 September/Oktober, N 272 September 1925.

N 271

I c

bei jeder Schmähung der Bacchis:

TIMON
So schmäht er das Volk! – Du geiler Bub! – Er definiert in seinem Gegner
das Prototyp des Junkers, des Raufers, des Kriegslustigen aus Geilheit u.
Raubsucht. ⌊Frecher fils de famille – wahrscheinlich der Hure Bacchis zu-
geschworen. Leugne es! besoldet aus dem Tempelschatz.⌋

Der Sohn eingeklemmt im Gedräng: das Mädchen will zuhören. So wird der
Sohn von ihr getrennt dann von Ergast verprügelt.

N 272

I c

TIMON
Mein werter Herr!

BACCHIS
Wert! werter Abtritt!

N 273

I c

Bacchis auf einem Brunnenrand.

TIMON zuletzt
Reisst ihn hinunter! er sinnt darauf Eure Töchter zu schänden! Seht seine Tigeraugen!

Ic/3H

H III 205.5 – 207.212 – Zwei (mit a. *und* b. *paginierte) einseitig beschriebene Blätter der Sorte A, 219 × 230 mm; blauschwarze Tinte.*

Im zweiten genetisch weiter als im ersten Teil fortgeschrittenes Szenarium zum Anfang *(Seite* a.*) und* Hauptteil *(Seite* b.*).*

Begonnen am 7 XI. 25.

Scenarium

Anfang

Kleiner Platz. Rückwärts Stufen auf zu einem (höher gelegenen) Tempelvorplatz. Rechts steilere Stufen, oben eine Gasse. [Schwibbogen] Links ein erhöhter Stein – eine alte Rednertribüne. Heroldstrompeten in der Ferne.

Volk, sich herumdrängend: Auflösung der Versammlungen. – Timon werde es ihnen zeigen. Das Volk constituiert sich souverän, bezirksweise. Teuerung durch Piraten. (Geschrei in der Ferne: es soll Todte gegeben haben)

PHANIAS Monolog
Nun sind sie daran, einander abzuwalken, u. ich bin dabei es mir anzuschauen. Ich würde es gerne sehen. Andererseits ekelt es mich.

Und zu denken, es würde etwas ernster, u. es ränne wie in Argos – das Blut in der Gasse. Das möchte kein Hund auflecken – wenn er wüsste was das für ein Saft ist!

Volk u. Phanias (Fischer *(1)*) *(2)* Garkoch: Fischer: düstere Grobheit, langes Haar; Betrug beim Wechseln u Herausgeben.)

VOLK
Was suchst du hier?

PHANIAS
Ich suche Einsamkeit.

Bacchis mit Demetrius, Agis, Agathon u. anderen.

Demetrius: Vorschlag nachhauszugehen.

AKT I   SZENE c   429

B.
Nicht bevor ich Timon gesehen habe.

AGATHON
Es wird stumpf ausgehen; nicht der Mühe wert.

B.
Dass niemand sie nachhausejagt. Ich möchte sie anreden.

D.
Mit Reden degradiert man sich: das Einzige sei, die Demokraten am Reden verhindern, sie castrieren. –

(1) Ihr (2) Einige stehen, erwidern ihr: ob sie der Armen spotten wolle, mit diesem Aufzug. Sänfte u. s f. |

EINER
Was ist das für ein Lustknabe? Für ein Bürschchen. ⌊Die kleinen Hände!⌉

B.
Die Armen haben den Neid, herrlich gegen die Langeweile. Durch den Zwang seien sie der (1) Langeweile (2) Oede des Lebens | entrückt.

EINER
Schimpfst du uns Sclaven!

B.
Ja! und der ein Lügner der etwas anderes behauptet! Nicht Sclaven eines Bestimmten, sondern (1) eines (2) jedes Beliebigen! Man miethet einen Arbeiter wie ein Pferd oder einen Esel.

EINER
das ist ein agent provocateur.

D.
Gehn wir.

B.
Ich bleibe: denn jetzt kommt das Hauptstück.[1]

Ic. Hauptteil

TIMON begrüßt das Volk von oben
Jeder Einzelne von Euch muss ein König sein – ja er muss Zeus gleichen: das ist (1) mein (2)ᵖ Eures Timon | Gebet u (1) mein (2)ᵖ | Gruß![2] Für

---

[1] Zeilen 12–28 am l. R. doppelt angestrichen.
[2] r. R.: Fort mit den Drohnen! Alles für die Werktätigen! Wir brauchen jede Stimme!

heute abends ein Festmahl: im Freien. Jedes Haus tische auf! Es gibt keine
Wohnung mehr. – Denn Gewalt wagen sie heute nicht! das künde ich euch
laut.

⌊B. halblaut
Das Laster bei Herakles.⌋

EINER
begrüßt Timon u. beglückwünscht ihn: zur Entwaffnung des Feindes.

TIMON¹
⌊Wir wollen Feste feiern – aber wachsam!⌋ Noch sind sie nicht waffenlos.
Noch ist die Freiheit hinterrücks bedroht. Denn sie verfügen über Schätze.
Es gibt einen Ort – u. er werde nicht ruhen, bis dieser offen liege. Den deckt
die Exterritorialität. †Es ist das Haus der Bacchis:†² ⌊eine Drachenhöhle.
Der Schlangenknoten des Aristokratischen.⌋ geheime Gänge. Treppen von
draußen. Warum sieht man so wenige Söldner. Dort lauern sie *(1)*. *(2)*, unter
Orgien, u. mischen Mysterien u. Unzucht. Dieses Haus soll einem öffentli-
chen Zweck geweiht werden: dem besten Mann zur Wohnung.

DER BARBIER
Wahret Eure Häuser ihr Bürger! |

B.
Du Hornochs! du! Du Laster!

TIMON
Welches Wort wagst du? ⌊Nein lasst ihn: Freiheit der Rede! wo die nicht
mehr herrscht, wirds Nacht.⌋

B.³
Wie unterstehst du dich hier von Personen zu reden

T.
Das Blumenmädchen, die sich selber anbot mit ihren Blumen –⁴ ⌊Tochter
eines Adeligen.⌋

B.
Sich anbot! Schwein!

---

¹ *Nicht integrierter Zusatz l. R.:* Timon: Bacchis ist ihr Dämon. Kalt – pervers – ehr-
geizig. Sie erfüllt die Stadt mit Bravi u. Delatoren. *(1) (2)* Wir werden ein Gesetz
geben: *(a)* jeder darf jeden sich *(b)* | B. Kennst du die Bacchis? Timon: Davor
behüte mich Gott: es müssen Abstände sein. Aber ich kenne sie besser als du sie
kennst.
² *Vormerkung für spätere Ausarbeitung ü. Z.:* nicht aussprechen!
³ *l. R.:* Der Sohn, ins Gedränge geklemmt, mit Myrtion, die zuhören will.
⁴ *Folgt gestrichene Notiz:* T: So schmäht er dich, o Volk!

AKT I   SZENE c   431

T.
Ich werde sie entblößen vor aller Augen! Ihre Mauern niederlegen!

BACCHIS
⌊Wie wenn sie Hausrecht braucht?⌉ Willst du das Eigenthum aufteilen?
⌊Allem, wofür die Stadt steht, ein Ende machen? *(1) (2)* Communism?⌉

⌊DER BARBIER
Wahret Eure Häuser ihr Bürger!⌉

TIMON
Da sei Gott vor. – Nur zur Rechenschaft ziehen: Intrigue der Pfaffen mit den
Oligarchen aufdecken. Licht einströmen lassen. Enthüllen. Reinigen!¹ ⌊Sagt
mir: sprech ich die Wahrheit? red ich euch genehm? ich will nur Eure Zunge
sein! Von² jedem einzelnen will ich Zustimmung hören! Wie soll ich reden –
damit ich ganz Euer Mann bin: der Mann des Volkes.

B.
Du sollst sie ansehen, wie meisterlos sie sind. Und sie nachhause schicken,
auf den Acker zumeist. *(1) (2)* Sie brauchen k⟨eine⟩ Zunge sondern e⟨inen⟩
Kopf |

TIM.
Nein Freiheit! Freiheit dem Jüngling! Mir kommts auf seine Stimme an!⌉

BACCHIS
Wie er kalt u. warm aus seinem Maul treibt! Reißt ihm die Zunge aus, ihr
Gutgesinnten! Er führt euch noch aufs Eis! Er mischt alles mit der Zunge!

TIMON
†ᴾ Seht ihn den Raufer! den Kriegslustigen! aus Geilheit u. Raubsucht zusammengesetzt! Nehmt Eure Weiber inacht!† Bist du der Hure Bacchis zuge-
schworen? besoldet aus dem Tempelschatz? ⌊So ein Bevorschusster? einer
ihrer Mamelucken? oder ein Zugereister?⌉ L e u g n e   e s , w e n n   d u   k a n n s t !
Bist du ein Sohn des Volkes? a n t w o r t e , w e r t e r   J ü n g l i n g .

BACCHIS
Wert! Werter Abtritt du!

⌊⟨TIMON⟩
Wir bieten Dir reinere Freuden! *(1) (2)* Es gibt solche! | Ein hübscher Bur-
sche! über ihn müsste die Wahrheit Gewalt haben! O Jugend, Lass ihren
Priester –

---

¹ *Folgt nochmals, gestrichen:* Timon: So schmäht er dich, o Volk!
² *l. R.:* Der Barbier u. einige.

B.

Bordellwirth!]¹

TIMON

Da seht den Führer der feindlichen Nation: ein bebuschter Araber, [ein fletschzahniger Neger –] ein Turkmene kann nicht s o feind uns sein! Hier hasst das Aug das Auge, die Nase die Nase! – Sein freches Dastehen ist doppelter Wucher: auf dem was seine Ahnen gegen uns verbrochen haben, fußt er. Reisst ihn herunter – um seiner Geilheit [ᵖ u. Raubsucht] willen – er ist drauf u. dran Eure Töchter zu schänden – seht seine Tigeraugen! – Allein: keine Gewalt! Nur Anerkenntnis: er gehört nicht zu uns! [Sonst hätte meine *(1)* Zunge *(2)* Rede über ihn Gewalt. Nicht Hand anlegen! *(1) (2)* Achtet den Stadtfrieden! | Schaffet keine Märtyrer! Isoliert sie: wie Aussätzige! eine Klapper in ihre Hand]

B.

Nein nein, wahrhaftig nicht!

In Ic/4H verarbeitete Notizen

N 274

H III 207.82 – *Einseitig beschriebener Zettel von Sorte A, 230 × 146 mm; blauschwarze Tinte.*

Die Lektüre von Büchners ›Dantons Tod‹ belegende Sammlung einzelner, z. T. in Ic/4H verwerteter Details.

November 1925?

(1) Ib *(2)* Ic |

Argumente der Bacchis

sie wirft ihm Einnahmen u. Geiz vor –

ferner: die halbe Stadt l e b t von Bacchis

fragt ihre Genossen: wer ist der dicke Bürger der da spricht?

Ic

Timon will für Abends – eine große Volksversammlung

¹ *Ort des Einschubs graphisch nicht gesichert.*

AKT I SZENE c

TIMON
Ein bischen Mut – ein bischen Seelengröße junger Mann – zu uns junger
Mann – Du hast dich gestellt: du sprichst unsere Sprache –

N 275

*H III 206.97 – Einseitig beschriebener Zettel von Sorte A, 229 × 146 mm; blauschwarze
Tinte. Auf dem gleichen Blatt:*

(Gauner)
Fiaker: Lepschi. Gigerl.

In direkte Rede umgesetzte, in N 232 nur angedeutete Kritik des Begriffes: Volk.

Oktober 1925? Vgl. die Datierung von N 232.

BACCHIS
Was heißt das Volk: hier sind Bauernknechte – Fischer – Lastträger – Markthelfer – Schreier und Obsthausierer –

Ic/4H

*H III 206.20 – Beidseitig beschriebener Zettel von Sorte A, 231 × 145 mm; blauschwarze
Tinte.*

Durchgehend dialogisierter Teilentwurf zu I c.

Begonnen am 25 XI 25

Bacchis' Rede.

TIM.
Wie sollt ich reden – damit ich ganz Euer Mann bin: der Mann des Ganzen.
Von jedem einzelnen will ich Zustimmung hören. Der Alte dort – ⌈ich kenn
ihn nicht –⌉ der Jüngling da drüben – wie soll ich reden damit ich der ihre bin?
⌈Den Jungen schmeichel ich gern: sie sind das Beste der Stadt u. unserer
Jugend Spiegelbild⌉

B.
Du sollst sie ansehen wie sie da sind. Und nicht wie das Laster zu Herakles
sollst du sprechen – das ihm wenig Arbeit u viel Lust versprach – sondern
ehrlich. Und sie nachhause schicken auf den Acker, aufs Meer. Sie brauchen
keine Zunge sondern einen Kopf. Es muss jeden verdrießen.

⌈THERON wütend
Der Stab mit einer Hand daran!⌉

TIMON
Redefreiheit! sonst wird es Nacht! \Er hat sich uns gestellt: er spricht unsre
Sprache: er sei willkommen!⌉

B.
Denn sie sind Sclaven und gehören an ihr Werk

TIMON
Wie nennst du sie?

B.
Ich nenn was sie sind: Bauernknechte Fischer Lastträger, Ablader – Markt-
helfer, Hausierer. Sie sind nichts andres u ihr Herr ist jeder u. so ists recht –
⌊Sie wollen Sicherung gegen Willkür: das ist alles.⌉

TIMON
Freiheit dem Jüngling! ⌊mir kommts auf s. Stimme an.⌉

B.¹
Wer sie zusammenrottet tut ihnen Schaden an Leib u. Seele. Sie wollen weiß
Gott was sein! ein Thier mit tausend Köpfen –

(1) TIMON
Jüngling Jüngling! Du missfällst uns!

(2) STIM⟨ME⟩
Jüngling Jüngling! er missfällt uns!

B.
Nein er soll euch missfallen – weil er kalt u. warm aus Einem Munde bringt.
Er will mal Herr sein u. will genießen! ⌊Merkt ihr nicht worauf er hinaus will!
Er führt euch aufs Eis! Er mischt alles mit der Zunge – wo Sonderung alles ist:
Sonderung ist göttlich, so im Denken – als im Reden: **nichts hat seines-
gleichen. Alles untersteht der Gradation.**⌉

TIM.
Jüngling ich beschwöre dich. Bist du ein Sohn der Stadt! †Wir bieten dir
reinere Freuden† oder ⌊Schwör mir!⌉ bist du so ein Zugereister wie sie um
sich sammelt? solch einer *(1)* ihrer *(2)* von der B. | Mamelucken.

⌊ᵖ B.
Kennst du die Bacchis!⌉

T.
⌊ᵖDu kennst sie wett ich!⌉ Leugne es wenn du kannst! ⌊Schieb ich dir den

---

¹ *Zusatz am r. R.:* Der Haufenschluss. Wenn ich ein Volksmann bin –

AKT I SZENE c   435

⌐Eid hier zu?⌐ antworte werter Jüngling – ⌐Ein bischen Mut – ein bischen
Seelengröße junger Mensch! Komm zu uns! *(1) (2)* In dir ist junges Blut!
ein geiler Schössling bist du! | Wir haben Häuser wo du willkommen bist!
Natur ist alles! Nur keine Künstelei! Gesunde Jugendkraft hat das nicht
5 nötig⌐

B.
Werter Abtritt!

VIELE
Ruf Timon heil!

10 B.
Heil unsrer Stadt!

⌐*(1)* T⟨IMON⟩
(2) ST⟨IMME⟩
Nein Timon!

15 B.
Timon reißt die Zunge aus!⌐

TIMON
⌐ˢ Du beleidigst das Volk!⌐ Achtung! jetzt stößt der Stier – er brüllt auf
u. geht B. an

20 B.
Ich will nicht gehen!

ST⟨IMME⟩
Du wirst!

In Ic/5H verarbeitete Notizen

25 *N 276*

*H III 205.4 – Einseitig beschriebenes Blatt der Sorte A, 291 × 230 mm; blauschwarze
Tinte.*

Für den Beginn von Ic/5H vorgesehene Details.

14. XI. ⟨1925⟩
30   Ic Neues.

⌐Anfang Phanias u. Herren die unter der Menge.⌐

Timon macht junge Herren nach wie sie Bacchis umgirren – das ganze Leben
u. Treiben im Haus der Bacchis – ⌊u. das durchsetzt mit ↑Fäulnis ≈ *(1)* un-
merklicher Fäulnis *(2)* unmerklich um sich greifender Fäulnis |↓ die ganze
Stadt – u. macht sich überall fühlbar wie Schwamm im Mauerwerk u. darum
müssen Mauern cassiert werden – u darum muss durchgegriffen werden –⌋
er kenne sie genau:
sie sei ihm nachgelaufen als Blumenmädchen nicht von seiner Schwelle ge-
wichen bis *(1)* sie *(2)* er sie wegtreiben ließ –

einen Kuss u. eine Sinecure

Anfang:

BARBIER
Sie wollen ihn zum Polemarchen machen – er hat noch nie einen Säbel ge-
sehen – unsereins rasiert Officiere seit *(1)* 40 *(2)* 45 | Jahren

N 277

H III 206.89 – *Einseitig beschriebenes Blatt der Sorte C; blauschwarze Tinte.*

*Skizze zu einem in I c/5 H vorgesehenen Monolog des Phanias (dort lediglich angemerkt) und
weitere Details zum Ablauf der Szene.*

November 1925, gleichzeitig mit N 253–257 und 278.

I c
Anfang.

PHANIAS
Was geht mich die ganze Sache an? Aber ich habe einen Rat in die Sache gegeben. Nun – wenn schon! Warum kann ich mich nicht mit einem nun –
wenn schon? umdrehen. Ist das meine verfluchte Gegenwart oder meine verfluchte Vergangenheit die mich so zartfühlend macht? ⌊Wer hieß mich einen
richtig gemeinten Rat geben? Da fängt die Prostitution an. Da habe ich mich
selbst erniedrigt, u. mit meinem besten Teil ins Feuer geblasen.⌋

Ich stehe doch ganz draußen – wie komme ich zu Gewissensbissen – aber eine
Stimme sagt: Du schreist nicht um die andern einzuschüchtern – sondern um
dich zu betäuben.

Einer redet ihn an; er gibt eine scharf aristokratische Antwort. Man hält ihn
für einen entlassenen Lakaien. Er sieht genau so aus: so ein Türhüter – oder
Vorgänger mit einer Fackel – der arme Leute aus dem Wege drischt – sie bedrohen ihn – die Aristokraten hauen ihn heraus.

N 278

H III 207.85 – Einseitig beschriebenes Blatt der Sorte C; blauschwarze Tinte.

Skizze zu einem in I c/5 H nur angemerkten Dialog zwischen Bacchis und Hephästion.

November 1925 (Hephästion), zur gleichen Zeit wie N 253–257 und 277.

       I c

B. Heph. u. drei Diener.

B.
Hephästion, du wirst nicht immer hinter mir gehen –

HEPHÄSTION
Ich werde hinter dir gehen wenn es nötig ist –

B.
Das sind harmlose Menschen – ich brauche keine Leibwächter.

H.
Ich werde deinen Leib bewachen – so hat dein Herr mir gesagt –

⌈B.
Mein Herr!

HEPHÄSTION
En attendant –⌉

B. erschrickt über das Geschrei Timon
Oh das muss jemand sein, dieser Timon – Ich will ihn sehen! wird er sprechen? – ⌈Das Thier mit tausend Köpfen ist anbetungswürdig. Sie sind schön! –⌉ Er hat sie alle. Mich auch. die Stimme schlägt ihr um

später:

⟨HEPHÄSTION⟩
Ich werde dich hinaufheben. Damit Du ihn siehst.

B.
Und unterstehe dich nicht, meine Freiheit zu beschränken. Ich werde seine Parteigenossin werden, fühle ich –

N 279

H III 207.86 – Aus der Lenzerheidezeit; Beschreibung: N 92; Zusatz: Stift.

Partiell in I c/5 H integriertes Pöhlmann-Exzerpt zur Charakterisierung des Adels.

September/Oktober 1925.

Timon.
Ic

Der Adel = die Leute denen ihre Häuser u. Landgüter Statuen u. Gemälde stets wichtiger gewesen sind als der Staat

Vergeudung durch Überbauen des Meeres u. Abtragen ganzer Berge

N 280

H III 207.77 – Einseitig beschriebener Zettel von Sorte A, 231 × 147 mm; blauschwarze Tinte.

Nachträglich mit Zitaten aus Büchners ›Dantons Tod‹ versehene Notizen zur politischen Argumentation Timons.

November 1925?

(1) Ib *(2)* Ic

in Ib Hass gegen die Hetäre *(a)*. *(b)*, weil Schauspiel dem Bordell schadet |

Gekünstelte Genüsse [Impotenz u. Menschenverachtung]

Kunst: Aufreizen der Impotenz. Was könnte man sonst daran finden – [die gesunde Volkskraft hat das nicht nötig –]

Das tugendhafte Bordell – gegen die raffinierte Ausbeuterin. Natur gegen den verkünstelten abnormalen Betrieb.

Diese Damen die *(1)* weniger *(2)* es lieben weniger zu geben als zu empfangen: tricheuses

Programm: Reichthum für alle – bei wenig Arbeit – die Drohnen müssen weg. Gericht. Sequestration. Die Güter verfallen strafweise. – Ihr Besitz ist Usurpation: Besitz ist heilig: so vergeudet das Geld nur wer es gestohlen hat: so ist der aristokratische Besitz: sie vergeuden auch wie Diebe. Badet in Eselsmilch

Ic/5 H

H III 205.7–9, 12, 10, 6 – Sechs (mit A-F paginierte) einseitig beschriebene Blätter der Sorte A, 291 × 232 mm; blauschwarze Tinte.

Fragment gebliebenes Szenarium zu I c, am 25. November 1925 abgebrochen und zwei Monate später flüssig fortgeführt, ohne daß es zum geplanten Abschluß (Zuspitzung der Konfrontation, Prügelei und Rettung der Hetäre durch Hephästion) kommt.

AKT I   SZENE c   439

                            I c
                     genaues Scenarium.¹
Anfang: Barbier über T's Incompetenz. Rufe: Ruhig! ruhig!
2 Parteien: Ephraem / Phanias. Auch Conservative: Bauern.
5 Geschrei Timon: näher.

Bacchis Hephästion.
Timon kommt, wirft Kusshände.
STIMMEN
Geh nicht vorüber! ⌊Komm herab!⌉
10 B.
Sprich zu uns, Timon!
TIMON herabkommend
Jeder Einzelne sei ein König! ein Zeus verwandter Fürst! Das ist eures Ti-
mon Gebet u. ⌊schlechter⌉ Gruß. Für heute abends ⌊– wenn ich einen Vor-
15 schlag tuen darf⌉ ein Festmahl: auf der Gasse. Jedes Haus tische auf. ⌊Die
Fenster erleuchtet.⌉ Es gibt keine ⌊verriegelte⌉ Wohnung mehr! Das sei der
Vorschmack der Zukunft.

Stimmen (der junge Mensch etc.)

TIMON
20 Wir wollen Feste feiern – aber wachsam. ⌊Offene⌉ Gewalt wagen sie nicht
mehr: das ist mein apport zu Euren Siegen. Noch aber sind sie leise nicht
waffenlos! Noch ist die Freiheit hinterrücks bedroht. Noch gibt es
(1) Macht in ihrer Hand, die (2) Machtmittel in ihrer Hand, das | furchtbarste:
der Tempelschatz – ⌊Was Priesterschlauheit in Jahrtausenden zusammen-
25 gescharrt –

STIMMEN
Confiscieren!

⟨TIMON⟩⌉
Und es gibt einen Ort – wo sie ihr Drachennest haben. Ich nenn ihn nicht.
30 Es ist ein Haus. Dort münden unterirdische Gänge. (1) Warum sieht man
keinen Officier? (2) Beiläufig, ihr Freunde . . Warum sieht man keinen Officier?

ST.
Sag uns warum nicht!

⟨TIMON⟩ |
35 Dort lauern sie: unter Orgien – und mischen Mysterien u. Unzucht. Weihrauch und schweren Wein –

¹ *Beginn:* 25. XI. ⟨1925⟩

STIMMEN
Nenn uns das Haus!

TIMON
Ich will nicht: ihr würdet hinstürmen – u. es zerstören¹ wollen – die Spiegel die Corruption die Bäder die Tische würden euch wahnsinnig machen ihr würdet keinen Ziegel auf dem andern lassen – und das soll nicht sein: denn Eigenthum ist heilig – auch der Bösen

STIMMEN
Nenn uns das Haus! und führ uns hin!

TIMON
Zwar wenn der dem das Haus gehört – ein notorischer Volksfeind ist – auch dann ist Eigenthum noch heilig .. aber an dem verbrecherischen Gliede straft man den Bösen: die Drohnen straft man wenn man sie *(1)* auf den *(2)* aus dem Korb wirft. Besitz ist heilig. Soll aber der mich bestohlen hat dann das Meer abgraben – Parks errichten – die Stadt einengen *(1)* müssen. *(2)* dürfen? | – Soll ein solches Haus nicht einem um die Stadt verdienten Mann zur Wohnung gegeben werden.

STIMMEN
Zeig uns das Haus – wir schenken dirs!

(1) TIMON
Ich nenn es nicht. →

(2) T.
Was rief man?

STIMMEN
Wir schenken es dir.

TIMON
Ich nenn es nicht. Kein Zuruf bringt mich dazu. | Lasst mich vom Wohl u. Wehe des Volkes reden – vom Kampf des Volkes – von Gefahren – von Schiffen, von Pferden – nicht von leichtfertigen Weibern.

EINE STIMME
Bacchis!

TIMON
Nein. ⸤Den Namen hab ich nicht gehört⸥ Von Weibern rede ich gern. Solchen wie jeder zu Hause hat. ⸤Ein braves Weib an s. Herd! Der ist ein halber Mensch der das nicht kennt.⸥ Aber nicht von solchen die mit gekünstelten

---

¹ *Am l. R. gestrichene Vormerkung:* Alle: Ruf Timon heil!

Genüssen Impotenz u. Menschenverachtung verbinden. Nein nicht von Miminnen.

(1) STIMME
Bacchis

(2) – nichts von solchen die schwierige Stellungen nachmachen [und in Palästen wohnen] ich liebe einfache Stellungen

STIMME
Bacchis

TIMON
Nichts vom verkünstelten abnormalen perversen Betrieb – wo aus dem Raffinement die Verachtung spricht:¹ †Bacchis! ihr sagts:† Das ist der Stachel der Schlange! Solche Danae mit dem Goldregen –

ST.
Jagt sie hinaus! die Comödiantin!

T. *(1)* zit
(2) Jetzt genug davon.

(1) B.
Kennst du die Bacchis!

T.
Wie? wer fragt? was hat man da gefragt?

B.
Ob du sie kennst.

T.
Ein Dämon. [pervers-ehrgeizig] Kaltherzig: außer wenn sie Lakaien ins Bett nimmt. Sie erfüllt die Stadt mit Spionen – selber du – mein wackerer Jüngling – Du siehst offen aus –

B.
Kennst du die Bacchis?

T.
Das Blumenmädchen das mit ihren Blumen zugleich sich selber anbot – von der Schwelle hab ich sie mehr als einmal mir gejagt. Das sei die Antwort.

D. J. M.
Heil Timon!

---

¹ spagt *Hs. (Vorklang)*.

442　　　　　　　　　　　　　　　　　　　　　　　VARIANTEN

B.

(2) ⌈Genug.¹ Genug! Zu besseren Gedanken.⌉ Ich bitte Euch um Verzeihung. Ich habe eure Gedanken vergiftet. Ich habe nicht allen – fühl ich, nach dem Sinn geredet. Den Besten nicht! Nicht dort den Alten! Auch dort dem Jüngling nicht!² Wie soll ich aber reden – damit ich ganz Euer Mann bin! der Mann des Ganzen! Der Alte dort ich kenne ihn nicht

DER BARBIER
Du kennst mich genau!

STIMMEN
Still! Timon soll reden!

TIMON
Den Jungen schmeichle ich gern. Sie sind *(1)* die *(2)* unsere | Könige: denn die Zeit ist mit ihnen, und vor ihr beuge ich mich. Lehre mich, du Blanker, wie spreche ich, dass es Deiner Jugend gefällt? Du bist der Herr des Tages!

BACCHIS
Ehrlich sollst du sprechen.

TIMON
Tu ich das nicht?

BACCHIS
Du sollst sie ansehen, wie sie sind. Und nicht wie das Laster zu Herakles sollst du sprechen – das ihm wenig Arbeit u. viel Lust versprach – sondern ehrlich. Und sie nachhause schicken auf's Meer, ins Bergwerk, auf den Acker, in die Werkstatt. Wie sie da stehen, brauchen sie keine Zunge, sondern einen Kopf u. eine gebietende Hand.

Theron u. andere fahren auf.

TIMON
Redefreiheit! Sonst ist *(1)* die Sonne *(2)* der Tag | der Freiheit dahin! Er hat sich uns gestellt! er spricht zu uns – er sei uns willkommen!

B.
An ihre Arbeit sollen sie – denn sie sind Sklaven u. gehören an ihr Werk.

T.
Wie nennst du sie?

¹ *Fortsetzung:* R⟨odaun⟩ 25 Jänner 26 *(auf folgendem Blatt in Klammern notiert). Dabei Stufe (1) eingeklammert und für später vorgesehen.*
² *Derselbe Satz zwischen Abbruch und Fortsetzung schon einmal mit Stift vornotiert und nach Verwendung durchgestrichen.*

AKT I SZENE c

B.
Ich nenne sie was sie sind. Ackerknechte, Fischer, Taglöhner, Lastträger, Markthelfer, was weiß ich. Sie sind nichts andres als Sclaven u. ihr Herr ist jeder der daherkommt, und sie dingt – und so wars von jeher und so ists recht.

STIMMEN
Oho!

TIMON
Freiheit dem Mund der spricht! [Wer ihm die Zunge bindet, bindet sie auch mir!] Ich sage: Freiheit! Auf seine Stimme kommts mir an. Wer sagt mir dass ich das Volk vertrete: wenn seine Stimme gegen mich ist. Mein Gewissen ist zart. Ich fühle die Erbse die nicht da ist.

(1)¹ STIMMEN
Großmütiger Timon!

(2) Sind Euer drei das Volk? oder fünf? oder dreißig? oder tausend – aber vielleicht wenn er dazukommt: wird mein Gewissen mir sagen: Timon: du stehst hier für *(a)* das Volk! *(b)* Ephesus! | *(1) (2)*ᴾ Komm zu uns! Wir haben Häuser in denen du willkommen bist! Natur ist alles! Was brauchst du Künstelei – gesunde Jugendkraft hat das nicht nötig! In dir ist hoff ich junges Blut – du bist hoff ich keiner von den geilen Schößlingen – |

STIMMEN
Wir sind das Volk in seinem Zorn!

B.
Ein Haufen seid ihr, ein zusammengerotteter! – und er der euch zusammenrottet tut euch Schaden an Leib u. Seele. Weiß Gott was wollt ihr sein – u. seid nichts als das Thier mit tausend Köpfen

STIMMEN
Jüngling, du missfällst uns!

B.
Nein! er soll euch missfallen – weil er kalt u. warm aus einem Munde bringt. Er will euer Herr sein u. genießen! Merkt ihr denn nicht worauf er hinaus will? Er betäubt euch, denn er mischt alles durcheinander mit der Kraft seiner Zunge. Aber Sonderung ist göttlich – so im Denken als im Sein – alles ist abgestuft und nichts hat seines gleichen.

T.
Jüngling! ich beschwöre dich! Bist du ein Sohn der Stadt! Schwör mir! oder

¹ *Stufe (1) ungestrichen.*

bist du solch ein Zugereister wie die Schamlose um sich sammelt –? solch einer von der Bacchis Mamelucken? ⌈Dann geh – zwar ungekränkt doch schleunig!⌉

B.
Kennst du die Bacchis?

T.
Du kennst sie, wett ich! Schieb ich dir vor diesem hohen Gerichtshof den Eid zu? Antworte werter Jüngling

B.
Werter Abtritt! Kennst du die B?

T.
†Gib die Antwort. Ein bischen Mut! ein bischen Seelengröße junger Mensch! – ≈ ᵖ Du kennst sie nicht! Ich hoffe es für dich! wir älteren kennen sie – vom Wegjagen –↓ (1) Komm zu uns! Wir haben Häuser in denen du willkommen bist! Natur ist alles! Was brauchst du Künstelei – gesunde Jugendkraft hat das nicht nötig! In dir ist hoff ich junges Blut – du bist hoff ich keiner von den geilen Schößlingen – (2)ᵖ | du bist nicht aus ihrer Schule – dazu siehst du mir nicht genug verlebt aus! nicht verlottert genug! – oder bist ⟨du⟩ ein ihr Zugeschworener! einer von den ihren? ein Besoldeter aus dem Tempelschatz? solch ein Bevorschusster?

B.
Reißt ihm die Zunge aus! dem Bordellwirth!

STIMMEN
Die Zunge dir! Reisst ihn herunter dort!

TIMON
Wie nennt er mich?

B.
Bei deinem Amt! ⌈ᵖ du Kuppler! Wucherer mit Weiberfleisch!⌉

TIMON
Die Sprache verräth dich ⌈ᵖ! Also bist du aus d e r Schule! – Jetzt seht ihr das Hassenswerte vor Euch!⌉

AKT I   SZENE c   445

       Notizen zum nicht mehr ausgearbeiteten Schluß von Ic

N 281 – N 282

H III 205.32 – *Rückseite eines beidseitig beschriebenen Zettels von Sorte A (Vorderseite: N 150), 232 × 145 mm; Stift.*
Zwei Partien eines doppelt gefalteten Brouillons (die beiden übrigen: N 221 und 222) mit zwei einzelnen Repliken; durchgestrichen nach der wörtlichen Übernahme in N 283.
September 1925.

N 281

                I c

BACCHIS
Nicht ich – hier – sondern das wofür ich stehe

N 282

                I c

SOHN furchtbar zerstreut
Sagt mir – was ist?

EINER
Aber das kennst du? das sind Prügel – die du bekommst – du Aristokrat

N 283

H III 206.87 – *Einseitig beschriebener Zettel von Sorte A, 232 × 148 mm; blauschwarze Tinte.*
N 281 und 282 aufgreifende Details zum nicht mehr ausgeführten Schluß von Ic; vgl. N 260.
September/Oktober 1925.

                I c

BACCHIS
Nicht ich hier – sondern das wofür ich stehe – –

Schluss.

DER SOHN furchtbar zerstreut
Sagt mir was ist *(1)* das? *(2)*? was ist außen – was innen? |

EINER
– aber das kennst du? das sind Prügel! – die – du bekommst – du Aristokrat!
du hochnäsiger Lümmel! du Leuteschinder! du Vampyr!

N 284

H III 206.18 – Vorderseite eines beidseitig beschriebenen Blattes der Sorte D (Rückseite: N184); blauschwarze Tinte.

Detail zum nicht ausgeführten Schluß von Ic.

September/Oktober 1925.

Schluss

Der Todte der weggebracht wurde

Ergast b r a u c h t einen Todten der herumgetragen wird

Sohn bezweifelt's dass er todt war

ERGAST
Was? was sagt der Aristokrat! Gib Auskunft wer du bist! Er gibt nicht Auskunft, Ihm verschlägts die Rede! verschlagt sie ihm auf immer –

ERGAST
Kein Todter haut ihn

Lasst ihn! dort brennts!

Akt II

II/1H

II III 207.153 – Einseitig beschriebener Zettel von Sorte A, 229 × 144 mm; blaugraue Tinte.

Erster Ansatz zu einem Szenarium von IIa.

Vermutlich irrtümliche Datierung 22 X 25; die blaugraue Tinte läßt eher auf September als Entstehungszeit schließen.

AKT II

22 X 25

IIa
Folge der Scenen.

Bacchis: (sie hat schon vorher den Arzt rufen lassen)
1° plötzliches Schwinden ihrer ganzen Stärke: sie kommt sich selber abhanden. Anmahnung des Todes. (Lass niemand zu mir, wenn ich anfange, entstellt zu werden) – Überlegung: was ist vorgefallen. Ein Mensch aus meiner Dienerschaft – das sagt mir nichts – er (das ist Narrheit!) hat einen bei der Gurgel gepackt mich angeherrscht mich getragen mich gelegt (war er es der mich legte oder ihr, ich sehe immerfort sein Gesicht so nahe?) ja was weiter – wieso ist das die Weltschöpfung
2° mit Kira: um sich zu demüthigen; er hat dasselbe für diesen Trampel getan – \(Er hat dich oft gelegt? – Nein, umgeworfen!)/
3° Kira weggeschickt: es hat nichts gefruchtet: im Gegenteil! jetzt fangen meine Demüthigungen an.
[4° mit dem Arzt.»Es ist schon vorbei. Mir war um Palamedes Angst. Ich habe die Angst gestraft mit größeren Schreckgedanken. Wir sind immer der Vernichtung ganz nahe!«

DER ARZT
Du belehrst mich.]

In II/2 H verarbeitete Notizen

N 285 – N 286

H III 207.49 – 207.154 – Zwei einseitig beschriebene Blätter der Sorte C; blauschwarze Tinte.

Indirekt formulierte Replik der Bacchis (N 285) sowie eine durch Valéry-Lektüre beeinflußte Skizze zu einer Dialogpartie zwischen Bacchis und dem Arzt (N 286).

N 285: Oktober/November, N 286: November (Valéry-Lektüre) 1925.

N 285

II

Bacchis getraut sich nicht zu sprechen wegen Herzklopfen: welches wenn sie spricht, merklich werden könnte. Bittet den Arzt um ein beruhigendes Mittel: sie müsse sprechen man dürfe nichts merken.

N 286

II
Bacchis mit dem Arzt.

⟨BACCHIS⟩
Ich bin von folgendem Wahnsinn befallen: ich sehe das Leben wie es ist, ganz ohne Betrug – Ich sehe die Dinge wie sie sind.

ARZT
Das ist ein tödtlicher Zustand

B.
Und in diesem Zustand klammert sich mein ganzes Ich – kann ich es noch mein Ich nennen? an ein Wesen – aber das kann ich Dir nur ungenau sagen –

ARZT
Es ist eine Frau

B.
Aber! ein Mann – aber das Unbegreiflichste!

ARZT
Ein Buckliger

B.
Nein nein du bist auf dem Holzweg –

ARZT
Und an ihn zu denken macht dich trunken – deine Nüchternheit ist Deine Krankheit

N 287

H III 274.17 R – *Vorderseite eines beidseitig beschriebenen Zettels (Rückseite : Aufzeichnungen zum* Xenodoxus*) von Sorte A, 232 × 147 mm; blauschwarze Tinte.*

Replik der Bacchis und Notizen zur szenischen Gliederung des Beginns von II a, bei Benutzung der Rückseite durchgestrichen.

Oktober/November 1925.

II

BACCHIS
Abends? er brachte mich nachhaus – der Gesandte *(1)* war *(2)* meldete sich | noch bei mir – *(1)* dann *(2)* nach meinem Bad – und jetzt –

AKT II 449

Sie will ihm sofort einen Brief schreiben – Verwirrtheit. / Lässt die Wahrsagerin kommen. / Bestellt sie ab. /

lässt die ältere Sclavin u. Kira kommen. Zuerst zu der Vertrauten: Wie war das gestern abends? was hat der Mensch nachher gemacht? mit wem hat er was?

Verhör der Kira.

II/2 H

H III 207.95–96 – Zwei einseitig beschriebene (mit a und b paginierte) Blätter der Sorte A, 290 × 229 mm; blauschwarze Tinte.

Fragmentarisches, drei szenische Einheiten umfassendes Szenarium zu IIa.

Begonnen am 27 XI 25

IIa

Bacchis mit:
 (1) ⌈der Vertrauten:⌉
 dem Arzt →
 (2) der Vertrauten: | ⌈Mittel gegen Herzklopfen.⌉*A-D*
 ⌈*d* Kratinos⌉
 dem Notar ⌈näheres über Palamedes Abgang Vertrauen auf Hephästion: dieser habe den Ring. Näheres über Kauf des Hephästion.⌉
 (1)ab (2)c Kratinos *(3)d* |
 der Wahrsagerin ⌈(sie behält sie: diese erkennt H. real nicht.⌉
 Kira ⌈die stammelt⌉
 (1)a (2)b Kratinos *(3)cd* |
 Demetrius ⌈näheres über gestern Demetrius: Du musst fort. Timon verhandelt *(1)* mit Abgar Uchomo u. den Piraten. *(2)* nach Abgar Uchomo's Verschwinden mit den Piraten. Ich nehme mir das Recht dich zu beschützen.⌉
 Arion ⌈fast der Bericht über Hephästion: sowie dass dieser mit Timon pactiere (?)⌉

dazwischen:
 Hephästion Agathon
 der Pirat (mit Arion)
 Botschaft von Timon.

a.) Bacchis: die Vertraute:

BACCHIS
[Vertraute] der Herr ist fort: im geheimen. Er hat Papiere verbrannt. Dann fort. Man hat euch nichts sagen dürfen.

VERTRAUTE
Du bist krank.

B.
Ich weiß nicht.

VERTRAUTE
Oder –

B.
Es ist etwas passiert.[1]

VERTRAUTE
Es war dir so schwer ihn zu verlieren?

B.
Ich weiß nicht. – Ich habe den Doctor holen lassen *(1)? (2)*.

V.
Du glaubst krank zu sein.

B.
Ich weiß nicht.

VERTRAUTE
wirst du nachher jemand empfangen. Kratinos? [Agathon? Demetrius hat fragen lassen wie Du die Nacht? Blumen.]

B.
Ich weiß nicht.

VERTRAUTE
Auch der Notar ist da. Papiere die sich auf Hephästion beziehen.

B. zittert.

VERTRAUTE
Du bist erschrocken.

B.
Wie war das nach m. Nachhausekommen. [*(1) (2)* Hat man mich verfolgt?]

V.
Sclaven durchs Hauptthor. Du durchs Gartentor.

---

[1] *l. R.:* Die Vertraute: ich habe den ganzen Körper untersucht: Keine Schramme.

AKT II

B.
Ich

V.
Mit ihm.

⟨B.⟩]
Frag nichts. Lass die Wahrsagerin kommen, nicht den Arzt. [Mit wem hat Hephästion Beziehungen? mit schwankender Stimme Und dann den Notar –]

KNABE meldet
der Arzt.

[ᵖb.)]   Bacchis u. der Arzt.

[B.
lange fast ohne den Arzt zu bemerken. Ihre fixe Idee: sie glaubt: sie habe den Heph. an sich gedrückt, [sich dabei ohnmächtig gestellt.] u. ihm die Perle geschenkt.

Verzeih – du bist schon lange hier.]

ARZT
Du fühlst dich krank?

B.
[Die Perlenschnur. Es fehlt ein Teil.]¹ Meine ganze Stärke ist [wie nie im Leben] weg. [Ich komme mir selber abhanden] Was ist mit mir? Kann der Tod so plötzlich annahen? – Und zugleich eine fixe Idee!²

Arzt fragt ungeschickt nach der fixen Idee

[B.
Die Idee man habe etwas getan, dem man nun unverhältnismäßigen Wert gibt.

ARZT
Du musst den Gedanken ablenken – oder ihn aussprechen Die Sprache macht das Ungemeine gemein –]

↑B.
Nein. Ich bin in folgenden Wahnsinn verfallen: Ich sehe das Leben wie es ist, ganz ohne Betrug –

---

¹ *Ursprünglich am l. R. vornotiert.*
² *r. R.:* Die Tropfen sind im Haus: für die Alte gemacht

K.
Das ist ein tödtlicher Zustand.

B.
Und in diesem Zustand klammert sich m ganzes Ich an einen Mann ... an
den Unbegreiflichsten ...↑¹

(1) c) *(2)*ᵖ b.) |

[DIE VERTRAUTE
Darf der Notar? er ist eilig!

B.
Nein, Kratinos.

B.
Antworte mir, m. Lehrer. Haben unsere Wünsche schöpferische Gewalt?
Wenn ich mir Erniedrigung wünsche – Nebenbuhlerin m. Mägde zu sein?
Einem Sclaven gehören – – also das Niedrigste.

KRATINOS
Sclave ist relat Begriff. Diese Piraten drehen die Welt um.

B.
Kratinos, was ist nicht möglich in der Welt?²

B.
Du nützest mir nichts, m Lehrer! wo ist die Beruhigung? Wo ist die Macht
über sich selber? die ich als Tänzerin habe! Ich habe die Gabe verloren von
dir zu empfangen.]

DIE VERTRAUTE
Darf der Notar?

B.
Ja er wird mich *(1)* zerstreun. *(2)* ↑zerstreun. ≈ ernüchtern.↓ Hier sind die
Tropfen. Ich werde sie aufsparen. |

[VERTRAUTE
Hephästion will etwas melden.

B.
Er soll es dir sagen.]

¹ *Zusätzlicher Vermerk am l. R.:* – besser Kratinos:
² *Folgt Lücke.*

AKT II 453

(1) d *(2)* ᵖ c |.) mit dem Notar:

Document wonach alles in die Hand des Hephästion (= Abgar) gelegt.
\Auch schließlich der Siegelring.]

⟨B.⟩
Ich bin also in der Hand dieses Dieners? Kann ihm nicht entfliehen?

B. innerer Vorsatz
Durch Realität dies tödten! Kira soll kommen! Aber warte noch!

B.
Sage mir wer steht im Verdacht mit dem Hephästion zu schlafen – nein sage
es nicht! Schnell! hast du es gesagt? Ich erniedrige mich. Es hat Gründe. –
Wie findest du den Ton in dem Hephästion redet? Geeignet zum Befehlen –
ja! ja! – Er schlägt nie die Augen auf wenn er zu mir redet. – Man muss ihn
mit der Person aufs Land schicken.¹ Oder ist es zu hart – sie so einem auszu-
liefern – wie haben wir ihn \eigentlich] ins Haus bekommen. *(1)* er *(2)* Ich
werde mich vor ihm in acht nehmen.

In II/3 H verarbeitete Notizen

N 288

*H III 207.148 R – Rückseite eines beidseitig beschriebenen Zettels (Vorderseite: N 336)
von Sorte A, 230 × 145 mm; blauschwarze Tinte.*

Einzelne Repliken der Bacchis zu ihrem Dialog mit Kratinos.

Oktober/November 1925.

\mit] Kratinos:

Hässliche Gedanken? können sie schön sein? Mythenträume enthalten sie
nicht die Wahrheit?

Wie unterscheidet man Wahnsinn u. Vernunft?

Unsere Gründe sind mehr nur Vorwände. .

Abschied von Kratinos \(Sie muss weit fort)]

Wie kann ich urteilen wenn ich mich nicht unterwerfe?

¹ *u. R. nach Kira: Die einzige Hoffnung ist die Wahrsagerin – . . .*

N 289

H III 207.152 – Einseitig beschriebenes Blatt der Sorte C; blauschwarze Tinte.

Skizze einer Dialogpartie zwischen Bacchis und Kratinos.

Oktober/November 1925.

                    Bacchis mit Kratinos:

⟨BACCHIS⟩
Haben unsere Wünsche schöpferische Gewalt? – – ⌈Träumen ist schaffen? Habe ich dies geträumt?⌉ habe ich mir Erniedrigung gewünscht? *(1)* Con *(2)* Nebenbuhlerin meiner Mägde zu sein. Einem Sclaven gehören

KRATINOS
Sclaven sind Gebilde des Schicksals. Kriegsgefangene – ich fuhr an einer Insel vorüber wo die Nacht widerhallte von Ketten – diese Piraten drehen die Welt um –

B.
Eine Wölfin für alle für dich eine Hündin – ⌈Eine düstere Raserei ist im Bereich der Möglichkeit⌉

Kratinos! was ist nicht möglich in der Welt! – Ein Sclave – jemand der sich niedrig paart Eifersüchtig auf Schläge –

N 290

H III 207.149 – Einseitig beschriebener Zettel von Sorte A, 230 × 146 mm; blauschwarze Tinte.

Dialogpartie zwischen Bacchis und Kratinos.

September/Oktober 1925.

                    IIa
                Bacchis – Kratinos.

BACCHIS
ich könnte verrückt werden wenn ich versuchen will mich zu verstehen: in uns hängt eines vom andern ab: Verstand vom Herzen – wir sind um so viel klüger als wir *(1)* leidender sind *(2)* mehr Pathos haben |; ⌈ich verliere die Herrschaft über alle diese Begriffe.⌉ es ist nun in mich etwas gefahren was mich namenlos erniedrigt, zerrüttet u. zugleich fühle ich in meiner Erniedrigung Kräfte die ich nie gekannt habe: das ist infernalisch.

KRATINOS
Ein Arzt vielleicht. Nein – du bist verliebt: das ist Eros der seine Beute packt – das Wunder –

II/3H

H III 207.97–99 – Drei einseitig beschriebene (mit a–c paginierte) Blätter der Sorte A, 290 × 229 mm; blauschwarze Tinte.

Separat weiterentwickeltes Szenarium zur szenischen Einheit c.) *(Dialog Bacchis–Kratinos) von II a.*

Begonnen am 28 XI. ⟨1925⟩

Bacchis – Kratinos.[1]

B.
Kratinos! was ist nicht möglich in der Welt? Wie unterscheidet man Wahnsinn von Vernunft?

K.
Du siehst sonderbar aus.

B.
Es ist alle Ursache. – \Kann ein Augenblick alles verwandeln?

K.
In der Liebe. Ich kenne sie nicht.

B.
Es handelt sich nicht um Liebe. Es handelt sich um *(1)* m⟨ein⟩ *(2)* das Ich. –] Merk auf u. höre mir zu. – Ich bin gestern ausgegangen. Ich bin in ein Gedränge gekommen: durch m. Schuld. Jemand war da. – jemand aus m. Dienerschaft.[2] – Ich war dann für eine Weile allein mit ihm. †Mit diesem jemand der mich nichts angeht. Er hatte vorher jemanden bei der Gurgel gepackt: Ich war etwas erschrocken ≈ Er legte mich.↓ – Ja – wieso ist das die Weltschöpfung? Merk auf: Haben unsere Wünsche schöpferische Gewalt. Habe ich mir eine Erniedrigung heraufbeschworen?

K.
Du kannst nicht von außen erniedrigt werden!

B.
Aber durch m. Einwilligung.

B.
Merk auf: meine Geberden sind jedes Misstrauens wert – sie sind doch wie die Geberden einer Trunkenen!

---

[1] *o. R.:* Ich bin eine Mimin: misstraue mir –
[2] *Am l. R. nicht näher funktionalisierte Replik des Kratinos:* Was erzählst du mir? Einen Mythos?

K.

Sie sind von der höchsten Besonnenheit begleitet.¹

B.

Denk nur: wie ich alles spielen kann: Hingebung – alles – wie ich übertreibe immer mehr gebe als empfange – ⟨Die Phantasie reißt mich mit: ich möchte dass das oder jenes sich ereigne: dass das Leben wärmer sei – du kennst m Leben – –⟩ \ˢ Ich habe nie geliebt: aber immer zu lieben gewünscht.⟩

K.

Aber du weißt immer Bescheid: das macht dich so ↑einsam: ≈ so keusch.↓
(1) Und du erniedrigst dich nie.

[B.

Ich bin von einem erschreckenden Wahnsinn befallen. Ich sehe das Leben wie es ist. Ich sehe die Dinge wie sie sind.

K.

Das ist ein tödtlicher, unerträglicher Zustand.

B.

Und um dieser Bedrohung zu entgehen – (a) klammert sich mein Ich an ein Wesen. (b) unternimmt m. Ich ein noch furchtbareres Wagnis, scheint es. |

K.

Und der Gedanke an dieses Wesen hebt die Nüchternheit auf.

B.

Ja. – Aber das Unbegreiflichste – du errätst es nicht! – Die äußerste Erniedrigung. – Wir sind von Sclaven umgeben – Du hast ihrer 4. – nur mehr 2. aber denkt man je was sie sind.

K.

Diese Piraten verwandeln die Welt – – – ich fuhr an einer Insel vorbei – – – Kriegsgefangene: ein König bettelte in einem hohlen Baum –

B.

Kratinos – wie viele Jahre kennst du mich.

K.

Es sind 6 Jahre ...

B.

Ich lüge nicht. Meine Geberden sind mir heilig sagst ⟨du⟩. Ich könnte verrückt werden wenn ich versuchen will mich zu verstehen. In uns hast du mich gelehrt, hängt eines von andern ab: Verstand vom Herzen. Wir sind um so

---

¹ *Folgt gestrichene Vormerkung:* Wie kann ich urteilen wenn ich mich nicht unterwerfe!

AKT II 457

viel klüger als wir mehr Pathos haben.] Ich – verliere die Herrschaft über alle *(a)* diese *(b)* Begriffe. Es ist etwas in mich gefahren was mich namenlos erniedrigt *(a)*. *(b)*, zerrüttet u. zugleich fühle ich in m. Erniedrigung Kräfte die ich nie gekannt habe *(a)*. *(b)*, das ist infernalisch.

K.
Du bist verliebt. Das ist Eros der seine Beute gepackt hat. Zum ersten Mal im Leben.

B. weint.
Ich bin 27

K.
Ich bin 68 u. habe es nie erlebt. ⌈Ich weiß dass es existiert. In großen Dosen kann es tödten.⌉

(2) – Du erniedrigst dich nie: du bist in deinen Geberden **ganz**. Deine geheimsten Wünsche regieren sie: du bist ⌈in dir⌉ wie eine Priesterin im Heiligthum. Deine innere Klarheit geht über die Begriffe.

B.
⌈Nimm was ich dir jetzt sagen werde wie einen Mythentraum:⌉ Ich war allein mit einem Menschen. Und ich habe ihn an mich gedrückt u. eine decisive Geberde gemacht – Keine indecente: ich habe gefühlt dass Menschen kommen – und habe ihm symbolisch die Perlen zerrissen⁴⁻ᶜ ⌈u. habe ihn angebetet⌉. –

⌈ᵇᶜ K.
Herrlicher mythischer Moment!

⟨B.⟩⌉
Und jetzt nimm an: ⌈was die Sache **schlechter** macht:⌉ dass es jemand war, von dem überhaupt keine Antwort kommen konnte. –⁴⁻ᶜ

⌈ᶜ K.
Nimm an: er hat es nicht verstanden.

⟨B.⟩⌉
⌈ᵇᶜ Jemand mit dem man nicht wieder darauf zurück kommen kann.⌉ Jemand den man auf die Seite räumen könnte. Und zugleich **weiß** ich, dass ich dann verloren bin. – Ich bin eine verwandelte Person. ⌈Ich bin von einem erschrekkenden Wahnsinn befallen. Ich sehe die Dinge wie sie sind. Und um dieser Bedrohung zu entgehen – unternimmt mein Ich ein noch fürchterlicheres Wagnis: sie legt ihm die Hände auf die Schulter⌉ Ich sehe das Leben wie es ist: und als Einziges dass dieser Mensch existiert.
Ich – verliere die Herrschaft über alle Begriffe. Es ist etwas in mich gefahren was mich namenlos erniedrigt, zerrüttet u. zugleich fühle ich in m. Erniedrigung Kräfte die ich nie gekannt habe, das ist infernalisch.

K.
Du bist verliebt. Das ist Eros der seine Beute gepackt hat. Zum ersten Mal im Leben.

B. weint.
Ich bin 27

K.
Ich bin 68 u. habe es nie erlebt. Ich weiß dass es existiert. In großen Dosen kann es tödten.

B. trocknet ihre Thränen
Ich muss allein weitergehen. Adieu, Kratinos. – Es kommt etwas. Die Frau hat es gewusst. Leb wohl – du kennst etwas nicht. Ich kenne alles nicht mehr was du kennst. Denk dir deine Freundin Bacchis ganz woanders: hilfloser als eine Todte –¹ eher wie eine Verurteilte. ⌈Muss man ihm die schenken die er schon hat? – –⌉ – Denn bevor ich urteilen darf – muss ich mich unterwerfen. Allen eine Wölfin – dir eine Hündin. Und wenn er ein Teufel ist? Er hat eine Maske (1)? (2)! ¦ wenn er, der dem ich gehöre – wenn er darauf ausgeht mein Ich zu zerrütten. ⌈Sein Ernst u. seine Laune – beide sind ein unbekanntes Gebiet.⌉

K.
⌈Sei getrost.⌉ Du liebst dein Ich nicht mehr – du willst dich geben.

B.
Verstehen – die ungeheure Furcht: das Ertrinken. Mir geht das Wasser an den Mund – und du lässest mich?

B. Vertraute

In II/4H verarbeitete Notiz

N 291

H III 207.146 – Rückseite eines beidseitig beschriebenen Zettels (Vorderseite: N 96) von Sorte A, 230 × 146 mm; blauschwarze Tinte.

Flüchtig notierte Replik der Bacchis für ihre Begegnung mit der Wahrsagerin; möglicherweise

¹ *Folgt der Einfall:* (im nächsten Dialog mit der Vertrauten spielt sie die **frivole**.)

AKT II

zuerst für eine Verwendung im ersten Akt (Villa) vorgesehen, bevor sie partiell in II/4H ausgewertet wurde.

Oktober/November 1925.

Mit der Wahrsagerin:

⟨BACCHIS⟩
Mache dass schnell das Andere eintrete.
Nein: mache dass niemals der Andere: lieber fliehe ich mit diesem.
Dieser ist alles.

II/4H – II/5H – II/6H

H III 207.100 – 207.101 – 207.102 – Drei einseitig beschriebene (mit α, β, γ paginierte) Blätter der Sorte A, 290 × 230 mm; blauschwarze Tinte.

Entwurfsansätze zu weiteren szenischen Einheiten von II a.

Wohl bald nach dem 28. November 1925; vgl. S. 103f.

II/4H

IIa
Scenarium.
\(II^{te} Reihe der Bacchisscenen)/

(1) Kira
die Wahrsagerin →
(2) Bacchis [zuerst allein. Sie muss ein Monodrama spielen.] mit: Kira der Wahrsagerin |

Demetrius
Arion.

VERTRAUTE
Kira ist da – und die Wahrsagerin ist auch da – u. Demetrius.

(nach der Kira-scene schreit B. um die Wahrsagerin: zu dieser: nimm Geld, nimm was Du willst u mache das andere wahr.)

Schluss der Kira-scene:
Schaff mir sie aus den Augen, ich weiß nicht zu was ich nicht fähig wäre.

II/5H

\(2ᵗᵉ Reihe der Bscenen)/
mit der Wahrsagerin.

B.

Du hast doch gesagt es vollzieht sich so dass P. ihn mir einführt: das sind
doch menschliche Formen

(1) w.
Es ist doch da!

(2) – das ist doch nicht dieses Chaos, dieser Hinsturz

w.

_{Es ist doch da!} Das Schicksal gleicht immer einem Stürzen!

II/6H

Bacchis Demetrius

B.

Lieben? werben? erhört werden? ein Spass ein großer Spass – *(1)* aber das
(2) o du erfahrener Mann – Du Don Juan! du Frauenbesieger – aber das erleben was ich erlebe – –

In II/7 H verarbeitete Notizen

N 292

*H III 207.132 – Obere Partie eines einseitig beschriebenen Zettels (untere Partie: N 303)
von Sorte B, 222 × 138 mm; blauschwarze Tinte.*

Mit einer Entlehnung aus Shakespeares ›Troilus und Kressida‹ (III, 2) versehene Replik.

Lektüre von ›Troilus und Kressida‹: September 1925.

BACCHIS
Zuweilen meine ich – es müsste ein Mensch etwas sagen können – mit einem
Ton – aber es dürften keine Worte sein – oder er müsste ganz in seinen Worten
sein – \(1) Re⟨den⟩ (2) Die Sprache macht das Ungemeine gemein/

EINER
  »ich fürchte Tod
  vernichtende Ohnmacht – oder Lust zu fein,

ein Trank zu feurig, Ton zu scharf an Süße
für meiner gröbern Sinne Fassungskraft –«

N 293 – N 294 – N 295 – N 296

H III 206.104 – 207.142 – 206.105 – 206.106 – Vier einseitig beschriebene Blätter der Sorte C; blauschwarze Tinte.

Details für den Dialog Bacchis–Demetrius.

Hephästion: November 1925.

N 293

II.

Demetrius horcht: während Bacchis Kira ausfragt.

Demetrius Bacchis: Er spricht zu viel von sich, was er gedacht vorgekehrt u mit Hephästion besprochen hat. – Hier kritisiert sie eine gewisse Redeweise von ihm.

⌈Demetrius mischt die Lage der Stadt ein: die Aristokratie ist verloren, jetzt gibt es nur mehr das individuelle Glück⌉

N 294

II

Demetrius der Nauarch ⎫
Agrippa der Landvogt ⎭ Adelige.

DEMETRIUS
Deine Augen sind wagrecht u. dunkler als gewöhnlich. ⌈Ein Schleier über dem Blick den ich nicht kenne⌉

BACCHIS
Erfüllt das ist das Wort.

BACCHIS
über das Abenteuer meine Leute waren angezogen wie Pülcher – –

Ich würde mich nicht gern haben (wenn ich ein Mann wäre) – aber ich würde mich eben kennen –

N 295

II.

Demetrius spürt eine Veränderung in ihr – eine Lust *(1)* zu in *(2)* etwas zu gestehen – eine Lust etwas zu verschweigen: Jetzt werden die Pupillen dunkler –

mit Demetrius
die Idee die Möglichkeit sie könnte sich in Timon verliebt haben – in den ↑Halbgott ≈ Viertelgott↓ des Neuen – Unbekannten – Brutalen – dem zugejauchzt wird – in den der sie insultierte, in das Gemeine – das Neue – Naive ⸢: das Gewöhnliche, das nicht-Individuelle⸣

Nachforschung nach dem Vorgang von gestern abends:

DEMETRIUS
Wie ist sie nachhause gekommen? was war weiter?

Nachforschung Bacchis selbst: eine graue Perle fehlt – ist plötzlich wieder da.

N 296
Bacchis mit Demetrius.

Er sagt ihr: sie sei unerreichbar durch Kälte – man besitzt sie nicht. Ihre Waffen seien ihre Leichtigkeit – ihre Gleichgültigkeit ihre Verachtung – (sie glaubt in diesem Moment die Fußtritte ⸢H's durch die Wand⸣ zu hören – sie lässt nach dem Arzt u. dem Philosophen die Wahrsagerin kommen: die ihr so viel u. zu wenig gesagt hat.

Zauberhaft war dieser Busen voll von wilden Schreien –

Ihr Zorn auf Demetrius ⸢1° dass er sie für eine kühle Frau hält 2° dass er für möglich hält sie zu gewinnen *(1)* Wie? du *(2)* Weißt du was das ist, die tiefe Durchdringung einer Nähe? dies sich-ankündigen einer neuen Welt⸣

II/7 H

H III 207.102–104 – Drei einseitig beschriebene (mit γ1, γ2, γ4 paginierte) Blätter der Sorte A, 290 × 230 mm; blauschwarze Tinte.

In Großstufe A zunächst ein eigenständiges Szenar darstellender, im weiteren Verlauf der Konzeption II/6 H integrierender Entwurf zum Ablauf der Begegnung zwischen Demetrius, Bacchis und Hephästion.

Wohl bald nach dem 28. November 1925; vgl. S. 103f.

AKT II   463

                        IIa
                (2te Reihe der Bacchis-scenen)

A ⟨BACCHIS⟩ zu Demetrius
Was eine Liebessituation ist – das werde ich dir sagen –: die Entscheidung
über das Weiterleben von der anderen Person erwarten: es nicht wagen
sich dieser Person zu geben – und gehen müssen bis du ihr begegnest gehen
gehen gehen – sie läuft hinaus: nachdem sie wie eine Verrückte auf u. ab gelaufen:
\Ich fürchte Tod – vernichtende Ohnmacht – oder Lust zu fein – ein Trank
zu feurig – Lust zu scharf an Süße für meiner gröberen Sinne Fassungs-
kraft/

draußen begegnet ihr Arion: der sich vergeblich hat melden lassen – dann sogleich

HEPHÄSTION der sie anpackt u fragt
Was hat dieser Mensch dir gesagt?

B. divagiert.

HEPHÄSTION
Ich spreche zu dir!

\Vertraute ängstlich im Hintergrund./

B. *(1)* fällt *(2)* taumelt | auf ein Ruhebett

HEPHÄSTION
Du musst dich zusammennehmen! grenzenlos! Du spielst um mein Leben
– um deines – u. Palamedes' *(1) (2)*ᵖ Er darf nicht wissen: dass Pal fort ist:
dass nur wir beide allein da sind Du musst jedes Entgegenkommen für
Timon haben – | Ich werde dich führen von Minute zu Minute aber du
musst ganz frei scheinen – scherzhaft – geistreich –¹ *(1)* Er darf nicht wissen:
dass Pal fort ist: dass nur wir beide \allein/ da sind Du musst jedes Ent-
gegenkommen für Timon haben – *(2)*ᵖ | bis heute um Mitternacht.

B.
Und dann wenn es vorüber ist – dann kommst du – und sagst mir alles –

HEPHÄST.
Geh schnell. Sie kommen schon

Fanfare

B DEMETRIUS
Ich habe dir eine wichtige Mitteilung zu machen. Die Dinge haben eine be-

---

¹ *l. R.:* (mimisch; mit niedergeschlagenen Augen)
        Bacchis: Der Herr spricht wie ein Diener.
        B. (er trägt die Perlen)

drohliche Form angenommen. Ich bin *(1)* de⟨in⟩ *(2)* P's ältester Freund. Die Aristokratie ist verloren: ⌜Timon macht in der Stadt was er will. Der Rest von Truppen ist entwaffnet.⌝ es gibt nur mehr das individuelle Glück.

B.

Nur mehr das, o Götter!

DEMETRIUS

Da versteht man plötzlich die Welt. – Die ganze Welt früher war kaum atembar.

B.

Wenn in dieser ausgeschöpften Welt sich noch etwas ändern könnte – wie durch einen Blitzstrahl – und er ist gekommen!

D.

Bacchis? du weißt? du verstehst? du erräthst? – ⌜Ich habe m. Frau fortgeschickt – zu ihrem Vater.⌝

B.

Was, Demetrius!

D.

Ja – deine Augen sind verändert – in dir ist etwas wunderbares neues – eine Lust etwas zu verschweigen – eine Lust etwas zu gestehen – deine Pupillen werden dunkler –

⌜B. sieht sich kalt im Spiegel u ihn feindlich an

⟨D.⟩⌝
ach! aber du bist eine kühle Frau – du siehst mich feindlich an –

B.

Kalt bin ich?

DEMETRIUS

Du wärest es nicht? du wärest zu gewinnen? Wenn man dich bäte –

B.

Du?

DEMETRIUS

Ich habe nie einen andern Gedanken gehabt: du weißt es.

B.

Du?

DEMETRIUS

Werde m. Frau! ⌜Du durchdringst mich mit deiner Nähe⌝

AKT II

B. horcht durch die Vorhänge
Du weißt was das ist: die tiefe Durchdringung durch ein Nahen? Ah, du verstehst das?

D.
Du spürst es ja auch. Dieser Busen kann voll wilden Schreien sein! Ich weiß es jetzt!

(1) B.

(2) Es gibt Werbungen, ⟨an⟩ denen du dich entzündest! Deine Augen sind wagrecht.

B.
O du erfahrener Mann! ⌈Reizend muss es sein dich zum Verehrer zu haben: du vergisst dich nie: ich meine du denkst immer an dich –⌉

D.
Du bist verliebt!

B.
Oh du Prophet

D.
Und zwar ganz etwas Unerwartetes hat dich getroffen

B.
Du Adleraug! Du Schlaukopf sie wird verletzend

D.
Ein Unbekannter – Brutaler – dem zugejauchzt wird – Du hast dich verloren an das Gewöhnliche – das Neue – das Gemeine du bist in Timon verliebt

B. lacht ohne Aufhören
(1) Was eine Liebessituation ist – das werde ich dir sagen –: die Entscheidung über das Weiterleben von der anderen P e r s o n e r w a r t e n: es nicht w a g e n sich dieser Person zu geben – und gehen müssen bis du ihr begegnest gehen gehen gehen – *(2)* Lieben? werben? erhört werden? ein Spass ein großer Spass – o du erfahrener Mann – Du Don Juan! du Frauenbesieger – aber das erleben was ich erlebe – – ⌉ sie läuft hinaus: nachdem sie wie eine Verrückte auf u. ab gelaufen: Ich fürchte Tod – vernichtende Ohnmacht – oder Lust zu fein – ein Trank zu feurig – Lust zu scharf an Süße für meiner gröberen Sinne Fassungskraft

draußen begegnet ihr Arion: der sich vergeblich hat melden lassen – dann sogleich

HEPHÄSTION der sie anpackt u fragt
Was hat dieser Mensch dir gesagt?

B. divagiert.

HEPHÄSTION
Ich spreche zu dir!

Vertraute ängstlich im Hintergrund.

B. taumelt auf ein Ruhebett

HEPHÄSTION
Du musst dich zusammennehmen! grenzenlos! Du spielst um mein Leben
– um deines – u. Palamedes' Er darf nicht wissen: dass Pal fort ist: dass nur
wir beide allein da sind Du musst jedes Entgegenkommen für Timon
haben – Ich werde dich führen von Minute zu Minute aber du musst ganz
frei scheinen – scherzhaft – geistreich – bis heute um Mitternacht.

B.
Und dann wenn es vorüber ist – dann kommst du – und sagst mir alles –

HEPHÄST.
Geh schnell. Sie kommen schon

Fanfare

Nach Abbruch von Akt II
nicht mehr verarbeitete Notizen

N 297

H III 206.102 – *Obere Partie eines einseitig beschriebenen Zettels (untere Partie: N 219);*
Beschreibung siehe dort.

Detail zum Beginn des zweiten Aktes aus einer frühen Phase der Ausarbeitung; in den Ent-
würfen ist ein Auftritt des Gesandten nicht mehr vorgesehen.

September/Oktober 1925.

(1) I. →
(2) II. |

(Anfang: Schenkung der Villa an Bacchis. Dictat an den Notar. Begründung:
dass ihre Ahnen hier gesessen.)

beim Kommen der Jungen: –

GES.
Und Timon?

AKT II

N 298

H III 207.68 – Beschreibung: N 101; Zusatz: blaugraue Tinte.

Aus der Lenzerheidezeit: zur psychischen Situation des Gesandten.

September 1925.

                    II.
               (in der Villa.)

Tiefer Pessimismus des Gesandten. Gespräch mit dem Arzt über den Tod. Der Arzt auch Chiromant. Auseinanderhalten von Schicksal u Psyche, Leistung und Niveau.

N 299

H III 207.151 – Einseitig beschriebener Zettel von Sorte A, 231 × 147 mm; blauschwarze Tinte.

Eine George-Reminiszenz (vgl. N 63) verwertende Notiz zur Verwandlung der Bacchis.

Keine genauere Datierung möglich.

                 \[(mit dem Arzt)]

Bacchis: Anfang der Verliebtheit *(1)* wie *(2)* (in die Vorstellung von dem Sclaven) als eine Krankheit empfunden – eine Narrheit: die ungereimtes u. erschreckendes Denken heraufbringt – lauter flirrende Bilder die zu deuten sie sich schämen würde. Als Kind Fieber vor den Masern.

(*(1)* ihr *(2)* sie spielt ihr ganzes Spiel in der Bankettscene für den Sclaven, vor dem niedrig u. gebrochen zu liegen ihr unbewusster Wunsch ist.)

N 300

H III 206.42 – Untere Partie eines einseitig beschriebenen Blattes (obere Partie: N 347) der Sorte C; Stift.

Ihr Liebeserlebnis reflektierende Replik der Bacchis.

Keine genauere Datierung möglich.

IIa
Anfang.

B. [über ihre Nacht]
Die Ausdehnung die ein Punkt annehmen kann ist grauenhaft – Denken
ohne Worte ist schwächender als alles.

Staunen – Angst – Nicht-verstehen: alles ausgedrückt durch einen Anblick.

N 301

H III 207.150 – Einseitig beschriebener Zettel von Sorte A, 230 × 146 mm; blauschwarze Tinte.

Skizze zu einer knappen Dialogpartie zwischen Bacchis und Kratinos.

Oktober/November 1925.

B. – Kratinos.

B.
Fragen beziehen sich darauf ob man einen doppelten Willen habe – ob man
gegen seinen Willen zu handeln vermöge

KR.
In der Liebe – die große Liebe ist ein Bereich für sich.. Der Bereich der
Wirklichkeit. In ihm ist jeder allein, aber allmächtig.

Sie fängt zu weinen an.

N 302

H III 206.61 – Beschreibung: N 65; Zusatz: blauschwarze Tinte.

Exzerpte vom Herbst 1923 aus Bertrams Nietzschebuch, geringfügig ergänzt und größtenteils zu Repliken der Kira verwandelt.

Oktober/November 1925.

II.

Kiras Angaben Kira ist Stammlerin

Das Mysterium, als letztes Palladium in den Händen des Adels.

Goethe: Das Beste wird nicht deutlich durch Worte.

τὰ δρωμενα im Gegensatz zu τὰ λεγομενα

AKT II 469

Spricht die Seele so spricht ach schon die Seele nicht mehr!
Schiller

In allem Reden liegt ein Gran Verachtung. Das Wort macht das Ungemeine gemein. Wir verachten alles was sich erklären lässt. Man glaubt nur dem Stammelnden.
Nietzsche

So weigert sich die Sclavin, ihrer Herrin das Letzte von ihrem Liebesmysterium mitzuteilen. Sie stammelt dann.[1]

BACCHIS
Sie hat ganz recht: Ich kann mir keinen Gott denken der spricht
Von zwei ganz hohen Dingen, Maß u. Mitte redet man am besten nie.
Nietzsche

Es ist viel erreicht wenn der großen Menge .. jenes Gefühl endlich angezüchtet ist, dass sie nicht an alles rühren dürfe; dass es heilige Erlebnisse gibt, vor denen sie die Schuhe auszuziehen u. die unsaubere Hand fern zu halten hat...[2]
Nietzsche

Die deutschen Gelehrten sind als Erkennende zudringlich u. ohne Scham
idem.

N 303

H III 207.132 – Untere Partie eines einseitig beschriebenen Zettels (obere Partie: N 292); Beschreibung siehe dort.

Mimische und dialogische Details zur Begegnung der Bacchis mit dem Sklaven und Kira.

September 1925; vgl. die Datierung von N 292.

\II

Sie lässt Kira rufen um mit ihr auf das Thema Liebe zu kommen. Sie kommt sich jetzt arm gegen Kira vor – jagt sie weg, ruft sie wieder. Sie bedroht Kira: wenn sie ihr nicht das Versteck sage! – Sie will ihm nach, verkleidet/

Bacchis u. der Sclave:
sie verwirrt sich im Reden, schämt sich, wird glutrot – will weg, will dass Kira ihr hilft wegkommen – Kira hat Angst vor ihr – o diese Bürgersfrauen, wie machen sie es: die Schmach benutzen sie in solchen Augenblicken, sich zu betäuben. – (Er ist fort!)

---
[1] *Absatz am l. R. markiert und gewissermaßen ausgesondert.*
[2] *Absatz am l. R. markiert.*

N 304

H III 206.70 R – Rückseite eines beidseitig beschriebenen Zettels von Sorte A (Vorderseite: N 22), 232 × 145 mm; blauschwarze Tinte.

Notiz, die nicht mit völliger Sicherheit den Materialien der Kiraszene zuzuordnen ist.

Vermutlich aus einer frühen Phase der Ausarbeitung: September(?) 1925.

(*1*) I. →
(*2*) II. |

Die Magd, wissend dass der Sclave ein ganz junger Mann – vergeht vor Scham, dass man errathe – wie sie es wisse.

N 305

H III 207.13 – Einseitig beschriebenes Blatt der Sorte C; blauschwarze Tinte.

Replik der Bacchis.

November 1925 (Hephästion).

II b^r

B.
Und solche plumpe Lügen glaubst du ihm

(am Schluss: Kira – nicht sie – ist davon unterrichtet, dass Hephästion von jetzt nicht mehr findbar sein wird)

N 306 – N 307

H III 206.68 – 207.144 – Zwei einseitig beschriebene Zettel von Sorte A, 231 × 146 bzw. 147 mm; blauschwarze Tinte.

Einzelne Skizzen kleiner Dialogpartien zwischen Bacchis und Kira sowie eine isolierte Replik der Hetäre.

Oktober/November 1925.

^{1} *o. R.:* Azimuth

AKT II

N 306

                Verhör der Kira.

⟨BACCHIS⟩
Ich hab es vergessen

⟨KIRA⟩
Gewiss gnädige Frau. Ich hab es auch vergessen.

B.
Ich werde ihn aufsuchen lassen u. ihn fragen.

K.
Such ihn, such ihn, er wird sagen dass er's vergessen hat –

Das macht nichts – jetzt kann ihm niemand mehr etwas tun –

Ich weiß nicht, Frau, du sagst er ist vielleicht ein Lügner u. ich sags auch; aber man muss ihm gehorchen. [– Ich darf mein Geheimnis verraten aber nicht seines.]

B.
Aber er ist doch ein Sclave

KIRA
Ja – aber das macht nichts, bei ihm

B.
Und alle andern fürchten ihn

K.
Ja freilich fürchten sie ihn – aber nicht wie einen Fremden

B.
Und du fürchtest du ihn auch

K.
nicht während er bei mir liegt aber dann gleich wieder

N 307

                mit Kira.

wer in diese isaurische Welt hineinkönnte – Sclavin eines Häuptlings –

N308

H III 207.138 R – Rückseite eines beidseitig beschriebenen Zettels von Sorte A (Vorderseite: N104), 231×145 mm; blauschwarze Tinte.

Replik der Kira.

Oktober/November 1925.

       B. – Kira

KIRA
Er spricht Worte – die nichtigen –

N309

H III 207.141 R – Rückseite eines beidseitig beschriebenen Zettels von Sorte A (Vorderseite: N28), 230×147 mm; blauschwarze Tinte.

Details zum Dialog der Hetäre mit Kira.

25 XI 25   Bacchis mit Kira

B. entdeckt dass er das erste mal mit Kira genau so verfahren wie mit ihr.

Zum zweiten Mal befragt erklärt Kira dass es ganz in der Ordnung gewesen sei. Bei einer Fürstentochter wäre er anders verfahren.

B.
Und du?

K.
Ich war glücklich seine Dienerin sein zu dürfen.

N310

H III 207.122 – Obere Partie eines einseitig beschriebenen Zettels von Sorte A (untere Partie: N391), 231×147 mm; blauschwarze Tinte.

Den Sklaven charakterisierende Replik der Kira; gestrichen, als die untere Partie den Materialien zum Bankett zugeschlagen wurde.

Vermutlich in einer frühen Phase der Ausarbeitung: September(?) 1925 entstanden.

AKT II

Der Sclave.

KIRA
über den Sclaven: das großartig Religiöse das ihn umgibt. Wie Kerker oder Knechtsdienst ihn nicht berühren kann.

N311

H III 207.129 – Einseitig beschriebener Zettel von Sorte A, 231 × 146 mm; blauschwarze Tinte.

Skizze einer längeren Dialogpartie zwischen Bacchis und Kira.

Keine genauere Datierung möglich.

II.
Bacchis u. Kira.

(mehrmals: Das Mädchen noch einmal herein! worauf Kira wieder auftritt)

BACCHIS
Ein Sclave! was ist das weiter? ein Kriegsgefangener – aber an ihm wischt sich ein freigeborener Rüpel die Füße ab – wer weiß wozu er gebraucht worden ist – ⌈in einer Tretmühle, als Wasserträger unterm Joch – vielleicht als Fechter für ein Bankett –⌉ aber *(1)* an *(2)* dem Rüpel tritt ein Ratsherr auf den Nacken – und in Kriegszeiten leckt der einem Soldaten die Hand – aus dem ⌈wieder⌉ ein Sclave wird –

KIRA
Freilich – es ist einer wie der andere

BACCHIS
Unterstehst du dich – freche Trulle! Mir sich a n n ä h e r n – ein Sclave!

KIRA
Er wird sich nicht getrauen

BACCHIS
Dann ist er dumm. Denn man muss sich bei Weibern alles getrauen. Je niedriger man uns nimmt, desto sclavischer gehorchen wir. Der uns prügelt, dem laufen wir nach.

N312

H III 207.139 – Einseitig beschriebener Zettel, 222 × 150 mm; gekörntes mittelschweres Papier leicht gelblicher Färbung; Stift, Nachträge mit blauschwarzer Tinte.

Details für einen Monolog der Bacchis.

Keine genauere Datierung möglich.

[*T* Bacchis: nach der Kirascene.]

B.

Angst: was kann er sagen was über s. Stande wäre? –
Mein Hochmut macht mich leiden. [*T* Meine ganze Welt ist falsch aufgebaut:
sie muss einstürzen.]

N 313

H III 207.145 – Einseitig beschriebenes Blatt der Sorte C, ca. 162 × 135 mm (ungerader Abriß); blauschwarze Tinte.

Flüchtige Notiz zum Schluß des Dialoges zwischen Bacchis und der Wahrsagerin.

Keine genauere Datierung möglich.

Scene der Wahrsagerin:

als Schluss: die Freude ihn da zu haben –

N 314

H III 206.107 – Einseitig beschriebenes Blatt der Sorte A, 290 × 230 mm; blaugraue Tinte.

Disposition zum Verhältnis der Bacchis zu Demetrius.

15 IX 25.   II.

Demetrius: Freund der Bacchis.

reifer Mann; alle ihre Verhältnisse kennend.

Er wüsste wie die Dinge zu machen wären – kann sie aber nicht machen.

Er reicht hin, die anderen für sie zu annullieren, ohne sich selbst an die Stelle
setzen zu können. Gespräch über das Männliche; über den männlichen
Genius.

Analyse ihres Charakters [u. der ihrer Verehrer u. früheren Liebhaber.
(die er übrigens absichtlich nicht genau auseinanderhält)]: dessen Müdigkeit
u. Kälte er symbolisch nimmt. Ihr Mut in ihr sei eine Reminiscenz; ebenso
das Exclusive, ebenso die gelegentliche Lust, sich zu encanaillieren – Ihr
weibliches Schicksal damit umschrieben dass sie Mimin wurde.

Ihre Gegenanalyse.

SIE
es kommt alles auf Situationen an.

AKT II

ER
Schauspielerin!

ER
der Adel ohne Geldmacht verloren. [– über den Weltzustand: dass auch die
Wahrheit blutarm geworden sei. (Sein Hass gegen Redner.)]
Auf der wüsten Insel wärest du mit jedem zufrieden.

N 315

H III 206.43 – *Untere Partie eines einseitig beschriebenen Blattes (obere Partie: N 329)
der Sorte C; Stift.*

Detail zum Beginn des Dialoges zwischen Bacchis und Demetrius.

November 1925; siehe die Datierung von N 329.

DEMETRIUS' Eindringen
sie wirds verzeihen!

B. Hat Mühe ihn zu erkennen
Da war ich gemein!

N 316

H III 207.128 – *Einseitig beschriebener Zettel von Sorte B, 213 × 132 mm; Grundschicht:
blaugraue, Nachtrag: blauschwarze Tinte.*

*Durch eine Shakespeare-Reminiszenz (›Troilus und Kressida‹ III, 2) angeregte Notiz
zur Hetäre und ihren Liebhabern.*

September 1925.

II.

BACCHIS
Ihr seid – meine Kenner

[(oder:

BACCHIS
und was bist du?

DEMETRIUS
dein Kenner, Bacchis!)]

sie kennen alle die verborgenen rancunen u. ressentiments – darüber dass ihr der rechte Mann noch nicht begegnet – die Art wie sie einen Liebhaber plötzlich distanziert – ⌊weil er etwas in ihr beleidigt hat durch die Möglichkeit dass sie sich mit ihm eingelassen hat.⌋

BACCHIS
Ich kanns eben nicht nur mit den Schenkeln machen – schade.

über ihren Liebhaber: Seine Möglichkeiten sind nicht stark, aber wenigstens seine Unmöglichkeiten haben was!

⌊*T* Verdacht: der Sclave liebe Knaben.⌋

N 317

H III 206.110 – *Beschreibung: N 33; Änderungen: blauschwarze Tinte.*

Verkürzte und den Materialien zum Dialog der Bacchis mit Demetrius zugeschlagene Notiz aus der ersten Entstehungsphase.

Herbst 1925.

Frühstücksgespräch: sie redet ruhig von ihrem Geiz, so wie unten.

Die Hetäre, helenahaft: sofort Mittelpunkt einer Wirbelbewegung: Demetrius fühlt in ihrer Nähe seine Kräfte gewachsen, seine Ansprüche gerechtfertigt, das Unmögliche möglich.

Ihr Geiz ist stärker als alles: sie möchte davon erlöst werden wie von einer Krankheit. Ihr Erlösung wenn sie als Mimin auftritt, die Verschwenderin spielt

N 318 – N 319 – N 320

H III 207.108 R – 207.131 – 207.130 – *Vorderseite eines beidseitig beschriebenen Zettels (Rückseite: N 212) und zwei einseitig beschriebene Zettel von Sorte B, 214 × 137 (N 318) und 212 × 136 mm; blauschwarze Tinte.*

Einzelne Repliken der Bacchis zur Verwendung in ihrem Dialog mit den Aristokraten, im weiteren Verlauf zum Gespräch zwischen Bacchis und Demetrius allein konzentriert; N 318 durchgestrichen bei der Benutzung der Rückseite.

September/Oktober 1925.

N 318

II.

In der Villa: ihr Zuhören – wie ihr Gesicht wechselt

EINER

Es ist leichter ihr Gesicht durch Geschichten von Timon wechseln zu machen als im Bett –

Sie wirft Blumen; so wie früher als Blumenmädchen.

N 319

II.

Bacchis u die Herren.

Ihr habt wunderbare Qualitäten: z B. Du, dass Du nicht stolz bist – großartig – bei deinem Mangel an Rasse. – Oder Du dass du discret bist – wenn schon!

⸢P Demetrius – Bacchis⸣

Sie bringt einen ⸢p (Demetrius)⸣ dazu, auf einen Abwesenden zu schimpfen – wobei er sich viele Blößen gibt – zuerst wirft sie ihm das Hölzel – dann fährt sie ihn furchtbar an.

Es schimmert durch dass dieser ⸢p Demetrius⸣ einmal durch ihre Laune ihr Liebhaber war. – Ihr Allein-sein, grässlich.

N 320

II.

Demetrius Abgang da Timon angekündigt wird

Er entschuldigt sich damit, dass er schiefe Situationen nicht vertragen könne.

BACCHIS

Für einen wahrhaft vornehmen Mann gibt es keine schiefe Situation – das ist nur für solche Halbmenschen – vornehm – solange der Rücken gedeckt ist –

Ihr lebt alle von halbgedachten Gedanken – ein scharfer Gedanke geht euch durch und durch –

über Demetrius: Seine Stärke ist sein Dünkel – seine Schlauheit dass er ihn verbirgt, seine Dummheit dass er ihn nicht ganz verbirgt – seine Schwäche dass er nicht genug Dünkel hat.

N 321 – N 322

H III 207.60 – 207.61 – Beschreibung: N 197 und 198; II: blauschwarze Tinte.

Ursprünglich für den ersten Akt vorgesehene Details eines Dialoges zwischen dem Sklaven und dem Dichter, der jedoch in der Szene In der Villa *nicht realisiert und dann für den zweiten Akt vorgemerkt wurde.*

September/Oktober 1925.

N 321

II
In der Villa

Der Dichter u. der Sclave:

DER SCLAVE
Du bist der raffinierteste ihrer Schmeichler, u. prostituierst nicht dich selber aber das was Dir anvertraut ist – u. auf besonders discrete Art, ihre Lüsternheit zu erwecken.

DICHTER
Mit welcher Art von Verachtung frage ich mich verachtest du sie? mit der des Wilden? mit der des Gebildeten?

SCLAVE
Mit einer drei u. vierfach gedrehten..

N 322

II
In der Villa

Sclave – Dichter.

SCLAVE
Dein Weibliches ist: Du siehst zu – du empfängst. Aber Du hast Dich unter lauter Eunuchen niedergesetzt. Du bist zu subtil um Dich zu schämen – Du hast große Gaben, aber sie sind nichts nutz. Du änderst nichts.

Du bist ihr Schmeichler – um so dümmer als Du nicht eigentlich von ihnen abhängst. Du leihst ihnen das – wovor du dich bückst.

N 323

H III 207.71 – Einseitig beschriebenes Blatt der Sorte C; blauschwarze Tinte.

Von vornherein für den zweiten Akt vorgesehene Skizze einer Dialogpartie zwischen dem Sklaven und dem Dichter.

September/Oktober 1925.

II.
Der Sclave u. der Dichter.

SCLAVE
Ich werde dich zu meinem Schreiber machen

D.
Du lächelst nicht – dadurch wird dein Scherz unartig.

SCLAVE zieht ihn beim Ohr
Du wirst eine Ahnung bekommen.

DICHTER
Was unterstehst du dich?

Sclave schaut ihn furchtbar an

Dichter wischt sich über die Stirn

N 324 – N 325 – N 326

H III 207.51 – 207.137 – 207.59 – N 324 und 325: Hälften eines alten Konvolutdeckels zum Salzburger Großen Welttheater *mit der Aufschrift* Vorwitz, *N 326: einseitig beschriebener Zettel, 230 × 145 mm, Sorte A; blauschwarze Tinte.*

Zum Teil dialogisierte Notizen zu den strategischen Vorbereitungen und geheimen Verhandlungen des Sklaven mit einem Piraten.

N 325 und 326 vermutlich am selben Tag wie N 324.

N 324

25. X. ⟨1925⟩

Abgars Situation eindeutig aufgeklärt durch einen Piraten den er empfängt – der als altes Weib verkleidet, von der Wahrsagerin geschickt ⟨(Abgar übergibt ihm Skizzen u. ordre de bataille)⟩

in diese Scene den Sopran, der einen Raum sucht um zu üben – hineinbringen – er hört's – weiß also Bescheid, vermag aber aus Eitelkeit sich es nicht recht zu merken u gibt keine Auskunft, die brauchbar wäre –

Anfang: der Sopran verzweifelt – ⟨ein Cabinet seitwärts⟩ überall ziehts –

überall Unruhe – niemand kümmert sich um ihn – (schickt fragen ob Timon wirklich die Macht in der Hand habe)

N 325

II
Abgar u. der Pirat.

Abgar überdenkt einen Augenblick das Großartige seiner Lage in diesem Augenblick. Genug. Jetzt greift alles ineinander.

Befehl dass dieses Haus unbedingt zu schützen, eventuell die Person die er ihm zeigen wird heil wegzubringen.

Er führt ihn, zeigt ihm Bacchis von oben von einer Gallerie.

Er erklärt dem Officier (Piraten) auch – wozu man vor Mitternacht noch Timons Einwilligung u derzeitige militär. Gewalt brauche.

N 326

PIRAT
Der kleinere aber stärkere Teil der Flotte ist dir unbedingt ergeben. Hier die Unterschrift der Führer (in Knoten); die Capitäne u. Mannschaften lassen sich für dich in Stücke hacken. In einer Nacht sind die andern versenkt u. Deine schwarze Flagge siegreich.

ABGAR
Ich habe zu Lande etwas vor.

PIRAT
Lass mich dir huldigen, an diesem unwürdigen Ort. [Ist es wahr dass du der Sohn des Königs Mithridates bist – So wird man dich nicht mehr zum Cameraden haben?]

N 327

H V B 14.6 – Einseitig beschriebenes Blatt der Sorte C; Stift.

Details zur Disposition.

November 1925.

Mitte

Hephästion mit Agathon

AKT II

Arion fragt wo er üben solle. (Gewohnt dass alle zuhören.) Dann kommt er zurück u. da ist Arion mit dem Piraten –

N 328

H III 207.56 R – *Rückseite eines beidseitig beschriebenen Zettels von Sorte A (Vorderseite: N 21), 231 × 143 mm; blauschwarze Tinte.*

Szenisches Detail für den Übergang zu den Verhandlungen des Sklaven mit dem Piraten.

25 XI 25

Hephästion mit Agathon redend, zugleich die Anordnungen der Verteidigung treffend (Verzeih Agathon – wie kommt das [alte] Weib herein – ach so!)

N 329

H III 206.43 – *Obere Partie eines einseitig beschriebenen Blattes (untere Partie: N 315), Beschreibung siehe dort.*

Replik Hephästions für seinen Dialog mit dem Piraten.

November 1925 (Hephästion).

IIa

HEPHÄSTION mit dem Verkleideten:
Ich werde sie dir so bezeichnen dass kein Irrthum möglich ist.

Vorher: es bleibt Raum für einen Vertrauten.

N 330

H III 207.143 – *Einseitig beschriebener Zettel von Sorte A, 230 × 147 mm; blauschwarze Tinte.*

Detail zur Begegnung Arions mit dem Piraten.

November 1925 (Arion).

IIa

Arion erkennt an dem Blick des Entzückens jenen Admiral der Piraten wieder – der ihn freigegeben hat.

N 331

H III 206.21 – *Untere Partie eines einseitig beschriebenen Zettels von Sorte A (obere Partie: N 337), 231 × 146 mm; blauschwarze Tinte.*

Notiz zur psychologischen Motivation des Soprans, über die wahre Identität des Sklaven zu schweigen.

Oktober 1925; siehe die Datierung von N 337.

IIa

\Sopran wütend dass der Gesandte abgereist – Er deutet es: die Schöne wolle mit ihm allein sein –⌐

Sopran würde wohl das sagen was alle boulversieren würde – aber dann wäre er zwar im Mittelpunkt aber doch nicht eigentlich – u. alle würden wieder *(1)* etwas Anderes im *(2)* um etwas Anderes sich kümmern also sagt er es doch *(1)* nicht *(2)* lieber nicht, aber er kann es auch nicht ganz halten, es alteriert ihn zu stark, die Alteration gefährdet die Stimme

Er ist der Tröster des melancholischen Königs, der abgesetzt

N 332

H III 206.59 – *Einseitig beschriebenes Blatt der Sorte D; blauschwarze Tinte.*

Detail zum selben Zusammenhang wie N 331.

Oktober 1925.

II.

Der Sopran will melden dass es ein Fürst ist, ärgert sich aber über das Ganze so dass er die Meldung vergisst u. sich nur beschwert.

Bacchis hört ihn kaum an. Nachdem *(1)* der *(2)* sie fort ist, erinnert ihn der Sclave dass die Hauptsache von ihm nicht berührt wurde. Jetzt ärgert er sich wütend über den Knaben, verfolgt ihn mit einer Nadel.

N 333

II III 207.13) – *Rückseite eines beidseitig beschriebenen Zettels von Sorte A (Vorderseite: N 3), 230 × ca. 145 mm; blauschwarze Tinte.*

Erneut variierte Notiz zur Motivation des Soprans, über die Identität des Sklaven zu schweigen.

Oktober 1925 (Abgar).

AKT II

IIa

Ptolemäos lässt sich durch s. kleinen Diener bei Bacchis melden u will ihr sagen wer Abgar ist.

(er erräth sogar einen Augenblick den vollen Zusammenhang dass Abgar der neu ausgerufene Feldherr ⌊und identisch mit jenem Sohn des Mithridates der Seeräuber wurde⌋: er ist manchmal sehr hellsichtig)

da gefällt ihm die Miene nicht mit der sie ihm entgegenkommt: so neugierig aber nicht in der richtigen Art auf i h n neugierig auch so verwirrt – nein ich danke – und ladet ein ⟨wen⟩¹ ihr wollt –

Abgar dann: zu melden dass Timon anrückt in einer Sänfte –

N 334

H III 207.50 – Rückseite eines beidseitig beschriebenen Zettels von Sorte B (Vorderseite: N 168), 213 × 135 mm; blauschwarze Tinte.

Zwei einzelne Repliken Arions.

November 1925 (Arion).

II.

ARION
Du weinst aus Dankbarkeit
(wie Bacchis aus énervement weint)

nichts existiert als diese Kehle

N 335

H III 206.67 – Einseitig beschriebenes Blatt der Sorte C; blauschwarze Tinte.

Indirekt formulierte Skizze eines Dialoges zwischen dem Sklaven und Bacchis.

Oktober 1925 (Abgar).

IIa

(B. redet ihn mit Uchomi an)

Abgar stellt sie vor eine vollzogene Tatsache: die Deputation, Timon an der Spitze, wird empfangen⌊: sie sind schon im Park.⌋

---

¹ *Schriftverlust.*

Bacchis: zieht ihn zur Rechenschaft

Abgar: bleibt überlegen.

Bacchis: verdächtigt ihn des Verrates

Abgar bleibt kalt.

BACCHIS
Wenn ich mich nun nicht füge – ich meine – wenn ich anders mich entschließe –

N 336

H III 207.148 – Vorderseite eines beidseitig beschriebenen Zettels von Sorte A (Rückseite: N 288), 230 × 145 mm; blauschwarze Tinte.

Details zum Beginn des zweiten Aktes aus einem wenig fortgeschrittenen Konzeptionsstadium; durchgestrichen bei der Benutzung der Rückseite.

September/Oktober 1925.

II
Anfang.

Palamedes ist ohne Abschied weg. Der Sclave trägt den Ring u. Vollmacht. Er gibt ihr nur kurze Auskünfte. Sein veränderter Ton. Ich billige. Ich gestatte. – Es war notwendig. –

N 337

H III 206.21 – Obere Partie eines einseitig beschriebenen Zettels (untere Partie: N 331), Beschreibung siehe dort.

Motiv für einen Monolog der Bacchis.

Oktober 1925 (Abgar).

II.

Bacchis analysiert mit welcher Art von Blicken Abgar sie ansieht: und geräth dabei immer mehr auf Sumpfboden –

N 338

H III 206.112 – Einseitig beschriebener Zettel von Sorte A, 231 × 147 mm; blauschwarze Tinte.

AKT II

Skizze eines Dialoges zwischen dem Sklaven und Bacchis.

Oktober 1925 (Abgar).

IIa

Abgar Bacchis. Er zeigt ihr den Ring. Ob es sie wundere dass ihm dadurch
auch fast Autorität über sie gegeben.

BACCHIS
Es sollte mich vieles wundern.

ABGAR
Das zu Besprechende bezieht sich auf die Haltung die gegen Timon einzu-
nehmen. Er muss hingehalten werden. Dann muss ihm gesagt werden der
Gesandte sei nicht da und sie habe Vollmacht mit ihm zu pactieren: ich das
Siegel. Wünschen Sie dass ich Sie *(1)* im Detail *(2)* en detail ¦ instruiere?

BACCHIS
Ich frage mich ob nicht Sie sitzen sollten u. ich stehen – (sein enigmatischer
Blick)

[Abgar ab]

BACCHIS allein
[Analyse seiner Blicke] Wie konnte ich mir so begegnen lassen? O Gott,
wohin hab ich mich verloren!

N 339

H III 207.147 – Rückseite eines beidseitig beschriebenen Zettels von Sorte A (Vorderseite: N103), 230 × 145 mm; blauschwarze Tinte.

Replik der Bacchis für ihre Unterredung mit dem Sklaven.

November 1925 (Hephästion).

Bacchis – Hephästion.

BACCHIS
Es müssen meine Leute belohnt werden die mich ver tei di gt haben – einer
hat ein Auge verloren

N 340 – N 341

H III 207.54 – 207.88 – Zwei einseitig beschriebene Zettel von Sorte A, 230 × 147 und 231 × 145 mm; blauschwarze Tinte.

Gründe für die Hinhaltetaktik der Bacchis gegenüber Timon während des Banketts.
Keine genauere Datierung möglich.

N 340

IIa

Den Timon zu empfangen, der den Gesandten hier [noch] vermutet, ist das
Mittel um Zeit zu gewinnen. Es handelt sich um 20 Stunden.

N 341

Bankett.

es handelt sich darum
1° die Schlüssel zu bekommen bis Truppen heran sind
2° Timon bis Mitternacht zu binden.

N 342

*H III 207.89 – Untere Partie eines einseitig beschriebenen Zettels (obere Partie: N 244),
Beschreibung siehe dort.*

Ähnlich N 340 und 341; um eine Replik des Sklaven erweitert.

November 1925 (Hephästion).

Bacchis muss Timon so lange als möglich – und auch für die Nacht hier behalten.

HEPHÄSTION
Eine Frau kann alles was sie will.

N 343

*H III 207.55 R – Rückseite eines beidseitig beschriebenen Zettels von Sorte A (Vorderseite:
N 100), 230 × 148 mm; blauschwarze Tinte.*

Detail zur Haupthandlung.

November 1925 (Hephästion).

Haupthandlung

Bacchis weiß nicht dass die unterirdischen Wege existieren – Hephästion
bejaht es

AKT II

N 344

H III 207.53 a – Deckblatt eines Konvolutdeckels (rechte Innenseite: N 389) der Sorte A, 290 × 230 mm; blauschwarze Tinte.

Motto auf einem Konvolutdeckel zu Notizen des zweiten Aktes mit folgender Aufschrift:

                II^{ter} Aufzug. A ⌈(Timon-scenen)⌉
         (Manches von hier gehört unter I »In der Villa«)
                Abgar Uchomi Hephästion

Keine genauere Datierung möglich.

        Kinder der Klugheit, o haltet die Narren
        eben zu Narren auch, wie sichs gehört!

N 345

H III 207.121 – Vorderseite eines beidseitig beschriebenen Zettels von Sorte B (Rückseite: N 204), 213 × 136 mm; blauschwarze Tinte.

Details zum Übergang von den Bacchis- zu den Timonszenen des zweiten Aktes.

Keine genauere Datierung möglich.

                Zwischen A u. B.
Timon ins Bad geleitet mit Musik u. Tänzen
                  Anfang B.

Timon bekränzt zurückkommend, Spiegel mit ihm – ⌈manicürt⌉ sein Gefolge: er misstraut ob sie auch s o gebadet sind

⌈Timon beschwert über das port de *(1)* main⟨s⟩ *(2)* bras seines Sohnes⌉

N 346

H III 207.69 – Beschreibung: N 61; Zusätze: blaugraue, Nachtrag: blauschwarze Tinte.

Geringfügig erweiterte und den Materialien des zweiten Aktes zugeschlagene Partie eines Zettels vom Herbst 1923.

September 1925; Nachtrag: keine genauere Datierung möglich.

                      II
⌈*T* Monolog Timons⌉

Timon begehrt einen Spiegel Er (Timon) sieht sich oft in den Spiegel ob sein

Bild auch wirklich der Vorstellung entspreche, die er von dem Mann des Schicksals ausgehend wissen will. (zugleich, ob es möglich, dass er der Hetäre sinnlich imponiere)
Verkörperung des Zeitgeistes.

N 347

H III 206.42 – Obere Partie eines einseitig beschriebenen Blattes (untere Partie: N 300), Beschreibung siehe dort.

Kostümdetail für Timons Auftritt im zweiten Akt.

Keine genauere Datierung möglich.

IIb

Timon mit Beinschienen –

N 348 – N 349

H III 207.91 – 207.63 – Zwei einseitig beschriebene Blätter der Sorte C; Stift (N 348) bzw. blauschwarze Tinte (N 349).

Notizen zum gesteigerten Selbstbewußtsein Timons.

Keine genauere Datierung möglich.

N 348

II
Bankett

Timon hat die Schlüssel zur Citadelle im Bad vergessen

Sein Geist. Es wächst der Mensch mit seinen größern Zwecken

N 349

II.
vor dem Bad.

Timon versucht dem Sohn das gewisse-etwas zu erklären, an dem sie nun auch Teil haben.

AKT II

N 350

FDH (Hofmannsthals Bibliothek) – Eintragung mit Stift in: Gehirne. Novellen von Gottfried Benn. Leipzig: Kurt Wolff 1916. 35. Band der Bücherei ›Der jüngste Tag‹, S. [55].

Seitenverweis: S 34, hier durch die betreffende Partie in Benns Text vertreten, sowie zum Teil dialogisierte Notizen zum Versuch der Selbstbefreiung des Sohnes.

Benn-Lektüre: September 1925.

»Die Konkurrenz zwischen den Associationen, das ist das letzte Ich – dachte er und schritt zurück zur Anstalt, die auf einem Hügel am Meere lag. Hängt aus meiner Tasche eine Zeitung, ein buchhändlerisches Phänomen, bietet es Anknüpfungen zu Bewegungsvorgängen an Mitmenschen, sozusagen zu einem Geschehnis zwischen Individualitäteo. Sagt der Kollege, Sie gestatten das Journal, liegt ein Reiz vor, der wirkt, ein Wille, der sich auf etwas richtet, motorische Konkurrenzen, aber jedenfalls immer das Schema der Seele, die Vitalreihe ist es, die die Fallen stellt.«

Haufenschluss als Wirbel des Daseins

Figur u Ton des Valerio einbeziehen

II

⟨CHELIDAS⟩
Ich kann mich davonmachen nicht? (auf Grund eines Sophisma, durch welches er Lykon imponiert)

Lykon u Chelidas: Lykon ärgert ihn mit dem als ob das er einem Philosophen abgelernt:

LYKON
Vermagst du zu associieren?

Chelidas zweifelt an der Association

N 351

H III 207.57 – Rückseite eines beidseitig beschriebenen Zettels (Vorderseite: N 190) von Sorte A, 231 × 147 mm; blauschwarze Tinte.

Auswertende Abschrift von N 350.

Keine genauere Datierung möglich.

IIa

Scene des Chelidas. (Sein Vater hat ihn ⌊dienstlich⌋ bestellt)

Haufenschluss wobei er das entscheidende den Haufen bildende Hirsekorn sein soll: da liegt für ihn der Wirbel des Daseins.

Zu Lykon: Nach diesem Schluss kann ich mich davon machen? nicht? – Er sophisticiert heiter.

Lykon ärgert ihn mit dem als ob – das Chelidas einem Philosophen abgelernt.

LYKON
ergo ergo ergo: vermagst du zu associieren?

Chelidas zweifelt an der Association (vide Palággi)

N 352

H III 205.84 R – Rückseite eines beidseitig beschriebenen Zettels (Vorderseite: N 167) von Sorte A, 230 × 147 mm; blauschwarze Tinte.

Aus N 350 und 351 isoliertes Detail zur Selbstbefreiung des Sohnes.

Keine genauere Datierung möglich.

Chelidas tröstet sich im Wirbel des Geschehens mit dem als-ob

N 353

H III 207.64 – Rückseite eines beidseitig beschriebenen Zettels (Vorderseite: N 115) von Sorte A, 233 × 146 mm; blauschwarze Tinte.

Detail zur Verhaltensunsicherheit des Sohnes.

Keine genauere Datierung möglich.

II.

(1) Auftrag an den Sohn das Haus zu besetzen u. es in Ordnung u. Zucht zu halten

echappieren des Sohnes.

(2) echappieren des Sohnes. Er hat den Befehl erhalten die unterirdischen Gänge zu durchsuchen – indem er Lykon bittet ihm einen Auftrag zu schaffen durch den er wegkommt

N 354 – N 355

H III 207.65 – 207.72 – Zwei einseitig beschriebene Zettel von Sorte A, 231 × 147 bzw. 146 mm; blauschwarze Tinte.

Listen der Bankettgäste.

Keine genauere Datierung möglich; N 355 mit Sicherheit nach N 354.

N 354

II.

Die Gäste, Schmarotzer (Künstler, Sophisten, Parasiten aller Art) kommen nun mit Timon – betrachten sich als Timons Gäste.

(1) Zoilos: *(2)* Kratinos. | der Philosoph

N 355

IIa

Lykon als schamloser Schmeichler des Timon, immer ihm an der Falte –

Zum Bankett: *Kratinos / der Arzt / *Agathon / ein Bildhauer / ein Physiker / *Phanias[1]

andererseits: Timon / Lykon / den struppigen Theron schickt er weg / der Claqueur /

N 356

H III 207.1 – Einseitig beschriebenes Blatt der Sorte B, 270 × 210 mm; blaugraue Tinte.

Disposition zum zweiten Teil (Timonszenen) des zweiten Aktes.

September 1925 (Tinte; Shakespeare-Reminiszenz aus dem Gedächtnis; Lektüre von ›Antonius und Kleopatra‹ erst im Oktober).

II.

Timon – allein gelassen, von der Dienerschaft umgeben – u. durch deren Haltung intimidiert – arrangiert sein Gefolge u. lehrt sie, wie man sich zwanglos gruppiert u. s. f. \Er fragt den Haushofmeister, wer die Tischgenossen sein werden.]

Musik: Bacchis Auftreten. Wie Cleopatra die dem Antonius entgegen kommt.

---

[1] *Bedeutung der Sternchen bleibt offen; vgl. auch N1 und 158.*

Er, vorher, bereitet sich auf seine Strafrede vor. Wie sie ausgesprochen hat – findet er kein Wort. Sie beginnt Cercle zu halten.

Plötzlich wird sie sehr frech. Sofort wie er ihr auf diesem Weg folgen will (er traut seinen Augen nicht, fürchtet einer Hallucination Folge zu leisten) – wird sie eisig. –

Sie reicht ihm die Hand, zu Tisch zu gehen. ⌈Stellt ihre He⟨rren⟩ vor.⌋

Auftreten Timons des Bettlers.

N 357

H III 123.24 – Unterer, den Materialien des zweiten Aktes zugeschlagener Teil eines getrennten Blattes, Beschreibung: N 53; Zusatz: blaugraue Tinte, Nachtrag mit Stift.

Statements für die Verhandlung während des Banketts; ursprünglich Kontext von Spengler-Exzerpten.

September 1925.

II

†ˢDer Gesandte Aristokrat u. Skeptiker†

Vorschläge des Alten: Proscription der Reichen seiner früheren Geldgeber – Ergreifung der Dictatur durch den Gesandten

Besetzung der strategischen Punkte während er mit der Freiheitsgöttin einen Umzug hält –¹

Plebiscit – wie man es macht

N 358

H III 207.67 – Beschreibung: N 54; Zusatz: blaugraue Tinte.

Spengler-Reminiszenzen verwertende Notizen zur Begegnung des Redners mit der Hetäre und dem Gesandten; der zweite Absatz vermutlich überholt.

September 1925.

---

¹ *Absatz l. R.*

II

Gespräch des Alten mit der politisch sehr klugen, die Macht liebenden Hetäre:
»ein Machtwille kann nur durch einen andern abgelöst werden«

Der Gesandte sagt auf den ersten Blick, aus Instinct: Der Mensch ist zu kaufen. (Dies im Moment wo er als Frau verkleidet fliehen soll: »er ist ein ganz junger Mensch.«)

N 359

H III 207.66 – Beschreibung: N 358; Zusatz: blaugraue Tinte.

Notizen vom Herbst 1923 mit symbolischen Details; zu Beginn der Ausarbeitung leicht variiert und den Materialien des zweiten Aktes zugeschlagen.

September 1925.

(1) I. *(2)* II |

Der Rhetor soll (zum Schein) Tyrann werden um als solcher die Besetzung der wichtigsten Punkte der Stadt durch die Truppen des Königs durchzuführen, worauf dann die Übergabe folgt. Ebenso soll er mit der Hetäre symbolisch vermählt werden.

ER
was heißt symbolisch? (Er weiss dass sie sehr reich ist)

Der Sinn des Ganzen: dass alles politische Handeln nur eine allegorische Pantomime (unaufrichtig durchgeführt)

Demgegenüber die Sclavin die alles naiv nimmt.

N 360

H III 207.12 – Unterer Teil eines getrennten einseitig beschriebenen Zettels (oberer Teil: N 206) von Sorte B, 213 × 158 mm; blauschwarze Tinte.

Auf N 359 aufbauende Notiz.

Keine genauere Datierung möglich; sicher zur gleichen Zeit wie Nachtrag auf N 206.

II.
Bankett.

Bacchis gibt ihm die politische Lection *(1)*. Timon d. B. die moralische[1] *(2)*: ihre Rede über Größe. *(3)* Politik als Kunst der Gesellschaft; die Einigung des ungleichen im Corpus mysticum – zuletzt: über G r ö ß e.

\Er hört aus ihrem Preis der Größe heraus: dass sie sich ihm vermählen wolle.]

N 361

H III 207.4 – Beschreibung: N 5; Zusatz: blauschwarze Tinte.

Nachträglich den Materialien des zweiten Aktes zugeschlagene Partie eines Zettels aus der ersten Entstehungsphase.

Keine genauere Datierung möglich.

beim Bankett

Chremes sinnt für sich eine phantastische Ehrung aus: bei lebendigem Leib als Gott durch die Stadt zu fahren: er will aber entweder lernen selbst daran zu glauben, oder es sicher haben, dass niemand daran glaubt, und dass er das G a n z e h a t, wenn er die Ceremonie hat. Monolog in welchem ihm unklar ist welches von beiden er vorzieht: Sein Scharfsinn lässt ihn im Stich

N 362

H III 206.40 – Einseitig beschriebener Zettel von Sorte A, 232 × 145 mm; blaugraue Tinte.

Zu Timons politischen Wunschvorstellungen (evtl. für einen Monolog).

September 1925.

Timon
II.

Successive aufsteigend bis zu dem: dass er die Stadt incarniere – die Vermählung der weiblichen Stadtgottheit mit ihm (u das öffentliche Beilager) also legitim u. geboten sei. (Er *(1)* fühlt *(2)* weiß | sich Vater unzähliger legitimer Kinder – gegenüber der aristokratischen Sterilität)
Er will sich in Europa u. Asien ausbreiten – er habe Fühlung genommen mit Tigranes – er werde die Herrschaft zu Lande ausdehnen – er werde Proskynese verlangen –

---

[1] Timon ... moralische *beim Übergang zu Stufe (2) eingeklammert.*

AKT II 495

N 363 – N 364 – N 365

H III 207.126 – 207.123 – 207.20 – Drei einseitig beschriebene Blätter der Sorte C; blauschwarze Tinte.

Mit Reminiszenzen und wörtlichen Zitaten aus Valérys ›Eupalinos‹ durchsetzte Notizen.

Valéry-Lektüre: Oktober 1925.

N 363

                II.
             Bankett.

die Tänzerin aufgefordert zu tanzen – ihr Tanz nur ein Heranschreiten und das Geschenk eine Hand voll Veilchen (die sie aus einem Korb nimmt)

(1) Vorher der Schatten von Tänzerinnen: Timon würde sie gerne greifen.

(2): der erste Schritt oder Sprung ist das Unwahrscheinliche, das Unmögliche Seine Lust ihre Füße zu küssen.

<small>Vorher der Schatten von Tänzerinnen: Timon würde sie gerne greifen.</small> Belehrung *(1)* der Tänzerin. *(2)* durch Bacchis: dass die Hinspannung alles ist.

Belehrung dass sein Tanz in dem Schreiten der Macht bestehen müsse –

N 364
             Bankett.
T.
Werde ich sie sehen wie die Götter sie geschaffen haben?

B.
Wer die Wahrheit sieht der stirbt.

Ihre *(1)* Brust wird *(2)*^p Brüste werden | schlagen wie *(1)* eine weiße Taube *(2)*^p <small>weiße</small> Tauben | –

TIMON
Man muss sie fangen –

N 365
             Bankett.
        Verherrlichung der Zunge.
La parole peut construire, comme elle peut créer, comme elle peut corrompre –

Timon sucht die elegante Stellung beim Liegen. befragt den Bildhauer.

Timon setzt seine Parteigenossen u. Gefolgsmänner herab:
Schmeißfliegen! Ich allein muss alles machen! [Ein Herrscher ist allein]
(er ärgert sich, dass sie ihm nicht die Antworten in den Mund schieben, die
Stöße für ihn parieren: ärgert sich wie jeder, fühlt sich im Stich gelassen wie
jeder jagt einen nach dem andern fort. Zum Schluss nur Bacchis, Abgar,
Timon.)

N 366

H III 207.125 – Einseitig beschriebenes Blatt der Sorte C; blauschwarze Tinte.

Mit einer Horaz-Reminiszenz versehene Replik der Bacchis sowie ein mimisches Moment während des Banketts.

Wahrscheinlich zur gleichen Zeit wie N 363–365.

II
Bankett.

B.
Favete linguis! still das schamlose Glied!

Bacchis plötzlich sich hoch vor ihm aufrichtend, ganz kalt. Plötzlich in der
Geberde einer Sclavin (man erklärt ihm, dies ist nur die symbolische Geberde
der Hausfrau – bedeute gar nichts, sei auch nicht Lüge – sondern feines Betragen)

TIMON
wird sie mir deutlich ausdrücken, dass ich am Ziel meiner Wünsche bin?

N 367

H III 207.111 – Einseitig beschriebenes Blatt der Sorte C; blauschwarze Tinte.

Pannwitz-Zitat.

Genauere Datierung nicht möglich.

II. (oder I)

BACCHIS
Konservativ sein hilft nichts mehr, weil es nichts mehr zu erhalten gibt,
was nicht schon sich selber preisgegeben hätte.   Pannwitz

N 368

H III 206.17 − Beschreibung: N 85; Zusatz: blaugraue Tinte.

Den Materialien des zweiten Aktes zugeschlagener Zettel der Lenzerheidezeit mit Pöhlmann-Exzerpten.

September 1925.

Timon.
II.

BACCHIS
Landbau ist diejenige Arbeit, die den Erwerbenden nicht nötigt das zu vernachlässigen um dessentwillen man den Erwerb sucht, nämlich Seele u. Leib.   Platon.

Der Durchschnitt habe aus leidlich guten Menschen zu bestehen.

der redliche Timon

N 369

H III 207.3 − Beschreibung: N 26; Änderungen: blauschwarze Tinte.

Aus N 26 destillierte Notiz zum fehlenden Traditionsbewußtsein Timons, die die Burckhardt-Exzerpte offenbar ablöst.

Keine genauere Datierung möglich.

Timon vor der Statue, die er nicht zeitgemäß findet

Gefolge des Timon. lauter solche Tagesberühmtheiten: der Magere u der Dicke.

N 370

H III 207.9 − Einseitig beschriebener Zettel von Sorte A, 231 × 146 mm; blauschwarze Tinte.

Von N 369 abgeleitete Notiz.

Keine genauere Datierung möglich.

Timon in der Villa einer schönen Statue gegenüber. Seine Kritik: überflüssig, außer als Andenken.

N 371 – N 372

H III 207.6 – 207.5 – Beschreibung: N 108 und 109; II in N 371: Stift.

Den Materialien des zweiten Aktes zugeschlagene Notizen der Lenzerheidezeit.
September 1925.

N 371

II
Bankett

Timon: nähere Angaben wie sein Porträt zu stilisieren: wahre Volkstümlichkeit in jeder Geberde – / Kinn

von den sinnlich schönen Lippen fließend Beredsamkeit, Überredung in genialem Maße. Die schönen überzeugenden Gleichnisse müsse man von den Lippen fließen sehen (er hat Fett auf den Lippen)

Timon der Bettler wünscht der Zunge des Redners Geschwüre bis zur Wurzel

Timon der Bettler fordert ihn auf zu öffentl. Beischlaf.

Bankett: Bacchis / beide Timons / Arzt. / Maler / Dichter / 2 junge Herren – Tänzerin. Leerer Platz für den Gesandten. Sclave meldet, Gesandter sei in Sicherheit.

N 372

II
Das Bankett.

Timons Belehrungen an den Maler: das demokratische Maß in allem wirken zu lassen. Den Begriff des Schönen, als welcher nicht verdauungsstörend sein dürfe, und nichts von Mystik. Ein Gegenstand für ein Bild: ihn und die Hetäre als der Bürger umarmt die Stadtgöttin –

(Timons Verfehlungen gegen das Essceremoniell; Schmutzflecken, er muss das Oberkleid wechseln)

Das Bankett von aussen gestört durch Steinwürfe des Gesindels. Der Sclave schafft taktisch Rath.

An den Dichter die Ermahnung sich journalistisch zu betätigen – ein Gran von Poesie für Witze, schlagende Vergleiche. Immer errathen was die Zeit will – Timon der Bettler: die Hure Zeit die mit jedem warm wird.

AKT II   499

N 373

H III 207.127 – Einseitig beschriebenes Blatt der Sorte C; blauschwarze Tinte.

Vielleicht durch N 372 angeregtes Detail zur indirekten Ironisierung Timons.

Keine genauere Datierung möglich.

II.
Bankett:

Timon essend, Gegenstand einer Hymne

N 374 – N 375

H III 207.2 – 207.136 – Zwei einseitig beschriebene Zettel von Sorte A, 232 × 147 mm; blauschwarze Tinte.

Zu den Assimilationsversuchen Timons.

Keine genauere Datierung möglich.

N 374

II
Bankett.

Der Dichter soll die Umschrift für eine Doppelmünze Timon : Bacchis entwerfen.

N 375

II
Bankett.

Der Castrat [Arion] soll für Timon singen ist aber beleidigt – er singt nicht für einen solchen Rüpel.

N 376

H III 207.170 R – Beschreibung: N 78, nach der Trennung 138 × ca. 90 mm; Zusatz: blauschwarze Tinte.

Unterer Teil eines getrennten Blattes der Lenzerheidezeit; das ursprünglich Timon dem Bettler (Phanias) zugewiesene Pöhlmann-Exzerpt zu einer Replik Timons umgewandelt, die Rückseite des beidseitig beschriebenen Fragmentes muß als überholt gelten; vgl. N 144.

Keine genauere Datierung möglich; Trennung des Blattes schon September 1925.

TIMON beim Bankett.
Das Geld ist Blut u. Seele der Sterblichen Wer das nicht hat der wandelt unter Lebenden wie ein Todter.

N 377

H III 206.57 – Vorderseite eines beidseitig beschriebenen Zettels (auf der Rückseite: Repertoire); von Sorte A, 147×116 mm; blauschwarze Tinte.

In eine Timon-Replik verwandeltes Exzerpt von N 93; Pöhlmann-Zitat.

Keine genauere Datierung möglich.

Bankett

TIMON
Ich bin gewohnt alles Bestehende auf seine Berechtigung zu prüfen.

N 378

H III 207.134 – Rückseite eines beidseitig beschriebenen Zettels (Vorderseite: N 220) von Sorte A, ca. 165×147 mm; blauschwarze Tinte.

Die Grenzen von Timons ›Reform‹-Politik entlarvende Replik.

Keine genauere Datierung möglich.

II.

Bankett: Meldung: Sclaven u Strafgefangene seien ausgebrochen

TIMON
Man soll von der Waffe Gebrauch machen! strengstens! (Sorge um das Haus schickt Lykon weg: es sei ein öffentliches Haus ein öffentliches Interesse)

N 379 – N 380

H III 207.17 – 207.16 – Zwei einseitig beschriebene Blätter der Sorte D; blauschwarze Tinte.

Zwei einzelne Timon-Repliken.

Keine genauere Datierung möglich.

AKT II

N 379

Bankett

TIMON
vom gestrigen Zusammenstoß.
beinlos – armlos – ganz zerhackt zerfetzt – vom Schreien der Verwundeten halb taub – das Blut im Rinnstein –

N 380

beim Bankett.

TIMON
trojanischer Krieg ist aristokratisches Raubritterthum – wird der Vergangenheit preisgegeben – ebenso diese Statue man muss ihr einen ordentlichen Kopf aufsetzen!

N 381

H III 207.11 – Rückseite eines beidseitig beschriebenen Zettels (auf der Vorderseite: Die Rhetorenschule. Neues. (seit X 1923).*) von Sorte A, 232 × 146 mm; blauschwarze Tinte.*

Mimische Details zum Sohn.

Keine genauere Datierung möglich.

II.

beim Bankett, der Sohn angetrunken, gerührt; störend,

N 382

H III 205.20 – Obere Partie eines einseitig beschriebenen Zettels (untere Partie: N 155), Beschreibung siehe dort.

In eine Replik des Sohnes umgemünztes Wort des Troilus aus Shakespeares Tragödie.

Lektüre von ›Troilus und Kressida‹: September 1925.

II

DER SOHN
(als Probe seiner Sprache)
Empfangt verwirrten Dank –

N 383 – N 384

H III 207.15 – 207.14 – Zwei einseitig beschriebene Blätter der Sorte C; blauschwarze Tinte.

Mit Reminiszenzen einer Schrift von Cassirer durchsetzte Notizen zum Dialog Timons mit Kratinos.

Cassirer-Lektüre: November 1925.

N 383

II
Bankett

ad Kratinos.
Seine Auffassung der Entelechie vollzieht sich im astrologischen Raum

Unser wissenschaftliches Denken muss, um irgend ein Sein begreifen zu können, dies zuvor auf elementare Veränderungen beziehen, es gleichsam zerschlagen: die Form des Ganzen verschwindet hier

Kratinos sagt: die anderen, wenn sie einen Menschen denken, zerschlagen ihn. Ich behalte ihn ganz.

Cassirer: Begriffsform im mythischen Denken Teubner 1922.

(Delos)

N 384

II.
Bankett.[1]

Der Philosoph Kratinos
Timon hofft, er führe eine flinke Feder – und sei brauchbar. – Wovon er lebe.
KRAT.
von einem bescheidenen Erbteil u. der Großmut einer Gönnerin.
später
TIMON
Und was denkt unser Philosoph?

KRATINOS
Ich habe nachgedacht in welcher Weise in Eurer Erscheinung, Deiner[2] u der dieser schönen Frau, das bereits praeformiert ist, was über eine Reihe unbe-

---

[1] *o. R.:* Longinus
[2] *r. R.:* Gleichnis der einsamen Insel.

rechenbarer Zufälligkeiten, sich nun realisieren wird: Eure innige Annäherung. Ich bin nämlich der Meinung dass nichts wird, sondern alles, potentiell, schon ist – und dass nur dem unscharfen Blick sich diese gegebenen Notwendigkeiten (deren Entwicklung oder Enthüllung wir das Leben nennen) verschleiern. Diesen Schleier zu durchdringen, ist die Ergetzung die ich mir biete.

T.
Und als Nahrung für diese Ergetzung dient dir der Polemarch.

K.
Ja, und sogar noch Höheres?

TIMON
Oho –

KR.
Ich meine die Götter.

Kratinos' Philosophie entzieht sich dem Finalismus wie *(1)* dem Causalismus *(2)* der Causalität ¦: Timon findet sie Wortfechterei!

N 385

H III 206.39 – Beschreibung: N 110; Zusatz: Stift.

Aus der Lenzerheidezeit: Replik Timons des Bettlers (Phanias).
September 1925.

II

Timon der Bettler: beim Gastmahl soufliert er Timon dem Redner Du bist viel zu niedrig geboren und hast viel zu plumpe Sinne um die zu beurteilen die du angreifst. Dein Hass gegen sie ist viel zu seicht, weil du ihre versteckteren Gemeinheiten, das Raffinement ihrer vergoldeten Vulgarität nicht kennst. Er habe nie die Wollust des Befehlens noch der frechen rücksichtslosen sadistischen Überhebung gekannt wo jeder Schritt ein Austeilen von Peitschenhieben an die Minderen. Er apostrophiert die jungen Herren da sie lachen, als schwächliche lendenlahme junge Hunde, Affen der Aristokratie aus denen nur hie u da ein Verstorbener rede.

N 386

H III 207.18 – Einseitig beschriebener Zettel von Sorte A, 232 × 146 mm; blauschwarze Tinte.

Skizze einer Dialogpartie zwischen Timon und Phanias.

Keine genauere Datierung möglich.

Bankett

Phanias Rat sich durch ⌈sacrale⌉ Verehelichung mit der Oberpriesterin in Besitz des Tempelschatzes zu setzen. ⌈(Auf den Vorschlag, man müsse durch Confiscation zu Geld kommen, erwidert Timon: das Eigenthum ist heilig, umso mehr als wir es erworben haben)⌉

Bankett.

Phanias kommt als letzter.

BACCHIS
schnell einen Platz für Phanias

TIMON
Wer ist der verkommene Mensch

PH.
Ich bin dein Türhüter, Timon!

TIMON
Man redet mich mit großmächtiger Feldherr an!

PH.
Führst du die Huren⌈, die Hündinnen,⌉ jetzt ins Feld?

LYKON
Es ist eine Art von Hanswurst.

PHANIAS
Recht hast du, Affe mit den Hängearmen.

N 387

H III 206.56 – Einseitig beschriebenes Blatt der Sorte C; blauschwarze Tinte.

An Timon gerichtete Replik des Phanias.

Keine genauere Datierung möglich.

Bankett

PHANIAS
Behalte die Macht – u. ich werde dich lehren die feine Schmeichelei genießen – wie der u. der u. der sie dir darbringen werden.

Timons Stab Schwert u. Helm. (In III der Helm ohne Rossbusch)

AKT II
505

N 388

H III 207.124 – Einseitig beschriebenes Blatt der Sorte C; blauschwarze Tinte.

Mit einer Valéry-Reminiszenz versehene, einzelne Repliken der Bacchis und des Phanias.

Valéry-Lektüre: November 1925.

II
Bankett:

B.
O Timon, Du u ich, wir sind eine Constellation –

PH.
Sie meint du bist ein Gestirn das sie zur Deckung bringen muss

Sie kann die Welle machen und du den Schwimmer der sich auf sie wirft – die Gazelle u den Löwen – den Baum u. den Epheu –

Ratschlag: Genieße Dich, den sie Genießenden!

N 389

H III 207.53c – Rechte Innenseite eines Konvolutdeckels (Deckblatt: N 344) der Sorte A, 230 × 290 mm; Stift.

Replik des Phanias.

Keine genauere Datierung möglich.

⟨PHANIAS⟩
Du hast eine so niederträchtige Zunge – sie findet das Arschloch der Zeit – sie ist stärker als ein Hebebaum – als ein Krahn – als ein Blitz – sie hat gestern ein Loch gerissen durch das dies Staatsschiff sinkt: du reißest ihnen die Schiffe weg morgen die Güter ...

N 390

H III 207.90 – Einseitig beschriebener Zettel von Sorte A, 232 × 146 mm; blauschwarze Tinte.

Zur Strategie des Hinhaltens durch Bacchis.

Keine genauere Datierung möglich.

IIter Aufzug.

Erst im letzten Moment gesteht B. in sehr leichtem Ton dass der Gesandte nicht zu hause – vielleicht verreist ist –

N 391

H III 207.122 – Untere Partie eines einseitig beschriebenen Zettels (obere Partie: N 310), Beschreibung siehe dort.

Zur Verhandlungstaktik des Sklaven.

Ein inhaltliches Indiz (ein politisches »als ob«) läßt auf die Nähe zur Benn-Lektüre vom September 1925 schließen; vgl. N 350.

[Bankett:]

Der Sclave in der Scene der Verhandlung mit Timon – ein politisches »als ob« wird gesetzt – geistreich jovial.

N 392

H III 207.19 – Einseitig beschriebenes Blatt der Sorte D; blauschwarze Tinte.
Skizze eines Dialogs zwischen Timon und Phanias zum Schluß des Aktes.
Keine genauere Datierung möglich.

[Bankett]

TIMON
Ich fühle wie ich über mich hinauswachse

PHANIAS
Er verwandelt sich in einen Ochsen!

TIMON
Das vielerlei in mir speit einen Conquistador aus! einen Monarchen! Fort! lasst mich allein!

(Nachricht von der Revolte) er jagt einen nach dem andern weg.

Phanias ist der letzte der geht.

Der Schlüssel zu den Latomien an den Sclaven gegeben.

N 393

H III 207.58 – Einseitig beschriebener Zettel von Sorte A, 147 × 116 mm; blauschwarze Tinte.

Mit N 341 korrespondierendes Detail zum Schluß des Aktes.

November 1925 (Hephästion).

II a

Hephästion weist die Schlüssel auf welche durch die Tempel-katakomben u. den Steinbruch ins Freie führen, welchen Weg Palamedes mit einem Sclaven genommen hat.

N 394

H III 207.21 – Einseitig beschriebener Zettel von Sorte A, 229 × 147 mm; blauschwarze Tinte.

Den zweiten Akt beschließende mimische Details.

Keine genauere Datierung möglich.

II
Schluss.

Der Officier umfängt Bacchis mit einem Tuch, Knebel – u. lässt sie wegtragen. Eine Wache bleibt zurück.

Timon hervor, Bacchis zu suchen. sieht die Wache; reibt sich die Augen. Will den Posten anherrschen. [erkennt die fremde Tracht] Ernüchtert sich: retiriert.

Akt III

N 395

H III 207.40 – Untere Partie eines einseitig beschriebenen Blattes (obere Partie: N 417) der Sorte C; blauschwarze Tinte.

Disposition zum Beginn des Aktes.

Oktober 1925; vgl. die Datierung von N 417.

III
Anfang.

Officier notiert die Namen der Eingebrachten. Auf der Liste fehlt der Timon von Ephesus. (Es sind verzeichnet: der Sprecher von Emesa, ⌈Narres⌉ der Wortführer des Volkes von Kabira, *(1)* der *(2)* die | Vorsteher ⌈Tigranes⌉ von Adana, von Edessa, von Halikarnass u anderen Städten)

Timon äußerst verwundert hier nicht gekannt zu sein. (Die meisten haben gehört in Ephesus habe für kurze Zeit ein Bordellwirth oder ein Büttel die Zügel in der Hand gehalten) Fragen an den Officier was man mit ihnen vorhabe. Keine Antwort.

Dem Officier wird leise etwas gemeldet: die Verschleierte tritt ein: die Andern werden hinausgeführt

N 396

H III 206.35 – Beschreibung: N 83; Ergänzungen: blaugraue Tinte.

Aus der Lenzerheidezeit: Details zum Schlußakt.

September 1925.

III.

Timon unter den Seinen – die Ente in ihrem Pfuhl. Der Sohn mit Kira auch hier: er hat die Sänfte gestürmt. Timon ganz Bürger u. Familienvater.

Beide von Timon abhängige Existenzgruppen vereinigt: alle schutzflehend zu ihm geflüchtet: die Sophisten die kleinen Hetären u. die Verwandten der Frau, Landleute etc.

N 397

H IV B 152.6 R – Vorderseite eines beidseitig beschriebenen Zettels (Rückseite: Notizen zum Aufsatz Shakespeares Gleichnisse) von Sorte A, 232 × 146 mm; blaugraue Tinte.

Zu den politischen Konsequenzen von Timons Doppelleben; durchgestrichen bei der Benutzung der Rückseite.

September 1925.

III.

Timon der Rhetor steht auf der Proscriptionsliste – der Besitzer des öff Hauses wird Commissar über die Stadt.

AKT III

N 398 – N 399

H III 206.64 R – 206.66 R – Rückseiten zweier beidseitig beschriebener Zettel (Vorderseiten: N 99 und 116) von Sorte A, 232 bzw. 234 × 145 mm; blauschwarze Tinte, Nachtrag mit dunklerer Tinte auf N 399.

Disposition zur Timonszene des Schlußaktes.

In einer frühen Phase der Ausarbeitung (September?) 1925 gleichzeitig entstanden.

N 398

III.

Timon verbirgt sich bald in einem bald im andern Haus.

Der Sohn hat in der Aufregung sein Ich gewonnen – versöhnt die beiden Gattinnen Timons mit einander rettet alles –

Gefahr der Proscription.

Dioikismos.

N 399

III.

Timon sich einübend für den Triumphwagen. Beide Gattinnen um ihn kämpfend. Seine Verhaftung; im Auftrag des Dictators: ein Käfig.

Er: impavidum ferient ruinae

⌈*T* Dioikismos: durch Herolde verkündet –⌉

N 400

H III 207.47 – Einseitig beschriebenes Blatt der Sorte D; Stift.

Disposition in nuce für die Timonszene des Schlußaktes.

Keine genauere Datierung möglich.

III

auch der Sohn ist da mit der Kleinen die nun zur Familie gehört. / Timon weiß dass er gesucht wird / Die Kleine weiß wie Bacchis gesucht u. abgeholt wurde, auch geknebelt, glaubt sie /

Timon, von einer Patrouille verhaftet, sucht sich hinter seiner 2-Persönlichkeit zu verstecken /

N 401

H III 207.44 – Rückseite eines beidseitig beschriebenen Zettels (auf der Vorderseite: Bacchis.) von Sorte A, 230 × 147 mm; blauschwarze Tinte.

Weiteres Detail zur Timonszene.

Keine genauere Datierung möglich.

III

Patrouille sucht den Timon der Stadtoberhaupt, höchste Gewalt – war

TIMON
Das sind übertriebene Ausdrücke!

N 402

H III 207.36 – Einseitig beschriebener Zettel von Sorte A, 146 × 116 mm; blauschwarze Tinte.

An N 398–400 anschließendes Detail zum Sohn sowie eine weitere Einzelheit zur indirekten Charakterisierung Timons.

Vermutlich gleichzeitig mit N 412 entstanden.

IIIa

Allgemeine Angst vor dem Dioikismos. Fassung Chelidas' auch für diesen Fall. Wo immer werden sie glücklich sein.

Timon (vom Haus mit Nahrung bepackt u hier genährt, trotzdem in Angst zu verhungern.) Bittet Proviant mitnehmen zu dürfen u. eine Dienerin.

N 403

H III 207.41 – Untere Partie eines einseitig beschriebenen Zettels (obere Partie: N 414) von Sorte A, 230 × 146 mm; blauschwarze Tinte.

Weiteres Detail zur ungewollten Selbstpersiflage Timons.

Oktober 1925; siehe die Datierung von N 414.

TIMON
Er wird mir seinen Dank abstatten. Ich habe seine Herrschaft möglich gemacht.

AKT III

N 404

H III 207.38 – *Einseitig beschriebenes Blatt der Sorte D; blauschwarze Tinte.*

Zum Schicksal des Phanias.

Keine genauere Datierung möglich.

III.

Phanias gleichfalls gefangen (als Kurzweil für Bacchis) – was Timon unsagbar ärgert, indem dieser alles annulliert was er sagt.

N 405 – N 406 – N 407

H III 207.34 – 207.35 – 207.39 – *Drei einseitig beschriebene Blätter der Sorten C und D (N 407); blauschwarze Tinte.*

Zum Prozeß der Individuation des Sohnes in der allgemeinen Auflösung des Dioikismos.

Keine genauere Datierung möglich.

N 405

III.

Chelidas: Der Quell seiner Angst war das gewesen – dass keine Schranken zwischen den Menschen sind – nun schafft er, wo alle Schranken gefallen sind – sich aus seiner Liebe diese Schranken.

Er geht beschwingt: wie den kein *(1)* Flüstern *(2)* Walten | vom Rücken her bedroht – Er singt unwillkürlich. ⟨Er fürchtet seinen Vater nicht mehr, setzt dessen Helm auf.⟩

Ihre kleinen souveränen Gebärden – stellen zwischen allen Dingen der Welt eine Gemeinschaft her.

Der Triumphwagen, jetzt in dem »Haus«.

N 406

III.

Chelidas: das Chaos begrüßend: aus dem Chaos gebiert ihm die Liebe den Kosmos – inmitten eines Nomadentumultes gründen sie ihr kleines Zelt – melken eine Z i e g e, wandern fort – inmitten aller allein – und die Sterne über ihrem Turban –

Das Mädchen packt recht praktisch einen kleinen Esel, auf den sie sich setzt
u. fortzieht. Lass nur den Alten für seine zwei Weiber sorgen, er ist findig u.
frech genug; an mich hat er sich nachts auch heranmachen wollen.

Er waffnet sich notdürftig; setzt Vaters Helm auf. ⸢Wegen des Helms wird
er irrthümlich verhaftet. Sie kriegt ihn gleich frei: indem sie sagt das sei des
Timon Helm. (Damit zieht sie ab.)⸣

CHELIDAS
Die Ferne – die Nähe schweifen gleich verliebt an dich heran – aber ich löse
mich nicht auf in dir – bin kein Zertretenes vor deinen Füßen – ich erschaffe
mich an dir – dich aus mir.

N 407

III.

Wie du dies Zelt ausschmückst mit deinem Dasein!

N 408

H III 207.43 – Rückseite eines beidseitig beschriebenen Zettels (Vorderseite: N 211) von Sorte A, 232 × 147 mm; blauschwarze Tinte.

Zu einer öffentlichen laudatio auf den Sklaven.

17 X ⟨1925⟩   III b
                     Anfang

⸢LOBREDNER⸣
Drei entscheidende Treffen in *(1)* 11 *(2)* 10 *(3)* 20 *(4)* 11 | Tagen. Das ist
über Alexander. Eine Umgehung durchs Gebirge – ein Stoß gegen die Elefanten –

N 409

H III 206.62 – Unterer Teil eines getrennten Zettels (vgl. N 113) von Sorte A, 148 × 96 mm; blauschwarze Tinte.

Notiz vom Sommer 1924 zur Beziehung der Hetäre zum Sklaven.

Trennung des Zettels: Herbst 1925.

in III auf dem Schiff ihre Eifersucht. Sie weiss nicht wie viel von all den Huldigungen (Rufen, Musik, Feuer) sie sich zu eigen machen darf. Als er sie nach
vorne führen will ist sie jählings schüchtern u. wie gelähmt. u. fällt vor ihm
nieder.

AKT III

N 410

H III 207.48 – Einseitig beschriebener Zettel von Sorte B, 212 × 156 mm; blauschwarze Tinte.

Partiell noch alternative Disposition zur Einheit b *des Schlußaktes.*

Oktober 1925 (Tigranes).

III.

Bacchis gebracht, 48 Stunden Ritt. Trotzdem noch Bad u. Kleider auch Dinieren. Sie schläft fast ein. ab. (Respect des convoi-commandanten) Die Redner versammelt. Sie glauben er wolle sie hören: als die öffentliche Meinung. ⌊(Timon unter ihnen)⌋

Der Gesandte zu Bacchis. Seine Mission. Sie *(1)* er *(2)* will ihm ihre Liebe gestehen. Er darf nicht sagen wer es ist. Trompeten. Er geht u führt Tigranes herein.$^{A-C}$ ⌊^{c} Rede des Gesandten durchdrungen von der Besonderheit der Situation, immer annehmend, dass sie innerlich frei – sie (ihn wiederholt unterbrechend) gesteht endlich ihr Erlebnis, ihm, bescheiden, fast demütig: da sie jetzt erst den Wert von Männern u. allen Wert erfasst –⌋

Etwa die Redner z u e r s t; sie können nicht erfahren ob der Monarch schon hier – Timon erfüllt alles mit der Wichtigkeit seiner Person u. Unbequemlichkeit seiner Lage. Dann: Raum für eine Dame! –

⌊^{bc} TIMON
Er wird mich als Exarchen einsetzen wollen. – Wir Staatsoberhäupter.⌋

N 411

H III 206.98 – Deckblatt des Konvolutdeckels von Villa/6 H, Sorte A, 292 × 231 mm; Stift; auf dem gleichen Blatt mit blauschwarzer Tinte:

          In der Villa.
          Text.

Nicht eindeutig den Materialien des dritten Aktes zuweisbare, das Ende des Stückes in Andeutungen antizipierende Details.

November 1925.

          Vor Schluss:

Hephästion quer über die Bühne

Phanias bezeichnet seine Zukunft

Palamedes empfängt wieder Briefe.

N 412

H III 207.37 – Einseitig beschriebener Zettel von Sorte A, 145 × 116 mm; blauschwarze Tinte.

Teilweise dialogisierte Notiz zur Wandlung des Gesandten.

Vermutlich gleichzeitig mit N 402.

III

(1) Da *(2)* Palamedes: die Fassung des reifen Mannes der die Berechtigung aus der Notwendigkeit ableitet, sich keine fatale Function zuerkennt.

Nicht Leistung – sondern niveau.

BACCHIS
Ich habe den charme Deines Wesens nie so erkannt

P.
Es gibt Könige die nur bei ihrer Hinrichtung liebenswürdig erschienen sind

N 413

H III 207.46 – Fragment eines einseitig beschriebenen Blattes der Sorte C, 135 × ca. 110 mm; Stift.

Zur seelischen Verfassung der Hetäre.

Keine genauere Datierung möglich.

III.

Die Hetäre weint: vor Angst vor dem Eroberer / vor Sehnsucht u. Dépit wegen des Sclaven – bis er dasteht.

N 414

H III 206.27 – Einseitig beschriebener Zettel von Sorte A, 232 × 146 mm; blauschwarze Tinte.

Mit Reminiszenzen aus Shakespeares ›Antonius und Kleopatra‹ (I, 4) durchsetzte Skizze eines Dialoges zwischen der Hetäre und dem Sklaven.

Lektüre von ›Antonius und Kleopatra‹: Oktober 1925; N 414 vor N 415 entstanden (Tigranes).

AKT III

III.

TIGRANES zu Bacchis
Was ist an Dir geschehen?

BACCHIS
Nur dies: wenn ich sonst hörte einer declamiert: ein Seefürst pflügt u. verwundet mit seinem Kiel das Meer – der Frühling streicht über die Täler hin – es war mir zum Ekel. Nun fühl ich mich das aufgepflügte Meer, die zitternde Mondsichel – den rasenden Kometen – nur dass eine zitternde Scheu vor Dir u. Wachheit ohne Gleichen dies alles in seinem Gleichgewicht hält – ich bin alles auf einmal für dich in Bescheidenheit

TIGRANES antwortet à l'orientale
in der Weide Gezweig – im Brüllen des Tigers – im Gleiten des Wassers bist du mir – wirst du verzeihen dass ich zugleich die Welt regiere?

B.
Du bietest einer Welt die Stirn – was mir?

TIGRANES
Das was die Lippen sagen wollen u nicht können – er lässt sie warten u. warten

N 415

H III 207.41 – Obere Partie eines einseitig beschriebenen Zettels (untere Partie: N 403), Beschreibung siehe dort.

Durch eine Shakespeare-Reminiszenz (>Antonius und Kleopatra<) angeregte Skizze einer Dialogpartie zur Begegnung der Hetäre und des Sklaven.

Lektüre von >Antonius und Kleopatra<: Oktober 1925 (vgl. N 414).

OFFICIER
Es ist der König hohe Frau

BACCHIS
Kniet man vor ihm

ABGAR
Nicht du!

N 416

H III 207.42 – Rückseite eines beidseitig beschriebenen Zettels (Vorderseite: N 199) von Sorte A, 232 × 147 mm; blauschwarze Tinte.

Skizze einer Dialogpartie zwischen der Hetäre und dem Sklaven.

Wahrscheinlich zur gleichen Zeit wie N 408, am 17. Oktober 1925, entstanden.

IIIb

Schnelles Gespräch zwischen den Liebenden, bevor er die Journalisten empfängt.

ER
was willst du? Königin im Gebirg sein? oder in der Ebene? mit mir ein Kind haben? Eskorten von Reitern – oder Schiffe? ein Schloss auf der Spitze eines Berges? oder ein Zelt auf einem Elephanten – der mich kennt und röhrend auf mich zustürzt?

Sie verwirrt, fast der Sprache beraubt

[⟨ER⟩ zu der Schlafenden dann
Du sollst jede Nacht ein Zelt haben, um dieses einen Park mit Springbrunnen – und den Jäger der dich beschleicht. er versucht ihr den Schuh aufzubinden –]

N 417

H III 207.40 – Obere Partie eines einseitig beschriebenen Blattes (untere Partie: N 395), Beschreibung siehe dort.

In eine Replik des Sklaven umgewandeltes Wort Cäsars aus Shakespeares ›Antonius und Kleopatra‹.

Lektüre von ›Antonius und Kleopatra‹: Oktober 1925.

III.

ABGAR
Mein Reichsgenoss! zur Schlafenden

N 418

H III 206.63 R – Beschreibung: N 66; Zusatz: blaugraue Tinte.

Den Materialien des dritten Aktes zugeschlagene Exzerpte aus Bertrams Nietzschebuch. September 1925.

III.

Der isaurische Lastträger bemächtigt sich sogleich dieses Ideologen um ihm die Legende seines Auftauchens zu dictieren (= er bedient sich der Presse)

»Vor allem heisst es, sich des Geistes versichern, in dem Geschichte geschrieben werden soll«   Napoleon

»Weil die Menschen eigentlich nur alles Altgeborene, Langsamgewordene achten, so muss der welcher nach seinem Tode fortleben will, nicht nur für Nachkommenschaft, sondern noch mehr für eine Vergangenheit sorgen, weshalb Tyrannen jeder Art der Geschichte gern Gewalt antun, damit diese als Vorbereitung und Stufenleiter zu ihnen hin erscheine.«   Nietzsche

N 419

H III 206.65 – Einseitig beschriebener Zettel von Sorte A, 231 × 146 mm; blauschwarze Tinte.

Teilweise dialogisierte Notiz zur bestellten laudatio für den Sklaven.

Oktober 1925; vgl. N 408 und 416.

III.

Tigranes umgeben von Historikern, Dichtern (lauter Gefangene aus den Städten) ⌈darunter: Timon⌉

(1) Lob *(2)* Lobpreis | ihm entgegentönend.

Seine Formulierung des Lobes das er wünscht: nicht alexandrinisch-mythologisch – nicht kleinstädtisch-bürgerlich – nicht ausschweifend. Lapidar, aber empfunden, nicht errechnet.

⟨TIGRANES⟩ zu einem Freund
Ist es nicht absurd – dass ich

⌈ᴾ DER FREUND
Du allein kannst dich nach deinem Wert loben: nur eine tiefe Brust kann einen Berg, einen Helden, einen Gott aussprechen

⟨TIGRANES⟩⌉
meine Statue selber modellieren will – anstatt in weiche Arme – Vergessenheit – u. (er wendet sich hin) Sie schläft. ⌈Die Riemen an den Sandalen drükken sie.⌉

[*p* DER FREUND
Du allein kannst dich nach deinem Wert loben: nur eine tiefe Brust kann einen Berg, einen Helden, einen Gott aussprechen]

N 420

H III 207.45 – Einseitig beschriebener Zettel, 233 × 149 mm, leichtes, gekörntes und durchscheinendes Papier von blaß gelblicher Färbung (gleiche Sorte wie N 196); Stift; auf dem selben Blatt eine durchgestrichene Notiz für den Nachtrag in N 196 mit schwarzer Tinte:
Der Dichter: Ich bin mehr das Resultat meiner Werke als ihr Urheber –

Weitläufige Notiz zum Verhältnis des tätigen Menschen zum Dichter.

Eintragung im Tagebuch: X 25. Gespräche mit Burckhardt über das Verhältnis des Geistigen zum tätigen Menschen, des Dichters zum Helden. (beziehen sich zugleich auf das Lustspiel)

III
Feldherr u. Journalisten.

Jeder nennt ihn »Duce« »Despot« König der Könige »Herakles« je nach seiner Tradition: [er tritt in die leere Nische]

Weisungen des Befehlshabers.

Skepsis des Secretärs.

Endgiltige synthetische Antwort.

SECRETÄR
Der thätige Mensch stirbt nicht weil *(1)* der Men⟨sch⟩ *(2)* das Dichterische in der Welt sich immer wieder hinzudrängt [um seine Taten mit Leben zu erfüllen die Taten sind die Nahrung der Dichter

Mann – Weib / Täter – Befruchter / Kunde : Tradition / Caesar – Napoleon /]

Der antike Unsterblichkeitsbegriff, identisch mit dem erworbenen Ruhm

Rankes Bemerkung zu Euripides

LETZTE NOTIZEN NOVEMBER 1926

N *421* – N *422*

H III *205.71* – *205.72* – *Zwei einseitig beschriebene Blätter der Sorte A (N 422) und eines verwandten Papiers, 272* × *274 und 290* × *230 mm; blauschwarze Tinte.*

Verschiedene Dialogpartikel zur Szene In der Villa, *nun als zweite vorgesehen.*

Datum auf dem zugehörigen Konvolutdeckel: (ab 12. XI. 1926)

N *421*

Ib.[1]

Bacchis (Ton)

B.
Das ist ein sehr gescheidter Bursch. Fürchtest du dich, mich allein zu begleiten? Sag es. Du kannst mir alles sagen. – So . .!

Die Sclavin wo man glaubt er verbringt die Nächte meldet dass er andere Begegnungen sucht.

N *422*

Ib

BACCHIS lässt die Wahrsagerin wieder holen
man sagt mir – du hättest meinen Sclaven in einer besonderen Weise gegrüßt –
er ist mir geschenkt worden von den schwarzen Flaggen als Ehrung –

BACCHIS dann zum Sclaven
Mit wem unterhalte ich mich? Es ist komisch zu denken.

SCLAVE
Ich bin in diese Stadt gekommen, um sie zu erobern.

BACCHIS
Das ist kein Lehmhaufen den man mit Geschrei aus dem Sattel erobert.

SCLAVE
Die Dummheit macht das Große klein, macht aus Macht Ohnmacht. – Aber ich habe mich in die Reden von deiner Schönheit verliebt.

Bacchis: Wo dieser schlafe?
Antwort: Er schlafe immer auswärts, empfange Boten usf.

[1] *r. R.:* Adallas / Polemon / Amyntas /

BACCHIS
Ich bin besser geboren als irgend jemand hier

SCLAVE
In unsren Städten gebraucht man Eure Leute als Handwerker Köche – nichts besseres – höchstens Sprachlehrer –

N 423

H III 205.73 – Einseitig beschriebenes Blatt der Sorte A, 291 × 231 mm; blauschwarze Tinte.

Eine erneute Lektüre von Shakespeares ›Antonius und Kleopatra‹ dokumentierende Sammlung von Details zur Hetäre.

13 XI 26.

Bacchis: alles auszukosten – auch geistige Wege gibt es. Sie muss eine Form haben, sich auszuleben – da er sie nicht mehr auftreten lässt.

Mit dem Sclaven: Vorbereitungen zum Ausgehen – diesen Timon u. seine Macht kennen zu lernen –

Sclave: nimmt hie u. da einen befehlenden Ton an.

Bacchis Staunen wie gut ein solcher Wilder die eleganten Dinge versteht.

Ausholen der Dienstboten, alter Weiber u.s.f: inwiefern sich *(1)* Timon in öffentlichen Reden *(2)* der Pöbel mit ihr beschäftige.... und Timon? denn er scheint der zu sein, auf den es ankommt.

BACCHIS über Liebe
Wenn man nicht das Beste zurückbehielte – gienge man zu Grunde –

†»Ihre Triebe bestehen aus nichts als den feinsten Teilen reiner Liebe«†

Ihr Scharfsinn: »Der Wankelmut des Volks des Liebe nie
            eh sein Verdienst dahin sich dem Verdienten
            anheftet...«

N 424

H III 205.70 – Einseitig beschriebenes Blatt der Sorte A, 290 × 231 mm; blauschwarze Tinte.

Disposition zum Ablauf des ersten Teils des zweiten Aktes.

Eher am 12. als am 13. November 1926.

II. Gang der Handlung.

Bacchis: Ihr ist etwas Ungeheures passiert. Sie gesteht sich ein: Mit dem Sclaven. Mit einem Menschen der in ihrem Haus... Sie versteht sich selbst nicht. Ihr Gedanke: ihn zu sehen – ihn dann zu entfernen. Vorbereitungen zu dem: ihn sehen.

Hephästion kommt, versehen mit dem *(1)* Ring *(2)* Siegelring | – erste große Deception. Er meldet das Kommen des Timon – weist sie genau an, was sie zu tun hat – lässt keine Abschweifung vom Thema zu – scheint völlig gleichgiltig für ihre Andeutungen – völlig über der Situation, für ihn haben alle die Dinge das gleiche Gewicht – oder gar keines.

Plötzlich einmal glaubt sie ganz frei von der Bezauberung zu sein.

Hephästion: Seine Anforderung an sie, ihre weiblichen Erregungen dem mimischen Moment zu subordonnieren.

ZEUGNISSE · QUELLEN · ERLÄUTERUNGEN

ZEUGNISSE UND QUELLEN

1916–1922

Zeugnisse

Die erste Anregung, sich mit dem Stoff einer »politisch-satirisch-parodistische(n) Operette« zu beschäftigen, verdankt Hofmannsthal Richard Strauss (RS–HvH 345). In keiner anderen Korrespondenz finden sich für den Zeitraum von 1916 bis 1919 so zahlreiche Hinweise auf die erste Entstehungsphase der Rhetorenschule. *Nach der ersten ganz allgemein gehaltenen Bitte um ein neues Libretto nach der* Ariadne *und anfänglich nur sehr vagen Vorstellungen nahm der Wunsch des Komponisten unter dem Eindruck der Kriegsjahre und nach Gesprächen mit Hofmannsthal konkretere Formen an: Strauss erhoffte sich ein parodistisches Operettenlibretto mit einer Hetäre als Hauptrolle, das wie die lukianischen Satiren in einer Zerfallszeit spielen und gesellschaftskritische Tendenzen enthalten sollte.*

Strauss, 18. Mai 1916

Die Skizze des Vorspiels ist in drei Tagen fertig. Die kleine Liebesszene zwischen Zerbinetta und Komponist ist besonders hübsch geworden! Machen Sie mir doch wieder einen Text mit »viel Liebe«! Da fällt mir immer das Beste ein. (RS-HvH 340)

An Strauss, 22. Mai 1916

Wenn Sie schreiben, daß eine Szene »recht hübsch« geworden ist, kann ich schon denken, daß sie sehr schön ist. Von dem Stil, wie Sie diese kleine Liebesszene geschaffen haben, verspreche ich mir etwas Besonderes für mich selber (so auch von dem ganzen Vorspiel): ich halte für möglich, daß davon die Inspiration für einen künftigen Text mir kommen könnte, eine zarte Komödie mit viel Liebesempfindungen, daß Sie dies gerade aussprechen, ist mir lieb. (RS-HvH 341)

Strauss, 25. Mai 1916

Bezüglich einer neuen Oper schweben mir folgende zwei Sachen vor: entweder eine ganz moderne, absolut realistische Charakter- und Nervenkomödie in der Art, wie ich sie Ihnen schon angedeutet habe, wo Sie mich auf Bahr verwiesen – oder so ein hübsches Liebes- und Intrigenstück, etwa in der Mitte zwischen Schnitzlers ›Liebelei‹, die natürlich zu süß und fad ist – und Hackländers ›Geheimer Agent‹ oder Scribes ›Glas Wasser‹, für welche Art von Intrigenstück ich immer besondere Vorliebe gehabt habe.
So eine diplomatische Liebesintrige im Milieu des Wiener Kongresses mit einer wirklichen hocharistokratischen Spionin als Hauptperson – eine schöne Gesandtenfrau als Verräterin aus Liebe, ausgenützt von einem Geheimagenten oder so etwas recht Amüsantes und dazu die berühmte Sitzung des Kongresses, wo Napoleons Rückkehr bekannt wird. (RS-HvH 342)

An Strauss, 30. Mai 1916

Ich habe herzlich lachen müssen über Ihren Brief. Das sind ja für mein Gefühl wahrhaft scheußliche Dinge, die Sie mir da proponieren, und könnten einen für lebenslang abschrecken, Librettist zu werden ... wir wollen uns darüber nicht den Kopf zerbrechen, das, was Ihnen vorschwebt, werde ich – mit bestem Willen nie machen können; wenn ich wollte, würde ich's nicht treffen, sondern es wird mir – wenn's sein soll – irgend etwas einfallen, das mich verlockt – mir innerlich einen gewissen Spaß verspricht in der Ausführung (vielleicht auf dem Wege, den Sie jetzt bei dem Vorspiel eingeschlagen haben), und das, was so entsteht, wird schon die Eigenschaften in

sich haben, daß es Ihre Kräfte auf eine frische und besondre Weise ins Spiel
setzt. *(RS-HvH 342f.)*

Strauss, 5. Juni 1916

*Lachen Sie nur: ich weiß doch zu genau, was ich will. Wenn Sie das neue Vorspiel,
das circa 20. Juni in Partitur fertig ist, gehört haben . . . werden Sie mich verstehen
und einsehen, daß ich ein großes Talent zur Operette habe – und da meine tragische Seite
ziemlich ausgepumpt ist und mir nach diesem Kriege Tragik auf dem Theater vorläufig
ziemlich blöde und kindlich vorkommt, und dieses unbezwingliche Talent (ich bin doch
schließlich jetzt der einzige Komponist, der wirklich Humor und Witz und ein ausgesprochen parodistisches Talent hat) betätigen möchte. Ja, ich fühle mich geradezu berufen zum Offenbach des 20. Jahrhunderts, und Sie werden und müssen mein Dichter
sein. . . . Das, was ich mit meinen aus der Luft gegriffenen Anremplungen, die Sie so
sehr übelnehmen, meine, wäre eine politisch-satirische Parodie schärfsten Stiles. . . .
Aus den Prachttypen, die in diesem Krieg sich herausgeschält haben: der Wucherer als
Mäzen, der Spion, der Diplomat, Preuße und Österreicher gegeneinander und doch miteinander – ließe sich doch eine herrliche Komödie machen, und Sie haben dafür Talent:
das beweist Ihr ›Rosenkavalier‹, Ihre ›Cristina‹. Darüber wollen wir im Juli ausführlich plaudern: vielleicht bringen Sie mir von der Warschauer Reise schon einen Stoff mit.
Studieren Sie doch den jüdischen galizischen Dolmetsch und Vermittler an Ort und
Stelle: auch eine Prachtfigur. . . . Es lebe die politisch-satirisch-parodistische Operette!* *(RS-HvH 343ff.)*

An Strauss, 11. Juni 1916 (Nicht abgeschickt)

alles, was Sie mir sagen, interessiert mich sehr. Wir werden ja sehen, ob etwas
auf diesem Wege werden kann. Jedenfalls freut es mich, denn es ist der Weg
(nur weiter gegangen), den ich mit ›Rosenkavalier‹ früher wollte. Damals
sind Sie ja teilweise gar nicht darauf eingegangen, haben Manches in einem
ganz falschen Stil behandelt... Verzeihen Sie, daß ich das Alles sage, es
ist Ihr Brief der mich dazu bringt mit dem Loswollen auf etwas Neues,
wovon äußerst zweifelhaft ist, ob ich das Talent habe es wirklich zu lösen
(so, daß die Lösung bestehen kann, nicht ein Dreck ist, der im Moment für
Gold genommen wird) – und dann aber auch zweifelhaft ist, ob Sie den reinen
und scharfen Stilwillen hätten, es wirklich durchzuführen.
In einer Sache haben Sie diesen Stil-Willen ganz rein bekundet, das ist die
Begleitmusik zum ›Bourgeois‹, darum liebe ich dieses Stück Arbeit von
Ihnen auch sehr. *(RS-HvH 345f.)*

Strauss, 18. Juli 1916

Ich danke Ihnen nochmals herzlich für Ihren lieben Besuch, der mir eine aufrichtige Erquickung, Belehrung und Freude war. Hoffentlich sehen wir uns recht bald wieder – Sie mit dem neuen Singspiel in der Mappe. . . . viel Glück zur ›Operette‹!
(RS–HvH 348f.)

An Strauss, 24. Juli 1916

Bahr fand ich in einer offenen, behaglichen, geistreichen Stimmung, und da er mir gerade das Szenarium einer sehr hübschen Komödie . . . zu erzählen gestimmt war, so fand ich den Übergang, ihm von Ihren Wünschen und Absichten auf dem Gebiet des Singspiels zu erzählen. Er wird Ihnen nun sicherlich, wenn ihm was einfällt, spontan und unverbindlich ein Szenarium oder einen Stoff vorlegen.
(RS–HvH 350)

Strauss, 28. Juli 1916

Ich bin ganz Ihrer Meinung, daß das Vorspiel zu ›Ariadne‹ der neue eigene Weg ist, der gegangen werden muß, und meine eigene Neigung geht nach dem realistischen Lustspiel mit wirklichen interessanten Menschen, sei es mehr lyrischen Inhaltes, . . . sei es burlesken, parodistischen Inhaltes nach der Seite der Offenbachschen Parodie zu. . . . Hoffentlich helfen Sie mir recht bald durch einen schönen glücklichen Einfall definitiv den neuen Weg betreten. . . . Ein Geschenk von H. Bahr werde ich natürlich mit der gehörigen Dankbarkeit aufnehmen und voll Sympathie prüfen. Aber ein neuer echter Hofmannsthal wäre willkommener!
(RS–HvH 353f.)

An Strauss, 16. September 1916

. . . ich kann an eine neue Arbeit für Sie erst gehen, sobald eine meiner eigenen Komödien, deren Pläne mich seit ›Cristina‹ und ›Rosenkavalier‹ unablässig beschäftigen, heraus und aufs Theater gekommen ist.
(RS–HvH 360)

Strauss, 9. November 1916

Lesen Sie bitte in beiliegendem Scherz den Essay: ›Ein antiker Schwindler‹. Vielleicht können Sie den Selbstverbrenner für unsere Komödie brauchen. Wie geht es derselben? Ist sie schon im Werden? Ich freue mich sehr darauf.
(RS–HvH 361)

Strauss, 7. Februar 1917

Und der neue Lukian? Sind Sie fleißig und gesund?
(RS–HvH 364)

Strauss, 11. Mai 1917

Lesen Sie doch einmal die von Reinhold Lenz bearbeiteten Komödien des Plautus. Sie enthalten gute Typen. (*RS–HvH 365*)

Strauss, 28. Juni 1917

Lesen Sie doch in Reinhold Lenz' Schriften, 2. Band, die Lustspielbearbeitungen nach dem Plautus. Dieselben enthalten famose Figuren: die Buhlschafter! das in seinen Sohn blöd verschossene »Väterchen«, und sehr lustige Situationen, an denen Ihnen vielleicht einiges Anregung geben könnte für unsere »römische Komödie«. (*RS–HvH 367*)

An Strauss, 5. Juli 1917

Die Plautus-Bearbeitung von Lenz kann mein Buchhändler nicht auftreiben, bitte, schicken Sie mir doch die Bände im August nach Bad-Aussee.
(*RS–HvH 371*)

Strauss, 12. Juni 1918

Bitte lesen Sie mal den ›Miles gloriosus‹ des Plautos (in Lenz, II. Band) und ferner das Kapitel: Sparta im 1. Band von J. Burckhardts ›Griechische Kulturgeschichte‹. Ich glaube, ein besseres Milieu für eine Operette als dieses späte, heruntergekommene Sparta gibt es wohl kaum. (*RS–HvH 410*)

An Strauss, 8. Juli 1918

Ich bin Ihnen dankbar, wenn Sie mich nicht mahnen, ich weiß Ihnen dafür viel Dank. Bitte tun Sie es auch nicht indirekt, erinnern Sie mich nicht, dann erinnere ich mich selber, dann ermahne ich mich selber. So ist meine Bizarrerie in diesen Dingen, daß, weil ich Ihnen von einer Möglichkeit sprach (ein Sujet der späteren Antike), nun Ihr mehrmaliges Zurückkommen darauf, Ihr Hinweisen, Ihr Darum-Wissen mir dies ganze Gebiet verleidet und, vielleicht für immer, ja es aus meinen Gedanken und Träumen verscheucht hat. (*RS–HvH 414*)

Strauss, 12. Juli 1918

Seien Sie nicht böse, daß ich Sie »gemahnt« habe. Es sollte keine Mahnung sein, aber daß ich darauf brenne, von Ihnen bald wieder was zu bekommen, können Sie mir nicht verdenken.... wir beide könnten der Welt noch so manches Schöne schenken. Wie sagten Sie damals? So alle Jahre ein reizvolles kleines Singspiel, dazwischen eine Komödie mit Musik (ähnlich dem ›Bourgeois‹), dann eine satirische Operette ... bis der Quell eben versiegt. (*RS–HvH 415f.*)

Strauss, 27. Juni 1919

Mit herzlichen Wünschen für guten Sommer (möge derselbe Ihnen einige gute Opernstoffe für mich bescheren, ich hätte so gern eine politische Satire im spätgriechischen Gewande, mit Jeritza als Lukiansche Hetäre – die heutigen Operetten-Regierungen schreien nach Vertonung und Verhöhnung –).   *(RS–HvH 447)*

An Burckhardt, 11. März 1919

›Untergang des Abendlandes‹ ist der Titel eines Buches, das mich im Augenblick beschäftigt, ermüdet, anzieht und wieder losläßt.   *(HvH–CJB 7f.)*

An Wiegand, 1. Oktober 1922

Dürfte ich bitten mir Bd II. von Spenglers Untergang des Abendlandes ... gütigst zu erwerben?   *(HvH-WW 69)*

An Wiegand, 25. Dezember 1922

Spengler II am Weihnachtstag mit herzlichem Dank empfangen!

(HvH-WW 79)

Quellen

In den ersten Notizen zur Rhetorenschule *finden sich keine Spuren der von Strauss zur Lektüre empfohlenen Titel.*

Der Autor des im November 1916 an Hofmannsthal gesandten, offenbar satirischen Essays ›Ein antiker Schwindler‹ *ließ sich nicht ermitteln. Es besteht aber kein Zweifel, daß mit dem Selbstverbrenner der auch von Lukian verhöhnte Peregrinus Proteus gemeint ist, der sich während der olympischen Spiele 165 n. Chr. öffentlich auf dem Marktplatz verbrannte. Die Figur dieses Kynikers hat Strauss über einen längeren Zeitraum fasziniert. Er bat offenbar auch Alfred Kerr im Frühjahr 1921 um ein Libretto, und Hofmannsthal bot seine Mitarbeit an (vgl. RS–HvH 465). Noch im November 1924 schreibt Hofmannsthal an Strauss:* Wegen des Proteus werde den Wieland vornehmen. Doch ist immerhin möglich, daß mir das Satirisch-Burleske überhaupt nicht gegeben ist! *(RS–HvH 531)*

Die Frage des Komponisten vom 7. Februar 1917 nach dem Stand des »neuen Lukian« (RS–HvH 364) ist nicht mit Sicherheit auf die Rhetorenschule *zu beziehen, auch wenn Hofmannsthal diesen Titel von Lukian übernommen hat. Ein früher Hinweis auf* Danae *ist nicht auszuschließen. Hofmannsthal betont im Frühjahr 1920, daß sie der Welt des Lukian sehr nahe (RS–HvH 453) stehe; und im Oktober heißt es, daß ihr Sujet... eine frühe mythische Antike, frech behandelt, in lukianischem Sinne als »milesisches Märchen« (RS–HvH 460) sei. Die Beschäftigung mit diesem Stoff fällt nicht nur in die Zeit zwischen dem Dezember 1919 und April 1920, sondern bereits in das Jahr 1917, wie der Nachlaß zeigt.*

Auch der mehrfache Verweis auf die Plautus-Bearbeitungen von Jakob Michael Reinhold Lenz blieb, obwohl Hofmannsthal Strauss selbst um die Bände *gebeten hatte, ohne Resonanz. Wenige, frei adaptierte Zitate belegen erst für den Spätherbst 1925 Hofmannsthals Beschäftigung mit dem ›Miles Gloriosus‹ des Plautus.*

Für das Gespinst von Situationen, Figurenkonstellationen und szenischen Details, das die Anfänge eines Werkes bestimmt, für das also, was Hofmannsthal vorgestellte *Atmosphäre (P II 364) nannte, waren andere Einflüsse entscheidend. Anfang Juni 1916, unmittelbar nachdem er Strauss' Wunsch nach einer »diplomatischen Liebesintrige« (RS–HvH 342) abgelehnt hatte, las Hofmannsthal Hermann Reichs Buch über den Mimus.*[1] *Das Kapitel über das türkische Karagözspiel versah er mit dem Datum vom 6. Juni 1916, und auf dem rückwärtigen Deckblatt des zweiten Bandes notierte er u. a.:* Sujets der Karagözstücke (ad Rhetorenschule), S. 648 ff. *Diese Notiz belegt nicht nur den Zusammenhang der Komödie mit Reichs Buch, sie ist zugleich, sofern Lektüre und Notiz zu gleicher Zeit erfolgten, die früheste Erwähnung des Titels. Hofmannsthal kannte das 1903 erschienene Werk Reichs mindestens seit 1906, wie ein eigenhändiger Vermerk bestätigt; und der Dialog* Furcht *(1907) setzt eine genaue Lektüre des Buches voraus.*

Karagöz ist der Held eines burlesken, im orientalischen Raum (besonders Griechenland) noch heute verbreiteten Puppen-Schattenspiels, in dem Reich das Nachwirken des niederen Mimus der Antike zu erkennen glaubt. Wie dessen Held, mit dem er den Phallus, Symbol derber Volkskraft, gemeinsam hat, entstammt Karagöz den unteren Volksschichten. Er ist ein Narr, jedoch von gerissener Schläue, der aus den vertracktesten Situationen immer noch einen Ausweg kennt. Sein Gegenspieler ist Hadschievad, ein Tölpel, der sich für den Klügeren von beiden hält und ständig Proben seiner vermeintlichen Gelehrsamkeit abgibt. Die Sprache dieses Spieles ist meist roh, häufig von Dialekt und Obszönitäten durchsetzt, nur Hadschievad versucht sich in der Gelehrtensprache und verbittet sich unfeine Redewendungen. Die Handlungsorte sind die gleichen wie die des niederen Mimus: der offene Markt, das Bordell und die Kneipe, ebenso die Randfiguren: Kuppler, Bettler, Wucherer, Dirnen. Mit dem antiken Mimus teilt das Karagözspiel die politische Funktion. Es artikuliert Reich zufolge die wahre Volksmeinung und ist von satirischen Anspielungen auf Ereignisse des Tages durchsetzt.

Auf den von Hofmannsthal markierten Seiten referiert Reich aus indirekter Quelle Inhaltsangaben mehrerer Karagözstücke. Doch hat Hofmannsthal auf diese Sujets nicht zurückgegriffen. Reichs Buch gewann in anderer Hinsicht Bedeutung.

---

[1] Hermann Reich, Der Mimus. Ein litterar-entwickelungsgeschichtlicher Versuch. *1. Band, 1. Teil:* Theorie des Mimus; *1. Band, 2. Teil:* Entwickelungsgeschichte des Mimus. *Berlin: Weidmann 1903.*

Robert Michel überlieferte eine Bemerkung Hofmannsthals – allerdings vom Frühjahr 1926 –, wonach er den »Anstoß« zur Rhetorenschule im »Mimischen und Lustspielhaften der Dialoge Platons und der Hetärengespräche Lukians« gefunden habe.[1] Der Einfluß von Lukians Hetärengesprächen blieb punktuell; ihnen verdankt das Lustspiel nur einige auf eigener Lektüre Hofmannsthals beruhende Details. Ob Platon selbst zum damaligen Lektürestoff Hofmannsthals gehörte, ließ sich nicht feststellen; über die mimischen Mittel der frühen platonischen Dialoge aber wurde Hofmannsthals durch Hermann Reich informiert, dessen Kapitel ›Sokrates der Ethologe und Platos ethologische Kunst‹ er auch nach 1916 für die Komödie konsultiert; jedenfalls exzerpiert er aus diesem Kapitel im März 1922 (erschlossenes Datum) in sein Tagebuch (H VII 2.7):[2]

Mimus Zur Comödie

Sokrates als Mime (Schauspieler selbstgedichteter Mimen)
Reich, Der Mimus, S. 390ff.

ἄνευ γελοίων τὰ σπουδαῖα μαθεῖν οὐ δυνατόν
Platon De legg. VII

antike Mädchennamen (aus den Mimen von Sophron Theokrit Herondas)

[1] In den ›Leipziger Neuesten Nachrichten‹ vom 23. Januar 1927 berichtet Robert Michel von einem Besuch bei Hofmannsthal. Nach der Angabe, daß Hofmannsthals Cristina nach siebzehnjähriger Pause im Theater in der Josefstadt aufgeführt werden soll, muß Michels Besuch im Frühjahr 1926 stattgefunden haben. Die Aufführung war am 23. April 1926. – In dem Bericht heißt es u.a.: »Indessen ist abermals ein neues Lustspiel vor der Vollendung. Auch dieses gehört stofflich im Grunde genommen neben die vorigen [Der Schwierige und Der Unbestechliche], obwohl es in der Antike spielt. Den Anstoß für dieses Werk fand Hofmannsthal in dem Mimischen und Lustspielhaften der Dialoge Platons und der Hetärengespräche Lukians.«

[2] Das griechische Zitat findet sich am Schluß des Kapitels über die mimische Kunst Platons und Sokrates als Mimen. Nicht Platon, sondern Sokrates selbst verdanke die mimische Kunst ihren Aufschwung: »Von Sokrates wird Plato den Grundsatz haben ἄνευ .. γελοίων τὰ σπουδαῖα ... μαθεῖν ... οὐ δυνατόν (de legg. VII, p. 816 D, E). Auch Sophrons Mimen werden σπουδαῖοι und γελοῖοι in einem Atemzuge genannt, und die besseren Mimen waren σπουδογέλοιοι.« (413) – Reichs Ausführungen über die Verwendung von Eigennamen im Mimus lauten: »Es ist ein mimisches Gesetz, die Eigennamen im grossen und ganzen nur aus dem realen Leben zu entlehnen. ... Um den Schein des Wirklichen zu erhöhen, werden nun diese Namen im realistischen Mimus möglichst häufig angewendet. .... Es ist nicht irgend ein Mädchen oder eine Magd, die da auftritt, sondern es ist die Koikoa, Rogka, die Fuska (Sophron) oder die Thestylis, Eunoa, Eutychis (Theokrit II u.V), oder bei Herondas die Thressa (I, 1), die Kydilla (V, 9), die Psylla (VIII, 1).... Auch bei Plato ist es nicht irgend ein Jüngling, irgend ein Mann, irgend ein Gelehrter, Sophist, Dichter oder Staatsmann, der sich mit Sokrates unterhält ... Selbst ganz nebensächliche Personen werden gerne mit Namen genannt.« (S. 393f.)

Koikoa, Rogka, Fuska, Thestylis, Eunoa, Eutychis; Thressa, Kydilla, Psylla. Mimisches Gesetz ist die häufige Anwendung von Eigennamen, auch für Nebenfiguren, so bei Platon. Gegensatz zur Tragödie.

Auch den Titel des Lustspiels vermittelte wohl direkt erst Reichs Werk. Reich deutet verschiedentlich den Einfluß antiker Mimenkunst auf die Rhetorenschulen an, vergleicht ihre analoge soziale Funktion als Vertreterinnen der öffentlichen Meinung. Übernahmen die Rhetorenschulen »Sitte, Sentenzen und Redensarten« des Mimus,[1] weil die »Mimen eine hervorragende Anleitung zur Redefertigkeit und zur Erziehung ... darin gewährten«,[2] so gebrauchten Platon und Lukian ihrerseits wieder mimische Mittel, um die von den Sophisten der Rhetorenschulen geübten Praktiken zu kritisieren. Die Verbindung von Realismus und Ironie, das Stilprinzip des höheren Mimus, diente dabei als Mittel der Kritik. In der Neigung zur ironischen Charakterschilderung, die auch auf die groteske Überzeichnung typischer Einzelzüge nicht verzichtet, erkennt Reich das Hauptmerkmal der mimischen Kunst Platons. Den Sophisten seiner frühen Dialoge kennzeichne die gleiche überhebliche Selbstsicherheit wie den Narren des Mimus.

Reich erörtert den politischen und moralischen Hintergrund von Platons Sophistenkritik nicht zusammenhängend. Abrißartig systematisiert erweisen sich Platons und Hofmannsthals Kritik als außerordentlich ähnlich. Hofmannsthals Rhetor gleicht jenen Sophisten Platons, deren rhetorische Fertigkeiten ausschließlich der Befriedigung ihrer persönlichen Interessen dienen.

Mit der Anschauung, daß das Individuum, sofern es dank besserer technischer Fertigkeiten dazu fähig sei, Gesetze brechen und sich Menschen unterwerfen dürfe, mit der Theorie, daß das Recht eine Sache des Erfolges und nicht der Wahrheit sei, hat die Sophistik auf dem politischen Gebiet der Demagogie Tür und Tor geöffnet. Sie legitimierte die Perversion der rhetorischen Demokratie. Platons Kritik der sophistischen Redefertigkeit war zugleich Gesellschaftskritik. Er sah im Primat der materiellen und politischen Interessen des Einzelnen, den die Sophistik verfocht, die Ursache für den Verfall des Staates. Er entwickelte daher in der ›Politeia‹ und den ›Nomoi‹ Staatsmodelle, die dem Gemeinschaftsprinzip absolut verpflichtet waren. Die Macht in seinem Staat sollte eine geistige Elite übernehmen, die Auswahl und Erziehung dazu gebracht hatte, das allgemeine Interesse zu ihrem eigenen zu machen.

Die gleichen kritischen Intentionen kennzeichnen auch Lukians Satire, deren Titel Hofmannsthal zunächst übernahm. Seine ›Rednerschule‹, wie Wieland ʽΡητόρων διδάσκαλος übersetzte, trägt als Untertitel »Anweisung, wie man mit wenig Mühe ein berühmter Redner wird«.[3] Zu diesem Zweck beschrieb Lukian die von den Rhetoren

---

[1] a. a. O., S. 73.
[2] a. a. O., S. 75.
[3] Lukian, Sämtliche Werke. Mit Anmerkungen. Nach der Übersetzung von C. M. Wieland bearbeitet und ergänzt von Dr. Hanns Floerke. München und Leipzig: Georg Müller 1911, 5. Band, S. 52.

seiner Zeit mit Erfolg geübten Praktiken. Dabei liegt der Reiz seiner kleinen Schrift gerade in ihrem Realismus: Lukian läßt das zunächst utopisch erscheinende Versprechen der Mühelosigkeit und der Schnelligkeit, mit der man zum berühmten Redner avanciere, durch den freimütigen, als realistisch erkennbaren Erfahrungsbericht eines zeitgenössischen Sophisten bestätigen. Lukian betont den kommerziellen Charakter der Redekunst und nennt an Motiven, sie professionell auszuüben, das Streben nach »Reichtum«, »Ruhm« und »Lobsprüchen«.[1]

Über Lukians Satire liegt der Schatten des Pessimismus. Er konstatiert die Verhältnisse seiner Zeit, die er nicht ändern kann, und mißt sie am Ideal einer vergangenen Epoche, die von »Demosthenes, Plato und einige(n) ihresgleiche(n)«[2] *repräsentiert wird. Wenn er in direkter Anlehnung an Platon die Empfehlungen seines gewissenlosen Sophisten »Gesetze«, diesen selbst »Gesetzgeber« nennt, so verdeutlicht er implizit die Wandlungen der moralischen Anschauungen. Er geißelt die Käuflichkeit der Wahrheit wie die zynische Verachtung des Publikums, die Geldgier des Rhetors wie seine offen zur Schau getragene Immoralität: »aber glaube mir, das ist nichts Kleines und trägt mehr ein, als man denken sollte.«*[3]

Hofmannsthals durch Reichs Buch angeregte Beschäftigung mit der Sophistenkritik Platons und Lukians läßt sich auf den ersten Blick nur schwer mit Strauss' Wunsch nach einer zeitkritischen Komödie zusammenreimen. Das Studium antiker Schriftsteller verrät nicht unbedingt Interesse am Aktuellen. Doch hatten Platons Sophistendialoge und Lukians ›Rhetorenschule‹ bei allem idealistischen Moralismus einen politisch-sozialen Akzent. In der von Lukian und Platon kritisch durchleuchteten Realität erkannte Hofmannsthal die Physiognomie seiner eigenen Epoche. Trotz des zeitlichen Abstandes, der Platon und Lukian trennte, wandten sich beide Autoren gegen den extremen Individualismus und dessen gesellschaftliche Folge, den rücksichtslosen ökonomischen und politischen Machtkampf, gegen den Primat des Geldes im öffentlichen Wertbewußtsein, gegen den krassen Materialismus also, der das gesamte Gesellschaftsgefüge relativierte: Erscheinungen, die Platon und Lukian u. a. an der totalen Funktionalisierung der Sprache demonstriert hatten. Hofmannsthals Beurteilung des ausgehenden 19. Jahrhunderts unterscheidet sich davon kaum. Unter den Stichwörtern Abhängigkeit jedes vom Gelde *(P III 377) und* Individualismus, Mechanismus, Merkantilismus *(P III 379) läßt sich die kritische Bestandsaufnahme seiner Zeit, wie er sie 1916 in Skandinavien vortrug, zusammenfassen. In der gleichen Rede begründet Hofmannsthal die tiefe Sprachkrise seiner Generation mit der platonisches Denken verratenden Feststellung:* weil nicht Wahrheit sondern Technik das Ergebnis des wissenschaftlichen Geistes gewesen war *(P III 377). Die Sprache verlor mit ihrer artistischen Perfektionierung die Fähigkeit, Wahrheit zu vermitteln. Begriffe und Bilder begannen sich zu verselbständigen; das, was sie benannten, hatte nur noch momentanen Aussagewert. Sprache wurde zum Selbstzweck. Im Mitterwurzer-Essay* Eine Monographie *(1895), von dem zu Recht gesagt wurde, er antizipiere den Chandos-Brief, konstatiert Hofmannsthal:* Es *ist eine verzweifelte*

---

[1] *a. a. O., S. 53.* [2] *a. a. O., S. 68.* [3] *a. a. O., S. 72.*

Liebe zu allen Künsten erwacht, die schweigend ausgeübt werden: die Musik, das Tanzen und alle Künste der Akrobaten und Gaukler ... Alle anständigen Menschen haben von vorneherein einen Widerwillen gegen einen, der gewandt redet. Das »gut Ausgedrückte« erregt spontan den Verdacht, nicht empfunden zu sein. *(P I 228f.) Dieses Verdikt gründet in der Erfahrung des Sprachzerfalls: die Worte haben sich vor die Dinge gestellt (228), sie sind lügenhaft geworden, weil die Einheit von Begriff und Erfahrung, von Wort und Empfindung zerbrach. Der Rhetor, der sich bedenkenlos der Worte bedient, suggeriert nur eine Vorstellung dieser Einheit. Er schwätzt.*

Eine perfektionierte und zugleich sinnentleerte Rhetorik zu betreiben, warf Hofmannsthal der modernen Presse, Platon der antiken Sophistik vor. Für den einundzwanzigjährigen Hofmannsthal bestand die Perversion des journalistischen Denkens *in der Neigung, fast alle Dinge, die man nicht fühlt und kaum denkt, raffiniert gut und fast schlagend auszudrücken (P I 222). In dieser, einer Rezension der Gedichte Vielé-Griffins entnommenen Feststellung ist nichts den politischen Implikationen der Sophistenkritik Platons Vergleichbares enthalten. Hofmannsthal scheint sich allein an den Begriffen wahr oder falsch, erlebt oder erlogen zu orientieren und sie zu ästhetischen Kategorien zu erheben. Sie waren aber für den Platoniker Hofmannsthal auch politische.*

Bindung an ein übergeordnetes, bleibendes Prinzip – diese Maxime macht Hofmannsthals Verhältnis zur Rhetorik verständlicher. Sie ist ein entscheidender Zug seines politischen Denkens. In seiner Habilitationsschrift über Victor Hugo unterscheidet Hofmannsthal zwei Arten von Rhetorik, die der Revolution und die der Restauration (vgl. P I 326). Nur in der Rhetorik der Restauration, der Verbindung des Hohen, Ideellen mit dem Wirklichen *(P III 488) galt Hofmannsthals Faszination. Und allein Frankreich schien ihm das Land, wo der* Journalist noch, und wäre er der kleinste, ... sich neben Bossuet und La Bruyère stellen *dürfe (P IV 395), wo selbst das* Geringe, für den Tag Bestimmte *teilhat an einer gewissen Würde durch die Sorgfalt, mit welcher es eine reine Sprache anstrebt und die Gedanken klar und wohlgeordnet und faßlich wiedergeben will (P IV 391).*

Hofmannsthal sah sich durch Platon und Lukian in seinem moralischen Idealismus bestätigt. Antike Sophistik und Presse der Neuzeit waren für ihn gleichartige Erscheinungen. Ihre gesellschaftlichen und sozialen Voraussetzungen sowie ihre Konsequenzen schienen ihm überaus ähnlich. Die Analogie der Phänomene erlaubte die Historisierung seiner Kritik am Aktuellen. Im Februar 1926 nach dem Lustspiel gefragt, bestätigte Hofmannsthal: »Im ersten Entwurf hieß es › D i e R h e t o r e n s c h u l e ‹, wobei der Rhetor so etwas wie ein Zeitungsherausgeber war. Seine Schüler, die Redakteure, die dieser Herausgeber aussendet, um die öffentliche Meinung seiner Stadt zu beherrschen.«[1]

---

[1] *Paul Stefan, »Was arbeiten Sie?« III. Gespräch mit Hugo von Hofmannsthal. In: Die Literarische Welt, Nr. 9, 2. Jg., 26. Februar 1926, S. 1.*

Der Rhetor in Hofmannsthals Lustspiel hatte einen Zeitgenossen des Dichters zum Vorbild: Moriz Benedikt (1849–1920), den Inhaber und Herausgeber der großen Wiener Tageszeitung ›Neue Freie Presse‹. Benedikt war eine heftig umstrittene Figur im politischen Leben Österreichs und im Sommer 1916, also zum Zeitpunkt der ersten Überlegungen Hofmannsthals zu einer gesellschaftskritischen Komödie, Exponent scharfer publizistischer Angriffe. Sie gingen von der ›Arbeiterzeitung‹ aus, dem einzigen Blatt, das Hofmannsthal von seinem Urteil der entsetzliche(n) Nullität (HvH–LvA 221) der gesamten Wiener Presse ausgenommen und während des Krieges gelesen hat.

Über Hofmannsthals Verhältnis zu Moriz Benedikt und zur ›Neuen Freien Presse‹ wissen wir nur wenig. Zwei gedruckte Dokumente, ein offener Brief an Moriz Benedikt aus Anlaß eines Jubiläums und ein anderer nach Benedikts Tod an den Sohn Ernst Benedikt, sind offiziellen Charakters. Hofmannsthal betonte in dem Kondolenzbrief:

⟨Moritz Benedikt⟩ war ein außerordentlicher Mensch in seiner Lebenssphäre und nicht bloß in dieser. Bedenkt man, wie schlaff die Menschen sind, wie schnell desorientiert und entmutigt, wie inkohärent – so ermißt man erst, wie selten eine solche Organisation, an der alles immer wieder sich spannte, nichts ermüdete – alles voll Ressource und Kraft. Vor dem Krieg hatte ich ihn nicht gekannt; durch den Krieg erst ergaben sich die gelegentlichen persönlichen Begegnungen. Ich werde diese und die große warme Freundlichkeit, die der Verstorbene gegen mich an den Tag legte, gewiß nie vergessen. *(P III 500)*

Diese Sätze, die Goethes Terminus der Organisation nicht scheuen, um eine ungebrochene Persönlichkeit zu kennzeichnen, sind herzlich, ja sie verraten eine gewisse Bewunderung. Hofmannsthals Achtung galt der Zielstrebigkeit, der großen Willenskraft Benedikts. Zu einem Zeitpunkt, da niemand das zerfallene Österreich-Ungarn aus dem Chaos in die Welt des Gestalteten (P III 207) zurückführen konnte, bezeugte Hofmannsthal einen gewissen Respekt vor der eigenwilligen Strenge eines Mannes, der den Apparat seines riesigen Unternehmens bis zum Ende fest in Händen hielt.

In einer Aufzeichnung aus dem Jahre 1917 zur Rhetorenschule *hat der Name Benedikt freilich einen ganz anderen Klang. Hatte Hofmannsthal bereits in einem Brief aus dem Jahr 1908 an Andrian bemerkt, Benedikt fehle es an Takt (vgl. HvH–LvA 178), so formulierte er 1917 seine Kritik noch schärfer. Der Bemerkung, die Hofmannsthal Burckhardts ›Griechischer Kulturgeschichte‹ entnommen hatte, daß* man in der griechischen Verfallszeit *berühmten Säufern u Fressern, berühmt mageren u. dicken Leuten Statuen gewidmet habe,*[1] *fügte der Dichter, während Benedikt als erster und einziger Journalist vom Kaiser ins Herrenhaus berufen wurde, hinzu:* Das Chaotische darin, das frech geblähte im Geist Benedikts und der absolute Nihilismus zutiefst *(N 26). Die Glorifizierung des Zufälligen und des*

---

[1] Jacob Burckhardt, Griechische Kulturgeschichte. Berlin, Stuttgart: Spemann: o. J., S. 590 f.

Unmaßes, sowie die Neigung, dem jeweils Neuesten zu huldigen, waren für Hofmannsthal Symptome des Chaos. Und Benedikt erschien ihm als Repräsentant dieses Ungeistes, der mit unverbrauchter Kraft zur Macht drängte.

Albert Fuchs schreibt in seinem Rückblick ›Geistige Strömungen in Österreich 1867–1918‹:[1] »Der Soziologe, der ermitteln wollte, wer in den letzten Jahrzehnten ihres Bestandes die Monarchie wirklich regiert hat, könnte ruhig über manche Parteiführer hinwegsehen, und auch über etliche Ministerpräsidenten. Moriz Benedikt ... könnte er nicht ignorieren. Benedikt war ein Menschenalter lang einer der zehn oder zwölf mächtigsten Männer in Österreich. Für den Einfluß, den Zeitungsleute in der modernen Gesellschaft erlangen können, ist er ein mindestens so gutes Beispiel wie Northcliff oder Hearst.« Benedikt hat in der Tat bei vielen politischen Entscheidungen mitgewirkt. Selbst im Besitz ausgezeichneter Verbindungen zu den großen Finanzhäusern der Monarchie, galt Benedikt über Jahrzehnte als Berater der Finanzminister. Auch an großen außenpolitischen Entscheidungen hatte er bisweilen gewichtigen Anteil.

Während des Weltkrieges machte Benedikt sein Organ zum kritiklosen Sprachrohr für die Politik der Mittelmächte, was zu einem Privatkrieg der ›Neuen Freien Presse‹ mit dem englischen Weltblatt ›Times‹ führte.

Die eigenen Mitarbeiter betonten Benedikts universales Wissen, sein unerhörtes Gedächtnis, seinen Fleiß (er schrieb pro Jahr etwa 500 Aufsätze mit durchschnittlich acht Druckseiten), aber auch seinen Ehrgeiz und sein despotisches Temperament. »Nichts entging seinem Blick vom Kopf des Blattes bis zum Impressum, alles war Benediktsche Faktur, bis endlich der Begriff ›Neue Freie Presse‹ und Moriz Benedikt identisch wurden.«[2]

Mit einem fast pathologisch anmutenden Haß verfolgte ihn Karl Kraus in der ›Fackel‹. Kraus geißelte seit der Gründung seiner Zeitschrift die Profitgier, die Bestechlichkeit und verlogene Moral des Wiener Journalismus. In der Hetzarbeit der internationalen Presse sah er die Ursache des Weltkrieges. Benedikt war ihm der »Wiener Rädelsführer des Weltverbrechens«.[3] Der gewaltigste, in atemloser Hetze über sechzehn absatzlose Seiten vorgetragene Angriff gegen Moriz Benedikt findet sich im Augustheft 1916 der ›Fackel‹:

> Man muß diesen Schreihals würgen, bis ihm die Lust vergeht, sich den Freipaß für seine Unsauberkeiten durch Berufung auf die Millionen unserer Mitbürger, die an der Front sind, zu verschaffen. Man muß diesem rabiaten Wucherer, der, anstatt Jehovah auf den Knien zu danken, daß sein Geschäft unter den Augen von Steueradministration, Landesgericht und Kriegsgewalt florieren kann, die Staatsbehörden gegen kulturelle Bestrebungen aufzurufen wagt, so auf das Maul schlagen, daß die ›Sorge‹, die er seit zwei Jahren täglich am Poincaré ›nagen‹ sieht, ihn wie ein Schüttelfrost befällt. ... Man muß diesen Banditen, dessen Ge-

---

[1] Albert Fuchs, Geistige Strömungen in Österreich 1867–1918. Wien: Globus 1949, S. 20.
[2] Gustav Kolmer in: ›Neue Freie Presse‹ vom 23. März 1920; zitiert nach: Irmgard Walter, Moriz Benedikt und die ›Neue Freie Presse‹. Diss. Wien (Masch.) 1950, S. 23.
[3] Die Fackel, Nr. 431–436, August 1916, S. 74.

walttätigkeit gegen die letzten Überreste eines öffentlichen Schamgefühls von der Unterworfenheit hochgestellter Preßknechte erhitzt wird, derart überschreien, daß er die Glorie, die ihm zum Alibi seines Handels gut genug scheint, erschreckt aus der Pranke fallen läßt und nie wieder auf die Idee verfällt, die große Zeit, an der seine Opfer leiden, als seine eigene Schonzeit aufzufassen und sich aus dem blutigen Strafgericht der Welt eine Amnestie herauszufetzen. Man muß, wenn ein solches Individuum, dessen Raubgier die journalistische Schande noch um eine persönliche Note bereichert und das in die Pest der Zeit noch seinen Atem zu senden wagt, wenn es endlich einmal mit seiner gekränkten Ehre aus dem Käfig auf die Straße läuft, die Gelegenheit benützen und ihm so scharf in die Pupille sehen, daß ihm die Stimme für ein paar Leitartikel, der Gusto auf ein paar Börsenmanöver zwischen Morgen- und Abendblatt vergeht und daß es ›im Gemäuer‹ seines Ansehens vernehmlicher ›zu rieseln beginnt‹ als in dem der Entente, so vernehmlich, daß etlichen Botschaftern, Feldzeugmeistern und Fürsten doch einmal bange wird, auf die Mitarbeit an solchem Handwerk stolz zu sein. Man muß den verderblichsten Betrüger der mitteleuropäischen Dummheit, der sich sein patriotisches Opfer bestätigen läßt, wenn er ein paar Spalten seines Bordells einmal gratis zur Verfügung gestellt hat, und der ins Herrenhaus gelangen möchte, weil er bis heute straflos an der Leichtgläubigkeit Millionen verdient hat, man muß ihn fragen, ob er ernstlich glaubt, daß es ›in einer solchen Zeit‹ nicht dringlicher als in irgendeiner früheren Zeit geboten ist, sein Handwerk, das den Offenbarungsglauben für Unwissen und Unmoral anspricht, zu entlarven, eben jenes Handwerk zu stigmatisieren, das den äußersten Kontrast zum Schein der Zeit bedeutet und sie selbst auf das blutigste stigmatisiert hat. . . . man muß . . . man muß . . .[1]

Diese apokalyptische Rhetorik scheint nicht nur von Haß, sondern auch von abgründiger Angst diktiert zu sein. An ihrem Ausmaß mag sich der Einfluß ahnen lassen, den Benedikt in Wien während der Kriegsjahre hatte.

   Die Person Benedikts lieferte noch eine weitere, heute nicht mehr näher bestimmbare Anregung zur Rhetorenschule. *Am 10. Oktober 1925 schrieb Hofmannsthal an Josef Redlich:* Ich habe eine Arbeit angefangen von der ich denken möchte, sie könnte Ihnen später einmal Spaß machen. . . . Sie ist aus dem Stoff hervorgegangen, den ich Ihnen, ich glaube 1917, unter der Bezeichnung »die Rhetorenschule« erzählte. Aus der Grundconstellation des starkwilligen Vaters gegen den schwachmüthigen Sohn (Sie sagten: Sie dramatisieren also die humaniora der Neuen Freien Presse) ist etwas Verwandtes, aber sehr Complexes geworden. *(HvH-JR 59f.) Von diesen* humaniora *weiß heute niemand mehr, und für das Verständnis der Komödie sind sie auch irrelevant.*[2]

   Die unmittelbare Anregung allerdings, seine Kritik am modernen Pressewesen mit dem klassischen Komödienstoff zu verbinden, gewann Hofmannsthal aus seiner Lektüre

---

[1] *a. a. O., S. 120ff.*
[2] *Burckhardt an den Hrsg., 11. März 1970:* »Dass die Beobachtung von zwei Generationen, Vater und Sohn Benedikt, bei den Überlegungen des Dichters über ein Stück das gewissen überwuchernden Zeittendenzen sich entgegenstellen sollte, vorhanden war, ist bestimmt richtig, jedoch würde ich nicht annehmen, dass diese, die Gedankengänge des Dichters nur streifende Analogie, eine entscheidende Wirkung ausübte. Er hat sie im Gespräch erwähnt und jeweils auch wieder fallen lassen.«

von Terenz' Lustspiel ›Der Selbstpeiniger‹. Seine Lektüre datiert vom gleichen Tag wie die Niederschrift der ersten Notiz zur Rhetorenschule. *Hofmannsthals erhalten gebliebenes Terenz-Exemplar*[1] *enthält den entsprechenden Vermerk:* Aussee 20. VIII. 1916 *sowie Anstreichungen und Annotationen, von denen sich einige auf die* Rhetorenschule *beziehen. Es ist außerdem aus dem Tagebuch Hofmannsthals bekannt, daß er im Sommer 1916 alle sechs Komödien des Terenz gelesen hat.*

So konzentrieren sich zu Beginn der Überlegungen zu einer Komödie Die Rhetorenschule *im Sommer 1916 Anregungen verschiedenster Art: Richard Strauss äußerte den sehr bestimmten Wunsch nach einem satirisch-parodistischen Operettenlibretto. Hermann Reichs Buch informierte Hofmannsthal über die Stilmittel des antiken Mimus und seine politisch-soziale Funktion. Es orientierte über die Praktiken der antiken Rhetorenschulen und in einem umfänglichen Referat über Platos Sophistenverspottung. Wiederholt verwies Reich auf Lukians Satire ›Die Rhetorenschule‹, deren Titel und kritisches Engagement Hofmannsthal in seiner Komödie übernahm. Moriz Benedikt war zur gleichen Zeit, da Hofmannsthal die ersten Notizen zur* Rhetorenschule *niederschrieb, Objekt schärfster publizistischer Angriffe. In ihm mochte der Dichter den Prototyp eines modernen Sophisten erkennen. Die Lektüre der Terenz-Komödie ›Der Selbstpeiniger‹ gab den direkten Anstoß zur Gestaltung des Generationenkonfliktes, wobei eine Episode aus der Geschichte der Familie Benedikt zusätzlich eine gewisse Rolle gespielt haben mag.*

Am 20. August 1916 entstand die erste Aufzeichnung zur Rhetorenschule. *Am oberen Rand dieses Blattes notierte sich Hofmannsthal einen Lektüreplan, der große Dichtung und berühmte Namen neben längst vergessenen Titeln enthält. Es ist sehr unwahrscheinlich, daß Hofmannsthal alle diese Autoren tatsächlich wieder gelesen hat. Daß er sie bereits kannte, verrät die Überschrift:* relire. *Innerhalb eines* schwebenden Durcheinander *von Elementen, das nach Hofmannsthals Auskunft am Beginn eines Entstehungsprozesses steht (P II 364), sind solche wiedererinnerten Titel Teile eines suggestiven Hintergrundes und bedürfen der Erläuterung.*

[1] *Terenz, Der Selbstquäler. Übersetzt von Professor Dr. Johannes Herbst. Langenscheidtsche Bibliothek sämtlicher griechischer und römischer Klassiker, o. O., o. J. Im folgenden wird nach dieser Ausgabe zitiert. Einige Notizen in Hofmannsthals Exemplar beziehen sich direkt auf die* Rhetorenschule: läppisch Brighella allen gegenüber maulfertig außer der herrischen Geliebten. *Diese Randnotiz zum Monolog Clitiphos (I, 3) hat keine kommentierende Funktion, sie charakterisiert eine neue Figur, die zwar durch den Monolog Clitiphos angeregt wurde, mit ihm aber nur entfernte Ähnlichkeit hat. Clitipho verfügt gerade nicht über die Geschicklichkeit und Schläue Brighellas, wie wir ihn aus der Commedia dell'Arte kennen, sondern benötigt die Unterstützung des Sklaven Syrus, in dem man viel eher einen antiken Vorläufer Brighellas sehen könnte. – Die zweite Notiz zu diesem Monolog verweist auf den aktuellen Hintergrund von Hofmannsthals Komödie:* Benedikt filius Vater Rhetor. *– Dem Bericht des Syrus von seinem gemeinsam mit Clinias Sklaven unternommenen Besuch bei Antiphila, um sich von deren Treue zu überzeugen (II, 2), fügte Hofmannsthal hinzu:* Rhetorenschüler dressiert auf Neuigkeit.

An erster Stelle in Hofmannsthals Verzeichnis steht eine literarische Maskerade. Unter dem Titel ›Les Chansons de Bilitis, traduites du grec pour la première fois‹ publizierte Pierre Louys 1894 in der Librairie de l'Art indépendant eine Sammlung strophisch gegliederter Prosagedichte (er nannte sie »phrases rhythmées«), die im Vorwort des Bändchens als Schöpfungen einer griechischen Hetäre des sechsten vorchristlichen Jahrhunderts bezeichnet werden. Deren Autorschaft ist jedoch eine Mystifikation. Inhaltliche und stilistische Kriterien identifizieren die ›Chansons de Bilitis‹ als Schöpfungen des ausgehenden 19. Jahrhunderts. Sie sind in ihrem ausgeprägten Hedonismus, in ihrer distanzierten Haltung zum tätigen Leben, in ihrer erlesenen, bisweilen raffiniert einfachen Sprachgebung typische Produkte des fin de siècle. Unverkennbar sind Motive des Jugendstils, besonders im ersten Teil der Sammlung.

Hofmannsthal, der sich sehr für Pierre Louys interessierte, notierte selbst, zu welchem Zwecke er die Sammlung noch einmal lesen wollte: Ein Liedchen zu componieren à la Bilitis. *Diese Formulierung verrät, wie wenig konkrete Erinnerung an die* ›Chansons‹ *er damals gehabt haben kann. Sie sind dekorative Prosa und alles andere als Liedchen. Auch die antike Stilisierung ist mehr als bloßes Dekor; sie ist Ausdruck einer Tendenz zur Isolierung, zur Flucht aus Zeit und Wirklichkeit in die paradis artificiels. Hofmannsthal dagegen glaubte, seine eigenen politischen und sozialen Erfahrungen unverfälscht im historischen Gewand der späten Antike artikulieren zu können, um sie deutlich zu machen und menschlich anschaulicher.[1] Solche Verschleierung ist also nicht Ausdruck von* Sehnsucht und Raffiniertheit, mit der sich das fin de siècle *an dem Rom der Verfallzeit wollüstig festgesogen (P I 205), sondern sie ist – legitimiert durch die im Grunde ahistorische moralische Position eines platonischen Idealismus – bewußte Projektion erlebter Gegenwart in einen abgeschlossenen und überschaubaren historischen Raum.*

Auch Fritz Mauthner, dessen sprachkritische Untersuchungen Hofmannsthal erneut lesen wollte, verglich seine Gegenwart mit der Verfallsperiode der Antike. Unter dem Stichwort »Selbstmord der Sprache«[2] erläutert er den Verlust einer »geschlossenen Weltanschauung« als Ursache des Verfalls. Das Christentum konnte keinen Ersatz bieten, da es »der Weltsehnsucht nach dem Tode Worte lieh« und seine Verbreitung nur den Untergang der auf »Weltfreude« beruhenden antiken Kultur beschleunigte (214). In der Neuzeit entspreche dieser Todessehnsucht das Lebensgefühl des fin de siècle. Den »fauligen Zustand« einer Spätzeit dokumentiere ihre Sprache: »Das Latein der Kaiserzeit war eine todkranke Sprache, bevor es eine tote Sprache wurde. Und unsere Kultursprachen von heute sind zerfressen bis auf die Knochen. Nur bei den Ungebildeten, beim Pöbel, gibt es noch gesunde Muskeln und eine gesunde Sprache.«

---

[1] Carl J. Burckhardt am 24.8.1970 an den Hrsg.: »*Ausspruch Hofmannsthals:* ›Man muss die in der eigenen Epoche erlebten und beobachteten Vorgänge in der vereinfachenden Verhältnisse der Antike zurückprojizieren, um sie deutlich zu machen und menschlich anschaulicher.‹«

[2] Fritz Mauthner, Beiträge zu einer Kritik der Sprache. 1. Band: Sprache und Psychologie. Stuttgart: Cotta 1901, S. 214 ff.

(214f.) Den Sprach- und Kulturzerfall beschreibt er als den Verlust des Sinngehaltes der Metapher und wertet die Erfahrung eines Lord Chandos als Symptom des Kulturzerfalles: Die Worte haben sich verselbständigt; sie benennen nicht mehr, was sie auszusagen scheinen. Er leitet daraus die Forderung ab, von nun an zu schweigen. Hofmannsthal, der selbst den ästhetischen Zauber, den die Spätantike auf das fin de siècle ausübte, beredt beschrieben und als gefährlich wie Opium *(P I 204) bezeichnet hatte, versuchte, der Sprache ihre Wahrheit wiederzugeben.*

Hinter dem zweiten Titel in Hofmannsthals Verzeichnis verbirgt sich ein weiteres Werk von Pierre Louÿs, der erfolgreiche, einst in vielen Sprachen verbreitete Roman ›Aphrodite‹. Er erschien im April 1896 im Verlag des Mercure de France, und Hofmannsthal erwähnt seine Lektüre bereits am 13. Juli 1896 in einem Brief an Hermann Bahr (B 1 Nr. 161).

Der Roman mit dem Untertitel ›Mœurs antiques‹ spielt im hellenistischen Alexandria. Doch der Untertitel des Romans ist irreführend. ›Aphrodite‹ ist kein historisches Sittenbild. Die Hauptakteure, Chrysis und Demetrios, sind wie Bilitis trotz der antiken Fiktion Menschen des fin de siècle, von sensitiver Empfindlichkeit, isoliert und befangen im Kult der Schönheit. In Chrysis' Tagesablauf dienen Stunden der Selbstanbetung. Im rituellen Wechselgesang mit der Sklavin preist sie die Vollkommenheit ihres Körpers. Auch Demetrios ist völlig auf sich selbst bezogen. Er zieht die Vollkommenheit des Traumes der ewig unvollkommenen Realität, die Imagination dem lebendigen Individuum vor. Der in der ersten Aufzeichnung ebenfalls erwähnte, auf Plutarch zurückgehende (vgl. S. 565, 21 ff.) Dramenplan behandelt das gleiche, von Hofmannsthal im Frühwerk gelöste Problem: Das Verhältnis des Ästheten, der ein Träumer ist, zum tätigen Leben. Der Träumer bleibt wie Demetrios im Zustand der Vereinzelung, aus dem sich Chrysis, reif zum Tod, lösen kann. In ihr ein direktes literarisches Vorbild für die Hetäre in Hofmannsthals Lustspiel zu sehen, bedeutete jedoch, Hofmannsthals eigenes Jugendœuvre völlig zu übergehen.

Bei dem Plan einer Comödie mit antiken Motiven *sind drei antike Autoren auf der Leseliste nicht überraschend. Hofmannsthal, der nie ein großer Erfinder war und dessen schöpferische Phantasie sich eher bei der Bearbeitung fremder Stoffe entzündete, war auf der Suche nach Motiven, nach dramatischen und mimischen Details, nach Ausdrucksformen, um daraus in einer Art Sinterprozeß eine theatergemäße Handlung zu gewinnen.*

Die Anregung, Theokrits ›Idyllen‹ erneut zu lesen, verdankte Hofmannsthal Hermann Reichs Buch über den Mimus. Von Theokrits bukolischen Mimen, von seiner Leistung, den niederen Mimus kultiviert und ihm damit den Weg in die aristokratische Gesellschaft geöffnet zu haben, hatte Reich ausführlich gehandelt. Hofmannsthal interessierte wohl allgemein diese Art eines verfeinerten mimischen Realismus, denn von Theokrits kleinen Dichtungen selbst, die in Dialogform ländliches und kleinbürgerliches Leben erstehen lassen, steht keine im engeren inhaltlichen Kontakt zu Hofmannsthals Rhetorenschule. *Ähnliches gilt für die Satiren des Horaz. Der* Rhetorenschule *fehlt in den frühen Konzeptionsphasen noch völlig der in Hofmannsthals Werk ungewöhnliche aggressive Ton, den das Lustspiel später erhielt. Vielleicht erwog der*

Dichter noch die Form einer diskreten Satire, wofür Horaz ein geeignetes Vorbild gewesen wäre. Dieser verzichtete gerade auf die Schärfe und Drastik der traditionellen Satire eines Lucilius und bediente sich stattdessen eines verhaltenen, von Ironie durchwirkten Plaudertones, den nur selten gröbere oder groteske Elemente durchbrechen. Horaz verfuhr nicht moralisierend, sondern versuchte, die Realistik der Diagnose durch den beiläufigen Witz und die versöhnende Geste auszugleichen.

Reich hatte in Lukians zahlreichen Dialogen den höheren mimischen Stil in der Synthese von Realismus und Ironie verkörpert gefunden. Und Lukian war für Hofmannsthal aus eben diesen stilistischen Gründen interessant; aber sein Einfluß auf das Lustspiel blieb letztlich gering. Trotz wiederholter, in Briefen an Strauss belegter Lektüre war offenbar kein Sujet genügend faszinierend. Daß einer seiner Dialoge den ersten Titel des Lustspiels abgab, wurde bereits oben erörtert. Dem bunten Panoptikum der ›Hetärengespräche‹ entnahm Hofmannsthal erst im Herbst 1925 einige wenige Details, die an entsprechender Stelle nachgewiesen sind.

Marcel Schwobs Sammlung ›Vies imaginaires‹ (Paris 1896), die ebenfalls auf Hofmannsthals Lektüreliste erscheint, muß noch im gleichen Zusammenhang genannt werden. Eine späte Äußerung Hofmannsthals läßt vielleicht ahnen, was er zu finden hoffte. In einer Rezension von Felix Saltens ›Geister der Zeit‹ bemerkt er:

> Es ist eine sehr alte Kunstgattung, diese mimische Biographie. In den Satiren und Episteln des Horaz finden sich solche kleine lieblich-geistige Porträts; noch mehr in den Satiren des Persius. Diesen ahmte Diderot nach... Seine französische Nachfolge reicht über das ganze neunzehnte Jahrhundert bis auf den heutigen Tag. *(P IV 238)*

Zu diesen Nachfolgern zählt auch Marcel Schwob. Er ersann Biographien; aber es sind keine Lebensläufe, die der historischen Überprüfung standhalten, sondern eben vies imaginaires. In der Vorstellung, daß sich im Individuellen, im Einmaligen eines Gedankens oder einer Geste auch das Allgemeine artikuliere, entwarf Schwob moderne Mythen; Hofmannsthal nannte sie mimische Biographien. Es fehlt jedes Indiz, daß Hofmannsthal die eigenwilligen Erzählungen Schwobs tatsächlich wiedergelesen hat.

Es war auch nicht zu eruieren, welches Werk der Comtesse de Noailles Hofmannsthal wiederlesen wollte, ob er überhaupt an einen bestimmten Band, vielleicht nur an ein einzelnes Gedicht dachte, ob ihn Sprache, Atmosphäre, Bilder oder Motive interessierten. Vielleicht war es die Gestalt der schönen und geistreichen Aristokratin, die Hofmannsthal in ihren Werken suchte. Was er in ihren Gedichten fand, darüber orientiert ausführlich ein Brief an Helene von Nostitz:

> Ich finde, daß Sie ein bischen hart über die Verse der Frau von Noailles urteilen. Ich liebe sie mehr, und ich glaube, daß ich Recht habe darin. Ich nahm an dem Abend, wo Ihr Brief kam, den Band l'Ombre des Jours in die Hand. Ich finde in den schönsten dieser Gedichte – und man soll sich immer an die schönsten halten – kein Mißverhältnis zwischen den Worten und den Gefühlen. Ich finde etwas Schwebendes, Junges, Sinnlich-Seelenhaftes entzückend empfunden und entzückend ausgedrückt in Gedichten wie das

Einleitungsgedicht ›Jeunesse‹ oder in ›Les plaisirs des jardins‹ oder im Chanson de Daphnis oder in dem bezaubernden Dialog L'étreinte. Ich kann mir nicht helfen, ich finde daß diese Dinge bezaubernden griechischen Sachen sehr nahe kommen. Und in allen diesen Gedichten, auch in den minder vollkommenen, finde ich die Geste schön, es ist die Geste einer jungen Frau, eines Wesens zwischen Mädchen und Frau, frei, natürlich, ohne Preciosität, weniger ein »Gemüt« als eine entzückende sinnliche Seele, auch darin sehr griechisch – Ihrem sehr deutschen Empfinden darum vielleicht fern – nein, wirklich, ich freue mich ihrer ganzen Erscheinung, es ist viel wirkliche Grazie darin – *(HvH–HvN 38f.)*

Pietro Aretino, der »Göttliche«, wie Ariost den intimen Freund Tizians nannte, war für Hofmannsthal vor allem in seiner Eigenschaft als ›Journalist‹ von Interesse. Seine Biographie spiegelt die Anfänge einer modernen Publizistik. Durch die Verbreitung der Buchdruckerkunst, die das literarische Produkt zur Ware machte, und dank eines vermögenden Publikums konnte sich der Dichter zu Aretinos Zeit von der Vormundschaft der Fürstenhöfe und Mäzene emanzipieren. Aretino war der erste, der diese Möglichkeit erkannt und genützt hat. Er schrieb zumeist offene Briefe, die er, in mehreren Bänden gesammelt, noch zu Lebzeiten publizierte, und sogenannte ›Giudici‹, ursprünglich astrologische Jahresprognosen, deren Form Aretino parodierte und mit Kommentaren zum Tagesgeschehen versah. Aretino nahm zu allen Ereignissen Stellung – zu Kriegserklärungen, zu Bündnisverhandlungen, zu Papstwahlen, die er beeinflußte, und zu kulturellen Fragen. In seinen den heutigen Leitartikeln vergleichbaren Briefen sieht man die Zeitung jener Tage und in Aretino den ersten Journalisten. Dieser Journalismus war deutlich interessegebunden; er war Ausdruck des starken Selbstbewußtseins einer nichtadeligen, hochbegabten Schicht, die ihren Anspruch auf politischen Einfluß mit der Feder geltend machte. Und er war eindeutig Mittel zur Bereicherung. Das rhetorische Wort, häufig genug im Tonfall der Pasquinade, war ein politisches Instrument geworden, das sich Fürsten und Könige, Päpste und auch Kaiser Karl V. mit Geld und Geschenken zu sichern suchten.

Hofmannsthal identifizierte den Namen Aretinos mit Schmähung aus dem Dunkeln, mit Dolchstoß in den Rücken, mit Höhnen und Provozieren unter dem Schutze anderer, mit *Ausnützen einer durch die Situation gegebenen* Straflosigkeit, mit der *würdelosen Gebärde des Pasquillanten (P III 86) –* Zitate aus der schärfsten Rezension des Dichters, aus der *Antwort auf die* »Neunte Canzone« Gabriele d'Annunzios, *Urteile über die* infame Beredsamkeit des agent provocateur *(P III 83), die sich in ihrem Ton nicht allzuweit von den Benedikt-Streitschriften eines Karl Kraus entfernen.*

Soziale Revolution und Rhetorentum, Kulturzerfall und Journalismus – ein ähnliches historisches Verständnis verrät Victorien Sardous politische Komödie ›Rabagas‹: »Quand une civilisation est vermoulue, l'avocat s'y met!«[1] *›Rabagas‹ entstand 1872 und gilt als eine Satire auf den maßgeblich am Sturz Napoleons III. beteiligten Politi-*

---

[1] *Victorien Sardou, Rabagas. Paris: Calmann Lévy 1898, S. 33.*

ker und späteren Ministerpräsidenten Léon Gambetta. Sardou verlegte allerdings die Szenerie nach Monaco, wo sich ein resignierender Monarch, von Eva, einer agilen Amerikanerin, zu stärkerem Widerstand angestachelt, und der Advokat Rabagas, der Führer der demokratischen Opposition, gegenüberstehen.

So reserviert Hofmannsthal auch das dramatische Schaffen Sardous beurteilte (vgl. seine Briefe an Strauss vom 1. Oktober 1906 und 16. Juli 1927), bemerkte er selbst einmal, daß er immer von Zeit zu Zeit eine Impfung mit Scribe und Sardou ganz gut brauchen könne (RS–HvH 655). Das Niveau des ›Rabagas‹ ist bescheiden, aber von allen genannten Titeln der Liste relire weist er die größte Ähnlichkeit mit der späteren Gestalt von Hofmannsthals Lustspiel auf. Sardous Rabagas und Hofmannsthals Rhetor verfechten nur zum Schein demokratische Prinzipien. Sie haben die politischen und sozialen Tendenzen ihrer Zeit erkannt: Die herrschende Schicht der Aristokratie ist nahe daran, sich selbst aufzugeben und selbstironisch dem eigenen Untergang zuzuschauen; die wirtschaftlich unzufriedene Masse ist den Schlagworten des Rhetors zugänglich und läßt sich als Motor für dessen politische Ziele benutzen. Beide Autoren decouvrieren die demokratischen Forderungen der Rhetoren als Ideologie, die ihre egoistischen Interessen, nämlich ihr Streben nach materiellem Besitz und politischer Macht, verschleiert. Beide Revolutionäre wollen in Wahrheit nicht die Veränderung der politischen Verhältnisse, sondern einen Tausch des sozialen Rollenspiels.

In einem Rückblick aus dem Jahre 1925 ist von der ersten Entstehungsphase kaum noch die Rede. In dem bereits erwähnten Brief an Josef Redlich heißt es: Aus dem Stoff, den Hofmannsthal Redlich während des Krieges einmal skizziert habe, sei nun etwas sehr Complexes geworden; die neue Komödie verdanke außer Menander und Pöhlmanns Buch über den antiken Sozialismus am meisten den Erlebnissen der Jahre 1920–1922, den ökonomisch-politischen (HvH–JR 60). In den überlieferten Menander-Fragmenten fand sich kein Vorbild für Hofmannsthals Lustspiel. Sein Name wird in dem zitierten Brief wohl eher stellvertretend für die neuere attische Komödie überhaupt genannt, der Hofmannsthal, bei aller Gegensätzlichkeit (vor allem im Bereich des Politischen), einige stehende Typen entnahm: die Hetäre, den autoritären Vater und den schwachen Sohn, später auch die Bordellwirtin, den prügelnden Soldaten und den philosophierenden Koch. – Pöhlmanns Buch über den antiken Sozialismus las Hofmannsthal erst im Juli 1924. – Die ökonomisch-politischen Verhältnisse waren nach Hofmannsthals eigener Auskunft einflußreicher als alle literarischen Quellen. Das Lustspiel erhebt den Anspruch, erlebte Zeitgeschichte dichterisch zu bewältigen.

Mit dem Ende des Krieges erfolgte der politische und wirtschaftliche Zusammenbruch Österreichs. Materielle Not, Radikalisierung des innenpolitischen Lebens und außenpolitische Immobilität kennzeichneten die ersten Jahre nach dem Kriege. Die einstige Donau-Monarchie, von den Siegermächten durch bloßes Revanchedenken und durch ein falsches Sicherheitsbedürfnis auf einen winzigen Kleinstaat, Deutsch-Österreich, reduziert, war ein bewegungsloses Wrack und wirtschaftlich kaum lebensfähig. Die ökonomische Situation wurde durch die maßlosen Reparationsansprüche der Entente, die das kleine Rest-Österreich allein zu zahlen hatte, noch verschlimmert. Wien, die ehemalige

Verwaltungszentrale eines riesigen Reiches, war mit einem Schlag ohne versorgendes Hinterland, und seine Bevölkerung litt bitterste Not. Als die Versorgung Wiens sich allmählich besserte, brach die Währung zusammen. Der Staatshaushalt, dem riesige Summen zur Arbeitslosenunterstützung und zur künstlichen Stabilisierung der Lebensmittelpreise entnommen wurden, trieb unaufhaltsam dem Bankrott zu. Der Mittelstand, dessen Vermögen größtenteils in Kriegsanleihen angelegt war, verarmte völlig, ebenfalls der politisch entmachtete Adel, sofern er sein Geld nicht im Ausland sicher deponiert hatte. Stattdessen blühte in Wien das Geschäft von Schiebern und Wucherern. Es begann der Aufstieg von bis dahin unbekannten Geschäftsleuten und Vermittlern, die beim großen Ausverkauf von altem Familienbesitz und Kunstwerken riesige Gewinne einkassierten.

Moriz Benedikt starb im Jahre 1920. Aber die gesellschaftlichen Erscheinungen, als deren Exponent er Hofmannsthal erschien, verschärften sich. Börsenkurse wurden mit Hilfe gefälschter Nachrichten manipuliert. Spekulanten und Journalisten gingen vielfach eine lukrative Kooperation ein, wofür die Zusammenarbeit Camillo Castiglionis mit dem Zeitungsmanager Emmerich Bekessy nur das bekannteste Beispiel ist. Daneben blühte eine umfangreiche Boulevardpresse, die mit Enthüllungen und Erpressungen ihre Geschäfte machte.

Was als Zerfall kultureller Formen, als Erschütterung des Ideellen *(vgl. P III 440) begann, endete im materiellen Zusammenbruch. Die alte gesellschaftliche Hierarchie des Landes wurde zerstört, die politische Organisation des verbliebenen Reststaates von Grund auf geändert. Die parlamentarische Demokratie bot bei der katastrophalen wirtschaftlichen Lage die Möglichkeit zum uneingeschränkten sozialen Machtkampf.*

Wenige Monate nach dem Waffenstillstand, am 13. Februar 1919, schrieb Andrian, die neue Situation Österreichs reflektierend, an Hofmannsthal: »Ich glaube nicht, daß die Neuzeit ein ähnliches Geschick kennt, wie unseren durch eine sociale Umwälzung verschärften Untergang. Der ähnlichste ist wohl noch die Auflösung der Stadt-Staaten im Altertum, wo die Bürger gleichzeitig mit der Unabhängigkeit auch die Freiheit ganz oder teilweise verloren.« *(HvH–LvA 294f.) Diese Analogie ist auch einer der zentralen Gedanken von Spenglers geschichtsphilosophischer Spekulation* ›Der Untergang des Abendlandes‹, *dessen ersten Band* ›Gestalt und Wirklichkeit‹[1] *Hofmannsthal im März 1919 mit gemischten Gefühlen las. Es sei ein Werk, berichtete der Dichter in einem seiner ersten Briefe an Carl J. Burckhardt, das beschäftigt, ermüdet, anzieht und wieder losläßt (HvH–CJB 8). Den zweiten Band* ›Welthistorische Perspektiven‹[2] *erbat sich Hofmannsthal am 1. Oktober 1922 von Willy Wiegand und erhielt ihn am Weihnachtstag 1922 (HvH–WW 69 und 79).*

Spengler griff den Gedanken des 18. Jahrhunderts von der »Identität der Periode

---

[1] *Oswald Spengler, Der Untergang des Abendlandes. 1. Band: Gestalt und Wirklichkeit.* München: Beck 1919.
[2] *Oswald Spengler, Der Untergang des Abendlandes. 2. Band: Welthistorische Perspektiven.* München: Beck 1922.

(zwischen 1800 und 2000) mit dem Hellenismus« unmittelbar auf.[1] *Für ihn sind der Untergang der Antike und der Untergang des Abendlandes entsprechende, »homologe« Phänomene:*

> Betrachtet man ... die wirtschaftlich-intellektuelle Stimmung hellenischer Großstädte nach dem Frieden des Antalkidas (386); sieht man die wüsten Revolutionen der Besitzlosen, die wie in Argos (370) alle Reichen mit Knütteln in den Straßen totschlugen, so hat man das Gegenstück zur französischen Gesellschaft nach dem Pariser Frieden (1763). Voltaire, Rousseau, Mirabeau, Beaumarchais und Sokrates, Aristophanes, Hippon, Isokrates sind Zeitgenossen. In beiden Fällen beginnt die Zivilisation. Dieselbe Aufklärung und Auflösung aller Tradition, dieselben Bastillenstürme, Massenhinrichtungen, Wohlfahrtsausschüsse, dieselben Staatsutopien bei Plato, Xenophon, Aristoteles und Rousseau, Kant, Fichte, Saint-Simon, dieselbe Schwärmerei für Naturrechte, Gesellschaftsvertrag, Freiheit und Gleichheit bis zu den Forderungen allgemeiner Bodenverteilung und Gütergemeinschaft (Hippon, Babeuf) und endlich dieselbe Resignation und Hoffnung auf einen demokratisch fundierten Napoleonismus bei Plato wie bei Rousseau und Saint-Simon ... Das 4. Jahrhundert, das mit Alkibiades – der viel vom imperialen Ehrgeiz Mirabeaus, Napoleons und Byrons hat – beginnt und mit Alexander endet, ist das genaue Gegenbild der Zeit von 1750 bis 1850, in welcher mit tiefer Logik der contrat social, Robespierre, Napoleon, die Volksheere und der Sozialismus aufeinander folgen, während im Hintergrund Rom und Preußen sich auf ihre welthistorische Rolle vorbereiteten.[2]

Nach Spenglers Lehre von der Morphologie der Kulturkreise sind Kulturen lebendige Organismen, die bestimmte Entwicklungsphasen durchleben: die Stadien von Frühkultur, Hochkultur und Zivilisation. Diese Phasen beobachtet Spengler mit jeweils entsprechenden Kriterien bei acht verschiedenen, in sich selbständigen Kulturen. Der Übergang von der Kultur zur Zivilisation vollzog sich in Europa im Laufe des 19. Jahrhunderts. Als Epoche des Niedergangs, die schließlich zu einem völlig geschichtslosen Dasein führe, ist dieser Prozeß negativ bestimmt: »seelenlos, unphilosophisch, ohne Kunst, animalisch bis zum Brutalen, rücksichtslos auf materielle Erfolge haltend«.[3] Statt kultureller Formen und Ideen kennt das Zeitalter der Zivilisation nur noch soziale, wirtschaftliche und technische Realitäten. Politisch kennzeichnet den Wechsel von Kultur zur Zivilisation die erfolgreiche Emanzipation des Bürgertums, die Spengler noch als letzte kulturelle Leistung, aber auch implizite Überwindung qualifiziert, die Konstituierung parlamentarischer Demokratien und die dadurch etablierte Macht des Geldes. Die Demokratie ist die der Epoche der Zivilisation adäquate Staatsform. In ihr herrscht das Geld. Der Kampf um die Macht, zugleich Kampf um das Geld, wird vom Geld entschieden. Darin sieht Spengler keine »Ausartung« dieser Staatsform, sondern ein systemimmanentes Gesetz. Von nun an gilt der »Erfolg des Stärksten und der Rest als Beute«.[4] Die Demokratie trägt in sich die Tendenz, in die Diktatur umzuschlagen.

Der Mensch der Zivilisation ist »ein neuer Nomade, ein Parasit, der Großstadtbewohner, der reine, traditionslose, in formlos fluktuierender Masse auftretende Tat-

---

[1] a. a. O., I, S. 36.   [2] a. a. O., I, S. 161f.
[3] a. a. O., I, S. 44.   [4] a. a. O., II, S. 542.

sachenmensch, irreligiös, intelligent, unfruchtbar«[1]. *Er wird in der Hand des Mächtigen zum Objekt:* »*Es ist der Agorabesucher Alexandrias und Roms und sein ›Zeitgenosse‹, der heutige Zeitungsleser ... es ist der antike und abendländische Mensch der Theater und Vergnügungsorte, des Sports und der Literatur des Tages... Bei Lukian findet man die berühmte Satire, die Wort für Wort auf... die Gegenwart passt«:*[2] *die ›Rhetorenschule‹. Hofmannsthal fand bei Spengler die überraschende Bestätigung, das gleichsam geschichtsphilosophische Fundament seines Einfalls, Gesellschafts- und Kulturkritik, die Analyse der politischen Situation seiner Zeit am Auftritt eines antiken Rhetors zu demonstrieren:* »*Was ist zivilisierte Politik von morgen im Gegensatz zur kultivierten von gestern? In der Antike Rhetorik, im Abendlande Journalismus, und zwar im Dienste jenes Abstraktums, das die Macht der Zivilisation regiert, des Geldes«.*[3]

Herbst 1923

Zeugnisse

Für die Arbeit an der Komödie im Herbst 1923 gibt es in den Briefen keinen direkten Beleg. Einige Stellen verweisen lediglich auf Hofmannsthals für das Lustspiel nur partiell relevante Lektüren.

Burckhardt, 10. September 1923

Die gewünschten Bücher sind nach Rodaun geschickt worden. Ich bin gespannt auf das Gespräch über den Ulysses.... Proust ist... ein stiller, behutsamer Ordner. Ein hervorragender Soziologe ist er, genau wie er sie sieht, ist diese Welt, die er schildert, dieser nachrevolutionären Überlebenden des Versailler Hofes, vor dem großen Kehraus der wirklichen Revolution, die noch bevorsteht. (*HvH–CJB 136*)

An Wiegand, 12. September 1923

... bitte kaufen Sie für mich wenn Sie Zeit finden ein Exemplar Pigenot: Hölderlin. (*HvH–WW 102*)

---

[1] *a.a.O., I, S. 45.*
[2] *a.a.O., I, S. 502ff.*
[3] *a.a.O., I, S. 48.*

An Wiegand, 17. Oktober 1923

dies nur um indessen zu bestätigen dass Ihr so freundlicher Brief ankam u.
ebenso der Nietzsche.   *(HvH–WW 102)*

An Strauss, 8. November 1923

Eine persönliche Bitte: würde es Ihnen Mühe machen, das Werk über den
Untergang der antiken Welt nach Wien mitzunehmen? Würde es so gerne
lesen und kann mir momentan keine Bücher kaufen.   *(RS–HvH 505)*

Quellen

Von den in den Briefen genannten Büchern hatte lediglich der im Brief an Wiegand erwähnte ›Nietzsche‹, Ernst Bertrams Nietzschemonographie, einen größeren Einfluß auf das Lustspiel. Das von Burckhardt erhoffte Gespräch über Joyce hat nie stattgefunden (Mitteilung C. J. Burckhardt); Hofmannsthals Proustrezeption manifestiert sich in den Notizen zur Rhetorenschule *nur punktuell; aus Pigenots Hölderlinbuch notierte Hofmannsthal eine Strophe Pindars, die den Gegensatz von Wahrheit und sophistischer Beredsamkeit thematisiert. Ob Hofmannsthal das von Strauss erbetene Buch über den Untergang der antiken Welt, vermutlich eine Vortragssammlung von Ludo Moritz Hartmann mit eben diesem Titel,*[1] *überhaupt erhalten hat, ist fraglich. Eine Lektüre dieses Essaybandes wird von den Notizen nicht bestätigt. Dagegen ist die genaue Erarbeitung des Abschnittes über die moderne Presse im zweiten Band von Spenglers ›Untergang des Abendlandes‹ im September mehrfach in Exzerpten, die teilweise bereits zu einzelnen Repliken umgemünzt werden, belegt.*

Einen Monat später nennt Hofmannsthal den Rhetor statt Chremes (wörtlich der Räusperer, ein Name, den Hofmannsthal von Terenz übernommen hatte) Thersites. Über die literarische Tradition dieses Namens hatte sich Hofmannsthal schon im Januar 1922 gegenüber Burckhardt geäußert, und es ist denkbar, daß der Namenswechsel während eines Gespräches mit ihm, der im Oktober 1923 ebenfalls in Aussee war, beschlossen wurde. Seit Homer gilt Thersites als ein Prototyp des Demagogen. In der ›Ilias‹ ist Thersites der einzige Angehörige des Volkes, den Homer mit Namen nennt und dessen Rede zu Beginn des Epos das einzige Moment demokratischer Kritik am sonst unangefochtenen aristokratischen Gesellschaftsgefüge der ›Ilias‹ darstellt:

> *Atreus' Sohn, was klagst du denn nun, und wessen bedarfst du?*
> *Voll sind dir von Erz die Zelte, und viele der Weiber*
> *Sind in deinen Zelten, erlesene, die wir Achaier*

---

[1] *Ludo Moritz Hartmann, Der Untergang der antiken Welt. Sechs volkstümliche Vorträge. Wien und Leipzig: Heller, 2. veränderte Auflage 1910.*

Immer zuerst dir schenken vom Raub eroberter Städte.
Mangelt dir auch noch Gold, das ein rossebezähmender Troer
Her aus Ilios bringe, zum Lösungswerte des Sohnes,
Welchen ich selbst in Banden geführt, auch sonst ein Achaier?
Oder ein jugendlich Weib, ihr beizuwohnen in Wollust,
Wann du allein in der Stille sie hegst? Hah, wenig geziemt sichs,
Führer zu sein und in Jammer Achaias Söhne zu leiten!
Weichlinge, zag und verworfen, Achai'rinnen, nicht mehr Achaier!
Laßt doch heim in den Schiffen uns gehn, und diesen vor Troia
Hier an Ehrengeschenken sich sättigen, daß er erkenne,
Ob auch wir mit Taten ihm beistehn oder nicht also!
Hat er Achilleus doch, den weit erhabneren Krieger,
Jetzt entehrt, und behält sein Geschenk, das er selber geraubet!
Aber er hat nicht Gall' in der Brust, der träge Achilleus!
Oder du hättest, Atreide, das letztemal heute gefrevelt![1]

Diese Rede ist in ihrem Widerspiel von »du« und »wir«, in ihrer vereinfachenden Gegenüberstellung von asozialem Einzelnen und kriegsmüdem Volk darauf angelegt, Gefühlsregungen, instinktive Ressentiments hervorzurufen. Thersites entwirft ein höchst effektives Schwarz-Weiß-Gemälde, indem er einen Repräsentanten der gegnerischen Partei herausgreift, sein Bild in Übergröße vor das Auge seiner Zuhörerschaft projiziert und ihn persönlich denunziert. Der gleichen demagogischen Technik bedient sich später auch Hofmannsthals Rhetor.

Die Figur des Thersites in Shakespeares Tragödie ›Troilus and Cressida‹ ist nicht mehr der Demagoge der ›Ilias‹, der das Volk gegen seine Fürsten aufwiegeln will. Innerhalb des griechischen Lagers ist er ein absoluter Außenseiter, der eine Art Narrenfreiheit genießt, ohne ein Narr zu sein, und eine teuflische Freude dabei empfindet, den die Kriegsführung erschwerenden Zwist unter den Fürsten zu vergrößern. Solche zerstörerischen Züge fehlen Hofmannsthals Thersites. Es war die Figur des Demagogen, die Hofmannsthal in den literarischen Vorbildern suchte, nicht – bzw. noch nicht – die des Misanthropen, der in nihilistischen Haßtiraden seinen einseitigen Moralismus zu retten sucht.

Ein weiterer Namenwechsel im Herbst 1923 belegt Hofmannsthals Lektüre von Ernst Bertrams Buch ›Nietzsche. Versuch einer Mythologie‹. Statt Bacchis nannte Hofmannsthal in dieser Konzeptionsphase die Hetäre Ariadne. Die Anregung verdankt er – so merkwürdig das auch bei dem Dichter einer Ariadne auf Naxos *sein mag – dem letzten Kapitel in Bertrams Buch, dessen genaue Rezeption umfangreiche Exzerpte dokumentieren. Gegen Ende dieses Abschnittes mit dem Titel ›Eleusis‹ interpretiert Bertram ein Wort Nietzsches aus dem Nachlaß zum ›Zarathustra‹, das sich Hofmannsthal für die Hetäre herausschrieb:* Ihr Grundverhältnis so auszu-

---

[1] *Zitiert nach der Vos'schen Übersetzung (II, 225–242). Carl J. Burckhardt am 24. 8. 1970 an den Hrsg.: »H.v.H. las mir im Januar 1922 genau die Stelle aus Homer (Uebersetzung) vor, die Sie zitieren.«*

sprechen: »Wenn Skepsis u. Sehnsucht sich begatten, entsteht die Mystik.«[1] *Bertram deutete diese Stelle als Formel von Nietzsches persönlichem Mysterium. Der »logisch-dionysische Zwiespalt«,[2] der Nietzsches Existenz kennzeichnete, war für das Individuum Nietzsche unauflösbar. Erst mit Beginn der geistigen Umnachtung, die Bertram zur bewußten Entindividualisierung Nietzsches stilisiert, konnte dieser Zwiespalt im Triumph der Selbstaufgabe zur »anschaubaren Einheit« werden.[3]*

In direktem Zusammenhang mit diesem von Hofmannsthal aufgegriffenen Zarathustra-Wort zitiert Bertram eine späte Äußerung Nietzsches über das Nachtlied Zarathustras, den Dithyrambus der Vereinsamung: »so leidet ein Gott, ein Dionysos .. Auch die tiefste Schwermut eines solchen Dionysos wird noch Dithyrambus .. Die Antwort auf einen solchen Dithyrambus .. wäre Ariadne«.[4] *Die Antwort, also Erlösung vom »logisch-dionysischen Zwiespalt«, erfahre nur der »von einem inneren Verstummen, von einem Schauder des letzten Schweigens Angerührte«.[5] Nietzsche fand die Antwort in der Umnachtung, Ariadne im Liebeserlebnis. Erst im mystischen Erlebnis überwindet das Individuum seine Individualität. Es erfährt die coincidentia oppositorum und kann dem sterilen Zustand der Vereinzelung entrinnen. Die Antinomie von Dialektik und Mystik hatte bei Nietzsche auch einen gesellschaftlichen Aspekt. Er wird evident an seiner Kritik des platonischen Sokrates. Keine Philosophie hat Nietzsche schärfer bekämpft. In Sokrates (und damit in sich selbst) haßte er den theoretischen Menschen, der die Epoche des zerstörerischen Individualismus und damit den Untergang der antiken Welt einleitete. Sokrates war für Nietzsche der »spezifische Nicht-Mystiker«.[6] Er war Pöbel, und der »Pöbel kam mit der Dialektik zum Sieg« (›Der Wille zur Macht‹, zit. nach Bertram, 311).*

Hofmannsthal knüpfte unmittelbar an Nietzsches Sokrates-Kritik an, wenn er für den Rhetor seines Lustspiels notierte: Kern der Hauptfigur: der Hanswurst der sich ernst nehmen machte (Wort von Nietzsche über Sokrates) *(N 73). Diese Wendung, die von nun an fast leitmotivisch in den Notizen und Entwürfen zur* Rhetorenschule *wiederkehrt, hatte Hofmannsthal im Sokrates-Kapitel von Bertrams Buch gefunden.[7] Hofmannsthals Rhetor ist natürlich nicht dieser Sokrates Nietzsches. Sokrates vermittelt definierbares Wissen, Wahrheit, die freilich mit innerer Zerrüttung bezahlt werden muß. Die Wahrheit des Sokrates ist tödlich, die Worte des Rhetors töten die Wahrheit. Beide aber sind als Träger des »unzeitig unheiligen Wortes« Repräsentanten des Untergangs. Bertram hatte als Grundsatz eleusinischen, ja des Mysterienglaubens überhaupt formuliert:* »Daß irgendwo in der Welt, und immer wieder, eine mysterienbildende Kraft zwei oder drei versammelt im Namen des Gottes – das allein erhält die Welt. Lähmt aber unzeitig unheiliges Wort das wirkende Geheimnis, so zerbröckelt die Welt in ihre chaotische Ur- und Unform zu-

---

[1] Ernst Bertram, Nietzsche. Versuch einer Mythologie. Berlin: Bondi, 6. Auflage 1922, S. 361.
[2] a. a. O., S. 360. [3] a. a. O., S. 360f. [4] a. a. O., S. 362.
[5] a. a. O., S. 362. [6] a. a. O., S. 311. [7] a. a. O., S. 311f.

rück.«[1] *Sokrates und der Rhetor sind Frevler des Mysteriums. Und folgerichtig ergänzt Hofmannsthal Nietzsches Sokrates-Kritik um ein notwendiges Korrelat:* Das Mysterium, als letztes Palladium in den Händen des Adels. *(N 65) Der Adel, als Garant der Mysterien, rettet nicht nur den Bestand der Stadt, sondern bewahrt die Welt vor Chaos und Untergang.*

1924

Zeugnisse

Disposition (»politisches Exposé«) des Stücks von der Hand Carl J. Burckhardts, das Hofmannsthal seinen Notizen integrierte und nachträglich mit Ortsangabe und Datum (in blauer Tinte) versah.

Lenzerheide 25 VII 24.

Rhetorenschule.

pol⟨itisches⟩ Exp⟨osé⟩

a. *Jonische Stadt*
   1. *Geschwächtes, stolzes, leicht korruptes aber stets noch fähiges aristokratisches Regime. Dessen centrale Figur*
      Die Hetäre
   2. *demokratische Opposition rührig, rasch anwachsend*
      Deren Führer der Rhetor.
b. *Das Nachbarreich, übermächtig von dessen innenpolitischen Zuständen die Gestaltung auch der jonischen Stadt abhängt.*
   1. *Dieses Reich von einem König absolut beherrscht ist in der jonischen Stadt durch einen vornehmen Gesandten vertreten*
   2. *Dieser Gesandte ist der Liebhaber der aus hohem Geblüt unehelich hervorgegangenen Hetäre.*
c. *Die Revolution bricht in dem Nachbarlande aus*
   1. *Die Rückwirkung der Nachricht entfesselt die demokratischen Kräfte der Stadt: Volksversammlung, Ansprache des Rhetors, die Hetäre als Jüngling verkleidet tritt dem Rhetor, seinen allgemeinen Argumenten und der Nachricht entgegen. Gewaltanwendung der Menge gegen sie, ihre Leute, Rettung durch den fremden Sklaven.*

---

[1] *a. a. O., S. 343.*

2. Die Nachricht bestätigt sich, auch der Gesandte erhält sie, sein resp. der Hetäre Haus wird von der aufrührerischen Menge unter des Rhetors Anführung belagert, die Herausgabe des Gesandten verlangt.
3. Der fremde Sklave rettet den Gesandten, d. h. er ist es der die Vorkehrungen zur Flucht schon getroffen hat, sie rasch verwirklicht und zurückkehrt mit der Nachricht: »es ist in Ordnung«.
4. Er ratet jetzt den Rhetor vorzulassen.
5. Der Rhetor erscheint. Kühnes u. stolzes aber angsterfülltes Verhalten der Hetäre. Der Rhetor hat inzwischen mit der Nachbarrevolution Fühlung genommen, er drapiert sich mit dem Namen ihres mächtigen Führers; gegenseitige Einschüchterung, gegenseitige Angst zwischen Rhetor und Hetäre.
6. Der fremde Sklave rät zu Kontrakt: fremde Revolutionsarmee hineinlassen dafür Schonung der Aristokraten durch diese, wenn dafür garantierte Schonung des Rhetors u. der Demokraten durch arist. Stadtwehrmacht bis zum Hineinlassen der fremden Truppen.[1]

---

[1] Carl J. Burckhardt an den Hrsg., 16. Mai 1970:
»In Lenzerheide fühlte sich Hofmannsthal auch nicht wohl. Bei Anlass einer kurzen Fahrt in's Oberengadin mussten wir umkehren, da er Herzbeschwerden verspürte. Er ging wenig aus, hielt sich viel in seinem Hotelzimmer auf, und anstatt am ›Turm‹ zu arbeiten, wählte er, ... durch Spengler und Pöhlmann angeregt, den griechischen Stoff, der die sozial-politischen Vorgänge unseres Zeitalters spiegeln sollte. Spengler hatte er in Rodaun immer wieder mit Zustimmung und mit Abwehr gegen dasjenige, was er ›die deutsche Uebertreibung‹ nannte, in einem Gemisch von Fascination und leichtem Widerwillen gelesen. Pöhlmanns Ausführungen über den ›Sozialismus im Altertum‹ hatte ich ihm empfohlen und geliehen; Hofmannsthal hat sich lange und eingehend mit dieser Lektüre befasst. Er las nie anders als mit dem Bleistift in der Hand, er machte Exzerpte und veränderte oft die ursprüngliche Form des Zitats.

Auf den kurzen Spaziergängen, die wir in Lenzerheide gemeinsam machten, sprach er mir vor allem vom Roman ›Andreas‹ und von einer ihm vorschwebenden, ihn besonders anziehenden Theaterdichtung ›Herbstmondnacht‹, die im Lainzer Tiergarten spielte. Die Rhetorenschule, die er wiederholt in Rodaun erwähnt hatte, stand nicht im Vordergrund der Gespräche. Ein einziges Mal kam er kurz auf den Gegenstand zu sprechen. Er fragte sich nämlich und fragte mich, ob man in antiken Vorgängen Analogien zu heutigen Problemen finden könne. Dann klagte er darüber, wie schwer es ihm falle die typisierten Gestalten und die mit ihnen verbundenen Gedanken in einem dramatisch straffen Szenenablauf zusammenzufassen. Am nächsten Tag waren wir eingeregnet; ich dachte über Hofmannsthals Sorge nach, die ihn seit seinen frühen venetianischen kleinen Dramen nie ganz verlassen hatte, weil es ihn immer erschreckte, Personen und ihre Schicksale der Theaterwirksamkeit anzupassen. Ich nahm in den Abendstunden ein Blatt Papier und notierte die Disposition, die Sie mir geschickt haben. Meine Vorschläge bedeuten nicht die Fortsetzung eines Gespräches, sondern den Versuch, den Dichter durch Widerspruch über den kurz erwähnten Zweifel hinwegzuführen. Er hat denn auch diesen Entwurf behalten. Soziale Kategorien, die für einen Menschen aus der zweiten Hälfte des zwanzigsten Jahrhunderts

An Gertrud von Hofmannsthal, 28. Juli 1924

Viel habe ich für ein neues Lustspiel vorgearbeitet – auch mit Burckhardt manches davon besprochen. *(Unveröffentlicht)*

An Wiegand, 6. August 1924

Die folgende, nicht ganz bescheidene Bitte würde ich nicht wagen, läge mir nicht sehr viel an der Sache, und zwar der Arbeit (meines nächsten Stückes wegen.) Ich weiss dass ich für diese Arbeit (die in der Spätantike spielt) sehr viel aus einem Buch des verstorbenen Münchener Professors R. v. Poehlmann gewinnen könnte. Doch ist diese Monographie: ›Die Übervölkerung der antiken Großstädte‹ leider . . . vergriffen.

Wäre es nun denkbar dass Sie in München ein Exemplar nur für wenige Tage zu leihen bekämen – sei es das Hausexemplar des Verlages (Oscar Beck) sei es eines aus einer öffentlichen oder privaten Bibliothek? Es würde mir genügen wenn Sie es mir bei Ihrem Besuch mitbrächten, und ich es während dieser Zeit durchlesen u. Notizen machen könnte! . . . Geht die Sache aber nicht leicht, so kann ich es mir bestimmt aus der Wiener Bibliothek verschaffen! *(HvH-WW 118)*

An Wiegand, 23. September 1924

Für die Bemühungen wegen Poehlmann ›Übervölkerung‹ danke ich ganz besonders; ich höre aus Wien dass ich das Buch von der dortigen Universitätsbibliothek bekommen kann. *(HvH-WW 119)*

vollkommen unsichtbar geworden sind, waren ihm in ihrer Bedeutung ungemein gegenwärtig, wobei Ablehnung und Anziehung wechselten.«
Carl J. Burckhardt an den Hrsg., 24. August 1970:
»Mein politisches, handlungsmässiges Exposé: Wie im Winter 1928/29 auf dem Schönenberg, als H.v.H. einen ihm vom Max Reinhardt empfohlenen Stoff: ›Drei Personen‹ vorgeschlagen hatte . . . vertiefte sich H. v. H. bis auf den Grund in die vorhandenen Figuren und den Ort der Handlung. . . . H. v. H. plagte sich mit den individuellen und symbolhaften Eigenschaften dieser Gestalten. Ich sagte: ›Zuerst die Handlung skizzieren und straffen, dann das Wesen der drei Gestalten aus der Handlung entstehen lassen.‹
H. v. H. widersprach diesem Vorgehen. Meine Aufzeichnung in Lenzerheide entstand aus dem selben Bedürfnis, H. v. H. vorerst die ungeheuren Wege, durch alle Tiefen und Weiten der Problemfülle politisch-sozialer und individueller Vertiefung, auf die eine von Anfang an klar im Blickfeld liegende Handlung, zu reduzieren. In dieser Weise war H. v. H. bei der Entstehung des ›Schwierigen‹ vorgegangen. Das Blatt von meiner Hand ist ein Vorschlag, mit dem Zweck, qualvolles Zusammenbringen von Allzuvielem einzudämmen. Aber für H. v. H. lag die ›Wahrheit‹ nicht in der ›Spannung‹, die Spannung musste sich aus der Wahrheit ergeben.«

An Burckhardt, 24. August 1924

Da ich seit der Fusch meiner Phantasie etwas mehr Freiheit gebe, so haben sich vier Pläne sehr lebendig gezeigt und somit drei sich neben den ›Timon‹ gestellt, dem ich aber den ersten Platz nicht nehmen lassen will: der ›Xenodoxus‹, jener ›Tod eines Mannes aus unserer Zeit‹ (›Jemand‹) – und die leichte Fiakergeschichte, die schon etwas Consistenz gewonnen hat.

(*HvH-CJB 158*)[1]

An Wiegand, 21. Oktober 1924

In den letzten Wochen, seit Vollendung des ›Turm‹ innerlich freier u. in großer Spannkraft, habe vieles auf uns Bezügliche – neben der laufenden Arbeit an einer Comödie u. einem großen Aufsatz über Stifter – durchgedacht.

(*HvH-WW 125*)

Quellen

Während das von Wiegand erbetene Werk Robert Pöhlmanns ›Die Übervölkerung der antiken Großstädte, im Zusammenhang mit der Gesammtentwicklung städtischer Civilisation dargestellt‹[2] keine Spuren in den Aufzeichnungen und Notizen zur Komödie hinterließ (sofern es Hofmannsthal überhaupt je gelesen hat), ist der Einfluß des auf Empfehlung Carl J. Burckhardts im Juli 1924 gelesenen zweibändigen Werkes, der ›Geschichte der sozialen Frage und des Sozialismus in der antiken Welt‹[3] von Pöhlmann umso greifbarer. Er lieferte Hofmannsthal ein Arsenal von Argumenten für die rhetorische Konfrontation der »beiden ewigen politischen Weltelemente«, des aristokratischen und des demokratischen.[4]

Pöhlmann wies in minutiöser Quellenanalyse und ständiger Reflexion des eigenen Zeitgeschehens die analoge Situation von 3. und 2. vorchristlichem Jahrhundert und

---

[1] *Carl J. Burckhardt an den Hrsg., 24. August 1970:* »Gespräche über den Timon-Stoff, schon 1920. Häufige Lektüre in Shakespeare's ›Timon‹ ... hat H. v. H. lebenslang beschäftigt.«

[2] *Robert von Pöhlmann, Die Übervölkerung der antiken Großstädte, im Zusammenhang mit der Gesammtentwicklung städtischer Civilisation dargestellt. 24. Band der Preisschriften, gekrönt und hrsg. von der Fürstl. Jablonowski'schen Gesellschaft zu Leipzig 1884.*

[3] *Hofmannsthal hat die 1912 bei Beck in München erschienene zweite »vermehrte und verbesserte« Auflage des Buches, die der ersten gegenüber um ein Kapitel über den frühchristlichen Kommunismus erweitert ist und einen erheblich veränderten Aufbau aufweist, gelesen. Einem wörtlichen Zitat aus Pöhlmanns Buch (N 80) fügte Hofmannsthal Band- und Seitenangaben hinzu, die in der ersten Auflage einen ganz anderen inhaltlichen Zusammenhang als auf dem Blatt angegeben ergeben. Eine dritte Auflage erschien erst 1925.*

[4] *Paul Stefan, a. a. O., S. 1.*

dem gegenwärtigen kapitalistischen Zeitalter nach, wie sie sich in sozialen Spannungen und Kämpfen sowie kulturellen Verfallserscheinungen manifestiere. Und er hoffte, wie er im Vorwort betont, politische Doktrinäre über die »Konsequenzen ochlokratischer Verwilderung und einer den Wünschen der Masse entsprechenden Politik« aufklären zu können.¹ Als Staatsideal schwebte Pöhlmann eine starke monarchische Zentralgewalt vor Augen. Dieses Ideal sah er im zweiten deutschen Kaiserreich verwirklicht, wo neben die von ihren materiellen Interessen abhängigen Klassen das Bildungsbürgertum trat, von dem Pöhlmann annahm, es habe »eine durchschnittlich idealere Gesinnung« und sei »nicht in dem Grade von egoistischen Klasseninteressen beherrscht« wie Kapitalinhaber oder Arbeiter.² Pöhlmann war zwar antidemokratisch, trat aber für den Schutz der Arbeiter vor Ausbeutung ein; er war ein Anhänger des Liberalismus, weil er im freien Wettbewerb die Vorbedingung jeder Kulturleistung sah.

In der ökonomischen Entwicklung konstatiert Pöhlmann bereits für das 7. vorchristliche Jahrhundert eine ausgeprägte Geldwirtschaft und kapitalistische Produktionsformen. Pöhlmann spricht schon für diese Zeit von ausbeuterischer Klassenherrschaft, die durch die politische Macht des grundbesitzenden Adels gestützt wurde. Auch in den Städten, die durch Großhandel und Industrie (Reedereien, Textilfabriken) aufstiegen, trat die Masse von Lohnarbeitern und kleinbürgerlichen Handwerkern in scharfen Gegensatz zur aristokratischen Oberschicht. Dieser Ständekampf, der auch das 6. Jahrhundert kennzeichnete, war zugleich wirtschaftlicher und politischer Kampf. Er endete in der Stadt zunächst mit dem Sieg des auf Nivellierung ständischer Privilegien drängenden Bürgertums; radikaldemokratische Forderungen, die den Gleichheitsgrundsatz auch auf den wirtschaftlichen Sektor ausgedehnt wissen wollten, konnten sich erst in der Folge durchsetzen.

Aus der Adelsherrschaft entwickelte sich die Plutokratie. Die Bildung größerer Handelsorganisationen (bei wachsender Kolonisation), der Fortschritt industrieller Fertigung, die Steigerung der Produktion durch Arbeitsteilung führten im 5. Jahrhundert zur »Herrschaft des Kapitalbesitzes über das gesamte Güterleben«.³ Die gleiche Entwicklung beobachtet Pöhlmann auch in der Landwirtschaft. Der Landbau wurde »industrialisiert«; die kleinen Höfe wurden von kapitalkräftigen Unternehmern zusammengekauft; Sklaven ersetzten die verarmenden Landarbeiter, die in die Stadt zogen und dort das Angebot billiger Arbeitskräfte erhöhten. Für das 5. und 4. vorchristliche Jahrhundert gilt das gleiche Gesetz wie für die Entwicklung des Kapitalismus im 19. Jahrhundert: Die Akkumulation des Kapitals in der Hand Weniger führt zur Verarmung der breiten Masse.

Hatte der gesellschaftliche Differenzierungsprozeß eine Verschärfung der sozialen Gegensätze zur Folge, so stand zu dieser Entwicklung die Demokratisierung des politischen Lebens in eigentümlichem Kontrast. Wo es der Masse dank der besonderen Struktur und geringen Ausdehnung des antiken Stadtstaates gelang, sich die politische Macht trotz wirtschaftlicher Abhängigkeit zu sichern, wurde die bürgerliche Demo-

---

[1] *a. a. O., I, S. VIII.* [2] *a. a. O., II, S. 158.* [3] *a. a. O., I, S. 212.*

kratie bald zur sozialen, in der der Staat den ökonomischen Interessen der Masse dienstbar gemacht wurde. Der Staat wurde zur Verteiler-Organisation, die durch rigorose Besteuerung großer Vermögen bzw. durch Konfiszierung das Gesamteinkommen der Polis neu zu verteilen suchte. Der politische Kampf war ein Kampf um den Besitz. Wo die wirtschaftliche Abhängigkeit der Armen aber so ausgeprägt war, daß ihre politische Freiheit nur noch formale Qualität besaß, wo überdies die wirtschaftlich Mächtigen politische Machtmittel (Polizei oder Heer) kontrollierten, wandelte sich die Demokratie zur Oligarchie, die den Staat den Interessen des Kapitals unterordnete.

Der Kampf gegen die Aristokraten war immer ein Kampf gegen die Reichen. Um sich vor den revoltierenden Massen zu schützen, suchten die Besitzenden ihrerseits Hilfe bei fremden Monarchen, die mit Truppen ihre Interessen gewaltsam schützten, ja häufig große Teile des Volkes aus der Stadt vertreiben ließen (sog. Dioikismos). Demagogen fanden in den gärenden Städten ein breites Agitationsfeld. »Aus der niedrigsten Hefe des Volkes«[1] emporgekommen, verstanden sie es nur all zu oft, sich den Begierden der Masse nutzbar und sich »zum Mittelpunkt der Interessen und Hoffnungen« des Volkes zu machen. Der Terror begleitete die sozialen Revolutionen überall. Als »typisches Bild des sozialen Klassenkampfes«,[2] wie es sich immer wiederholt finde, charakterisierte Pöhlmann die Schilderung des Thukydides von der Revolution in Kerkyra (427 v. Chr.). Diese Topographie der antiken Revolution hat Hofmannsthal fast unverändert übernommen:

»Den Mittelpunkt der Handlung bildet der Markt mit den angrenzenden Häfen, das Quartier mit den warengefüllten Kaufhäusern, in denen sich offenbar die Übermittlung der Zufuhrvorräte des Großhandels an den Kleinhandel vollzog, wo sich überhaupt der Geschäftsverkehr der reichen See- und Handelsstadt konzentrierte. Hier wohnten die reichen Leute, hier hatten sie ihre Paläste und Zinshäuser, hierher, auf den Zentral- und Herzpunkt der verhaßten Kapitalmacht, richtete sich der Angriff der Masse. Und diese Masse verstärkte sich von Tag zu Tag aus den Reihen der Niedrigsten und Elendesten der bürgerlichen Gesellschaft, durch den Hinzutritt der Sklaven, die – zur Freiheit aufgerufen – der Mehrzahl nach sich zum Volke schlugen. Selbst die Weiber wurden auf seiten des Volkes durch die entfesselte soziale Leidenschaft in den Kampf mithineingerissen. Sie stritten tapfer mit, indem sie von den Häusern herab mit Ziegelsteinen warfen und ›wider die weibliche Natur mitten in den Schrecknissen mutig aushielten‹. Den Abschluß aber bildet die greuelvolle Ausmordung der überwundenen ›Oligarchen‹ durch das siegreiche Volk, wobei so manche ... durch die eigenen Schuldner den Tod fanden!«[3]

Unter dem Eindruck von Pöhlmanns Buch konzipierte Hofmannsthal dann den größten Teil der Notizen zur Begegnung des Rhetors und der Hetäre.

Einer erneuten Lektüre von Shakespeares ›Timon of Athens‹ (und zwar des englischen Originals, wie die Exzerpte belegen) verdankt das Lustspiel einen neuen Titel: Hofmannsthal nennt den Rhetor endgültig Timon und ändert den ursprünglich durch Lukians Satire angeregten Titel Die Rhetorenschule in Timon der Redner. Zu-

---

[1] a.a.O., I, S. 429. [2] a.a.O., I, S. 426. [3] a.a.O., I, S. 426f.

gleich wird durch die Shakespearelektüre die Figur des durch Verlust seines Vermögens zum Zyniker gewordenen Antipoden des Redners und der Aristokraten angeregt. Hofmannsthal nennt ihn Timon den Bettler oder Timon den Armen, später Phanias. Für Shakespeares Timon-Tragödie gilt das gleiche wie für Hofmannsthals Komödie: Beide spielen in einer nur leicht verschleierten Gegenwart *(S. 557f.). Shakespeare projizierte, wie später Hofmannsthal, das Bild seiner Gegenwart in einen historischen Raum. Athen steht bei Shakespeare beispielhaft für die kapitalistische elisabethanische Gesellschaft. Das Streben nach materiellem Besitz ist der Motor allen Handelns. Geld ist die Ursache für Verbrechen und sozialen Unfrieden, Geld verkehrt alles in sein Gegenteil: »Thou common whore of Mankind, that puts odds / Among the rout of Nations.« (IV, 3)*

Timon will die Härte des Kampfes aller gegen alle um das Geld mildern. Dabei verstrickt er sich, tragische Paradoxie, nur noch tiefer in die Fesseln des Systems: Er wird zum Verschwender und macht selbst Schulden, die er nicht begleichen kann. Die Gesellschaft aber handelt getreu ihren Maximen. Sie bemißt den Wert des Menschen nach der Größe seines Besitzes. Mitleid oder Freundschaft sind keine Tugenden, sie werden als Schwächen verachtet. Nur der Hausverwalter bleibt Timon treu; er will seine geringe Habe mit ihm teilen. Eine solche Absicht aber ist in den Augen der Athener nur unklug. Klug ist, wer wirtschaftlichen Erfolg hat; und Timon selbst scheint das, als er den Bankrott erfährt, zu bestätigen: »Unwisely, not ignobly have I given.« (II, 2) Unklug, weil er den Schmeicheleien seiner »Freunde« Glauben schenkte und den Menschen nichts Schlechtes zutraute. Als er erkennt, daß Nobilität und Profittrieb sich ausschließen, schlägt seine Güte in Haß um. Er wird zum outcast, der in dieser Welt keinen Platz hat.

Bei Hofmannsthals Bettler ist die Verwandtschaft mit Shakespeares Timon of Athens offenkundig, wenngleich auch entscheidend variiert: Timon of Athens wird zum Menschenhasser, weil er sich in seinen Freunden, weil er sich in der Welt getäuscht hatte. Timons des Bettlers Zynismus beruht auf dem Verlust seiner materiellen Güter, auf dem momentanen Zustand der Welt, die einmal besser war. Timon's of Athens Verwünschungen sind »nicht Zynismen, sondern verzweifelte Bußpredigten«.[1] Seiner Verzweiflung fehlt die Freude Timons des Bettlers an der Vernichtung.

Timon der Redner verkörpert jene Gesellschaft, die Timon of Athens geißelt. In ihm manifestiert sich der rücksichtslose materielle Egoismus; seine politische Betätigung ist nur der Ausdruck dieser Profitgier. Er sucht sich zu bereichern; Timon der Bettler war reich und wünscht Elend und Vernichtung über die Menschheit – beide kennzeichnet die Abhängigkeit ihrer Existenz vom Geld, beide verbindet die Menschenverachtung.

Während der Zeit in Lenzerheide wird das Motivgewebe des Stückes um eine weitere Nuance erweitert: Timon führt ein Doppelleben. Er repräsentiert als Rhetor das unzufriedene Kleinbürgertum, in dessen Familienordnung er voll integriert zu sein scheint; zugleich ist er unter anderem Namen mit der Besitzerin eines öffentlichen Hauses

---

[1] *Max Lüthi, Shakespeares Dramen. Berlin: de Gruyter 1957, S. 140.*

nicht nur geschäftlich liiert. Hofmannsthal griff bei dieser Konzeptionsänderung, die das Stück um drastische Komik bereichert, auf eigene Entwürfe zurück. Vom Oktober 1922 bis zum Januar 1923 und nochmals im Juli des gleichen Jahres hatte er sich u. a. mit einer Wiener Posse, so der Untertitel, *beschäftigt:* Das Caféhaus oder Der Doppelgänger. *Es handelte sich um einen Komödienplan, der wie so viele andere skizzenhaft blieb. Zahlreiche Blätter fixieren reizvolle Einzelheiten. Reihenweise finden sich Bruchstücke einer schemenhaften Handlung. Getragen wird sie von einem einzigen lebendigen Einfall, den Hofmannsthal, als ihm das Stück entgleitet, für den* Timon *rettet:*

X 22.
Ein Mensch führt auf der Leimgruben[1] eine doppelte Existenz: als ein eingezogener mürrischer Kleinbürger, dabei guter Gatte und Vater von drei Kindern die er sehr streng sittlich, mit viel Belehrung und Maximen à la Prudhomme[2] erzieht. Zugleich als Zuhälter einer marchande de modes die zugleich Gelegenheitmacherin u. s. f. ist, dort als cynischer Lebemann, Spieler, Ruffian etc. ⟨Er zwingt die Person zu sehr weitgehenden Handlungen, sperrt sie dann wieder eifersüchtig ein; kehrt sogleich in die Bürgerwohnung zurück ist dort lammfromm. Am Hoffenster schreit die Marchande ⟨de⟩ modes sie sei eingesperrt: er encouragiert seine Frau, auf sie zu schimpfen; (er selbst ist zu friedlich)⟩ Er treibt es so weit dass er in der einen Eigenschaft Händel anfängt mit dem andern Haushalt wegen in einen Garten geworfener Zwetschenkerne, Kohlstrünke etc. Dabei hat er selbst die Person in dem Nachbarhaus eingemiethet. Mit seiner Frau spricht er fortwährend über die Andere, deren Streiche, das Unwesen dort im Haus, aber zur Schonung der Kinder in einer verabredeten Bildersprache. Ein Liebhaber der marchande de m. kommt in die *(1)* andere *(2)* bürgerliche | Wohnung, den Processgegner zu prügeln. – Andererseits zwingt man ihn in der anderen Wohnung, sich am Fenster zu zeigen. *(HVB 25.50)*

Hofmannsthal konkretisiert auf wenig Raum den ideologischen Charakter kleinbürgerlicher Moral, indem er sie als ein bewußt eingesetztes Machtinstrument durchsichtig macht. In den Erziehungsgrundsätzen des Kleinbürgers, der bereits keiner mehr ist, manifestiert sich zwar die Identifikation mit der vorgefundenen sozialen Struktur und

---

[1] *Im späten Mittelalter verrufener Ort in der Wiener Vorstadt, dort befand sich ein Bordell (Mitteilung von Reinhard Urbach, Wien).*

[2] *Seit Henri Monniers (1805–1877)* ›Scènes Populaires dessinées à la plume‹ *(1830), seiner gemeinsam mit Gustave Vaëz herausgegebenen Komödie* ›Grandeur et Décadence de M. Joseph Prudhomme‹ *(1852) und den fiktiven* ›Mémoires de Monsieur Prudhomme‹ *(1857) gilt Monsieur Prudhomme als der Prototyp des ehrgeizigen, materialistischen, geistig beschränkten Bourgeois, wie ihn das Frankreich des Bürgerkönigs Louis-Philippe hervorgebracht hat. Seine oberste Maxime lautet:* »Je veux être quelque chose, oui, je veux me rendre utile.« *(*Grandeur et Décadence de M. Joseph Prudhomme. *In:* Théâtre Contemporain Illustré, *Paris: Lévy Frères 1852, S. 3.)*

deren Autoritätserwartungen; sie sind aber zugleich ein perfektes Tarnsystem für profitorientierte Interessen. Mit dieser Psychologie des Kleinbürgers hat Hofmannsthal von 1924 an den politischen Anspruch des Rhetors in Verbindung gebracht.

1925

Zeugnisse

An Wiegand, 11. Juli 1925

ich bitte Sie, helfen Sie mir ein Buch zu erwerben, das mir in einem gewissen Arbeitsbezug wichtig erscheint – es ist geschrieben von einem gewissen Dr. Benn, erschienen circa 1917 in Deutschland, und heißt ›Kampf der Gehirne‹ oder ähnlich; jedenfalls Hirn oder Gehirn kommt im Titel vor.

(HvH-WW 137)

An Burckhardt, 6. August 1925

Ich habe mich einer neuen Arbeit zugewandt. Es ist keine von denen, die im vergangenen Jahr so nahe schienen: die Rhetorenschule und Phokas – sondern ein um ein paar Jahre älterer Plan. *(HvH-CJB 186)*

An Zifferer, 27. September 1925

Ich kann für die Franzosen zweifach in Erscheinung treten: als Prosaist und als Lustspieldichter. Das Lustspiel z. B. an dem ich eben jetzt zu arbeiten angefangen habe (›die Rhetorenschule‹ so hiess der Plan von dem ich Ihnen sicher erzählt habe) ich wüsste nicht, was daran nicht auf einer französischen Bühne genau so (und vielleicht besser) verstanden u. goutiert werden könnte als auf der deutschen.
(Unveröffentlicht; zitiert nach einer Abschrift Gertrud von Hofmannsthals; Depositum Stiftung Volkswagenwerk)

An Redlich, 10. Oktober 1925

Ich habe eine Arbeit angefangen von der ich denken möchte, sie könnte Ihnen später einmal Spaß machen. Sie verdankt dem Menander einiges, dem Buch von Pöhlmann (über den antiken Socialismus) manches, am meisten den Erlebnissen der Jahre 1920–1922, den ökonomisch-politischen. Sie ist aus dem Stoff hervorgegangen, den ich Ihnen, ich glaube 1917, unter der Bezeichnung ›die Rhetorenschule‹ erzählte. Aus der Grundconstellation des starkwilligen Vaters gegen den schwachmüthigen Sohn (Sie sagten: Sie dramatisieren also die humaniora der Neuen Freien Presse) ist etwas Verwandtes, aber sehr Complexes geworden. Mißlingt es nicht, so wird es sehr unterhaltend. *(HvH-JR 59f.)*

An Yella Oppenheimer, 15. Oktober 1925

Wie gerne gienge ich jetzt den Hügel hinauf, auf die beiden Lärchen zu, erblickte das Licht in einem oberen Zimmer; dann schlüge der Lux an, ich träte bei Ihnen ein, und wir redeten – oder ich läse vor: den ersten Act von Antonius u. Cleopatra aus einem der dunkelgrünen Bändchen, die von keiner Hand berührt als von der meinigen, in ihrem verwaisten Eckzimmer stehen.
(Unveröffentlicht; Depositum Stiftung Volkswagenwerk)

An Walther Brecht, 28. Oktober 1925

Es *[Hofmannsthals Aufsatz über C. F. Meyers Gedichte]* lag mir so dumpf und trist neben dem Weg, da ich etwas sehr Freies, das Vieles frech und leicht verbindet, Tiefes unter Frechem verbirgt, gerade machen will. . . . Meine politische Komödie wird Sie als das bunteste u. überlegteste Gewebe das ich jemals zu fertigen mich getraut habe, unterhalten (doch werde ich mich zunächst noch auf eine sehr genaue Erzählung des Inhalts zu beschränken haben.)
(Unveröffentlichte Briefe Hugo von Hofmannsthals. Mitgeteilt und kommentiert von Rudolf Hirsch. In: Neue Zürcher Zeitung Nr. 55 (Fernausgabe Nr. 33), 3. Februar 1974)

An Yella Oppenheimer, 31. Oktober 1925

Meine Arbeit schreitet fort, u. unterhält mich selbst unvergleichlich – hoffentlich wirkt sie ähnlich auf Dritte (es ist ein Lustspiel).
(Unveröffentlicht; Depositum Stiftung Volkswagenwerk)

An Yella Oppenheimer, 18. November 1925

Von dem neuen Lustspiel werde ich, ausgeführt, wohl nur den ersten Act heimbringen, aber von den 2 übrigen ein höchst genaues Scenarium, also alles was für das Stück entscheidend ist.
(Unveröffentlicht; Depositum Stiftung Volkswagenwerk)

An Zifferer, 22. November 1925

Ich bin müde von der Vormittagsarbeit; dieses Lustspiel mit politischen Motiven, spielend in einer antiken Stadt der Decadenzzeit, d. h. in einer leicht verschleierten Gegenwart, stellt grosse Anforderungen an die Geistesgegenwart, es handelt sich darum, Motive aus mehreren Welten, ja die verschiedenen Ebenen angehören, im Mimischen zu binden und dem Theatermässigen zu subordinieren. Eine Arbeit, mit der verglichen mir die Herstellung des ›Schwierigen‹ als eine harmlose Besiguepartie erscheint. Gelingt es, so wird es ein merkwürdiges Stück Arbeit sein, es kann aber sehr leicht misslingen. *(Unveröffentlicht; zitiert nach einer Abschrift Gertrud von Hofmannsthals; Depositum Stiftung Volkswagenwerk)*

Gertrud von Hofmannsthal an Hans Schlesinger, 28. November 1925

Hier verlaufen die Tage so schön gleichmässig, und ich habe mich ganz in die Ruhe hineingefunden; seit die Kinder weg sind ist das Haus ja wirklich ganz still, aber Hugos Eintheilung ist so präcis, dass ihm trotz allem der Tag noch zu kurz ist. Er geht täglich aufs leere Ramgut hinauf, sperrt sich auf, und findet sein Zimmer schön warm geheizt vor. Dort verbringt er den ganzen Vormittag. Er hat mit großer Freude und Lust am Arbeiten ein neues Stück begonnen und ich bin immer wieder erstaunt wie productiv er in so wenigen Wochen ist, wenn halt die günstige stille Atmosphäre ihn dazu bringt. *(Unveröffentlicht; E XXI D 15)*

An Andrian, im November 1925

Ich bin sehr bedürftig Dich für den Schluß meines ersten Actes (eine politische Versammlung auf offener Straße) um Rat zu fragen u. das Geplante Deiner immer so fruchtbaren Kritik zu unterwerfen. *(HvH–LvA 369)*

An Andrian, 30. November 1925

Einen Brief von Dir im Buch des P. Garrigou habe ich leider nicht bemerkt. Ich suchte stundenlang mit Hilfe des Inhaltsverzeichnisses nach Reflexionen über den demokratischen Irrwahn, fand aber nichts. – Ich hoffe ich habe den Figuren die richtigen Argumente in den Mund gelegt – übrigens ist das Ganze ja nur der provisorische Text, die erste Schicht. *(HvH–LvA 370)*

An Ottonie von Degenfeld, 5. Dezember 1925

... jetzt sollte der liebe Gott mir drei Wochen schenken – es sollte statt dem letzten November der 4te oder 5te sein, und ich noch zur Ottonie gehen können und den zweiten Act von dem Lustspiel machen. (Das Lustspiel im griechischen Costüm, d. i. in der Gegenwart, aber leicht verschleiert – wo die Cocotte und der Volksredner gegeneinander stehen, sie für die Aristokratie, er für die Demokratie.) . . . Für mich aber, und für die Arbeit, war dieser Monat der beste. – Es sind auch die weiteren Acte von dem Lustspiel so vorgearbeitet, daß sie eigentlich nur mehr eine leichte drübergemalte Schicht brauchen, um fertig zu sein –. *(HvH-OvD 481f.)*

An Willy Haas, 3. Dezember 1925

Einer Ihrer Redacteure hat mich um einen Beitrag für Weihnachten gebeten. Ich bin in einer schwierigen Arbeit und in diesen Herbstmonaten wenigstens muß ich es erreichen, daß ich mich vor Zersplitterung wahre aber ich schicke Ihnen doch etwas, ein Stück Dialog, von dem ich hoffe, daß er Ihnen Vergnügen machen wird. Es ist das Einzige was ich in diesem Augenblicke geben konnte. *(HvH-WH 50)*

An Burckhardt, 6. Dezember 1925

Der erste Act des Lustspiels ist vollendet, für die beiden anderen das Scenarium, sehr genau.
(HvH–CJB 110, dort jedoch irrtümlich 1922 eingeordnet.)

Aus einem Interview Hofmannsthals mit Paul Stefan zu Beginn des Jahres 1926

Aber diesmal wendet sich mir mein Gegenstand ins Politische. Die beiden ewigen politischen Weltelemente, das aristokratische und das demokratische werden konfrontiert. Zum Lustspiel spitzt sich dieser Kontrast zu, indem Vertreter dieser beiden Prinzipien in eine kleine Stadt gebannt werden, deren Kleinbürger die schrankenlose Demokratie anstreben, während eine Hetäre das aristokratische Element verkörpert. Schon diese Andeutung zeigt, daß als Zeit die Spät-Antike, etwa die griechische Verfallsperiode gewählt wurde, eine Vergangenheit so besonderer biegsamer Art, daß sie für eine nur leicht verschleierte Gegenwart gelten kann. . . . Das Lustspiel soll im Sommer fertig werden. Es hat noch keinen Titel. Im ersten Entwurf hieß es ›Die Rhetorenschule‹, wobei der Rhetor so etwas wie ein Zeitungsherausgeber war. Seine Schüler, die Redakteure, die dieser Herausgeber aussendet, um die öffentliche Meinung seiner Stadt zu beherrschen.
(Paul Stefan, »Was arbeiten Sie?« III. Gespräch mit Hugo von Hofmannsthal. In: Die Literarische Welt, Nr. 9, 2. Jg., 26. Februar 1926)

Robert Michel über einen Besuch bei Hofmannsthal im Frühjahr 1926

Indessen ist abermals ein neues Lustspiel vor der Vollendung. Auch dieses gehört stofflich im Grunde genommen neben die vorigen, obwohl es in der Antike spielt. Den Anstoß für dieses Werk fand Hofmannsthal in dem Mimischen und Lustspielhaften der Dialoge Platons und der Hetärengespräche Lukians.

(Robert Michel, Ein Besuch bei Hofmannsthal. In: Leipziger Neueste Nachrichten vom 23. Januar 1927)

Quellen

Am 11. Juli 1925 erbat sich Hofmannsthal von Willy Wiegand Gottfried Benns schmalen Novellenband ›Gehirne‹. Er erhielt ein offenbar bereits benutztes Exemplar,[1] auf dessen Titelblatt von unbekannter Hand vermerkt war: Sendelbach 12.3.18. Michael Hamburger, dem jener Bestellbrief an Wiegand während der Arbeit an seinem Bericht über Hofmannsthals Bibliothek nicht bekannt war, schloß irrtümlich aus dieser Angabe auf eine vom 12. März 1918 datierende Bennlektüre.[2] Hofmannsthal hat das kleine Bändchen aber erst 1925 gelesen, und zwar, wie sich erschließen läßt, im September: Eine Notiz (N 136) in Hofmannsthals Bennexemplar mit wörtlicher Entlehnung aus der Novelle ›Die Insel‹ wird bereits in dem Entwurf I a/3 H, d. h. vor dem 28. September, verwandt.

Hofmannsthal hat Benns Novellen sehr aufmerksam durchgearbeitet und einige Wendungen daraus für Chelidas, wie der Sohn des Rhetors von 1925 an heißt, übernommen. Diese haben in den Notizen und Entwürfen eine fast leitmotivische Funktion, wie sich aus ihrer permanenten Wiederholung ablesen läßt. Über den jeweiligen Bezug zum Stoff der Lektüre unterrichten detailliert die Erläuterungen.

Im Mittelpunkt von Benns Novellen steht ein »junger Mann, der früher viel seziert hatte« – ein junger Mann, der schon alt ist: Dr. Rönne.[3] Fassungslos steht er seiner Umwelt gegenüber. Die Wirklichkeit ist ihm zerbrochen in sinnlose Einzelheiten, die ihren Bezug auf ihn verloren haben. Alles »geschieht ihm«, nichts durch ihn. Die Folge ist eine totale Desorientierung im gesellschaftlichen Rollenspiel. Rönne ist unfähig, die einfachsten Handlungen auszuführen.

Im Verhalten des Chelidas kann man ein ähnliches Phänomen wie Rönnes Wirklichkeitsverlust konstatieren. Er ist wie Rönne ohne inneren Halt, er ist unfähig, sich in der ihm fremd gegenüberstehenden Umwelt zurechtzufinden. Er reagiert auf Anordnungen und braucht ständig einen Fürsprecher, den er in Lykon zu finden glaubt. Dessen seelische Robustheit kontrastiert wirkungsvoll mit seiner völligen Verhaltensunsicherheit. Rönne ist durchdrungen von der Belanglosigkeit des Daseins: »Was solle man denn zu einem Geschehen sagen? Geschähe es nicht so, geschähe es ein wenig anders.«[4] Diese extreme Indolenz unterscheidet Rönne von Chelidas. Ein wenig anders – das ist für Chelidas schon entscheidend. Ein Liebesverhältnis mit Myrtion würde seiner Existenz Sinn und damit Realität verleihen. Rönnes Kontaktverlust ist absolut, der

---

[1] *Gehirne. Novellen von Gottfried Benn. Leipzig: Kurt Wolff, 1. Auflage 1916 (= Bd. 35 der Bücherei ›Der jüngste Tag‹).*
[2] *Michael Hamburger, Hofmannsthals Bibliothek. Ein Bericht. In: Euphorion 55/1961, S. 22.*
[3] *a. a. O., S. 3.* [4] *a. a. O., S. 7.*

des Chelidas das Symptom einer psychischen Störung, einer Neurose. Die übermächtige Vaterfigur schuf in Chelidas ein schweres Trauma, das elementare Lebensfunktionen blockiert.

Timons Einfluß auf Chelidas wird nur in dessen Reaktionen sichtbar. Seine väterliche Gewalt erscheint als etwas gänzlich Unvermitteltes, als etwas »Natürliches«, das keiner Rechtfertigung bedarf. Und Chelidas hat längst die Figur des Vaters als die Personifikation der Bedrohung schlechthin internalisiert: Irgend etwas ist da – was nicht da ist. Ich höre: eine Stimme. Ich sehe: eine Gestalt. Grässlich. Das drängt sich zwischen uns.

Im Sinne Freuds kennzeichnet die Beziehung des Chelidas zu seinem Vater ein fast archaisches Abhängigkeitsverhältnis. In Timons Repressalien gegen den Sohn spielt die Möglichkeit von dessen sexueller Rivalität eine dominierende Rolle. Das gemeinsame Sexualobjekt ist natürlich nicht mehr die Mutter; sondern indem Chelidas ein Mädchen aus Timons Bordell wählt, konkurriert er mit seinem Vater in dessen Herrschaftsgebiet. Die Anwesenheit Timons während der ersten Begegnung mit Myrtion macht Chelidas Versuch der Selbstwerdung (die Äußerung des Chelidas Ich erschaffe mich an ihr! *fiel erst in der Reinschrift weg), erneut zunichte. Im Einflußbereich Timons bleibt Chelidas was er war: die Negation seines Vaters.*

Man könnte in Timon durchaus eine Karikatur des von Freud skizzierten »Urvaters« sehen. Schon im Jahre 1922, also unmittelbar nach ihrem Erscheinen, berichtete Hofmannsthal eingehend in seinem Zweiten Brief aus Wien *(A 289 ff.) über Freuds Abhandlung ›Massenpsychologie und Ich-Analyse‹.*[1] *In dem Kapitel »Die Masse und die Urhorde« entwickelte Freud den Gedanken, daß sich in dem Auftreten von Massen und ihren Führern archaische Lebensformen aktualisieren. Wie schon in ›Totem und Tabu‹ (1913) übernahm er Darwins Hypothese der von einem starken Männchen absolut beherrschten Horde als sozialer Urform. Dieses Männchen besaß sämtliche Weibchen und unterdrückte seine Söhne, die zugleich sexuelle Rivalen waren. Der Vater erzwang ihre Abstinenz und »infolgedessen... Gefühlsbindungen an ihn und aneinander, die aus den Strebungen mit gehemmtem Sexualziel hervorgehen konnten«:*[2] *nämlich die »Vorstellung von einer übermächtigen und gefährlichen Persönlichkeit, gegen die man sich nur passiv-masochistisch einstellen konnte, an die man seinen Willen verlieren mußte, und mit der allein zu sein, ›ihr unter die Augen zu treten‹ ein bedenkliches Wagnis schien«.*[3] *Im Führer einer Masse will Freud diesen Urvater wiedererkennen. Er dominiere wie einst über seine Weibchen nun über die Masse, die »immer noch von unbeschränkter Gewalt beherrscht werden will«.*[4] *Er verkörpere das Massenideal, »das an Stelle des Ichideals das Ich beherrscht«.*[5] *Erst der Tausch des Ichideals gegen das Massenideal, darin besteht Freuds grundlegende Erkenntnis zur Massenpsychologie,*

---

[1] Sigm[und] Freud, Massenpsychologie und Ich-Analyse. Leipzig, Wien, Zürich: Internat. Psychoanalytischer Verlag: 1921.
[2] a. a. O., S. 104.   [3] a. a. O., S. 110.
[4] a. a. O., S. 111.   [5] a. a. O., S. 111.

ermöglicht die Entindividualisierung des Massenmenschen und seine Bindung an den Führer durch Identifikation.

Kein Zweifel, daß Freuds Ausführungen über die Urhorde und deren soziale und psychische Struktur Hofmannsthal angeregt haben. In dem Verhältnis des Chelidas zu seinem Vater hat sie der Dichter konkretisiert, im Verhältnis Timons zu Leäna ironisiert. Aber bereits Freud hatte den Gedanken der omnipotenten Vaterfigur als Massenführer dahingehend relativiert, daß dieser nur als Urvater angesehen zu werden braucht, um auch anerkannt zu werden. Was Freud in einem Nebensatz andeutet, hat die Geschichte des Faschismus bestätigt. Dessen Führer spielten vorgegebene Rollen.

Timons Verhalten charakterisiert Feigheit, wo immer er einem Stärkeren gegenübersteht und seine Interessen nicht durch Reden verteidigen kann, sondern mit körperlicher, also »urväterlicher« Kraft durchsetzen müßte. Auch der Soldat in Leänas Haus gefährdet Timons Interessen als Herr über das Bordell und Liebhaber Leänas. In Timons Kommentar erscheint der Auftritt des randalierenden Soldaten denn auch unter dem Aspekt der Rivalität: Mein Weibchen anbellen! wenn sie allein ist. Er droht ihm, solange er schläft, die Kastration an, die ihn als Konkurrenten funktionsunfähig machen würde. *Und voller Imponiergehabe zu Leäna:* Weibchen! – – – Ich kann so wild sein. Unterm Reden kommts mir. Wie einem Hahn wird mir – den ein andrer überkrähen will! *Hier sind die Anklänge an Freuds Ausführungen wörtlich greifbar. Das Bild vom krähenden Hahn ist mehr als indirekte Ironie. Timons Reden auf dem Markt ist zugleich Konkurrenzkampf; in der Manipulation der Masse lösen sich vitale Triebkräfte und wird sexuelle Befriedigung möglich.*

Daß sich die Lektüre von Büchners Revolutionsdrama ›Dantons Tod‹ in einer Reihe von Entlehnungen niederschlug, ist kaum verwunderlich. In den Prototypen Robespierrescher Demagogie, die Büchner wörtlich übernahm, finden sich Timons Ressentiments und Verdächtigungen, seine moralischen Diffamierungen, seine wiederholt gegen die Aristokraten erhobenen Vorwürfe sexueller Exzesse präformiert.

Neben Benn, Freud und Büchner begleiteten zwei weitere Autoren Hofmannsthals Arbeit an dem Lustspiel: Shakespeare und Valéry. Wie mehrere Dutzend nachgewiesener Entlehnungen belegen, las Hofmannsthal im Herbst 1925 Shakespeare nicht im Original, sondern in der bei Cotta erschienenen Übersetzung von Max Koch, wovon er eine Ausgabe auf dem Ramgut der Baronin Oppenheimer gefunden hatte.[1] *Diese dunkelgrünen Bändchen, in denen Hofmannsthal auch Skizzen zum* Timon *notierte, haben sich erhalten und befinden sich heute im Deutschen Literaturarchiv in Marbach. – Wie ein Vergleich ergab, hat Hofmannsthal die ›Lustigen Weiber von Windsor‹ und ›Antonius und Kleopatra‹ auch noch in der Übertragung von Schlegel und Tieck gelesen.*

Im einzelnen läßt sich die Lektüre folgender Werke belegen: Für den September (zu bestimmen aufgrund materieller Indizien, z. B. graublaue Tinte, oder der Weiterver-

---

[1] *Shakespeares dramatische Werke nach der Uebersetzung von August Wilhelm Schlegel, Philipp Kaufmann und Voß revidiert und teilweise neu bearbeitet, mit Einleitungen versehen und herausgegeben von Max Koch. Stuttgart: Cotta und Kröner o.J.*

wendung eines Zitates in datiertem Kontext): ›Was ihr wollt‹, ›Viel Lärm um nichts‹ (Bd. 7); ›Timon von Athen‹, ›Troilus und Kressida‹ (Bd. 11); vermutlich, jedoch nicht sicher, noch im September: ›König Heinrich der Vierte. Zweiter Teil‹ (Bd. 4) und ›Lustige Weiber von Windsor‹ (Bd. 7). Zitate aus ›Antonius und Kleopatra‹ sind auf Oktober, Anklänge an den ›Koriolan‹, evtl. auch ›Julius Cäsar‹ (alle Bd. 9) sind eher auf November zu datieren. Aufzeichnungen zu einem geplanten Aufsatz über die Metaphorik Shakespeares vom Oktober nennen außerdem noch: ›Hamlet‹, ›König Lear‹, ›Richard III.‹ und ›Maß für Maß‹. Diese Monatsangaben sind jedoch allenfalls für die Datierung einer Reihe von Notizblättern von Interesse, denn Shakespeare gehörte zur ständigen Lektüre Hofmannsthals.

Sieht man von Hofmannsthals auch 1926 noch verfolgten Aufsatzplänen zur Sprache Shakespeares ab, so läßt sich kein einheitlicher Aspekt in der Wahl der Titel und der Zitate feststellen. Daß ›Timon von Athen‹ erneut im Mittelpunkt von Hofmannsthals Interesse stand, ist nur naheliegend. Die Sprache der unmittelbar dem Shakespeareschen Helden nachempfundenen Figur des Phanias (sie hieß 1924 noch Timon der Bettler) wurde um zahlreiche Details aus Shakespeares Tragödie bereichert. Auch den Zynismen des Thersites aus ›Troilus und Kressida‹ verdankt Hofmannsthals Phanias einige markante Akzente seines Pathos der Negation. Für den Dialog zwischen Leäna und Timon hat Hofmannsthal eine Reihe von Wendungen den Falstaffszenen aus dem zweiten Teil von ›König Heinrich dem Vierten‹ und den ›Lustigen Weibern von Windsor‹ entnommen. Mit dem Falstaff Shakespeares weist Hofmannsthals Timon die größte Ähnlichkeit auf. Er ist ein Falstaff en miniature und teilt mit ihm seine unkontrollierte Triebhaftigkeit, seine Feigheit, gekoppelt mit einer verlogenen, aber zugleich überlegenen Beredsamkeit. Aus dem heruntergekommenen Ritter ist ein kleinbürgerlicher Opportunist geworden.

Mit Shakespeare hat Hofmannsthal die antidemokratische Tendenz gemeinsam. Für Hofmannsthal hat der Begriff der Ordnung und der Abstufung (degree), die soziale Stabilität also, die gleiche Relevanz wie für den Bürger des frühkapitalistischen England. Der Schlüsselbegriff der politischen Philosophie Shakespeares, wie ihn Odysseus in seiner großen Rede vor den zerstrittenen Aristokraten in ›Troilus und Kressida‹ entwickelt, paraphrasiert Bacchis in ihrer öffentlichen Auseinandersetzung mit dem Rhetor: »Ist Rangordnung erst unterdrückt, so folgt | Dies Chaos der Erstickung.« (Vgl. Erläuterung zu I c | 4 H, S. 634, 22f.) Und mit einiger Konsequenz notiert sich Hofmannsthal gerade jene Stellen aus ›Troilus und Kressida‹ und aus ›Antonius und Kleopatra‹, wo der Wankelmut und die Neigung der Masse, den jeweiligen Zeittendenzen zu huldigen (was Hofmannsthal zeitlebens dem Journalismus vorgeworfen hat), bloßgestellt wird.

Wie die Aufzeichnungen zu einer geplanten Rezension der 1925 abgeschlossenen Gesamtausgabe Heinses belegen, hat Hofmannsthal die Dialoge Valérys ›Eupalinos ou L'Architecte précédé de L'Ame et la Danse‹,[1] die er vom Autor selbst zum Geschenk erhalten hatte, im Oktober eifrig gelesen. Er war davon so beeindruckt, daß er sie, wie

---

[1] Paris: Gallimard 1924.

aus Briefen an Kippenberg hervorgeht, für den Inselverlag ins Deutsche übersetzen wollte (Mitteilung von Rudolf Hirsch/Frankfurt a. M.). Ihm war Rilke jedoch bereits zuvorgekommen, dessen Übertragung 1927 erschien. Der Titeldialog hatte, sieht man von einem im französischen Originaltext belassenen Zitat ab, keinen Einfluß auf das Lustspiel, um so mehr aber der einleitende über den Tanz, aus dem Hofmannsthal eine Reihe von Entlehnungen in eigener Übersetzung zu ganzen Dialogteilen für seine Komödie zusammenfügte (siehe die Erläuterungen zu Villa/6H, S. 629, 17–631, 16; N 286, S. 636, 2–19; II/5H, S. 636, 33–637, 2; N 363, S. 639, 32–640, 2; N 388, S. 642, 29–33).

›L'Ame et la Danse‹ evoziert Szenerie und Atmosphäre eines antiken, von Tanzdarbietungen aufgelockerten Gastmahls. Die Sprecher, Sokrates, Eryximachos und Phaidros, meditieren über das Wesen des Tanzes und verbinden ihre Reflexion mit einer Schilderung des Geschehens vor ihren Augen. In ihrer Analyse, die eine Kritik des Rationalismus ist, mußte sich Hofmannsthal unmittelbar bestätigt sehen: Hatte er im Herbst 1923 nach der Lektüre eines Kapitels aus Bertrams Nietzschebuch die Hetäre für kurze Zeit Ariadne genannt, weil sie im mystischen Erlebnis die Freiheit aus der Isolation reiner Erkenntnis findet, so bestätigt Valérys Eryximachos Nietzsches Kritik am historischen Sokrates: Die Dialektik ist der Tod des Lebens und führt zu innerer Erstarrung. Seine Worte, daß nichts tödlicher sei, als die Dinge zu sehen, wie sie sind, legt Hofmannsthal 1925 der Hetäre, die wieder Bacchis heißt, in den Mund. Ihre Ästhetik der Gebärde geht zwar nicht auf Valéry zurück – in nuce ist sie bereits in Hofmannsthals Mitterwurzer-Essay enthalten – sie maskiert sich aber teilweise mit seinen Worten. Der Tanz, die stumme Geste, ist die Antwort auf das tödliche Dasein; die Kunst, denn der Tanz ist nur ihr Symbol, kann allein das Dasein gestaltend bewältigen. Valérys Dialog ist freilich eine Elegie: Der Erhebung über das Leben, von den drei Philosophen mit fast hymnischen, von Hofmannsthal vielfach aufgegriffenen Worten begleitet, ist keine Dauer beschieden. Die Tänzerin bricht am Schluß zusammen. Sie ist nur noch ein Haufen toter Glieder.

1926

Zeugnisse

An Burckhardt, 10. Juli 1926

Die Arbeit vom vergangenen Herbst muß verworfen werden (jenes politische Lustspiel) – es ist eine Rechnung die nicht aufgehen kann. Ich wollte in ein Theaterstück mehr hineinbringen, als es enthalten kann – es war kein Raum da, eine solche Figur, wie den Sclaven der Kaiser wird, zu entwickeln; vielleicht war dieser Teil der Conception ganz episch – man erkennt zu spät.

(HvH-CJB 212)

An das ›Berliner Tagblatt‹, zweite Julihälfte 1926

Ihrem freundlichen Ansuchen durch Ueberlassung einer Scene eines Fragment gebliebenen Stueckes zu entsprechen waere ganz wohl denkbar doch waere dies dann ein nicht ungewichtiger Beitrag wohl in 3–4fachem Umfang des Angedeuteten und fuer den ich immerhin ein ernsthaftes Honorar verlangen muesste.

Ich glaube nicht, dass dies den Wuenschen entspraeche und bitte daher im vorliegenden Fall mich fuer entschuldigt zu halten.

(Unveröffentlicht, zitiert nach Diktatheft; Depositium Stiftung Volkswagenwerk)

An die Redaktion der ›Dame‹, zu Händen eines Herrn Korff, November 1926

Ich koennte Ihnen... etwas... anderes anbieten und zwar dramatischer Form oder mindest dialogischer aber immerhin innerhalb Ihres Rahmens moeglich (Hiemit meine ich freilich, nachdem ich mir ein Ex der ›Dame‹ angesehen habe, mit aufrichtigem Vergnuegen an den schoenen Illustrationen die Beilage und nehme auch an, dass Sie an diese fuer die Beitraege der Autoren denken deren Namen Sie mir nennen. Denn einen Beitrag von lit. Wert unter den Bildern ⟨und⟩ Annoncen abzudrucken scheint mir nicht moeglich.)

Das zweite worueber man ins Reine kommen muesste, waere das Honorar. Ich wuerde fuer einen Beitrag in dieser Dialogform noch richtiger gesagt, Form einer Conversation im Umfang von einer Novelle 600 Mark verlangen. Doch kann ich Ihnen auch wenn wir uebereinkommen den Beitrag nicht augenblicklich zur Verfuegung stellen, sondern erst in einem Monat, da ich ihn hier nicht mithabe und er auch einer gewissen leichten Ueberarbeitung bedarf, genauer gesagt eines In-Ordnung-bringens.

Es ist ein Scene im Salon einer Hetaere einer imaginaeren griech Stadt in der ueber Politik, Liebe und andere Dinge Conversation gemacht wird. Das Costuem ist ganz ohne historische Schwere behandelt. Es ist eine Antike, die von Poiret bekleidet sein koennte. Wenn Sie einen guten Zeichner haetten und leichte Zeichnungen dazu machen liessen, so koennte man es natürlich auch ins Hauptblatt setzen, nur muessten auf den Seiten dann andere Bilder als die zum Text gehoerigen Zeichnungen vermieden werden.

(Unveröffentlicht; zitiert nach einer Abschrift Gertrud von Hofmannsthals)

Quellen

Hofmannsthal las im November 1926 noch einmal in Shakespeares ›Antonius und Kleopatra‹ (und zwar in der Übersetzung von Max Koch) und notierte unter dem Eindruck der Lektüre am 12. und 13. November wenige mit Exzerpten versehene Aufzeichnungen vor allem zur Figur der Hetäre.

ERLÄUTERUNGEN

*Die Notizen und Handschriften werden – analog zu ihrer Darbietung im Abschnitt
»Varianten« – in chronologischer Reihenfolge erläutert. Erläuterungsbedürftiges ist
also dort aufzusuchen, wo es zum erstenmal auftaucht.*

Notizen 1916–1922

109,7 Die Rhetorenschule *Zum von Lukian übernommenen Titel vgl. S. 526,28 ff.*

109,9–11 Chremes, Clitipho, Bachis *Hofmannsthal entnahm diese Namen der
Terenzkomödie ›Der Selbstpeiniger‹, die er am 20. August 1916 gelesen hatte. Vgl.
S. 534, 36 ff.*

109,9 Benedikt Vater u Sohn *Moriz Benedikt (1849–1920), seit 1881 Mitherausgeber, seit 1908 Inhaber der ›Neuen Freien Presse‹. Ernst Benedikt (1882–
1973) übernahm nach dem Tod seines Vaters die Leitung von Wiens bedeutendster
Zeitung. Vgl. S. 532 ff.*

109,11 herrisch, frech, geldgierig *Vgl. die Charakterisierung der Hetäre durch
Clitipho in Terenz' Komödie: Bacchis sei*

*gebieterisch, begehrlich,
Prunksüchtig, Aufwand machend, vornehmthuend.
(Zitiert nach Hofmannsthals Exemplar: Terenz, Der Selbstquäler. Übersetzt von
Professor Dr. Johannes Herbst. Langenscheidtsche Bibliothek sämtlicher griechischer
und römischer Klassiker, o. O., o. J., I, 3)*

109,26 Gerichtsverhandlung ... *Hofmannsthal erwähnt hier einen frühen
Dramenplan vom Sommer 1893:* Das Urteil des Bocchoris. *Er beschäftigte sich
im Jahre 1906 nochmals mit dem ursprünglich in Blankversen konzipierten kleinen
Drama und notierte unter dem Titel* Der Traum *auf einem Konvolutdeckel: (älterer
(1)* Einfall *(2)* Stoff: »die Gerichtsverhandlung über den Traum« *aus
Plutarch, nun in dieser mehractigen Fassung seit 5ten Juli 1906.) (Hinweis von Rudolf Hirsch/Frankfurt a. M.). Von dieser Fassung sind außerdem nur
zwei vorbereitende Notizen (H III 249. 2; 227. 6) bekannt.*

*Wie Rudolf Hirsch festgestellt hat, fand Hofmannsthal die Vorlage zu seinem
Plan in den ›Vitae parallelae‹ des Plutarch. In der Biographie des Demetrius heißt
es vom »bekannten Urtheilsspruch von Bocchoris«:*

*»In Ägypten hatte sich nämlich Jemand in die Hetäre Thonis verliebt, die jedoch
eine tüchtige Summe Geld von ihm verlangte. Dann träumte es ihm: als ob ihm der
höchste Liebesgenuß von ihr zu Theil würde, und sein Gelüsten war befriedigt. Aber
Thonis hängte ihm wegen der ausbedungenen Belohnung einen Proceß an. Als Bocchoris
von der Geschichte hörte, gab er Befehl, daß der Mann das ganze Geld, das man von*

ihm verlangte, wohlgezählt in einer Kasse mit der Hand hin- und herbewegen und die Hetäre sich eben mit dem Schatten genügen lassen solle; denn ›die Einbildung sei ja der Schatten der Wahrheit!‹« (Plutarchs ausgewählte Biographien. Deutsch von Ed. Eyth. 28. Bändchen: Demetrius Poliorketes. Stuttgart: Hoffmann 1871, S. 33f.)

109, 30 Bilitis *Pierre Louys, Les Chansons de Bilitis, traduites du grec pour la première fois. Paris 1894. –* Aphrodite *Pierre Louys, Aphrodite. Mœurs antiques. Paris 1896. –* Rabagas *Victorien Sardou, Rabagas. Paris 1872. – Zur Bedeutung von Hofmannsthals Lektüreliste als Quelle vgl. S. 535, 21 ff.*

112, 16–17 »Durch mich lehrt N.« *Reminiszenz an Hofmannsthals Molière-Bearbeitung* Die Lästigen *(1916). Dort verbirgt sich hinter dem braven N. (L II 119) ein Generalpächter, den der letzte Krieg sehr bereichert hat, den der König auszeichnet, der die Minister an seinem Tisch sieht, der demnächst seine Tochter mit dem dritten Sohn eines Herzogs verheiratet, dessen Häuser Le Nôtre baut, dessen Feste Lebrun und Torelli entwerfen, für den Lully die Musik komponiert – (L II 117f.), ein Emporkömmling also, der den Höhepunkt seines gesellschaftlichen Aufstieges erreicht hat und zugleich seinen bevorstehenden Fall nur mühsam während eines aufwendigen Festes verbergen kann.*

113, 27 Mädchen aus Andros *Hofmannsthal hatte die Terenzkomödie ›Das Mädchen von Andros‹ im Sommer 1916 gelesen. Glycerium, das Mädchen aus Andros, ist aber kaum ein Vorbild zu der hier erwähnten Sklavin der Bacchis. (Glycerium, die in dem Lustspiel des Terenz nie auf die Bühne tritt, wenige Worte hinter der Szene spricht und nur indirekt charakterisiert wird, ist keine Sklavin, sondern, wie sich im Lauf der Handlung herausstellt, eine freie Bürgerin Athens, die als Kind durch ein Unglück von ihrer Familie getrennt wurde. Sie hat ein Liebesverhältnis mit Pamphilius, dem Sohn eines reichen Atheners, und erwartet von ihm ein Kind. Daraus ergibt sich ein ränkevolles Spiel, an dessen Ende eine Doppelhochzeit steht.) Nur zwei Details scheint Hofmannsthal von Terenz entlehnt zu haben: Von der unschuldigen Physiognomie des Mädchens ist selbst der Vater des Pamphilius beeindruckt (vgl. I, 1); und der Bericht über das unglückliche Schicksal des Mädchens wird als eine Lüge Glyceriums abgetan (vgl. I, 3).*

113, 29 Definition des Gide *Näheres nicht zu ermitteln.*

114, 9 Ktesiphon *bürgerlicher, auf ›Besitz‹ weisender Name der attischen Komödie; Hofmannsthal verdankt ihn vermutlich seiner Lektüre der ›Brüder‹ des Terenz.*

115, 1 Ergast *Diese Aufzeichnung zur Figur des Ergast dokumentiert die (auch zeitlich) nahe Beziehung zu Hofmannsthals Molière-Bearbeitung* Die Lästigen.

116, 17 Davus (der »Dakier«) *Hofmannsthal fand diesen typischen Sklavennamen der neueren attischen Komödie im ›Mädchen von Andros‹ des Terenz.*

118, 27 Alkiphron *Es ließ sich nicht feststellen, wem Hofmannsthal den Hinweis auf Alkiphrons fingierte Briefe verdankt. Reichs Buch über den Mimus, das Hofmannsthal in der ersten Entstehungsphase des Stückes las (vgl. S. 527, 11ff.), erwähnt Alkiphron wiederholt, ohne jedoch die von Hofmannsthal notierte Ausgabe (Alciphronis Rhetoris Epistolae, cum adnotatione critica editae ab Augusto Meinekio, Lipsiae: Teubner MDCCCLIII) bibliographisch zu verzeichnen. – Alkiphron, der wie Lukian der sog. zweiten Sophistik zugeordnet wird, zeichnet in ca. 120 fiktiven Briefen ein realistisches Bild des attischen Lebens im vierten vorchristlichen Jahrhundert. Es fehlt jeder Hinweis, ob Hofmannsthal Alkiphrons Briefe tatsächlich gelesen hat.*

118, 29 ff. *N 24 und N 25 Wie Exzerpte belegen, entstanden diese Notizen während einer Lektüre des vierten Bandes von Jacob Burckhardts ›Griechischer Kulturgeschichte‹. Das Exemplar Hofmannsthals (Berlin, Stuttgart: Spemann o.J.) ist erhalten und mit einigen Anstreichungen versehen.*

119, 16–21 Sinken des Credits ... *Jacob Burckhardt hatte in der Idee des Agons und im Streben nach Ruhm (das eine motivierte das andere) Grundprinzipien des griechischen Lebens erkannt. Diese Ideale ermüdeten während des vierten Jahrhunderts: »Und nun die Athleten. Schon der Mißkredit der ganzen Spartanerei seit Leuktra mochte etwas zum Sinken alles gymnastisch Agonalen beitragen. ... die Philosophen gaben nichts auf sie. Eine direkte Verleugnung des Agonalen liegt in der Lehre aller Hedoniker ... mit dem angenehmen Leben ist das ›Immer der Erste sein wollen‹ a priori unverträglich. Aber auch Diogenes war den Kraftmenschen sehr aufsässig. ... das Gebiet des Wetteifers aber war jetzt am ehesten der Witz, durch den eine Menge von Individuen bekannt wurden. Im übrigen nehmen jetzt die Berühmtheiten im Schlemmen u. dergl. überhand, ... Und ferner war auch der Reichtum schon sehr der Hauptmaßstab für die Persönlichkeiten: Ein junger Ionier tritt in Athen mit goldgesäumtem Purpurgewand einher; man fragt ihn nach seiner Heimat und er antwortet: ›Ich bin reich.‹« (394 ff.)*

119, 29–30 Wissen – »Bildung« ... *Um den geistigen Zustand des vierten Jahrhunderts zu charakterisieren, zitiert Burckhardt aus einer Schrift des Isokrates mit dem Titel ›Gegen die Sophisten‹: »Darnach müssen ... neben den wirklichen Philosophen eine Masse von Leuten gediehen sein, welche allenfalls noch als Philosophen galten, aber als Erzieher, Rhetoren u.s.w. in der ganzen Welt lebten und es ... durch das Mißverhältnis ihrer Ansprüche zu ihrem Wissen dahin brachten, daß sich beim profanen Publikum eine Verachtung gegen diese ganze Bildung einzustellen drohte.« (396) Und eine Anmerkung zum gleichen Problemkreis lautet: »Er [Isokrates] klagt z.B. darüber, daß sie drei oder vier Minen Lehrgeld verlangten (er selbst verlangte deren zehn) und dabei doch noch Verachtung des Goldes und Silbers affektierten, Widersprüche zwar im Unterricht, aber nicht im Leben beobachteten ... und sich so gegenüber den Alltagsmenschen bloßstellten, welche zwar nur den Meinungen (δόξαι) nachgingen, aber gleichmäßiger und richtiger handelten als die, welche sich des Wissens rühmten.« (397, Anm. 1)*

120, 3–5 Fischhändler ... *In einem Abschnitt über den Hedonismus des vierten Jahrhunderts bemerkt Burckhardt: »Einen wahrhaft betrübenden Effekt macht es aber, wie aus einer ganzen Anzahl von Stücken der Jammer über die Fischhändler belegt wird. Man schreit über ihre unverschämten Preise, ihre düstere Grobheit, ihr kaum Antwort Geben, nennt sie Verbrecher, welche angeblich um ein Gelübde zu erfüllen, in Wahrheit aber um einen Vorhang über einem Brandmal zu haben, ihr Haar lang wachsen lassen, oder Betrüger beim Wechseln und Herausgeben, Verkäufer von fauler und toter Ware, Ruin des Vermögens, zählt sie unter den größten Uebeln auf und jammert, daß es so schädliche Tiere überhaupt giebt, an denen man zum Bettler werde. Auch die Fischer werden nun unverhältnismäßig wichtige Personen, die sich höher fühlen als die besten Feldherrn.« (405)*

120, 6–11 Der gemietete Koch ... *Vgl. Burckhardt, 406: »Eine stehende Figur in den Komödien ist ... der Koch. Derselbe war früher wenigstens in der Regel nicht Sklave, sondern gemietet, und noch in der neuern Komödie ist ein solcher Gemieteter neben dem Kochsklaven für alle größern Anlässe unentbehrlich. ... ›Das ganze Volk der Köche ist prahlerisch,‹ heißt es an einer Stelle, da einer vorgeführt wird, der sich rühmt, daß seinetwegen Viele ihr Vermögen aufgegessen haben. Auch haben die Kerle gelesen; sie geben sich gerne als wissenschaftlich, erlauben sich Prahlereien litterarischer und philosophischer Art, und es ziert sie, wenn sie sich auf das Opfern verstehen. Und das dauert dann bis in die Diadochenzeit hinein, da einer sich rühmt, daß er dem König Nikomedes zuerst zwölf Tagereisen weit ins Binnenland Sardellen geliefert habe, die er aus Rüben zuschnitt und mit der gehörigen Sauce zubereitete; denn ›in nichts unterscheidet sich der Koch vom Dichter, liegt doch für beide die Kunst im Genie.‹«*

120, 12 über eine Hetäre ... *In einem das ›Hetärenleben‹ betreffenden Abschnitt heißt es in Burckhardts Betrachtung über das vierte Jahrhundert: »Gerne höhnt man sie auch wegen der Schminke und der übrigen Toilettenkünste, womit sie körperliche Mängel zu verdecken bestrebt sind. Dann aber kennen die männlichen Dichter von ihnen doch auch wieder Züge des gemütlichen und liebenswürdigen Wesens; sie erscheinen als reizende Trösterinnen bei übeln Stimmungen ihrer Freunde und machen dem Namen Hetäre (Freundin) in Wahrheit Ehre; wenn man in einem Fragment des Eubulos das Wort liest: ›Wie niedlich sie zu essen wußte,‹ erinnert man sich unwillkürlich daran, wie sich dieselbe Empfindung in Goethes Philine ausspricht.« (415f.)*

120, 21 Jacob Oeri *Als Herausgeber von Burckhardts ›Griechischer Kulturgeschichte‹ verweist er in einer Anmerkung auf einen eigenen Vortrag: ›Die attische Gesellschaft in der neueren Komödie der Griechen‹, Hamburg 1897 (= Heft 275 der Sammlung gemeinverständlicher wissenschaftlicher Vorträge, begründet von Rudolf Virchow und Fr. v. Holtzendorf, hrsg. von Rudolf Virchow und Wilhelm Wattenbach.) Oeri betont wie Burckhardt die Einseitigkeit in der Gesellschaftsschilderung der neueren Komödie. Sie biete keinen repräsentativen Querschnitt durch alle Schichten. Der »Inhalt der neueren Komödie ist der Kampf um den Genuß« (5), und diese Thematik schloß die Anwesenheit arbeitender Menschen (mit Ausnahme der Sklaven) aus. So tritt nur die Klasse der Besitzenden in Erscheinung, die zwar keine politischen Privilegien hat, aber trotzdem gesellschaftlich eine Aristokratie bildet. Die Quelle ihres Reichtums ist meistens der Grundbesitz. Von Vertretern der niederen Stände findet man die auch von Theophrast charakterisierten Typen: Parasiten, Kuppler, Wucherer, Schmeichler, Köche etc., Personen also, die alle am Hedonismus der Reichen in verschiedener Form beteiligt sind. – Trotzdem sei der Spannungszustand zwischen den sozialen Klassen permanent spürbar, er komme aber nirgends offen zum Ausbruch. Vom Neid der Armen, der Oeri zufolge den sozialen Frieden verhindert, erfährt man in den Berichten über die Praxis der Sykophanten und die Gewohnheiten sog. Volksgerichte. – Oeri verzeichnet als auffallenden Unterschied zur Komödie eines Aristophanes die weitgehende Absenz des Politischen. Der politische Charakter der alten attischen Komödie, die in soziale Auseinandersetzungen und wichtige außenpolitische Entscheidungen einzugreifen versuchte, werde in der neueren Komödie reduziert auf eine Philosophie der verfeinerten Lebenskunst; als beispielhaft für die Maximen der neueren Komödie nennt Oeri die Gnomai des Menander. »Ehre, Ruhm, Popularität, Besitz und Kredit« gelten als die erstrebenswerten Güter der besitzenden Klasse. Überhaupt motiviert die ängstliche Verwaltung des Vermögens die Handlung der Komödie. Der komische Konflikt entsteht dadurch, daß knapp gehaltene Söhne mit Hilfe ihrer vertrauten Sklaven vom Vater Geld erschwindeln, um die Forderungen von Hetären und Kupplern befriedigen zu können. Der Generationenkonflikt ist meist ein finanzieller. – Eine wichtige Rolle in der neueren Komödie spielt die Hetäre. In ihrem Luxus, in ihrem Streben, für den Lebensabend vorzusorgen, wird sie zur größten Gefahr des väterlichen Besitzes. Oeri betont ihre Bildung, sie war geistreich und den bürgerlichen Frauen, die nur selten auf der Bühne erschienen, überlegen. Der Bordellwirt und die Kupplerin sind die »Verkörperung(en) aller Habsucht, Rohheit und Gemeinheit« (17). In dieser Hinsicht ist Hofmannsthals Rhetor Timon durchaus zeitgemäß. Es charakterisiert eine Gesellschaft, die sich zwar moralisch über den Bordellwirt entrüstet, seine Dienste aber (mitunter auch bei Geldgeschäften) immer wieder in Anspruch nimmt. Die Frechheit des Bordellwirtes ist entsprechend souverän. – Eine besondere Rolle, und diesen Zug der neueren Komödie hat Hofmannsthal übernommen, spielt der Koch. Er ist Angeber und Künstler zugleich, er entwickelt eine regelrechte Philosophie der Küche und der Speisen, berücksichtigt zahlreiche andere Wissenschaften von der Astrologie bis zur Strategie, seine Sprechweise ist prätentiös und von zahlreichen Zitaten durchsetzt. Vgl. Villa/6 H.*

120, 23–27 Statuen wert. ... *Im dritten vorchristlichen Jahrhundert war nach Burckhardt der agonale »Ruhmessinn« völlig im Aussterben begriffen. »Verehrt und vergöttert wurde nunmehr, was mächtig und auch was verächtlich war, wofern es eine gewisse Nervenaufregung über die Leute bringen und die Kuriosität erregen konnte. ... Statuen aber werden jetzt auch bloßen Amusementsleuten gesetzt. So in Athen dem Karystier Aristonikos, einem Mitballspieler Alexanders ... einmal setzte man auch dem Puppenspieler Eurykleides eine Statue zunächst denen der großen Tragiker.*

... Indem sich die jedesmalige Nervosität ihren Ausdruck in dem Psephisma schaffte: ›dem und dem soll eine Statue gesetzt werden‹, kam z.B. in den Theatern von Hestiäa und Oreos der Taschenspieler Theodoros zu solchen ... Bei dem großen Mangel an echten Celebritäten darf es dann nicht wundern, daß schließlich, wie bei Aelian und Athenäos die Verzeichnisse von magern, kleinen, dicken u.s.w. Leuten, von Dummköpfen, großen Fressern und Säufern lehren, Berühmtheit auch durch bloß physisch auffällige oder geradezu odiöse Eigenschaften zu gewinnen war.« (590f.)

120, 30–31 Zoilos ... *Vgl. Burckhardt, 591: »Eine Reaktion gegen das wohlfeile Berühmtwerden ist der unbedingte Tadel, als dessen Vertreter Zoilos dasteht. Er ... schrieb ... nicht nur gegen Homer, sondern auch gegen Plato und Isokrates, liebte überhaupt das Uebelreden, und zwar, wie er sagte, weil er nicht in der Lage war, Uebles zu thun, und verfeindet sich durch seine auch gegen Lebende geübte Bosheit mit Allen. Der Name dieses litterarischen Thersites, oder, wie man ihn nannte, des rhetorischen Cynikers, ist denn auch sprichwörtlich geworden.«*

120, 32 Über Theophrasts Charaktere *Auf der Suche nach einer charakteristischen Beschreibung der Lebensgewohnheiten und der Gesellschaft im hellenistischen Zeitalter verglich Burckhardt die neuere Komödie (vor allem an Hand der römischen Bearbeitungen) und Theophrasts ›Charaktere‹. Die neuere Komödie vermittle kein realistisches Bild, sie zeichne allein das Leben der Besitzenden. Auch Theophrasts ›Charaktere‹ seien zwar Typen mit den »ewigen Zügen der unguten Menschheit, aber doch vielfach im charakteristischen Gewande seiner Nation und seiner Zeit« (593). Theophrast verfolge eine pädagogische Absicht und wolle seinen Zeitgenossen einen Spiegel vorhalten. Zugleich glaubt Burckhardt an konkrete Vorbilder Theophrasts. – Hofmannsthals Lustspiel ist, wenigstens was den Mißkredit der Wahrheit und die von Burckhardt konstatierte »Präsumption einer allgemeinen Frechheit« (ebenda) betrifft, im Sinne Theophrasts durchaus realistisch.*

121, 17 Volpone *Titelfigur von Ben(jamin) Jonsons turbulenter Komödie des Betrügens und Betrogenwerdens. Der kinderlose, in Venedig reich gewordene Volpone treibt mit der Geldgier seiner Mitmenschen ein einträgliches Geschäft. Er läßt durch seinen Diener verkünden, daß er im Sterben liege, und sofort finden sich zahlreiche Erbschleicher ein, die mit kostbaren Geschenken die Gunst des Alten zu gewinnen hoffen. Antiquitäten, Perlen, Diamanten wechseln den Besitzer; einer ist sogar bereit, seine Frau mit dem alten Fuchs zu verkuppeln, um Universalerbe zu werden. Am Ende sind alle Betrogene und werden hart bestraft, während Volpones Vermögen konfisziert wird. – Hofmannsthal plante im Jahr 1903 eine Bearbeitung von Jonsons ›Volpone‹ (vgl. B II 102). In den Aufzeichnungen aus dem Jahr 1907 findet sich eine Bemerkung, die auf die spätere Konzeption des Rhetors und sein Doppelleben weist: gelegentlich »Volpone«, verwebt mit dem Motiv »Dr. Jekyll and Mr. Hyde« (A 158). – In den Entwürfen zur Szene Ia vom Herbst 1925 läßt sich eine Jonsons Komödie entlehnte Wendung nachweisen; vgl. Erläuterung zu Ia/5 H, S. 608, 17–24.*

121, 18 Cenci *Die Anregung, sich im Sommer 1917 mit Shelleys Tragödie ›The Cenci‹ zu beschäftigen, verdankte Hofmannsthal Rudolf Pannwitz' Buch ›Die Krisis der europaeischen Kultur‹. Er schrieb am 29. Juli (also einen knappen Monat vor Niederschrift dieser Notiz) an den Philosophen:* Ich schnitt das Buch auf und war schon im Blättern von Einzelnem zu sehr gefesselt, um nicht ganze Abschnitte zu lesen, so . . . die erstaunliche Analyse der ›Beatrice Cenci‹ von der ich eine ganz neue Aufklärung empfing über ein Werk das mich immer beschäftigt hatte und das ich mir doch niemals so aufzulösen vermocht hatte *(MESA 5, 22)*. *Was Hofmannsthal als schwebende Analogie für die Rhetorenschule notiert, beruht sicher auf keiner erneuten Lektüre der Tragödie selbst, sondern ist sekundär durch die Interpretation von Pannwitz vermittelt:* »der alte cenci ist die grauenhafte ausschöpfung der erlebbarkeit vater . . . vater physiologisch genommen heisst als individuum mit dem leben fertig dieser vater bleibt individuum stellt erst recht sich aufs individuum in dem urphänomen einer einheit ja gleichheit von übermenschenwille und viehischem geiz von selbstverewigung und selbstzerstörung ähnlich nur etwan einem tantalos. in diesem titanentaumel hat er seine kinder seine macht zu empfinden aufs grausamste gequält gleichsam sich in ihnen und sich weidend an seinem nichtmitfühlen aber leidend an ihrem nichtsovielfühlen dass seine spannung gelöst würde. . . . beatrice soll aus eigener wahl sich so erniedrigen dass sie in seinen vaterschosz zurücksinkt so tief will er sie verwüsten um sie sich gleich zu machen . . . der alte cenci fühlt sich mit gott als vater verbündet und fordert von ihm als naturrecht das gott garnicht anders erfüllen kann seinen väterlichen fluch zu verwirklichen sein vatergefühl da es übermenschlich ist handelt damit vernünftig.« *(Rudolf Pannwitz, Die Krisis der europaeischen Kultur, Nuernberg: Hans Carl 1917, S. 148f.)*

122, 1ff. *N 29 und N 30 Der Kontext der beiden während der Arbeit am* Schwierigen *markierten Passagen aus Kierkegaards Aufsatz ›Was ist unglückliche Liebe und welches die Variante im Experiment?‹, den, wie das Tagebuch belegt, Hofmannsthal im November 1922 noch einmal durchgearbeitet hat, weist einige Parallelen zu den kritischen Intentionen des Lustspiels auf. Bestätigt muß sich Hofmannsthal in Kierkegaards Kritik der gegenwärtigen Literatur, die eine Kritik der Moderne überhaupt ist, gefunden haben:* Dialektik hat Leidenschaft und Unendlichkeitssinn zerstört, Wahrheit und Idee trivialisiert. *Es könne daher auch keinen wahren politischen Helden im modernen Drama geben, der* »für ein endliches Ziel arbeiten und . . . das Leben opfern will . . . *Eine brauchbare Hauptfigur würde ein Politiker sein, der* trotz all seiner Klugheit begeistert sein will, ein Opfer sein, aber sich nicht opfern will; der fallen, aber Zeuge des Beifalls sein will; ein Begeisterter, der keine Ahnung davon hat, was Begeisterung ist.« *Der* »würdige Zeitgenosse« *(420) könne nur aristophanisch als Wursthändler auf die Bühne gebracht, also komisch behandelt werden (vgl. die spätere Konzeption der Figur des Timon). Die Begeisterung des wahren Helden bestehe im tiefen* »Glauben an eine Vorsehung, die einen lehrt, daß selbst der Tod der größten Männer ein Scherz für die Vorsehung ist . . . und daß er deshalb resolut in den Tod gehen . . . und den Dichter für seinen Nachruhm sorgen lassen soll.« *(420)*

Vgl. Hofmannsthals Reflexionen über das Verhältnis des geistigen zum tätigen Menschen (S. 628, 4–23) und vor allem die späten Notizen zur Figur des Sklaven (ab 1923).

(Zitate nach Hofmannsthals Ausgabe: Sören Kierkegaard, Stadien auf dem Lebenswege. Studien von Verschiedenen. Zusammengebracht, zum Druck befördert und herausgegeben von Hilarius Buchbinder. Übersetzt von A. Bärthold. Leipzig: Richter 1886)

123, 9 Augustinus *Hofmannsthals Kritik an der Rhetorik trifft sich mit der des Rhetors Augustin, der in seinem Bericht über die Verirrungen seiner Jugend und über seine Erziehung in den Rhetorenschulen mit der eigenen Begabung ins Gericht geht. Dem erhabenen Schweigen Gottes stellt Augustin das Geschwätz der Rhetoren gegenüber. Er kritisiert Inhalte und Mittel der Redekunst; sie verkünde nur Scheinwahrheiten, da sich ihr Interesse auf den irdischen Bereich beschränke. Augustin polemisiert heftig gegen den von den antiken Unsterblichkeitsvorstellungen beeinflußten erzieherischen Leitgedanken, durch das rhetorische Wort zu Ruhm zu gelangen; eine Vorstellung, die Hofmannsthal für den Dichter reservierte. Augustins Konversion zum Christentum und die Aufgabe seines Lehrstuhls für Rhetorik fielen notwendig zusammen.*

123, 10 Burckhardt *Vgl. N 24 bis N 26, S. 118–120.*

124, 8 die lykische Sclavin . . . *Bachofen beschreibt in seinem von Hofmannsthal immer wieder gelesenen Werk (vgl. P IV 477f.) ›Das Mutterrecht‹ (Basel: Schwabe 1862) die Gynaikokratie als die soziale Lebensform, die der ursprünglichen Verbindung des Menschen mit der Natur entspreche. Im Laufe der kulturellen Entwicklung ging sie durch die Unterordnung des Lebens unter den Primat des Verstandes, den der Vater repräsentiert, verloren.*

124, 16 Ihr Verhältnis zum Mond *Hofmannsthal beschäftigte sich Ende 1922 mit Bachofens ›Mutterrecht‹ und wählte das Kapitel »Sappho« zum Abdruck im dritten Heft der ›Neuen Deutschen Beiträge‹ aus. Von seiner erneuten Beschäftigung mit Bachofens Werk zeugt auch diese Notiz zur Sklavin. In seiner Analyse kosmischer Kulturen und Mythen glaubte Bachofen auf die Gesetzmäßigkeit schließen zu können, daß aus der Dominanz der Himmelskörper auf die Verhältnisse der Geschlechter zueinander geschlossen werden könne. Auch die maskuline oder feminine Bezeichnung des Mondes gebe Auskunft über die soziale Stellung von Mann oder Frau. »Von den drei grossen kosmischen Körpern: Erde, Mond, Sonne, erscheint der erste als Träger des Mutterthums, während der letzte die Entwicklung des Vaterprinzips leitet . . . Mit der Erde identificirt sich die Nacht, welche als chthonische Macht aufgefasst, mütterlich gedacht, zu dem Weibe in besondere Beziehung gesetzt und mit dem ältesten Scepter ausgestattet wird.« (Zitiert nach der Ausgabe in Hofmannsthals Besitz: J[ohann] J[acob] Bachofen, Das Mutterrecht. Basel: Schwabe 1897, S. XXIX)*

126, 9–10 »O bester Syrus... *Eine Replik des Clinia in der Terenzkomödie ›Der Selbstquäler‹ (IV, 3). Da die Stelle in der von Hofmannsthal am 20. August 1916 benützten deutschen Ausgabe anders lautet, könnte es sich um eine Übersetzung Hofmannsthals handeln. In der lateinischen Ausgabe in Hofmannsthals Besitz heißt es im Zusammenhang:*

> *Cl. Antíphila mea nubét mihi. Sy. Sicín mihi interlóquere?*
> *Cl. Quid fáciam? Syre mi, gaúdeo: fer mé. Sy. Fero hercle uéro.*
> *Cl. Deórum uitam apti sumus.*

(P. Terenti Comoediae. Recensuit Alfredus Fleckeisen. Lipsiae: Teubner MDCCCLXXXI, S. 159)

128, 11ff. *N 44 Der Begriff des zur Demut mahnenden, unvermeidbaren »edlen Unglücks« weist auf Max Brods Bekenntnisbuch ›Heidentum Christentum Judentum‹ als geistige Folie dieser Notiz (Hinweis von Rudolf Hirsch). – Hofmannsthal las dieses Buch vielleicht für das* Salzburger Große Welttheater; *vgl. seine eigene Deutung des Bettlers in dem Brief vom 4. September 1922 an Richard Strauss. – Der Kontext zu N 44 findet sich bei Brod in einem ›Exkurs über Demokratie‹. Dort heißt es u.a.: Allein die Freiheit der Gottesfurcht könne Ausgangspunkt der Demokratie sein. »Daß es in jedes Menschen Willen liegt, Gott zu fürchten, also: die Welt der Unendlichkeit, des edlen Unglücks anzuerkennen, – das ist das Einzige, worin alle Menschen einander gleich sind. Mögen sie an intellektuellen und gemüthaften Fähigkeiten noch so verschieden sein, – diese eine Möglichkeit macht sie einander prinzipiell gleichwertig. Denn diese Möglichkeit betrifft ja die* wesentlichste *Entscheidung des einzelnen. Daher der Begriff von der ›Würde des Menschen‹. – Alle unmetaphysische, nur-politische Argumentation für* égalité *ist dagegen eitle Spiegelfechterei. ... Gleichheit gibt sich nur in der Stille der Seelen zu erkennen, sie ist auch nur eine potentielle, eine Gleichheit der Möglichkeit nach. Auf diese Möglichkeit hindeutend sagt der Talmud: ›Um jedes einzelnen Menschen willen ist die Welt erschaffen worden‹.« (Max Brod,* Heidentum Christentum Judentum. Ein Bekenntnisbuch. *München: Kurt Wolff 1921, Bd. 1, S. 198f.)*

128, 27ff. *N 45 Bei aller religiösen Schwärmerei (vgl. etwa den Versuch einer Synthese verschiedenster religiöser Schattierungen mit den republikanischen Idealen von* égalité *und* liberté *in dem Roman ›Spiridion‹) hegte George Sand eine ausgeprägte antiklerikale Gesinnung, die politisch motiviert war. Vgl. etwa ihren Brief an Napoleon III. vom 26. Februar 1862: »L'empereur a craint le socialisme, soit; à son point de vue, il devait le craindre; mais, en le frappant trop fort et trop vite, il a élevé, sur les ruines de ce parti, un parti bien autrement habile et bien autrement redoutable, un parti uni par l'esprit de caste et l'esprit de corps,* les nobles et les prêtres; *et malheureusement je ne vois plus de contrepoids dans la bourgeoisie. ... Sceptique ou voltairienne, elle avait aussi son esprit de corps, sa vanité de parvenue. Elle résistait au prêtre, elle narguait le noble, dont elle était jalouse. ... Les bourgeois ont voulu ... avec les nobles, dont on avait relevé l'influence; les prêtres on fait l'office de concili-*

ateurs.« (George Sand, Correspondance 1812–1876. Paris: Calmann Lévy 1883, Bd. IV, S. 314.) – *Den von Hofmannsthal monierten Gedanken, dass die Wahrheit Eigentum der Vielen sei, hatte George Sand bereits in der 48er Revolution, an der sie sich aktiv beteiligte und für die sie ›Bulletins de la République‹ verfaßte, militant vertreten.*

129,7 Lustige Weiber *Ein unmittelbarer Bezug dieser Notiz zu Shakespeares Werk läßt sich nicht feststellen.*

129,8ff. N 47 *Vgl. N 29 und N 30, S. 122.*

130,8 Ihr Eros ... *Die von Sokrates in Platons ›Symposion‹ referierte Rede der Mantineischen Diotima kulminiert in dem Satz, daß der vom Eros gelenkte Mensch die Vollendung seines Lebens in der »Schau des Schönen« erfahre. Die Erkenntnis des Schönen vollziehe sich stufenweise: Ergriffensein von der bloß individuellen Erscheinung, Liebe zu der Schönheit der Seelen, Liebe »zu den schönen Kenntnissen, bis man von den Kenntnissen endlich zu jener Kenntnis gelangt, welche von nichts anderem als eben von jenem Schönen selbst die Kenntnis ist ... Und an dieser Stelle des Lebens ..., wenn irgendwo, ist es dem Menschen erst lebenswert, wo er das Schöne selbst schaut« (211 c, d).* – *Hofmannsthal wertet die platonische Stufenskala um: Führt bei Platon die* Erkenntnis *des Schönen, losgelöst von seiner konkreten Erscheinungsform, zur Eudaimonia, so führt sie bei Bacchis in beschränkende Isolation.*

Notizen 1923

131,11 Spengler Untergang II. *Hofmannsthal hatte den zweiten Band von Oswald Spenglers Werk ›Der Untergang des Abendlandes. Umrisse einer Morphologie der Weltgeschichte‹ am 24. Dezember 1922 von Willy Wiegand erhalten und den ersten Band bereits im Frühjahr 1919 gelesen (vgl. S. 541, 29–32). Hofmannsthals Verhältnis zu Spengler war widersprüchlich. Zum gleichen Zeitpunkt, da diese Notizen entstehen, schreibt er an Schröder:* ... es bleibt die schlimmere Last des Geistesdruckes und der Unbegreiflichkeit des Geschehens. Mir ist ein großer Trost, geschichtliche Darstellungen zu lesen – und Alles in einem größeren Zusammenhang zu erblicken. Vieles offenbart sich einem da als notwendig, und immer wiederkehrend unter wechselnden Formen. *(Die neue Rundschau 65, 1954, Drittes/Viertes Heft, S. 385) Kritisch äußert sich dagegen Hofmannsthal über Spenglers eklektizistisch-synoptische Geschichtsbetrachtung in dem Aufsatz* Geschichtliche Gestalt *von 1925:* Die Geschichtswissenschaft ist in die Krise einbegriffen, in welcher das gesamte geistige Erbe des neunzehnten Jahrhunderts, und nicht dieses allein, in Frage steht. Jeder zusammenhängenden Darstellung traditioneller Art tritt der Zweifel gegenüber; ihre Stelle usurpiert die höchst subjektiv geistreiche Klitterung in der Spenglerschen Manier. *(P IV 291)* – *Carl J. Burckhardt am*

16. 5. 1970 an den Hrsg.: »Spengler hatte er [Hofmannsthal] in Rodaun immer wieder mit Zustimmung und mit Abwehr gegen dasjenige, was er ›die deutsche Uebertreibung‹ nannte, in einem Gemisch von Fascination und leichtem Widerwillen gelesen.« – N 51 ist ein fast wörtliches Zitat aus dem Kapitel »Der Staat« (569). – Aristonikos von Pergamon war der uneheliche Sohn des Königs Eumenes II. von Pergamon und einer ephesischen Hetäre. Nach dem Tode seines Bruders Attalos III., der sein Reich testamentarisch den Römern vermacht hatte, beanspruchte Aristonikos das Königreich Pergamon für sich. Nach einer Niederlage gegen die ephesische Flotte machte er sich die sozialen Unruhen des Landes zu Nutze, indem er unzufriedene Proletarier und Sklaven für sein Heer warb und ihnen für ihre Gefolgschaft die Freiheit gab. Er nannte sie Heliopoliten, Bürger eines künftigen Sonnenstaates. Mit diesen fanatisierten Scharen gewann er große Teile des väterlichen Reiches zurück, bis er nach wechselvollen Kämpfen mit römischen Expeditionsheeren von Marcus Perperna gegen 130 v.Chr. geschlagen und als Gefangener nach Rom gebracht wurde. Hier wurde er wahrscheinlich 129 v.Chr. auf Anordnung des Senates im Gefängnis erdrosselt.

Über die Struktur und Gesellschaftsform des Sonnenstaates gibt der von Spengler erwähnte Artikel in Paulys ›Realencyklopädie‹ nur knappe Auskunft; er sei sozialistisch zu denken. Pöhlmann vermutet, daß Aristonikos Gedankengut des Jambulos (3. Jh. v.Chr.) übernommen habe. In einem phantastischen Reiseroman, den Diodor im Exzerpt überliefert hat, berichtete Jambulos von einem Inselreich, das er am Äquator gefunden habe. In ihm herrsche völlige soziale Gerechtigkeit durch Gemeineigentum aller materiellen Güter. Gleiche Arbeitspflicht für alle, Abschaffung der Familie und gemeinschaftliche Erziehung der Kinder seien Kennzeichen dieses Gemeinwesens. Soziale Gruppierungen gebe es nur in Form von Genossenschaften, denen ein Zentralorgan, das »Hegemon«, als Regierung übergeordnet sei. (Vgl. Karl Bücher, Der Aufstand der unfreien Arbeiter 143–129 v.Chr., Frankfurt a.M.: Adelmann 1874, S. 100ff. und Robert v. Pöhlmann, Geschichte der sozialen Frage und des Sozialismus in der antiken Welt. München: Beck. 2., vermehrte und verbesserte Aufl. 1912, 2. Bd., S. 387–411.)

131, 13 Blossius *Gaius Blossius, Schüler des stoischen Philosophen Antipatros und enger Freund des Tiberius Gracchus. Nach Plutarch und Cicero gelten Blossius und der Rhetor Diophanes als Anreger der Gracchischen Agrargesetze. Nach der Ermordung des Tiberius Gracchus wurde Blossius in die Untersuchungen der Optimaten verwickelt. Er entzog sich den Verhören durch die Flucht nach Asien, wo er Aristonikos von Pergamon als Berater diente. Er endete nach dessen Niederlage (ca. 130 v.Chr.) durch Selbstmord.*

131, 17 Kleomenes III. *König von Sparta (ca. 260–219 v.Chr.); er versuchte, das Reformwerk des gescheiterten Königs Agis IV., mit dessen Witwe er verheiratet war, zu verwirklichen. Die großen Landgüter, darunter sein eigener Besitz, wurden an viertausend Spartaner verteilt, die den Kern des Heeres bildeten. Er führte die* *altspartanische Erziehung wieder ein. Kleomenes fand mit seinen Reformen große Resonanz bei den verarmten Massen in ganz Griechenland, so daß der Stratege des achäischen Bundes – aus Furcht der Bourgeoisie vor sozialen Umstürzen – das Heer der Achaier den Makedoniern unterstellte, die Kleomenes 222 bei Sellasia schlugen. Kleomenes floh nach Ägypten, wo er nach einem mißglückten Versuch zurückzukehren Selbstmord beging.*

131, 18 Sphairos *Sphairos von Borysthenes, stoischer Philosoph, Schüler des Zenon und des Kleanthes. Er ging 236 auf Einladung von Kleomenes III. nach Sparta, wo er den König vor allem auf dem Gebiet der Erziehung beriet und eine Schrift über den spartanischen Staat verfaßte.*

131, 30 Was ist Wahrheit? *Aus dem von Hofmannsthal sehr genau durchgearbeiteten Abschnitt über das Pressewesen im zweiten Band des Spenglerschen Werkes:* »Der Wille zur Macht in rein demokratischer Verkleidung hat sein Meisterstück damit vollendet, daß dem Freiheitsgefühl der Objekte mit der vollkommensten Knechtung, die es je gegeben hat, sogar noch geschmeichelt wird. Der liberale Bürgersinn ist s t o l z auf die Abschaffung der Zensur, der letzten Schranke, während der Diktator der Presse ... die Sklavenschar seiner Leser unter der Peitsche seiner Leitartikel, Telegramme und Illustrationen hält. ... Was ist Wahrheit? Für die Menge das, was man ständig liest und hört. Mag ein armer Tropf irgendwo sitzen und Gründe sammeln, um ›die Wahrheit‹ festzustellen – es bleibt s e i n e Wahrheit. Die andre, die öffentliche des Augenblicks, auf die es in der Tatsachenwelt der Wirkungen und Erfolge allein ankommt, ist heute ein Produkt der Presse. Was sie will, ist wahr. Ihre Befehlshaber erzeugen, verwandeln, vertauschen Wahrheiten. Drei Wochen Pressearbeit, und alle Welt hat die Wahrheit erkannt. Ihre Gründe sind so lange unwiderleglich, als Geld vorhanden ist, um sie ununterbrochen zu wiederholen. (578f.) – Carl J. Burckhardt am 24. 8. 1970 an den Hrsg.:* »Häufige Aeusserung H's ›Wahrheit für die Menge: was man ihr immer wiederholt.‹ Dies oft angewandt auf Frankfurt.«

132, 4 Ohne dass der Leser... *Vgl. Spengler, 579 f.:* »Es ist ein ganz unbewußter Drang darin, die Massen als Objekte der Parteipolitik dem Machtmittel der Zeitung zuzuführen. ... Man bekämpft sich heute, indem man sich diese Waffe entreißt. In den naiven Anfängen der Zeitungsmacht wurde sie durch Zensurverbote geschädigt, mit denen die Vertreter der Tradition sich wehrten, und das Bürgertum schrie auf, die Freiheit des Geistes sei in Gefahr. Jetzt zieht die Menge ruhig ihres Wegs; sie hat diese Freiheit endgültig erobert, aber im Hintergrunde bekämpfen sich ungesehen die neuen Mächte, indem sie die Zeitung kaufen. Ohne daß der Leser es merkt, wechselt die Zeitung und damit er selbst den Gebieter. Das Geld triumphiert auch hier und zwingt die freien Geister in seinen Dienst. Kein Tierbändiger hat seine Meute besser in der Gewalt.«

132, 18 »Freiheit« zu denken *Auch hier lassen sich wörtliche Übereinstimmun-*

gen mit Spenglers Kritik an der modernen Presse feststellen: »*Der Leser weiß nichts von dem, was man mit ihm vorhat, und soll es auch nicht, und er soll auch nicht wissen, welch eine Rolle er damit spielt. Eine furchtbarere Satire auf die Gedankenfreiheit gibt es nicht. Einst durfte man nicht wagen, frei zu denken; jetzt darf man es, aber man kann es nicht mehr. Man will nur noch denken, was man wollen soll, und eben das empfindet man als seine Freiheit.*« (580) – Hierzu Carl J. Burckhardt am 24. 8. 1970 an den Hrsg.: »*Oft erwähnt (im Gespräch): Lenins Wort: ›Freiheit WOZU?‹*«

132, 22 Sur Cathérine de Médicis *Ein Verweis auf Balzacs* Études Philosophiques ›Sur Catherine de Médicis‹, *insbesondere auf die abschließende Novelle* ›Les deux rêves‹. *In dieser Erzählung, die am Vorabend der Französischen Revolution spielt, berichtet der eben erst aus der Provinz gekommene Robespierre von einem Traum, in der ihm Catherine de Médicis erschienen sei, um vor dem künftigen Diktator der Schreckenszeit die Hugenottenverfolgung und die Bartholomäusnacht zu rechtfertigen: Die Gefahr der Reformation gründete in der ständigen Forderung nach der Freiheit des Individuums, nach politischer und Gewissensfreiheit. Die Freiheit des Einzelnen aber, so argumentiert Catherine de Médicis, die nun zweihundert Jahre danach die Geschichte überblickt, zerstörte die von Krone und Kirche garantierte Einheit des Staatskörpers. Die Geschichte könne ihr nicht das vergossene Blut der Hugenotten vorwerfen, eher sträfliche Nachlässigkeit bei der Verfolgung ihrer Gegner. Sie prophezeit schließlich dem unbekannten Advokaten aus Artois, daß eine Revolution über Europa hinwegfegen werde, die das vollende, was sie nicht im Keim ersticken konnte. Er werde der Baumeister einer neuen Freiheit. – Balzac glorifiziert hier nicht den Freiheitsdrang der Masse, sondern den Revolutionär, der diesen Freiheitsdrang seinen eigenen politischen Zielen unterordnet. Er plädiert als Kritiker seiner eigenen Zeit, deren Physiognomie von allgemeiner Auflösung, Autoritätsverlust, rücksichtslosem Kampf um den Profit bestimmt ist, für die alten Formen der Monarchie und der katholischen Kirche. Die Idee der politischen Gleichheit ist ihm eine Farce, die Demokratie die Staatsform des uneingeschränkten wirtschaftlichen und sozialen Machtkampfes, der das Gesellschaftsgefüge schließlich zerstört. – Hofmannsthals demokratischer Rhetor, dessen ideologisches Programm eine einträgliche Symbiose mit seinem ökonomischen Gewinnstreben eingeht, erhält in Balzacs* Études Philosophiques *historische Aktualität und wird zugleich einer Hofmannsthals politischen Vorstellungen weitgehend konformen Kritik unterzogen.* – Carl J. Burckhardt am 24. 8. 1970 an den Hrsg.: »*Ausspruch H. v. Hs.:* ›*Mein Timon ist eine Balzacfigur!*‹«

132, 24 Despotismus der Freiheit *Bekanntes, einen zentralen Gedanken Rousseaus paraphrasierendes Wort Robespierres aus seiner Rede vor dem Konvent vom 25. Dezember 1793:* »*Die Revolutionsregierung ist der Despotismus der Freiheit gegen die Tyrannei*«. – *Hofmannsthal entnahm das Zitat Spenglers Ausführungen über die Presse. Ein demokratischer Staat, der die Pressefreiheit realisiere, schaffe* *sich selbst einen neuen Despoten: »das kehrt als notwendiges Ergebnis des europäisch-amerikanischen Liberalismus wieder, so wie es Robespierre meinte: ›der Despotismus der Freiheit gegen die Tyrannei‹«. (581) – Carl J. Burckhardt am 24. 8. 1970 an den Hrsg.: »Der Despotismus der Freiheit – oft wiederholt. oder: Freiheit für alles und jedes, für dies und das. Freiheit an sich ist nichts.«*

132, 30 Plebiscit *Auch diese kleine Notiz dokumentiert Hofmannsthals Spengler-Lektüre. Wenn die Masse, so bemerkt Spengler zum Absterben der Demokratie, durch die Diktatur der Presse unter geistiger Kontrolle gehalten wird, werden Wahlen und parlamentarische Arbeit bedeutungslos. Als Zeremoniell werden sie allerdings »um so peinlicher geachtet, je weniger sie bedeuten. ... die Macht verlagert sich heute schon aus den Parlamenten in private Kreise, und ebenso sinken die Wahlen unaufhaltsam zu einer Komödie herab ... Das Geld organisiert den Vorgang im Interesse derer, die es besitzen, und die Wahlhandlung wird ein verabredetes Spiel, das als Selbstbestimmung des Volkes inszeniert ist.« (582)*

133, 10 »ein Machtwille ... *Vgl. Spengler, 582f.: »Durch das Geld vernichtet die Demokratie sich selbst, nachdem das Geld den Geist vernichtet hat. Aber eben weil alle Träume verflogen sind, daß die Wirklichkeit sich jemals durch die Gedanken irgend eines Zenon oder Marx verbessern ließe, und man gelernt hat, daß im Reiche der Wirklichkeit ein Machtwille nur durch einen andern gestürzt werden kann – das ist die große Erfahrung im Zeitalter der kämpfenden Staaten –, erwacht endlich eine tiefe Sehnsucht nach allem, was noch von alten edlen Traditionen lebt.«*

133, 11–12 Der Mensch ... *Spenglers Analyse der Demokratie kommt zu der Feststellung, daß sie die der Geld- und Kapitalwirtschaft adäquate Staatsform sei. Die Wahlen seien den manipulativen Praktiken der Kapitalinhaber unterworfen: »Die Hälfte der Massenführer ist durch Geld, Ämter, Beteiligung an Geschäften zu erkaufen und mit ihnen die ganze Partei.« (582, Anm. 1)*

135, 24ff. N 59 Aus Pindars zweiter Olympischer Ode. *Hofmannsthal entnahm diese Verse dem Buch Ludwig von Pigenots ›Hölderlin. Das Wesen und die Schau. Ein Versuch‹ (München: Bruckmann 1923, S. 18, Anm. 8), das er am 12. September 1923 Wiegand zu besorgen bat (HvH-WW 102). Pigenot zitiert die Verse als Beleg für den Glauben Pindars an die Unzerstörbarkeit des Daimons.*

136, 12–13 Sonnenstaates *Siehe Erläuterung zu N 51, S. 575, 17–30.*

137, 7 Thersites *Vgl. S. 544, 22–545, 31; siehe auch Erläuterung zu N 26, S. 570, 8–14 (über Zoilos, den »litterarischen Thersites«)*

137, 10 Die Weltseele reitend. *Hofmannsthal verwendet hier ironisch ein bekanntes Hegelwort. Als Napoleon am 13. Oktober 1806 Jena besetzt hatte, schrieb*

Hegel an seinen Freund Niethammer: »... *den Kaiser – diese Weltseele – sah ich durch die Stadt zum Recognoscieren hinausreiten«. – Das Wort wird von Ernst Bertram in seinem Buche* ›*Nietzsche. Versuch einer Mythologie*‹ *zitiert, das Hofmannsthal am 27. Oktober und 2. November las. Hofmannsthals Exemplar (Berlin: Bondi, 6. Aufl. 1922) befindet sich in den Restbeständen seiner Bibliothek. Anstreichungen belegen die Rezeption der Kapitel:* »*Legende*«, »*Ahnentafel*«, »*Arion*«, »*Krankheit*«, »*Napoleon*«, »*Prophetie*«, »*Sokrates*«, »*Eleusis*«. – *Im Kapitel* »*Napoleon*« *heißt es:* »*Eine neue Epoche der Weltgeschichte geht von ihm an und aus, das Geschehen der kommenden Jahrhunderte gravitiert um seinen granitenen Kern, Europas Schicksal speist sich aus dem seinen. Diese Vorstellungen und ihre historischen Folgerungen waren ja schon Napoleons Zeitgenossen nicht fremd; hyperbolisch verdichtet sie Hegels bekanntes Wort, nach Jena:* ›*Ich habe die Weltseele reiten sehen!*‹« *(208)*

138, 3–4 König von Pontos *Studien der von Hofmannsthal gelesenen historischen Standardwerke – wie Rankes* ›*Weltgeschichte*‹, *Mommsens* ›*Römische Geschichte*‹, *Ferreros* ›*Größe und Niedergang Roms*‹ *(vgl. RS-HvH 478) – gestatten nicht, an ein historisches Vorbild des Dichters zu glauben. Hofmannsthal benützt in späteren Notizen zwar historische Namen (Abgar, Mithridates, Tigranes, Hephästion; vgl. Erläuterungen S. 602, 7–10; 639, 30–31), verwendet sie aber völlig frei und wechselt sie innerhalb von Wochen (vgl. dazu S. 621, 10–14).*

138, 5 Gespräch junger Aristokraten *Immer wieder hat Hofmannsthal Proust gelesen. In den Restbeständen seiner Bibliothek befinden sich in der Ausgabe von Gallimard beide Bände von* ›*Du côté de chez Swann*‹ *(1924), der erste Teil von* ›*La Prisonnière*‹ *(1924) und beide Bände von* ›*Le temps retrouvé*‹ *(1927); letztere blieben zum Teil unaufgeschnitten. Dieser Bestand gibt keine Auskunft über die tatsächliche Proust-Lektüre Hofmannsthals. Carl J. Burckhardt bestätigt in seinem Brief vom 24. 8. 1970 an den Hrsg.:* »*In den frühen Zwanzigerjahren las er Proust immer wieder mit einem Gemisch von Unbehagen und Fascination durch Ps Subtilität. Immer wieder Hinweise auf das Trennende zwischen Frankreich und Deutschland. Ausspruch:* ›*In Frankreich ist alles gesellig, in Deutschland gibt es keine Gesellschaft.*‹ *(Nur Klassen!)*« – *In einem nicht genauer datierbaren Brief vom Jahr 1922 an Andrian bittet Hofmannsthal um einen Band Proust und bemerkt, er könnte ihn beim Verfertigen eines neuen Lustspiels (also im Spätsommer) anregen (HvH-LvA 331). Es ist möglich, daß es sich bei diesem neuen Lustspiel um die* Rhetorenschule *handelt. Belege für eine Proust-Rezeption finden sich in den Notizen von 1922 nicht. – Am 10. September 1923 sandte Burckhardt ein Paket mit Büchern nach Aussee; wie aus seinem Begleitbrief hervorgeht, handelte es sich u. a. um Werke von Joyce und Proust. (HvH-CJB 136). – Die in den Proust'schen Romanen gespiegelte Welt ist die des Großbürgertums und der Aristokratie. In den mondänen Salons zelebrieren Prinzessinnen und Herzöge, arrivierte Bürger und Privatiers eine kultivierte Form von Heuchelei. Ihre Gespräche sind keine mehr; in ihnen voll-*

zieht sich kein Austausch zwischen den Sprechenden; sie sind Rituale, in denen die tatsächliche Isolation des Einzelnen von einem perfekt beherrschten Austausch jeweiliger Selbstbespiegelungen übertüncht wird. – Als Snob charakterisiert Proust den, der in diese auserwählte Welt des schönen Scheins aufgenommen werden will, um seinen Ehrgeiz und seine Eitelkeit zu befriedigen. Seine Form der Teilnahme ist die der Identifikation, ohne aber selbst ein Teil dieser Welt zu werden.

138, 18–19 Vermelde man am Markte ... *Aus der letzten Strophe von Georges Gedicht ›Gesichte‹ (I):*

> *Nun hat sie in verhangenem gemach*
> *Zu einem ruhmeslosen fant gesprochen:*
> *Vermelde man am markte meine schmach ·*
> *Ich liege vor dir niedrig und gebrochen.*

(Stefan George, Hymnen · Pilgerfahrten · Algabal. Zweite Ausgabe. Berlin: Bondi, 1899. S. 64. Hinweis von Ernst Zinn, Tübingen)

138, 22 Algabal *Stefan Georges Gedichtzyklus ›Algabal‹ (1892), den Hofmannsthal zur Charakterisierung eines jungen Adligen nennt, ist Ausdruck und Zeugnis exklusivster aristokratischer Welthaltung. Kaiser Algabal residiert in einem unterirdischen, mit Spiegeln sorgsam gegen die Oberwelt abgeschirmten Palast. Dessen perfekte Pracht aber ist trotz aller Vollendung leblos. Helligkeit, Kälte und Schweigen sind signifikante Merkmale dieser Welt; Algabal ist dazu verurteilt, ohne Liebe zu leben. Zwischen seiner Welt und der des Lebens ist keine Kommunikation möglich. Er ist als Verfechter eines sterilen Ästhetizismus (Narziß) gezwungen, sich auf sich selbst zurückzuziehen und vor einer Marmorsäule zu verharren.*

139, 10 ff. N 65 *Die Exzerpte verraten Hofmannsthals intensive Beschäftigung mit Bertrams Nietzschebuch. Sämtliche Zitate, die der Dichter notierte, sind dem abschließenden Kapitel »Eleusis« (341–363) entnommen.*

139, 16 Das Mysterium ... *Diese Notiz, obzwar nicht wörtliches Zitat, ist ohne Reflexion eines zentralen Gedankens des Kapitels »Eleusis« nicht verständlich. Bertram formuliert als Grundsatz eleusinischen, ja des Mysterienglaubens überhaupt: »Daß irgendwo in der Welt, und immer wieder, eine mysterienbildende Kraft zwei oder drei versammelt im Namen des Gottes – das allein* erhält *die Welt. Lähmt aber unzeitig unheiliges Wort das wirkende Geheimnis, so zerbröckelt die Welt in ihre chaotische Ur- und Unform zurück.« (343) Der Rhetor ist also Frevler am Mysterium. Mit der Rationalisierung des Weltverständnisses schwand die einigende Kraft des Mysteriums. Die Dialektik isolierte das Individuum und zerstörte die Einheit der Welt.*

139, 17 Goethe ... *Vgl. Bertram (354 f.): »Der Prediger, der Diener am*

Wort und der Magier des Wortes, er predigt, daß man aus dem Worte nichts lernt: ›Wofür man vom Erlebnis her keinen Zugang hat, dafür hat man kein Ohr.‹ Das drückt ... Aristoteles aus, wenn er berichtet, dies Schauen sei ein παθεῖν, *ein Erleben, kein* μαθεῖν, *kein Erlernen. Und es wäre goethisch, wäre nietzschisch gedacht, wenn man vermutete, daß wir von den Eleusinien deshalb nichts wissen, weil die dort geschauten Offenbarungen (die* δρώμενα*) sich dem Worte versagten, sich nicht beschreiben ließen, weil ihr Wesen, ihr Bestes nicht durch Worte (*λεγόμενα*) deutlich wurde. Nietzsche ... bekennt sich zu dem pädagogischen Urwort aus Wilhelm Meisters Lehrbrief: ›Die Saatfrüchte sollen nicht vermahlen werden. Die Worte sind gut, sie sind aber nicht das Beste. Das Beste wird nicht deutlich durch Worte.‹ ›Die letzten bedeutenden Worte wollen mir nicht aus der Brust, durch die sonderbarste Naturnotwendigkeit gebunden, vermag ich nicht, sie auszusprechen‹ – so bekennt Goethe während der Arbeit an Wilhelm Meister gegen Schiller, aus dessen Distichon über die ›Sprache‹ es wie ein Echo tönt: ›... Spricht die Seele, so spricht ach! schon die Seele nicht mehr!‹«*

139, 20 In allem Reden ... *Die folgenden Zitate lauten im Zusammenhang:* »Bereits im ›Menschlichen‹ erklingt es bezeichnend, daß der beste Autor der sein werde, der sich schämt, Schriftsteller zu werden. ... und die Götzendämmerung: ›Wofür wir Worte haben, darüber sind wir innerlich schon hinaus. In allem Reden liegt ein Gran Verachtung.‹ ... und Wille zur Macht erläutert: ›Im Verhältnis zur Musik ist alle Mitteilung durch Worte von schamloser Art: das Wort verdünnt und verdummt .. das Wort macht das Ungemeine gemein ..‹ In den Paralipomena zum Zarathustra lautet es, überschroff: ›Wir verachten alles, was sich erklären läßt‹, und: ›Er hat gelernt, sich auszudrücken, aber man glaubt ihm seitdem nicht mehr. Man glaubt nur den Stammelnden.‹ Hier nimmt Nietzsche ... das Erbe seines ersten großen Lehrers ... auf, den Gedanken Schopenhauers: ›Das eigentliche Leben eines Gedankens dauert nur, bis er an den Grenzpunkt der Worte angelangt ist ... Sagt doch auch der Dichter: sobald man spricht, beginnt man schon zu irren.‹ Und hier rührt er an die Sphäre des ihm so vielfach tief verwandten Hebbel, der seinem Tagebuch anvertraut: ›Ich kann mir keinen Gott denken, der spricht‹ – ein Wort, vielleicht im letzten Grunde identisch mit Nietzsches blasphemisch frommem: ›Ich würde nur an einen Gott glauben, der zu tanzen verstünde‹ ... Ganz hellenisch vollends, ganz eleusisch aber ist dies immer wiederkehrende cave verbum ausgedrückt in der merkwürdig vereinsamten Stelle des ›Menschlichen‹ ... ›Von zwei ganz hohen Dingen: Maß und Mitte, redet man am besten nie. Einige wenige kennen ihre Kräfte und Anzeichen, aus den Mysterienpfaden innerer Erlebnisse und Umkehrungen: sie verehren in ihnen etwas Göttliches und scheuen das laute Wort.‹« *(Bertram, S. 355f.)*

139, 29–32 Es ist viel erreicht ... *Vgl. Bertram (356f.):* »Eine goethesche Verachtung des unehrfürchtigen Menschen spricht .. aus den Sätzen des Jenseits: ›Es ist viel erreicht, wenn der großen Menge .. jenes Gefühl endlich angezüchtet ist, *daß sie nicht an alles rühren dürfe; daß es heilige Erlebnisse gibt, vor denen sie die Schuhe auszuziehn und die unsaubere Hand fernzuhalten hat, – es ist beinahe ihre höchste Steigerung zur Menschlichkeit.‹ Schließlich, ergänzend und schärfer, im Nachlaß der letzten Jahre: ›Ich schätze es höher, wenn einer auch als Historiker zu erkennen gibt, wo für seinen Fuß der Boden zu heiß oder zu heilig ist . . Die deutschen Gelehrten, welche den historischen Sinn erfunden haben . . verraten samt und sonders, daß sie aus keiner herrschenden Kaste stammen; sie sind als Erkennende zudringlich und ohne Scham.‹«*

140, 11 Legende seines Auftauchens *Der Hintergrund dieser Notiz ist komplexer als zunächst zu vermuten; sie verdeutlicht Hofmannsthals synthetisierende Arbeitsweise: Konkret nachweisbarer Lese- und Erinnerungsstoff wird in des Dichters Adaptation umgeformt bzw. umgedeutet zu einer kaum noch differenzierbaren Einheit. – Den Impuls zur Wahl des Begriffes »Legende« lieferte Bertrams Nietzschebuch; Hofmannsthal greift ihn auf, wertet ihn aber um, indem er ihn in anderem Sinnzusammenhang verwendet und ihm zusätzlich das Geschichtsverständnis Nietzsches, wie es Bertram im Kapitel »Ahnentafel« darstellt, unterlegt. – Bertram wollte mit seinem Buch, dessen einleitendes Kapitel »Legende« überschrieben ist, eine Mythologie Nietzsches verfassen. Das Fortleben jedes Individuums über seinen Tod hinaus sei ein magisch-religiöser Prozeß und rationaler Stilisierung entzogen. Legenden lassen sich nicht diktieren. Legendenbildung bleibe dem Dichter und seiner poetischen Kraft vorbehalten, wobei die große Persönlichkeit, bei der ein »halbbewußter starker Drang nach Selbststilisierung ins legendenhaft Typische« (35) vorhanden sei, selbst an ihrer Konzeption mitwirkt. – In der Hand des Mächtigen, der die Informationsmittel kontrolliert, ist die Legendenbildung Mittel der Politik, ist sie manipulierbar. Der Ideologe macht sie zur Ideologie, die die Macht des Herrschenden sanktioniert. Ihr sakraler Charakter entspricht Bedürfnissen der Masse. – In diesem Zusammenhang sei darauf verwiesen, daß Hofmannsthals Exemplar von Le Bons ›Psychologie des Foules‹ (Paris: Alcan, 10. Aufl. 1905) gerade im vierten Kapitel (»Formes religieuses que revêtent toutes les convictions des foules«) Zeichen intensiver Lektüre aufweist. Von Boulanger, der die Diktatur mit Hilfe einer Volksbewegung anstrebte, heißt es wörtlich: »Quelle place n'eût-il pas pris dans l'histoire si son caractère eût été de force a soutenir tant soit peu sa légende!« (64) Und Hofmannsthal markiert im gleichen Zusammenhang: »Aussi est-ce une bien inutile banalité de répéter qu'il faut une religion aux foules, puisque toutes les croyances politiques, divines et sociales ne s'établissent chez elles qu'à la condition de revêtir toujours la forme religieuse, qui les met à l'abri de la discussion.« (ebenda)*

140, 13–19 »Vor allem heißt es . . . *Beide Zitate sind dem Kapitel »Ahnentafel« in Bertrams Buch entnommen: Nietzsche habe die Gefahren perspektivischer Vergewaltigung des Vergangenen durch die großen Cäsaren gesehen. Er wußte »um den unlöschbaren bösen Macbeth-Ehrgeiz, der nicht nur die Zukunft, sondern auch die Vergangenheit erobern und vergewaltigen möchte. ›Vor allem heißt es sich des Geistes* *versichern, in dem Geschichte geschrieben werden soll‹, war die Maxime des korsischen Cäsar Catilina. Das ist die verschlagenste Weisheit des Ehrgeizes, wie das ›Menschliche‹ sie durchschaut: ›Weil die Menschen eigentlich nur alles Altbegründete, Langsamgewordene achten, so muß der, welcher nach seinem Tode fortleben will, nicht nur für Nachkommenschaft, sondern noch mehr für eine* Vergangenheit *sorgen, weshalb Tyrannen jeder Art (auch tyrannenhafte Künstler und Politiker) der Geschichte gern Gewalt antun, damit diese als Vorbereitung und Stufenleiter zu ihnen hin erscheine.‹« (38)*

143, 10 Ihre Blumenliebe (Jacub Deml) *Hofmannsthal hatte in das zweite Heft der ›Neuen Deutschen Beiträge‹, das im Februar 1923 erschien, einen Titel ›Aus dem seraphinischen Blumenbuch. Meine Freunde‹ des tschechischen Priesterdichters Jacub Deml aufgenommen. Dessen symbolistische Blumenaphorismen blieben ohne Einfluß.*

144, 3 Ariadne *Vgl. S. 545, 32ff.*

144, 8 Der »mittlere Dritte« *Auch diese Notiz läßt sich auf Hofmannsthals Bertramlektüre zurückführen. Ihr Hintergrund ist für die Deutung der inneren Problematik der Hetäre höchst aufschlußreich. Gegen Ende des Kapitels »Arion« heißt es: »›Die Musik als Nachklang von Zuständen, deren begrifflicher Ausdruck* Mystik *war, –* Verklärungsgefühl *des Einzelnen, Transfiguration –‹ heißt es im späten Nachlaß der Umwertungszeit, ›oder: Die Versöhnung der inneren Gegensätze zu etwas Neuem,* Geburt des Dritten*.‹ Aber das ist geradezu eine antike, eine eleusische Formel für das Erlebnis Dionysos: dieser mittlere Dritte, der hier aus der Musik geboren wird, es ist der* τρίτος μέσος, *der kultische Geheimname des wiedergeborenen Dionysos selber.« (124) Wo das sinnentleerte Wort die Wahrheit entstellt und das isolierte Individuum mit seiner Hilfe den Weg aus der Vereinzelung nicht mehr finden kann, übernehmen Töne die Funktion der Mitteilung.*

144, 9–10 der Hanswurst ... *Diese Wendung, die in späteren Notizen und Entwürfen, mehr oder weniger variiert, immer wieder auftaucht, lautet bei Bertram (Kapitel »Sokrates«) im Zusammenhang: »Auf décadence, meint er [Nietzsche] in der Götzendämmerung weiter, deute bei Sokrates nicht nur die zugestandene Wüstheit und Anarchie in den Instinkten: eben dahin deute auch die Superfötation des Logischen .. Alles sei übertrieben, buffo, Karikatur an ihm; alles sei zugleich versteckt, hintergedanklich, unterirdisch ... Ja, Sokrates ›war der Hanswurst, der sich ernst nehmen machte‹«. (311f.)*

144, 22–23 kentaurenhaft ... *Hofmannsthal greift hier ein Wort Bertrams über Nietzsche auf, der seinerseits ein Wort Nietzsches über Sokrates variierte. Bei Bertram heißt es: »Von ihm [Nietzsche] selber, kentaurenhaft mit Eigenschaften überlastet, die in der Weise nie an einem Menschen zugleich beobachtet wurden, gilt es, was der Nachlaß zum ›Menschlichen‹ von Sokrates aussagt: ›Der platonische Sokrates ist im eigentlichen Sinne eine Karikatur; denn er ist überladen mit Eigen-*

schaften, die nie an einer Person zusammen sein können.‹« (312) Keine Philosophie hat Nietzsche stärker bekämpft als die des Rationalisten und Theoretikers Sokrates. Mit Sokrates beginnt für Nietzsche der zerstörerische Individualismus.

145, 14 »Wenn Skepsis u. Sehnsucht ....« *Auch dieses Nietzsche-Zitat fand Hofmannsthal bei Bertram (361); zum Zusammenhang vgl. S. 545, 32ff.*

Notizen 1924

145, 24 Machtsucht ... *Siehe Erläuterung zu N 54, S. 578, 15–22.*

146, 3 Gorgias *Hofmannsthal erwog nur für kurze Zeit diesen historischen Namen für den Rhetor seines Lustspiels. Gorgias von Leontini (ca. 483–376 v.Chr.) gilt als einer der bedeutendsten Vertreter der Sophistik. Sein Erfolg als Lehrer der Rhetorik und seine offenbar phantastischen Honorare waren sprichwörtlich. Plato unterzog seine Rhetorik im Dialog ›Gorgias‹ einer vernichtenden Kritik. In der älteren Komödie diente der Name Gorgias als Synonym für einen Wortverdreher.*

146, 11ff. *N 78 Erstes Dokument von Hofmannsthals intensiver Beschäftigung mit Robert von Pöhlmanns Werk ›Geschichte der sozialen Frage und des Sozialismus in der antiken Welt‹. Es muß vor dem Hintergrund zweier Kapitel des Pöhlmannschen Buches gelesen werden: »Die Universalherrschaft des Geldes und die zunehmende Differenzierung der Gesellschaft« (I, 236–266) und »Der Widerspruch zwischen der sozialen und der politischen Entwicklung im freien Volksstaat« (I, 266–283). – Pöhlmann beschreibt in den beiden Abschnitten die gesellschaftlichen Auswirkungen der Kapitalwirtschaft im antiken Stadtstaat des 5. und 4. Jahrhunderts. Die Konzentrierung des materiellen Reichtums in den Händen einer zahlenmäßig kleinen Schicht bei gleichzeitiger Verarmung der breiten Masse führte zu einer wachsenden Polarisierung der Gesellschaft. Den Zeitgeist kennzeichneten ein gesteigerter Profittrieb, der freilich auch der Motor der ökonomischen Entwicklung war, und ein starker Trend zur Spekulation, der vor der menschlichen Arbeitskraft nicht Halt machte; der Arbeitssklave galt als gute Vermögensanlage. – Die wirtschaftliche Lage des städtischen Proletariats wurde durch den Zuzug verarmter Kleinbauern, der das Angebot billiger Arbeitskräfte vergrößerte, nur verschlimmert. Die Not machte die verarmte Bevölkerung* »zu blinden Anhängern der Agitatoren und Sykophanten, die bei ihrer Verfolgung der Reichen stets das Interesse dieser proletarischen Masse hinter sich haben und daher deren Besitzlosigkeit, in der ihre eigene Macht wurzelt, möglichst verallgemeinert sehen möchten« *(263). – Bestand in ökonomischer Hinsicht die Tendenz zur Verschärfung des Gegensatzes von Arm und Reich, so drängte die politische Entwicklung nach einer Verwirklichung demokratischer Gleichheits- und Freiheitsideen. Bei politischen Entscheidungen waren die Reichen daher häufig in Gefahr, von dem zahlenmäßig weit überlegenen und von Demagogen aufgehetzten Proletariat überstimmt zu werden. – Andererseits aber wandelte sich die Demokratie unter dem*

Druck ökonomischer Verhältnisse oft zur Oligarchie, denn die fehlende Organisation der arbeitenden Bevölkerung und deren wirtschaftliche Abhängigkeit von den Reichen nahmen den demokratischen Grundrechten des Einzelnen ihre politische Effektivität; Freiheit und Gleichheit hatten dann nur noch formalen Charakter, und die privilegierte Klasse der Besitzenden usurpierte den Staat.

146, 28–29 der Mensch ... *Vgl. Pöhlmanns Interpretation einer antiken Streitschrift gegen die Demokratie: »Niemals hat der Klassenhochmut und der Klassenegoismus eines Teiles der plutokratischen Bourgeoisie einen drastischeren Ausdruck gefunden als in dem – eben aus diesen Kreisen hervorgegangenen – anonymen Pamphlet gegen die athenische Demokratie. Für den plutokratischen Jargon, der hier angeschlagen wird, ist der Begriff des ›anständigen‹ Mannes ganz wesentlich abhängig von der Schwere des Geldbeutels. Mit brutaler Offenherzigkeit wird es ausgesprochen, daß der Mensch nur soweit etwas ist, als er etwas hat. Der Arme ist auch der ›Gemeine‹. Er verdient nichts Besseres als die – Knechtschaft!« (I, 254)*

146, 32 ff. Ziel seines Strebens ... *Vgl. Pöhlmann, I, 255: »Weitere interessante Streiflichter fallen auf das kapitalistische Milieu der Zeit durch die sozialpsychologischen Charakterbilder, welche Aristoteles von gewissen Vertretern des Reichtums und Theophrast vom ›Oligarchen‹ zeichnet. ›Was der Reichtum für Charaktereigentümlichkeiten zur Folge hat,‹ sagt Aristoteles, ›liegt jedermann vor Augen. Sobald die Menschen dem Reichtum einen Einfluß auf ihr Inneres verstatten, verfallen sie dem Übermut und Hochmut. Sie kommen sich dann gerade so vor, als ob sie im Besitze aller nur denkbaren Vorzüge wären. Denn der Reichtum ist gleichsam ein Maßstab für den Wert aller anderen Dinge, so daß es den Anschein hat, als sei für ihn alles und jedes käuflich. Dazu kommt die Üppigkeit und die prahlerische Schaustellung des Reichtums, der Glaube, daß das, was für solche Menschen das Höchste ist, auch für alle anderen das einzige Ziel ihres Strebens sein müsse.‹ Eine Ansicht, die gar nicht einmal so unbegründet sei, denn die Zahl derer, welche der Reichen bedürfen, ist groß. Hat doch Simonides die Frage, ob Reichtum oder Bildung vorzuziehen sei, zugunsten des Reichtums beantwortet! Denn er sehe die Weisen vor den Türen der Reichen! Eine weitere Begleiterscheinung des Reichtums ist sein Anspruch auf die politische Macht, weil der Reiche eben das zu besitzen glaubt, was zum Herrschen berechtigt.«*

147, 3 Der »Oligarch« *Vgl. Pöhlmann, I, 256: »Mit dem Typus des Geldmenschen ist nahe verwandt der des ›Oligarchen‹. Oligarchische Gesinnung ist nach Theophrast ›Liebe zur Macht, die zugleich stark am Vorteil hängt‹. Weiter heißt es in dem theophrastischen Charakterbild von dem Vertreter dieses Typus: Er hat aus den homerischen Gedichten nur das eine behalten: ›Nimmer Gedeih'n bringt Vielherrschaft, nur einer sei Herrscher!‹« – Carl J. Burckhardt am 24. 8. 1970 an den Hrsg.: »»Oligarch‹. Gespräch auf einem Spaziergang: – Die Oligarchie kann alles sein, eine Ansammlung von Halunken. Die Aristokratie, als Herrschaft der ›Besten‹, durch strenge Sitte und gegenseitige Kontrolle, sowie durch Zuchtwahl zu erhalten. Sie braucht Geld, dies zerstört ihr eigentliches Prinzip.«*

147,7 Timon der B. *Zum Namen Timon der Bettler vgl. S. 552, 38ff.*

147, 8–9 Das Geld ... *Hofmannsthal fand dieses Zitat des Komödiendichters Timokles ebenfalls bei Pöhlmann: »In der Agora mochte sich der Besitzlose an den Schlagwörtern der Freiheit und Gleichheit berauschen, mit denen die Demagogen auf der Pnyx um sich warfen, – auf der Bühne, die das L e b e n bedeutete, klang es ihm ganz anders in die Ohren! Hier konnte er in immer neuen Wendungen von d e m hören, was ihm selbst im Kampf und in der Not des Lebens tausendfach zum Bewußtsein kam: ... von der Mißachtung seiner Armut und Niedrigkeit: ›Wir leben nicht, wie wir wollen, sondern wie wir können.‹ – ›Das Geld ist Blut und Seele den Sterblichen. Wer das nicht hat, der wandelt unter Lebenden wie ein Toter.‹« (I, 278)*

147, 10ff. *N 79 Hofmannsthal greift Gedanken aus folgenden Kapiteln von Pöhlmanns Buch auf: »Der Widerspruch zwischen der sozialen und der politischen Entwicklung im freien Volksstaat« (s. o.), »Die Umbildung der politischen zur sozialen Demokratie« (I, 283–312), »Der Kampf der ›Reichen‹ im Volksstaat« (I, 313– 332) und »Die ökonomische Ergänzung des politischen Prinzips der Demokratie« (I, 332–353). – Im vierten vorchristlichen Jahrhundert, erläutert Pöhlmann, führte das hochentwickelte demokratische Selbstverständnis der besitzlosen Masse zu einer weiteren Verschärfung der sozialen Gegensätze. Der Arbeiter empfand seine wirtschaftliche Abhängigkeit als »Knechtschaft« (I, 287), er war Werkzeug im Produktionsplan des Unternehmers und sann auf Änderung dieses unerträglichen Zustandes. Versuchten die Arbeiter, deren Kritik am kapitalistischen System in der Forderung nach gerechter Verteilung der materiellen Güter gipfelte, die im Staat bereits realisierten demokratischen Ideen auch auf die Volkswirtschaft zu übertragen, so trachteten die Besitzenden ihrerseits, »das soziale Entwicklungsprinzip der Ungleichheit und Unfreiheit auch als das politisch maßgebende« zu proklamieren (I, 293). Diesen Konflikt hält Pöhlmann für unlösbar, er beruhe »auf einem ewigen, niemals zu eliminierenden Element des Menschenwesens selbst« (I, 293). Der wirtschaftliche Kampf ist dem Verfasser zugleich ein »Kampf zwischen der aristokratischen auf die Bedeutung der Distanz gerichteten Wertungsweise und der demokratischen, auf Nivellierung zustrebenden« (I, 293). Die Inhaber des Kapitals sind zugleich Kulturträger der Gesellschaft. – Straßenredner und Demagogen fanden in der ewig unzufriedenen Masse ein nur allzu willfähriges Publikum. Der »Vergleich zwischen Proletarierelend und gesättigtem Reichtum« (I, 318), die Anstachelung materieller Instinkte waren probate Mittel, sich für die eigenen politischen Ziele die Gefolgschaft der Masse zu sichern. Die »Kapitalistenhetze« dieser Agitatoren hatte eine zunehmende »Erschütterung des Rechtsbewußtseins« und »Mißachtung des Eigentums« (I, 323) zur Folge. Das numerische Übergewicht der Armen hatte nämlich gerade in den Volksgerichten drastische Folgen. Wie überlieferte Gerichtsreden zeigen, galt Reichtum bereits als hinreichender Grund, um als »Volksfeind« verdächtigt zu werden, und er war häufig genug auch Anlaß zur Verurteilung. Enteignung und Verteilung des Vermögens unter die Masse der Geschworenen kehren als »Strafen« immer wieder. War* *dagegen der Angeklagte arm, so scheute er sich nicht, wie Isokrates berichtet, die »Interessengemeinschaft ..., die zwischen ihm und den Geschworenen bestehe«, anzurufen (I, 329). So ermöglichte die Organisation der antiken Polis und die Form ihres Gerichtswesens die Pervertierung des obersten demokratischen Grundsatzes der Gleichheit vor dem Gesetz. Der Klassengegensatz wurde in die Justiz hineingetragen (I, 322).*

147, 17 ... *denuncieren* Pöhlmann berichtet, daß Demosthenes »einmal geradezu den Richtern einen Angeklagten als übermütigen Geldprotzen« denunzierte und allen Ernstes meinte, »demselben würde ›kein Unrecht und kein Leid geschehen, wenn er (durch Vermögenskonfiskation) der großen Masse der Geschworenen, die er jetzt in seinem frevelhaften Hochmut Bettler schimpfte, gleichgestellt werde, und wenn ihm das Gericht den *überflüssigen Reichtum* abnähme, der ihn zu solcher Hoffart verleite!‹« (I, 319)

147, 19 *Der arme Bauer* Vgl. Pöhlmann, I, 281: »›Ich,‹ – klagt der arme Bauer bei Aristophanes – ›ein gottesfürchtiger und gerechter Mann, war arm und lebte kümmerlich! Reich sah ich andere: Tempelräuber, Rednervolk, Betrüger, Sykophanten, Schurken.‹ Es drängt sich ihm durchaus nicht die perikleische Erwägung auf, daß es schimpflich sei, sich nicht aus der Armut herauszuarbeiten. Der Gedanke hätte ihm wie Hohn geklungen. Er legt sich vielmehr die Frage vor, ob nicht der Arme besser täte, zu ›ändern seine Art‹ und
›ein Schuft zu werden, gottlos, heillos ganz und gar,
wie jetzt in der Welt sich fortzubringen nötig scheint‹.«

147, 25 *Höhe des Zinsfußes* In dem Kapitel »Die Universalherrschaft des Geldes und die zunehmende Differenzierung der Gesellschaft« stellt Pöhlmann resümierend fest, daß »die größeren Einkommen und Vermögen stärker wuchsen als der Gesamtwohlstand«. Verstärkt wurde diese Differenzierung durch die »Höhe des Miet- und Pachtzinses, sowie des üblichen Darlehenszinses (letzterer im 4. Jahrhundert durchschnittlich zwölf Prozent). Dieser hohe Kapitalzins, der die Benützung fremden Kapitales erschwerte und daher die Konkurrenz der Unternehmer sowohl in Bezug auf ihre Zahl, wie auf die Größe des von ihnen verwendeten Kapitals verminderte, läßt deutlich erkennen, daß die Möglichkeit, beträchtliche Einkommensüberschüsse zu erzielen und damit zur Kapitalneubildung zu gelangen, für die höheren Besitzes- und Erwerbsschichten eine ungleich größere war als für den mittleren und kleineren Besitz, daß das hohe Unternehmereinkommen, das mit dem hohen Kapitalzins Hand in Hand ging, jenen ungleich mehr als diesem letzteren zugute kam.« (I, 264f.)

147, 27–30 *Sein Argument ... Ihr Argument* Beide »Argumente« wurden vermutlich durch Pöhlmanns Analyse der perikleischen Leichenrede angeregt (vgl. I, 267ff.). In diesem demokratischen Glaubensbekenntnis rangiert an erster Stelle die Forderung nach der »Gleichheit aller Staatsbürger vor dem Gesetz, welche jedes Vorrecht ausschließt, alle Berechtigung zum Ausfluß eines freien Willensaktes macht«

(ebd.). Pöhlmann betont aber, daß dieses Gleichheitsprinzip nur formale Qualität besitze, wenn es nicht »das Ideal der gleichen sozialen Gelegenheit« (ebd.) einschließt. Gleichheit und Freiheit aller wurden aufgehoben durch die Ungleichheit des materiellen Besitzes. Der durch Armut erzwungene Verkauf der Arbeitskraft impliziert wirtschaftliche Abhängigkeit. Die auf Sklavenwirtschaft aufgebaute Produktionsform der Antike mußte notwendig die Unterschiede zwischen Freien und Sklaven nivellieren. Und Pöhlmann zitiert aus einem antiken Wörterbuch die diese Tatsache nur bestätigende Definition des Begriffes ›Lohnarbeiter‹: »›Es sind Freie, die aus Armut um Geld sich zu sklavischen Diensten verstehen.‹« (I, 274)

147, 31–32 Das Laster ... *Pöhlmann zitiert diese in Xenophons ›Memorabilia‹ (II, 1, 25) überlieferte Anekdote im Zusammenhang der Interpretation einer Sokratesstelle, wonach das Unternehmereinkommen nur dann legitim sei, wenn es »durch positive Leistungen erarbeitet ist, wie dasjenige des Arbeiters«. Es sei moralisch nicht mehr haltbar, »wenn Herrschen nicht mehr arbeiten, sondern nur noch genießen bedeutet«. Und Pöhlmann fährt fort: »Wer denkt hier nicht an die vom xenophontischen Sokrates vorgetragene Erzählung des Prodikos über Herakles am Scheideweg, dem das Laster verspricht: ›Andere werden für dich arbeiten müssen, und du kannst die Früchte ihres Fleißes genießen‹«. (I, 289f.)*

147, 33 schrankenloser Individualismus *Vgl. Pöhlmann: »Schrankenloser Demokratismus bedeutet in der Tat schrankenlosen materiellen Individualismus, weil die Neigung des Individuums, sich ausschließlich den Antrieben des sinnlichen Egoismus und dem Klassengeist hinzugeben, in den breiten Massen naturgemäß mit am stärksten entwickelt ist.« (I, 343f.)*

148, 2–3 »dem Volk feind ... *Vgl. Pöhlmann, I, 316: »Wie sich auf plutokratischer Seite der Gegensatz zuspitzt bis zu dem furchtbaren Schwur der oligarchischen Geheimklubs, daß man dem Volke grundsätzlich feind sein wolle, so ist auch der Masse längst der Gedanke aufgegangen, daß der Reichtum der natürliche Feind der Freiheit und Gleichheit sei.« Die Ergänzung des vollen Wortlautes dieses Eides beruht auf Hofmannsthals späterer Lektüre des Kapitels »Ergebnisse«, wo es heißt: »Nichts könnte die vernichtenden Wirkungen dieser Verschärfung und Verbitterung der Klassengegensätze greller beleuchten, als das frevelhafte Losungswort der geheimen oligarchischen Klubs der Zeit: ›Ich will dem Volke feindlich gesinnt sein und durch meinen Rat nach Kräften schaden.‹« (I, 497)*

148, 4 la démocratie ... *Hofmannsthal fand dieses Proudhonzitat in einer Anmerkung des Kapitels »Der Kampf gegen die ›Reichen‹ im Volksstaat« (I, 317, Anm. 4). Pöhlmann benutzt es als aktuelles Streiflicht seiner Beschreibung der antiken sozialen Kämpfe, die von Demagogen durch »beständige Reizung des demokratischen Neides und der Begehrlichkeit der Masse« angeheizt werden. – Carl J. Burckhardt am 24. 8. 1970 an den Hrsg.: »Ueber Neid: Fragen H. v. Hs. an C.J.B. ›Proudhon sagt, »la démocratie c'est l'envie«, das ist richtig, nicht wahr?‹ Gespräch* darüber: ›Wo steckt der Neid bei den Einzelnen? Was ist jeweils sein Objekt?‹« und »Gespräch: ›Leichte finanzielle und stellungsmässige Aufstiegsmöglichkeiten in der Schweiz.‹ Aufsteigen und Sinken von Familien. Verhältnis kapitalistischer Grundbewegungen zu Krieg und Frieden. Arbeitslosigkeit durch grosse Finanzkrisen. Neid als Kraftquelle der im Lebenskampf Unterlegenen.«

148, 11–13 Der einseitige Ökonomismus ... *In seiner Analyse der pseudoxenophontischen Flugschrift ›Über die Staatseinkünfte‹ (περὶ πόρων), die für die Errichtung eines »konservativen Staatssozialismus« plädiert, weist Pöhlmann nach, daß sich ihr Verfasser von dem Gedanken eines »einseitigen Ökonomismus« in der Behandlung der sozialen Frage habe leiten lassen. Er sei darin nur Exponent einer allgemeinen Zeitströmung, die vom Staat ein umfassendes soziales Engagement erwarte. Dieses Staatsverständnis fordert von den Regierenden »Verzicht auf jede politische Machtentfaltung nach außen, auf alles, was irgendwie den Frieden gefährden könnte« (I, 299). Als konkrete Maßnahmen empfiehlt der Verfasser die Reduktion der Rüstungsgelder, die Sozialisierung privaten Produktivkapitals und die Schaffung eines Rentenfonds durch Überführung der Sklaven in genossenschaftliches Eigentum. Mit diesem auf den Rücken der Sklaven ausgetragenen Sanierungsvorschlag, von dem der Verfasser die Lösung der sozialen Frage überhaupt erhofft, würden alle freien Bürger zu »Staatsrentnern« (I, 302).*

149, 15–16 nicht Sclaven eines Bestimmten ... *Hofmannsthal greift hier die aristotelische Unterscheidung von Lohnarbeiter und Sklaven auf, die Pöhlmann in dem Kapitel »Der Widerspruch zwischen der sozialen und der politischen Entwicklung im freien Volksstaat« erläutert. Pöhlmann betont den realen Hintergrund der aristotelischen Ansicht, »daß auch das freie Arbeitsverhältnis in g e w i s s e m Sinne etwas vom Sklavenverhältnis an sich habe. Ja, es läßt sich sogar verstehen, wie er dazu kommen konnte, die Herrschaft des Herrn über den Sklaven ... und die des Arbeitgebers über den Arbeitnehmer als gleichartig zu behandeln und den Hauptunterschied nur darin zu sehen, daß der unfreie Arbeiter einem bestimmten Herrn dient, der freie jedem beliebigen!« (I, 273f.)*

149, 16 Man mietet den Arbeiter ... *Vgl. Pöhlmanns Bemerkung, daß die antike Rechtsauffassung den freien Arbeiter auf die gleiche Stufe wie den Sklaven stellte. »Das griechische Recht behandelte den Lohnarbeiter in derselben Weise als Arbeitsware wie die Menschenware, den Sklaven, indem es den Arbeitsvertrag unter den Begriff der Miete subsumierte. Man ›mietete‹ einen Tagelöhner, Arbeiter, Diener usw. genau so, wie man ein Pferd, einen Esel, einen Sklaven mietete.« (I, 275)*

150, 9 in dem öff⟨entlichen⟩ Haus ... *Carl J. Burckhardt am 24. 8. 1970 an den Hrsg.: »Erinnerung an eine Diskussion: solcher Besitz im Altertum ganz anders einzuschätzen, als nach dem Sieg des Christentums.« Und »Erinnerung an Gespräch über eine bestimmte, vor allem in protestantischen Kreisen sehr angesehene Persönlichkeit, die ein großes Vermögen durch Besitz öffentlicher Häuser in New York verdient hatte; später als Wohltäter wirkte und beim Tode hochgeehrt wurde.«*

151, 2–3 Landbau ... *In seiner breit angelegten Analyse der staatsphilosophischen Schriften Platons verteidigt Pöhlmann den Philosophen gegen den Vorwurf des Aristokratismus, besonders gegen die Behauptung Zellers, daß Platon ein »Verächter der Erwerbstätigkeit« (II, 41) gewesen sei. Was Platon verurteilte, war die entsittlichende Wirkung des Erwerbes. »Er selbst erkennt ja später einmal ausdrücklich eine Art des Erwerbes an, den Landbau, – in welcher wenigstens die leitende wirtschaftliche Arbeit ›den Erwerbenden nicht nötigt, das zu vernachlässigen, um dessentwillen man Erwerb sucht, nämlich Seele und Leib.‹« (II, 49 f.) – Carl J. Burckhardt am 24. 8. 1970 an den Hrsg.: »Ausspruch H. v. Hs.: ›Die Schwäche des angewandten Marxismus. Zerstörung des Bauernstandes. Die Bauern werden Sklaven, soweit sie nicht ausgerottet werden.‹«*

151, 5 leidlich guten Menschen *Nach Platon bleibt den meisten Menschen das Wissen und damit der Weg zu wahrer Sittlichkeit versagt. Für die meisten sei nur das zu erreichen, was Platon eine »richtige Vorstellung« nennt. »Das Wissen kann durch keine Überredung wankend gemacht werden, die bloße richtige Vorstellung dagegen kann es, weil sie selbst durch Überredung, durch Einwirkung auf das wandelbare Gemüt erzeugt ist ... Die für die große Mehrheit erreichbare Sittlichkeit erscheint von diesem Standpunkt aus als ein unsicherer und wandelbarer Besitz. Sie genügt, um den einzelnen zu einem ›leidlich guten‹ Menschen ... zu machen.« (Pöhlmann, II, 51 f.)*

151, 6 der redliche Timon *Hofmannsthal greift hier eine von Pöhlmann zitierte Äußerung Platons auf, verwendet sie aber ironisch. Die Träger der einzelnen Berufe sind für Platon wegen ihrer nur partiellen Beteiligung am sozialen Leben, die den Blick auf die Probleme des Ganzen verbaut, zur Ausübung politischer Macht ungeeignet. Aber auch die wirtschaftliche Arbeit habe sittlichen Wert, »wenn sie nicht bloß als Mittel zur Befriedigung des wirtschaftlichen Egoismus ausgebeutet, sondern ... in dem Bewußtsein geübt werde, daß sie zugleich eine in den notwendigen Bedürfnissen der Menschen begründete soziale Dienstleistung ist ... warum sollte man nicht jeden, der mit redlicher Arbeit zur Befriedigung der allgemeinen Bedürfnisse beiträgt, als einen ›Wohltäter‹ anerkennen, der fortwährend dem Volke und dem Lande Dienste leistet?« (Pöhlmann, II, 54 f.)*

151, 13–22 arist. Standpunkt ... *Im Kapitel »Das Bürgertum im Vernunftstaate Platos« versucht Pöhlmann resümierend eine Wertung der sozialen Ethik Platons. Zur Fixierung von Platons Standpunkt erörtert Pöhlmann zwei entgegengesetzte Betrachtungsweisen: die »aristokratisch-exklusive« und die »demokratisch-egalitäre Gesellschaftsmoral« (II, 102). Die Verfechter einer aristokratisch orientierten Gesellschaft »gehen davon aus, daß immer nur eine kleine Minderheit zu höherer geistiger Kultur erzogen werden könne und in ihrer Kultur den Fortschritt repräsentiere. Sie stellen den Kulturzweck und das höhere Recht der glücklicher Begabten auf die Geltendmachung ihrer Überlegenheit allen andern Rücksichten voran«; und*

Pöhlmann zitiert in einer Anmerkung: »In diesem Sinne meint Renan: ›Das Wesentliche besteht weniger darin, aufgeklärte Massen zu schaffen, als vielmehr darin, große Meister hervorzubringen und ein Publikum, das fähig ist, sie zu verstehen. Wenn hierzu die Unwissenheit eine notwendige Bedingung ist, nun um so schlimmer!
Die Natur hält sich bei solchen Bedenken nicht auf, sie opfert ganze Gattungen, damit andere die notwendigen Lebensbedingungen finden.« (II, 102) Die Anhänger der entgegengesetzten Auffassung betonen »den Anspruch der großen Mehrheit, ihrerseits an den Errungenschaften der Kultur und an den Gütern mitbeteiligt zu werden, welche das für den einzelnen erreichbare Maß menschlichen Glückes zu erhöhen vermögen. Über dem Kulturzweck steht ihnen der Glückszweck oder – um mit Bentham zu reden – das größtmögliche Glück der größten Anzahl.« (ebd.) – Carl J. Burckhardt am 24. 8. 1970 an den Hrsg.: »Auf einem Spaziergang sprach H. v. H. von Bentham und von dem amerikanischen trivialen Begriff ›happiness‹. Bemerkung über ›Heiligkeit des Besitzes = Tabu!‹«

151, 23 Geheimschwur *Im gleichen Resümee zu Platons ›Politeia‹ notiert Pöhlmann in einer Anmerkung: »L. Stein, Die soziale Frage im Lichte der Philosophie S. 199, meint sogar, Plato sei dem furchtbaren Eidschwur der oligarchischen Geheimklubs ›getreu‹ geblieben: ›Ich will dem Demos feind sein und ihm zuleid tun, was ich nur kann!‹« (II, 103f., Anm. 1)*

151, 25 Konzentrierung des Reichthums . . . *Vgl. Pöhlmann, II, 104: »Denn das ist es eben, was von dem geschilderten Aristokratismus mehr oder minder offen als begehrenswertes Ziel der sozialökonomischen Entwicklung hingestellt wird: die mit der Konzentrierung des Reichtums gegebene Möglichkeit einer raffinierten aristokratischen Geisteskultur, einer üppigen Entfaltung aller Blüten höheren Lebensgenusses, freieste Bahn für jene Virtuosen des Genusses, die zugleich Virtuosen des Geistes seien, und die . . . ihre Kräfte eben nur in der Luft eines verfeinerten sinnlichen Daseins zu entwickeln vermöchten.«*

151, 26–27 Idee der Gleichheit . . . *Vgl. Pöhlmann, I, 513ff.: »Das, was diese Gleichheitsidee der Masse . . . erzeugt, ist ja nicht eine abstrakte Theorie von der Gleichheit des Menschen oder Bürgers . . . Es ist der Trieb nach Glückserhöhung, der Wunsch, mehr zu besitzen und mehr zu genießen, als der gegebene Augenblick es ermöglicht . . . Die Gleichheit mit dem Höheren ist das erste sich darbietende Ziel, in dessen Erreichung der Trieb nach eigener Erhöhung sein Genüge sucht. . . . Die Erfahrungen zeigen, daß das, was für den Niederen früher der Inbegriff seines Strebens gewesen, nun sofort wieder der Ausgangspunkt für neues Begehren wird. Eine psychologische Tatsache, die recht deutlich zeigt, daß das Interesse des Niederen für die Herstellung der Gleichheit im Grunde kein anderes ist als das, welches der Höhere an der Erhaltung der Ungleichheit hat. . . . Ist man den anderen gleich geworden, so möchte man auch schon Herr sein. . . . Es ist daher gewiß nicht zufällig, daß . . . fast überall da, wo unter der Parole der Gleichheit der Kampf des*

Niederen gegen den Höheren siegreich durchgekämpft wurde, das Streben des einzelnen, die anderen zu überflügeln, die brutalsten Formen annahm, daß die soziale Ausgleichung so oft mit dem Emporkommen der Tyrannis Hand in Hand ging.«

152, 9–10 Aegypten... *Vgl. Pöhlmanns Ausführungen über Platons ›Gesetzesstaat‹ (II, 263): »Es liegt... in der Natur des Idealstaates, daß er eine eigentliche Entwicklung ausschließt; und so ist es nur konsequent, wenn Plato in seinem doktrinären Eifer soweit geht, Ägypten als das Musterbeispiel ausgezeichneter Staatsklugheit zu rühmen, weil es weder Malern, noch Bildhauern, noch Musikern gestatte, ›irgendwelche Neuerungen zu machen und irgendetwas von den hergebrachten vaterländischen Sitten Abweichendes zu erfinden‹«.*

152, 14 Wenn der Dichter... *Vgl. Pöhlmanns Ausführungen zur Zensur in Platons ›Gesetzesstaat‹ (II, 260): Bereits bei Gründung des Staates müsse sofort ein Zensurausschuß eingesetzt werden, der alle überlieferten Kunstwerke auf ihr Verhältnis zu den Prinzipien des »Gesetzesstaates« untersucht. »Alles was dem großen Haufen zusagt und den Sinnen schmeichelt«, soll nach dem Willen Platons verbannt werden: »Der Gesetzgeber kann dem Dichter keine Freiheit gewähren, weil derselbe kein genügendes Urteil darüber hat, was er dem Staate für Schaden bringen kann. ›Wenn der Dichter auf dem Dreifuß der Muse sitzt, ist er nicht mehr bei vollem nüchternen Bewußtsein und läßt wie ein Quell ungehemmt hervorsprudeln, was da hervorsprudeln mag!‹«*

152, 24–25 Die Berufsphysiognomieen... *In seiner Darstellung des Sonnenstaates des Jambulos weist Pöhlmann nach, daß in ihm »derselbe stetige Wechsel der Arbeit«, die gleichmäßige »Beteiligung aller an mechanischer und geistiger Arbeit« durchgeführt werden, wie auch die moderne sozialistische Theorie sie fordere. »Jambulos hätte mit Bebel sagen können: ›Die Berufsphysiognomien, die unsere Gesellschaft heute aufweist, sind in meinem Staat verschwunden‹«. (II, 403)*

152, 26–27 Alle Forderungen... *Hofmannsthal entnahm diesen Programmpunkt des Rhetors den Bemerkungen Pöhlmanns zu Cäsars ›De bello civili‹: Cäsar habe die soziale Frage nur am Rande behandelt »und auch da nur, um die sozialrevolutionären Anhängsel der Volkspartei zu desavouieren und sich gegen Demagogen wie Cölius Rufus auszusprechen, der im Jahre 48... den... Versuch machte, durch das Volk alle Forderungen aus Darlehen überhaupt und noch dazu die laufenden Hausmieten auf ein Jahr kassieren zu lassen!« (II, 445f.)*

153, 10 Privateigenthum... *Vgl. Pöhlmanns Beurteilung von Ciceros ›Pflichtenlehre‹: »Daß das Privateigentum und die Vertragsfreiheit eine Tendenz zur Ausbeutung und Schädigung des wirtschaftlich Schwachen entwickeln kann, die Rechtsgleichheit und Rechtssicherheit für ihn wertlos macht, daß der große Besitz eine für den Staat und die Wohlfahrt der Gesellschaft gefährliche, ja unerträgliche Macht* *erlangen kann, daß also die* Einschränkung *des Privateigentums und die* Begrenzung *des Gebietes der Privatwirtschaft ebensosehr zu den Aufgaben staatlicher Wohlfahrtspolitik gehören, wie der* Schutz *des Eigentums, davon ist in dieser Pflichtenlehre keine Rede.« (II, 464f.)*

153,10 Mago *Hofmannsthal fand den Namen des aus der ersten Hälfte des zweiten vorchristlichen Jahrhunderts stammenden Verfassers eines umfassenden landwirtschaftlichen Lehrbuches bei Pöhlmann, der, um den Wandel des konservativen bäuerlichen Rom zur Weltstadt zu konkretisieren, bemerkt: »Welche Wandlungen in einem Zeitalter, das den Radikalismus und Skeptizismus des ›Philosophen‹ der athenischen Bühne, die Leichtfertigkeit der athenischen Komödie, den sozialen Utopismus der ›heiligen Chronik‹ des Euhemeros und des Semiten Mago Theorie der kapitalistischen Plantagenwirtschaft in systematischen Übertragungen oder Nachahmungen dem römischen Publikum zugänglich machte!« (II, 502)*

153,11 Production u. Erwerb... *In der Frage des Staatszweckes vertrat Cicero einen einseitig ökonomischen Standpunkt. Sein Interesse galt allein der Güterproduktion. Und Pöhlmann bemerkt, damit Cicero in die Nähe John Lockes und des modernen Liberalismus rückend: »Was Produktion und Erwerb vom Staate fordern, ist Freiheit und Sicherheit; eine Forderung, die für diese Bourgeoisökonomie eine ... alles andere überragende Bedeutung hat ... ›Staaten und Städte‹ heißt es in der Pflichtenlehre – ›sind hauptsächlich zu dem Zweck gegründet, daß jedermann im Besitze des Seinigen bleibe. Denn wenn auch in den Menschen ein natürlicher Trieb zur Vergesellschaftung wirksam war, so ließ sie doch die Hoffnung auf Sicherheit des Eigentums den Schutz der Städte suchen.‹« (II, 463)*

153,16–17 Vernichtung der Schuldscheine *Auch in der Verschuldungsfrage, die während der permanenten Kreditkrisen der Revolutionszeit höchste Aktualität hatte, nahm Cicero den einseitigen Standpunkt der besitzenden Klasse ein. »Er weist darauf hin, daß man niemals die Vernichtung der Schuldverschreibungen eifriger betrieben habe, als in der Zeit seines Konsulates. Eine revolutionäre Bewegung, die sich aus allen Gesellschaftsklassen rekrutierte, habe sich mit Waffengewalt und Heeresmacht durchzusetzen versucht.« Und Cicero empfiehlt ein bei der Niederschlagung des catilinarischen Aufstands bewährtes Mittel: »›Entweder ihr zahlt, oder ich lasse euer Hab und Gut versteigern.‹« (Pöhlmann, II, 466)*

153,18–19 system. Regeneration... *Vgl. Pöhlmann II, 474f.: Cicero und seine Standesgenossen »sahen nicht oder wollten nicht sehen, daß, wenn überhaupt, so nur auf dem von Tiberius Gracchus betretenen Weg, d.h. durch eine systematische Regeneration des italischen Bauernstandes, ein Gegengewicht gegen die Heere der Enterbten hätte geschaffen werden können, die den Anteil an den Gütern dieser Erde, den ihnen die Republik versagte, in blutigen Kämpfen gegen die Republik zu erringen suchten. Kämpfe, die den Besitzenden noch ganz andere Opfer gekostet haben, als eine recht-*

zeitige Bodenreform.« – Carl J. Burckhardt am 24. 8. 1970 an den Hrsg.: »Häufige Gespräche über die Bodenreform in Böhmen.« Und »H. v. H. hat sich beobachtend sehr eingehend mit der Durchführung der Bodenreform befasst.«

153, 20 Der Hass gegen den Besitzenden ... *In seinen Ausführungen über das »Erwachen der Armut zum sozialen Selbstbewußtsein« in Rom polemisiert Pöhlmann gegen den »ciceronischen Optimismus«, mit dem Ihering in seinem Buch ›Geist des römischen Rechts‹ die soziale Problematik Roms vereinfache. Nach Ihering habe in Rom nie ein Gegensatz von persönlicher Freiheit und wirtschaftlicher Unfreiheit bestanden: »Ungleichheit in der Lebensstellung, in Rang, Stand, Ehre, politischem Einfluß, Vermögen usw. sei ... niemals als Verstoß gegen das republikanische Prinzip erschienen. ›Willig zollte der Römer jenen Vorzügen seine Achtung und* v o n *einem Haß gegen die Besitzenden, diesem düsteren Schatten der heutigen Zeit, findet sich keine Spur‹ (!).« (Pöhlmann, II, 495)*

153, 21–22 Verbot des Zinsnehmens *Ursprünglich war der Bauer die staatstragende Kraft der römischen Gesellschaft; sein Konservativismus bestimmte Roms Politik. Im vierten Jahrhundert versuchte er der durch die Konzentrierung großer Kapitalien zunehmenden Gefahr der Proletarisierung dadurch zu entgehen, »daß er die Herabdrückung des gesetzlich zulässigen Kapitalzinses unter den normalen Zinsfuß und, als dies nichts half, ein völliges Verbot des Zinsnehmens überhaupt durchsetzte«. (Pöhlmann, II, 508)*

153, 29 Waräger *Normannischer Wikinger.*

154, 4 Mehr Licht! *Vielleicht erstes Indiz der für den nächsten Tag sicher nachzuweisenden Shakespeare-Lektüre Hofmannsthals. Der symbolische Ruf nach Licht ertönt häufig in Shakespeares Dramen (z. B. Othello I, 1; V, 1 – Julius Caesar V, 3). Auch Timon von Athen befiehlt, bevor er seinen wirtschaftlichen Bankrott und den Verlust aller Freunde erfährt: »Lights, more lights.« (I, 2; wie aus den Zitaten in N 94 und 95 hervorgeht, las Hofmannsthal in Lenzerheide eine englische Ausgabe von Shakespeares Tragödie.) – Vgl. aber auch Pöhlmann, II, 542f.: »Während für den bedrohten Kapitalismus die Vorkämpfer der sozialen Bewegung nichts sind als Räuber, ... feiert man sie auf der anderen Seite als Erlöser, die ›den durch Wucher versunkenen und erdrückten Teil der Bürgerschaft aus der Knechtschaft zur Freiheit, aus Nacht zum Licht emporführen‹ wollen.«*

154, 4 mehr allgemeine Bildung *Carl J. Burckhardt am 24. 8. 1970 an den Hrsg.: »Frage H. v. Hs.: ›Was heisst allgemeine Bildung?‹ Woraus besteht diese Art Bildung? Herrschaft der Theorien. Wer eine zusagende Theorie findet gewinnt Macht und Einfluss, vorausgesetzt, diese ›allgemeine Bildung‹ sei als kritiklose Aufnahmefähigkeit vorhanden.«*

154,7 Einfangen von freien Leuten... *Vgl. Pöhlmann, II, 511: »Wenn die Konkurrenz der billigen Sklavenarbeit oft selbst den bescheidensten ehrlichen Broterwerb als Tagelöhner verschloß, wenn die Mittel, durch welche so mancher freie Mann von Haus und Hof verdrängt ward, oft nicht besser waren, als Diebstahl und Raub, wie hätte da nicht so mancher der Versuchung erliegen sollen, den Krieg der Großen gegen das Eigentum der Kleinen ... mit einem Krieg der Kleinen gegen das Eigentum der Großen zu erwidern ... Oder sollte er etwa warten, bis es einem der vornehmen Herren einfiel, ihn einfangen zu lassen und unter die Sklavenherde eines großen Gutes zu stecken«.*

154,9 Speculantenherrschaft *Für die Entwicklung der römischen Wirtschaft bezeichnet es Pöhlmann als besonders verhängnisvoll, daß wichtige Funktionen der Verwaltung, u.a. die Steuererhebung, an Privatunternehmer delegiert und damit der Spekulation ausgeliefert wurden. Es entstand eine Geldoligarchie, die durch künstlich gesteigerte Immobilienpreise und Mietwucher die Ausbeutung der großen Masse wesentlich förderte. Proletarischem Großstadtelend stand »die ungeheure Konzentrierung des Reichtums ..., die schnöde Spekulantenherrschaft, deren roher Materialismus« gegenüber (II, 517).*

154,21 Fackeln u. Brandpfeile *Selbst die Requisiten der Revolution entlieh Hofmannsthal dem Buch Pöhlmanns: Bis zum Ende des Imperiums seien in Rom gewaltsame Ausschreitungen des Volkes an der Tagesordnung gewesen. »Und in der Regel ist es die wirtschaftliche Notlage ..., welche die Massen immer wieder zur Erhebung reizte, zumal es ... nicht an Agitatoren fehlte, welche dies volkstümliche Interesse planmäßig zur Erregung von Unzufriedenheit und Klassenhaß ausbeuteten. Zuweilen steigerte sich dadurch die leidenschaftliche Erregung zu solcher Wut, daß ein mordbrennerischer Pöbel die Häuser Mißliebiger förmlich zu stürmen und mit Fackeln und Brandpfeilen einzuäschern suchte!« (II, 527)*

154,23 Schuldknecht in Ketten *Pöhlmann merkt zu einer Rede des Tiberius Gracchus, der das heuchlerische Verhalten römischer Feldherren gegenüber den verarmten Veteranen geißelt, an: Seine »Argumentation erinnert an die Szene bei Dionys ..., wo die der Schuldknechtschaft verfallenen Plebejer bei einer Aushebung auf ihre Ketten und Fesseln weisen und voll bitteren Hohnes fragen, ob das vielleicht die teuren vaterländischen Güter seien, für die sie in den Kampf ziehen sollten!« (II, 543, Anm. 2)*

155,1ff. N 92 *Aus einer von Sallust erfundenen Rede Catilinas zitiert Pöhlmann:* »*Wer, der ein Mannesherz in der Brust trägt, kann es mit ansehen, wie sie noch Reichtümer übrig haben, um sie mit dem Überbauen des Meeres und der Abtragung ganzer Berge zu vergeuden, während uns selbst zur Befriedigung des Notwendigsten die Mittel fehlen, daß sie Paläste an Paläste reihen, während wir nicht haben, wo wir das Haupt hinlegen?«*

Und Pöhlmann merkt an: »*Vgl. dazu die Schilderung, welche* ... *ein erbitterter Gegner Catilinas, Cato, von seinen Standesgenossen gibt. Er bezeichnet sie als Leute, denen* ›*ihre Häuser und Landgüter, Statuen und Gemälde stets wichtiger gewesen seien, als der Staat*‹*.« (II, 546)*

155, 9 jeder Einzelne ... *Deutlicher Anklang an zwei Verse aus Aristophanes' Komödie* ›*Die Wespen*‹ *(v. 548 und 620). Pöhlmann kompilierte beide; bei ihm heißt es im Zusammenhang:* »*Der Demos war ja im Volksstaat* ›*Herr über alles*‹*, selbst über das Gesetz. Das souveräne Volk ... konnte den Staat wie sein Eigentum betrachten.* ›*Ist nicht meine Macht*‹ – *ruft der Heliast in den* ›*Wespen*‹ *befriedigt aus* – ›*so groß, wie die irgendeines Königs, ja wie die des Zeus selbst?*‹*« (I, 351)*

155, 10–11 Volksgerichte ... *Pöhlmann betont die grimmige* »*Schadenfreude der Proletarier und Kleinbürger über die Demütigung der Reichen im Volksgericht*« *und erinnert daran,* »*daß der erste Gedanke, der in der Komödie dem Volksrichter bei der selbstgefälligen Reflexion über seine Macht kommt, eben* d e r *ist: Jetzt kann ich es die vornehmen und reichen Leute nach Herzenslust fühlen lassen, was ich bin und vermag!*« *(I, 351f.)*

155, 13–16 Ich bin gewöhnt ... *Vgl. den Beginn des Kapitels* »*Der sozialrevolutionäre Demokratismus*«*:* »*Mit der Demokratie war Hellas in das Zeitalter der Diskussion, der freien* ›*Erörterung*‹ *eingetreten, welche den Geist gewöhnte, alles Bestehende auf seine Gründe, auf seine innere Berechtigung hin zu prüfen. Eine Gewöhnung, von der das bloße Herkommen, das traditionell Bestehende als solches an Bedeutung notwendig verlor.*« *Und Pöhlmann zitiert ergänzend aus Bagehot* ›*Der Ursprung der Nationen*‹*:* »»*Ein Gegenstand, der einmal diesem Gottesurteil unterworfen wurde, kann ihm nie wieder entzogen werden. Er kann nie wieder in Geheimnisse gehüllt oder durch eine Weihe geschützt werden: er bleibt immer der freien Wahl und der profanen Erörterung ausgesetzt.*‹*« (I, 353)*

155, 17 Was Sclaven schändet ... *Hofmannsthal fand diesen Euripidesvers bei Pöhlmann.* »»*Ihn schilt der* N a m e‹ – *heißt es bei Euripides von dem Bastard –,* ›*die* N a t u r *ist gleich.*‹ – ›*Was Sklaven schändet, ist der* N a m e *nur; in allem andern ist ein edler Knecht um nichts geringer als der freie Mann.*‹*« (I, 358)*

156, 2 »perpetual-sober« *Als Shakespeares Timon von Athen die Treue wenigstens eines Menschen, seines ehemaligen Verwalters Flavius, erkennt, bittet er (IV, 3):*

> Forgive my general, and exceptless rashness
> You perpetual-sober gods.

156, 12–13 durch Gold ... *Vgl. Shakespeares* ›*Timon of Athens*‹ *(IV, 3):*

> Gold? Yellow, glittering, precious gold?
> ... Thus much of this will make
> Black, white; foul, fair; wrong, right;
> Base, noble; old, young; coward, valiant.

Ebendiese Stelle erwähnt Pöhlmann in einer Anmerkung zu einem Theogniszitat:

> Gold? Kostbar, flimmernd, rotes Gold?
> So viel hiervon macht schwarz weiß, häßlich schön,
> Schlecht gut, alt jung, feig tapfer, *niedrig edel*.

(Hervorhebung durch Pöhlmann; I, 164f., Anm. 4)

156,14 His semblable ... *Aus Timons Monolog zu Beginn von IV, 3:*

> ... All's oblique:
> There's nothing level in our cursed natures
> But direct villainy. Therefore be abhorr'd,
> All feasts, societies, and throngs of men.
> His semblable, yea himself Timon disdains.

156,15 Gesetze sind grausame Kerkerbauten. *Möglicherweise auch hier ein Anklang an Shakespeares Tragödie. Im Dialog mit dem verbannten Alcibiades fordert Timon von Athen den Feldherrn auf (IV, 3):*

> With man's blood, paint the ground gules, gules:
> Religious canons, civil laws are cruel,
> Then what should war be?

Die Notiz ließe sich allerdings auch auf Hofmannsthals Beschäftigung mit Pöhlmanns Buch zurückführen. Den platonischen Gesetzgeber bezeichnet dieser einmal als direkten Vorläufer der Inquisition und führt weiter aus: Die »Furcht der vor der Verdammnis zitternden Menschenseele und die Dogmen, die nach der Absicht des platonischen Gesetzgebers die Menschen von zarter Kindheit an sich ›wie Zauberformeln einsingen‹ und gewissermaßen ›einzaubern‹ sollen, ... sie sind in der Form, die Dogma und Tradition durch das mittelalterliche Seitenstück des platonischen Gesetzgebers erhalten haben, das Hauptwerkzeug geistig-seelischer Knechtung und barbarischer Mißhandlung geworden, vor deren Verheerungen selbst der greisenhafte Starrsinn des den Ketzer mit Kerker und Tod bedrohenden platonischen Gesetzgebers zurückgeschaudert wäre!« *(II, 298f.) – Carl J. Burckhardt am 24. 8. 1970 an den Hrsg.:* »Gespräch über Anarchismus. – Ausspruch: ›Das rein restriktive, das in der Rechtsordnung immer vorhanden ist.‹«

156,24–29 Apokalypse ... *Vgl. Pöhlmanns politische Analyse der Apokalypse des Johannes: Er betont die antiplutokratische Tendenz der Schrift und den* »grimmigen

Hohn über diese ›Kaufleute der Erde‹, die da ›heulen und trauern werden‹ . . . über die ›Händler, die von dem Glanz und Flitter, der jetzt verloren ist, reich geworden‹ und nun ›in einer Stunde all diesen Reichtum verödet sehen‹ . . . Ein Hohn, der noch gesteigert wird dadurch, daß . . . ein langes Register der Waren vorgeführt wird, die ihren Reichtum begründet haben und die ihnen jetzt unter den Händen zerronnen sind: Gold, Silber, Edelstein, Perlen, Linnenzeug, Purpur, Seide, Scharlachstoff, all das Thujaholz, die Geräte alle von Elfenbein, die von kostbaren Hölzern, von Erz, Eisen, Marmor, auch Zimt, Amonsalbe, Räucherwerk, Myrrhe, Weihrauch, Wein, Öl, feines Mehl, Weizen, Hornvieh, Schiffe, Pferde, Wagen und Knechte und Menschenseelen (Sklaven).« (II, 622f.)

157, 1 Die Eigenschaft der Gier . . . *Pöhlmann bemerkt in dem Kapitel »Die ökonomische Ergänzung des politischen Prinzips der Demokratie«, daß durch die institutionalisierte staatliche Verteilung von Geld und Naturalien der soziale Antagonismus nur verschärft wurde. »Denn das sinnliche Begehren, zumal da, wo es die Armut in enge Grenzen bannt, ist wie ein ausströmender Dampf. Es strebt in die Weite und wird . . . immer unbescheidener und unverständiger. Die Gier hat . . . die Eigenschaft, daß sie nie zu stillen ist. Je mehr man hat, je mehr man will!« (I, 348f.)*

157, 3–4 Deine Art von Hilfe . . . *Pöhlmann betont im gleichen Zusammenhang, daß die Verteilungspraxis nur demoralisierend wirken konnte: »Für eine dauernde wirtschaftliche Verbesserung . . . ohnehin nicht genügend, ging er [der Gewinn] in der Regel im Genuß des Augenblicks wieder verloren und reizte nur die Begierden des Pöbels, ohne sie je befriedigen zu können. ›Eine solche Art von Hilfe‹ – sagt sehr treffend Aristoteles – ›ist für die Leute wie ein durchlöchertes Faß. Kaum haben sie etwas bekommen, so fordern sie schon von neuem!‹ Das bloße Mitlöffeln genügt ihnen schon bald nicht mehr. Sie wollen sich aus der allgemeinen Schüssel auch wirklich satt essen.« (I, 349)*

157, 13–15 Arm u. reich . . . *Die Kennzeichnung des sozialen Antagonismus als das Verhältnis zweier feindlicher Staaten taucht in Pöhlmanns Buch öfter auf. Pöhlmann zitiert z.B. ausführlich aus dem achten Buch der ›Politeia‹, das Platons scharfe Kritik an der »plutokratischen« und »ochlokratischen Souveränität der materiellen Interessen« enthält (I, 547). Der Staat, in dem der Drang nach Besitz das Handeln jedes Einzelnen motiviert, werde von innen zerstört. Er »zerfällt gewissermaßen in zwei Staaten, den der Reichen und der Armen, die denselben Raum bewohnend sich feindselig gegenüberstehen und wenigstens insgeheim sich fortwährend befehden.« (I, 548f.) – Oder an anderer Stelle: »Die Gesellschaft fällt schließlich in zwei feindliche Hälften auseinander, oder, um mit Plato zu reden, der Staat in zwei Staaten, den der Armen und der Reichen, die sich gegenseitig nicht mehr verstehen und mit unversöhnlichem Hasse verfolgen.« (I, 565)*

158, 25–27 stellt vor mich hin ... *Herkunft dieses (vermutlichen) Zitates nicht zu ermitteln.*

158, 28 Alter verarmter Bauern Misstrauen ... *Carl J. Burckhardt am 24. 8. 1970 an den Hrsg.: »Ausspruch des Bauern, bei dem H.v.H. in Alt Aussee seine Sommerwohnung mietete: ›Alles Geschwätz kommt aus Wien.‹«*

158, 30 »Ihr habt mehr Zerstörungskraft ... *Vermutlich Hofmannsthals eigene Übersetzung der Replik Timons von Athen gegenüber Alcibiades (IV, 3):*

> This fell whore of thine,
> Hath in her more destruction than thy sword,
> For all her cherubin look.

160, 7–8 Er nennt sich einen Wegwurf ... *Vgl. den Dialog zwischen Timon von Athen und Apemantus (IV, 3):*

> TIMON
> Were I like thee, I'd throw away myself.
>
> APEMANTUS
> Thou hast cast away thyself, being like thyself
> A madman so long, now a fool.

160, 14 der andere ahme ihn nach *Vgl. den Beginn des Dialoges zwischen Timon von Athen und Apemantus (IV, 3):*

> APEMANTUS
> I was directed hither. Men report,
> Thou dost affect my manners, and dost use them.
>
> TIMON
> 'Tis then, because thou dost not keep a dog
> Whom I would imitate. Consumption catch thee.

161, 14–15 Dass die Gesetze ein sociales Gerüst ... *Dieser Einschub wurde vermutlich durch Pöhlmanns Darstellung des platonischen Gesetzesstaates angeregt. Um seinen moralischen Forderungen Nachdruck und seinen Gesetzen Stabilität zu garantieren, macht Platons Gesetzgeber sie zu »göttlichen Ordnungen und damit jede(n) Verstoß gegen sie zu einer Versündigung gegen die Gottheit selbst.« (II, 264 f.)*

161, 18 Poet u Maler in der Villa. *Mit einem Dialog zwischen poet und painter beginnt Shakespeares ›Timon of Athens‹.*

162, 15–16 Mit Reden degradiert man sich. *Carl J. Burckhardt am 24. 8. 1970 an den Hrsg.: »H.v.Hs. immer wiederholter Ausspruch: ›Versuchen Sie nur nie*

*einen Tatbestand aufzuklären, Ihr Zuhörer wird alles entstellen, missverstehen.‹« –
Vgl. auch P IV 458.*

162, 16 »Unweise nicht unedel« *Timon von Athen zu seinem Verwalter (II, 2):*

> Come sermon me no further.
> No villainous bounty yet hath passed my heart;
> Unwisely, not ignobly have I given.

163, 1–2 Geschwüre bis zur Wurzel *Vgl. Timon von Athens Verwünschungen der Senatoren, die ihn um Hilfe gegen Alcibiades bitten (V, 2):*

> Speak and be hang'd:
> For each true word, a blister, and each false
> Be as a caut'rizing to the root o'th'tongue,
> Consuming it with speaking.

166, 25 γελω⟨το⟩ποιός *Wahrscheinlich Hermann Reichs Werk über den Mimus entnommene Notiz (Hinweis Rudolf Hirsch | Frankfurt a. M.). Es heißt in unmittelbarer Nähe einer von Hofmannsthal markierten Passage:* »Riesengroß richtet sich vor uns der griechische mimische Narr auf, der μῖμος γελοίων, der μωρὸς φαλακρός, der γελωτοποιός, der mimus calvus, der alopus ... der Karagöz, der Pulcinell, der Kasperle, der Hans Wurst, der iocularis, der Ioculator, der Jack Juggler, der Falstaff, der Maistre Mimin und mit was für Namen man sonst ihn nennt.« *(Hermann Reich, Der Mimus. Ein litterar-entwickelungsgeschichtlicher Versuch. Erster Band, zweiter Teil: Entwickelungsgeschichte des Mimus. Berlin: Weidmann 1903, S. 899f.) – An von Hofmannsthal markierter Stelle in Burckhardts ›Griechischer Kulturgeschichte‹ (Bd. 4, Berlin Stuttgart: Spemann o.J., S. 467) heißt es aber auch von Agathokles, dem Diktator von Syrakus:* »Von Natur ein sicilischer Farceur (γελωτοποιὸς καὶ μῖμος, etwa in epicharmischem Ton, kein Tragiker wie Dionys), unterläßt er es sogar in Volksversammlungen nicht, die Anwesenden zu verspotten und diesen oder jenen von ihnen nachzumachen; auch erscheint er öffentlich noch immer ohne Leibwache. Er thut dies Alles aber nicht nur um populär zu sein, sondern aus Tücke, um die Leute bei der Redefreiheit, die er gewährt, auszuhorchen, und lädt zuletzt Solche, die im Trunke Abgunst gegen seine Herrschaft verraten haben ... zu einem Gastmahl, wo er sie alle ... niedermachen läßt«.

167, 4–6 *Vermutlich Exzerpt aus nicht ermittelter Vorlage.*

Notizen 1925 (bis zum Beginn der Ausarbeitung)

168, 8 das Erlebnis ihr ein Rätsel. ... *Der Verweis auf die Abhandlung v. Kober zielt vermutlich auf den Aufsatz ›Zur philosophischen Voraussetzung der*

Literaturwissenschaft. Die Mariendichtung. (Beitrag zu einer Darstellung der Prinzipien der Literaturkritik.)‹ von August Kober; abgedruckt in: Logos, Bd. VI, 1916, Heft 1, S. 76ff. – Kober entwickelt einleitend eine Psychologie des Erlebnisses und unterscheidet prinzipiell passive und aktive Arten des Erlebens. Den Übergang von der passiven zur aktiven Form kennzeichnet die Aufnahme des Eindrucks im Subjekt. Das Objekt wird Bestandteil des Subjektes, das verschieden intensiv reagiert. Schrecken und Furcht treiben zur Aktivität. Zugleich ist die Stärke des Eindrucks abhängig von der Beschaffenheit des erregenden Objektes. Das Erlebnis ist ein dialektischer Prozeß. – Mit den Worten Kobers, dem es speziell um eine Psychologie des Marienerlebnisses geht, erfährt die Hetäre in ihrer Liebe zum Sklaven den völligen Verlust der »Eigenenergie der vitalen Selbsterhaltungskraft« (78), »im Augenblick der Überraschung ... eine völlige Isolation des neuen Eindruckes ..., so daß er in völliger Reinheit wirklich alleinherrschend das ganze Ich umspannt.« (84) Es ist ein mystisches, ein religiöses Erlebnis.

169, 1 Mariamne *Mariamne ist eine der Titelfiguren von Hebbels Tragödie ›Herodes und Mariamne‹, auf die Hofmannsthal hier offenbar verweist, ohne daß inhaltliche Parallelen zu seiner Komödie nachzuweisen sind. – Es ist denkbar, daß Hofmannsthal der Hetäre Züge von Hebbels Mariamne leihen wollte: ihren höchsten und zugleich abgründigen Stolz, der noch um den Preis des eigenen Lebens beibehalten wird, und ihre Sprachverweigerung.*

169, 13 Phanias *Hofmannsthal hatte den Aristokraten, der durch Verlust seines Vermögens zum Zyniker geworden war, während des Lenzerheide-Aufenthaltes unter dem Eindruck seiner Lektüre von Shakespeares ›Timon of Athens‹ zunächst Timon den Bettler oder Timon den Armen genannt; erst während der Phase der Ausarbeitung, wobei der Einfluß Wielands nicht auszuschließen ist, änderte er den Namen in Phanias. In Wielands Verdichtung ›Musarion‹ heißt es von einem eher melancholischen als zynischen Menschenverächter mit Namen Phanias, der selbst mit dem Misanthropen Timon verglichen wird:*

> *Verwandelt wie er war,*
> *Mit langem Bart und ungeschmücktem Haar,*
> *Mit finstrer Stirn, in Cynischem Gewand –*
> *Wer hätt' in ihm den Phanias erkannt,*
> *Der kürzlich noch von Grazien und Scherzen*
> *Umflattert war, den Sieger aller Herzen,*
> *Der an Geschmack und Aufwand keinem wich*
> *...*
> *Jawohl, vergänglich ist und flüchtiger als Wind*
> *Der Schönen Gunst, die Brudertreu der Zecher;*
> *So bald nicht mehr der goldne Regen rinnt.*

(C. M. Wieland, Kleine Vererzählungen. Leipzig: Insel 1905, S. 21)

169,14 Agathon *Hofmannsthal greift einen historischen Namen für den Dichter auf: Agathon, ein athenischer Tragiker des fünften vorchristlichen Jahrhunderts, dessen weicher und eleganter Stil sprichwörtlich war, ist ein Schüler der Sophistik. In Platons ›Symposion‹ wird seine prunkvolle Rhetorik als Rabulistik entlarvt; Aristophanes hat ihn in den ›Thesmophoriazusen‹ als weibisch und lüstern grausam verhöhnt.*

169,26 Abgar *Name mehrerer Beduinenfürsten aus der Wüste von Edessa und Karrhae. Bekannt wurde Abgar Ukkama (»der Schwarze«) durch seinen angeblichen Briefwechsel mit Christus. Welcher Lektüre Hofmannsthal die Namensform Abgar Uchomo in II/2 H verdankt, ist unbekannt.*

169,30 Ergast *Siehe Erläuterung zu N 10, S. 566, 34–35.*

Akt I Szene a

171,3ff. N 126 *Vermutlich – wenn auch ohne konkretes Indiz – durch Hofmannsthals erneute Lektüre von Shakespeares ›Timon von Athen‹ (IV und V) angeregt.*

171,17–18 Reisst ihnen... *Vermutlich angeregt durch eine Stelle in Büchners ›Dantons Tod‹. In der Szene »Ein Zimmer« heißt es:*

LACROIX
Und Collot schrie wie besessen, man müsse die Masken abreißen.

DANTON
Da werden die Gesichter mitgehen.

(In Hofmannsthals Ausgabe: Georg Büchners Gesammelte Schriften. Hrsg. von Paul Landau, Berlin: Paul Cassirer 1909, Bd. I, S. 196)

171,31–32 »Ihr könnt nichts stehlen... *In der Übersetzung von Koch Timon von Athen zu Banditen, die sich als Soldaten vorstellen (IV, 3):*

> *Dieb ist alles:*
> *Gesetz, eur Zaum und Geißel, übt straflos Diebstahl*
> *Nach roher Willkür. Liebt euch selbst nicht! fort!*
> *Beraubt einander! – Hier mehr Gold: schlagt tot!*
> *Dieb ist, was ihr auch antrefft. Nach Athen!*
> *Brecht Läden auf; ihr könnt nichts stehlen, was*
> *Ein Dieb nicht stahl. Nicht minder stehlt mir drum,*
> *Weil ich euch geb'; und Gold verblend' euch fort!*
> *Amen!   (Bd. 11, S. 81f.)*

172,10 Ein Etwas von Metall... *Vgl. eine Aufzeichnung zum unvollendeten Brief des letzten Contarin: Palast – Dienerschaft – schleppendes Kleid –*

ERLÄUTERUNGEN · AKT I SZENE a

Marmordiele: meine Ahnen, glaub mir, hatten das ebensosehr in sich, als sie es außer sich hatten. Ihr Blut enthielt die Metallreflexe aller dieser Dinge, wie dieses Wasser jene silbernen, ehernen porphyrenen Schimmer enthält. *(E 92f.)*

172, 11–14 »– dem Vater fluche ... *Timon von Athen zu Apemantus (IV, 3):*

> *Was haßt du Menschen?*
> *Kein Schmeichler trog dich. Was gabst du hinweg?*
> *Drängt dich ein Fluch, dem Vater fluche du,*
> *Dem armen Lump, der ekellos besprengte*
> *Ein Gassennickel und zusammenpfuschte*
> *Erbeignen Lumpen dich. Weg, mach' dich fort!*
> *Wärst von Geburt du nicht der Menschen Auswurf,*
> *Du wärest Schelm und Schmeichler. (Bd. 11, S. 75f.)*

173, 6ff. N 130 *Siehe Erläuterungen zu N 91, S. 595, 27–33.*

176, 14 Ausrufung des Sonnenstaates *Siehe Erläuterung zu N 51, S. 575, 17–30.*

177, 4–5 Simonides' Urteil ... *Siehe Erläuterung zu N 78, S. 585, 15–31.*

177, 15–16 Ernst genommen werden. *Siehe Erläuterung zu N 73, S. 583, 27–34.*

177, 34 Sohn ein Mispelbaum *Vgl. den Dialog zwischen Shakespeares Timon von Athen und Apemantus (IV, 3):*

APEMANTUS
... Hier hast du eine Mispel.

TIMON
Das, was ich hasse, esse ich nicht.

APEMANTUS
Hassest Mispeln?

TIMON
Die faule Frucht gleicht dir.

APEMANTUS
Hättest du der Schmeichler Mispeln früher gehaßt, so würdest du dich jetzt besser lieben. (Bd. 11, S. 77)

178, 7 eine rechte Ephesierin ... *Vgl. eine Dialogpartie in Shakespeares ›König Heinrich der Vierte. Zweiter Teil‹ (II, 2):*

PRINZ HEINRICH
Wo ißt er zu Abend? Mästet sich der alte Eber noch auf dem alten Koben?

BARDOLPH
An dem alten Platze, gnädiger Herr, zu Eastcheap.

PRINZ HEINRICH
Was hat er für Gesellschaft?

PAGE
Ephesier, gnädiger Herr, von der alten Kirche. (Bd. 4, S. 351)

179, 18 Es kräuselt sich ... *Diese Notiz läßt die Vermutung zu, daß Hofmannsthal außer den ›Gehirnen‹ Gottfried Benns auch dessen ›Vermessungsdirigent‹ gelesen hat, zuerst als 9. Band der Aktions-Bücher der Aeternisten, Berlin 1919 erschienen. – Der Maler Picasso, der seine früheren Bilder nicht mehr anschauen kann, bemerkt: »... wenn ich sie jetzt erblicke, vollziehen sich die übelsten Kondensationen gerade in Stirnhöhe, es kräuselt sich etwas unter dem Schädel, als wolle jemand Makronen backen –« (Zitiert nach: Gottfried Benn, Gesammelte Werke in vier Bänden. Hrsg. von Dieter Wellershoff. Band II: Prosa und Szenen. Wiesbaden: Limes, 2. Aufl. 1962, S. 331)*

179, 18–19 Wo sind meine Grenzen? *In dem ›erkenntnistheoretischen Drama‹ (so der Untertitel des ›Vermessungsdirigenten‹) wird die extreme Störung des Realitätsbezuges (an der auch Chelidas leidet) als totaler innerer Zerfall, als Ich-Zerstörung diagnostiziert. Von Pameelen, dem ›Helden‹ des Stückes, heißt es in Benns eigener »Zusammenfassung«: »Seine Grenzen sucht er abzutasten, seinen Umfang zu bestimmen. ... Aber das Uferlose ist es, an dem er altert und zugrunde geht. Daß ihn irgendetwas einmal begrenze, ist seine Qual, für die er sich blendet ... Das Ich ist ein Phantom. Kein Wort gibt es, das seine Existenz verbürgte, keine Prüfung und keine Grenze«. (322f.)*

179, 23 Grenzenlos u für immer *Diese Wendung ist wörtlich der Novelle ›Die Insel‹ von Gottfried Benn entnommen. Rönne, der als Arzt gelernt und schließlich auch akzeptiert hat, daß die Gefühle von Reizen abhängig sind, stößt auf ein Buch, welches diese Lehrmeinung völlig umwirft: Gefühle seien gänzlich unberechenbar, »sie reichten tiefer als die geistige Funktion« (in Hofmannsthals Ausgabe: Gehirne. Novellen von Gottfried Benn. Leipzig: Kurt Wolff 1916, S. 37). Diese neue Theorie setzt gegen das »ganze Grauen bejahter Wirklichkeiten« die Freiheit der Intuition, die Möglichkeit, schöpferisch neue Wirklichkeiten zu erschaffen. Und Benn fährt fort: »Plötzlich fühlte er [Rönne] sich tief ermüdet und ein Gift in seinen Gliedern. Er trat an ein Fenster, das in den Garten ging. In dem stand schattenlos die Blüte weiß, und voll Spiel die Hecke; an allen Gräsern hing etwas, das zitterte; in den Abend lösten sich Düfte aus Sträuchern, die leuchteten, grenzenlos und für immer.« (38)*

ERLÄUTERUNGEN · AKT I SZENE 2

180, 22 Mir ist als ob – *Vermutlich liegt hier eine Benn-Reminiszenz zugrunde. In der Novelle ›Der Geburtstag‹ unterscheidet Rönne zwei Arten von Wirklichkeit: »... er hatte Gerste eingefahren von den Feldern, auf Erntewagen, und das groß: Mandel, Kober und Kimme vom Pferd. Dann war der Leib eines Fräuleins voll Wasser und es galt Abfluß und Drainage. Aber über allem schwebte ein leises zweifelndes Als ob: als ob Ihr wirklich wäret Raum und Sterne.« (40 f.)*

180, 23 an den Rändern löse ich mich auf – *Auch dies eine, wenngleich nicht wörtlich nachweisbare Benn-Reminiszenz. Ich-Auflösung ist die unmittelbare Erfahrung Rönnes, der er zunächst durch soziale Anpassung, durch Rollenverhalten zu entgehen sucht. Konformität nach außen ermöglicht die Selbstbegrenzung und eine neue, als Traum erfahrene Wirklichkeit der Kunst, eine Als-ob-Realität.*

181, 16 lederner Schuft! Schöps! *Aus dem Schimpfwörterarsenal des Junkers Tobias in Shakespeares Komödie ›Was ihr wollt‹ (V, 1):*

JUNKER TOBIAS
Es ist all eins: er hat mich verwundet und damit gut. – Schöps, hast du Görgen den Feldscherer gesehn, Schöps?

NARR
O, der ist betrunken, Junker Tobias, schon über eine Stunde; seine Augen waren früh um Acht schon untergegangen.

JUNKER TOBIAS
So ist er ein Schlingel und eine Schlafmütze. Nichts abscheulicher als so ein betrunkner Schlingel.

OLIVIA
Fort mit ihm! Wer hat sie so übel zugerichtet?

JUNKER ANDREAS
Ich will Euch helfen, Junker Tobias, wir wollen uns zusammen verbinden lassen.

JUNKER TOBIAS
Wollt Ihr helfen? – Ein Eselskopf, ein Hasenfuß und ein Schuft! ein lederner Schuft! ein Pinsel! (Bd. 7, S. 258)

182, 6 ff. N 141 Siehe Erläuterung zu N 52, S. 576, 11–28.

183, 19 Wenn der Dichter ... Siehe Erläuterung zu N 87, S. 592, 11–20.

184, 11 ff. N 145 Siehe Erläuterungen zu N 53, S. 576, 40–577, 8.

185, 18 Sphairos / Blossius Siehe Erläuterungen zu N 51, S. 575, 31–37; S. 576, 7–10.

185, 23 Mallus / Adana *Die Erwähnung dieser beiden Hafenstädte ist ein Indiz für Hofmannsthals Rankelektüre. Wie Ranke in seiner ›Weltgeschichte‹ (2. Teil, 2. Abteilung, 7. Kapitel: »Erneuerte Kämpfe mit Mithridates. Pompejus in Asien«)*

ausführt, hatte die Seeräuberei im ersten Drittel des letzten vorchristlichen Jahrhunderts erheblich zugenommen. Erst Pompeius (106–48) bot im Jahre 67 v.Chr. dem Unwesen Einhalt. Er siedelte die unterworfenen Piraten in den beiden genannten Städten an.

187, 12 Mir ist, als ob . . An den Rändern löse ich mich auf. *Siehe Erläuterungen zu N 138, S. 605, 1–11.*

187, 20 Aspasia *Höchst anspruchsvoller (ironisch gebrauchter) Name für eine Frau aus kleinbürgerlichem Milieu: Aspasia, Freundin und zweite Frau des Perikles, galt als außerordentlich schöne und geistreiche Frau, der man großen politischen Einfluß nachsagte.*

188, 7 Agathokles *Für diesen Namen gilt das gleiche wie für den der Frau. Bekannt vor allem war Agathokles von Syrakus (ca. 361–289 v.Chr.), der sich nach abenteuerlicher Jugend und Kämpfen mit Karthago zum König von Sizilien ausrufen ließ; siehe auch Erläuterung zu N 117, S. 600, 13–31.*

189, 18–19 Dem Schwerfälligen . . . *Herkunft dieses (vermutlichen) Zitates noch ungeklärt.*

190, 10 Eine echte Ephesierin . . . *Siehe Erläuterung zu Ia/2H, S. 603, 33– 604, 8.*

191, 14 Bu⟨l⟩arch *Hellenistische Amtsbezeichnung: Ratsvorsitzender.*

193, 2 Du sollst mein Herold sein! *Vgl. Achill zu Thersites in Shakespeares ›Troilus und Kressida‹ (III, 3):*

          Du mußt mein Abgesandter an ihn sein,
   Thersites.   *(Bd. 11, S. 179)*

195, 12 »Ich erschaffe mich an dir« *Der Vorgang der Selbsterschaffung ist bei Benn ambivalent. Für Rönne ist die Suche nach Identität zunächst ein Problem sozialer Integration. In einer Art von innerem Monolog bemüht er sich um die Adaptation sozialer bzw. literarisch vorgeformter Rollen; aber die Isolation bleibt: »Nur um Vermittelung handele es sich, in Unberührtheit blieben die Einzeldinge; wer wäre er gewesen, an sich zu nehmen oder zu übersehen oder, sich auflehnend, zu erschaffen?« (23) – In der Entwicklung Rönnes ist die Befreiung vom Bewußtsein eine weitere Möglichkeit der Selbstfindung: »Dunkel drohte es auf, bewölkt und schauernd, wieder aus dem Gefühl des Schlafs, in den man sank, ohne einen Wirbel über sich zu lassen, negativ verendet, nur als Schnittpunkt bejaht; aber noch ging er durch den Frühling, und erschuf sich an den hellen Anemonen des Rasens entlang und lehnte an eine Herme, verstorben weiß, ewig marmorn, hierher zerfallen aus den Brüchen, vor denen nie verging das südliche Meer.« (27) – Der Künstler Rönne* *findet die Erlösung von der Qual der Realität in der träumerisch erfahrenen und zugleich verbalisierten Assoziation.* Zu einer Dirne im Untersuchungsstuhl äußert er: »Gestatten Sie, daß ich Sie erschaffe, umkleide mit Ihren Wesenheiten, mit Ihren Eindrücken in mir, unzerfallen ist das Leitorgan, es wird sich erweisen, wie es sich erinnert, schon steigen Sie auf.« (43) *Rönne macht aus seiner Patientin eine imaginative Geliebte, ein artifizielles Produkt, zusammengefügt aus phantastischen Details. Er ist souveräner Schöpfer. — Am Ende des von Hofmannsthal sehr wahrscheinlich ebenfalls gelesenen (vgl. Erläuterung zu N 136, S. 604, 9–17) erkenntnistheoretischen Dramas ›Der Vermessungsdirigent‹ ruft der Maler Picasso dem sterbenden Pameelen zu:* »Sie müssen es noch hören: die Taunacht! die Erlösung –! ... Pameelen, wir werden nicht geboren, wir erschaffen uns – ... wir sind zugelassen zu einem Schicksal ... Und wenn es die letzte Stunde ist, Ihr Augenblick, Ihre letzte Brunst: wir erschaffen uns, und ich gehe, mich zu erschaffen. –« (350)

195, 15–16 »Keiner Verknotung mächtig ... *Rönne sucht bewußt die soziale Anpassung. Zu keiner psychophysischen Koordination fähig, glaubt er, Halt in den normativen Zwängen der Gesellschaft finden zu können:* »Aufzunehmen gilt es, rief er sich zu, einzuordnen oder prüfend zu übergehn. Aus dem Einstrom der Dinge, dem Rauschen der Klänge, dem Fluten des Lichts die stille Ebene herzustellen, die er bedeutete. ... und ihm graute vor dem Erlebnis, vor dem er stehen würde: daß er aus dem Nichts in das Fragwürdige schritt, im Antrieb eines Schatten, keiner Verknotung mächtig, und dennoch auf Erhaltung rechnend.« (23) *Das ist die Dialektik von Rönnes Existenz.*

195, 17 Schwere drängende Zerrüttung *Vgl. Benn:* »Er trat aus dem Haus. Helle Avenuen waren da, Licht voll Entrückung, Daphneen im Erblühn. Es war eine Vorstadt; Armes aus Kellern, Krüppel und Gräber, soviel Ungelacht. Rönne aber dachte, jeder Mensch dem ich begegne, ist noch ein Sturm zu seinem Glück. Nirgends meine schwere, drängende Zerrüttung.« (22)

195, 18 »Nach einem Wort schrie er ... *Die Repräsentanten der sozialen Welt, die* »Herren«, *lassen Rönne taumeln; ihre Erkenntniskategorien sind ihm fragwürdig. Also kann er sich auch nicht ihrer Sprache bedienen. Rönne präzisiert den Unterschied mittels physikalischer Termini:* »Sie alle lebten mit Schwerpunkten auf Meridianen zwischen Refraktor und Barometer, er nur sandte Blicke über die Dinge, gelähmt von Sehnsüchten nach einem Azimuth, nach einer klaren logischen Säuberung schrie er, nach einem Wort, das ihn erfaßte.« (24f.)

195, 19–20 »Rönne, ein Gebilde ... *Zitat aus den Schlußabsätzen der ›Reise‹ (27). Rönne erliegt für kurze Zeit der Suggestivkraft eines Filmes. Er identifiziert sich mit dem Schein einer präparierten Bilderwelt, die eine heile Realität fingiert, und wird selbst ein Scheingebilde, das wieder endet,* »von blauen Buchten benagt«. *Jenseits der Sozialisation beginnt die Welt des Südens, also des Traums und der Kunst.*

196, 15–17 Der arme Bauer ... *Siehe Erläuterung zu N 79, S. 587, 14–22.*

200, 2 Mein Hirn kräuselt sich ... *Siehe Erläuterung zu N 136, S. 604, 9–17.*

203, 10 Ephesierin vom alten Schlag *Siehe Erläuterung zu Ia/2 H, S. 603, 33– 604, 8.*

206, 36 Ich verrinne ... *Siehe Erläuterungen zu N 138, S. 605, 7–11.*

206, 37 Darius u Sesostris *Vgl. Hofmannsthals Bemerkungen über das gebrochene Verhältnis des modernen Menschen zur Geschichte in seiner Rede* Vermächtnis der Antike: In der Tat, das, was fünfzehn Jahre hinter uns liegt, ist so fern von uns, so unerreichbar wie Sesostris und Nimrod. *(P IV 313) – Die Kombination der beiden Namen als Zeichen verlorener Vergangenheit ist vermutlich fremder Herkunft (Valéry?).*

208, 12–13 Ich ein gottesfürchtiger ... *Siehe Erläuterung zu N 79, S. 587, 14–22.*

208, 15–17 Du schaffst die Berufsgesichter ab ... *Siehe Erläuterung zu N 88, S. 592, 21–26.*

208, 33 Oligarcheneid *Siehe Erläuterung zu N 79, S. 588, 24–33.*

209, 4–5 In Gold sollte man sie fassen! *Vieleicht Reminiszenz an eine Stelle aus Ben Jonsons ›Volpone‹, den Hofmannsthal selbst als mögliche Vorlage für das Lustspiel erwähnt (vgl. N 27, S. 121, 17). Nach dem Plädoyer des Advokaten vor dem Gerichtshof ruft der Diener Volpones, Mosca:*

> O könnt' ich doch vergolden Eure Zunge!
> Zum Erben machen Euch der ganzen Stadt!

(Zitiert nach der deutschen Ausgabe von Margarete Mauthner, Berlin: Cassirer 1910, S. 114)

210, 2 Du sollst mein Herold sein! *Siehe Erläuterung zu Ia/4 H, S. 606, 20–23.*

212, 28 Entweder *Gemeint ist die von den Spartanern und Wikingern überlieferte Abschiedsformel: Entweder mit dem Schild oder auf dem Schild; vgl. Ib/11 H, S. 327, 12.*

214, 17 Eurykleia *Siehe Erläuterungen zu Ia/3 H, S. 606, 7–14. Eurykleia war die Amme des Odysseus.*

218, 5 den Regen u. das schöne Wetter macht *Vgl. jene Lebensregel des Vaters von Helianth in Hofmannsthals Molièrebearbeitung* Die Lästigen: Verbinde dich aufs engste mit einem von den Herren, die etwas älter sind als du, von denen man viel redet und die bei den Damen den Regen und das schöne Wetter machen. *(L II 136)*

221, 19 Mein Hirn kräuselt sich. ... *Siehe Erläuterungen zu N 136, S. 604, 9–17.*

224, 21 Ephesierin vom alten Schlag *Siehe Erläuterung zu Ia/2H, S. 603, 33–604, 8.*

227, 15 Ich verrinne. ... *Siehe Erläuterungen zu N 136, S. 605, 7–11.*

229, 32-33 Ich ein gottesfürchtiger ... *Siehe Erläuterung zu N 79, S. 587, 14–22.*

230, 7 Du schaffst die Berufsgesichter ab! *Siehe Erläuterung zu N 88, S. 592, 21–26.*

231, 5 in Gold sollte man sie fassen! *Siehe Erläuterung zu Ia/5H, S. 608, 17–24.*

232, 4 Oligarcheneid *Siehe Erläuterung zu N 79, S. 588, 24–33.*

232, 25 Du sollst m Herold sein! *Siehe Erläuterung zu Ia/4 H, S. 606, 20–23.*

Akt I Szene b

240, 31 ff. Namen ... *Die Personennamen sind mit wenigen Ausnahmen in Lukians ›Hetärengespräche‹ nachweisbar. Die Reihenfolge einzelner Namensgruppen (Lyra | Corinna | Crobyle und Chaireas | Praxias | Antiphon) läßt mit einiger Sicherheit auf die Lektüre des sechsten und siebten Dialoges schließen; eine Vermutung, die durch Reminiszenzen in anderen Notizen bestätigt wird (vgl. Erläuterungen zu N 183, S. 617, 15–26 und Ib/7H, S. 618, 1–14). – Die Städtenamen erwähnt Lukian nicht.*

241, 23-25 Heinse über Voltaire ... *Exzerpt aus den Tagebüchern Wilhelm Heinses:*

Semiramis von Voltaire.

Alle die Geschöpfe darin könnten keine Viertelstunde leben, wenn sie in der Natur wären. Es ist so recht moderne Mahlerey für den Augenblick. Der Charakter der

Semiramis ist am unerträglichsten. Sie ist eine Betschwester geworden; was sie nie werden konnte. Der Schatten des Ninus ist das abgeschmackteste Ding, was je auf dem Theater erschienen ist. Gar zu einfältig ist die Ermordung der Semiramis. Im ganzen Stück ist weiter nichts als einige fürtrefliche Beschreibungen; von Selbstseyn ist da nicht die Rede. Voltaire hat keinen Zug von der wahren Semiramis gefaßt. Es vergeht einem alle Liebe zur Kunst, wenn man solche Großthuereyen liest. Man würde unmöglich glauben, daß es etwas lebendiges wäre, wenn man es nicht von Fleisch und Blut auf dem Theater sprechen hörte.

(Wilhelm Heinse, Aphorismen: Aus Düsseldorf. Von der italienischen Reise. Der Gesammtausgabe achter Band / erste Abteilung hrsg. von Albert Leitzmann. Leipzig: Insel 1924, S. 104)

242, 31 Wahr ihm die Kehle ... *Anklang an eine Replik des Apemantus in Shakespeares ›Timon von Athen‹ (I, 2):*

> *Mich wundert, daß ein Mensch noch Menschen traut.*
> *Man sollt' zum Mahl sich laden ohne Messer:*
> *Gut für den Schmaus, und für das Leben besser.*
> *Beispiele gibt's genug! Der Bursche, der,*
> *Dort ihm zur Seite, Brot mit ihm nun bricht,*
> *Sein Wohl ihm zutrinkt in geteiltem Trunk,*
> *Wird rasch sein Mörder; oft hat sich's erprobt.*
> *Ich tränk' als großer Herr beim Mahl nie mit,*
> *Aus Furcht, sie spähn nach meiner Kehle Schwächen:*
> *Ein Großer sollte nur im Harnisch zechen. (Bd. 11, S. 28 f.)*

245, 12 der andere ahme ihn nach *Siehe Erläuterung zu N 103, S. 599, 18–25.*

245, 28 ubi tu Gaius ... *Redeformel der Braut bei der römischen Eheschließung (Hinweis von Ernst Zinn / Tübingen).*

246, 6–7 Schuldknecht in Ketten *Siehe Erläuterung zu N 91, S. 595, 27–33.*

246, 8–9 Versprechen des Sonnenstaates *Siehe Erläuterung zu N 51, S. 575, 17–30.*

247, 13–14 ... im Bordell ... *Bezieht sich auf einen tatsächlichen Vorfall in Wien im Jahre 1904, den Hofmannsthal auch in seinem Tagebuch vermerkte. Der fünfzehnjährige Gymnasiast Heinz Lang hatte mit einer verheirateten Frau ein Liebesverhältnis. Als diese ihm den Abschiedsbrief schrieb, lief der Bursch, völlig zerstört, ratlos ... mit dem Brief in der Hand zu A., den er aufs höchste verehrt:* »Was soll ich tuen?« *A. erwidert ihm:* »Was Sie tuen sollten? Sich erschießen. Was Sie tuen werden? Weiterleben. Ruhig. Weil Sie ebenso feig sind wie ich, so feig wie die ganze Generation, innerlich ausgehöhlt, ein Lügner, wie ich. Deshalb werden Sie weiterleben und später einmal vielleicht der dritte oder vierte Liebhaber der Frau werden.« – Darauf geht der Bursch nach Hause und erschießt sich. *(A 136) Hofmannsthal vermerkte im Oktober 1904 in seinem Tagebuch:* Bahr erzählte mir die Anecdote von dem Selbstmord des jungen Heinz Lang, geschehen auf Zureden Peter Altenbergs. Ich notiere diesen und den folgenden Tag viel zu einer Comödie: ›die Seelen‹, diesen Stoff behandelnd. *(H VII 16.15)*

249, 25 wie es ihm nicht gelingt: zu lügen. *Anklang an einen Passus in Gottfried Benns ›Gehirne‹. Nachdem der Arzt Rönne einen Todkranken mit Glückwünschen zur gelungenen Genesung verabschiedet hat, meint er doppelsinnig:* »Wer glaubt, daß man mit Worten lügen könne, könnte meinen, daß es hier geschähe. Aber wenn ich mit Worten lügen könnte, wäre ich wohl nicht hier. Überall wohin ich sehe, bedarf es eines Wortes, um zu leben. Hätte ich doch gelogen, als ich zu diesem sagte: Glück auf!« *(5)*

249, 27 alles fließt ihm so auseinander *Rönne erfährt seine Umwelt als eine sinnlose Folge von Einzelheiten, die er nicht koordinieren kann. Während einer Eisenbahnfahrt »bespricht« er sich:* »ich will mir jetzt möglichst vieles aufschreiben, damit nicht alles so herunterfließt. So viele Jahre lebte ich, und alles ist versunken. Als ich anfing, blieb es bei mir? Ich weiß es nicht mehr.« *(3)*

249, 28 Sesostris oder Darius *Siehe Erläuterung zu Ia/5 H, S. 608, 6–11.*

250, 16 »Ich erschaffe mich an dir« *Siehe Erläuterung zu N 153, S. 606, 24–607, 13.*

250, 19–20 »Keiner Verknotung mächtig... *Siehe Erläuterung zu N 153, S. 607, 14–22.*

250, 21 Schwere drängende Zerrüttung *Siehe Erläuterung zu N 153, S. 607, 23–27.*

250, 22 »Nach einem Wort schrie er... *Siehe Erläuterung zu N 153, S. 607, 28–34.*

250, 23–24 »Rönne, ein Gebilde... *Siehe Erläuterung zu N 153, S. 607, 35–39.*

252, 23 Harangue... à la Narciss – Rameau *Jean François Rameau, Neffe des berühmten Komponisten, bitter arm, jedoch von brillantem Intellekt, durchwandert in Diderots Satire* ›Le Neveu de Rameau‹ *die mondänen Pariser Salons, in denen ein Zeremoniell ödester Langeweile zelebriert wird, um für ein Abendessen die Rolle des*

Unterhalters zu übernehmen. In einem Pariser Café trifft Rameau auf einen Philosophen (das ›Ich‹, den ›Narciss‹, des Dialoges), dem er in langen, pantomimisch untermalten Tiraden eine schonungslose Kritik der Gesellschaft und seine Philosophie des Schmarotzens entwickelt. In der Gesellschaft zählt allein der Besitz; allein mit seiner Hilfe kann man sich alle Annehmlichkeiten des Daseins verschaffen. Da Rameau seine Bedürfnisse aus eigener Tasche nicht befriedigen kann und auch nicht bereit ist, auf sie zu verzichten, nimmt er gelassen die Vorwürfe des Philosophen, weder Würde noch Selbstachtung zu besitzen, hin. Dessen moralische Intentionen sind ihm fremd. – Diderots Satire diente – wie Martin Stern nachgewiesen hat – in der Übersetzung Goethes als Vorlage für Hofmannsthals Komödienfragment Silvia im »Stern«.

254, 23 »Durch euch erfahre der unbenarbte Bramarbas« *Timon von Athen zu den beiden Dirnen Phrynia und Timandra (IV, 3):*

Nehmt dem das Nasenbein, der fürs Gesamtwohl
Sich stumpf zeigt, nur nach eignem Vorteil schnuffelnd.
Krausköpfige Raufer machet kahl, durch euch
Erfahr' der unbenarbte Kriegsbramarbas,
Was Schmerzen sind. Verpestet alles, daß
Die Quelle aller Zeugung durch eur Wirken
Ausdörre und ersticke. (Bd. 11, S. 72)

256, 10 ff. *N 173 Siehe Erläuterungen zu N 100, S. 599, 1–10.*

260, 22–24 Warum kann ich das Wissen meiner Vergangenheit... *Vgl. den Monolog Dantons in Büchners Drama:* »Man hat mir von einer Krankheit erzählt, die einem das Gedächtniß verlieren mache. Der Tod soll etwas davon haben. Dann kommt mir manchmal die Hoffnung, daß er vielleicht noch kräftiger wirke und einem *Alles* verlieren mache. ... mir giebt das Grab mehr Sicherheit, es schafft mir wenigstens *Vergessen*. Es tödtet mein Gedächtniß. Dort aber lebt mein Gedächtniß und tödtet mich.« *(213)*

261, 11–13 O du wirst sehen... *Von Shakespeare verschiedentlich verwandte Dialogkonstruktion; vgl. z. B.* ›Timon von Athen‹ *(IV, 3*

APEMANTUS
...
So lang ein Toller, nun ein Narr! ...
O, du wirst sehn –
TIMON
  Daß du ein Narr bist; geh! (Bd. 11, S. 74)

262, 30 Hanriot *François Hanriot (1761–1794) brachte es zum Kommandanten der Nationalgarde und wurde als Anhänger Robespierres Ende Juli 1794 hingerichtet.*

263, 8 ein fortwährender Monolog *Vermutlich durch Hofmannsthals Bennlektüre angeregte Notiz: Realitätserfahrung und träumerische Entrückung vollziehen sich in den Rönne-Novellen nahezu ausschließlich in der Erzählform des inneren Monologes; Berichtspassagen eines außenstehenden Erzählers sind verschwindend selten.*

263, 9–12 nur zermalmt wäre es möglich ... *Zermalmung ist in den Rönne-Novellen eine Metapher für die Befreiung von der Qual des Bewußtseins. In der ›Reise‹ heißt es: »Rönne schluchzte auf: wer knirschte so tief wie ich unter dem Stoff, wer ist so geknechtet von den Dingen nach Zusammenhang als ich, aber eben dies schweifende Gewässer, tief, dunkel und veilchenfarben, aus dem Aufklaff einer Achsel – mich stäubt Zermalmung an.« (25)*

263, 27 meine schwere drängende Zerrüttung *Siehe Erläuterung zu N 153, S. 607, 23–27.*

263, 30 Selbstmordsturz Leonces bei Lenas Anblick *Vgl. Büchners ›Leonce und Lena‹ (II, 4): Während eines einzigen Augenblickes macht der total desillusionierte Prinz Leonce beim Anblick Lenas die Erfahrung einer nie geahnten, schon nicht mehr realen traumhaften Schönheit. Diesem Erlebnis völliger Seligkeit will er durch den eigenen Tod Dauer verleihen, wovon er durch seinen Diener Valerio abgehalten wird.*

264, 5–6 zu mir gehört nichts ... *Auch hier ein indirekter Bezug zu Benns ›Gehirne‹: Rönne ist zerfallen in bloße Funktionen; seinem inneren Zerfall entspricht sein gestörtes Verhältnis zur Realität. Seine Hände z.B. sind von ihm selbst unabhängige Objekte; in den Tunneln liegen während einer Eisenbahnfahrt »die Augen auf dem Sprung« und warten auf das Licht. Sie werden vom koordinierenden Bewußtsein nicht mehr gesteuert und parzellieren das Panorama. (Vgl. ›Gehirne‹, S. 3f.)*

266, 14 Ich erschaffe mich an ihr. *Siehe Erläuterung zu N 153, S. 606, 24–607, 13.*

267, 23–25 Bin ich dir nicht ... *Freie Adaptation einer Replik des Periplektomenus aus Plautus' ›Miles Gloriosus‹ (III, 1); in der lateinischen Ausgabe im Besitz Hofmannsthals lautet die Stelle:*

> *Túte me ut fateáre faciam esse ádulescentem móribus:*
> *Ita [ego] ad omnis cónparebo tibi res benefactís frequens.*
> *Ópusne erit tibi áduocato trísti, iracundo? écce me.*
> *Ópusne leni? léniorem díces quam mutúmst mare,*
> *Líquidiusculúsque ero quam uéntus est faunónius.*
> *Vél hilaríssumúm conuiuam hinc índidem exprománm tibi*

Vél primariúm parasitum atque ópsonatorem óptumum.
Tum ád saltandum nón cinaedus málacus aequest átque ego.

(*T Macci Plauti Comoediae. Ex recogn. Alfredi Fleckeiseni. Lipsiae: Teubner T. 1. 1881, S. 153*). Und in der deutschen Ausgabe, ebenfalls in Hofmannsthals Bibliothek:

> *Ja, du sollst mich noch*
> *Als Jüngling preisen, was meine Lebensart betrifft:*
> *So mit Gefälligkeiten will ich immer dir*
> *Zu Diensten sein. Ein Anwalt tut dir not, ein Mann,*
> *Voll Zorn und finstrer Stirne? Sieh, da hast du mich!*
> *Du brauchst 'nen milden? Milder findst du mich, als wie*
> *Die stille See: ich lächle lieblich, säusle süß,*
> *Wie wenn der laue Zephir weht. Dann aber bin*
> *Ich auf der Stelle auch dein froher Zechkumpan,*
> *Erstklass'ger Späßemacher wie ein Parasit,*
> *Als Küchenchef ganz tadellos im Einkauf, auch*
> *Im Tanzen steh' ich meinen Mann so gut, wie nur*
> *Ein weicher Lotterbube.*

(*Die Komödien des Plautus. Übersetzt von Ludwig Gurlit. Berlin: Propyläen 1922 (Klassiker des Altertums. R. 2, Bd. 18), S. 147f.*)

267, 27–29 Er schläft? . . . Aus der Unterhaltung zweier Sklaven über ihren betrunkenen Kollegen im ›Miles Gloriosus‹ (III, 2):

> *LV. Non óperaest Sceledro. PA. Quid iam? LV. Sorbet dormiens.*
> *PA. Quid, sórbet? LV. Illut ›stértit‹ uolui dicere:*
> *Set quia consimilest quóm stertas quasi sórbeas, PA. Eho,*
> *An dórmit Sceledrus íntus? LV. Non nasó quidem:*
> *Nam eo mágnum clamat. PA. Tétigit calicem clánculum:*
> *Deprómpsit nardini ámphoram cellárius. (161)*

LUKRIO *kommt aus der Tür des Soldaten*
Skeledrus kann jetzt nicht.

PALÄSTRIO
                Warum denn nicht?

LUKRIO
                                        Er schläft
Und schlürft.

PALÄSTRIO
        Er schlürft?

ERLÄUTERUNGEN · AKT I SZENE b   615

> LUKRIO
>   *Nein, nein, ich wollte sagen: schnarcht,*
> *Ja, weil das Schnarchen doch dem Schlürfen ähnlich ist –*
> PALÄSTRIO
> *Oho, so schläft Skeledrus drin?*
> LUKRIO
>   *Mit der Nase nicht,*
> *Mit der macht er Krawall. Er hat sich im Geheim*
> *Den Becher angeguckt; der Kellermeister hat*
> *Ja grad ein Ankerchen des Weins gewürzt. (157)*

268, 1 ff. N 181 *Die Eintragungen im vierten Band der Shakespeareausgabe aus dem ehemaligen Besitz der Baronin Oppenheimer lassen sich fast sämtlich auf Hofmannsthals Lektüre des zweiten Teils von ›König Heinrich der Vierte‹ zurückführen.*

268, 11–24 Mein Seel'... *Die Rede der Wirtin findet sich im ersten Auftritt des zweiten Aktes. Aus ihr hat Hofmannsthal zwei Details für den Dialog zwischen Timon und Leäna übernommen: Die Wendung am Ende der Anklagerede:* »Ich schiebe dir nun den Eid in dein Gewissen: leugn' es, wenn du kannst.« *und die Schüssel Krabben, mit der Leäna später Timon ins Haus lockt.*

268, 28 Keine Worte weiter... *Falstaff und die Wirtin bereinigen ihren Streit untereinander, und Falstaff beendet die Unterredung (II, 1):*

WIRTIN
Gut, Ihr sollt es haben, müßt' ich auch meinen Rock versetzen. Ich hoffe, Ihr kommt zum Abendessen. Wollt Ihr mir alles zusammen bezahlen?

FALSTAFF
Will ich das Leben behalten? – Zu Bardolph *Geh mit ihr, geh mit ihr! Häng' dich an, häng' dich an!*

WIRTIN
Soll ich Euch Dortchen Lakenreißer zum Abendessen bitten?

FALSTAFF
Keine Worte weiter! Laß sie kommen. (Bd. 4, S. 344 f.)

268, 30 Hinken... *Detail aus dem Dialog Falstaffs mit Dortchen Lakenreißer (II, 4):*

FALSTAFF
»Rubinen, Perlen und Karfunkeln, – «
Denn Ihr wißt, wer tapfer dient, kommt hinkend aus dem Felde; der kommt aus der Bresche, seine Picke tapfer eingelegt, und tapfer zum Chirurgus; der geht tapfer auf geladne Feldkatzen los – (Bd. 4, S. 356)

268,32 Todschläger... *Aus einem Streit der Wirtin mit Falstaff (II, 1):*

WIRTIN
Mich in die Gosse werfen! Wart', ich will dich in die Gosse werfen. Das willst du? das willst du, unehrlicher Schelm! Mord! Mord! O du monsterhafter Spitzbube! Willst du Gottes und des Königs seine Beamten umbringen? O du Schelm von Hottentäter! Du bist ein Hottentäter, ein Totschläger und ein Frauenschläger.

FALSTAFF
Halt sie ab, Bardolph!

KLAUE
Sukkurs! Sukkurs!

WIRTIN
Lieben Leute, schafft doch einen Sukkurs her oder ein paar. – Sieh, sieh doch! das willst du? Ich will dich! Nur zu, zu, du Schelm! Nur zu, du!

FALSTAFF
Fort, du Wischhader! du Bagage! du Schlampalie! Ich will dir das Oberstübchen fegen. (Bd. 4, S. 341)

268,33 Du denkst... *Aus einem Dialog zwischen Poins und dem Prinzen Heinrich kompilierte Replik (II, 2):*

PRINZ HEINRICH
Was würdest du von mir denken, wenn ich weinte?

POINS
Ich würde denken, du seist der fürstlichste Heuchler.

PRINZ HEINRICH
Das würde jedermanns Gedanke sein; und du bist ein gesegneter Bursch, daß du denkst, wie jedermann denkt; keines Menschen Gedanken auf der Welt halten sich mehr auf der Heerstraße als deine. (Bd. 4, S. 348)

268,34 Beängstigungen *Vgl. den Dialog Falstaffs mit der Wirtin über Dortchen Lakenreißer (II, 4):*

FALSTAFF
...
Was macht Ihr nun, Jungfer Dortchen?

WIRTIN
Ihr ist übel, es fehlt ihr an Beängstigungen; ja, meiner Seel'.

FALSTAFF
So sind alle Weibsbilder; wenn man sie nicht immer beängstigt, so wird ihnen übel.
(Bd. 4, S. 355)

268, 35 In der Weiche *Der Weiche Falstaffs gilt auch die Sorge der Wirtin bei einem Gefecht in ihrer Gaststube (II, 4):*

DORTCHEN
Ich bitte dich, Hans, sei ruhig! der Schuft ist fort. Ah, Ihr kleiner tapfrer Schelm von einem Hurensohn, Ihr.

WIRTIN
Seid Ihr nicht in der Weiche verwundet? Mich dünkt, er that einen gefährlichen Stoß nach Eurem Bauche. (Bd. 4, S. 361)

269, 24 Dann blüht unser Weizen! *Wendung Falstaffs aus den ›Lustigen Weibern von Windsor‹ (I, 3), in der Übersetzung von Schlegel/Tieck: »Geh, trag du diesen Brief an Frau Page, und du jenen an Frau Fluth: unser Weizen blüht, Kinder, unser Weizen blüht.« (Zitiert nach: Shakespeare's dramatische Werke übersetzt von August Wilhelm von Schlegel und Ludwig Tieck. Neue Ausgabe in neun Bänden. Berlin: Reimer, 7. Band 1854, S. 19).*

270, 1ff. N 183 *Aus Details des siebten Hetärengesprächs Lukians zusammengestellt: Die sehr geschäftstüchtige Mutter einer noch unerfahrenen kleinen Hetäre macht ihrer Tochter heftige Vorwürfe, daß sie sich einen armen Liebhaber genommen habe, den finanzkräftigeren Bewerbern absage, ja daß sie ihren Geliebten auch noch mit Geld und Geschenken unterstütze: »... wo sind die zwei ionischen Halsketten hingekommen, deren jede zwei Dareiken wog, womit dich der Schiffsherr Praxias aus Chios beschenkt hatte, und die er expreß für dich zu Ephesos hatte machen lassen?« – Das Mädchen auf die lange Litanei ihrer Mutter: »Ich hätte ihn [ihren Geliebten] also sitzen lassen und dem bocksduftenden Bauernlümmel die Zeit vertreiben sollen?« (Lukian, Sämtliche Werke. Mit Anmerkungen. Nach der Übersetzung von C. M. Wieland bearbeitet und ergänzt von Hans Floerke. München und Leipzig: Müller 1911, Bd. 3, S. 154ff.)*

274, 2–3 Dafür verkauf ich meine Seele! ... *Aus einem Dialog Falstaffs mit Pistol in den ›Lustigen Weibern von Windsor‹; in der von Schlegel/Tieck nur wenig abweichenden Übersetzung Kochs (II, 2):*

FALSTAFF
... Ich bin zur Hölle verdammt, weil ich mehreren Herren, meinen Freunden, schwur, ihr wärt brave Soldaten und tüchtige Bursche; und als Frau Brigitte ihren Fächerstiel verlor, nahm ich's auf meine Ehre, du hättest ihn nicht.

PISTOL
Nahmst du nicht teil? Hattst du nicht fünfzehn Pence?

FALSTAFF
Mit Recht, Schurke, mit Recht! Denkst du, ich soll meine Seele gratis aufs Spiel setzen? (Bd. 7, S. 38)

274, 5–7; 22–23 *Aus dem sechsten Hetärengespräch Lukians entnommene Details, in welchem eine geschäftstüchtige Mutter ihr junge Tochter auf den Hetärenberuf vorbereitet und ihr ein Mädchen namens Lyra als Vorbild empfiehlt:* »*Vor allem hielt sie sich immer nett und reinlich in Kleidung und an ihrer ganzen Person; sie war gegen jedermann freundlich, aber brach darum nicht alle Augenblicke in ein lautes Kichern und Lachen aus, ... sondern es war immer etwas Anmutiges und Anziehendes in ihrem Lächeln. Im Umgang mit den Mannsleuten ... hielt sie zwischen schüchterner Zurückhaltung und unanständiger Frechheit den Mittelweg ... Verdingt sie sich zu einem Gastmahl, so betrinkt sie sich niemals ... noch überfüllt sie sich mit Essen wie Leute, die keine Lebensart haben, sondern rührt alles nur mit den Fingerspitzen an, nimmt schweigend einen Bissen nach dem anderen ... und trinkt langsam, nicht auf einen Zug, sondern mit öfterem Absetzen ... und wenn man sich endlich zu Bette legt, wird sie nie die geringste Leichtfertigkeit oder Unanständigkeit begehen ...*« *(153f.)*

276, 4–5 zugleich ins Bollwerk ... *Erotischer Topos des barocken Lustspiels; so in Gryphius'* ›Horribilicribrifax‹, *den Hofmannsthal u. a. für den* Turm *intensiv durcharbeitete, Don Diego zum bramarbasierenden Don Daradiridatumtarides:* »*Signor mio illustrissimo! Mich wundert nicht wenig, daß ihr das Bollwerck von Selene noch nicht habt miniren können.*« *(In Hofmannsthals Ausgabe: Gryphius' Werke. Hrsg. von H. Palm. Berlin und Stuttgart: Speemann o.J., S. 249f.)*

283, 16 Komm herauf wir wollen dich hören, wie du schimpfst. *Nach einer Replik des Patroklus in Shakespeares* ›Troilus und Kressida‹ *(II, 3):*

> *Wer da? – Thersites! Lieber Thersites, komm herein und schimpfe.*
> *(Bd. 11, S. 153)*

284, 4–7 Warum bin ich alles losgeworden ... *Siehe Erläuterung zu Ib/5 H, S. 612, 21–27.*

286, 11 Der hat sein Brot ... *Aus einer Replik des Apemantus in Shakespeares* ›Timon von Athen‹ *(I, 2):*

> *Ah was, dein Mahl! mich würgt' es, denn ich könnte*
> *Nie schmeicheln dir! Ihr Götter, welch ein Schwarm*
> *Zehrt hier an Timon, und er sieht es nicht!*
> *Mich quält's, zu sehn, wie mancher hier sein Brot*
> *In eines Mannes Blut eintaucht; er aber,*
> *Den Wahnsinn voll zu machen, reizt sie noch. (Bd. 11, S. 28)*

ERLÄUTERUNGEN · AKT I SZENE b   619

289,18–20 Warum hab ich nicht Gedächtnisschwäche... *Siehe Erläuterung zu Ib/5 H, S. 612, 21–27.*

291,18–20 Du wirst sehen... *Siehe Erläuterung zu Ib/5 H, S. 612, 28–35.*

293,13 Schieb mir den Eid zu! *Siehe Erläuterung zu N 181, S. 615, 14–18.*

294,5–6 Du denkst wie jedes Weib denken sollte.... *Siehe Erläuterung zu N 181, S. 616, 17–26.*

294,7 Beängstigung *Siehe Erläuterung zu N 181, S. 616, 27–36.*

294,8 schnürt mich ein wenig auf – *Detail aus Shakespeares Tragödie ›Antonius und Kleopatra‹ (I, 3):*

    KLEOPATRA
        Charmian, schnür' mich auf!
    Doch nein, laß sein; mir wird bald schlimm, bald wohl:
    Ganz wie Antonius liebt. (Bd. 9, S. 264)

294,15 Todschläger!... *Siehe Erläuterung zu N 181, S. 616, 1–16.*

294,17 Keine Worte weiter!... *Siehe Erläuterung zu N 181, S. 615, 19–30.*

297,19 die Kehle... *Siehe Erläuterung zu N 162, S. 610, 12–23.*

297,22–26 erinnerst du wie ich mit Lebensgefahr?... *Siehe Erläuterung zu Ib/7H, S. 617, 27–38.*

299,10–18 Manierlos bist du... *Siehe Erläuterung zu Ib/7 H, S. 618, 1–14.*

299,18–24 den Praxias... *Siehe Erläuterung zu N 183, S. 617, 15–26.*

299,37 u er verzehrt nichts als Sardellen u Zwiebeln *Detail aus dem vierzehnten Hetärengespräch Lukians, in dem ein Matrose sich gegen den Vorwurf seines Mädchens, ihre Mühen allzu schäbig zu entlohnen, verteidigt: »Hab ich nicht deiner Mutter zwei Drachmen zu einem Paar Schuhe gegeben und deiner Lyde hier gar oft, bald zwei, bald vier Obolen in die Hand gedrückt? Das alles zusammengerechnet macht eines armen Bootsmanns Hab und Gut aus.« Darauf das Mädchen: »Die Zwiebeln und Heringe meinst du?« (181)*

307,1–2 Dein Anwalt?... *Siehe Erläuterung zu N 180, S. 613, 28–614, 20.*

307, 13–15 Du denkst... *Siehe Erläuterung zu N 181, S. 616, 17–26.*

312, 8 Bollwerk *Siehe Erläuterung zu Ib/7 H, S. 618, 15–20.*

312, 28 ff. ich stöbre ihn auf!... *Aus dem Wort eines Sklaven im ›Miles Gloriosus‹ des Plautus (IV, 9) entwickelter Dialog; in Hofmannsthals Ausgabe:*

> PV. Ne mé moneatis: mémini ego officiúm meum.
> Ego iámiam conuenam illunc. ubi ubist géntium,
> Inuéstigabo [eum]: óperae non parcám meae. *(192)*

In der deutschen Ausgabe Hofmannsthals lautet die Stelle:

> KNABE *nach innen sprechend*
> Ihr braucht mich nicht zu mahnen: ich kenne meine Pflicht.
> Ich find' ihn schon, wo er auch stecken mag: ich spür'
> Ihn auf und spare keine Müh'. *(208)*

314, 31 Eine Schüssel frischer Krabben *Siehe Erläuterung zu N 181, S. 615, 14–18.*

315, 32 Zermalmt... *Siehe Erläuterung zu N 178, S. 613, 6–11.*

317, 12–16 Es kräuselt sich –... *Siehe Erläuterung zu N 136, S. 604, 9–17.*

317, 17 die schwere drängende Zerrüttung *Siehe Erläuterung zu N 153, S. 607, 23–27.*

317, 26 Nimrod u Sesostris *Siehe Erläuterung zu Ia/5 H, S. 608, 6–11.*

317, 27 zu ihr mich schwingen können *Vgl. den Schluß von Benns Novelle ›Gehirne‹: Mit Bildern des Fliegens (»ich schwinge wieder«, »auf Flügeln geht dieser Gang«) suggeriert Benn Rönnes Erwachen aus dem Zustand der Erstarrung (9).*

318, 26 ich erschaffe mich an ihr! *Siehe Erläuterung zu N 153, S. 606, 24–607, 13.*

319, 14 mein Arm gehört nicht zu mir... *Siehe Erläuterung zu N 179, S. 613, 20–26.*

325, 6 Ja die Weich! *Siehe Erläuterung zu N 181, S. 617, 1–8.*

325, 31–33 und hab ich dich mit diesem Eid... *Siehe Erläuterung zu Ib/7 H, S. 617, 27–38.*

327, 12 Entweder mit dem Schild... *Siehe Erläuterung zu Ia/5 H, S. 608, 26–28.*

Akt I Szene In der Villa

331, 20–21 Aegypten wo jede Neuerung ... *Siehe Erläuterung zu N 87, S. 592, 4–10.*

332, 2 Zerrüttung *Siehe Erläuterung zu N 153, S. 607, 23–27.*

332, 30 Ich bin mehr das Resultat meiner Werke ... *Einen längeren Gedankengang Valérys zusammenfassende (Hinweis von Rudolf Hirsch/Frankfurt a. M.), auch in der Einleitung zu Schillers Selbstcharakteristik (P IV 303) verwandte Formulierung; vgl. besonders die Seiten 68 bis 70 des Aufsatzes ›Au Sujet d'Adonis‹ in: Variété. Paris: Gallimard 1924.*

332, 32 Eupator *Beiname Mithridates' VI., Königs von Pontos (132–63 v. Chr.). Von ihm wird berichtet, daß er nach der Ermordung seines Vaters Mithridates' V. sieben Jahre auf der Flucht vor seiner Mutter war und ein unstetes Wander- und Jägerleben führte, bis er durch eine Palastrevolution zur Macht kam und eine gewaltige Expansionspolitik betrieb. – Vgl. auch N 326, S. 480, 22–23.*

334, 8–9 berühmter Mann u. Neuhoff *Vgl. Der Schwierige (II, 2).*

334, 16 Timons Monologe ... *Gottfried August Bürger hat Shakespeares ›Timon of Athens‹ nicht übersetzt.*

335, 10 Aus diesem Brief ersehe ich *Leonato zu Beginn von Shakespeares Komödie ›Viel Lärmen um Nichts‹: »Aus diesem Briefe seh ich, daß Don Pedro von Arragon diesen Abend nach Messina kommt.« (Bd. 7, S. 102)*

335, 10–12 er definiert den Brief mehr in Proust'scher Art ... *Vgl. z.B. eine typische Passage im zweiten Teil von ›Sodome et Gomorrhe‹: »Des après le premier diner ... la vieille marquise m'avait écrit une de ces lettres dont on reconnaît l'écriture entre des milliers. Elle me disait: ›Amenez votre cousine délicieuse – charmante – agréable. Ce sera un enchantement, un plaisir‹, manquant toujours avec une telle infaillibilité la progression attendue par celui qui recevait sa lettre que je finis par changer d'avis sur la nature de ces diminuendo, par les croire voulus, et y trouver la même dépravation du goût – transposée dans l'ordre mondain, à altérer toute expression un peu habituelle. Deux méthodes, enseignées et sans doute par des maîtres différents, se contrariaient dans ce style épistolaire – la deuxième faisant racheter à Mme de Cambremer la banalité des adjectifs multiples en les employant en gamme descendante, en évitant de finir sur l'accord parfait. En revanche, je penchais à voir dans ces gradations inverses, non plus du raffinement, comme quand elles étaient l'œuvre de la marquise douairière, mais de la maladresse toutes les fois qu'elles étaient employées par le marquis son fils ou par ses cousines. Car dans toutes de famille ... par une imitation* *admirative de tante Zélia, la règle des trois adjectifs était très honneur«. (Marcel Proust, A la Recherche du Temps Perdu, Paris: Gallimard, Bibliothèque Pléiade, 1954, II, 1087f.)*

Siehe S. 543, 20–23 und S. 544, 12f. sowie Erläuterung zu N 62, S. 579, 21–580, 6.

335, 34 Ich trete den Hochmuth des Platon nieder ... *Damon zu Alcest in Hofmannsthals Molière-Bearbeitung* Die Lästigen: Wissen Sie, was Platon zu dem Zyniker sagte, als dieser ihm vorwarf, er habe mit seinen staubigen Füßen, frisch von der Agora herein, den schönen Teppich in Platons Vorgemach beschmutzt? »Platon, ich trete deinen Hochmut nieder«, sagte der Zyniker. »Ja«, sagte Platon und lächelte, »mit einem anderen Hochmut.« *(L II 122)*

337, 23 »perpetual-sober« *Siehe Erläuterung zu N 94, S. 596, 31–34.*

339, 8 Arion *Dem Sopran gab Hofmannsthal den Namen des legendären antiken Sängers Arion aus Methymna. Ein Kapitel in Bertrams ›Nietzsche‹ trägt die Überschrift* »Arion«, vgl. Erläuterung zu N 73, S. 583, 15–26.

339, 26 den schwarzen Abgar *Siehe Erläuterung zu N 122, S. 602, 7–10.*

341, 33 am farbigen Abglanz ... *Siehe Goethes ›Faust, Zweiter Teil‹, v. 4679ff.*

343, 5–6 Du kaufst mich um Schattengeld ... *Siehe die Erläuterung zu Hofmannsthals Dramenplan* Gerichtsverhandlung über den Traum*; N 1, S. 565, 21–566, 4.*

345, 22 Dein Eros ist Anschauen des Schönen *Siehe Erläuterung zu N 48, S. 574, 9–19.*

346, 27–28 ernst genommen zu werden *Siehe Erläuterung zu N 73, S. 583, 27–34.*

348, 19–20 Koth der Straße ... *Variation eines arabischen Sprichwortes, das Hofmannsthal auch ins* Buch der Freunde *aufgenommen hat. Dort heißt es:* Es ist eine unangenehme, aber notwendige Kunst, die gemeinen Menschen durch Kälte von sich abzuhalten. »Nur die Kälte bändigt den Kot, daß er dir den Fuß nicht beschmutzt«, sagt ein arabisches Sprichwort. *(A 21) – Vgl. dazu den Quellennachweis Ernst Zinns in:* Buch der Freunde, *Frankfurt: Insel-Bücherei 796, 1965, S. 108.*

348, 24ff. N 224 *Siehe Erläuterung zu N 86, S. 590, 32–591, 14.*

ERLÄUTERUNGEN · AKT I SZENE IN DER VILLA

349, 23–24 Vermelde man am Markte ... *Siehe Erläuterung zu N 63, S. 580, 7–14.*

349, 27 Algabal *Siehe Erläuterung zu N 63, S. 580, 15–23.*

350, 24–25 Sie werden sich mit dem zehnten Mann begnügen. *Vgl. die Worte eines Athener Senators zu dem die Stadt erobernden Feldherrn Alkibiades in Shakespeares ›Timon von Athen‹ (V, 4):*

> ... *Zieh, edler Herr,*
> *In unsre Stadt mit wehendem Panier;*
> *Und nach des Siegers blut'gem Zehntrecht*
> *– Wenn deine Rache giert nach Kost, vor der*
> *Natur wohl schaudert – nimm den zehnten Mann:*
> *Und, wie der Würfel bunt von Flecken fällt,*
> *Fall' hin Beflecktes! (Bd. 11, S. 95)*

354, 23 die Zeile des Chäremon *Hofmannsthal bezieht sich auf eine Stelle in den Tagebüchern Heinses. In den Aufzeichnungen zur italienischen Reise von 1780–1783 heißt es:*

Herrliches Nachtstück des Poeten Chäremon.

Die eine lag in hellem Mondschein, und zeigte die Brüste, die Binde des Busens aufgelöst; die andre tanzte im Kreise, den Heft der linken Schulter offen, und sie entblößte und gab den ätherischen Zuschauern ein lebendig Gemählde zu betrachten: das weiße ihrer Augen hielt ihren Schimmer ein. Eine andre streifte sich mit den schönen Händen die Aermel auf. Eine andre ganz oben bedeckt zeigte unter den Falten des zurückgeworfnen Gewandes die Hüften. Da ward mir die Liebe ihrer zulächelnden Schönheit außer Hofnung zum Genuß, mir wie ein Siegel aufgedrückt. Sie fielen rücklings in Helenion, und drückten die dichten Büschel schwarzer Violen nieder und des Crocus, der schön das Gewebe golden färbt. Der Persische, blätterichte und frohe Amaracus hielt aber seinen Nacken empor in den weichen Wiesen. (269f.)

359, 26–27 Dass die Gesetze ein sociales Gerüst ... *Siehe Erläuterung zu N 105, S. 599, 26–31.*

361, 18 die man auf Katzen loslassen sollte *Die Abneigung gegen Katzen teilt Phanias mit Bertram aus Shakespeares Schauspiel ›Ende gut, Alles gut‹ (IV, 3): »Alles konnt' ich sonst ausstehen, nur keine Katze, und er ist nun eine Katze für mich ... Zum Henker mit ihm! Er ist und bleibt eine Katze.« (Bd. 2, S. 206f.)*

365, 13 wie ein schlotterndes Kleid *Vgl. Hofmannsthals Bemerkungen über den Schauspieler Mitterwurzer: Wie mit den einzelnen Reden, so macht er es* mit dem Gewebe aus vielen Reden, der »Rolle«. Er hat Gewalt über sie, er kann mehr daraus machen, was man spürt, als alle andern: und er achtet sie für nichts. Wir alle haben fortwährend solche Gewebe aus Worten um uns hängen und geben uns unglaubliche Mühe, so auszusehen, als ob uns das nicht hinunterfallen könnte, oder zum mindesten, als ob wir nicht daran dächten, daß uns das herunterfallen kann. ... Der Mitterwurzer geht herum, und in seinen Augen ist eine solche grenzenlose Willkür, daß es ganz möglich wird, er wird die Rolle im nächsten Augenblick wegwerfen, wie einen lästigen Fetzen. *(P I 232)*

366, 3 Ihre Kritik des Begriffes: Volk. *Vermutlich (zumal die folgende Notiz ebenfalls auf Shakespeare verweist) durch Hofmannsthals Lektüre von* ›*Antonius und Kleopatra*‹ *angeregt; vgl. Cäsars Urteil (I, 4):*

> *Von Anbeginn lehrt uns der Zeiten Folge:*
> *Man wünschte einen Mann, bis groß er dastand.*
> *Und erst gestrandet, nicht mehr wert der Liebe,*
> *Fand Liebe er, erst als vermißt geschätzt.*
> *Der Haufe, wie ein irrend Tang im Strom,*
> *Treibt hin und her, dienstbar der Wechselflut,*
> *Und zieht sich durch Bewegung Fäulnis zu. (Bd. 9, S. 267)*

366, 4 Menecrates / Menas *Unmittelbar nach Cäsars Bemerkungen über die Unstetigkeit des Volkes berichtet ein Bote:*

> *Menekrates und Menas, berüchtigte Piraten,*
> *Machen die See sich dienstbar, deren Schoß*
> *Mit Kielen aller Art sie pflügen, sich erfrechend*
> *Zu mancher Landung in Italien. (Bd. 9, S. 267)*

366, 5 ff. N 233 *Die beiden Verszitate entstammen einer Rede des Ulysses (III, 3) in Shakespeares* ›*Troilus und Kressida*‹. *Sie lauten im Zusammenhang:*

> *... Was jetzt die thun, sei's auch*
> *Geringres, als Ihr thatet, muß Euch stürzen.*
> *Denn Zeit ist wie ein Wirt nach neuster Mode,*
> *Der lau dem Gast beim Scheiden reicht die Hand,*
> *Doch den, der kommt, mit ausgestreckten Armen,*
> *Als flög' er ihm entgegen, an sich zieht.*
> *»Willkommen« lächelt stets, »Lebwohl« geht seufzend.*
> *Für, was sie war, such' Tugend niemals Lohn;*
> *Denn Schönheit, Körperkraft,*
> *Erworbenes Verdienst, Verstand, Geburt,*
> *Lieb', Freundschaft, Milde, unterthan sind alle*

ERLÄUTERUNGEN · AKT I SZENE IN DER VILLA 625

> *Dem Haß und der Verleumdungssucht der Zeit.*
> *In einem Zug ist alle Welt verwandt,*
> *Einstimmig neu gebornen Tand zu ehren,*
> *Ob er auch nur aus altem Stoff geformt,*
> *Und Staub, ein wenig übergoldet, mehr*
> *Zu preisen als Vergoldung, leicht bestäubt.*
> *Wert ist der Gegenwart nur Gegenwärt'ges:*
> *Drum staun' nicht, du vollkommner großer Mann,*
> *Daß aller Griechen Ehrfurcht Ajax gilt;*
> *Was sich bewegt, zieht eher an die Augen,*
> *Als was sich nicht vom Fleck rührt. (Bd. 11, S. 176f.)*

366, 19 eine ebenso große Hure wie die Zeit *Vgl. eine von Hofmannsthal markierte Stelle in derselben Rede des Ulysses:*

> *Zeit trägt, mein Fürst, den Quersack auf dem Rücken,*
> *Almosen für Vergessenheit zu sammeln,*
> *Ein ries'ges Scheusal, das der Undank mästet:*
> *Die Brocken sind Wohlthaten, kaum erwiesen,*
> *Auch schon verschluckt und im Erweisen auch*
> *Bereits vergessen. (Bd. 11, S. 176)*

367, 8–10 »Kein Mensch ... *Achilles zu Ulysses in ›Troilus und Kressida‹ (III, 3):*

> *... Kein Mensch, nur weil er Mensch,*
> *Hat irgend Ehre; äußre Ehren nur,*
> *Wie Stand, Gunst, Reichtum, bringen Ehren ein,*
> *So oft des Zufalls Preis als des Verdienstes.*
> *Und wanken diese hohlen Stützen, stürzt*
> *Die dran gelehnte Liebe, hohl wie sie,*
> *Sie völlig um, und es begräbt ein Sturz*
> *Die beiden. (Bd. 11, S. 174)*

367, 12 nothingness is law *Aus Lafcadio Hearns ›Out of the East‹ (Hinweis von Rudolf Hirsch | Frankfurt a. M.). In dem von Hofmannsthal im August 1905 und im Oktober 1908 gelesenen Kapitel* »Of the Eternal Feminine« *heißt es:* »›He,‹ saith a Buddhist text, ›who discerns that nothingness is law, – such a one hath wisdom.‹« *(Lafcadio Hearn, Out of the East. Reveries and Studies in New Japan. London: Kegan Paul, Trench, Trübner & Co., Ltd. 1903, S. 125)*

368, 11–12 einen sternengleichen Hochsinn *Vgl. die Worte des Dichters im Dialog mit Timon von Athen (V, 1):*

> *Herr,*
> *Wir, die so oft gekostet Eure Großmut,*
> *Als wir von Eurer Einsamkeit gehört,*
> *Dem Abfall Eurer Freunde, deren Undank*
> *– O Scheußliche – nicht alle Himmels Geißeln* 5
> *Genügend züchtigen – Was! Euch,*
> *Des sternengleicher Hochsinn Lebensnahrung*
> *Erst ihrem Dasein lieh! Ich bin entrüstet*
> *Und kann des Undanks Riesenmasse nicht*
> *Mit noch so großem Wortumfang bedecken. (Bd. 11, S. 86)* 10

368, 16 Ihr eidunfähigen Gecken! *Timon von Athen zu den Huren Phrynia und Timandra (IV, 3):*

> *Genug, daß Huren ihr Gewerb verschwören,*
> *Und Kupplerinnen nicht mehr Huren werben.*
> *Die Schürzen hoch, ihr eidunfäh'gen Schlangen;* 15
> *Ich weiß, ihr würdet schwören, so furchtbar schwören,*
> *Daß beim Anhören selbst die ew'gen Götter*
> *Ein himmlisch Fieber schüttelt'; doch spart euch Eide,*
> *Mir bürgt schon euer Stand; bleibt immer Huren! (Bd. 11, S. 71)*

368, 24 Schminkt! malt euch an! *Der Ausfall Timons von Athen gegen die beiden Huren endet:* 20

> *... Doch sechs Monde lang*
> *Tragt andre Pein; deckt euer kahles Dach*
> *Mit Raub von Leichen, sei's auch von Gehängten.*
> *Schmückt euch damit, betrügt damit: hurt fort,* 25
> *Schminkt, bis eur Antlitz Pferdsstreu gleicht:*
> *Die Pest auf Runzeln! (Bd. 11, S. 71f.)*

368, 32 Wer kann das Maul weiter aufreißen ... *Ein Diener über Flavius, den Haushälter Timons von Athen (III, 4):*

... er ist arm, und das ist Rache genug. Wer kann das Maul weiter aufreißen, als wer 30
kein Dach über seinem Kopfe hat? so einer kann gegen große Gebäude losziehen.
(Bd. 11, S. 54)

370, 30 die Stelle aus dem Chäremon *Siehe Erläuterung zu Villa/3H, S. 623, 14–27.*

375, 30 den nüchternen Göttern *Siehe Erläuterung zu N 94, S. 596, 31–34.* 35

ERLÄUTERUNGEN · AKT I SZENE IN DER VILLA 627

375, 35 Ich war Regen u. schönes Wetter! *Siehe Erläuterung zu Ia/6H, S. 609, 1–5.*

376, 2ff. N 239 *Siehe Erläuterung zu N 95, S. 596, 35–597, 9.*

376, 15ff. N 240 *Siehe Erläuterung zu N 97, S. 598, 27–38.*

376, 25ff. N 241 *Siehe Erläuterung zu N 96, S. 597, 35–598, 10.*

379, 29 ich weiß noch nicht, von wo ich es mir ansehen werde. *Diese Neigung zu einem zynischen Voyeurismus teilt Phanias mit Thersites in Shakespeares ›Troilus und Kressida‹.*

394, 5–6 Ich kann eine einzelne Katze nicht ertragen *Siehe Erläuterung zu Villa/4H, S. 623, 30–33.*

397, 34 Der schwarze Abgar *Siehe Erläuterung zu N 122, S. 602, 7–10.*

399, 27–29 Verkleidungen für das Nichts . . . *Vgl. Hofmannsthals Aphorismen* Aus einem ungedruckten Buch *(A 85): Das Geld, die Krankheit, die Zukunft: Verkleidungen des Nichts.*

399, 36–37 ihn zu gebären *Das Bild von Schwangerschaft und Geburt zur Kennzeichnung sozialer und politischer Umwälzungen ist antiken Ursprungs und wurde Hofmannsthal vermutlich durch seine Pöhlmannlektüre vermittelt. Der aristokratische Lyriker Theognis schrieb im sechsten vorchristlichen Jahrhundert: »Hoffe nicht, daß die Stadt ruhig bleiben wird; schon ist sie schwanger und ich besorge, daß sie den frevlen Führer des Aufruhrs, den Rächer unseres schlimmen Übermutes gebären wird.« (zitiert nach Pöhlmann, I, 185)*

400, 5 Die Natur opfert ganze Arten. *Siehe Erläuterung zu N 86, S. 590, 32–591, 14.*

402, 5 Eure Worte sind ein schlotterndes Kleid *Siehe Erläuterung zu N 231, S. 623, 34–624, 9.*

402, 6–7 das Leben ist ein Mimus *Hofmannsthal notierte sich in seinem Exemplar von Hermann Reichs ›Der Mimus‹ auf dem hinteren Vorsatzblatt:* Augustinus, Vergleich des ganzen Lebens mit einem mimus S. 769 ff. *An bezeichneter Stelle schreibt Reich: »Wie einst Kaiser Augustus und Seneca vergleicht auch Augustin das menschliche Dasein mit dem Mimus. Wie bald, ruft er aus, müssen wir den nachfolgenden Geschlechtern Platz machen. Wenn die Kinder heranwachsen, sagen sie zu den Eltern, gebt uns Raum, damit wir nun auch unsern Mimus aufführen können. Denn das ganze menschliche Leben ist ein Mimus.«*

402,9 wie ins Wasser geschrieben *Bereits von Platon im ›Phaidros‹ (276 c) verwendeter, in der gesamten abendländischen Dichtung verbreiteter Topos, den Keats für sein Epitaph wählte: »Here lies one whose name was writ in water«.*

402,9–10 Was bleibt ausser durch Worte! ... *In Hofmannsthals Tagebuch finden sich unter der Überschrift* Lustspiel im antiken Costüm *folgende Aufzeichnungen:*

X 25. Gespräche mit Burckhardt über das Verhältnis des geistigen zum tätigen Menschen, des Dichters zum Helden. (beziehen sich zugleich auf das Lustspiel)

Ein Notizzettel Burckhardts vom 9. X. 25.

Die große Gestalt in der Welt der Taten steht zum Dichter in unlösbarer Verbindung, denn ohne diesen verlischt das Bild der Tat, und der Schatten des Tätigen kehrt nicht wieder. Der Schauspieler aber, der die Taten auf des Dichters Geheiß immer wieder zu scheinbarer Wirklichkeit erhebt, er vertritt den Augenblick; da denn der Held, den er beschwört, der Vergangenheit gehört, die Dichtung aber der Zukunft.

Der Held zeit seines Lebens bedarf der mimischen Kraft um zu wirken, der Dichter bedarf ihrer, um zu gestalten, der *(1)* Mime *(2)* Schauspieler | aber hat einen Bruder der zu ihm sich verhält wie der gestaltlose Tod zu dem traumbevölkerten Schlaf, es ist der Tänzer, u. dieser ist frei davon, den Helden zu spiegeln und er bedarf des Dichters nicht; alles umfasst er, alles vermag er hinunterzuspielen in seinen Wirbel, u. er ist wahrhaft die Mitte der Welt.

Vgl. außerdem das erste der beiden von Rudolf Hirsch zuerst im Anhang zum Briefwechsel zwischen Hofmannsthal und Willy Haas abgedruckten »Themata zu gelegentlichen Arbeiten für die ›Literarische Welt‹« (HvH-WH 104); hier nach dem Manuskript (H IV B 188.3,2):

Briefwechsel zwischen der Schauspielerin u. dem Dichter.

Sie sollen gesagt haben – Sie haben mich gemacht. Als Frau u. als Schauspielerin. – Der Moment wo ich mich auf mein Bett setzte u den Kopf in die Hände fallen ließ – der Moment wo ich zu tanzen anfing bei einer Entscheidung – u. den Kopf hin u. herbewegte – der Moment wo ich aus der Bühne [schief] herausfiel u die Bühne dadurch annulliert war – was hast du zu diesen Momenten getan? –

DIE SCHAUSPIELERIN
Ich bin da!

(1) A.
u. die Worte in deinem Mund?

B.
Jedes täte es –

(2) Der Abgrund des Blutes in m Adern die Angst welche die Schönheit einflösst, u. das Talent – welches aus dem *(a)* Körper *(b)* Leib einen Abgrund macht – einen Turm ein Gefängnis –

A.
u. die Worte in deinem Mund?

B.
Jedes täte es –

A.
Aber die Situation

B.
Die habt ihr aus dem Mythos

Jede Gebärde ist einzig   sie kommt nie mehr wieder – sie ist **wirklich**

406, 2–11 *Die gesamte alternative Replik des Arion ist aus weitgehend wörtlichen Zitaten (in Hofmannsthals eigener Übersetzung) aus dem einleitenden Dialog ›L'Ame et la Danse‹ zu Paul Valérys ›Eupalinos‹ zusammengesetzt. Vgl. S. 562, 38–563, 28.*

406, 2–3 Deine Bewegung entsteht aus deinem Blick ... *So auch Éryximachos über Athikté:*

C'est pourquoi je veux voir avec une tendre émotion, poindre sur cette vivante, le mouvement sacré. Voyez! ... Il naît de ce glissant regard qui entraîne invinciblement la tête aux douces narines vers l'épaule bien éclairée ...

(Paul Valéry, Eupalinos ou l'Architecte précédé de L'Ame et la Danse. Paris: Gallimard. Zuerst: 1924; hier zitiert nach der 13. Aufl. o.J., S. 35)

406, 3–4 wie sie annehmen u verwerfen *Diese Eigenschaften schreibt der Beobachter in Valérys Dialog den Füßen der Tänzerin zu (36):*

O le charmant ouvrage, le travail très précieux de ses orteils intelligents qui attaquent, qui esquivent, qui nouent et qui dénouent, qui se pourchassent, qui s'envolent! ...

406, 4–5 Deine – Du – sie klopfen – sie flattern – *Vgl. die Bemerkungen der drei Philosophen über die zusammengebrochene Athikté (69):*

ÉRYXIMAQUE
Regarde ce très petit sein qui ne demande qu'à vivre. Vois comme faiblement il palpite, suspendu au temps ...

PHÈDRE
Je ne le vois que trop.

ÉRYXIMAQUE
L'oiseau bat un peu de l'aile, avant qu'il reprenne son vol.

406, 6 Rhodope Wohl kaum ein Hinweis auf die Figur der Rhodope in Hebbels Tragödie ›Gyges und sein Ring‹. Arion suggeriert in seiner hymnischen Vorwegnahme des Tanzes gerade die Erlösung der Hetäre aus der Erstarrung. Hebbels Rhodope sucht sich dagegen in der Abgeschlossenheit zu erhalten. Ihre selbst gewählte Isolation ist total: Sie entzieht sich den Blicken der Umwelt und nimmt am Leben überhaupt nicht teil. – Rhodopis wird eine Tänzerin in Valérys Dialog genannt (20).

406, 7 dumpf u. unrein neben dir Vgl. die Bemerkung des Sokrates bei Valéry (58f.):

Que si nous comparons notre condition pesante et sérieuse, à cet état d'étincelante salamandre, ne vous semble-t-il pas que nos actes ordinaires, engendrés successivement par nos besoins, et que nos gestes et nos mouvements accidentels soient comme des matériaux grossiers, comme une impure matière de durée.

406, 7–8 reine Flamme, Augenblick – Negation aller Wirklichkeit Vgl. den Enthusiasmus von Athiktés Bewunderern (59ff.):

PHÈDRE
Admirable Socrate, regarde vite à quel point tu dis vrai!... Regarde la palpitante! On croirait que la danse lui sort du corps comme une flamme!

SOCRATE
O Flamme!...
– Cette fille est peut-être une sotte?...
O Flamme!...
– Et qui sait quelles superstitions et quelles sornettes forment son âme ordinaire?
O Flamme, toutefois!... Chose vive et divine!...
Mais qu'est-ce qu'une flamme, ô mes amis, si ce n'est le moment même? – Ce qu'il y a de fol, et de joyeux, et de formidable dans l'instant même!... Flamme est l'acte de ce moment qui est entre la terre et le ciel. O mes amis, tout ce qui passe de l'état lourd à l'état subtil, passe par le moment de feu et de lumière...
Et flamme, n'est-ce point aussi la forme insaisissable et fière de la plus noble destruction? – Ce qui n'arrivera jamais plus, arrive magnifiquement devant nos yeux! – Ce qui n'arrivera jamais plus, doit arriver le plus magnifiquement qu'il se puisse! – Comme la voix chante éperdument, comme la flamme follement chante entre la matière et l'éther, – et de la matière à l'éther, furieusement gronde et se précipite, – la grande Danse, ô mes amis, n'est-elle point cette délivrance de notre corps tout entier possédé de l'esprit du mensonge, et de la musique qui est mensonge, et ivre de la négation de la nulle réalité? – Voyez-moi ce corps, qui bondit comme la flamme remplace la

flamme, voyez comme il foule et piétine ce qui est vrai ! Comme il détruit furieusement, joyeusement, le lieu même où il se trouve, et comme il s'enivre de l'excès de ses changements !
Mais comme il lutte contre l'esprit ! Ne voyez-vous pas qu'il veut lutter de vitesse et de variété avec son âme ? – Il est étrangement jaloux de cette liberté et de cette ubiquité qu'il croit que possède l'esprit ! ...

406, 8–9 Deine Füsschen spielen ... *Ähnlich Phaidros von den Füßen Athiktés (37):*

Ces deux pieds babillent entre eux, et se querellent comme des colombes ! ... Le même point du sol les fait se disputer comme pour un grain ! ... Ils s'emportent ensemble, et se choquent dans l'air, encore ! ...

406, 10 Herkules als Schwalbe *Vgl. Sokrates über Athikté (38f.):*

Plus je regarde, moi aussi, cette danseuse inexprimable, et plus je m'entretiens de merveilles avec moi-même. Je m'inquiète comment la nature a su enfermer dans cette fille si frêle et si fine, un tel monstre de force et de promptitude ? Hercule changé en hirondelle, ce mythe existe-t-il ?

410, 32 eidunfähiger Geck *Siehe Erläuterung zu N 236, S. 626, 11–19.*

411, 32–33 Es ist keine Ehre ... *Siehe Erläuterung zu N 234, S. 625, 20–29.*

412, 7 Positionen *Einer der Schlüsselbegriffe der in Diderots Satire ›Le Neveu de Rameau‹ entwickelten Gesellschaftskritik:* »Der bedürftige Mensch geht nicht wie ein andrer, er springt, er kriecht, er krümmt sich, er schleppt sich und bringt sein Leben zu, indem er Positionen erdenkt und ausführt.« Der Philosoph ergänzt: »Wer einen andern braucht, ist bedürftig, und nimmt eine Position an. Vor seiner Geliebten nimmt der König eine Position an, und vor Gott macht er seinen Pantomimenschritt. Der Minister macht den Schritt des Hofmanns, des Schmeichlers, des Bedienten, des Bettlers vor seinem König. Die Menge der Ehrgeizigen tanzt Eure Positionen auf hundert Manieren, eine verworfener als die andern, vor dem Minister. Der vornehme Abbé mit Überschlag und langem Kinn macht wenigstens einmal die Woche vor dem, der die Benefizien auszutheilen hat, seine Männchen. Wahrlich, was Ihr die Pantomime der Bettler nennt, ist der große Hebel der Erde.« *(Zitiert nach der Sophien-Ausgabe, Bd. 45, Weimar: Böhlau 1900, S. 148ff.) – Vgl. Erläuterung zu Ib/3H, S. 611, 31–612, 10.*

412, 10 Wer kein Dach über sich hat ... *Siehe Erläuterung zu N 237, S. 626, 28–32.*

412, 36 Ich war der Regen ... *Siehe Erläuterung zu Ia/6 H, S. 609, 1–5.*

Akt I Szene c

416, 5–6 Mehr Licht! mehr allgemeine Bildung. *Siehe Erläuterungen zu N 90, S. 594, 22–37.*

416, 24 Herde merkst du denn nicht ... *Die Identifikation der Masse und ihres Führers mit einer Herde und ihrem Hirten ist klassische Metaphorik der Massenpsychologie. Bei Le Bon heißt es: »La foule est un troupeau servile qui ne saurait jamais se passer de maître.« (in Hofmannsthals Ausgabe: Psychologie des Foules. Paris: Alcan, 10. Aufl. 1905, S. 106). Freud referiert zu Beginn seiner ›Massenpsychologie‹ Le Bons Thesen und übersetzt fast wörtlich: »Die Masse ist eine folgsame Herde, die nie ohne Herrn zu leben vermag.« (in Hofmannsthals Ausgabe: Massenpsychologie und Ich-Analyse. Leipzig Wien Zürich: Internationaler Psychoanalytischer Verlag G.M.B.H. 1921, S. 22; vgl. S. 560, 10 ff.); und schließlich markiert Hofmannsthal in seinem Exemplar von Freuds ›Massenpsychologie‹ den Hinweis auf Trotter, Instincts of the herd in peace and war. London 1916 (36).*

419, 5 Der kleine Hahn will mich überkrähen? *Zu dem durch Freuds Ausführungen über die Masse und die Urhorde beeinflußten Bild des atavistischen Konkurrenzkampfes um die Gunst des Volkes vgl. S. 560, 10 ff.*

419, 15 ff. N 260 *Siehe Erläuterung zu N 107, S. 600, 3–6.*

421, 14 ff. N 262 *Siehe Erläuterung zu N 82, S. 589, 20–28.*

422, 11 ff. N 263 *Siehe Erläuterungen zu N 93, S. 596, 5–30.*

422, 24 ff. N 264 *Siehe Erläuterung zu N 79, S. 586, 11–587, 6.*

426, 8 sie wagen's nicht *Diese Worte finden sich fast leitmotivisch in Büchners ›Dantons Tod‹. Sie charakterisieren dort Dantons Fehleinschätzung der Lage, seine Passivität, die sein Schicksal besiegelt, während sie hier Timons Selbstüberschätzung parodistisch kennzeichnen.*

427, 3 Dir reiß ich noch die Zunge aus *Vgl. die an Thersites gerichteten Worte des Ajax in ›Troilus und Kressida‹ (II, 1): »Ich schneide Euch die Zung' aus.« (Bd. 11, S. 145). In der Übersetzung Schlegels lautet die Stelle: »Ich reiße dir die Zunge aus! – « (Zitiert nach: Shakespeare's dramatische Werke übersetzt von August Wilhelm von Schlegel und Ludwig Tieck. Neue Ausgabe in neun Bänden. Berlin: Reimer, 8. Band 1855, S. 425)*

427, 20 Leugne es! *Siehe Erläuterung zu N 181, S. 615, 14–18.*

ERLÄUTERUNGEN · AKT I SZENE c   633

427, 26–28 Mein werter Herr... *Vgl. Shakespeares ›Troilus und Kressida‹ (V, 1):*

MENELAOS
Gut' Nacht, mein Prinz.

HEKTOR
                Gut' Nacht, mein werter Fürst.

THERSITES
Kloaken wert! Wert, sagt der! werte Pfütze, werter Abtritt.
                                      (Bd. 11, S. 207)

427, 29 ff. N 273 Vermutlich bei der Lektüre von ›Dantons Tod‹ entstanden; vgl. die Rede eines Bürgers vor dem Justizpalast: »*Danton hat schöne Kleider, Danton hat ein schönes Haus, Danton hat eine schöne Frau . . . und schläft bei euren Weibern und Töchtern, wenn er betrunken ist. . . . Was hat Robespierre?*« (241) Und wenige Absätze später heißt es: »*. . . die Revolutionsmänner haben einen Sinn, der anderen Menschen fehlt, und dieser Sinn trügt sie nie. . . . Das ist der Sinn des Tigers.*« (242)

428, 19 Nun sind sie daran ... *Nach einem Monolog des Thersites zu Beginn des Kampfes zwischen Griechen und Trojanern in ›Troilus und Kressida‹ (V, 3):*

Nun sind sie dran, einander abzuwalken; ich bin dabei, es mir anzuschauen. Der heuchlerische, abscheuliche Spitzbube, der Diomedes, hat den Aermel jenes lausigen jungen Faselhanses von einem Schurken aus Troja richtig auf seinem Helme; ich würde es gern sehen, wie sie auf einander platzen; ich wollte, jener junge trojanische Esel, der die Hure dort liebt, möchte den schurkischen griechischen Hurenweibel mit dem Aermel auf armloser Botschaft zu dem heuchlerischen geilen Mensch zurückschicken. Andrerseits ist die Politik von jenen meineidigen Schurken, diesem schalen, alten, mauszerfressenen trocknen Käse Nestor und dem hündischen Fuchs Ulysses keine Brombeere wert. (Bd. 11, S. 221)

428, 24–25 Fischer: düstere Grobheit... *Siehe Erläuterung zu N 25, S. 568, 1–11.*

429, 8 Mit Reden degradiert man sich *Siehe Erläuterung zu N 107, S. 599, 34–600, 2.*

429, 15–22 Die Armen haben den Neid... *Siehe Erläuterungen zu N 82, S. 589, 20–34.*

430, 5 Das Laster bei Herakles *Siehe Erläuterung zu N 79, S. 588, 10–18.*

431, 9–10 Intrigue der Pfaffen... *Siehe Erläuterung zu N 45, S. 573, 30–574, 5.*

433, 2 ein bischen Mut – ein bischen Seelengröße *Vgl. die Rede Robespierres vor dem Konvent in Büchners ›Dantons Tod‹:* »*So erkläre ich denn: nichts soll mich* *aufhalten, und sollte auch Danton's Gefahr die meinige werden. Wir haben alle etwas Muth und etwas Seelengröße nöthig.« (219)*

433, 27 wie das Laster zu Herakles *Siehe Erläuterung zu N 79, S. 588, 10–18.*

434, 16 ein Thier mit tausend Köpfen *Ein bereits von Platon (Politeia, 493 a und c) zur Charakterisierung der Masse benutztes, bei Shakespeare wiederholt auftauchendes Bild, das Hofmannsthal auch im* Turm *gebraucht (vgl. D IV 157).*

434, 24 Sonderung *»Auswahl« (Koch), »Sonderung« (Schlegel/Tieck) als Postulat der Beredsamkeit auch bei Shakespeare (vgl. etwa die Verteidigung des Coriolan durch Menenius; III, 1).*

434, 26 Gradation *»Rangordnung« (Koch), »Abstufung« (Schlegel/Tieck), so in Ic/5 H, »degree«: der Schlüsselbegriff im großen Plädoyer des Ulysses in ›Troilus und Kressida‹ (I, 3):*

> ... Wenn Rang und Ordnung wankte,
> Zu jedem edlen Ziel die einzige Leiter,
> Dann siecht die That! Wie könnten Körperschaften,
> Der Schulen Grade und der Städte Gilden,
> Geschiedner Ufer friedlicher Verkehr,
> Das Recht des Adels und der Erstgeburt,
> Des Alters Vorrecht, Herrschaft, Kron' und Lorbeer
> Behaupten ihren Platz, wär' nicht Rangordnung?
>
> ... Großer Agamemnon,
> Ist Rangordnung erst unterdrückt, so folgt
> Dies Chaos der Erstickung.
> Weil Rangordnung so außer acht gelassen,
> Geht alles Streben, um emporzuklimmen,
> Doch Schritt für Schritt zurück. *(Bd. 11, S. 134)*

434, 34 Leugne es wenn du kannst! ... *Siehe Erläuterung zu N 181, S. 615, 14–18.*

434, 35 Haufenschluss *Eine der Paradoxien des Eubulides von Milet. Da man nicht entscheiden könne, argumentiert Eubulides, wie viele Körner einen Haufen bildeten, könne es auch keinen Haufen geben.*

435, 1–7 werter Jüngling ... *Siehe Erläuterung zu N 272, S. 633, 1–8.*

435, 16 Timon reißt die Zunge aus! *Siehe Erläuterung zu N 270, S. 632, 26–31.*

ERLÄUTERUNGEN · AKT I SZENE c 635

437, 21 Das Thier mit tausend Köpfen *Siehe Erläuterung zu Ic/4 H, S. 634, 4–6.*

437, 29 ff. N 279 *Siehe Erläuterung zu N 92, S. 595, 34–596, 4.*

438, 14 Menschenverachtung *Vgl. Billaud vor dem Wohlfahrtsausschuß in Büchners ›Dantons Tod‹: »Das Volk hat einen Instinct, sich treten zu lassen, und wäre es nur mit Blicken; dergleichen insolente Physiognomien gefallen ihm. Solche Mienen sind ärger, als ein adeliges Wappen; der feine Aristokratismus der Menschenverachtung sitzt auf ihnen.« (232 f.)*

438, 15–16 die gesunde Volkskraft *In ›Dantons Tod‹ ist der Vergleich von gesunder Volkskraft und aristokratischem Laster eine Konstante der Robespierreschen Demagogie. In seiner Rede vor dem Jakobinerklub heißt es: »... nicht zufrieden, den Arm des Volkes zu entwaffnen, sucht man noch die heiligsten Quellen seiner Kraft durch das Laster zu vergiften. Dies ist der feinste, gefährlichste und abscheulichste Angriff auf die Freiheit. ... Das Laster ist das Kainszeichen des Aristokratismus.« (190) – In der Unterredung Dantons mit Robespierre fällt die Wendung »gesunde Volkskraft« wörtlich: »Die sociale Revolution ist noch nicht fertig; wer eine Revolution zur Hälfte vollendet, gräbt sich selbst sein Grab. Die gute Gesellschaft ist noch nicht todt, die gesunde Volkskraft muß sich an die Stelle dieser nach allen Richtungen abgekitzelten Klasse setzen.« (199)*

439, 24 Priesterschlauheit *Siehe Erläuterung zu N 45, S. 573, 30–574, 5.*

442, 20–23 wie das Laster ... *Siehe Erläuterung zu N 79, S. 588, 10–18.*

443, 26 Thier mit tausend Köpfen *Siehe Erläuterung zu Ic/4 H, S. 634, 4–6.*

443, 33 Sonderung *Siehe Erläuterung zu Ic/4 H, S. 634, 7–9.*

443, 33–34 alles ist abgestuft *Siehe Erläuterung zu Ic/4 H, S. 634, 10–26.*

444, 7–8 Schieb ich dir ... *Siehe Erläuterung zu N 181, S. 615, 14–18.*

444, 8–10 werter Jüngling ... *Siehe Erläuterung zu N 272, S. 633, 1–8.*

444, 12 Ein bischen Mut! ... *Siehe Erläuterung zu N 274, S. 633, 35–634, 2.*

444, 22 Reißt ihm die Zunge aus! *Siehe Erläuterung zu N 270, S. 632, 26–31.*

Akt II

448, 5–6 Ich bin von folgendem Wahnsinn befallen: ... *Erkenntnis als Bedrohung des Lebens, totale Bewußtheit als Wahnsinn – darin gipfelt die Kritik am Rationalismus in Valérys Dialog ›L'Ame et la Danse‹, aus dem Hofmannsthal hier in eigener Übersetzung zitiert (52f.):*

ÉRYXIMAQUE
Il est bien vrai que si notre âme se purge de toute fausseté, et qu'elle se prive de toute addition frauduleuse à ce qui est, notre existence est menacée sur-le-champ, par cette considération froide, exacte, raisonnable, et modérée, de la vie humaine telle qu'elle est.

PHÈDRE
La vie noircit au contact de la vérité, comme fait le douteux champignon au contact de l'air, quand on l'écrase.

SOCRATE
Éryximaque, je t'interrogeais s'il y avait remède?

ÉRYXIMAQUE
Pourquoi guérir un mal si rationnel? Rien, sans doute, rien de plus morbide en soi, rien de plus ennemi de la nature, que de voir les choses comme elles sont. Une froide et parfaite clarté est un poison qu'il est impossible de combattre. Le réel, à l'état pur, arrête instantanément le cœur...

449, 25 Abgar Uchomo *Siehe Erläuterung zu N 122, S. 602, 7–10.*

451, 28–29 Die Sprache macht das Ungemeine gemein – *Siehe Erläuterung zu N 65, S. 581, 16–38.*

457, 6–12 Das ist Eros ... *Vgl. den Schluß von Hofmannsthals Essay über Oscar Wilde:* Wundervolles Wort des Dschellaledin Rumi, tiefer als alles: »Wer die Gewalt des Reigens kennt, fürchtet nicht den Tod. Denn er weiß, daß Liebe tötet.« *(P II 120) Hofmannsthal kannte das Wort vermutlich aus dem von ihm viel gelesenen Buch ›Psyche‹ von Erwin Rohde und zitierte es frei (evtl. aus dem Gedächtnis). Bei Rohde heißt es:* »Wer die Kraft des Reigens kennet, wohnt in Gott; denn er weiss wie Liebe tödte.« *(Erwin Rohde, Psyche. Freiburg i. B., Leipzig und Tübingen, 2. Aufl. 1898, Bd. II, S. 27; verkürzt auch S. 36)*

457, 32–33 Ich bin von einem erschreckenden Wahnsinn befallen ... *Siehe Erläuterung zu N 286, S. 636, 2–19.*

460, 9 das ist doch nicht dieses Chaos ... *Vgl. die Bemerkung des Phaidros über die Tänzerin Athikté in Valérys ›L'Ame et la Danse‹ (45):*

Toute, Socrate, toute, elle était l'amour!... Elle était jeux et pleurs, et feintes inutiles! Charmes, chutes, offrandes; et les surprises, et les oui, et les non, et les pas tristement perdus... Elle célébrait tous les mystères de l'absence et de la présence; elle semblait quelquefois effleurer d'ineffables catastrophes!...

460, 25-26 mit einem Ton ... *Siehe Erläuterung zu N73, S. 583, 15-26.*

460, 27 Die Sprache macht das Ungemeine gemein *Siehe Erläuterung zu N65, S. 581, 16-38.*

460, 29 »ich fürchte Tod ... *Zitat aus ›Troilus und Kressida‹ III, 2 (Bd. 11, S. 166).*

467, 21 vor dem niedrig u. gebrochen zu liegen *Siehe Erläuterung zu N 63, S. 580, 7-14.*

468, 20 ff. *N 302 Siehe Erläuterungen zu N 65, S. 580, 24-582, 8.*

475, 24 ff. Ihr seid – meine Kenner ... *Aus Shakespeares ›Troilus und Kressida‹ (II, 3):*

ACHILLES
... *Wohlan, was ist Agamemnon?*

THERSITES
Dein Befehlshaber, Achilles. Nun sag' mir, Patroklus, was ist Achilles?

PATROKLUS
Dein Herr, Thersites. Nun sag' mir, ich bitt' dich, was bist du selbst?

THERSITES
Dein Kenner, Patroklus. Nun sag' mir, Patroklus, was bist du?

PATROKLUS
Das magst du, als Kenner, sagen. (Bd. 11, S. 153f.)

480, 22-23 der Sohn des Königs Mithridates *Siehe Erläuterung zu N 196, S. 621, 10-14.*

487, 9-10 Kinder der Klugheit ... *Schlußverse der drei Strophen von Goethes ›Kophtischem Lied‹ (»Lasset Gelehrte ...«).*

488, 21 Es wächst der Mensch ... *Ironische Verwendung eines Verses aus dem Prolog zu ›Wallensteins Lager‹:*

> *Denn nur der große Gegenstand vermag*
> *Den tiefen Grund der Menschheit aufzuregen,*
> *Im engen Kreis verengert sich der Sinn,*
> *Es wächst der Mensch mit seinen größern Zwecken.*

489,15 Haufenschluss Siehe Erläuterung zu Ic/4 H, S. 634, 29–31.

489,16 Figur u Ton des Valerio ... *Hofmannsthal hat die Absicht, Lykon dem Diener Valerio aus Büchners Lustspiel ›Leonce und Lena‹ nachzuzeichnen, nicht realisiert. Lykon fehlen völlig die souveräne Frechheit Valerios, seine bisweilen grotesken Züge und seine Fähigkeit zur Selbstverspottung.*

489,21 Lykon ärgert ihn mit dem als ob *Bei dieser Eintragung in Hofmannsthals Exemplar von Benns ›Gehirne‹ ist die Nähe zur Lektüre noch verifizierbar; vgl. Erläuterung zu N 138, S. 605, 1–6.*

490,10 vide Palágyi *Es ist nur schwer vorstellbar, wie Chelidas die komplizierte Kritik Palágyis an der empirischen Assoziationstheorie David Humes explizieren soll. Die Auseinandersetzung mit Hume findet sich in dem im Juli 1925 von Hofmannsthal gelesenen Werk Melchior Palágyis ›Naturphilosophische Vorlesungen über die Grundprobleme des Bewußtseins und des Lebens‹ (Charlottenburg: Günther 1907, S. 195 ff.). Ähnlichkeit, zeitlicher und räumlicher Zusammenhang sowie das Prinzip von Ursache und Wirkung bestimmen nach Hume die Assoziation von Vorstellungen. Damit sei aber – so Palágyi – über den Assoziationsprozeß nichts ausgesagt, den dieser dadurch zu beschreiben sucht, daß er einen Antagonismus von Realitäts- und Imaginationsphantasmen entwickelt, also assoziative Prozesse, die entweder von der Wahrnehmung der Wirklichkeit ausgehen und Erinnerungen provozieren oder von der Erinnerung zurück zur Realität führen. Als Vermittler zwischen diesen beiden Arten von Phantasmen dienen unsere Gefühle und Affekte. Das affizierte Gemüt löst die Phantasieprozesse aus. – Der Antagonismus von Außen und Innen ist Bestandteil von Palágyis Spekulation über die Polarität von Sach- und Selbstbewußtsein als Prinzip aller Entwicklung.*

491,10 Zoilos *Siehe Erläuterung zu N 26, S. 570, 8–14.*

491,28–29 Wie Cleopatra die dem Antonius entgegen kommt. *Vgl. den ausführlichen Bericht des Enobarbus in Shakespeares ›Antonius und Kleopatra‹ (II,2):*

> Ich will es euch erzählen.
> Die Barke, drin sie saß, brannt' auf dem Wasser
> Hellstrahlend wie ein Thron; getriebnes Gold
> Des Schiffes Spiegel; Purpursegel dufteten
> Umbuhlt von liebeskranken Winden; Silber
> Die Ruder, die zum Flötenton sich regten
> Und denen die geschlagnen Fluten folgten,
> Verliebt in ihre Schläge. Nun sie selbst,
> Armsel'ge Schilderung! In ihrem Zelt
> Von Goldbrokat lag sie, das Venusbild,

> *In dem die Phantasie Natur bemeistert,*
> *An Glanz verdunkelnd: ihr zu jeder Seite*
> *Wie lächelnde Amoretten standen Knaben*
> *Mit holden Wangengrübchen, bunte Fächer*
> *Wehten statt Kühlung Glut dem zarten Antlitz,*
> *Das eigne Thun vereitelnd. . . .*
> *Um sie die Dienerinnen, Nereiden,*
> *Meermädchen gleich an ihren Blicken hangend,*
> *Erhöhn den Schmuck ihr durch der Ehrfurcht Zoll;*
> *Ein Meerweib sitzt am Steuer; seidnes Tauwerk*
> *Erschwillt vom Druck der blumenreichen Hände,*
> *Die frisch ihr Amt verrichten. Von der Barke*
> *Trifft seltsam fremder Wohlgeruch, die Sinne*
> *Der nahen Ufer reizend. All ihr Volk*
> *Warf ihr die Stadt entgegen, und Antonius*
> *Thront machtlos auf dem Marktplatz, sitzt allein*
> *Und pfeift der Luft, die keine Leere duldet,*
> *Sonst strömt' auch sie, Kleopatra zu schauen,*
> *Und ließ 'ne Kluft im Raum. . . .*
> *Bei ihrem Landen schickt zu ihr Antonius,*
> *Zum Abendmahl sie ladend; sie entgegnet,*
> *'s wär' besser, er sei Gast bei ihr, und darum*
> *Ließ sie ihn bitten. Unser Mark Anton,*
> *Der höflich niemals einem Weibe Nein sagt,*
> *Geht, zehnmal frisch rasiert, zum Fest und zahlt*
> *Sein Herz für eine Mahlzeit, von der nur*
> *Sein Auge zehrt. (Bd. 9, S. 281f.)*

492, 20 Plebiscit *Siehe Erläuterung zu N 53, S. 578, 6–14.*

492, 21ff. *N 358 Siehe Erläuterung zu N 54, S. 578, 15–22.*

494, 30 Tigranes *Diesen Namen führten verschiedene Könige von Armenien. Tigranes I. war mit einer Tochter Mithridates' VI. verheiratet.*

495, 9 ihr Tanz nur ein Heranschreiten *Vgl. die Schilderung vom Beginn des Tanzes der Athikté in Valérys ›L'Ame et la Danse‹ (28ff.):*

> Regarde! Regarde!... Elle commence, vois-tu bien? par une marche toute divine: c'est une simple marche circulaire... Elle commence par le suprême de son art; elle marche avec naturel sur le sommet qu'elle a atteint...
> Une simple marche, et déesse la voici; et nous, presque des dieux!... Une simple marche, l'enchaînement le plus simple! ... ...

Mais considère cette parfaite procession de l'Athikté, sur le sol sans défaut, libre, net, et à peine élastique.

495, 13 Seine Lust ihre Füße zu küssen. *So auch Phaidros in Valérys Dialog (37):*

Par les Muses, jamais pieds n'ont fait à mes lèvres plus d'envie !

SOCRATE
Voici donc que tes lèvres sont envieuses de la volubilité de ces pieds prodigieux ! Tu aimerais de sentir leurs ailes à tes paroles, et d'orner ce que tu dirais de figures aussi vives que leurs bonds !

PHÈDRE
Moi ?...

ÉRYXIMAQUE
Il ne songeait qu'à becqueter les pédestres tourterelles !...

495, 15 dass die Hinspannung alles ist. *Vgl. den Hinweis des Eryximachos bei Valéry (31):*

Regarde quelle beauté, quelle pleine sécurité de l'âme résulte de cette longueur de ses nobles enjambées.

Auch Rilke übersetzt »longueur« mit »Spannung«; seine Übertragung der zitierten Stelle lautet: »Sieh die Schönheit, die vollkommene Sicherheit der Seele, die aus der Spannung dieser edlen Schrittlängen hervorgeht.« (Paul Valéry, Eupalinos oder Über die Architektur. Eingeleitet durch Die Seele und der Tanz. Übertragen von Rainer Maria Rilke. Leipzig: Insel 1927, S. 25)

495, 22 Wer die Wahrheit sieht ... *Anklang an den orientalischen Mythos vom verschleierten Bild zu Sais, dessen Anblick Wahrheit und Tod zugleich bedeutet; siehe auch Schillers Gedicht ›Das verschleierte Bild zu Sais‹.*

495, 30–31 La parole peut construire ... *Wörtliches Zitat aus Valérys Dialog ›Eupalinos ou L'Architecte‹ (145), der das Thema von ›L'Ame et la Danse‹, die Antinomie von Erkennen und Schaffen, dahingehend abwandelt, daß an Stelle des Tanzes, der als Symbol der Gestaltung im Gegensatz zur tödlichen Dialektik steht, die Kunst des Architekten, »le construire«, der Intellektualität des Philosophen gegenübergestellt wird.*

496, 16 Favete linguis! *Aus Horaz carm. III, 1, 2; dieser Ruf erging bei öffentlichen kultischen Handlungen in Rom.*

ERLÄUTERUNGEN · AKT II   641

496, 23 ff. N *367 Quelle nicht ermittelt.*

497, 1 ff. N *368 Siehe Erläuterungen zu N 85, S. 590, 1–31.*

498, 13–14 wünscht der Zunge des Redners Geschwüre *Siehe Erläuterung zu N 108, S. 600, 7–12.*

500, 2–3 Das Geld ist Blut u. Seele... *Siehe Erläuterung zu N 78, S. 586, 2–10.*

500, 11 Ich bin gewohnt... *Siehe Erläuterung zu N 93, S. 596, 17–26.*

501, 10 trojanischer Krieg ist aristokratisches Raubritterthum *Vielleicht eine Spengler-Reminiszenz. Im zweiten Band entwickelt Spengler im Abschnitt »Der Staat« einen doppelten Aspekt von Eigentum: Besitz als Macht und Besitz als Beute. »Jeder Beduine und Wikinger will beides zugleich. Der Seeheld ist stets auch Seeräuber; jeder Krieg geht auch um Besitz... nur ein Schritt ist nötig und der Ritter wird zum Raubritter... Als Odysseus in seiner Heimat landet, zählt er zuerst die Schätze im Boot,... die ›kolonisierenden‹ Griechen des 10. Jahrhunderts waren zunächst Räuber wie die Normannen.« (Bd. 2, S. 426 f.)*

501, 29 Empfangt verwirrten Dank – *So Troilus im Lager der Griechen zu Ulysses, nachdem er die Untreue Kressidas mit eigenen Augen gesehen hat (V, 2).*

502, 1 ff. N *383–384 Einige Gedanken des Philosophen Kratinos gehen zurück auf Ernst Cassirer, Die Begriffsformen im mythischen Denken. Leipzig und Berlin: Teubner 1922. (Studien der Bibliothek Warburg. Hrsg. von Fritz Saxl, Heft 1). Hofmannsthal hat diese Abhandlung, wie aus einer Tagebuchnotiz hervorgeht, im November 1925 gelesen.*

502, 11 Seine Auffassung der Entelechie *In dem Abschnitt »Die Denkform der Astrologie« heißt es bei Cassirer: »Das gesamte astrologische System ruht auf der Voraussetzung, daß alles physische Geschehen in der Welt durch unmerkliche Übergänge miteinander verbunden ist, daß jede Wirkung sich von dem Ort, an welchem sie erzeugt wird, ins Unendliche fortsetzt, um schließlich alle Teile des Universums zu ergreifen... Auch die Bestimmung der individuellen Form und des individuellen Geschicks des Menschen wird von der psychologisch-kosmologischen Spekulation, die sich auf das System der Astrologie stützt, in ähnlicher Weise ›erklärt‹. Es ist eine allgemein verbreitete, in verschiedenen Formen hervortretende Anschauung der Spätantike, daß die Seelen, indem sie vom Empyreum, von den Höhen des Himmels, in den irdischen Leib herabsteigen, dabei die Sphären der sieben Planeten durchschreiten müssen, wobei jeder Planet ihnen die Eigenheit verleiht, die seinem Wesen gemäß ist.« (29 f.)*

502, 12–14 Unser wissenschaftliches Denken ... *Vgl. Cassirers Kritik am kausalen Denken der modernen Naturwissenschaften: »In der mathematischen Theorie des Naturgeschehens ... muß jeder Inhalt und jedes Geschehen ... zunächst in einen Komplex von Größen verwandelt werden, die im allgemeinen von Moment zu Moment als veränderlich angesehen werden. Die Aufgabe der Theorie besteht dann darin, zu ermitteln, wie alle diese Veränderungen wechselseitig ineinandergreifen und sich bedingen. – Aber darin liegt zugleich, daß unser modernes wissenschaftliches Denken, um irgendein Sein begreifen zu können, es zuvor auf elementare Veränderungen beziehen und es in diese gleichsam zerschlagen muß. Die Form des Ganzen, wie sie für die sinnliche Wahrnehmung oder für die reine Anschauung vorhanden ist, verschwindet; an ihre Stelle setzt der Gedanke eine bestimmte Regel des Werdens.« (32f.)*

502, 18 Delos *Delos. Den Manen der Ahnen, von Theodor Däubler. In: Deutsche Rundschau, 202, 1925, S. 178–229 und 310–351. Hofmannsthal hat den Aufsatz, der ohne Einfluß auf das Lustspiel blieb, im Oktober und November 1925 in Aussee gelesen (Tagebucheintragung).*

503, 2–3 dass nichts wird, sondern alles, potentiell, schon ist *Bei einer Erörterung von Goethes Begriff der »geprägten Form, die lebend sich entwickelt« paraphrasiert Cassirer Goethes oberste Maxime der Naturforschung: »Bei aller Betrachtung der Gegenstände ist es die höchste Pflicht, jede besondere Bedingung, unter der ein Phänomen erscheint, genau aufzusuchen und nach möglichster Vollständigkeit der Phänomene zu trachten, ›weil sie so doch zuletzt sich aneinanderzureihen oder vielmehr übereinanderzugreifen genötigt werden und vor dem Anschauen des Forschers auch eine Art Organisation bilden, ihr inneres Gesamtleben manifestieren müssen‹. ... der starren astrologischen Vorstellungsart, der Überzeugung, daß nichts werden könne, als was schon ist, (tritt) eine ursprünglich-genetische Anschauung gegenüber, die, sei es aus dem allgemeinen Gesetz, sei es aus der individuellen Form des Werdens, das Seiende erst aufzubauen und ideell zu erfassen sucht.« (38)*

505, 11–12 Sie kann die Welle machen *Vgl. den Enthusiasmus des Phaidros über Athikté in Valérys ›L'Ame et la Danse‹ (45):*

Mais à présent, pour rendre grâces à l'Aphrodite, regardez-la. N'est-elle pas soudain une véritable vague de la mer? – Tantôt plus lourde, tantôt plus légère que son corps, elle bondit, comme d'un roc heurtée; elle retombe mollement... c'est l'onde!

506, 11 ein politisches »als ob« *Vgl. Erläuterungen zu N 138, S. 605, 1–6 und N 350, S. 638, 6–8.*

ERLÄUTERUNGEN · AKT III   643

Akt III

509, 18 impavidum ferient ruinae Vgl. Horaz, carm. III, 3, 6f.:

> Si fractus illabatur orbis,
> Impavidum ferient ruinae.

511, 18–19 Er geht beschwingt... Vgl. die Anfangsverse der zweiten Strophe von Hofmannsthals Lebenslied (GLD 12).

511, 28–29 wandern fort... Anklang an eine Strophe aus dem ›Westöstlichen Divan‹ (Moganni Nameh, Buch des Sängers), ›Freisinn‹:

> Laßt mich nur auf meinem Sattel gelten!
> Bleibt in euren Hütten, euren Zelten!
> Und ich reite froh in alle Ferne,
> Über meiner Mütze nur die Sterne.

512, 9–10 ich erschaffe mich an dir Siehe Erläuterung zu N 153, S. 606, 24–607, 13.

514, 7–8 Fassung des reifen Mannes... Vgl. das Ende des zweiten Bandes von Spenglers ›Untergang des Abendlandes‹: »Wir haben nicht die Freiheit, dies oder jenes zu erreichen, aber die, das Notwendige zu tun oder nichts. Und eine Aufgabe, welche die Notwendigkeit der Geschichte gestellt hat, wird gelöst, mit dem einzelnen oder gegen ihn. Ducunt fata volentem, nolentem trahunt.« (II, 635)

515, 5–6 ein Seefürst pflügt u. verwundet... In Shakespeares ›Antonius und Kleopatra‹ heißt es (I, 4):

> Menecrates and Menas, famous pirates,
> Make the sea serve them, which they ear and wound
> With keels of every kind.

Schlegel/Tieck übersetzen (wörtlicher als Koch, vgl. Erläuterung zu N 232, S. 624, 20–25):

> Menecrates und Menas, mächtige Piraten,
> Herrschen im Meer, und pflügen und verwundens
> mit Kielen aller Art. (Bd. 7, S. 374)

515, 19ff. N 415 Einer Situation in Shakespeares ›Antonius und Kleopatra‹ (V, 2) nachgebildet:

> DOLABELLA
> Es ist der Imperator, Fürstin.

Kleopatra kniet
CÄSAR
Steht auf, Ihr sollt nicht knien; ich bitte Euch,
Steht auf, steht auf, Aegypten! (Bd. 9, S. 365)

516, 24 Mein Reichsgenoss! *So der klagende Cäsar über den toten Antonius in der Übersetzung Schlegel/Tiecks (V, 1):*

... *mein Mitbewerber*
Zum Gipfel jedes Ruhms, mein Reichsgenoß,
Freund und Gefährt' im wilden Sturm der Schlacht,
Arm meines Leibes, Herz, an dem das meine
Sich Glut entzündete ... (Bd. 7, S. 497)

516, 25 ff. N 418 *Siehe Erläuterungen zu N 66, S. 582, 9–583, 8.*

518, 26 Rankes Bemerkung zu Euripides *An welche Bemerkung Hofmannsthal dachte, ließ sich nicht feststellen; als Quelle kommt wohl nur der kurze Abschnitt »Euripides« im 8. Kapitel (»Antagonismus und Fortbildung der Ideen über die göttlichen Dinge in der griechischen Literatur«) des ersten Bandes von Rankes ›Weltgeschichte‹ in Frage. Hofmannsthals erhalten gebliebenes Exemplar weist jedoch in diesem Abschnitt keine Anstreichungen auf.*

Letzte Notizen November 1926

520, 23 »Ihre Triebe bestehen ... *Enobarbus über Kleopatra (I, 2):*

Ach, Herr, nein; ihre Triebe bestehen aus nichts, als den feinsten Teilen reiner Liebe. Ihre Winde und Wogen kann man nicht Seufzer und Thränen nennen; es sind größere Stürme und Ungewitter, als ein Kalender aufweist. Unmöglich kann das an ihr List sein; wenn aber doch, so macht sie einen Regenschauer so gut wie Jupiter. (Bd. 9, S. 259 f.)

520, 24–26 »Der Wankelmut des Volks ... *Vgl. Antonius zu Enobarbus (I, 2):*

Sextus Pompejus hat dem Cäsar Trotz geboten,
Und seinem Herrscherwort gehorcht die See:
Der Wankelmut des Volks, des Liebe nie,
Eh sein Verdienst dahin, sich dem Verdienten
Anheftet, überträgt, was je Pompejus
Der Große war und that, auf seinen Sohn. (Bd. 9, S. 261)

Wiederholt zitierte Literatur

J[ohann] J[acob] Bachofen, Das Mutterrecht. Eine Untersuchung über die Gynaikokratie der alten Welt nach ihrer religiösen und rechtlichen Natur. Basel: Benno Schwabe, 2. unveränderte Auflage 1897.

Gottfried Benn, Gehirne. Leipzig: Kurt Wolff 1916 (Der jüngste Tag. Bd. 35).

Ernst Bertram, Nietzsche. Versuch einer Mythologie. Berlin: Bondi, 6. unveränderte Auflage 1922.

Georg Büchner, Gesammelte Schriften. Hrsg. von Paul Landau. Bd. 1, Berlin: Paul Cassirer 1909.

Jacob Burckhardt, Griechische Kulturgeschichte. Hrsg. von Jakob Oeri. Bd. 3.4, Stuttgart: Spemann, 4. Auflage (1900).

Wilhelm Heinse, Aphorismen: Aus Düsseldorf. Von der italienischen Reise. Der Gesamtausgabe achter Band, Erste Abteilung. Hrsg. von Albert Leitzmann. Leipzig: Insel 1924.

Lukian, Sämtliche Werke. Mit Anmerkungen. Nach der Übersetzung von C. M. Wieland bearbeitet und ergänzt von Hans Floerke. Bd. 3, München und Leipzig: Müller 1911.

T Macci Plauti Comoediae. Ex recogn. Alfredi Fleckeiseni. T. 1, Lipsiae: Teubner 1881.

Plautus, Die Komödien. Übersetzt von Ludwig Gurlit. Berlin: Propyläen Verlag 1922 (Klassiker des Altertums. Reihe 2, Bd. 18).

Robert von Pöhlmann, Geschichte der sozialen Frage und des Sozialismus in der antiken Welt. Bd. 1.2, München: Beck, 2. vermehrte und verbesserte Auflage 1912.

William Shakespeare, The dramatic works. The text carefully rev. with notes by S. W. Singer. Vol. 1–10, London: Bell, 3rd/4th Edition, revised, 1879–84.

William Shakespeare, Dramatische Werke. Hrsg. von Max Koch. Stuttgart: Cotta o. J. (Wenn nichts anderes angegeben, Zitate nach dieser Ausgabe.)

Shakespeare's dramatische Werke. Übersetzt von August Wilhelm von Schlegel und Ludwig Tieck. Neue Ausgabe in neun Bänden. Berlin: G. Reimer 1853–55.

Oswald Spengler, Der Untergang des Abendlandes. Umrisse einer Morphologie der Weltgeschichte. Bd. 2: Welthistorische Perspektiven. München: Beck 1922.

Paul Valéry, Eupalinos ou l'Architecte précédé de L'Ame et la Danse. Paris: Gallimard, 13. Aufl. o. J.

ABKÜRZUNGEN

Hugo von Hofmannsthal, Gesammelte Werke in Einzelausgaben. Herausgegeben von Herbert Steiner. Frankfurt, S. Fischer Verlag:

A	*Aufzeichnungen, 1973*
D I	*Dramen I, 1964*
D II	*Dramen II, 1966*
D III	*Dramen III, 1969*
D IV	*Dramen IV, 1970*
E	*Die Erzählungen, 1968*
GLD	*Gedichte und lyrische Dramen, 1970*
L I	*Lustspiele I, 1959*
L II	*Lustspiele II, 1965*
L III	*Lustspiele III, 1968*
L IV	*Lustspiele IV, 1973*
P I	*Prosa I, 1956*
P II	*Prosa II, 1959*
P III	*Prosa III, 1952*
P IV	*Prosa IV, 1966*
B I	*Hugo von Hofmannsthal, Briefe 1890–1901, Berlin (1935).*
B II	*Hugo von Hofmannsthal, Briefe 1900–1909. Wien (1937).*
HvH–LvA	*Hugo von Hofmannsthal – Leopold von Andrian, Briefwechsel. Hrsg. von Walter H. Perl, Frankfurt 1968.*
HvH–CJB	*Hugo von Hofmannsthal – Carl J. Burckhardt. Briefwechsel. Hrsg. von Carl J. Burckhardt, Frankfurt 1956.*
HvH–OvD	*Hugo von Hofmannsthal – Ottonie Gräfin Degenfeld, Briefwechsel. Hrsg. von Marie Therese Miller-Degenfeld unter Mitwirkung von Eugene Weber, Frankfurt 1974.*
HvH–WH	*Hugo von Hofmannsthal – Willy Haas, Ein Briefwechsel. Hrsg. von Rolf Italiaander, Berlin 1968.*
HvH–HvN	*Hugo von Hofmannsthal – Helene von Nostitz, Briefwechsel. Hrsg. von Oswalt von Nostitz, Frankfurt 1965.*
HvH–JR	*Hugo von Hofmannsthal – Josef Redlich, Briefwechsel. Hrsg. von Helga Fußgänger, Frankfurt 1971.*
HvH–WW	*Hugo von Hofmannsthal, Briefe an Willy Wiegand und die Bremer Presse. Hrsg. von Werner Volke. In: Jahrbuch der Deutschen Schillergesellschaft 7, S. 44–189, Stuttgart 1963.*
ThM–HvH	*Thomas Mann/Hugo von Hofmannsthal, Briefwechsel. (Hrsg. von Rudolf Hirsch und Hans Wysling) In: Almanach. Das zweiundachzigste Jahr. (Frankfurt) S. Fischer Verlag 1968.*

ABKÜRZUNGEN

RS–HvH   Richard Strauss – Hugo von Hofmannsthal, Briefwechsel. Hrsg. von Willi Schuh. Dritte, erweiterte Auflage der Gesamtausgabe, Zürich 1964.

a. a. O.   am angegebenen Ort
E   in Signaturen: Eigentum der Erben Hofmannsthals
ebd.   ebenda
FDH   Freies Deutsches Hochstift
H   in Signaturen: Eigentum der Houghton Library, Harvard University
Hs.   Handschrift
l. R.   linker Rand
o. J.   ohne Jahr
o. O.   ohne Ort
o. R.   oberer Rand
r. R.   rechter Rand
S.   Seite
u. R.   unterer Rand
u. Z.   unter der Zeile
ü. Z.   über der Zeile

NACHWORT

Diese Edition lag in einer ersten Fassung der Philosophischen Fakultät der Johann Wolfgang Goethe-Universität zu Frankfurt (Main) im Wintersemester 1970-71 als Dissertation vor. Für den Druck im Rahmen der Kritischen Hofmannsthal-Ausgabe konnte sie dank der großzügigen Unterstützung durch den Schweizerischen Nationalfonds vollständig neu konzipiert werden.

Für vielerlei Rat und Hilfe verpflichtet bin ich meinem Lehrer, Herrn Professor Dr. Martin Stern, sowie Herrn Professor Dr. Ernst Zinn und den Mitarbeitern des Freien Deutschen Hochstifts, meinen Freunden und ehemaligen Basler Kollegen Dr. Dirk Hoffmann und Professor Dr. Wolfgang Nehring sowie Fräulein Barbara Götschelt (Marbach). Herzlicher Dank gilt auch Herrn Minister Professor Dr. Carl J. Burckhardt für seine reichen Auskünfte und die Genehmigung, sie zu veröffentlichen. Ganz besonders aber danke ich Herrn Dr. Rudolf Hirsch für seine Geduld und Mühe. Ihm sei mein Teil an dieser Edition zum siebzigsten Geburtstag gewidmet.

Dornach/SO, im September 1975   *Jürgen Fackert*

EDITIONSPRINZIPIEN

Im Abschnitt A werden zunächst die für die Kritische Hofmannsthal-Ausgabe allgemein geltenden Prinzipien dargeboten; im Abschnitt B folgen die im vorliegenden Band angewandten, sofern sie von den allgemeinen abweichen (vgl. S. 654, Anm. 1).

A. ALLGEMEINE PRINZIPIEN

I. GLIEDERUNG DER AUSGABE

Die Kritische Ausgabe Sämtlicher Werke Hugo von Hofmannsthals enthält sowohl die von Hofmannsthal veröffentlichten als auch die im Nachlaß überlieferten Werke.

GEDICHTE 1/2
I   Gedichte 1
II Gedichte 2 *[Nachlaß]*

DRAMEN 1–20
III Dramen 1
Kleine Dramen: Gestern, Der Tod des Tizian, Der Thor und der Tod, Die Frau im Fenster, Der weiße Fächer, Das Kleine Welttheater, Der Kaiser und die Hexe, Vorspiel zur Antigone des Sophokles, Landstraße des Lebens, Die Schwestern, Kinderfestspiel, Gartenspiel

IV Dramen 2
Die Hochzeit der Sobeide, Das gerettete Venedig

V   Dramen 3
Der Abenteurer und die Sängerin, Die Sirenetta, Fuchs

VI   Dramen 4
Das Bergwerk zu Falun, Semiramis

VII   Dramen 5
Alkestis, Elektra

VIII   Dramen 6
Ödipus und die Sphinx, König Ödipus

IX   Dramen 7
Jedermann

X   Dramen 8
Das Salzburger Große Welttheater, Gott erkennt die Herzen [Pantomime]

XI   Dramen 9
Cristinas Heimreise, Silvia im »Stern«

XII   Dramen 10
Der Schwierige

XIII   Dramen 11
Dame Kobold, Der Unbestechliche

XIV   Dramen 12
Timon der Redner

XV–XVI   Dramen 13 | 14
Das Leben ein Traum, Der Turm

XVII   Dramen 15
Die Heirat wider Willen, Die Lästigen, Der Bürger als Edelmann [1911 und 1917], Die Gräfin von Escarbagnas, Vorspiel für ein Puppentheater, Szenischer Prolog zur Neueröffnung des Josephstädter Theaters, Das Theater des Neuen

XVIII–XIX   Dramen 16 | 17
Trauerspiele aus dem Nachlaß: Ascanio und Gioconda, Die Gräfin Pompilia, Herbstmondnacht, Jemand, Xenodoxus, Phokas, Dominic Heinte, Die Kinder des Hauses u. a.

XX–XXII   Dramen 18 | 19 | 20
Lustspiele aus dem Nachlaß: Der Besuch der Göttin, Der Sohn des Geisterkönigs, Der glückliche Leopold, Das Caféhaus oder Der Doppelgänger, Die Freunde, Das Hotel u. a.

OPERNDICHTUNGEN 1-4
XXIII Operndichtungen 1
Der Rosenkavalier

XXIV Operndichtungen 2
Ariadne auf Naxos, Danae oder Die Vernunftheirat

XXV Operndichtungen 3
Die Frau ohne Schatten, Die aegyptische Helena, Die Ruinen von Athen

XXVI Operndichtungen 4
Arabella, Lucidor, Der Fiaker als Graf

BALLETTE - PANTOMIMEN - FILMSZENARIEN
XXVII Der Triumph der Zeit, Josephslegende u. a. - Amor und Psyche, Das fremde Mädchen u. a. - Der Rosenkavalier, Daniel Defoe u. a.

ERZÄHLUNGEN 1/2
XXVIII Erzählungen 1
Das Glück am Weg, Das Märchen der 672. Nacht, Das Dorf im Gebirge, Reitergeschichte, Erlebnis des Marschalls von Bassompierre, Erinnerung schöner Tage, Lucidor, Prinz Eugen der edle Ritter, Die Frau ohne Schatten

XXIX Erzählungen 2
Nachlaß: Geschichte von den Prinzen Amgiad und Assad, Der goldene Apfel, Das Märchen von der verschleierten Frau, Die Heilung, Knabengeschichte u. a.

ROMAN - BIOGRAPHIE
XXX Andreas - Der Herzog von Reichstadt, Don Juan d'Austria

ERFUNDENE GESPRÄCHE UND BRIEFE
XXXI Ein Brief, Über Charaktere im Roman und im Drama, Gespräch über die Novelle von Goethe, Die Briefe des Zurückgekehrten, Monolog eines Revenant, Essex und sein Richter u. a.

REDEN UND AUFSÄTZE 1-5
XXXII   Reden und Aufsätze 1
XXXIII   Reden und Aufsätze 2
XXXIV   Reden und Aufsätze 3
XXXV   Reden und Aufsätze 4 [Nachlaß]
XXXVI   Reden und Aufsätze 5 [Nachlaß]

AUFZEICHNUNGEN UND TAGEBÜCHER 1/2
XXXVII   Aufzeichnungen und Tagebücher 1
XXXVIII Aufzeichnungen und Tagebücher 2

II. GRUNDSÄTZE DES TEXTTEILS

Es ergibt sich aus der Überlieferungssituation, ob der Text einem Druck oder einer Handschrift folgt. In beiden Fällen wird er grundsätzlich in der Gestalt geboten, die er beim Abschluß des genetischen Prozesses erreicht.

Es bietet sich bei den zu Hofmannsthals Lebzeiten erschienenen Werken in der Regel an, dem Text die jeweils erste Veröffentlichung in Buchform zugrunde zu legen. Sind im Verlauf der weiteren Druckgeschichte noch wesentliche Eingriffe des Autors nachzuweisen, wird der Druck gewählt, in dem der genetische Prozeß zum Abschluß gelangt. Kommt es zu einer tiefgreifenden Umarbeitung, werden beide Fassungen als Textgrundlage gewählt (hierbei ist die Möglichkeit des Paralleldruckes gegeben).

Dem Text werden Handschriften zugrunde gelegt, wenn der Druck verschollen, sonstwie unzugänglich, nicht zustandegekommen oder die Werkgenese nicht zum Abschluß gelangt ist. Während die ersten Fälle bei Hofmannsthal nur selten anzutreffen sind, hat der letzte wegen des reichen handschriftlichen Nachlasses eminente Bedeutung. In all diesen Fällen wird im Textteil die Endphase der spätesten Niederschrift – unbeschadet ihres möglicherweise unterschiedlichen Vollendungsgrades – dargeboten.

III. VARIANTEN UND ERLÄUTERUNGEN (AUFBAU)

Dieser Teil gliedert sich wie folgt:

1. Entstehung
   Unter Berücksichtigung von Zeugnissen und Quellen wird über die Entstehungsgeschichte des jeweiligen Werks berichtet (vgl. III/4).

2. *Überlieferung*
Die Überlieferungsträger werden (möglichst in chronologischer Folge) sigliert und beschrieben.
  a) *die Handschriften- bzw. Typoskriptbeschreibung nennt:* Eigentümer, Lagerungsort, gegebenenfalls Signatur, Zahl der Blätter und der beschriebenen Seiten;[1] sofern sie wesentliche Schlußfolgerungen erlauben, auch Format [Angabe in mm], Papierbeschaffenheit, Wasserzeichen, Schreibmaterial, Erhaltung.
  b) *Die Druckbeschreibung nennt:* Titel, Verlagsort, Verlag, Erscheinungsjahr, Auflage, Buchschmuck und Illustration; bei seltenen Drucken evtl. Standort und Signatur.
Die Rechtfertigung der Textkonstituierung erfolgt bei der Beschreibung des dem Text zugrundeliegenden Überlieferungsträgers.

3. *Varianten (vgl. IV und V)*

4. *Erläuterungen*
  a) Die unter 1. verarbeiteten Zeugnisse und Quellen werden – ggf. ausschnittweise – zitiert und, wo nötig, erläutert.
  b) Der Kommentar besteht in Wort- und Sacherklärungen, Erläuterungen zu Personen, Zitatnachweisen, Erklärungen von Anspielungen und Hinweisen auf wichtige Parallelstellen. Auf interpretierende Erläuterungen wird grundsätzlich verzichtet.
Literatur wird nur in besonderen Fällen aufgeführt; generell werden die einschlägigen Bibliographien vorausgesetzt.

IV. GRUNDSÄTZE DER VARIANTEN-DARBIETUNG

Kritische Ausgaben bieten die Varianten in der Regel vollständig dar. Hiervon weicht das Verfahren der vorliegenden Ausgabe auf zweierlei Weise ab:
Die Darbietung der Werkvorstufen konzentriert sich entweder auf deren abgehobene Endphasen oder erfolgt in berichtender Form.
Da beide Verfahren innerhalb der Geschichte Kritischer Ausgaben neuartig sind, bedürfen sie eingehender Begründung.

---

[1] Beispiel: Die Signatur E III 89.16–20 (lies: Eigentum der Erben Hugo von Hofmannsthals, Lagerungsort FDH / Handschriftengruppe III / Konvolut 89 / Blätter 16 bis 20) schließt, sofern nichts Gegenteiliges gesagt wird, die Angabe ein, daß die 5 Blätter einseitig beschrieben sind. Ausführliche Beschreibung des Sachverhalts kann hinzutreten.

Die Herausgeber haben sich erst nach gründlichen Versuchen mit den herkömmlichen Verfahren der Varianten-Darbietung zu den neuen Verfahren entschlossen. Die traditionelle und theoretisch verständliche Forderung nach vollständiger Darbietung der Lesarten erwies sich in der editorischen Praxis als unangemessen. Hierfür gab es mehrere Gründe:

Die besondere Art der Varianz bei Hofmannsthal wäre zumeist nur unter sehr großem editorischem Aufwand – d.h.: nur mittels einer extrem ausgebildeten Zeichenhaftigkeit der Editionsmethode – vollständig darstellbar. Als Ergebnis träten dem Leser ein Wald von Zeichen und eine Fülle editorisch bedingter Leseschwierigkeiten entgegen. Besonders bei umfangreichen Werken, z.B. Dramen, deren Varianten sich über Hunderte von Seiten erstrecken würden, wäre ein verstehendes Lesen der Varianten kaum mehr zu leisten. Vor allem aber ergäbe die Vollständigkeit für die Erkenntnis des Dichterischen, der Substanz des Hofmannsthalschen Werkes relativ wenig. Die Varianz erschöpft sich auf weite Strecken in einem Schwanken zwischen nur geringfügig unterschiedenen Formulierungen. Der große editorische Aufwand stünde in keinem Verhältnis zum Ergebnis. Überdies wäre die Ausgabe in der Gefahr, nie fertig zu werden.

Zur Entlastung der Genese-Darbietung wurden daher die oben erwähnten Verfahren des Abhebens und des Berichtens entwickelt.[1]

Die Abhebung der Endphase[2] *wird insbesondere bei Vorstufen solcher Werke angewendet, die Hofmannsthals Rang bestimmen.*

Die Entscheidung für die Darbietung der abgehobenen Endphase beruht darauf, daß sie nicht einen beliebigen, sondern einen ausgezeichneten Zustand der jeweiligen Vorstufe bzw. Fassung darstellt. Sie ist dasjenige, was der Autor ›stehengelassen hat‹, sein jeweiliges Ergebnis. Als solchem gebührt ihr die Darbietung in vorzüglichem Maße.

So ist auch ein objektives Kriterium für die ›Auswahl‹ der darzustellenden Varianten gefunden. Das bedeutet sowohl für den Editor als auch für den Leser größere Sicherheit und Durchsichtigkeit gegenüber anderen denkbaren Auswahlkriterien. Ein von der Genese selbst vorgegebenes Prinzip schreibt dem Editor das Darzubietende vor. Dieser ›wählt‹ nicht ›aus‹, sondern ›konzentriert‹ die Darbietung der Genese gemäß derjenigen Konzentration, die der Autor selbst jeweils vornahm. Der

---

[1] *Zwei Werke, deren editorische Bearbeitung vor der Entwicklung dieser entlastenden Verfahrensweisen schon weitgehend beendet war –* Ödipus und die Sphinx *und* Timon der Redner *–, erscheinen mit vollständiger Variantendarstellung. Diese dient so zugleich als Beispiel für Art und Umfang der Gesamt-Varianz Hofmannsthalscher Werke. Für die Varianten-Darbietung im* Rosenkavalier *wurde ein eigenes Verfahren entwickelt.*

[2] *Steht die abzuhebende Endphase dem im Textteil gebotenen Wortlaut (oder der Endphase des im Abschnitt »Varianten« zuvor dargebotenen Überlieferungsträgers) sehr nahe, so werden ihre Varianten, gegebenenfalls in Auswahl, lemmatisiert, oder es wird über den betreffenden Überlieferungsträger lediglich berichtet.*

leitende editorische Gesichtspunkt hat sich, der Hofmannsthalschen Schaffensweise gemäß, gewandelt. Die Abfolge der jeweiligen Endphasen – von den ersten Notizen über Entwürfe und umfangreichere Niederschriften bis hin zu den dem endgültigen Text schon nahestehenden Vorstufen bzw. Fassungen – ist die Abfolge nicht mehr der lückenlosen Genese, sondern ihrer **maßgebenden Stationen.**

Der **Bericht** *wird dagegen als bevorzugte Darbietungsform der Varianten solcher Werke verwendet, deren Rang den der Werke in der zuvor beschriebenen Kategorie nicht erreicht.*[1] *Der Bericht, der in jedem Fall auf einer Durcharbeitung der Gesamtgenese beruht, referiert gestrafft über die wesentlichen Charakteristika des betreffenden Überlieferungsträgers; er weist auf inhaltliche und formale Besonderheiten hin und hebt gegebenenfalls Eigentümlichkeiten der Varianz, auch zitatweise, hervor. Die Berichtsform wird durch eine Fußnote im Abschnitt »Varianten« kenntlich gemacht.*

Sowohl den abgehobenen Endphasen als auch den Berichten werden in Ausnahmefällen ausgewählte, wichtige Binnen- bzw. Außenvarianten[2] *der jeweiligen Überlieferungsträger hinzugefügt. Bevorzugt werden dabei Varianten, die ersatzlos gestrichen sind, und solche, deren inhaltliche oder formale Funktion erheblich von der ihres Ersatzes abweicht.*

Diese Binnen- bzw. Außenvarianten werden mit Hilfe der im Abschnitt V erläuterten Zeichen dargestellt.

V. SIGLEN · ZEICHEN

Siglen der Überlieferungsträger:

H	*eigenhändige Handschrift*
h	*Abschrift von fremder Hand*
t	*Typoskript (immer von fremder Hand)*
tH	*eigenhändig überarbeitetes Typoskript*
th	*von fremder Hand überarbeitetes Typoskript*
D	*Druck*
DH	*Druck mit eigenhändigen Eintragungen (Handexemplar)*
Dh	*Druck mit Eintragungen von fremder Hand*
N	*Notiz*

Alle Überlieferungsträger eines Werkes werden in chronologischer Folge durchlaufend mittels vorangestellter Ziffer und zusätzlich innerhalb der Gruppen H, t, D mittels Exponenten gezählt: 1 H^1 2 t^1 3 H^2 4 D^1.

---

[1] *Ist ein Werk einer dieser Kategorien nicht eindeutig zuzuweisen, so wird dem durch eine weitgehend gleichgewichtige Anwendung des Abhebens bzw. Berichtens Rechnung getragen.*
[2] *Binnenvarianz: Varianten innerhalb ein und desselben Überlieferungsträgers – Außenvarianz: Varianten zwischen zwei oder mehreren Überlieferungsträgern.*

Ist die Ermittlung einer Gesamt-Chronologie und also eine durchlaufende Zählung aller Überlieferungsträger unmöglich, so werden lediglich Teilchronologien erstellt, die jeweils die Überlieferungsträger der Gruppen H, t, D umfassen. Die vorangestellte Ziffer (s.o.) entfällt hier also.

Gelingt die chronologische Einordnung nur abschnittsweise (z.B. für Akte oder Kapitel), so tritt entsprechend ein einschränkendes Symbol hinzu: I|1 H¹.

Lassen sich verschiedene Schichten innerhalb eines Überlieferungsträgers – aufgrund evidenter graphischer Kriterien – unterscheiden, so werden sie fortlaufend entsprechend ihrer chronologischen Abfolge gezählt: 1,1 H¹ 1,2 H¹ 1,3 H¹.

Da eine chronologische Anordnung von Notizen oft schwer herstellbar ist, werden diese als N 1, N 2 ... N 75 durchlaufend gezählt, jedoch – wenn möglich – an ihren chronologischen Ort gesetzt.

Das Lemmazeichen] trennt den Bezugstext und die auf ihn bezogene(n) Variante(n). Die Trennung kann auch durch (kursiven) Herausgebertext erfolgen. Umfangreiche Lemmata werden durch ihre ersten und letzten Wörter bezeichnet, z.B.: Aber ... können.]

Besteht das Lemma aus ganzen Versen oder Zeilen, so wird es durch die betreffende(n) Vers- oder Zeilenzahl(en) mit folgendem Doppelpunkt ersetzt. Das Lemmazeichen entfällt.

Die Stufensymbole

I	**II**	**III**
A	**B**	**C**
(1)	(2)	(3)
(a)	(b)	(c)
(aa)	(bb)	(cc)

dienen dazu, die Staffelung von Variationsvorgängen wiederzugeben. »Eine (2) kündigt ... an, daß alles, was vorher, hinter der (1) steht, jetzt aufgehoben ... ist; ebenso hebt die (3) die vorangehende (2) auf, das (b) das (a) und das (c) das (b) ...« (Friedrich Beißner, Hölderlin. Sämtliche Werke, Stuttgarter Ausgabe, I, 2, S. 319).

*Die Darstellung bedient sich bei einfacher Variation primär der arabischen Ziffern. Bei stärkerer Differenzierung des Befundes treten die Kleinbuchstaben-Reihen hinzu. Nur wenn diese 3 Reihen zur Darbietung des Befundes nicht ausreichen, beginnt die Darstellung bei der **A**- bzw. **I**-Reihe.*

Die Stufensymbole und die zugehörigen Varianten werden in der Regel vertikal angeordnet. Einfache Prosavarianten können auch horizontal fortlaufend dargeboten werden.

Ist die Variation mit einem von der Grundschicht abweichenden Schreibmaterial vollzogen worden, so treten zum betreffenden Stufensymbol die Exponenten ^{S} für Bleistift, ^{T} für Tinte.

Einfache Variation wird vorzugsweise mit Worten wiedergegeben. An die Stelle der stufenden Verzeichnung treten dann Wendungen wie »aus«, »eingefügt«, »getilgt« u.s.f.

Werden Abkürzungen aufgelöst, so erscheint der ergänzte Text in Winkelklammern ⟨ ⟩ in aufrechter Schrift; der Abkürzungspunkt fällt dafür fort. Bei Ergänzung ausgelassener Wörter wird analog verfahren.

Kürzel und Verschleifungen werden stillschweigend aufgelöst, es sei denn, die Auflösung hätte konjekturalen Charakter.

Unsicher gelesene Buchstaben werden unterpunktet, unentzifferte durch möglichst ebensoviele xx *vertreten.*

B. SPEZIFISCHE PRINZIPIEN IM VARIANTENTEIL VON ›TIMON DER REDNER‹

Timon der Redner *ist eines der beiden Werke, die in Abweichung von den allgemeinen Prinzipien mit vollständiger Varianz[1] erscheinen.*

ÜBERLIEFERUNG

Hier werden die Siglen der Überlieferungsträger eingeführt. Ihre Beschreibung erfolgt innerhalb des Abschnitts »Varianten« bei der Darstellung des jeweiligen Textes und nennt in jedem Fall Format, Papierbeschaffenheit und Schreibmaterial.

VARIANTEN

Lemmatisierung · integrale Darstellung · Abhebung

Varianten werden entweder lemmatisiert (also aus ihrem invarianten Kontext gelöst und einem vergleichbaren Bezugstext gegenübergestellt) oder integral (also zusammen mit ihrem invarianten Kontext) dargeboten. Bietet ein Überlieferungsträger nur wenige Varianten, so werden sie, falls ein Bezugstext mit verwandtem Wortlaut vorliegt, lemmatisiert, bei dichter Varianz dagegen wird integral dargestellt.

Die vier großen Niederschriften erscheinen im Abschnitt »Varianten« integral, im Textteil in ihren abgehobenen Endphasen. Wo die Abhebung hypothetisch bleibt, verweist ein Stern (z. B. S. 83) auf die integrale Darstellung.

---

[1] *Als* genetisch irrelevant *und daher auch hier nicht darstellungswürdig gelten u. a. folgende Phänomene, sofern sie nicht gelegentlich als charakteristische Merkmale dargeboten werden: Wechsel von deutscher und lateinischer Schrift, die graphische Gestalt von Varianten; Schreib- und Variationsversehen, gleichgültig, ob korrigiert oder übersehen; unterlassene grammatikalische Adjustierung bei Variation, graphische Inkonsequenzen (z. B. bei Abkürzungen); undeutbare Schreibansätze, Varianten zur Beseitigung von Unklarheiten oder Irrtümern, geringfügige Sach- oder Stilvarianz, zumal in weniger dichtem Text (z. B. von Notizen).*

Siglen · Zeichen

T ist die Sigle für Typoskript; handschriftliche Überarbeitung wird nur mit Hilfe der Schichtenzählung angezeigt, z. B. 8,2T (vgl. S. 236ff.).

Die Überlieferungsträger werden nur einfach gezählt; die zusätzliche Zählung innerhalb der Gruppen H, T, D mittels Exponenten entfällt.

Phasen

Meist lassen sich Variationsprozesse, die über die einzelne Werkstelle hinausgreifen – Varianz | Invarianz | Varianz –, mit Hilfe der Textwiederholung (siehe S. 660) darstellen. Unter bestimmten Umständen jedoch, z. B. wenn zwischen gleichphasigen Varianten viel invarianter Text besteht, kann dieses Verfahren unangemessen aufwendig sein. Dann bedient sich die Darstellung der ›Phasensiglen‹:

Eine Vorankündigung in Form von Großbuchstaben (z. B. A-D) weist hinter dem letzten invarianten Wort auf die folgenden Phasen hin, deren variante Bestandteile durch entsprechende Kleinbuchstaben angezeigt werden.

Immer von neuem bei der Vorankündigung beginnend, folgt man zunächst der Reihe der ^{a}-Exponenten,[1] dann jener der ^{b}-Exponenten und so fort. Der invariante Text dazwischen gehört naturgemäß allen Phasen an.

Der hat sie bestohlen wie kein zweiter. $^{A-D}(1)^{ab}$ Das war der [^{b} erste] der Tag aus Tag ein sein (2)^c Der hat sein Stück (3)^d Der hat sein | Brot in ihr Blut (1)^{ab} getaucht hat. (2)$^{b-d}$ eingetaucht. | wahrhaftig!

Zu lesen ist:

Phase a: ... wie kein zweiter. Das war der erste der Tag aus Tag ein sein Brot in ihr Blut getaucht hat. wahrhaftig!

Phase b: ... wie kein zweiter. Das war der der Tag aus Tag ein sein Brot in ihr Blut getaucht hat. wahrhaftig!

Phase c: ... wie kein zweiter. Der hat sein Stück Brot in ihr Blut eingetaucht. wahrhaftig!

Phase d: ... wie kein zweiter. Der hat sein Brot in ihr Blut eingetaucht. wahrhaftig!

Umfaßt ein Variationsvorgang nur eine hinzukommende Phase, so wird die Darstellung vereinfacht: die Ausgangsphase wird nicht sigliert und die Vorankündigung entfällt; zu den varianten Bestandteilen der betreffenden Phase, die durch ein Stufensymbol oder ein diakritisches Zeichen eingeleitet werden, treten, um die Phasengleichheit anzuzeigen, die Exponenten ^{p} am Anfang und beliebig viele ^{p} in der Folge:

---

[1] *Diakritische Zeichen für Tilgungen – hier [^{b}erste] – tragen, da eine Tilgung nicht der Ausgangsphase angehören kann, im frühestmöglichen Fall einen ^{b}-Exponenten. Dasselbe gilt für Einschübe.*

EDITIONSPRINZIPIEN

LYKON
Nein! nein! ich bin kein Soldat! auch kein Ruderer – ⌊ᴾ Ich bin ein gewöhnlicher Mensch⌉

PHANIAS
(1) Was bist du denn – *(2)*ᵖ Ich könnte mich nicht gewöhnen. Was ist das was du treibst? wenn du dich so herumtreibst? ⌊Bist du ein *(a) (b)* bankrotter | Kaufmann? oder so ein Versammlungsbesucher?⌉ |

LYKON
(1) Politiker. *(2)*ᵖ ich bin politisch tätig. |

Die mit ᴾ – ᵖ – ᵖ *herausgehobenen Varianten sind also Bestandteile ein und derselben zweiten Phase innerhalb dieses Variationskomplexes.*

Spätvariante – Sofortvariante
Bei einer ›Spätvariante‹ vertritt – falls vertikale Anordnung der Stufen gewählt wurde – der Pfeil → hinter der Grundstufe den Text, der beim Eintritt der Variation schon bestanden hat (der Umfang dieses ›Folgetextes‹ ist in der Regel unbestimmt; zumindest umfaßt er ein Wort). Das Grenzzeichen hinter der letzten Stufe zeigt an, wie weit die Variation reicht und wo der Folgetext beginnt:[1]

(1) MÄDCHEN →
(2) LYRA

Phanias wie gehts? Komm herauf wir wollen dich hören, wie du schimpfst. | Schick uns den Ephraem herauf.

Bei horizontaler Anordnung wird auf den Pfeil verzichtet:

Eben diesen Herren lasse ich sagen, sie möchten sich beeilen wenn sie *(1)* weiter *(2)* für den Rückweg | auf meine Gesellschaft zählen wollen.

Fehlen – bei vertikaler wie bei horizontaler Anordnung – Pfeil und Grenzzeichen, weil beim Eintritt der Variation noch kein Folgetext bestand, so handelt es sich um eine ›Sofortvariante‹, bei der in der Regel eine Begrenzung des neu eintretenden Textes nicht gegeben ist:

Tryphon mit *(1)* Scheu *(2)* dem jungen Menschen, geführt von einem Buben.

Bleibt die Deutung des Befundes – Sofort- | Spätvariante – unsicher, so erhält das betreffende Stufensymbol einen Stern (z. B. S. 233,20); ist sie unmöglich, erscheinen das Grenzzeichen und ggf. auch der Pfeil durchbrochen (z. B. S. 362, 14–16).

Texterweiterung und -verminderung
Diese Befunde können entweder diakritisch oder (in Verbindung mit ›Leerstellen‹)

---

[1] *In umschließenden Fällen beide Zeichen halbfett; z. B. S. 202, 2–22.*

stufend wiedergegeben werden. Die Leerstelle bezeichnet die ›Textlosigkeit‹ der Vorstufe (bei Texterweiterung) bzw. der Folgestufe (bei Textverminderung).

Texterweiterung diakritisch:
Dieser Herr wird ⌈wahrscheinlich⌉ bald eine Reise antreten.
     stufend:
... wird *(1)* →
  (2) wahrscheinlich | bald ...
oder:
... wird *(1) (2)* wahrscheinlich | bald ...

Textverminderung diakritisch:
Dieser Herr wird [wahrscheinlich] bald eine Reise antreten.
     stufend:
... wird *(1)* wahrscheinlich →
  (2) | bald ...
oder:
... wird *(1)* wahrscheinlich *(2)* | bald ...

Erwogene Varianz
Erwogene Texterweiterung wird durch ↓ ↓, *erwogene Textverminderung durch* ↑ ↑ *und erwogene Textersetzung durch* ↑ ≈ ↓ *diakritisch dargestellt.*[1]

Erwogene Texterweiterung:
MÄDCHEN
Und setz du dich in die Nische! ...

PHANIAS
↓Ich werde den Platz einnehmen.↓ Beug dich ...

Erwogene Textverminderung:
Wenn sie alle Zucht in Unzucht, ↑allen Fug in Unfug↑ verwandeln – an der Klippe der bürgerlichen Ehe lasst sie scheitern, gute Götter!

Erwogene Textersetzung:
Ich habe ein ↑dringendes ≈ lebenswichtiges↓ Geschäft in der Stadt.

Textwiederholung
Wird aus darstellungsbedingten Gründen gelegentlich von dem Grundsatz abgewichen, ein vom Autor nur einmal gesetztes Wort oder Zeichen nur einmal wiederzugeben, erscheinen die wiederholten Textbestandteile petit.

---

[1] *In umschließenden Fällen halbfett; z. B. S. 234, 13–16.*

INHALT

Timons Auszug 7
Die Mimin und der Dichter 31

Handschrift Ia/6 H 35
Handschrift Ib/11 H 46
Handschrift VIIIa/6 H 65
Handschrift Ic/5 H 89

VARIANTEN UND ERLÄUTERUNGEN

ENTSTEHUNG 97

ÜBERLIEFERUNG 104

VARIANTEN

Notizen 1916–1922 .. .. N 1– 48 109
Notizen 1923 .. .. N 49– 75 130
Notizen 1924 .. .. N 76–118 145
Notizen 1925 (bis zum Beginn der Ausarbeitung) N 119–122 167

Ausarbeitung 1925/1926

    Akt I   Szene a

        Nicht verarbeitete Notizen zu Ia .. .. .. N 123–128 170
        Ia / 1 H .. .. 175 .. .. dazu N 129–133 172
        Ia / 2 H 176
        Ia / 3 H .. .. 186 .. .. dazu N 134–149 178

```
Ia / 4H .. .. .. .. .. 191      .. .. dazu N 150         .. .. .. 190
Ia / 5H .. .. .. .. .. 197      .. .. dazu N 151–157 .. .. .. 194
Ia / 6H .. .. .. .. .. 217
Ia / 7H, 8T, 9H, 10T
(Beschreibung
und Varianten) .. .. .. 236
```

Akt I   Szene b

```
Nicht verarbeitete Notizen zu Ib .. .. ..   N 158–162 .. .. .. 240
Ib / 1H .. .. .. .. .. 245      .. .. dazu N 163–166 .. .. .. 243
Ib / 2H .. .. .. .. .. 247      .. .. dazu N 167         .. .. .. 247
Ib / 3H .. .. .. .. .. 252      .. .. dazu N 168–171 .. .. .. 249
Ib / 4H .. .. .. .. .. 253      .. .. dazu N 172         .. .. .. 255
Ib / 5H .. .. .. .. .. 259      .. .. dazu N 173–177 .. .. .. 256
Ib / 6H .. .. .. .. .. 264      .. .. dazu N 178–179 .. .. .. 263
Ib / 7H .. .. .. .. .. 271      .. .. dazu N 180–185 .. .. .. 267
Ib / 8H .. .. .. .. .. 277
Ib / 9H .. .. .. .. .. 282
Ib / 10H  .. .. .. .. 284
Ib / 11H  .. .. .. .. 297      .. .. dazu N 186–193 .. .. .. 292
Ib / 12H, 13T
(Beschreibung
und Varianten) .. .. .. 327
```

Akt I   Szene In der Villa

```
Nicht verarbeitete Notizen zu
der Szene In der Villa .. ..    .. .. ..   N 194–201 .. .. .. 331
Villa / 1H .. .. .. .. 334
Villa / 2H .. .. .. .. 337      .. .. dazu N 202–205 .. .. .. 336
Villa / 3H .. .. .. .. 351      .. .. dazu N 206–227 .. .. .. 340
Villa / 4H .. .. .. .. 360      .. .. dazu N 228         .. .. .. 359
Villa / 5H .. .. .. .. 369      .. .. dazu N 229–237 .. .. .. 364
                                   und N 238         .. .. .. 374
Nicht verarbeitete Notizen
zur Figur des Phanias .. ..    .. .. ..   N 239–244 .. .. .. 376
Villa / 6H .. .. .. .. 380      .. .. dazu N 245–247 .. .. .. 378
                                   und N 248         .. .. .. 413
Villa / 7H, 8H, 9D, 10D
(Beschreibung
und Varianten) .. .. .. 413
```

Akt I   Szene c

Nicht verarbeitete Notizen zu I c	*N 249–258*	*415*
I c / 1 H *420*	*dazu N 259–261*	*419*
I c / 2 H *423*	*dazu N 262–264*	*421*
I c / 3 H *428*	*dazu N 265–273*	*424*
I c / 4 H *433*	*dazu N 274–275*	*432*
I c / 5 H *438*	*dazu N 276–280*	*435*
Notizen zum nicht mehr aus-		
gearbeiteten Schluß von I c	*N 281–284*	*445*

Akt II

II / 1 H *446*		
II / 2 H *449*	*dazu N 285–287*	*447*
II / 3 H *455*	*dazu N 288–290*	*453*
II / 4 H *459*	*dazu N 291*	*458*
II / 5 H *459*		
II / 6 H *459*		
II / 7 H *462*	*dazu N 292–296*	*460*
Nach Abbruch von Akt II		
nicht mehr verarbeitete		
Notizen	*N 297–394*	*466*
Akt III	*N 395–420*	*507*

Letzte Notizen November 1926 .. .. *N 421–424* *519*

ZEUGNISSE · QUELLEN · ERLÄUTERUNGEN

Zeugnisse und Quellen

    1916–1922
        Zeugnisse *521*
        Quellen *526*

    Herbst 1923
        Zeugnisse *543*
        Quellen *544*

    1924
        Zeugnisse *547*
        Quellen *550*

1925
    Zeugnisse *555*
    Quellen *559*

1926
    Zeugnisse *563*
    Quellen *564*

Erläuterungen

    Notizen 1916–1922 . .. . *565*
    Notizen 1923 .. .. *574*
    Notizen 1924 .. .. *584*
    Notizen 1925 (bis zum Beginn der Ausarbeitung) *600*
    Akt I   Szene a *602*
    Akt I   Szene b *609*
    Akt I   Szene In der Villa *621*
    Akt I   Szene c *632*
    Akt II *636*
    Akt III *643*
    Letzte Notizen November 1926 .. .. *644*
    Wiederholt zitierte Literatur *645*

Abkürzungen *646*

Nachwort *648*

Editionsprinzipien *649*

Einband und Umschlaggestaltung: Dieter Kohler
Gesetzt aus der Monotype Garamond Antiqua
Satz, Druck und Einband: Gerhard Stalling AG, Oldenburg (Oldb)
Papier: B 80 von Scheufelen, Lenningen
Iris-Leinen der Vereinigte Göppinger-Bamberger-Kaliko GmbH, Bamberg